Daniel Koch

Funmails
Die witzigsten E-Mails

Books on Demand GmbH

Bibliografische Information der Deutschen Nationalbibliothek
Die Deutsche Nationalbibliothek verzeichnet diese Publikation in der
Deutschen Nationalbibliografie. Detaillierte bibliografische Daten sind
im Internet über http://dnb.d-nb.de abrufbar.

ISBN 978-3-8370-6518-3

© 2008 Daniel Koch

Herstellung und Verlag: Books on Demand GmbH, Norderstedt

Inhalt

Vorwort 7

Bildung 11

Gastronomisches 65

Computer & Telefone 89

Arbeitsplatz und Berufe 103

Management 137

Polizei, Gesetze und Juristen 151

Doktoren 175

Religion 185

Politik, Unkorrektes und Kurioses 217

Versicherung 243

Frauen & Männer 251

Sex 337

Die besten Witze 359

Zweizeiler 385

Prominentensprüche 407

Weisheiten 423

Warmduscher & Harteier 449

Alle Kinder 461

Dumme Sprüche 465

Obst & Gemüse 475

Vorwort

Witze, Humor, Spass und Fun für alle! Wer kriegt nicht öfters ein lustiges E-Mail? Wer freut sich nicht, dass er von seinen Freunden nicht vergessen wurde, wenn er sein Mail-Programm aufstartet? Wer zuckt nicht mit den Augenbrauen, vor seinem Computer sitzend, wenn ein neues E-Mail von Verwandten oder Kollegen mit einem ganz ungeschäftlichen Betreff reinschneit? Dann hat man wieder ein Funmail erhalten.

Funmails sind nicht zu verwechseln mit Spammails. Diese sind lästig, vollkommen ungewollt, von unbekannten Absendern und überhaupt nicht witzig. Der Inhalt von Funmails besteht jedoch aus spassigen Bildern, Videosequenzen, Präsentationen oder Texten und kleinen Geschichten. In der vorliegenden Sammlung ist nur von den Texten und kleinen Geschichten die Rede. Diese machen nur einen kleinen Teil aller Funmails aus. Aber man kann sie am Besten sammeln und in Buchform darstellen. Die anderen schaut man sich lieber direkt am Computer an.

Was bedeuten Funmails? Fun deshalb, weil die Mails einfach Spass machen. Weil sie amüsant und vergnüglich sind, und uns für kurze Zeit zum Lachen bringen. Weil sie für viele eine Aufheiterung im öden, grauen und tristen Arbeitsalltag darstellen. Ich behaupte, jeder kriegt solche Funmails. Auch Du. Nur viele Leute lesen sie nicht einmal. Sei es, weil sie so beschäftigt sind, oder weil sie vielleicht tief in ihrem Innersten humorlos sind. Und wer einmal auf den Geschmack der Funmails gekommen ist, der wird nicht mehr aufhören wollen, sie zu lesen.

Ist es nicht erfreulich, wenn man von Bekannten oder Freunden etwas zum Schmunzeln bekommt. Man kann zusammen ein Lächeln teilen. Jemand möchte den Kontakt aufrecht erhalten und möchte etwas sagen, ist aber in Zeitmangel. Er versucht es mit Humor, statt Schweigen.

Die Empfänger trauen sich manchmal nicht dem Absender zurückzuschreiben. Geschweige denn die Funmails weiterzuleiten. Hört man nicht immer wieder Schauergeschichten von wehmütigen Mitarbeitern, deren E-Mails in die falschen Hände gelangt sind? Ja, das ist riskant. Wenn ein frauenfeindliches Funmail versehentlich an die feministische Personalleiterin gesendet wird. Wenn ein rassistisches Mail versehentlich an den ausländischen Mitarbeiter gesendet wird. So was kann zu unabsehbaren Konsequenzen führen, von Skandalen bis zu Entlassungen. Aber wir senden die Funmails trotzdem immer wieder weiter. Das ist Ehrensache.

In der heutigen Zeit sind Funmails ein Statussymbol geworden. Man schickt sie an eine beschränkte Verteilerliste von zehn bis zwölf Leuten weiter. Und zu diesem erlesenen Kreis gehört man dann dazu. Jeder Empfänger ist ein Insider. Er hat die Neusten schon bekommen. Wer das Funmail nicht bekommen hat, der kommt sich wie ein Aussenstehender vor. Er gehört nicht dazu.

Kenntnisse über die aktuellsten Funmails zu haben gehört schon fast zu den sozialen Fähigkeiten, die heutzutage immer karriereförderlicher werden. Es ist eine Kundenpflege der anderen Art. Diese soft factors sind heute gefragt. Denn wer Mitarbeiter beeindrucken kann oder seinen Vorgesetzten zum Lachen bringt, der hat doch bessere Karten, oder etwa nicht?

Manchmal finden wir uns in Situationen wieder, die uns erheitern, und uns unweigerlich an eine Geschichte erinnern, die wir einmal in einem E-Mail gelesen haben. Wir möchten diesen Gedanken mit anderen teilen, haben aber die Geschichte vergessen. Das ist ärgerlich. Wer hat es mir geschickt? Wann genau? An wen ging es noch? Wo hab ich es abgelegt? Hab ich es gelöscht? In diesem Buch kann man nun gezielt nachschlagen.

Was brachte mich nun auf die Idee, ein Buch mit Funtexten zu veröffentlichen? Es erstaunte mich, dass es so etwas noch gar nicht gibt bisher. Man kann so etwas gar nicht kaufen. Also warum nicht selber gestalten? Da ich von Natur aus ein Jäger und Sammler bin, hat sich bei mir eine Kollektion von unzähligen lustigen Texten angesammelt. So entstand mit der Zeit ein richtiges Funtext-Nachschlagewerk.

Ich habe versucht, all die Mails in unverfälschter Form wiederzugeben, zum Teil in englischer Sprache oder in ihrer eigenen Formatierung, nur die Orthographie wurde teilweise überarbeitet.

Die Funtexte findet man heute auch verteilt auf vielen verschiedenen Humorseiten im Internet. Jeder kann dort seine Witze hochladen. Das vorliegende Buch ist wie eine Verbindung zwischen der virtuellen Welt mit vielen Humorseiten und der realen Welt mit Seiten aus Papier. Ich wollte etwas Sichtbares erschaffen, das bestehen bleibt, und nicht dem steten Wandel des Internets unterliegt. Was heute dort steht, kann morgen schon überholt sein. Ein Buch ist etwas, das man in den Händen halten kann, darin blättern kann und wieder in ein Regal zurückstellen kann. Ich brauche dafür keinen Computer.

An dieser Stelle möchte ich meinem Arbeitgeber danken, der es mir ermöglicht hat, trotz strengster Sicherheitsvorkehrungen und permanenter Überwachung meines gesamten Mailverkehrs, all die Funmails an mich nicht herauszufiltern. Hoffentlich wird das auch nach Erscheinen dieses Buches noch so bleiben.

Ich entschuldige mich natürlich jetzt schon in aller Form für den Inhalt dieses Buches. Es enthält kaum einen Text, der politisch korrekt wäre, nicht frauenfeindlich, nicht rassistisch oder sich über eine gesellschaftliche Minderheit lustig machen würde. Wer trotzdem darüber lacht, der hat Humor.

Nicht fehlen darf ein Hinweis auf meine Zukunftsvisionen. Wissenschaftler untersuchen alles Mögliche im Hinblick auf Arbeitsproduktivität oder Mitarbeiterzufriedenheit. Kann nicht jemand den Einfluss von Funmails auf die Leistungsfähigkeit eines Mitarbeiters untersuchen?

Vielleicht sind solche Mitarbeiter viel ertragreicher, weil sie zufriedener sind, denn sie lachen öfters am Arbeitsplatz. Vielleicht findet ein Wissenschaftler noch heraus, dass die Wirtschaft mit dem gezielten Einsatz von Funmails Milliarden einsparen kann, weil die Mitarbeiter gut gelaunt sind. Wer weiss...

Daniel Koch
September 2008

Bildung

Bildung

Der Blumentopf und das Bier

Wenn die Dinge in deinem Leben immer schwieriger werden, wenn 24 Stunden im Tag nicht genug sind, erinnere dich an den "Blumentopf und das Bier".

Ein Professor stand vor seiner Philosophie-Klasse und hatte einige Gegenstände vor sich. Als der Unterricht begann, nahm er wortlos einen sehr grossen Blumentopf und begann diesen mit Golfbällen zu füllen. Er fragte die Studenten, ob der Topf nun voll sei. Sie bejahten es.

Dann nahm der Professor einen Behälter mit Kieselsteinen und schüttete diese in den Topf. Er bewegte den Topf sachte und die Kieselsteine rollten in die Leerräume zwischen den Golfbällen. Dann fragte er die Studenten wiederum, ob der Topf nun voll sei. Sie stimmten zu.

Der Professor nahm als nächstes eine Dose mit Sand und schüttete diesen in den Topf. Natürlich füllte der Sand den kleinsten verbliebenen Freiraum. Er fragte wiederum, ob der Topf nun voll sei. Die Studenten antworteten einstimmig "ja".

Der Professor holte zwei Dosen Bier unter dem Tisch hervor und schüttete den ganzen Inhalt in den Topf und füllte somit den letzten Raum zwischen den Sandkörnern aus. Die Studenten lachten.

"Nun", sagte der Professor, als das Lachen langsam nachliess, "Ich möchte, dass Sie diesen Topf als die Repräsentation Ihres Lebens ansehen. Die Golfbälle sind die wichtigen Dinge in Ihrem Leben: Ihre Familie, Ihre Kinder, Ihre Gesundheit, Ihre Freunde, die bevorzugten, ja leidenschaftlichen Aspekte Ihres Lebens, welche, falls in Ihrem Leben alles verloren ginge und nur noch diese verbleiben würden, Ihr Leben trotzdem noch erfüllend wäre."

"Die Kieselsteine symbolisieren die anderen Dinge im Leben wie Ihre Arbeit, ihr Haus, Ihr Auto. Der Sand ist alles andere, die Kleinigkeiten. Falls Sie den Sand zuerst in den Topf geben", fuhr der Professor fort, "hat es weder Platz für die Kieselsteine noch für die Golfbälle. Dasselbe gilt für Ihr Leben. Wenn Sie all Ihre Zeit und Energie in Kleinigkeiten investieren, werden Sie nie Platz haben für die wichtigen Dinge. Achten Sie auf die Dinge, welche Ihr Glück gefährden. Spielen Sie mit den Kindern. Nehmen Sie sich Zeit für eine medizinische Untersuchung. Führen Sie Ihren Partner zum Essen aus. Es wird immer noch Zeit bleiben um das Haus zu reinigen oder Pflichten zu erledigen." "Achten Sie zuerst auf die Golfbälle, die Dinge, die wirklich wichtig sind. Setzen Sie Ihre Prioritäten. Der Rest ist nur Sand."

Einer der Studenten erhob die Hand und wollte wissen, was denn das Bier repräsentieren soll. Der Professor schmunzelte: "Ich bin froh, dass Sie das fragen. Es ist dafür da, Ihnen zu zeigen, dass, egal wie schwierig Ihr Leben auch sein mag, es immer noch Platz hat für ein oder zwei Bierchen."

Bildung

Ist die Hölle exotherm?

Zur individuellen Fortbildung oder Wissenserneuerung... ;-)

Nachfolgend lesen Sie eine Prüfungsfrage aus der aktuellen Zwischenprüfung im Fach Chemie an der Universität von Washington. Die Antwort eines Teilnehmers war "so profund", daß der Professor Sie via Internet mit Kollegen in der ganzen Welt teilen wollte. Und darum haben auch wir die Freude, daran teilhaben zu dürfen.

Bonus-Frage: Ist die Hölle exotherm (Wärme abgebend) oder endotherm (Wärme aufnehmend)?

Die meisten Studenten untermauerten Ihre Antwort, indem Sie das Boyle-Mariotte-Gesetz heranzogen ("Das Volumen und der Druck eines geschlossenen Systems sind voneinander abhängig", d.h. Gas kühlt sich ab, wenn es sich ausdehnt und erwärmt sich bei Kompression).

Einer aber schrieb folgendes:

Zuerst müssen wir feststellen, wie sich die Masse der Hölle über die Zeit ändert. Dazu benötigen wir die Rate der Seelen, die "zur Hölle fahren" und die Rate derjenigen, die sie verlassen. Ich denke, wir sind darüber einig, daß eine Seele, einmal in der Hölle, diese nicht wieder verläßt. Wir stellen also fest: Es gibt keine Seelen, die die Hölle verlassen.
Um festzustellen, wie viele Seelen hinzukommen, sehen wir uns doch mal die verschiedenen Religionen auf der Welt heute an. Einige dieser Religionen sagen, daß, wenn man nicht dieser Religion angehört, man in die Hölle kommt. Da es auf der Welt mehr als eine Religion mit dieser Überzeugung gibt, und da niemand mehr als einer Religion angehört, kommen wir zu dem Schluß, daß alle Seelen in der Hölle enden.

Auf der Basis der weltweiten Geburten- und Sterberaten können wir davon ausgehen, daß die Anzahl der Seelen in der Hölle exponentiell ansteigt.

Betrachten wir nun die Veränderung des Volumens der Hölle, danach dem Boyle-Mariotte-Gesetz bei gleichbleibender Temperatur und Druck das Volumen proportional zur Anzahl der hinzukommenden Seelen ansteigen muß.

Daraus ergeben sich zwei Möglichkeiten:

Expandiert die Hölle langsamer als die Anzahl der hinzukommenden Seelen, dann steigen Temperatur und Druck in der Hölle an, bis sie explodiert.
Expandiert die Hölle schneller als die Anzahl der hinzukommenden Seelen, dann sinken Temperatur und Druck in der Hölle, bis sie gefriert.
Zur Lösung führt uns der Ausspruch meiner Kommilitonin Teresa: "Eher friert die Hölle ein, bevor ich mit dir ins Bett gehe..." Da ich bis heute nicht dieses Vergnügen mit Teresa hatte (und wohl auch nie haben werde), muss Aussage 1 falsch sein, was uns zur Lösung bringt: Die Hölle ist exotherm und wird nie einfrieren.

Der Student bekam als einziger Prüfungsteilnehmer die volle Punktzahl.

Bildung

Hier kommt was Interessantes zum Thema Wahrnehmung:

Afugrnud enier Sduite der Cmabridge Uinverstiaet ist es eagl, in wlehcer Rienhnelfoge die Bcuhtsbaen in Woeretrn vokrmomen, das enizg wcihitge dbaei ist, dsas der estre und lzete Bcuhtsbae am rcihgiten Paltz snid. Der Rset knan ttolaer Bölsdinn sien, und du knasnt es torztedm ohne Porbelme lseen. Das ghet dseahlb, das mneschilche Geihrn nciht jeden Bchustbaen liset, snodren Weroetr als Gnaezs.

* * * * *

Eine Lehrerin zu ihrer Klasse:
"Es sitzen sechs Vögel auf einem Ast. Einer wird vom Jäger abgeschossen. Wie viele bleiben?"

Hansi meldet sich und wird aufgerufen: "Keiner, da alle anderen erschrocken weggeflogen sind."

Die Lehrerin: "Gut gesagt - deine Art zu denken gefällt mir!"

Daraufhin fragt Hansi die Lehrerin: "Es sitzen drei Frauen im Eiscafe. Die erste Frau schleckt das Eis, die zweite löffelt das Eis und die dritte Frau saugt es. Welche von diesen Frauen ist verheiratet?"

Die Lehrerin mit knallrotem Gesicht: "Äh... ich glaube, es ist die Frau, die am Eis saugt!"

Hansi: "Nein, Frau Lehrerin, es ist die Frau mit dem Ehering am Finger - aber Ihre Art zu denken gefällt mir!"

* * * * *

Der alte Professor begann jede Vorlesung mit einem vulgären Witz. Nach einem wirklich anstößigen Exemplar einigten sich die Studentinnen, geschlossen den Hörsaal zu verlassen, wenn er wieder so was erzählen würde. Allerdings bekam der Professor Wind von der Sache. Am nächsten Morgen kam er in den Hörsaal und sagte: "Guten Morgen! Haben Sie schon von dem großen Mangel an Huren in Indien gehört?" Jetzt standen alle weiblichen Studenten auf und wollten hinausgehen. "Warten Sie, meine Damen" rief der Professor, "das Schiff nach Indien geht doch erst morgen!"

Bildung

Mathematikaufgabe

Diese Aufgabe wurde von einem Mathematik-Professor an der Universität von Barcelona gestellt:

Aufgabe:
Eine Mutter ist 21 Jahre älter als ihr Kind und in 6 Jahren wird das Kind 5 mal jünger sein, als die Mutter.

Frage:
Wo ist der Vater?
Diese Aufgabe ist lösbar, sie ist nicht so schwierig, wie es aussieht. Schauen Sie nicht auf die Lösung, es ist mathematisch lösbar.

Bemerkung:
Sie müssen die Frage "Wo ist der Vater?" genau durchdenken.

für die Lösung nach unten scrollen..... =)

- - - - - - -

Etwas weiter unten...

Lösung:
Das Kind ist heute K Jahre und seine Mutter heute M Jahre alt.

Wir wissen, dass die Mutter 21 Jahre älter ist, als das Kind.

Demzufolge: K + 21 = M

Wir wissen auch, dass in 6 Jahren, das Kind 5 mal jünger sein wird, als die Mutter.

Also können wir folgende Gleichung aufstellen:

5 (K + 6) = M + 6

Wir ersetzen M durch K und fangen an aufzulösen

5 (K + 6) = K + 21 + 6

5K + 30 = K + 27

5K - K = 27 - 30

4K = -3

K = -3/4

Das Kind ist heute -3/4 Jahre alt, was gleich ist wie -9 Monate.

Mathematisch gesehen, können wir dadurch beweisen, das die Mutter in diesem Moment DURCHGEBÜRSTET WIRD!!

Ergebnis:
DER VATER IST AUF DER MUTTER!

Bildung

Erkenntnisse aus Schulaufsätzen

Die Bibel der Moslems heißt Kodak.
(und Fuji heißt es auf Japanisch, wenn man stirbt...)

Der Papst lebt im Vakuum.
(schön wäre es!)

In Frankreich hat man die Verbrecher früher mit der Gelatine hingerichtet.
(das tat wenigstens nicht so weh)

Mein Papa ist ein Spekulatius. Der verdient ganz viel Geld an der Börse.
(Vor allem an Weihnachten...)

Bei uns dürfen Männer nur eine Frau heiraten. Das nennt man Monotonie.
(Frustrierend, wenn schon die Zweitklässler so denken...)

Bei uns hat jeder sein eigenes Zimmer. Nur Papi nicht, der muss immer bei Mami schlafen.
(ein schlimmes Schicksal!)

Die Fische legen Leichen ab, um sich zu vermehren.
(Bäh, wie viele Leichen mögen wohl in einem See liegen?)

Gartenzwerge haben rote Mützen, damit sie beim Rasenmähen nicht überfahren werden.
(Klingt auch logisch!)

Männer können keine Männer heiraten, weil dann keiner das Brautkleid anziehen kann.
*(wie schade aber auch *hach*)*

Eine Lebensversicherung ist das Geld das man bekommt, wenn man einen tödlichen Unfall überlebt.
(Stimmt genau! Und diese Leute leben dann meist unter einem anderen Namen in Brasilien oder so!)

Am Wochenende ist Papa Sieger bei der Kaninchenschau geworden.
(Was für ein toller Papa!)

Meine Eltern kaufen nur das graue Klopapier, weil das schon mal benutzt wurde und gut für die Umwelt ist.
(lecker!)

Eigentlich ist adoptieren besser. Da können sich die Eltern ihre Kinder aussuchen und müssen nicht nehmen, was sie bekommen.
(Bei Haustieren geht das schließlich auch.)

Adam und Eva lebten in Paris.
(Da ist es ja auch sehr, sehr schön!)

Unter der Woche wohnt Gott im Himmel. Nur Sonntag kommt er in die Kirche.
(Aber immer diese Qual der Wahl bei den vielen Kirchen...)

Mein Bruder ist vom Baum gefallen und hatte eine Gehirnverschüttung.

Bildung

Die Nordhalbkugel dreht sich entgegengesetzt zur Südhalbkugel.
(Das muss am Äquator echt witzig aussehen...)

Kühe dürfen nicht schnell laufen, damit sie ihre Milch nicht verschütten.
(wie süß!)

Regenwürmer können nicht beißen, weil sie vorne und hinten nur Schwanz haben.
(Auch das klingt verdammt logisch!)

Ein Pfirsich ist wie ein Apfel mit Teppich drauf.

Wenn man kranke Kühe isst, kriegt man ISDN.
(Und was muss man essen, um endlich DSL zu bekommen?)

Die Fischstäbchen sind schon lange tot. Die können nicht mehr schwimmen.
(Doch, im Fett!)

Ich bin zwar nicht getauft, dafür aber geimpft.
(Das soll auch viel besser helfen.)

Nachdem die Menschen aufgehört haben, Affen zu sein, wurden sie Ägypter.
(DAS wusste ich noch nicht!)

In Leipzig haben viele Komponisten und Künstler gelebt und gewürgt.
(So hässlich ist Leipzig auch mal wieder nicht.)

Der Zug hielt mit kreischenden Bremsen und die Fahrgäste entleerten sich auf den Bahnsteig.
(War wohl dringend nötig nach der Fahrt...)

Alle Welt horchte auf, als Luther 1517 seine
95 Prothesen an die Schlosskirche zu Wittenberg schlug.
(Das glaub ich allerdings auch.)

Graf Zeppelin war der erste, der nach verschiedenen Richtungen schiffte.
(Nur kein Neid!)

In Lappland wohnen 2 Sorten Menschen. Die reichen Lappen fahren im Rentiergespann, die armen Lappen gehen zu Fuß. Daher der Name Fußlappen. Auch wohnen dort die Menschen sehr dicht zusammen. Daher das Sprichwort: Es läppert sich zusammen.

Der Frühling ist der erste der 4 Jahreszeiten. Im Frühjahr legen die Hühner Eier und die Bauern Kartoffeln.
(igitt, nie wieder Kartoffeln!)

Vom Onkel wurde das Schwein in die Scheune gebracht und dort kurzerhand mit dem Großvater geschlachtet.
(wenn er schon gerade dabei ist...)

Vor 8 Tagen setzte sich meinem Vater ein zahmer Distelfink auf den Kopf. Dieser befand sich gerade auf dem Weg zur Arbeitsstelle.
(Aber es gibt immer noch 4,8 Mio. arbeitslose Distelfinken.)

Bildung

Als unser Hund nachts zu bellen anfing, ging meine Mutter hinaus und stillte ihn. Die Nachbarn hätten sich sonst aufgeregt.
(Ich glaub, jetzt haben sie sich erst recht aufgeregt.)

Vor 14 Tagen gab es in der Wirtschaft meiner Tante eine Schlägerei wegen einer Kellnerin, die sich auf der Straße fortpflanzte.
(Das tut man ja auch nicht!)

Meine Tante hatte so starke Gelenkschmerzen, dass sie die Arme kaum über den Kopf heben konnte. Mit den Beinen ging es ihr ebenso.
(Ok, dann habe ich auch Gelenkschmerzen.)

Vorigen Sonntag kam mein Vater sehr spät nach Haus. Er hatte sich im Stadtpark vergangen.
(Solche Aussagen können evtl. unter Umständen zu Problemen führen.)

Die Eiskunstläuferin drehte ihre Pirouetten, dabei hob sich ihr Röckchen im eigenen Wind.
(Ups, aufgefallen…)

Die Menschen wurden früher nicht so alt, obwohl sie weniger Verkehr hatten.
(Oh Mist. Dann werde ich wohl überhaupt nicht alt…)

Ein Kreis ist ein rundes Quadrat.
(So kann man das natürlich auch sehen.)

Die Erde dreht sich 365 Tage lang jedes Jahr. Alle vier Jahre braucht sie dazu einen Tag länger, und das ausgerechnet immer im Februar. Warum weis ich nicht. Vielleicht weil es im Februar immer so kalt ist und es deswegen ein bisschen schwerer geht.

Meine Schwester ist sehr krank. Sie nimmt jeden Tag eine Pille. Aber sie tut das heimlich, damit sich meine Eltern keine Sorgen machen.

Eines der nützlichsten Tiere ist das Schwein. Von ihm kann man alles verwenden, das Fleisch von vorn bis hinten, die Haut für Leder, die Borsten für Bürsten und den Namen als Schimpfwort.

Tiertheorien:
Viele Hunde gehen gern ins Wasser. Manche leben sogar immer dort, das sind Seehunde.

Alle Fische legen Eier. Die russischen sogar Kaviar.

Der Tierpark ist toll. Da kann man Tiere sehen, die gibt's gar nicht.

Wir gingen mit unserer Lehrerin im Park spazieren. Gegenüber dem Park war ein Haus, wo die Mütter ihre Kinder gebären. Eine Gebärmutter schaute aus dem Fenster und winkte uns zu.
(Das stell ich mir irgendwie komisch vor.)

Bildung

Höhe des Wolkenkratzers...

Die folgende Begebenheit erzählt von einer Prüfungssituation anlässlich eines Physikexamens an der Universität von Kopenhagen.

Die Prüfungsfrage lautete: "Beschreiben Sie, wie die Höhe eines Wolkenkratzer mit Hilfe eines Barometers bestimmt werden kann." Einer der Studenten antwortete:
"Sie binden ein langes Stück Schnur am oberen Ende des Barometers fest und senken anschließend das Barometer vom Dach des Hochhauses vorsichtig zur Erde. Die Länge der Schnur plus die Länge des Barometers ergibt dann die Höhe des Gebäudes."

Diese höchst originelle Antwort verärgerte den Prüfer dermaßen, dass er den Studenten sofort durch die Prüfung fallen ließ. Der jedoch berief sich darauf, dass seine Antwort doch unbestreitbar richtig sei, woraufhin die Universität einlenkte und einen unabhängigen Schiedsrichter bestellte, welcher den Fall entscheiden sollte. Der Schiedsrichter urteilte, dass die Antwort zwar durchaus korrekt sei, jedoch kein erkennbares Wissen aus der Physik wiedergebe. Um jedoch in diesem Fall endlich zu einer Lösung zu gelangen, entschied man, den Studenten noch einmal hereinzurufen, um ihm innerhalb von sechs Minuten die Gelegenheit zu geben, mündlich eine Antwort zu liefern, die wenigstens ein Minimum an Vertrautheit im Umgang mit den Grundprinzipien der Physik erkennen lassen würde. Fünf Minuten lang saß der Student einfach nur da und runzelte gedankenversunken die Stirn, bis der ungeduldig wartende Prüfer ihn schließlich daran erinnerte, dass seine Zeit nahezu abgelaufen sei, woraufhin der Student entgegnete, dass er zwar mehrere, extrem in Betracht kommende Antworten gefunden hätte, sich jedoch noch nicht entscheiden könne, welche er davon verwenden solle.

Da aber Eile geboten war, entschloss er sich wie folgt zu antworten: "Erstens: Sie können das Barometer mit auf das Dach des Gebäudes nehmen und es von der Dachkante herunterfallen lassen und dabei die Zeit messen, die es benötigt, bis es auf dem Boden aufprallt. Die Höhe des Gebäudes kann von der Formel H = 0,5g x t Quadrat abgeleitet werden. Jedoch ist diese Variante äußerst ungünstig für das Barometer.
Oder zweitens: Wenn die Sonne scheinen sollte, können Sie zunächst die Höhe des Barometers messen, setzen dann das Barometer mit dem einen Ende auf dem Boden auf und messen den Schatten, den es wirft. Danach messen Sie die Länge des Schattens, den der Wolkenkratzer verursacht. Jetzt ist nur noch eine einfache proportionale Rechnung, um daraus die Höhe des Gebäudes abzuleiten.
Wollen Sie jedoch höchst wissenschaftlich vorgehen, dann binden Sie drittens ein kurzes Stück Schnur an das Barometer und bringen es wie ein Pendel zum Schwingen. Dies machen Sie zuerst auf dem Boden und danach auf dem Dach des Gebäudes. Die Höhe ergibt sich dann aus dem Unterschied in der Gravitationskraft.
Oder aber viertens: wenn das Gebäude an der Außenseite eine Feuertreppe haben sollte, dann braucht man diese einfach nur nach oben zu steigen und jeweils in der Länge des Barometers Markierungen anzubringen. Am Ende werden diese dann einfach addiert und man erhält daraus die Gesamthöhe des Gebäudes.
Die bei weitem langweiligste und gewöhnlichste Variante wäre die fünfte: mit dem Barometer erst auf dem Dach, dann auf dem Boden den Luftdruck messen und die Differenz aus Millibars in Zentimeter umwandeln.
Da wir aber konstant dazu ermahnt werden, uns in der Unabhängigkeit des Denkens zu üben und wissenschaftliche Methoden anzuwenden, würde es sechstens zweifelsohne das beste sein, einfach an der Tür des Hausmeisters zu klopfen, und zu ihm zu sagen: 'Wenn Sie ein hübsches neues Barometer möchten, dann will ich Ihnen gerne dieses hier schenken, aber nur wenn Sie mir die exakte Höhe des Gebäudes verraten.'"

Bei dem Studenten handelte es sich um Niels Bohr, dem einzigen Dänen, der bislang einen Nobelpreis in Physik gewonnen hat.

Bildung

Der Idioten-Test

1) Wenn du um 8.00 Uhr schlafen gehst und den Wecker so gestellt hast, daß du um 9.00 Uhr geweckt wirst, wie lange hast du dann geschlafen?
2) Gibt es in England den 3. Oktober?
3) Einige Monate haben 31 Tage, einige 30. Wie viele haben 28?
4) Wie viele Geburtstage hat ein Mensch?
5) Ein Bauer hat 16 Schafe. Alle sterben - außer 9. Wie viele bleiben übrig?
6) Ist es in Rußland erlaubt, daß ein Mann die Schwester seiner Witwe heiratet?
7) Was war am 6.12.1959?
8) Berlin schreibt man am Anfang mit B und hinten mit h. Stimmt das?
9) Ein Segelflugzeug fällt genau auf die Grenze. Wer bekommt den Motor?
10) Welche Tiere nahm Moses mit auf seine Arche?
11) Bekommt ein Nachtwächter, wenn er am Tage stirbt, Rente?
12) Ein Arzt gibt dem Patienten 3 Tabletten und sagt: "Nehmen Sie alle halbe Stunde eine". Wie lange reichen sie aus?
13) Teile 30 durch 1/2 und zähle 10 dazu. Was kommt raus?
14) Du bist Busfahrer. An der 1. Haltestelle steigen 5 Leute ein. An der 2. Haltestelle 3 ein und 2 aus. An der 3. steigen 4 ein und 3 aus. An der 4. steigen 2 ein und 3 aus. Wie alt ist der Busfahrer?
15) Wie oft kannst du 1 von 10 abziehen?
16) Welche Worte stehen auf dem Rand eines 2 Mark-Stückes?
17) Was kannst du nicht mit deiner rechten Hand anfassen?
18) Du hast ein Streichholz in einer Streichholzschachtel und kommst in einen dunklen Raum, in dem nichts weiter steht als ein Ofen, ein Kamin und eine Kerze. Was zündest du zuerst an?
19) Kann ein Mann in New York leben und in London begraben sein?
20) Ein Bulle steht auf einer Staatsgrenze. Wer darf ihn melken?
21) Ein Archäologe behauptet, eine Münze mit folgender Inschrift gefunden zu haben "46 vor Christus". Stimmt das?
22) Eine elektrische Eisenbahn fährt nach Süden. In welche Richtung weht der Rauch?
23) Ich bin nicht dein Vater, aber du bist mein Sohn. Wer sagt das?
24) Was ist schwerer: 1 Zentner Eisen, 1 Zentner Blei, 1 Zentner Federn?

Lösung:

1) 1 Stunde 2) Ja 3) alle 4) 1 5) 9 6) Nein, denn er ist tot 7) Nikolaus 8) ja, Berlin schreibt man vorne mit B, und das Wort hinten mit h 9) keiner, ein Segelflugzeug hat keinen Motor 10) es war nicht Moses, sondern Noah 11) nein, denn er ist tot 12) 1 Stunde 13) 70 14) Dein Alter 15) 1 mal 16) Einigkeit und Recht und Freiheit 17) deine rechte Hand 18) das Streichholz 19) nein, entweder tot oder lebendig 20) einen Bullen kann man nicht melken 21) nein, man konnte ja nicht wissen, daß Christus geboren wurde 22) eine elektrische Eisenbahn produziert keinen Rauch 23) die Mutter 24) ein Zentner bleibt ein Zentner

Bewertung:
0 Fehler sehr gut
1 - 2 Fehler: intelligent
3 - 4 Fehler: gut
5 - 6 Fehler: grade noch gut
7 - 8 Fehler: leicht bekloppt
9 - 11 Fehler: Idiot/in
12 - 15 Fehler: Vollidiot/in
16 - 23 Fehler: total verblödet :-)

Bildung

Als der Kleine sagte "Die Stiefel sind ja am falschen Fuß!", schluckte die Kindergärtnerin ihren Anflug von Ärger runter und schaute ungläubig auf die Füße des Kleinen. Aber es war so: links und rechts waren tatsächlich vertauscht.

Nun war es für die Kindergärtnerin ebenso mühsam wie beim ersten Mal, die Stiefel wieder abzustreifen. Es gelang ihr aber, ihre Fassung zu wahren, während sie die Stiefel tauschten und dann gemeinsam wieder anzogen, ebenfalls unter heftigem Zerren und Ziehen.

Als das Werk vollbracht war, sagte der Kleine: "Das sind nicht meine Stiefel!"

Dies verursachte in ihrem Inneren eine neuerliche, nun bereits deutlichere Welle von Ärger und sie biss sich heftig auf die Zunge, damit das hässliche Wort, das darauf gelegen hatte, nicht ihrem Mund entschlüpfte.

So sagte sie lediglich: "Warum sagst du das erst jetzt?" Ihrem Schicksal ergeben kniete sie sich nieder und zerrte abermals an den widerspenstigen Stiefeln, bis sie wieder ausgezogen waren. Da erklärte der Kleine deutlicher: "Das sind nicht meine Stiefel, sie gehören meinem Bruder. Aber meine Mutter hat gesagt, ich muss sie heute anziehen, weil es so kalt
ist."

In diesem Moment wusste sie nicht mehr, ob sie laut schreien oder still weinen sollte. Sie nahm nochmals ihre ganze Selbstbeherrschung zusammen und stieß, schob und zerrte die blöden Stiefel wieder an die kleinen Füße.

Fertig.

Dann fragte sie den Jungen erleichtert: "Okay, und wo sind deine Handschuhe?"

Worauf er antwortete: "Ich hab sie vorn in die Stiefel gesteckt."

* * * * *

Eine Lehrerin zu ihrer Klasse:
"Es sitzen sechs Vögel auf einem Ast. Einer wird vom Jäger abgeschossen. Wie viele bleiben?"

Hansi meldet sich und wird aufgerufen: "Keiner, da alle anderen erschrocken weggeflogen sind."

Die Lehrerin: "Gut gesagt - deine Art zu denken gefällt mir!"

Daraufhin fragt Hansi die Lehrerin: "Es sitzen drei Frauen im Eiscafe. Die erste Frau schleckt das Eis, die zweite löffelt das Eis und die dritte Frau saugt es. Welche von diesen Frauen ist verheiratet?"

Die Lehrerin mit knallrotem Gesicht: "Äh... ich glaube, es ist die Frau, die am Eis saugt!"

Hansi: "Nein, Frau Lehrerin, es ist die Frau mit dem Ehering am Finger - aber Ihre Art zu denken gefällt mir!"

Bildung

Das beste aus der Bravo

Wachse ich nach dem Sex nicht mehr?
RACHEL, 15: Ich habe seit einem halben Jahr einen Freund, und allmählich wollen wir auch miteinander schlafen. Doch da gibt es ein Problem, das mich sehr bedrückt. Als ich nämlich mit meiner Freundin darüber sprach sagte sie, dass sich der Körper nach dem ersten Mal nicht weiterentwickelt. Davor habe ich Angst, denn meine Figur ist noch sehr kindlich. Wenn das stimmt, würde es auch meine Mutter bemerken. Das will ich auf keinen Fall.

Eine interessante Theorie, so stoppt man also den Alterungsprozess!

Ich war noch nie so richtig high
CAROLINE, 17: Vor acht Monaten schlief ich zum ersten Mal mit meinem Freund. Aber ich habe noch nie einen Orgasmus erlebt. Ich hatte zwar oft ein super Gefühl, aber ich war noch nie so richtig high. Manche Mädchen schreien doch dabei, verlieren sogar sekundenlang das Bewusstsein. Oder ist das nicht die Norm?

Bewusstlosigkeit beim Sex? - Aha, ich dachte immer die wären dabei eingeschlafen. Danke Caroline!

Mein Penis hüpft auf und ab
MANUEL, 13: Ich habe was Komisches an mir entdeckt und weiß nicht, ob es in Ordnung ist. Vor kurzem habe ich versucht mich Selbst zu befriedigen. Dabei hüpfte mein Penis im steifen Zustand eine ganze Weile von selber auf und ab. Dann kam eine wässrige Flüssigkeit heraus. War das ein Samenerguss? Und wieso bewegt sich mein Penis selbst?

Manuel, er nickt doch nur weil es ihm gefällt!

Zu jung für Petting?
KATI, 14: Mein Freund (14) ist total süß und lieb. Wir sind sehr offen zueinander und reden über alles. Wir haben schon viel ausprobiert. Zum Beispiel berühren wir uns überall. Manchmal liegen wir auch ausgezogen übereinander und bewegen uns wie beim Geschlechtsverkehr. Das geht oft so lange, bis mein Freund einen Samenerguss bekommt. Ich habe manchmal ein bisschen Angst, denn ich habe ja auch schon meine Regel.
Richtig tun wollen wir 'es' erst so mit 16 oder 17 Jahren. Jetzt würde uns interessieren, ob das okay oder in unserem Alter irgendwie schädlich ist.

Wirklich interessant, was die Jugend heut so in ihrer Freizeit tut. Richtig würde ich es an Eurer Stelle noch nicht tun, da hört man auf zu wachsen, kann ohnmächtig werden und kriegt einen krummen Rücken. Haben Eure Eltern Euch das noch nicht erzählt??

Kann ich mich an einem Glas mit AIDS anstecken?
BIANCA, 12: Mich beschäftigt eine Frage zum Thema AIDS. Die Jungs und Mädchen in meiner Klasse trinken manchmal aus demselben Glas oder gleichen Flasche. Kann man sich dadurch nicht auch anstecken? Und wie ist das beim Küssen?

Liebe Bianca, Dein Brief hat mich ja schockiert. Haben Deine Mitschüler echt alle AIDS? Bist Du etwa in einer Schule für Frühreife? Sollte es bei Dir noch nicht zu spät sein, wechsle die Schule!

Bildung

Es riecht nach Fisch
EVA, 15: Seit längerer Zeit sind auf meinen Schamlippen so komische Pickel. Sie gleichen denen, die man manchmal auf der Zunge hat. Ist das was Krankhaftes? Wenn ich meine Tage habe, riecht das Menstruationsblut fürchterlich nach Fisch. Hat das vielleicht mit diesem Ausschlag zu tun? Außerdem sind meine beiden Schamlippen lang und schrumplig. Die linke ist sogar länger als die rechte. Das sieht echt eklig aus.

Also das ist wirklich eklig, ich kann gar nix dazu sagen *würg*...

Meine Scheide sieht anders aus
KARIN, 13: Aus meiner Scheide hängen zwei dicke Hautlappen heraus. Ich kann mir nicht vorstellen, dass das normal ist. Bei meiner Freundin, die ich schon mal nackt gesehen habe, ist mir das nicht aufgefallen. Ich habe Angst, dass ich Probleme bekomme, wenn ich später mal mit einem Jungen schlafen will. Tampons kriege ich auch nicht in meine Scheide. Ich habe es schon ein paar Mal vergeblich versucht. Kann ein Arzt so was operieren?

Du solltest Dich mal mit Eva (15) in Verbindung setzen, vielleicht kann sie Dir ja helfen. Was das Tampon-Problem betrifft: Die kommen längs rein und immer nur einer!

Kondome in Sondergrößen
MANUELA, 15: Ich habe einen Freund, mit dem ich auch regelmäßig schlafe. Ich nehme die Pille, er zusätzlich ein Kondom. Wir haben aber ein Problem dabei. Weil der Penis meines Freundes recht groß und dick ist, hat er Schmerzen beim Geschlechtsverkehr. Das Kondom ist zu eng und passt auch nicht in der Länge. Es ist schon passiert, dass das Kondom geplatzt ist. Bei der Anwendung machen wir bestimmt nichts falsch. Gibt es Kondome in Sondergrößen?

Das Kondom ist zu eng und zu kurz und platzt beim Gebrauch? Ja, das kenn ich. ist man erst mal in dem Scheißding drin, fällt einem das Atmen schwer und kaum holt man mal tiefer Luft, platzt es. Außerdem spannt es im Gesicht. Vielleicht sollte Dein Freund das nächste Mal erst mit den Füßen in das Präservativ (Anmerkung: das heißt auch Kondom) steigen und nicht wie sonst mit dem Kopf voran.

Wie kann man den Höhepunkt vortäuschen?
BEATE, 15: In meiner Clique reden die Mädchen viel über Sex. Kürzlich haben sie sich darüber unterhalten, dass man einen Orgasmus vortäuschen kann. Aber keine hat genau gewusst, wie man das macht. Können Sie es uns sagen?

Also ich könnte da eher den männlichen Lesern helfen, aber die Sache mit dem warmen Joghurt ist ja eigentlich ziemlich bekannt. Dir Beate kann ich nur sagen, wenn ihr irgendwann mal im Cliquen-Kreis die Vortäuschung eines Orgasmus übt, ruft mich an, da möcht' ich dabei sein!

Pickel am Penis durch Orgasmus?
JAN, 13: Seit längerer Zeit habe ich gelbliche Pickel am Penis. Wenn ich sie aufdrücke, kommt ein eitriges Zeug heraus, das eklig riecht. Kann das vielleicht davon kommen, weil ich fast täglich onaniere? Ich kriege dann nämlich schon nach ein paar Sekunden einen Orgasmus. Ein Freund von mir sagt, das seien sogenannte Orgasmuspickel, ich müsse auf jeden Fall zum Arzt gehen. Davor habe ich aber schreckliche Angst.

ORGASMUSPICKEL...... *muahahahaha*

Bildung

Sind zwei Kondome sicherer?
SANDRA, 14: Ich bin sehr gespannt auf mein erstes Mal. Aber ich habe panische Angst vor einer ungewollten Schwangerschaft. Die Pille möchte ich noch nicht nehmen. Also bleibt das Kondom. Kann man nicht zwei oder drei Kondome übereinander ziehen, damit nichts daneben geht? Meine Freundin sagt jedoch, dass dann der Penis nicht mehr in die Scheide passt. Stimmt das?

Klar kann man mehrere Kondome übereinander ziehen, wenn's regnet zieh ich auch zwei paar Gummistiefel übereinander. Was Deine Freundin sagt stimmt, deswegen solltest Du nicht Opas Leinenkondome benutzen.

Der Tampon ist in meiner Scheide verschwunden
NICOLE, 13: Seit einiger Zeit nehme ich Tampons. Als ich den Tampon, den ich vor fünf (!!!!!) Tagen eingeführt hatte, wieder herausholen wollte, ist das Band abgerissen. Ich bekomme den Tampon nicht mehr aus meiner Scheide heraus. Ich habe das Gefühl, dass er sogar immer weiter hinein rutscht. Was soll ich tun? Ist es schädlich, wenn der Tampon in meinem Körper bleibt? Oder löst er sich irgendwann selbst auf?

Ja, ja, genau so war es auch bei meinem Gewehr das ich bei der Bundeswehr reinigen wollte, ich zog am Faden und er riss. Der Reinigungsdocht blieb im Lauf. Mein Unteroffizier meinte es wäre gefährlich, wenn der Docht im Lauf bliebe, deswegen hat er ihn ja dann auch rausgeholt. Ich kann Dir also nur das gleiche raten - Wende Dich an meinen Unteroffizier!

War das ein Orgasmus?
JANINE, 12: Mit meiner Freundin habe ich neulich über Selbstbefriedigung gesprochen. Zu Hause versuchte ich es nachzumachen, woran ich mich erinnerte. Ich hatte schnell so ein komisches Gefühl in der Scheide. Als ich weitermachte, wurde dieses Gefühl stärker, ich musste unwillkürlich dabei stöhnen. Und auf einmal zuckte ich zusammen. Dann war alles vorbei. War das wirklich ein Orgasmus oder nur Einbildung?

Also erst mal: Hättest Du Dir was zu Schreiben zu Deiner Freundin mitgenommen, hättest Du sicher noch mehr probieren können und zusammengezuckt bist Du nur, weil Du Dich erschrocken hast, als Papa in Deinem Zimmer stand. Aber mach Dir nichts draus, es ist ganz normal für ein Mädchen in Deinem Alter, sich in einer solchen Situation zu erschrecken.

Tut es auch dem Jungen weh?
LUKAS, 15: Ich habe noch keinen Geschlechtsverkehr gehabt und möchte deshalb wissen, wie das so abläuft. Tut es auch dem Jungen weh, wenn er zum ersten Mal mit einem Mädchen schläft? Ist es schwer das Jungfernhäutchen zu durchstoßen? Soll der Junge besser versuchen, dem Mädchen zuerst mit den Fingern in die Scheide zu gehen? Wie ist das eigentlich, verwendet das Mädchen nach dem ersten Mal einen größeren Tampon?

Also, es braucht schon eine ganzschöne Kraftanstrengung das Jungfernhäutchen zu durchstoßen, würde Mann sonst stöhnen? Was willst Du mit den Fingern in der Scheide? - Das Jungfernhäutchen erst suchen? Größere Tampons nach dem ersten Sex? - Nein, das Mädchen rollt sich dann die Binde...

Bildung

Ein Treffer in die Hoden
STEFAN, 14: Kürzlich bekam ich beim Fußballspielen einen Treffer ganz dicht neben meine Hoden. Jetzt hab ich richtig Angst vor dem nächsten Spiel. Es muss doch höllisch wehtun, wenn der Ball direkt die Hoden trifft. Kann man sich davor schützen?

Du brauchst doch keine Angst haben, Stefan. Sollte Dich beim nächsten Spiel der Ball echt in die Hoden treffen, dann wirst du halt nicht Fußballer sondern kommst in den Knabenchor. Musiker sind eh besser bezahlt als Fußballer.

Tampon als Verhütungsmittel
JUDITH, 15: Mir ist was Schlimmes passiert. Ich habe mit meinem Freund während meiner Tage geschlafen. Denn er sagte, der Tampon sei ein gutes Verhütungsmittel, weil er das Sperma aufsaugt. Doch hinterher fand ich den Rückholfaden des Tampons nicht mehr. Der Tampon ist noch immer in meiner Scheide! Ich weiß nicht was ich tun soll. Mein Freund sagt, ihn ginge das nichts an.

Also, Dein Freund sollte mal das aufgeweichte Brötchen aus seinem Kopf nehmen! An dieser Stelle noch einmal: Es scheint ja, das so was mit den Tampons die nicht mehr raus wollen öfters passiert. Nicht das Ende mit dem Faden zuerst rein sondern andersherum. Am besten ihr knotet an das Ende des Fadens irgendwas (z.B. ein kleines Plüschtier) dann kann er nicht mehr verschwinden. Ansonsten kann ich wieder nur an meinen Unteroffizier verweisen.

Wie lange halten Kondome?
LILLI, 15: Meine Freundin und ich haben uns nur so aus Scherz ein Kondom gekauft. Wir wollten mal sehen, wie sich das anfühlt. Können wir eigentlich die Kondome aufheben und sie vielleicht erst nach ungefähr einem Jahr benutzen? Oder sind sie nach einer bestimmten Zeit nicht mehr sicher?

Wenn ihr keine Löcher rein gemacht habt (das ist wichtig!), sie wieder ordentlich zusammenrollt und in die Verpackung tut, könnt ihr sie aufheben und irgendwann benutzen. Das habt ihr aber nicht von mir gehört!

Bildung

Brief einer Studentin an ihre Eltern

Liebe Mama, Lieber Papa,

ich hoffe, daß Ihr bequem sitzt. Wenn Ihr noch nicht sitzen solltet, tut dies jetzt, glaubt mir, es ist besser so. Leider habe ich lange nichts mehr von mir hören lassen, und es tut mir auch schrecklich leid. Es ist aber so viel passiert in der letzten Zeit, daß ich wirklich keine Zeit hatte zum Schreiben. Nun aber, in der Ruhe und Abgeschiedenheit des Krankenhauses, und nachdem die Behandlung in der Intensivstation abgeschlossen ist, ist das etwas anderes. Unglücklicherweise tut mir die Hand noch ein wenig weh, aber das ist bei einem Sprung aus dem zweiten Stockwerk auch nicht verwunderlich. Eigentlich sind die Schmerzen ja erträglich, jedenfalls lange nicht so stark wie in dem einen Bein, daß ich zum Glück noch habe. Wahrscheinlich kann ich auch nicht an der Gerichtsverhandlung teilnehmen, in der entschieden werden soll, ob die Versicherung Recht hat und ich für die einhunderttausend Mark haften muß, die durch den Zimmerbrand entstanden sind. Mein Anwalt sagt aber, daß die Versicherung keine Chance hat zu gewinnen, denn wegen des Blutalkoholgehaltes von 3.7 Promille wird der Richter wohl auf nicht zurechnungsfähig entscheiden. Mein Freund wird mir das aber alles berichten, er wird zusammen mit dem Dolmetscher vor Gericht vertreten sein, der ihm alles ins Arabische übersetzt. Der Anwalt hofft, daß mein Freund und ich als werdende Eltern nicht ins Gefängnis müssen. Inzwischen habe ich auch eine andere Universität gefunden, in der man nicht gleich bestraft wird, weil man ein wenig Hasch oder Heroin verkauft. Leider ist sie für mich mit den öffentlichen Verkehrsmitteln nicht gut zu erreichen, aber in einem Jahr wird sich das wieder geregelt haben, wenn ich meinen Führerschein auf Bewährung zurückerhalte. Ihr könnt Euch gar nicht vorstellen, wie viel Ärger man hat, nur weil man ursächlich bei einer Massenkollision dabei war. Zum Beispiel zahlt die Versicherung nicht für den Totalschaden an Papas Auto. Der Porschefahrer will aber seine Klage zurückziehen, wenn Ihr ihm den neuen Wagen bezahlt.

Liebe Eltern, nun aber zum eigentlichen Grund meines Briefes. Vorher muß ich aber richtigstellen, daß ich weder im Krankenhaus noch von einem Araber schwanger bin. Auch nehme ich keine Drogen oder Alkohol, die Universität habe ich auch nicht wechseln müssen. Aber durch das Vor-Diplom bin ich gefallen... und ich wollte nur, daß Ihr das im richtigen Verhältnis seht.

Ich habe Euch beide lieb

Bildung

Intelligenztest

Der folgende Intelligenztest geht sehr schnell und wird für die meisten Teilnehmer ein verblüffendes Ergebnis bringen. Bitte nicht schummeln, ich verspreche, dass der Test keine Falle enthält.

Lies bitte den folgenden Text:

FINISHED FILES ARE THE

RESULT OF YEARS OF SCIENTIFIC

STUDY COMBINED WITH THE

EXPERIENCE OF YEARS.

Bitte zählt jetzt laut die in diesem Text vorkommenden Buchstaben "F".

Bitte zählt NUR EIN MAL ohne anzuhalten und ohne von vorne zu beginnen.

Wie viele "F"s hast du gefunden?

Auflösung weiter unten....

- - - - - - -

Der Satz enthält sechs Mal den Buchstaben "F".

Personen durchschnittlicher Intelligenz finden 3.

Findest Du 4, bist Du von überdurchschnittlicher Intelligenz

Findest Du 5, kannst Du Dir etwas darauf einbilden,

hast Du alle 6 entdeckt, bist Du wirklich ein Genie.

Es ist erstaunlich, aber die allermeisten Menschen übersehen das "F" im Wort "OF", das 3 Mal vorkommt.

Bildung

Menstruationszyklus und Verhütung

Auszüge aus einem Biologietest vom 18. März 2002 einer Hauptschule in NRW, 8. Klasse Durchschnittsalter etwa 14 Jahre ... und somit durchaus im fortpflanzungsfähigen Alter!!!

Thomas:
Der Eisprung ist zwischen dem 14. und 18. Tag der Periode und man kann dann nicht schwanger werden. Wenn man schon Jahre nicht mehr miteinander geschlafen hat, dann kann man während des Eisprungs schwanger werden! Genau im Eisprung dann ist die Zeit, in der man mit Sicherheit unfruchtbar ist. Bevor man miteinander schläft muss man die Pille schlucken, so dass der Körper denkt man ist schon schwanger dann nimmt der Körper ja auch keine neuen Samen auf.

Ah ja, interessante Theorie....

Natalia:
Wenn man jung ist und will sich *Destillieren* (!?!) lassen und dann später doch noch ein Kind haben will, dann ist es zu spät.

ich dachte immer dass die Destillation mit den Glückshormonen zusammenhängt...

Roman:
Im Kopf ist das Glückshormon, das den Menstruationszyklus steuert. Das heißt wenn eine Frau für längere Zeit überglücklich ist, ist auch immer ein Ei in der Gebärmutterschleimhaut vorhanden.

also "glücklich" würd' ich den Zustand nicht gerade beschreiben.

Janine:
Der Eisprung ist der erste Tag der Periode. Das Ei wandert von links nach rechts. Das Diaphragma ist nur für den Mann. *Kolutus Inspiritus* ist auf keinen Fall sicher.

Inspiritus....? Schlafzimmer anzünden verhindert bestimmt auch Schwangerschaften!

Andreas:
Die Spirale ist nur geeignet, wenn die Frau schon ihren Familienwunsch abgeschlossen hat.

Ah ja...

Samantha:
Ein Diaphragma ist nicht sicher, weil es *Pysiken* hat. Und es ist nur für Männer.

Bitte was?!

Emrah:
Die Pille ist für die weiblichen Wesen geeignet. Die Pille ist auch ein einfaches und unfühlsames *Verhüttungsmittel*. Die Spirale ist sehr sicher, aber es ist nicht sehr erotisch. Die Spirale ist auch sehr unangenehm.

Seid ihr euch eigentlich sicher über was ihr da schreibt???

Bildung

Michael:
Warum ist der Menstruationszyklus hormongesteuert? Weil die Natur es so vorgesehen hat und die Frau es sowieso nicht steuern kann, übernehmen die Hormone das.

Ja, ja, die sind schon richtig schlau, diese Hormone!!!

Stefan:
Das Ei wandert da in den Eileiter und da bleibt das auch. Und wenn man das so seht ist alles so in Periodenzeit. Die Temperaturmethode ist nicht so gut für die Frauen, weil junge Mädchen immer eine unregelmäßige Temperatur haben.

das stimmt wirklich!

Sofia:
Sperma abtötende Cremes und *Destinisation* sind unsicher und schützen vor gar nichts. Da kriegt man nur Krankheiten von.

und man wird von Destinisation sogar erst recht schwanger!!!

Alex:
Wie funktioniert die Anti-Baby-Pille? Eigentlich genau wie die Pille, nur ist die Pille etwas sicherer.

hoffentlich gibt es NIE eine Pille für den Mann!

Robert:
Beim Eisprung geht das Ei von einem in den anderen Eierstock.

Ach so? Und dann???

Nadine:
Die Anti-Baby-Pille wird vor dem Geschlechtsverkehr geschluckt. Man sollte etwas warten - etwa 10 Minuten - bis man Geschlechtsverkehr hat. Eine *Sterallisierung* ist nicht gut für junge Leute. *Kontius Impacktus* ist sehr unsicher.

bei dir sollte man mit der Sterallisierung eine Ausnahme machen!

Patrick:
Die Vorher-Rauszieh-Methode ist sehr unsicher weil vorher der Lusttropfen losgeht und der kann auch schwängern. Was auch nicht gut ist ist das kastrieren. Die Pille täuscht eine Schwangerschaft vor und wenn man sie absetzt denkt der Körper: oh scheiße ich wurde verarscht.

das gleiche denk' ich gerade auch...

Bildung

Suzuki

Die Klassenlehrerin stellt der Klasse einen neuen Schüler vor, Sakiro Suzuki (der Sohn des Verwaltungsratspräsidenten von Sony USA). Die Stunde beginnt.

Klassenlehrerin:

"Mal sehen, wer die amerikanische Kulturgeschichte beherrscht, wer hat gesagt:

"GEBT MIR DIE FREIHEIT ODER DEN TOD."

Mäuschenstill in der Klasse - Suzuki hebt die Hand: "Patrick Henry 1775 in Philadelphia."

"Sehr gut Suzuki."

"Und wer hat gesagt: Der Staat ist das Volk, das Volk darf nicht untergehen."

Suzuki steht auf: "Abraham Lincoln 1863 in Washington." Die Klassenlehrerin schaut auf ihre Schüler und sagt: "Schämt Euch, Suzuki ist Japaner und kennt die amerikanische Geschichte besser als ihr."

Man hört eine leise Stimme aus dem Hintergrund: "Leckt mich am Arsch ihr Scheissjapaner." - "Wer hat das gesagt?" ruft die Lehrerin. Suzuki hebt die Hand und ohne zu warten sagt er: "General McArthur 1942 beim Kanal von Panama und Lee Iacocca 1982 bei der Versammlung des Aufsichtsrats von General Motors."

Die Klasse ist superstill, von hinten hört man "Ich muss gleich kotzen." Die Lehrerin schreit: "Wer war das?" - Suzuki antwortet: "George Bush Senior zum japanischen ersten Minister Tanaka während des Mittagsmahls in Tokio 1991."

Einer der Schüler steht auf und ruft sauer: "Blas mir einen." Die Lehrerin aufgebracht:

"Jetzt ist Schluss wer war das jetzt?" - Suzuki ohne mit der Wimper zu zucken: "Bill Clinton zu Monica Levinsky 1997 in Washington im oval office des Weissen Hauses. "

Ein anderer Schüler steht auf und schreit "Suzuki du Scheißstück." – Und Suzuki: "Kenny Roberts in Rio beim Grand Prix Motorradrennen in Brasilien 2002."

Die Klasse verfällt in Hysterie, die Lehrerin fällt in Ohnmacht, die Tür geht auf und der Direktor kommt herein: "Scheisse, ich habe noch nie so ein Durcheinander gesehen" -

Suzuki: " Gerhard Schröder zu Finanzminister Eichel bei der Vorlage des Haushalts, Berlin 2003 "..............

Bildung

Die nächsten Stufen der deutschen Rechtschreibreform
Erster Schritt: Wegfall der Großschreibung.
einer sofortigen einführung steht nichts im weg, zumal schon viele grafiker und werbeleute zur kleinschreibung übergegangen sind.

zweiter schritt: wegfall der dehnungen und schärfungen.
dise masname eliminiert schon di gröste felerursache in der grundschule, den sin oder unsin unserer konsonantenverdoplung hat onehin nimand kapirt.

driter schrit: v und ph ersezt durch f / z und sch ersezt durch s.
das alfabet wird um swei buchstaben redusirt, sreibmasinen und sesmasinen fereinfachen sich, wertfole arbeitskräfte könen der
wirtsaft sugefürt werden.

firter srit: q, c und ch ersest durch k / j und y ersest durch i / pf ersest durch f.
iest sind son seks bukstaben ausgesaltet, di unsleit kan sofort von nein auf swei iare ferkürst werden, anstat aktsig prosent rektsreibunterikt könen nüslikere fäker wi fisik, kemi, reknen mer geflegt werden.

fünfter srit: wegfal fon ä, ö und ü seiken.
ales uberflusige ist iest ausgemerst, di ortografi wider slikt und einfak, naturlik benotigt es einige seit, bis dise fereinfakung uberal riktik ferdaut ist, fileikt sasungsweise ein bis swei iare. anslisend durfte als nakstes sil di fereinfakung der nok
swirigeren und unsinigeren gramatik anfisirt werden.

* * * * *

Die Entwicklung des Deutschen Bildungswesens
Hauptschule 1960:
Ein Bauer verkauft einen Sack Kartoffeln für 50,00 DM. Die Erzeugerkosten betragen 40,00 DM. Berechne den Gewinn.

Realschule 1970:
Ein Bauer verkauft einen Sack Kartoffeln für 50,00 DM. Die Erzeugerkosten betragen vier fünftel des Erlöses. Wie hoch ist der Gewinn des Bauern?

Gymnasium 1980:
Ein Agrarökonom verkauft eine Menge subterraner Feldfrüchte für eine Menge Geld (G). G hat die Mächtigkeit von 50. Für die Elemente aus G=g gilt g=DM 1,00. Die Menge der Herstellerkosten (H) ist um zehn Elemente weniger mächtig als die Menge G. Zeichnen Sie das Bild der Menge H als Teilmenge G und geben sie die Lösungsmenge L für die Frage an: Wie mächtig ist die Gewinnmenge?

Integrierte Gesamtschule 1990 oder Walldorfschule:
Ein Bauer verkauft einen Sack Kartoffeln für 50,00 DM. Die Erzeugungskosten betragen 40,00 DM. Der Gewinn beträgt 10,00 DM.
Aufgabe. Unterstreiche das Wort "Kartoffel" und diskutiere mit Deinem Nachbarn darüber.

Schule 2000 nach der Bildungs- und Rechtschreibreform:
Ein kapitalistisch-priviligiertes bauer bereichert sich one rechtfertigunk an einem sak gartoffeln um 10 euro. Untersuch das tekst auv inhaltliche feler, korigire das aufgabenstelung unt demonstrire gegen das lösunk.

Im Jahre 2010:
Es gipt kaine Kartoffeln mer! Nur noch pom frit bei mec donald.

Bildung

Die Blondine und der Intelligenzquiz

Eine Blondine nimmt an einem Intelligenzquiz in der "Life TV Show " teil. Gewinn - 1.000.000 EUR. Der Showmaster stellt die folgenden Fragen:

1. Wie lange dauerte der Hundertjährige Krieg?
? 116 Jahre
? 99 Jahre
? 100 Jahre
? 150 Jahre

Die Blonde nutzt ihr Recht die Frage nicht zu beantworten.

2. In welchem Land wurde der "Panama-Hut" erfunden?
? Brasilien
? Chile
? Panama
? Ecuador

Die Blonde bittet die Zuschauer um Hilfe.

3. In welchem Monat feiern die Russen den Festtag der Oktober-Revolution?
? Jaguar
? September
? Oktober
? November

Die Blonde nutzt das Recht die Antwort per Telefon zu erfragen und ruft eine andere Blondine an.

4. Wie lautet der richtige Name von König Georg VI?
? Albert
? Georg
? Manuell
? Jonas

Die Blonde nutzt das Recht zwei falsche Antworten auszustreichen.

5. Von welchem Tiernamen leitet sich der Name der Kanarieninsel ab?
? Kanarienvogel
? Känguru
? Ratte
? Seehund

Die Blondine scheidet aus dem Spiel aus.

P.S. Falls Sie beim Lesen gelacht haben, hier sind die richtigen Antworten:

1. Der Hundertjährige Krieg dauerte 116 Jahre (von 1337 bis 1453).
2. Der "Panama-Hut" wurde in Ekuador erfunden.
3. Der Festtag der Oktober-Revolution wird am 7. November gefeiert
4. Der richtige Name von König Georg VI war Albert. Der König hat seinen Namen im Jahre 1936 geändert.
5. Der Namen der Kanarieninsel führt zurück auf Seehunde. Auf Latein bedeutet er "Insel der Seehunde"

Na, sind Sie viel klüger als die Blondine???

Bildung

Die dünnsten Bücher, die je geschrieben wurden

"Italienische Heldensagen"
"Kulinarische Gerichte aus England"
"Die amerikanische Geschichte"
"Russische Marktwirtschaft"
"Die Frau als Herr im Haus" von Verona Feldbusch
"Stressbewältigung für Beamte"
"Mein Freund, Onkel Sam" von Saddam Hussein
"Meine besten Milchmixgetränke" von Harald Juhnke
"Fehlerfreies Programmieren" von Bill Gates
"Natürliches Aussehen" von Michael Jackson
"Luxus" von Mutter Theresa
"Sicheres Fahren" von Ayrton Senna
"Safer Sex" von Freddy Mercury
"Glückliche Ehejahre" von Al Bundy
"Katzenpflege leichtgemacht" von ALF
"Das katholische Kamasutra"
"Leben ohne Qualm" vom Marlboro Man
"Menschenrechte" von Adolf Hitler
"Demokratie" von Fidel Castro
"Der offizielle, bestätigte und autorisierte Microsoft-Bugreport"
"Amerikaner die keine Schusswaffe besitzen"
"Australische Philosophen"
"Bericht der Apollo 13 Mondlandung"
"Fairer wirtschaftlicher Wettbewerb" von Bill Gates
"Bildband erfolgreicher, gut aussehender Passfotos"
"Dankesbriefe an Bill Gates"
"Das Logbuch der Titanic"
"Erfolgreiche Politik" von Schröder
"Gesunde amerikanische Nahrungsmittel"
"Abnehmen leichtgemacht" von Luciano Pavarotti
"Hochdeutsch leichtgemacht" von Georg Hackl
"Rassisten mit 3-stelligem IQ"
"PC Aufrüsten und Reparieren" von Vobis
"Kochrezepte aus Äthiopien"
"Sehenswürdigkeiten am Südpol"
"Begabte Rapper"
"Lexikon der ehrlichen Politiker"
"Hitzewellen in Norddeutschland"

Bildung

Die schönsten Antworten aus der RTL-Show

Frage: Welcher Schokoriegel trägt den gleichen Namen wie der römische Kriegsgott?
Antwort: Snickers.

Frage: Was stand in den 80er Jahren auf vielen der Populären Anti-Atomkraftbuttons? Atomkraft, Nein...
Antwort: Nein. *(Anm: Oh Nein...)*

Frage: An welchem Verkehrsmittel befindet sich in der Regel eine Galionsfigur?
Antwort: An der Ampel.

Frage: Wie wird die Kinderkrankheit Mumps im Volksmund auch genannt?
Antwort: Hackepeter. *(Mahlzeit...)*

Frage: Welche menschlichen Extremitäten sind dem Kopf am nächsten?
Antwort: Die Haare.

Frage: Welcher Krieg bildet die Kulisse zu Francis Ford Coppolas Film "Apocalypse Now"?
Antwort: Krieg der Sterne. *(Marlon, die Macht sei mit Dir...)*

Frage: Welcher häufig rundliche Körperteil ist beim Menschen durch den Hals mit dem Rumpf verbunden?
Antwort: Der Bauch. *(wohl aus dem hohlen Kopf entschieden...)*

Frage: Welches Kleidungsstück für Frauen wird auch als "kleines schwarzes" bezeichnet?
Antwort: Slip. *(sehr klein...)*

Frage: Wenn Die Intelligenz einer Person mit "Bohnenstroh" verglichen wird, ist die Person dann dumm oder klug?
Antwort: Klug. *(Jau...)*

Frage: Welcher Monat liegt zwischen Dezember und Februar?
Antwort: Juli.

Frage: Wie lautet der Titel des zehnten James-Bond-Films von 1977? Der Spion, der...
Antwort: Alles wusste. *(Har Har)*

Frage: Welchem deutschen Bundesland ist der Schwarzwald zuzuordnen?
Antwort: Schleswig-Holstein.

Frage: Wie heissen die kurzen Haare an den Aussenkanten der Augenlider?
Antwort: Kotletten.

Bildung

Frage: Mit wie vielen "M" schreibt sich das Wort Kommunikation nach der Rechtscheibreform?
Antwort: Vier.

Frage: Seit welchem Jahrzehnt werden in Deutschland Fernsehsendungen in Farbe ausgestrahlt?
Antwort: Seit 1900. *(Deutschland, Land der Erfinder...)*

Frage: Welchen französischen Namen tragen die knäuelartigen Quasten, die zur Grundausstattung jedes Cheerleaders gehören?
Antwort: Tampons. *(Man stelle sich das mal vor...)*

Frage: Unter welcher Telefonnummer erreichst du den Notruf der Feuerwehr?
Antwort: 010. *(Warum nicht 0190?)*

Frage: Welches Pedal entfällt bei einem Wagen mit Automatikgetriebe?
Antwort: Das Gas. *(Das erklärt die vielen Sonntagsfahrer mit Hut und Klorolle...)*

Frage: Was reimt sich auf "tief"?
Antwort: Runter.

Frage: Nennen Sie ein gelb-schwarzes Insekt.
Antwort: Eine Spinne.
Nächster Versuch: Eine Giraffe. *(Ich kann nicht mehr...)*

Frage: Nennen Sie etwas, das einen Schnabel hat.
Antwort: Hering. *(Tschernobyl...?)*

Frage: Nennen Sie ein Tier, das Stacheln hat.
Antwort: Ein Stachelbär.

Frage: Nennen Sie eine Cremesuppe.
Antwort: Ochsencremesuppe

Frage: Welches Pumporgan des Menschen ist hauptsachlich für den Blutumlauf verantwortlich?
Antwort: Die Milz. *(daher auch "Milzinfarkt" oder "Doppel-Milz"...)*

Frage: Braue, Wimper und Lid schützen welches Sinnesorgan?
Antwort: Das Gesicht. *(Frankensteins Monster...)*

Frage: Für einen Einkaufsbummel in Düsseldorf musst du in welches Bundesland reisen?
Antwort: Rheinland-Westfalen. *(Da hilft nicht mal ein Falkplan...)*

Frage: In der Sendereihe "Vorsicht Falle" wurde vor Neppern, Schleppern und vor wem noch gewarnt?
Antwort: Mähdreschern. *(Saugeil...)*

Bildung

Was Mütter von ihren Kindern lernen können

Die folgende Liste stammt von einer Mutter aus Austin, Texas, in den USA, die anonym bleiben möchte.

1. Ein großes Wasserbett enthält ausreichend Wasser, um ein Haus von 180 Quadratmetern 10 cm hoch unter Wasser zu setzen.
2. Wenn man Haarspray auf Staubbällchen sprüht und mit Inline-Skatern darüber fährt, können sich die Staubbällchen entzünden.
3. Die Stimme eines Dreijährigen ist lauter als 200 Erwachsene in einem vollen Restaurant.
4. Wenn man eine Hundeleine an einem Deckenventilator befestigt, ist der Motor nicht stark genug, um einen 20 Kilogramm schweren Jungen, der Batman-Unterwäsche und ein Superman-Cape trägt, rundherum zu befördern. Die Motorkraft reicht dagegen aus, wenn ein Farbeimer am Ventilator hängt, die Farbe auf allen vier Wänden eines 6 x 6 Meter großen Zimmers zu verteilen.
5. Man sollte keine Baseball-Bälle hochwerfen, wenn der Deckenventilator eingeschaltet ist. Soll der Deckenventilator als Schläger verwendet werden, muß man den Ball einige Male hochwerfen, bevor er getroffen wird. Ein Deckenventilator kann einen Baseball-Ball sehr weit schlagen.
6. Fensterscheiben (selbst Doppelverglasung) halten einen von einem Deckenventilator geschlagenen Baseball-Ball nicht auf.
7. Wenn Sie die Klospülung hören, gefolgt von "Oh weia", ist es schon zu spät.
8. Eine Mixtur aus Bremsflüssigkeit und Domestos erzeugt Rauch, viel Rauch.
9. Ein Sechsjähriger kann mit einem Feuerstein eine Flamme erzeugen, auch wenn ein 36jähriger Mann sagt, daß das nur im Film möglich ist. Und mit einer Lupe kann man selbst an verhangenen Tagen Feuer machen.
10. Einige Legosteine können das Verdauungssystem eines Vierjährigen passieren.
11. Knetmasse und die Mikrowelle sollten niemals im gleichen Satz erwähnt werden.
12. Kraftkleber hält ewig.
13. Egal, wie viel Götterspeise man in den Swimming Pool tut, es ist nicht möglich, über das Wasser zu gehen.
14. Poolfilter mögen keine Götterspeise.
15. Videorecorder spucken keine Sandwichs aus, auch wenn das in manchen Werbespots im Fernsehen gezeigt wird.
16. Müllbeutel sind keine guten Fallschirme.
17. Murmeln im Tank machen beim Fahren eine Menge Lärm.
18. Sie möchten lieber nicht wissen, was das für ein Gestank ist.
19. Schauen Sie immer in den Ofen, bevor Sie ihn anstellen. Plastikspielzeuge vertragen den Ofen nicht.
20. Die Feuerwehr in Austin, Texas, ist innerhalb von 5 Minuten da.
21. Regenwürmern wird vom Schleudergang der Waschmaschine nicht schwindelig.
22. Katzen dagegen wird sehr wohl schwindelig.
23. Wenn Katzen schwindelig ist, erbrechen sie das Doppelte ihres Körpergewichts.

Bildung

Aus dem Schul-Unterricht

Religion: "Als der verlorene Sohn nach Hause kam, freuten sich alle, nur einer nicht. Wer war das?"
"Das Kalb, das geschlachtet wurde."

Mathe: An der Tafel steht groß: 2:2. "Was ist das Ergebnis?"
"Unentschieden."

Im Deutsch-Unterricht: Tim kaut Kaugummi. Der Lehrer fragt ermahnend:
"Was kaust du da Tim" Spuck das sofort in den Mülleimer!"
"Geht nicht, den hab ich mir nur von Tom geliehen."

"So. Ihr hattet einen Aufsatz auf. Thema: Unser Kanarienvogel. Christian, lies du mal vor."
Christian räuspert sich und liest: "Unser Kanarienvogel. Wir haben keinen."

Der Lehrer schimpft Christian: "Du hättest das Gedicht zehnmal abschreiben sollen, hast es aber nur dreimal abgeschrieben, woran liegt das?"
"Tja, das liegt daran, dass ich in Mathe noch schlechter bin als in Deutsch!"

"Doris, warum lachst du?"
"Ich lache nicht über sie, Herr Lehrer!"
"Was gibt es hier denn sonst noch zu lachen?"

Aus Geschichte: "Wer hat die Teutonen geschlagen?"
"Weiß ich nicht, Herr Lehrer, ich gucke kein Fußball!"

"Napoleon begann seine berühmte Rede mit folgenden Worten: ...welcher Lümmel schmeißt da mit Papierkügelchen?"

Beim Klassenfoto:. Den Kindern wird erklärt, wozu das Foto gut sein soll:
"Und wenn ihr mal groß seid, könnt ihr das Bild anschauen und sagen, das ist der liebe Sandro, der ist jetzt Ingenieur, das ist die nette Anne, die hat schon zwei Kinder..."
"Und das ist die liebe Lehrerin, die ist schon hops gegangen (tot)", ergänzt einer aus der hinteren Reihe.

Aus Erdkunde: "Nenne mir fünf Tiere aus Afrika!"
"Zwei Löwen und drei Elefanten."

Der Professor zu seinen Schülern: "Angenommen, ich bohre im Kölner Dom senkrecht ein Loch in den Boden, bis zum Mittelpunkt der Erde. Wo komm ich dann hin?"
Ruft einer: "In die Klapsmühle!"

Vor dem Unterricht: Freddi kommt zu spät. Er entschuldigt sich: "Die Straßenbahn kam zu spät."
Sagt der Lehrer: "Für solche Ausreden musst du dir schon einen Dümmeren suchen, und der ist schwerlich zu finden!"

"Du kommst eine halbe Stunde zu spät. Warum?" - "Herr Professor, ich bin die Treppe runter gefallen." -
"Na, dann hättest du ja schneller hier sein müssen!"

In Musik. Die Lehrerin, das Fräulein Meisl, verkündet feierlich: "Jetzt sing ich: Am Brunnen vor dem Tore."
"Das ist vernünftig", sagt Steffi zu ihrer Nachbarin, hier drinnen hört ihr sowieso kein Schwein zu."

Biologie: "Angenommen, ich springe hier über die erste Bank, welche Muskeln werden dann betätigt?"
Sagt einer: "Die Lachmuskeln."

Am Elternsprechtag. Die besorgte Mutter: "Wäre es nicht irgendwie möglich unseren Klausi doch aufrücken zu lassen?" Der Professor daraufhin: "Liebe Frau Afflerbach, mit dem was ihr Sohn alles nicht weiß könnte eine ganze Klasse durchfallen!"

Bildung

Was man so wissen muss...

Wenn du 8 Jahre, 7 Monate und 6 Tage schreien würdest, hättest du genug Energie produziert um eine Tasse Kaffee zu erwärmen.
(Ob sich das lohnt?)

Der Orgasmus eines Schweins dauert 30 Minuten!
(In meinem nächsten Leben wäre ich gerne ein Schwein)

Wenn du Deinen Kopf gegen eine Wand schlägst, verbrauchst du 150 Kalorien.
(ich muß immer noch an das Schwein denken)

Eine Kakerlake kann 9 Tage ohne Kopf überleben bevor sie verhungert.
(Buäääähh!)

Einige Löwen paaren sich bis zu 50-mal am Tag.
(Ich wäre trotzdem lieber ein Schwein. Qualität geht über Quantität!)

Schmetterlinge lecken an ihren eigenen Füssen.
(Das mußte mal gesagt werden)

Elefanten sind die einzigen Tiere die nicht springen können.
(Ist wohl auch besser so) :-)

Der Urin einer Katze phosphoresziert im Dunkeln.
(Wen bezahlt man eigentlich um so etwas zu erforschen?)

Das Auge eines Straußes ist größer als sein Gehirn.
(Ich kenne Menschen, bei denen ist das nicht anders)

Seesterne haben kein Gehirn.
(Auch solche Typen kenne ich)

Polarbären sind Linkshänder.
(Na und??)

Menschen und Delphine sind die einzigen Lebewesen, die wegen der Freude Sex haben.
(Hey! Was ist mit dem Schwein???)

Bildung

Wusstest Du schon?

- dass es unmöglich ist seinen eigenen Ellbogen zu lecken?

- dass du dir, wenn du zu fest niest, eine Rippe brechen kannst?

- dass dir, wenn du versuchtest das Niesen zu unterdrücken, ein Blutgefäss im Kopf oder Hals reißen könnte und du sterben würdest?

- dass dir, wenn du versuchtest, während des Niesens die Augen offen zu halten, selbige heraus gedrückt werden können?

- dass es für Schweine körperlich unmöglich ist in den Himmel hinauf zu sehen?

- dass 50% der Weltbevölkerung nie ein Telefonanruf gemacht oder erhalten hat?

- dass Ratten und Pferde sich nicht übergeben können?

- dass das Tragen eines Kopfhörers von nur einer Stunde die Anzahl Bakterien in deinem Ohr um 700% erhöhen?

- dass das Feuerzeug vor dem Streichholz erfunden wurde?

- dass das Quaken der Ente kein Echo erzeugt und niemand weiß warum?

- dass weltweit 23% aller Photokopiererschäden von Leuten erzeugt werden, die darauf sitzen um ihren Hintern zu kopieren?

- dass du in deinem ganzen Leben, während dem Schlafen ungefähr 70 Insekten und 10 Spinnen essen wirst? (Mmmmh!)

- dass Urin unter dem Schwarzlicht leuchtet?

- dass Zungenabdrücke genau wie Fingerabdrücke einmalig sind?

- dass über 75% aller Menschen (ich auch), die dies hier lesen, versuchen werden, ihren Ellbogen zu lecken? Es geht wirklich nicht!

Bildung

Schön, dass wir damals jung waren...

Szenario:
Robert hat sein neues Taschenmesser mit in die Schule gebracht.

1973
Der Biolehrer zückt sein eigenes und zusammen mit den anderen Schülern vergleichen sie die unterschiedlichen Funktionen.

2008
Die Schule wird weiträumig abgesperrt. GSG9 und Elitetruppen der Polizei rücken an. Robert wird mit mehreren Betäubungsschüssen gelähmt und sofort in ein Hochsicherheitsgefängnis verfrachtet. Der Schulpsychologe kommt und betreut die traumatisierten Mitschüler und Lehrer.

Szenario:
Robert und Markus raufen sich nach der Schule.

1973
Es bildet sich eine Gruppe und feuert die beiden an.
Markus gewinnt. Die beiden geben sich die Hand und alles ist geklärt.

2008
Die Polizei kommt und nimmt beide fest und klagt sie wegen schwerer Körperverletzung an, beide werden der Schule verwiesen und landen ohne Ausbildung auf der Strasse.

Szenario:
Robert sitzt nicht still und stört laufend den Unterricht

1973
Robert muss nach der Stunde nachsitzen und kriegt beim nächsten Mal eine gehörige Tracht Prügel vom Lehrer. Ergebnis: Er sitzt ab sofort ruhig und stört den Unterricht nicht mehr.

2008
Robert kriegt Ritalin in rauen Mengen und mutiert zum Zombie. Die Schule bekommt Fördergelder vom Staat weil Robert ein Härtefall ist.

Szenario:
Robert schießt eine Fensterscheibe ein und kriegt deshalb von seinem Vater eine Ohrfeige.

1973
Robert passt jetzt besser auf, wird erwachsen und führt ein normales Leben.

2008
Roberts Vater wird wegen Kindsmisshandlung eingesperrt. Robert wird der Mutter weggenommen und in ein Heim für Prügelkinder gesteckt. Roberts kleine Schwester wird vom Psychologen suggeriert, dass sie auch misshandelt wurde. Der Vater kommt nie wieder aus dem Knast und die Mutter fängt ein Verhältnis mit dem Psychologen an.

Bildung

Szenario:
Robert hat Kopfweh und nimmt Tabletten mit in die Schule.

1973
Robert gibt dem Kunstlehrer auch eine, in der großen Pause, im Rauchereck.

2008
Die Drogenfahndung taucht auf. Robert wird wegen Drogenbesitz von der Schule verwiesen. Sein Schulranzen, sein Pult und sein Zimmer zuhause werden nach weiteren Drogen und Waffen durchsucht.

Szenario:
Ahmed fällt wegen Deutsch in der 8. Klasse durch.

1973
Ahmed nimmt Nachhilfeunterricht in den Sommerferien und schafft den Schulabschluss ein Jahr später ohne Probleme.

2008
Ahmeds Fall landet vor der Gleichstellungskommission der Schule. Die liberale Presse findet das Verhalten der Schule unvertretbar. Deutsch ist nicht die Mutter aller Sprachen. Man denke mal daran, was im Namen der deutschen Sprache schon alles für Unheil angerichtet wurde. Die Schule lässt unter dem immensen Druck eine Nachprüfung mit Fragen für einen Erstklässler zu und Ahmed rückt nach. Den Abschluss schafft er nicht und landet am Fließband bei VW weil er immer noch kein Deutsch kann.

Szenario:
Robert wirft einen Feuerwerkskörper von Silvester in einen Ameisenhaufen.

1973
Einige Ameisen sterben

2008
Tierschutzverein, Kripo, Anti-Terror Truppe und Jugendamt werden gerufen. Robert werden schwer gestörtes Sozialverhalten, pyromanische Anlagen und terroristische Grundtendenzen vorgeworfen. Die Eltern und Geschwister müssen sich einem Psychotest unterziehen. Sämtliche PCs im Haus werden auf Gewalt verherrlichendes Material untersucht.
Roberts Vater wird unter Beobachtung gestellt und darf nie mehr in seinem Leben fliegen.

Szenario:
Robert fällt beim Turnen hin und verletzt sich am Knie. Der Lehrer läuft sofort zu ihm, hilft ihn auf und trocknet seine Tränen. Dann geht er mit ihm ins Sekretariat, kümmert sich um ein Pflaster und bleibt noch kurz bei ihm sitzen.

1973
Nach kurzer Zeit geht es Robert wieder besser und er geht zurück in die Pause.

2008
Der junge Lehrer wird wegen sexueller Belästigung von Minderjährigen sofort aus dem Schuldienst entlassen und bekommt ein Strafverfahren in dem er zu 5 Jahren Gefängnis verurteilt wird.

Schön, dass wir damals jung waren...

Wahre Gespräche zwischen IHK-Prüfer und Azubis!!!

Prüfer: Sie gucken doch bestimmt Fernsehen. Wissen Sie, was die Buchstaben ARD bedeuten?
Azubi: Kann ich auf Tafel schreiben?
Prüfer: Ja bitte.
Azubi (schreibt): Das ÄRDste
Prüfer: Und was heißt ZDF?
Azubi: Zweiter Deutschfunk.
Prüfer: Und PRO 7?
Azubi: So für Kinder ab sieben, oder?

Prüfer: Wie heißt die Hauptstadt Deutschlands?
Azubi: Berlin.
Prüfer: Bevor Berlin Hauptstadt wurde, welche Stadt war da Hauptstadt?
Azubi: Da war Deutschland noch DDR, mit Hitler und so!
Prüfer: Ach so? Wie hieß denn die Hauptstadt, bevor Berlin es wurde?
Azubi: Frankfurt, oder?
Prüfer: Wie, Frankfurt, oder? Frankfurt/Oder oder Frankfurt, oder?
Azubi: Jetzt weiß ich! Karlsruhe!

Prüfer: Wie viele Tage hat ein Jahr?
Azubi: 365.
Prüfer: Gut! Und in Schaltjahren?
Azubi: Einen mehr oder einen weniger, weiß nicht so genau.
Prüfer: Überlegen sie mal in Ruhe.
Azubi: Glaub einen weniger.
Prüfer: Sind Sie sicher?
Azubi: Dann einen mehr!
Prüfer: Okay, wo kommt denn der zusätzliche Tag hin?
Azubi: Ich glaub, der wird in der Silvesternacht eingeschoben.
Prüfer: Wie bitte?
Azubi: Nee, Quatsch, das ist mit Sommerzeit, oder?
Prüfer: Es wird ja ein ganzer Tag irgendwo eingeschoben, da wäre es ja sinnvoll, wenn man einen Monat nimmt, der sowieso wenige Tage hat. Welcher könnte das denn sein?
Azubi: Jetzt weiß ich, Februar!
Prüfer: Na also! Wissen Sie auch, wie oft wir Schaltjahre haben?
Azubi (freudestrahlend): Ja, weiß ich ganz genau, alle vier Jahre, weil eine Cousine hat nämlich alle vier Jahre keinen Geburtstag!

Prüfer: Wer war eigentlich John F. Kennedy?
Azubi: Der war wichtig, oder?
Prüfer: (schaut nur fragend)
Azubi: Nicht von Deutschland oder so...
Prüfer: Nein.
Azubi: Hab ich auf jeden Fall schon mal gehört, gibt es nen Film von.
Prüfer: Ja, aber wer war das?
Azubi: Hat der was erfunden?
Prüfer: (schaut fragend)
Azubi: Krieg oder so?

Bildung

Prüfer: Wissen Sie, ob Deutschland eine Demokratie oder eine Monarchie oder eine Diktatur hat?
Azubi: Weiß ich nicht so genau, war früher ja alles anders.
Prüfer: Ja, früher waren wir auch mal Monarchie.
Azubi: Ja weiß ich, mit Hitler.
Prüfer: Nicht ganz, aber was ist mit heute?
Azubi: Das hat sich ja erst neulich geändert.
Prüfer: Das wäre mir neu! Wann soll sich das denn geändert haben?
Azubi: So mit Mauerfall und so.

Prüfer: Was ist ein Euro-Scheck?
Azubi: Kannste Euro mit bezahlen, außer im Urlaub.

Prüfer: Erklären Sie mir bitte, was ein Dreisatz ist.
Azubi: Mit Anlauf und dann weit springen.

Prüfer: Was sind so Ihre Hobbies?
Azubi: Lesen, Musik und Rumhängen.
Prüfer: Was lesen Sie denn so?
Azubi: Programmzeitschrift.

Prüfer: Wir haben seit einigen Jahren den Euro als Währung. Wie hieß die Währung davor?
Azubi: Dollar!
Prüfer: Nein, das ist z. B. die Währung in Amerika.
Azubi: Ah Moment, jetzt weiß ich es: D-Mark.
Prüfer: Na also! Was heißt denn das 'D' in D-Mark?
Azubi: Demokratie?

Prüfer: Zwei Züge stehen 100 Kilometer voneinander entfernt und fahren dann mit genau 50 km/h aufeinander zu. Wo treffen sich die Züge, bei welchem Streckenkilometer?
Azubi: Kommt drauf an!
Prüfer: Worauf kommt das an?
Azubi: Ob die nicht vorher schon zusammenstoßen.

Prüfer: Haben Sie eine Ahnung, wer die Geschwister Scholl waren?
Azubi: Nö?
Prüfer: Ich sehe aber in den Unterlagen, daß Sie zehn Jahre auf der Geschwister-Scholl-Schule waren.
Azubi: Geschwister Scholl (Pause) Geschwister Scholl (Pause)... Nee, keine Ahnung.
Prüfer: Schon mal was von der 'weißen Rose' gehört?
Azubi: Aaaaah! Jetzt fällt's mir ein: Musik, oder?

Prüfer: In welchem Land ist die Königin von England Königin?
Azubi: Wollen Sie mich auf den Arm nehmen?
Prüfer (Unschuldsmiene): Nein, wieso?
Azubi: Weil die schon tot ist!

Prüfer: Nennen Sie mir doch bitte drei skandinavische Länder.
Azubi: Schweden, Holland und Nordpol.

Prüfer: Wie viele Ecken hat ein Quadrat?
Azubi (nimmt den Taschenrechner): Sagen sie mir noch die Höhe bitte!

Bildung

Prüfer: Julius Cäsar, schon mal gehört? Wer war das eigentlich?
Azubi: Hat der nicht Jesus hinrichten lassen? So mit Bibel und so kenn ich mich nicht aus, bin evangelisch.

Prüfer: Nennen Sie mir doch bitte drei große Weltreligionen.
Azubi: Christentum, katholisch und evangelisch.

Prüfer: Der Papst lebt im Vatikan. Wo aber bitte liegt der Vatikan?
Azubi: Ist ein eigener Staat.
Prüfer: Ja richtig, aber der Vatikanstaat ist komplett vom Staatsgebiet eines anderen Landes umschlossen.
Azubi: Hmmmm....
Prüfer (will helfen): Aus dem Land kommen viele Eisverkäufer.
Azubi: Langnese oder was?

Prüfer: Wenn es in Karlsruhe zehn Minuten nach Eins ist, wie spät ist es dann im Köln um 12 Uhr mittags?
Azubi: Da müsste man jetzt einen Atlas haben!

Prüfer: Wenn ein Sack Zement 10 Euro kostet und der Preis jetzt um 10 % erhöht wird, wie teuer ist er dann?
Azubi: Mit oder ohne Mehrwertsteuer?
Prüfer: Es geht jetzt nur um den Endpreis.
Azubi (rechnet wie wild mit dem Taschenrechner)
Prüfer: Und?
Azubi: Elf.
Prüfer: Elf was?
Azubi: Prozent.
Prüfer: Sagen Sie mir einfach 10 Euro plus 10 Prozent, wie viel ist das?
Azubi: 10 plus 11 ist Einundzwanzig!

Prüfer: Was ist die Hälfte von 333?
Azubi: 150, Rest 1.

Prüfer: In welcher Stadt steht der Reichstag?
Azubi: Vor oder nach der Wende?
Prüfer: Heute.
Azubi: Ist jetzt nicht mehr Deutschland, oder?

Prüfer: Wer ist Helmut Kohl?
Azubi: Kann ich jemanden anrufen?

Bildung

Prüfer: In einer Waschmaschine benötigen Sie pro Waschgang 100 Gramm Waschpulver. In einem Karton sind 10 Kilogramm. Wie oft können Sie damit waschen?
Azubi: Ja, wie jetzt?
Prüfer: 10 Kilogramm haben Sie, jedes Mal verbrauchen Sie 100 Gramm.
Azubi: Ich hab ja nix an den Ohren.
Prüfer: Ja und die Antwort?
Azubi: Ey, ich lern Reisebürokaufmann, nicht Waschfrau.
Prüfer: Gut, ein Reiseprospekt wiegt 100 Gramm. Sie bekommen einen Karton von 10 Kilogramm. Wie viel Prospekte sind da drin?
Azubi: Das ist voll unfair!
Prüfer: Das ist doch ganz einfach.
Azubi: Weiß ich auch.
Prüfer: Dann rechnen Sie doch mal.
Azubi: Was?
Prüfer: 100 Gramm jeder Prospekt, 10 Kilo im Karton.
Azubi: Komm, mach Dein Kreis, daß ich durchgefallen bin, so'n Scheiß mach ich nicht!

Gleiche Aufgabe, anderer Prüfling:
Prüfer: Rechnen Sie doch bitte mal!
Azubi: Klar, kein Problem! Zehn Kilogramm sind 20 Pfund. 5 Prospekte sind ein Pfund. 100 Prospekte!
Prüfer: Prima! (Freut sich, dass der Prüfling, zwar über den Umweg des Pfundes, sicher und schnell zum Ergebnis gekommen ist.)
Azubi: Und das Ganze jetzt mal 10!

Prüfer: Wann war der Dreißigjährige Krieg?
Azubi: In Vietnam oder?

Prüfer: Was bedeuten die Begriffe brutto und netto?
Azubi: Irgendwie so mehr oder weniger.
Prüfer: Ach was?
Azubi: Doch, brutto ist mit Verpackung...
Prüfer: Und netto?
Azubi: Das ist das Gewicht der Verpackung.
Prüfer: Was ist dann Tara?
Azubi: Der hat das erfunden, oder?

Prüfer: Bevor es Geld gab, wie haben die Menschen da Waren gehandelt?
Azubi: Tauschhandel.
Prüfer: Ja.. (wird vom Azubi unterbrochen)
Azubi: Wenn man da eine Playstation wollte, mußte man einen Haufen Spiele abdrücken, um sie zu kriegen.

Prüfer: Wann wurde die Bundesrepublik Deutschland gegründet?
Azubi: Das war in Österreich.
Prüfer. Nicht wo, sondern wann.
Azubi: Vorher!

Prüfer: Wann fand die deutsche Wiedervereinigung statt?
Azubi: Als die Ossis gehört haben, dass wir den Euro haben, sind sie alle rüber.
Prüfer: Wann?
Azubi: Als Hitler in Berlin den Krieg verloren hat.

Bildung

Prüfer: Wer war Ludwig Erhardt?
Azubi: Den haben meine Eltern so gerne geguckt. War doch der mit der dicken Brille.
Prüfer: Und was war Ludwig Erhardt?
Azubi: Schauspieler!
Prüfer: Sie meinen Heinz Erhardt!
Azubi: Heinz Erhardt war doch der Helfer von Rudi Carrell, oder?

Prüfer: Im Zusammenhang mit der Börse hört man immer den Begriff DAX. Was ist denn der DAX?
Azubi: Nee, ich weiß schon, ist kein Tier, oder?
Prüfer: (schüttelt den Kopf)
Azubi: Nee, ist klar.
Prüfer: Und?
Azubi: Ne Abkürzung?
Prüfer: (nickt)
Azubi: Es gibt kein Wort das mit X anfängt!
Prüfer: Vielleicht gibt es ja ein Wort, das mit X aufhört!
Azubi: Taxi!

Prüfer: Ein Kubikmeter besteht aus wie vielen Litern? Rechnen Sie doch mal, wie viele Liter passen in einen Kubikmeter!
Azubi: (starrt den Prüfer mit offenem Mund an)
Prüfer: Können Sie das?
Azubi: (starrt den Prüfer weiter verständnislos an)
Prüfer: Schauen Sie, einen Liter Wasser kann man ja auch in einen Würfel bestimmter Kantenlänge umrechnen, wie viele Würfel passen dann in einen Kubikmeter?
Azubi: Ja aber Liter ist doch für Wasser und Kubikmeter für Wohnungen.
Prüfer: Wie bitte?
Azubi: Ja, die Wohnung von meinen Eltern ist 85 Kubikmeter groß.
Prüfer: Was Sie jetzt meinen, ist ein Flächenmaß, Sie meinen Quadratmeter!
Azubi: Ich dachte, Quadratmeter ist nur, wenn es viereckig ist und Kubikmeter, wenn es etwas ungünstig geschnitten ist.

Prüfer: Wer war denn Carl Benz?
Azubi: (war laut Unterlagen auf dem Carl-Benz-Gymnasium): Ein berühmter Erfinder!
Prüfer: Und was hat er erfunden?
Azubi: (mit stolzgeschwellter Brust): Das BENZin!

Prüfer: Konrad Adenauer, haben Sie diesen Namen schon mal gehört?
Azubi: Ja klar.
Prüfer: Und wer war das?
Azubi: Hat der nicht die D-Mark erfunden?
Prüfer: Wer war der erste deutsche Bundeskanzler?
Azubi: Helmut Kohl.
Prüfer: Der war nicht der erste.
Azubi: Doch, der war schon Kanzler, als ich geboren wurde.
Prüfer: Und vorher? Gab es da keine Kanzler?
Azubi: Nur den Hitler.

Bildung

Prüfer: Wenn ein Artikel 85 Cent kostet, Wie viele Artikel können Sie dafür kaufen, wenn Ihnen 2 Euro zur Verfügung stehen?
Azubi: Ich würde eine Analyse machen.
Prüfer: Sie könnten aber auch einfach rechnen.
Azubi: Ich würde Angebot und Nachfrage analysieren, den Markt studieren und versuchen herauszufinden, wo ich den Artikel billiger bekomme.
Prüfer: Das ist ja alles schön und gut. Aber jetzt stellen Sie sich vor, sie hätten das schon alles gemacht und hätten herausgefunden, dass der Artikel exakt für 85 Cent zu bekommen ist.
Azubi: Ich würde entweder warten, bis ich mehr Geld hätte oder bis der Artikel einen besseren Preis hat.
Prüfer: Warum machen Sie es sich so schwer?
Azubi: Weil 85 Cent nicht in 2 Euro passt.
Prüfer: Passt doch!
Azubi: Aber nicht wirklich!

Prüfer: Nennen Sie mir doch bitte sechs Länder, die an die Bundesrepublik Deutschland grenzen.
Azubi: Holland, Niederlande, Schweden, Spanien, Portugal, England.

Prüfer: Die moderne EDV erleichtert den Büroalltag. Nennen Sie Beispiele dafür.
Azubi: Haben wir nicht mehr gehabt, wir haben schon Computer.

Prüfer: Nennen Sie mir einige Länder der europäischen Gemeinschaft.
Azubi: Kenn ich alle! Frankreich, Belgien und das dritte fällt mir jetzt nicht ein.

Prüfer: Der längste Fluß Deutschlands ist welcher?
Azubi: Der Nil.

Prüfer: Wer war Napoleon?
Azubi: Der mit der Guillotine?

Prüfer: Erzählen Sie mir doch etwas über die Bedeutung der folgenden Erfindungen: Das Rad, die Dampfmaschine, das Telefon, der Computer.
Azubi: Sie haben ein vergessen: dem Handy!
Prüfer: Nee, nee, Telefon habe ich gesagt.
Azubi: Telefon ist doch mit Kabel, Handy ohne!

Eine junge Frau, hübsch, blond, in den übrigen Fragen nicht schlecht gewesen, bekommt noch eine Frage aus dem Bereich des Allgemeinwissens.

Prüfer: Der erste Mensch im Weltall, wie hieß der?
Azubi: James Tiberius Kirk! Da staunen Sie, oder?
Prüfer: Allerdings!
Azubi: Dass ich sogar wusste, was das "T" in James T. Kirk bedeutet.
Prüfer: Schon mal was von Juri Gagarin gehört?
Azubi: Selbstverständlich!
Prüfer: Ja und?
Azubi: Der hat doch so Löffel verbogen, im Fernsehen.
Prüfer: Aha, und Mr. Spock war der erste Mann auf dem Mond.
Azubi: Nein, das war Louis Armstrong!*

Bildung

Liebe Mutter, lieber Vater:

Mir geht's gut. Ich hoffe Euch, Annemarie, Klaus, Karl, Willi, Sigrid, Peter und Hans auch. Sagt Karl und Willi dass beim Bund sein, jede Landarbeit um Längen schlägt. Sie sollen sich schnell verpflichten, bevor alle Plätze voll sind.

Zuerst war ich sehr unruhig weil man bis fast um 6 Uhr im Bett bleiben muss, aber nun gefällt mir das mit dem lange ausschlafen. Sagt Karl und Willi man muss nur sein Bett richten und ein paar Sachen vor dem Frühstück polieren.

Keine Tiere füttern, kein Feuer machen, kein Stall sauber machen oder Holz hacken... praktisch gar nichts. Die Männer müssen sich rasieren, aber das ist nicht so schlimm, es gibt nämlich warmes Wasser.

Das Frühstück ist ein bisschen komisch, mit jeder Menge Saft, Getreide, Eier, aber dafür fehlt völlig Kartoffeln, Schinken, Steaks und das andere normale Zeug, aber sagt Karl und Willi man kann immer neben irgendwelchen Städtern sitzen, die nur Kaffee trinken und das Essen von denen mit deinem eigenen hält dann bis zum Mittag, wenn es wieder was zu essen gibt.

Es wundert mich nicht, dass die Jungs aus der Stadt nicht weit laufen können. Wir gehen viel auf "Überlandmärsche" von denen der Hauptfeld sagt, das langes Laufen gut ist für die Abhärtung. Na ja, wenn er das glaubt, als Rekrut kann ich da nichts gegen sagen. Ein "Überlandmarsch"
ist ungefähr so weit wie bei uns zum Postamt, aber wenn wir da sind, haben die Städter wunde Füße und wir fahren alle in LKWs zurück.

Die Landschaft ist schön aber ganz flach. Der Feldwebel ist wie unser Lehrer. Er nörgelt immer. Der Hauptmann ist wie der Bürgermeister. Majore und Oberste fahren viel in Autos und gucken komisch, aber sie lassen einen völlig in Ruhe.

Das wird Karl und Willi umbringen vor Lachen:

Ich bekomme Auszeichnungen fürs Schießen! Ich weiß nicht warum. Das Schwarze ist viel größer als ein Rattenkopf und bewegt sich nicht mal und es schießt auch nicht zurück, wie die Laubrunner Brüder mit dem Luftgewehr.

Alles was du machen musst ist, dich bequem hinlegen und es treffen.

Man muss nicht mal seine eigenen Patronen machen. Sie haben sie schon fertig in Kisten.

Dann gibt's noch "Nahkampfausbildung". Du kannst mit den Städtern ringen.

Aber ich muss sehr vorsichtig sein, die gehen leicht kaputt. Ist viel leichter als den Stier zu bändigen. Ich bin am besten darin, außer gegen den Voller Sepp, der hat genau am gleichen Tag angefangen wie ich, aber ich hab nur einmal gegen ihn gewonnen.

Das wird daran liegen dass ich mit meinen 65 Kilos nur 1,70 m bin und er mit seinen 2 Metern und 120 Kilos ist halt etwas schwieriger.

Vergesst nicht Karl und Willi schnell Bescheid zu sagen bevor andere mitbekommen wie das hier läuft und uns die Bude einrennen.

Alles Liebe,

Eure Tochter Maria

Bildung

Ein Student fällt bei der Klausur in "Logistik + Organisation" durch.

Student: „Sie bestrafen mich. Verstehen Sie überhaupt etwas davon?"
Professor: "Ja, sicher, sonst wäre ich nicht Professor!"
Student: "Gut, ich will Sie etwas fragen. Wenn Sie die richtige Antwort geben, nehme ich meine Fünf und gehe. Wenn Sie jedoch die Antwort nicht wissen, geben Sie mir eine Eins."
Professor: "Wir machen das Geschäft."
Student: "Was ist legal aber nicht logisch, logisch aber nicht legal und weder logisch noch legal?"
Der Professor kann ihm auch nach langem Überlegen keine Antwort geben und gibt ihm eine Eins. Danach ruft der Professor seinen besten Studenten und stellt ihm die gleiche Frage.
Dieser antwortet sofort: "Sie sind 63 Jahre alt und mit einer 35-jährigen Frau verheiratet, dies ist legal, jedoch nicht logisch. Ihre Frau hat einen 25-jährigen Liebhaber, dies ist zwar logisch, aber nicht legal. Sie geben dem Liebhaber Ihrer Frau eine Eins, obwohl er durchgefallen wäre, das ist weder logisch, noch legal."

Und jetzt die gleiche Frage an Dich:
Was ist bei uns legal aber nicht logisch, logisch aber nicht legal und weder logisch noch legal? Fällt Dir nix ein? Dann hier eine für uns passende Antwort

Es ist legal, dass wir hier sitzen und arbeiten, aber nicht logisch. Es ist logisch, dass wir uns dabei Witze mailen aber nicht legal. Und es ist weder logisch noch legal, dass wir dafür bezahlt werden.
In diesem Sinne, frohes, logisches und illegales Schaffen... :-)

* * * * *

```
First-year students at Texas A&M's Vet School were receiving
their first anatomy class, with a real dead cow.

They all gathered around the surgery table with the body covered
with a white sheet.

The professor started the class by telling them, "In Vet Medicine
it is necessary to have two important qualities as a doctor: The
first is that you not be disgusted by anything involving the
animal body.

For an example, the Professor pulled back the sheet, stuck his
finger in the butt of the dead cow, withdrew it and stuck it in
his mouth.

"Go ahead and do the same thing," he told his students. The
students freaked out, hesitated for several minutes.

But eventually took turns sticking a finger in the anal opening
of the dead cow and sucking on it.

When everyone finished, the Professor looked at them and told
them "The second most important quality is observation. I stuck
in my middle finger and sucked on my index finger. Now learn to
pay attention."
```

Bildung

«Sex ist lernbar» - Neues vom Durchblick-Team [Original-Texte!]

Liebes Durchblick Team ich bin 14 Jahre jung und heisse Anna. Ich habe folgendes Problem: Ich habe seit 1em Jahr einen festen Freund - leider rede ich Ihn immer mit dem falschen Namen an. Ich weiss nicht warum - ich versuche doch echt nur an meinen Freund zu denken aber es passiert mir immer wieder. Bitte sagt mir was ich machen kann damit ich wirklich nur an meinen Freund denke. Vielen Dank (weiblich, 14)

Also das Problem wirst du nicht mehr lange haben, schätze ich. Wenn dein Freund einigermaßen clever ist, wird er bald nicht mehr dein Freund sein.

Hallo liebes DB-Team! Meine Frage: Meine beste Freundin hat mir Gestern erzählt, dass sie seit 3 Wochen ihre tage hat. Es hört sozusagen einfach nicht mehr auf. Was kann sie tun? Zum Frauenarzt möchte sie nämlich nicht! Merci!!!! (weiblich, 17)

Wieder so eine Frage für eine Freundin, ja? Aber mal ne ernsthafte Antwort: Lange können die Tage nicht mehr dauern, irgendwann ist deine Freundin nämlich alle.

Liebes Durchblick Team Ich habe das Gefühl, dass sich in letzter Zeit die Onanie bei mir zu einer Sucht umgewandelt hat. Das gefällt mir nicht. Ich habe das GEühl, dass ich zu fest auf mich selbst konzentriert bin und nur an mich denke, ja gar egoistisch bin. Ich versuche ein bisschen auf einen anderen Weg zu kommen in dem ich mri das Onanieren abzugewöhnen versuche. Ich habe jetzt 4 Tage nicht mehr onaniert und wäre froh, wenn ihr mir ein paar Tipps geben könnt, wie ich da noch lange weitermachen kann. Herzlichen Dank für eine Antwort PS ich habe ein Mail geschicckt, das ein RE war udn desshaltnicht bei euch angekommen nist. Kann man euch nicht direkt anwortetn? (männlich, 17)

Hä? Sach mal Bürschchen, Onanie ist dafür da, nur an sich selbst zu denken, was willst du da noch groß für jemand anderen tun?

Liebes Durchblick-Team! Ich habe ein riesen Problem, ich hab mir letzthin als meine Eltern nicht zu Hause waren eine Gurke in meine Muschi gesteckt, dabei ist irgendwie ein Teilchen stecken geblieben. Was soll ich tun! ich habe angst es meinen Eltern zu sagen und zum Arzt gehen getraue ich mich nicht! Bitte, bitte helft mir!!!! (weiblich, 14)

Merkt euch das, Mädels: Benutzt nur Qualitätsgurken! Lasst euch die Eignung für euren Zweck möglichst noch beim Händler bescheinigen.

HI DB Team ! Ich habe seit 1 Jahr einen Freund und hatte schon einmal Petting mit ihm! Ich wuerde nun auch gern einmal mit ihm ins Bett gehen. Er hat mich auch gefragt ob ich mit ihm ****** und bumsen wuerde. Natuerlich habe ich die Woerter schon mal gehoert,aber ich habe keinen Schimmer,was sie bedeuten. Bitte helft mir und erklaert mir die 2 Woerter! PS: Ich bin sowieso froh,dass er mich zuerst gefagt hat, ob ich mit ihm richtigen Sex haben will, und nicht ich ihn. Eure M. (weiblich, 16)

*Der Duden hilft weiter: ****** und Bumsen sind beides Synonyme für das Verb "koitieren". Alles klar?*

Ich verspüre ständig den drang zu poppen ichhabe erst ein mal und es war geil! Ich möchte am liebsten jedes mädchen poppen was mir über den weg läuft! und nochwas ich wichse 3-4 mal am Tag ist das normal? Ach ja und ich will mich nicht immer selbst befriedigen wen kann ich fragen? Das sie es mir macht???? :-(Danke! (männlich, 14)

Frag doch einfach deine Lehrerin, deine Mutter, deinen Hund...

ICh hab vorgestern im Schrank von meiner Mutter einen großen Gummischwanz gefunden. Wieso benutzt sie so etwas, mein Vater ist doch auch jeden Tag zu hause. (weiblich, 13)

Such mal weiter, wahrscheinlich findest du dann die Gummibraut deines Vaters.

Bildung

Hi! ich habe mit meinem freund geschlafen und jetzt juckt es wie verrückt in der gegend des scheideneinganges! was könnte das sein? danke (weiblich, 15)

Herzlichen Glückwunsch, du hast dir die Dose verbrannt. Frag mal deinen Freund, wo er seinen Piephahn überall hingesteckt hat. Vielleicht hast du aber auch nur Filzläuse (lat. juckus sackrattus), die wird man mit etwas Brennspiritus und einem Streichholz leicht wieder los.

Hallo ich hätte eine kurze Frage! Nach was schmeckt eigentlich eine Muschi? (männlich, 13)

Du könntest deine Mutter bitten, dir eure Katze zu braten. Allerdings halte ich das für sehr verwerflich. Manche Fragen sollten besser ungeklärt bleiben.

Meine Freundin will immer, dass ich sie beim GV schlage. Sie sagt, sie bekomme sonst keinen Orgasmus. Weshalb ist das so bei ihr? (männlich, 20)

Tja, manche Frauen müssen halt zu ihrem Glück gezwungen werden...

Wie merke ich ob ich den samenerguss schon habe? Beim Wichsen(ca.nach2-3 minuten)fängt mein penis plötzlich an zu schmerzen.Was mache ich falsch (männlich, 12)

Du willst echt wissen, woran du merkst, ob du einen Samenerguss hattest? Mach's so wie beim Kacken: Guck mal, ob in deiner näheren Umgebung ein sichtbares Resultat zu finden ist. Zu den Schmerzen: Man behandelt ein sensibles Präzisionsinstrument halt nicht mit roher Gewalt.

Ich möchte mit meiner Freundin einmal die Reitstellung ausprobieren, leider wissen wir nicht so richtig wie sie geht. Bitte schicht mir ein Bild davon. Danke schon im voraus (männlich, 14)

Ja sicher, ich sollte mir von den Durchblickleuten auch Pornos zuschicken lassen, das könnte ich vielleicht über die Krankenkasse abrechnen :tozey:

wie hole ich mir einen runter? meine freunde machen das die ganze zeit in der dusche und ich schau ihnen dabei und will auch mit machen weiß aber nicht wie man das macht (männlich, 9)

Es gab mal eine Fernsehsendung namens "Mach mit, mach's nach, mach's besser". Also warum machst du nicht einfach das nach, was du da siehst? Man braucht kein Diplom zum Onanieren, also wirst sogar du noch schaffen, deinen Lurch zu würgen.

Hallo, ich habe da mal eine Frage. Ich bin leidenschaftlicher Wichser und muss mich fast jede Stunde selbstbefriedigen. Ich geh sogar während der Pause aufs Klo und mach es dort. Was soll ich tun? (männlich, 15)

Zuerst: Nie auf's Lehrerklo gehen. Zweitens: Lass dich vom Sportunterricht befreien, um deinen Tennisarm auszukurieren.

könnt ihr mir eine telephon nummer von einem Mädchen besorgen (männlich, 15)

Interessante Vorstellung: Eine Aufklärungsseite gekoppelt mit einer Callgirlagentur...

hallo ich habe einen fehler gemacht und will mich entschuldigen bei ihr ich hab ir in die hose gefasst aber sie redet oder schreibt mir nicht mehr was kann ich machen (männlich, 15)

Erstmal die Hand aus ihrer Hose nehmen, du Sau... :tozey:

gibt es so was wie ein 3ten hoden? ich hab da etwas erbsengroßes in meinem hodensack viel danke cu (männlich, 17)

Nein, es gibt keinen dritten Hoden. Du hast Hodenkrebs und musst qualvoll sterben. Bye.

Bildung

Ist mein Freund bei einer Größe von 1,97m mit 95kg zu dick? Wie könnte er am besten und schnellsten abnehmen? (weiblich, 15)

Am schnellsten geht das per Fettabsaugung. Aber lass dir nicht von ihm erzählen, dass du das selber machen könntest, indem du an seinem Ablassventil saugst.

mein freund und ich machen es meistens von hinten. es is auch wunderschön. kann es denn sein das durch das von hinten eindringen der orgasmus für beide schöner ist.? (weiblich, 16)

Drücken wir es so aus: Wenn ihr beide hässlich wie die Nacht seid und euch deswegen besser nicht beim Sex angucken solltet, dann kann das durchaus sein.

ich habe eine Frage: Ich stell mir immer vor das ich allein zu hause bin und das mir dann eine schöne Frau nackt den Hintern versohlt. Ich würde mich aber nie auspeitschen lassen. Bin ich jetzt ein masochist? ist das normal? (männlich, 14)

Nein, das ist nicht normal. Wir zeigen jetzt alle mit dem Finger auf dich und rufen laut "Perversling!"

wenn ich mit einer Frau schlafe, muss ich dann ihre Muschi mit den Fingern "öffnen" oder komm ich da nur durch stossen rein? (männlich, 18)

Gegenfrage: Wenn du mit dem Auto in die Garage willst... sprengst du auch das Tor mit einer Panzerfaust oder donnerst du einfach mit dem Wagen durch? :tozey:

wenn mein Penis steif ist, und ich auf dem Rücken liege, so liegt er praktisch flach auf meinem Bauch. wenn ich stehe geht er aber schon nach vorne! ist das normal? (männlich, 18)

Herzlichen Glückwunsch, Isaac Newton, Sie haben soeben die Schwerkraft entdeckt. :muede:

hallo liebes db team ich hab da eine frage als ich letztens die brüste von meiner freundin geknettet habe waren sie recht hart, das hatte sie noch nie . köönen sie mir sagen warum das so war? thx ano (männlich, 17)

Weil deine neue Freundin eine Schaufensterpuppe ist...

Muss man im Uhrzeigersinn küssen? Beim küssen mehr Zungen-oder Mundbewegungen benutzen? (männlich, 15)

Glaubst du echt, da gibt's ne DIN-Vorschrift? :tozey:

Hi DB-Team ich habe ein problem. meine eltern sin seit längerem getrennt. jetzt hat mein vater eine neue freundin. Diese frau hat selber drei töchter und ich habe mich in die grösste (17) verliebt. ich wiess jetzt nicht wie ich mit ihr , ihrer mutter etc. umgehen soll ich wiess auch nicht wie ich es ihr sagen soll. wie mein umfeld reagieren wird- merci für euere antwort (männlich, 18)

Da gibt's gar kein Problem. Dein Vater wird begeistert sein, wie sehr du deine neue Schwester liebst. :naughty:

Hi, ich han kei Problem nur zwei Fragen : ich hab mal gelesen, auch wir Frauen können im stehen pissen, geht das wirklich, ich hab angst mir auf die füsse zu pissen beim probieren. Wie oft kann eine Frau hintereinander ****** ? gibt es da auch ein guiness Buch Rekord ? Wieviel Sperma passt denn in eine Votze? (weiblich, 14)

Hm... Ich hab vorher noch nie drüber nachgedacht... Aber wer die letzten beiden Fragen beantworten kann, möge sich mal melden

Bildung

Hallo DB TEAM, ich bin 18 und stehe total auf junge Mädchen, meine aktuelle Freundin ist 14. Ich finde es erregent der erste in einer Fotze zu sein und habe auch schon 3 mal entjungfert, wenige Wochen danach wird es mir dann langweilig. ist das normal oder was ratet ihr mir (männlich, 18)

Spring von einer Brücke, Arschloch. :tozey:

was ist sex ich habe keine ahnung.., alle lachen mich aus weil ich es nicht wisse!!!!! (männlich, 15)

Okay, dann darf ich ja auch. :lach:

Schadet es wenn ich Tampons in meinen After einführe? Vielen Dank für die Antwort (männlich, 16)
Für ein paar Sekunden schoss mir die Frage in den Kopf, warum du diesen Blödsinn überhaupt machen willst. Aber dann entschied ich, dass ich das gar nicht wissen will...

Hallo ich (19) habe kürzlich meinen kleinen bruder (16) während dem duschen beobachtet mir ist dann auf gefahlen das sein Penis erregt wahr und nach oben gerichtet war, im internet auf pornoseiten habe ich aber männer gesehen deren penis im 90 Crad winkel vom körper abstanden. Nun meine frage warum steht bei meinem bruder der penis nicht im rechtenwikel und bei denn andern schon? (weiblich, 19)

Ich find die Frage viel interessanter, warum ein Mädel ihrem kleinen Bruder hinterherspannt... :shy:

Hallo DB-Team, mein Problem ist, ich bin 13 und habe mit meinem Zwillings-bruder zusammen ein Zimmer. Ich stehe meistens früher auf und ziehe mich an, wenn er dann aufsteht hat er fast immer einen harten Schwanz. ISt er geil auf mich ? Neulich hatter er sogar in der Nacht als ich auf die Toilette ging, einen Harten. Danke für eure Tips ! (weiblich, 13)

Schöner als die Bisamratte, ist immer noch die Morgenlatte... :shy:

kann man sich eigentlich selbst die faust in den anus stecken? wie gefährlich ist es sich zu verletzen? (männlich, 15)

:shocking: RAAAAAAAAAAAUUUUUUUUUUUUUUUUUUUUUUUUU-UUSSSSSSSSSSS!!!!!!!!

Liebes Durchblickteam, Ich bin 15 und leider sehr ausgeschlossen. Ich meine ich habe eine top coole figur und bin wirklich super hübsch. (weiblich, 15)

Dein einziges Problem ist wohl nur, dass du lügst?

Bis wann ist ein Junge, bis wann ein Mädchen, durchschnittlich Jungfrau? Vielen Dank für die Antwort! (männlich, 17)

Durchschnittlich sind Jungs und Mädchen bis zum ersten Mal Jungfrau.

hallo db-team! ich habe einige nicht allzu "normale" fragen zum thema aids: 1. kann aids durch einen joint oder eine zigarette übertragbar sein? 2. kann aids beim oralsex übertragen werden? 3. wie lange überleben aidsbakterien an einer scheibe wie z.b. am fenster oder an der scheibe im bus/tram? und könnte sich ein kleines kind so anstecken wenn es mit dem mund an der scheibe lutscht was ja bei kleinen kindern noch oft vorkommt? vielen dank (männlich, 15)

Wie oft onanierst du gegen Straßenbahnscheiben? Und was für einen Umgang pflegst du, wenn du jetzt schon glaubst, AIDS zu haben? O_o

Bildung

Hallo!Seit meinem 1.Freund habe ich ein Trauma.Das ging so:jedesmal wenn wir zusammen schliefen kam er nie, bewegte sich nicht und holte sich regelmässig einen runter im WC, oder Nebenzimmer.Seither habe ich ein ziemlich negatives Verhältnis zur Selbstbefriedigung b.Mann, da ich keine Selbstbefr.mache.Ich fühle mich "vorig"und verarscht.Ausserdem ekelt es mich an.Mein jetztiger Freund onanierte früher täglich, nun da wir zusammen wohnen hat er sehr oft Lust, und ich nicht mehr so viel.Er sagt er habe solch einen Druck.Ich möchte nicht dass er onaniert.Schliesslich bin ich ja da.Klar bin oft müde v.Arbeit und so..Aber man muss doch nicht alle 2Tage miteinander ins Bett.Ausserdem hat es mich oft geschmerzt, ein Zeichen? Danke f.euren Rat (weiblich, 15)

Jetzt hör auf rumzuzicken, du dusslige Kuh. Wenn du ihn nicht ranlassen willst, dann lass ihn wenigstens selber Hand anlegen.

hallo meine freundin und ich haben schon oft miteinander geschlafen. das problem ist nur dass wir es nur in der missionarsstellung machen können, weil ihr die meisten andern stellungen schmerzen.mir hingegen schmerzt nur die reiterstellung.könnte es an der grösse meines penisses liegen,denn der ist steif 24.5cm lang,ein bisschen nach oben gebogen und hat eine dicke von18cm.meine freundin ist auch immer feucht um nicht zu sagen nass. wieso tuihr fast alles weh??? meine ex hatte nicht solche schmerzen.....bitte helft uns!!!!! besten dank (männlich, 17)

Ich denke beim Lesen deiner Größenangaben an drei Möglichkeiten: 1. Du hast beschissen und das Lineal in der Mitte gekürzt. 2. Du bist eigentlich ein Turnierpferd 3. Du hast einen bösartigen Tumor Mal ne Frage von aufklaeren.ch

Hallo zusammen! Ich schlaffe mit meiner Freundin jetzt schon bald 3 Jahre! Doch sie will beim Oralsex nicht schlucken! Das stresst mich. Als ich sie dazu zwingen wollte habe ich ihr einen Zahn rausgeschlagen! Jetzt möchte sie Schluss machen! Darf sie das? (männlich, 17)

Ich sag mal selber dazu gar nix... :shocking:

HI! find eure seite echt sehr hilfreich! Meine frage : Also ich hab immer so wenn ich selbstbefriedigung gemacht habe immer so weissen belag auf der eichel der sich auch gut abwaschen lässt ... stinkt auch ein wenig ! ... ist das normal das man nach der selbstbefriedigung so einen belag auf der eichel liegen hat ? mache mindestestens 1x täglich selbstbefriedigung (habe viel zu hohes bedürfnis als es zu reduzieren)! muss ich diesen belag überhaupt abwaschen ? Viellen dank schonmal für die antwort ! (männlich, 14)

Das ist ja wohl voll widerlich :wuerg: Los, wasch dir deinen Kuppenkäse weg und belästige nie wieder die Allgemeinheit mit dem Zeug...

Hallo Durchblick Team Ich habe eine frage: was macht eine Frau nach dem sex? Ich habe gehört das sperma laufe wieder aus der Scheide heraus! Geht es lange bis es ausgelaufen ist?? Merci (männlich, 14)

Frauen ziehen sich nach dem Sex wieder an, das machen sie. Und natürlich läuft das Sperma wieder raus, soll sie das etwa auf Vorrat bunkern?

Können sie mir ein Foto schicken wie Nesselfieber aussieht? Besten dank im voraus Ich leide seit einem Jahr darunter und weiss nicht was ich machen soll. (weiblich, 16)

Und wieso willst du ein Foto, wenn du weißt, dass du's hast? Willst du vergleichen und dann damit prahlen, dass dein Nesselfieber viel ekliger aussieht als das auf dem Foto?

ich habe mit meiner tante geschlafen und sie sagt sie sei jetzt schwanger was kann ich tun (männlich, 16)

Au Backe, eure nächste Familienfeier wird sicher ein Knaller. Was du tun kannst... Nix, du hast schon genug geleistet. :shy:

Bildung

Hallo liebes DB-team!! wie erkenne ich ob ich schwanger bin??? weil ich war auf einer party und war danach besoffen und jetzt weiss ich nicht ob jemand mit mir geschlafen hat, weil ich lag am nächsten tag voll nackt im bett meiner freundin bitte helft mir!!!! danke im vorraus (weiblich, 15)

Eine Frage: Wann bist du das nächste Mal auf einer Party, und darf ich dann auch kommen? :shy:

Hi, liebes DB-Team. Ich habe mir letztens einen Tischtennisball in meinen After geschoben und bekomme ihn nicht mehr heraus. Jetzt ist der ganze After verstopft und ich kann auch nicht mehr auf Toilette. Mein Magen tut auch weh, denn ich war jetzt seit 2 Wochen nicht mehr auf der Toilette. Wie kann ich das wieder ändern ? Ich habe aber Angst zum Arzt zu gehen oder es meinen Elter zu beichen. Schonmal vielen Dank ! (weiblich, 16)

Ich find ja toll, wenn junge Mädchen sich für Sport begeistern, aber so was... Wie auch immer, bald platzt du, dann ist das Problem erledigt. Hauptsache, dem Tischtennisball passiert nichts.

ich habe mit einem jungen rumgefummelt, er isr mir dabei in die unterhose, könnte es sein, wenn der junge sich voher einen runter geholt hat das ich schwanger sein könnte ich weiss ja nicht ob er sicher voher einen runtergeholt hat aber wenn dann wäre dass möglich ....? (weiblich, 14)

Tststs, da fragt man doch vorher...

Wofür benutzen Frauen Tampongs? (männlich, 14)

Laut Werbung zum Reiten, Schwimmen und Fahrradfahren.

hallo, meine fragen-ein kumpel erzählte mir dass man durch tritte oder ähnliches auf die hoden unfruchtbar werden kann. stimmt das?und wenn ja wie spürt man dann das?8meine hoden haben nämlich schon einiges abbekommen. und wie sieht denn das sperma eines unfruchtbaren mannes aus? kann man irgendwie überprüfen ob man unfruchtbar ist ohne zum urologen zu gehen?ich habe manchmal schmerzen in den hoden ohne das ich mir weh getan habe was ist da los? schreibt bitte schnell zurück-mache mir echt sorgen. das ganze hier ist doch anonym oder?ok danke schon im voraus. (männlich, 14)

Das klingt so, als hättest du dich vorher jeden Nachmittag mit deinen anderen Kumpels getroffen, damit ihr euch ganz vergnügt gegenseitig mal so richtig in die Eier treten könnt. Ist dann wohl besser, wenn du deine DNA aus dem Genpool entfernst...

Was muss ich beim petting tun, in die scheide oder in den After????? Danke für euere antwort (männlich, 15)

Wie drück ich das jetzt schonend aus... Petting... Das ist, als wenn du ein automatisches Garagentor öffnest, ohne mit dem Auto reinzufahren... Und du fährst auch nicht durch den Nebeneingang in die Garage!

Ich spritze machmal (wenn ich 3-4 Tage nicht gewichst habe) bis zu 3 Metern. Meine Kollegen sagen, dass sie nur so 30 cm spritzen, was ist normal? (männlich, 16)

Wie darf ich mir denn das jetzt vorstellen? Stellst du dich nackig auf den Sportplatz oder machst du das in deinem Zimmer? Denkst du dir dann: "Hm, diesmal schaff ich's bis zum Fensterbrett", oder was? :shocking:

wenn ich also ein kondom benutze muss ich es ganz abrollen oder nur bis zum anschlag? (männlich, 16)

Wenn du einen Weg findest, ein Standardkondom vollständig über einen Minipenis abzurollen, ohne dass es zwischendurch zusammengedrückt wird... Schreib an das nächste Max-Planck-Institut, die würden das sicher gerne mal erforschen.

Bildung

könnt ihr nicht eine Liste der heutigen erkrankten Aids patienten senden (männlich, 15)

Tststs, und als nächstes müssen die ein Erkennungssignal tragen, was? So was wie einen gelben Aufnäher...

Hallo! Neulich hab ich geträumt, dass mich mein Freund ans Bett gefesselt und mich dann am ganzen Körper mit Massageöl eingestrichen hat, bevor er es mit mir getan hat. Völlig pervers, nicht wahr? Als ich aufwachte hatte ich jedenfalls eine ganz feuchte Muschi vor Erregung. Jetzt möchte ich das wirklich erleben, aber ich habe Angst, meinen Freund darum zu bitten, weil ich nicht weiss, wie er darauf reagiert! (weiblich, 19)

Falls er nicht will: Ich mach's! :sabber:

Mein Freund flirtet mit anderen Frauen wenn ich nicht dabei bin und er lässt es sogar zu, dass sie ihm an " arsch"fassen! ich bin total eifersüchtig...obwohl ich eigentlich keinen riesen grund haben,denn ich lasse mir das auch gefallen im ausgang! Ich war schon 2 mal untreu...hat das eine Auswirkung? (weiblich, 16)

Tststs, also nee, entweder du bist eifersüchtig oder ne Schlampe. Beides gleichzeitig passt nicht.

hallo zusammen, ich habe eine frage zum sperma. wie weit spritzt es normalerweise etwa? (männlich, 14)

Laut deinem Kollegen weiter oben bis zu 3 Meter... :shy:

liebes durchblick-team meine frage ist: ich würde gerne meinen freund oral befriedigen aber, ich finde das etwas ekliges. was könnte ich machen damit es mir auch freude bereitet? (weiblich, 18)

Na entweder du willst es oder du findest es eklig... also nee... Leute gibt's...

hi Db-Team! Ich habe diese Frage schon einmal geschrieben, aber ihr habt sie nicht beantwortet. Ich habe einmal gelesen, das der G-Punkt eines Mannes im "arsch" liegt! Stimmt das?? Bitte antworten! Merci! (weiblich, 17)

Wenn du einen Punkt mit besonderer Erregungsfähigkeit am männlichen Körper meinst: Der ist dann im Arsch, wenn der Mann es gerade jemandem griechisch besorgt. :shy:

Ich wollte sie fragen, wie weit, dass ein Junge die Vorhaut zurückziehen muss, damit es mit dem Kondom besser zum ****** geht? (männlich, 15)

Zieh sie soweit zurück, bis es blutet und höllisch wehtut. Dann weißt du, dass es zuviel ist.

Meine Mutter hat mich letztens dabei erwischt, wie ich nackt auf dem Bett lag und mir die Finger in die Muschi gesteckt habe. Sie ist dann zu mir hergekommen und hat mich dann geschlagen und gesagt: "So was macht man mit 13 nicht". Ab wieviel Jahren soll man sich denn erst die Finger in die Muschi stecken? (weiblich, 13)

Wer alt genug ist, geschlagen zu werden, darf sich auch Finger sonstwohin stecken. Ich meine, wieviel Prügel hat deine Mutter denn dafür gekriegt, dass sie dich empfangen hat?

Bildung

Hallo DB-Team, Ich habe vor 2 Tagen zum ersten mal geschlafen. Es war ein absolut gutes gefühl, aber ich weiss so wenig, was passieren kann und was man beachten muss. Zunächst hat mir meine Freundin gesagt, ich solle ihr mit der hand in die Scheidewand greifen, dann hat sie gesagt damit nicht sie Spass habe soll ich ihr mein Penis in ihr Maul stecken. Ich hab noch nicht so viel ahnung, aber dann wollte ich ein Kondom anziehen, aber sie hat gesagt, das muss mann nicht. Dann ist bei mir irgend etwas aus dem Penis gekommen, und in sie hinein. Macht das etwas, kann das ein Samenguss sein oder so etwas? Kann ich sie verletztn, wenn ich ihr in die Scheidewand greiffe? Hat es folgen, wenn sie mein Penis ins Maul nimmt und daran leckt und herum macht? Ich habe keine Ahnung und habe mich gehen lassen, ich hoffe dass sie mich Aufklären können? Denn ich will weiterhin Spass mit meiner Freundin haben. (männlich, 14)

Ich hoffe, deine Freundin tritt dir kräftig in den Arsch, wenn sie merkt, dass du ihren Mund als Maul bezeichnest... :shy:

Hallo. Ein Freund hat mir gestern in einem Brief was auf Englisch geschrieben, das ich aber nicht verstehe. Er schrieb: **** you motherfucking bitch. Suck my dick and I eat your fucking pussy. Könnt ihr mir sagen was das heißt? Danke (weiblich, 16)

Er mag dich.

meine schamlippen sind ziemlich groß ist das normal ? gibt es medizinische adressen wo verschiedene scheiden abgebildet sind ? wenn ja bitte gebt sie mir (weiblich, 15)

Ich will die Adressen auch.

ciao!! also ich habe vor einer woche mit meinem freund schluss gemacht (wir sahen uns nicht oft) weil er mir geschrieben hat:"MIR HENND E **** BEZIIG" !!das muss ich mir doch nicht sagen lassen oder?? nachher wollte er noch mal mit mir gehen und ich sagte NEIN!!! jetzt schreibt er mir immer solche gemeinen sms!ist er nur traurig oder hasst er mich wirklich???? bitte helft mir soll ich ihm einfach nicht mer antworten?kiss (weiblich, 14)
Ich hab nichtmal verstanden, was er dir geschrieben hat...
meine Frage ist: wenn ich mir eine runterhole, dann spritzt es nur etwa 1 cm weit. ist das normal??? (männlich, 15)

Nein. Wie ich gehört habe, sind 3 Meter normal... :peinlich:

Hallo liebes db-team meine fragen: wenn ich sex mit einer frau haben möchte und keiner meiner freundinnen mit mir das machen möchte kann ich an der langstrasse mit einer nute schlafen auch wenn ich erst 18 bin?? und wenn ich einen dreier möchte und wir u^nur zu zweit sind würde das eine nute auch mit uns machen?? danke schon im vorraus (sorry wegen der doofen frage aber das war eine wette ob ich es mit einer nute machen würde und wes ist eilig ich muss es bis am sonntag getan haben am besten wäre es heute weil ja halloween ist) danke nochmals!!!!! (weiblich, 18)

Mal ne Frage an die anderen Mädels hier: Wieviel Alkohol muss man euch geben, damit ihr euch auf sone bescheuerten Wetten einlasst? O_o

Mein Penis ist, wenn er steif ist dann steht´er fast waagerecht zum Körper.Das Ding von meinem Freund ist, wenn er steif ist senkrecht zum Bauchnabel hin. Wer hat die größere Erektion (männlich, 14)

Im Zweifelsfall ich.

Bildung

Kann man im Schwimmbad mit einem ob schwimmen gehen? Dann wird es doch ganz nass oder fällt raus (saget meine Kollegin)! Danke! (weiblich, 12)

*na ja, du kannst. Allerdings ist als Schwimmmöbel ne Luftmatratze sicherlich bequemer. ^^*

mir ist aufgefallen das wenn ich feucht bin der Schleim oder so extrem bitter schmeckt! auch mein freund hat das einmal bemerkt als er mich leckte! früeher wa das nicht so. wiso ist das plötzlich so? kann man etwas dagegen machen? (weiblich, 16)

Ähm... Na ja... Ich weiß ja auch nicht so genau, aber Jungs empfiehlt man Ananassaft... :peinlich:

Hallo, ich habe ein großes Problem: Mein Penis ist in steifem Zustand 23 cm groß. Deswegen werde ich oft gehänselt. Außerdem finde ich keine passenden Kondome. Gibt es eine Möglichkeit den Penis operativ zu verkleinern? Wieviel kostet das? (männlich, 16)

Wow, ich wette, es gibt einige Ärzte, dir dir umsonst 6 cm abhacken würden, um die bei sich selber ranzunähen.

Hallo... Mein Freund (auch 15, ansich schlank) hat seit 1 Jahr Titten (fast grössere als ich als Mädchen). Er macht sich dauernd damit wichtig. Er wackelt damit im (Hallen)bad und lässt sich von anderen jungs an die Nippel greifen. Das ist mir peinlich. Soll ich es meinem Freund sagen oder bin ich zu empfindlich? Warum ist er so, eigendlich sollte er doch eher Hemmungen haben? (weiblich, 15)

Tja, ich fürchte, du hast nur eine Chance: Lass dir einen Pimmel ranoperieren (der Typ über dir würde sicher was von seinem abgeben) und spiel dann auch damit im Hallenbad rum.

Hallo DB-Team, nahm ich den Duschkopf und richtete den warmen Strahl langsam zu meinem Votze. Es war ein elektrisierendes Gefühl. Wie 1000 kleine Penise, die mich alle zeitgleich masierten, bin ich jetzt pervers? Und darf ich noch mit meinem Freund schlafen? (weiblich, 15)

Sag ma, woher weißt du eigentlich, wie sich 1000 kleine Penisse anfühlen? :shocking:

Liebe DBT, ihr seid wirklich gut. Also, gestern um etwa 21:00 habe ich meine freundin gefickt, wir sind beide eingeschlafen, und als wir verwachten waren wir immer noch am ******. Macht das etwas wenn man die ganze Nacht fickt? (männlich, 14)

Ja, im wesentlichen Durst.

Hallo DBT, eure Site ist echt erste klasse, aber jetzt zu meiner Frage: heute habe ich das erste mal geschlafen, ich war sehr müde. Kann das Schaden auf meine Gesundheit genommen haben. (weiblich, 14)

Pah, du schwächliches Weib. Du hast nur 14 Jahre ohne Schlaf ausgehalten, wie verabscheuungswürdig. :kotz: (Sag ma, willst du die Leute verscheißern?)

Ein Kollege von meinem Freud hat bei seiner Freundin sein Penis mal eine ganze nacht dringelassen (sie sind eingeschlafen (absichtlich) und am morgen war er immer noch drin (mit Kondom)) Mein Freun will das jetzt auch versuchen! Was kann hierbei so alles passieren? (weiblich, 17)

Man kann Durst kriegen. (War der Kollege zufällig 14?)

Bildung

ist es normal bzw. pervers das ich mih selbst an meiner...na ihr wißt schon (mumu) lecken kann?man muß dazu sagn das ich sehr gelenkig bin-ich finde ein vorteil für mich..und andere :-) (weiblich, 11)

Na dann guten Appetit und viel Spaß! :sabber:

wie kann man erkennen das man einen samenerguss hat (männlich, 11)

Wenn in drei Metern Entfernung ein schleimiger weißer Fleck ist...

kann man tampons auch gegen durchfall nehmen?!? bitte antwortet schnell sonst ist es zu spät! (weiblich, 13)

:shocking: Ich würd erstmal empfehlen, dass du zuerst auf Klo gehst und dann wieder fragst... (By the way: Tampons sind doch eklig, ich würde nicht einen einzigen runterkriegen...)

Wenn ich mir in der Badeweanne einen runterhole und Sperma in die Badewanne fliesst, besteht dann Gefahr, dass meine Mutter schwanger wird, wenn sie danach ein Bad nimmt? (männlich, 14)

Zu doof, die Wanne nachher auszuspülen? Ich möcht nicht wissen, wie das Klo aussieht, wenn du Kacken warst... :kotz:

Hallo Leute. Ich habe eben zum ersten mal kräftig abgespritzt. War wirklich so ein geiles Gefühl, ich bin jetzt noch ganz fertig. Jetzt habe ichn einige Fragen. Wohin soll ich mein Sperma spritzen? Vorhin ist es in hohem Bogen auf den Fußboden geklatscht. Wie oft ist es gesund zu wichsen? Wie oft kann ein Mann in seinem Leben abspritzen? Wie schmeckt Sperma? Viele Fragen ich weiß, aber ich habe nicht auf alles eine Antwort auf eurer Seite gefunden. Bitte antwortet mir (männlich, 14)

1. Hör auf zu prahlen. 2. Egal wohin du es spritzt, laut einem Typen beim letzen Mal sollte es 3 Meter weit entfernt von dir landen. 3. Wichsen ist schon beim ersten Mal ungesund, das führt zu Rückenmarksschwund und Plattfüßen. :teufel: 4. Ein Mann kann genau 1000 Mal abspritzen. Wenn du es jetzt übertreibst, kannst du also später bei Frauen nicht mehr. Andererseits wollen die eh keinen Typen mit Rückenmarksschwund und Plattfüßen. 5. Koste doch selbst. (Doofe Frage für nen Jungen, aber echt.)

Hallo!Ich habe in letzter zeit öfters sex mit meinem besten Kolleg,er ist einfach mega geil...Aber mein Problem ist es,dass ich ihn mich in ihn verliebt habe!Der Sex ist für mich und ihn sehr schön aber jetzt habe ich mich eben ihn in verliebt!Ich weiss nicht aber ich will jetzt einfach mehr als nur sex von ihm...Ich weiss nicht,wie es ihm geht....was soll ich tun???Ich will ihn nicht verlieren,der sex ist sehr schön und geil mit ihm aber eine beziehung wäre mir lieber!danke !!! (weiblich, 15)

:shocking: Ähm... nur mal ne Frage... lässt du dich immer von deinen besten Freunden vögeln?

grüessli und dangg förs beantwortä fo minär frooog : wenn ich mit meinem schatz liebe mache und ich sie am muschi und vor allem der klitoris mit meiner zunge lecke, kann es passieren, dass auf einmal harn ausfliesst, denn jener ausgang zum wasser lösen ist ja ganz in der nähe, wie ich es beaugapfelt habe. Danke für den Bescheid und Gruss (männlich, 19)

:lach: Keine Antwort diesmal, ich hab das nur hier aufgeführt, weil ich mir das Wort "beaugapfeln" merken will. Gefällt mir, werd ich in Zukunft öfter benutzen.

Bildung

Ab wie vielen Jahren kann man einen Steifen kriegen? (männlich, 11)

O_o Also eigentlich solltest du schon hunderte erlebt haben... Falls du aber eigentlich ein Mädchen bist: Ab 14 darfst du in Deutschland einen Steifen kriegen.

Hallo Team!! Ich habe ein problem mein Kolleg will mit mir popen,aber meine Eltern erlauben das nicht. Was macht man eigentlich beim popen ich habe das noch nie gemacht? (weiblich, 16)

Du bist blond, oder? O_o (Ich stell mir gerade vor, wie das Mädel zu ihren Eltern geht und sagt: "Der geht in meine Klasse und will mich poppen, darf ich?" :lach:)

Liebes Team! Wenn ich mich Selbstbefriedige sieht das der Frauenarzt bei der Untersuchung? Danke für die Antwort. (weiblich, 14)

Klar! Und dann ruft er deine Eltern und den Weihnachtsmann an. Und mich.

Hi! Mein Freund hat irgendwie Potenzprobleme. Er kriegt ihn einfach nicht hoch,wenn wir miteinander schlafen wollen. Was kann er/ ich oder wir tun?? Danke für die Antwort!!!!!!! (weiblich, 15)

Was du machen kannst? Gekonnt die Kaumuskeln einsetzen, wie die Mädels in Thailand. :shy: Danke an South Park dafür, dass ich diesen Gag klauen konnte.

hallo meine freundin weiss nicht genau wie man einen bläst?????? (männlich, 14)

Na und? Ich wusste auch nicht, wie man HTML programmiert, aber ich hab's gelernt, indem ich's gemacht hab...

meine kollegen reden immer von einem runter hauen. wie funktioniert dass? (männlich, 14)

Stell dir eine flache Hand vor, die dich mit voller Wucht an der Wange trifft. Das ist runterhauen.

Ich habe eine Frage an eure Seite. Gestern im Hallenbad klatschte mir ein fremder ca.15 j.Junge voll auf das Arsch und sagte er möchte mich von hinten nehmen. Ich sei eine echt geile Fickstute. Was wollte er damit? Muss ich irgendwas befürchten? Könnte es damit zutun haben, ich habe einen ziemlich dicken Arsch und hatte etwas knappe Badehosen an? Danke, eure Seite ist Super! (weiblich, 13)

Hach ja, die männliche Landjugend, immer direkt und total verabscheuungswürdig.

Ich hab mir in den letzten tagen ein paar mal im internet so erotische geschichten durchgelesen.dabei hab ich mich an der scheide gestreichelt.ist so was normal oder pervers? (weiblich, 14)

Völlig normal. Wenn ich solche Geschichten lese, möchte ich auch Scheiden streicheln. :schulterzuck:

Ich habe schon seit längerem manchmal nach dem stuhlgang blut am klopapier,was hat das zu bedeuten? danke! (männlich, 15)

Hatte ich früher auch. Dann kam die Wende, und wir bekamen Klopapier, was nicht Schmirgelklasse A war. Dafür noch ein Dankeschön an die Leute, die damals auf die Straße gingen. (Ha! Und ihr dachtet, es ging uns um Bananen...)

Bildung

Kindermund!

-extremitäten sind das, was am menschen dran hängt.

-wenn man pupst, gähnt der popo

-mädchen können ihr pipi nicht im stehen machen, weil sie nichts zum festhalten haben.

-wenn die babys noch ganz klein sind, haben die mamis sie im bauch. da können sie nicht geklaut werden.

-meine mama ist echt schön, man sieht immer noch, dass sie mal jung war.

-ich heirate später mal die mami, eine fremde frau will ich nicht.

-regenwürmer können ncht beißen, weil sie vorne und hinten schwanz haben.

-meine mama kauft nur von freilaufenden bauern.

-im winter legen hühner keine eier, weil ihr eierloch zufriert.

-zum federvieh gehören alle lebewesen mit federn: hühner, gänse, enten, vögel und indianer

-man soll bei offenem fenster schlafen weil atmen so gesund ist.

-ich brauche keinen hustensaft, ich kann auch ohne husten.

-einmal war ich so krank, da hatte ich 40kilo fieber

-beim schnitzel muss man zuerst das fleisch totklopfen

-am liebsten ess ich milchreis mit apfelkompost

-mineralwasser ohne kohlensäure mag ich nicht, das ist mir zu flüssig.

-immer soll ich mein zimmer aufräumen, dabei bin ich als kind geboren, nicht als sklave!

-die banane konnte ich nicht essen, die hat mami zu fest zugemacht.

-müssen mütter auch gras essen, damit milch aus den brüsten kommt?

-meine mama hat ein baby im bauch, aber ich weiß nicht wie sie das runtergeschluckt hat.

-mit müttern schimpft man nicht, die sind nämlich nützlich!

-wenn wir den papa nicht hätten müssten wir alle essensreste wegschmeißen.

-das trojanische pferd war nur außen ein pferd. innen war es ein wohnmobil.

-die kölner wohnen in köln und die hamburger bei mcdonalds.

-wenn ein mann kinder hat, hat er auch die frau am hals.

-wenn zwei verliebte sich zum ersten mal küssen, kippen sie gleich um und stehen mindestens eine stunde lang nicht mehr auf. (was ne süße vorstellung)

-heutzutage gibt es keine wunder mehr, weil wir das fernsehen und den computer haben.

-am besten gewöhnt sich ein baby an seine eltern, wenn sich mutter und vater beim stillen abwechseln.

-auch zwischen den beinen sollte man sich waschen, sonst wird das schamgefühl verletzt.

-von papa hab ich mich abgesohnt. der schimpft immer mit mir.

Bildung

-für mädchen ist es besser nicht zu heiraten, aber jungen brauchen jemanden zum putzen

-meine oma hat noch dinosaurier gekannt.

-hirsche haben bäume auf dem kopf, dadurch kann man sie von rehen unterscheiden.

-der jesus war so schön, den wollten sie nicht eingraben, den haben sie ans kreuz genagelt.

-bei der liebe wird man von einem pfeil getroffen. alles was danach kommt sollte aber nicht mehr wehtun!

-omas geben keine milch mehr.

-oma ist der kostbarste teil der familie. die hat schon altertumswert.

-ich kann noch keine schleife, deshalb bindet mama meine füße zu.

-eine halbinsel ist eine insel die noch nicht ganz fertig ist.

-im sommer darf ich immer kurzärmelige hosen tragen.

-die jahre in denen der februar 29 tage hat, nennt man die wechseljahre.

-oma ist so dick, weil sie so voller liebe steckt.

-ich habe keine oma mehr, die haben sie schon in den friedhof gepflanzt.

-wenn oma zahnschmerzen hat, legt sie ihre zähne einfach ins glas.

-ich hätte gern noch ein brüderchen, aber meine mutter nimmt immer tampons.

-ich habe ein muttermal am bauch, da kommen später mal die babys raus.

-der papi streut die samen und die mami legt ein ei. so entstehen die babys.

-als mein dreirad kaputt war, hat mein opa es opariert.

-mein opa is am kopf barfuß.

-wenn ein arzt oparieren will, muss er erst sterilisiert werden.

-man soll nicht töten denn sonst tötet auch mal jemand zurück!

-auf dem mond können gar keine menschen leben, bei halbmond hätten die ja gar nicht genug platz!

-mein opa hat keinen beruf, der ist einfach nur opa.

-wenn ein huhn lange genug brütet werden die eier schlüpfrig.

-je älter ein mensch wird, desto teurer werden seine zähne.

-je früher die menschen waren, desto affiger sahen sie aus.

-schön, dass oma und opa zusammen im grab liegen, da können sie sich wenigstens mal unterhalten.

-das schönste am winter ist das schneeballschlachten!

-luftballons muss man gut zuknoten, damit sie nicht auslüften.

-auf dem spielplatz haben wir ein tolles loch gegraben, aber mami hat uns verboten es mit nach hause zu nehmen.

-die polizei hat auch hubschrauber, falls im himmel mal was passiert.

-mein opa spielt in der blaskapelle eine echte trombose.

Bildung

Der Besserwisser

Eine Volksschullehrerin geht zu ihrem Direktor und beschwert sich:
"Mit dem kleinen Peter aus der ersten Klasse ist es kaum auszuhalten!
Der weiß immer alles besser!

Er sagt, er ist mindestens so schlau wie seine Schwester, und die ist schon in der dritten Klasse. Und jetzt will er auch in die dritte Klasse gehen!"

Der Direktor: "Beruhigen Sie sich. Wenn er wirklich so schlau ist, können wir ihn ja einfach mal testen."

Gesagt, getan, und am nächsten Tag steht der kleine Peter zusammen mit seiner Lehrerin vor dem Direktor. „Peter", sagt der Direktor, "es gibt zwei Möglichkeiten.

Wir stellen dir jetzt ein paar Fragen. Wenn du die richtig beantwortest, kannst du ab heute in die dritte Klasse gehen.

Wenn du aber falsch antwortest, gehst du zurück in die erste Klasse und benimmst dich!!"

Peter nickt eifrig.

Direktor: "Wie viel ist 6 mal 6?"
Peter: "36."

Direktor: "Wie heißt die Hauptstadt von Österreich?"
Peter: „Wien."

Und so weiter, der Direktor stellt seine Fragen und Peter kann alles richtig beantworten.

Direktor zur Lehrerin: "Ich glaube, Peter ist wirklich weit genug für die dritte Klasse."

Lehrerin: "Darf ich ihm auch ein paar Fragen stellen?"

Direktor: "Bitte schön."

Lehrerin: „Peter, wovon habe ich zwei, eine Kuh aber vier?"
Peter, nach kurzem Überlegen:

"Beine."

Bildung

Lehrerin: "Was hast du in deiner Hose, ich aber nicht?"
Der Direktor wundert sich etwas über diese Frage, aber da antwortet Peter schon:

"Taschen."

Lehrerin: "Was macht ein Mann im Stehen, eine Frau im Sitzen und ein Hund auf drei Beinen?"
Dem Direktor steht der Mund offen, doch Peter nickt und sagt:

"Die Hand geben."

Lehrerin: "Was ist hart und rosa, wenn es reingeht, aber weich und klebrig, wenn es rauskommt?"
Der Direktor bekommt einen Hustenanfall, und danach antwortet Peter gelassen:

"Kaugummi."

Lehrerin: "Wo haben die Frauen die krausesten Haare?" Der Direktor sinkt in seinem Stuhl zusammen, aber Peter antwortet ganz spontan:

"In Afrika!"

Lehrerin: "Wohin greifen die Frauen am liebsten bei einem Mann?"
Dem Direktor wird ganz schwarz vor Augen, und Peter sagt:

"Zur Brieftasche."

Lehrerin: "Gut, Peter, eine Frage noch:
Sag mir ein Wort, das mit F anfängt, mit N aufhört und etwas mit Hitze und Aufregung zu tun hat!" Dem Direktor stehen die Tränen in den Augen. Peter überlegt einen Moment und antwortet dann freudig:

"Feuerwehrmann!"

Direktor: "Schon gut, schon gut.

Von mir aus kann Peter auch in die vierte Klasse gehen oder gleich aufs Gymnasium.

Ich hätte die letzten sieben Fragen falsch beantwortet ..."

Gastronomisches

Gastronomisches

Chilitester

Notizen eines unerfahrenen Chilitesters (Edgar), der seinen Urlaub in Texas verbrachte.

Kürzlich wurde mir die Ehre zuteil, als Ersatzpunktrichter bei einem Chili-Kochwettbewerb zu fungieren. Der Ursprungliche Punktrichter war kurzfristig erkrankt und ich stand gerade in der Nähe des Punktrichtertisches herum und erkundigte mich nach dem Bierstand, als die Nachricht über seine Erkrankung eintraf.

Die beiden anderen Punktrichter (beide gebürtige Texaner) versicherten mir, dass die zu testenden Chilis nicht allzu scharf sein wurden. Ausserdem versprachen sie mir Freibier während des ganzen Wettbewerbes und ich dachte mir PRIMA, LOS GEHT`S!

Hier sind die Bewertungskarten des Wettbewerbes:

Chili Nr. 1: Mike`s Maniac Mobster Monster Chili

Richter 1: Etwas zu tomatenbetont; amüsanter kick.

Richter 2: Angenehmes, geschmeidiges Tomatenaroma. Sehr mild.

Edgar: Ach du Scheisse! Was ist das für Zeug!? Damit kann man getrocknete Farbe von der Autobahn lösen!! Brauchte zwei Bier, um die Flammen zu löschen; ich hoffe, das war das Übelste; diese Texaner sind echt bescheuert!

Chili Nr. 2: Arthur`s Nachbrenner Chili

Richter 1: Rauchig, mit einer Note von Speck. Leichte Peperonibetonung.

Richter 2: Aufregendes Grill Aroma, braucht mehr Peperonis um ernst genommen zu werden.

Edgar: Schliesst dieses Zeug vor den Kindern weg! Ich weiss nicht, was ich ausser Schmerzen hier noch schmecken könnte. Zwei Leute wollten mir erste Hilfe leisten und schleppten mehr Bier ran, als sie meinen Gesichtsausdruck sahen.

Chili Nr. 3: Fred`s berühmtes 'Brennt die Hütte nieder Chili'

Richter 1: Exzellentes Feuerwehrchili! Mordskick! Bräuchte mehr Bohnen.

Richter 2: Ein bohnenloses Chili, ein wenig salzig, gute Dosierung roter Pfefferschoten.

Edgar: Ruft den Katastrophenschutz! Ich habe ein Uranleck gefunden. Meine Nase fühlt sich an, als hätte ich 'Rohrfrei' geschnieft. Inzwischen weiss jeder, was zu tun ist: Bringt mir mehr Bier, bevor ich zünde!! Die Barfrau hat mir auf den Rücken geklopft; jetzt hängt mein Ruckgrat vorne am Bauch. Langsam krieg ich eine Gesichtslähmung von dem ganzen Bier.

Chili Nr. 4: Bubba`s Black Magic

Richter 1: Chili mit schwarzen Bohnen und fast ungewürzt. Enttäuschend.

Richter 2: Ein Touch von Limonen in den schwarzen Bohnen. Gute Beilage für Fisch und andere milde Gerichte, eigentlich kein richtiges Chili.

Edgar: Irgendetwas ist über meine Zunge gekratzt, aber ich konnte nichts schmecken. Ist es möglich einen Tester auszubrennen? Sally, die Barfrau stand hinter mir mit Biernachschub; die hässliche Schlampe fängt langsam an geil auszusehen; genau wie dieser radioaktive Müll, den ich hier esse. Kann Chili ein Aphrodisiakum sein?

Gastronomisches

Chili Nr. 5: Lindas legaler Lippenentferner

Richter 1: Fleischiges, starkes Chili. Frisch gemahlener Cayennepfeffer fügt einen bemerkenswerten kick hinzu. Sehr beeindruckend.

Richter 2: Hackfleischchili, könnte mehr Tomaten vertragen. Ich muss zugeben, dass der Cayennepfeffer einen bemerkenswerten Eindruck hinterlässt.

Edgar: Meine Ohren klingeln, Schweiss läuft in Bächen meine Stirn hinab und ich kann nicht mehr klar sehen. Musste furzen und 4 Leute hinter mir mussten vom Sanitäter behandelt werden. Die Köchin schien beleidigt zu sein, als ich ihr erklärte, dass ich von ihrem Zeug einen Hirnschaden erlitten habe. Sally goss Bier direkt aus dem Pitcher auf meine Zunge und stoppte so die Blutung. Ich frage mich, ob meine Lippen abgebrannt sind.

Chili Nr. 6: Veras sehr vegetarisches Chili

Richter 1: Dünnes, aber dennoch kräftiges Chili. Gute Balance zwischen Chilis und anderen Gewürzen.

Richter 2: Das beste bis jetzt! Aggressiver Einsatz von Chilischoten, Zwiebeln und Knoblauch. Superb!

Edgar: Meine Därme sind nun ein gerades Rohr voller gasiger, schwefeliger Flammen. Ich habe mich vollgeschissen, als ich furzen musste und ich fürchte, es wird sich durch Hose und Stuhl fressen. Niemand traut sich mehr, hinter mir zu stehen. Kann meine Lippen nicht mehr fühlen. Ich habe das dringende Bedürfnis, mir den Hintern mit einem grossen Schneeball abzuwischen.

Chili Nr. 7: Susannes 'Schreiende-Sensation-Chili'

Richter 1: Ein moderates Chili mit zu grosser Betonung auf Dosenpeperoni.

Richter 2: Ahem, schmeckt als hätte der Koch tatsächlich im letzten Moment eine Dose Peperoni reingeworfen. Ich mache mir Sorgen um Richter Nr. 3. Er scheint sich ein wenig unwohl zu fühlen und flucht völlig unkontrolliert.

Edgar: Ihr könnt eine Granate in meinen Mund stecken und den Bolzen ziehen; ich würde nicht einen Mucks fühlen. Auf einem Auge sehe ich gar nichts mehr und die Welt hört sich wie ein grosser rauschender Wasserfall an. Mein Hemd ist voller Chili, da mir unbemerkt aus dem Mund getropft ist und meine Hose ist voll mit lavaartigem Schiss und passt damit hervorragend zu meinem Hemd. Wenigstens werden sie bei der Autopsie schell erfahren, was mich getötet hat. Habe beschlossen, das Atmen einzustellen, es ist einfach zu schmerzvoll. Was soll`s, ich bekomme eh keinen Sauerstoff mehr. Wenn ich Luft brauche, werde ich sie einfach durch dieses grosse Loch in meinem Bauch einsaugen.

Chili Nr. 8: Helenas Mount Saint Chili

Richter 1: Ein perfekter Ausklang; ein ausgewogenes Chili, pikant und für jeden geeignet. Nicht zu wuchtig, aber würzig genug, um auf seine Existenz hinzuweisen.

Richter 2: Dieser letzte Bewerber ist ein gut balanciertes Chili, weder zu mild noch zu scharf. Bedauerlich nur, dass das meiste davon verloren ging, als Richter Nr. 3 ohnmächtig vom Stuhl fiel und dabei den Topf über sich ausleerte. Bin mir nicht sicher, ob er durchkommt. Armer Kerl; ich frage mich, wie er auf ein richtig scharfes Chili reagiert hätte.

Gastronomisches

REZEPT DER WOCHE:

Truthahn in Whiskey

Zutaten für 6 Personen:
1 Truthahn ca. 5 kg
Speck
Salz, Pfeffer
Olivenöl
1 Flasche Whiskey

Zubereitung:
Truthahn mit Speckstreifen belegen. Schnüren, salzen, pfeffern.
Ofen auf 200° vorheizen. Da von dem Whiskey nicht die ganze Flasche benötigt
wird, können Sie sich gerne ein Glas einschenken und auf gutes Gelingen trinken.
Den Truthahn auf ein Backblech legen, etwas Olivenöl sowie 2 cl Whiskey dazugeben
und in den Ofen schieben. Anschließend zwei schnelle Gläser Whiskey einschenken und nochmals auf gutes Gelingen trinken.
Den Thermostat nach 20 Min. auf 250° stellen, damit es ordentlich brummt.
Danach schenke man sich drei weitere Wiski ein.
Nach halm Schdunde öffnen, wenden und den Bratn überwachn.
Die Fisskieflasche ergreifn un sich eins hinner die Binde kibbn. Nach 'ner weitern albernen Schdunne langsam bis sum Ofn hinschlendern un die Trute rumwendn.
Drauf achtn, sich ni die Hand zu vabrenn anni Scheiss-Ofndia.
Sisch weidare fümf oda siem Wixi innen Glas sisch unn dann unn so. Die Druhde
wehrend drei Schdunn (iss auch egal) weidabradn und alle sehn Minudn pinkln.
Wann üerntwi möglich, zum Drudhan hingriechn un den Ofn ausm Viech ziehn.
Nommal ein Schlugg geneemign un anschliesnt wide vasuchn, das Biest rauszumkriegn.
Den fadammdn Vogl vom Bodn auf hebn un auf Bladde anrichdn. Aufbassn, dass ni ausrudschn auffm scheissfeuichn Küchenbohn. Wen sisch drodsdem ni vameidn
lasst fesuchn wida auf ssuschichtriodosohahahaisallesjaschscheissegaaal!

Ein wenig schlafen.

Am nächsten Tag den Truthahn kalt anrichten und mit etwas Mayonnaise und Aspirin servieren.

Gastronomisches

Mastercard-Kater

Martin wacht morgens mit einem furchtbaren Kater auf.

Er zwingt sich, die Augen zu öffnen und blickt zuerst auf eine Packung Aspirin und ein Glas Wasser auf dem Nachttischchen.

Er setzt sich auf und schaut sich um. Auf einem Stuhl ist seine gesamte Kleidung, schön zusammengefaltet. Er sieht, daß im Schlafzimmer alles sauber und ordentlich aufgeräumt ist. Und so sieht es in der ganzen Wohnung aus.

Er nimmt die Aspirin und bemerkt einen Zettel auf dem Tisch: "Liebling, das Frühstück steht in der Küche, ich bin schon früh 'raus, um einkaufen zu gehen. Ich liebe Dich!"

Also geht er in die Küche und tatsächlich - da steht ein fertig gemachtes Frühstück, und die Morgenzeitung liegt auf dem Tisch. Außerdem sitzt da sein Sohn und ißt. Martin fragt ihn: "Kleiner, was ist gestern eigentlich passiert?"

Sein Sohn sagt: "Tja, Paps, Du bist um drei Uhr früh heimgekommen, total besoffen und eigentlich schon halb bewußtlos. Du hast ein paar Möbel demoliert, in den Flur gekotzt und hast Dir fast ein Auge ausgestochen, als Du gegen einen Türgriff gelaufen bist."

Verwirrt fragt Martin weiter: "Und warum ist dann alles hier so aufgeräumt, meine Klamotten sauber zusammengelegt und das Frühstück auf dem Tisch?"

"Ach das!" antwortet ihm sein Sohn, "Mama hat Dich ins Schlafzimmer geschleift und aufs Bett gewuchtet, aber als sie versuchte, Dir die Hose auszuziehen, hast Du gesagt: 'Hände weg, Fräulein, ich bin glücklich verheiratet'."

Fazit:

Ein selbstverschuldeter Kater: .... 100 Euro
Kaputte Möbel: .... 250 Euro
Frühstück: .... 10 Euro
Im richtigen Moment das Richtige sagen: .... unbezahlbar!

Gastronomisches

Ein Schweizer sitzt gerade beim Frühstück, mit Kaffee, Gipfeli, Butter und Konfitüre, als sich ein Kaugummi kauender Deutscher neben ihn setzt. Ohne aufgefordert zu werden, beginnt dieser eine Konversation: "Esst ihr Schweizer eigentlich das ganze Brot?" Der Schweizer lässt sich nur widerwillig von seinem Frühstück ablenken und erwidert: "Ja, natürlich." Der Deutsche macht eine Riesenblase mit dem Kaugummi und meint: "Wir nicht. Bei uns in Deutschland essen wir nur das Innere des Brotes. Die Brotrinden werden in Containern gesammelt, aufbereitet, zu Gipfeli verarbeitet und in der Schweiz verkauft." Der Schweizer hört nur schweigend zu. Der Deutsche lächelt verschmitzt und fragt: "Esst Ihr auch Marmelade zum Brot?" Der Schweizer erwidert leicht genervt: "Ja, natürlich." Während der Deutsche seinen Kaugummi zwischen den Zähnen zerkaut, meint er: "Wir nicht. Bei uns in Deutschland essen wir nur frisches Obst zum Frühstück. Die Schalen, Samen und Überreste werden in Containern gesammelt, aufbereitet, zu Marmelade verarbeitet und in der Schweiz verkauft." Reichlich genervt reicht's dem Schweizer und er sagt: "Habt Ihr auch Sex in Deutschland?" Der Deutsche lacht und sagt: "Ja natürlich haben wir Sex." Der Schweizer lehnt sich über den Tisch und fragt: "Und was macht Ihr mit den Kondomen, wenn Ihr sie gebraucht habt?" "Die werfen wir weg", meint die Deutsche. Jetzt fängt der Schweizer an zu lächeln: "Wir nicht. In der Schweiz werden alle Kondome in Containern gesammelt, aufbereitet, geschmolzen, zu Kaugummi verarbeitet und nach Deutschland verkauft."

* * * * *

Bierwissenschaften
Letztes Wochenende haben wir mit ein paar Freunden über Bier diskutiert.
Einer sagt dann plötzlich, dass Bier weibliche Hormone enthält. Nachdem wir ihn - wegen seiner dummen Bemerkung - ein wenig aufs Korn genommen haben, beschlossen wir die Sache wissenschaftlich zu überprüfen.
So hat jeder von uns, rein für die Wissenschaft, 10 Bier getrunken. Am Ende dieser 10 Runden haben wir dann folgendes festgestellt:
01. Wir hatten zugenommen.
02. Wir redeten eine Menge, ohne dabei etwas zu sagen.
03. Wir hatten Probleme beim Fahren.
04. Es war uns unmöglich auch nur im Entferntesten logisch zu denken.
05. Es gelang uns nicht, zuzugeben, wenn wir im Unrecht waren, auch wenn es noch so eindeutig schien.
06. Jeder von uns glaubte er wäre der Mittelpunkt des Universums.
07. Wir hatten Kopfschmerzen und keine Lust auf Sex.
08. Unsere Emotionen waren schwer kontrollierbar.
09. Wir hielten uns gegenseitig an den Händen.
10. Und zur Krönung: wir mussten alle 10 Minuten auf die Toilette und zwar alle gleichzeitig.

Weitere Erläuterungen sind wohl überflüssig: Bier enthält weibliche Hormone!

Gastronomisches

Alkoholproblem

Sie haben ein ernstzunehmendes Problem mit dem Alkohol, wenn...

1. Sie verlieren jede Diskussion mit unbeseelten Objekten.

2. Sie müssen sich am Rasen festhalten, um nicht von der Erde zu fallen.

3. Sie gehen wegen einer Impfung zum Arzt, und der Arzt benutzt zur Desinfektion der Injektionsstelle Ihre Blutprobe.

4. Ihre Lieblings-Frühstückscerealie ist Gerste, aber nur in flüssiger Form.

5. Ihre beiden Söhne heißen Burps und Hicks.

6. Nachdem eine Mücke Sie gestochen hat, fliegt sie in Schlangenlinien.

7. Sie vermuten bei sich eine Lederallergie. Jedesmal, wenn Sie morgens mit Schuhen aufwachen, fühlen Sie sich sauelend.

8. "Einen Whisky-Soda bitte. Aber ohne Soda. Ich trink doch nichts wo Fische drin ficken."

9. Wenn Sie in eine Bar kommen, schickt der Wirt jemand in den Keller, um Nachschub zu holen.

10. Sie schauen sich jede Folge von "Roseanne" an, weil die Hauptdarstellerin so attraktiv ist.

11. Sie erkennen Ihre Frau nur durch den Glasboden.

12. "Ich bin nockstüchtern, Herr Machtweister."

13. Schon wieder hat Sie ein rosa Elefant bis nach Hause verfolgt.

14. Sie tasten sich an einer Litfaßsäule entlang. "Scheiße, eingemauert!"

15. In Ihrem Personalausweis steht "Harald Juhnke"

16. Beim Kampftrinken verliert ein Russe gegen Sie.

17. Sie haben einen eigenen Parkplatz vor dem Schnapsladen.

18. Jeder Barkeeper der Stadt weiß, was bei Ihnen "das Übliche" ist.

19. Sie wachen nach der Silvesterparty auf, und jemand wünscht Ihnen frohe Ostern.

20. Sie kennen Ihren Stammtisch von allen Seiten, besonders von unten.

Gastronomisches

Neulich bei McDoof...

Autofahren macht Spaß. Essen auch. Am meisten Spaß macht Essen im Auto, deswegen habe ich auch diese erhöhte Affinität zu Drive-In Schaltern...

Speziell in meinem Lieblings Fast-Food Restaurant. Das Vergnügen an dieser Self-Service Station des Essens auf Rädern wird allerdings erheblich durch die Qualität der Gegensprechanlage gemindert.
Gegensprechanlage... Meiner Überzeugung nach, hat sie diesen Namen nur bekommen weil sie völlig gegen das Sprechen ausgelegt ist...

„Hiere Bechellung hippe." Knarzt es mir aus dem Lautsprecher entgegen. Klingt für mich nach Schellackplatte...
Aus Erfahrung aber weiß ich, dass sich die Stimme (männlich... weiblich... Wohl eher männlich) am anderen Ende dieses Dosentelefons soeben nach meiner Bestellung erkundigt hat.

Jetzt einfach zu bestellen wäre mir zu langweilig, also frag ich:
„Haben sie etwas vom Huhn?"

Aus dem Lautsprecher ertönt ein schwer verständliches Wort, das aber eindeutig mit: „...icken" endet.

Ich antworte: „Später vielleicht, zunächst möchte ich was essen."

Etwas lauter tönt es zurück: „SCHICKEN?"

Ich kann es mir nicht verkneifen: „Nein ich würde es gleich selbst abholen."

Eine kurze Pause entsteht, ich stelle mir belustigt die genervte Visage des McDoof-Knechts vor . Als die Sprechpause zu lang werden droht, sage ich:
„Ach sie meinen CHICKEN? Nö, lieber doch nicht. Haben sie vielleicht Presskuh mit Tomatentunke im Röstbrötchen?"

„Hamburger?" fragt mein unsichtbares Gegenüber zurück. Wahrheitsgemäß antworte ich:
„Nein ich bin von hier. Aber hat das denn Einfluss auf meine Bestellung?"

„Wol-len sie ei-nen Ham-bur-ger?"

„Jetzt beruhigen sie sich mal, ja ich nehme einen."

„Schieß?"

„Stimmt, hatte ich nach meiner letzten Mahlzeit hier, mittlerweile ist meine Darmflora aber wieder wohlauf, ich denke ich kann es erneut riskieren."

Der Stimminhaber beginnt mir ein wenig Leid zu tun. Er kann ja nichts für seinen Job, aber ich ja schließlich auch nicht.

„Ob sie KÄ-SE auf den Hamburger möchten?"

Gastronomisches

„Ah ja gern, ich nehme einen mittelalten Pyrenäen Bergkäse, nicht zu dick geschnitten, von einer Seite leicht angeschmolzen."

Ob die nächste Ansage aus dem Lautsprecher: „Sicher doch." Oder „Arschloch" lautet, kann ich nicht genau heraushören ... Deutlicher erklingt nun:

„Was dazu?"

„Doch ja, ich hätte gern diese gesalzenen frittierten Kartoffelstäbchen."

„Also Pommes?"

„Von mir aus auch die..."

„Klein, Mittel, Groß?"

„Gemischt, und zwar jeweils zu einem drittel große, mittlere und kleine."

„WOLLEN SIE MICH EIGENTLICH VERARSCHEN???"

Diese wiederum sehr laut formulierte Frage verstehe ich klar und deutlich, sie verlangt eine ehrliche Antwort:

„Falls das die Bedingung ist, hier etwas zu Essen zu bekommen, JA, also? Machen wir weiter?"

Die Stimme schnauft kurz und fragt: „Gut, gut. Pommes, etwas zu den Pommes?"

„Ein schönes Entrecôte, blutig und ein Glas 1996er Spätburgunder bitte."

„ICH KOMM DIR GLEICH RAUS UND GEB DIR BLUTIG!!!"

„Machen sie das, aber verschütten sie dabei bitte nicht den Wein."

„Schluß jetzt, Schalter 2. 4Euro 15."

Schon vorbei, gerade als es anfing lustig zu werden. Aber ich habe noch ein Ass im Ärmel. Ich zahle mit einem 200 Euro Schein.

„Tut mir leid, aber ich hab's nicht größer."

Freundlich werde ich ausgekontert: „Kein Problem." Mit kaltem Blick lässt ein bemützter Herr mein Wechselgeld auf den Stahltresen klappern. Nicht mit mir Freundchen, ich will den Triumph.

Also, Zeit fürs Finale.

„Kann ich bitte ne Quittung bekommen?" frage ich überfreundlich.

"Ist ein Geschäftsessen!"

Gastronomisches

Trinker-Kongress

Wir laden Sie herzlich zum 13. europäischen Trinker-Kongress ein. Das Motto dieser Veranstaltung lautet: "Lieber in der dunkelsten Kneipe, als am hellsten Arbeitsplatz".

Neben unzähligen Probierständen mit Alko-Spezialitäten aus dem In- und Ausland wird sicher auch die Trinker-Zubehör-Messe Ihre Aufmerksamkeit finden. Ausser Bierkübeln, Schnaps-Gläsern und Cognac-Schwenkern gibt es dort viel nützliches was das Herz eines Trinkers höher schlagen lässt:
- Kopfschmerz-Tabletten mit Ihren Initialen
- Fahnentöter mit Knoblauchgeschmack
- Führerscheine im 10er Block
- Wasserdichte Unterwäsche-Schwankometer
- Betten mit Gegenschaukelmechanismus

Daneben findet im "Blauen Salon" eine interessante Vortragsreihe statt:

22.00Uhr
Herr Bernd Meyer, Chefredakteur der Zeitschrift "Voll" spricht zum Thema: "Saufen ohne Kotzen - nichts für Anfänger" und "Richtige Kotztechnik steigert Ihr Saufvermögen". Als Mitglied erhalten Sie das Taschenbuch "Erbrechen - kein Verbrechen" gratis.

02.00Uhr
Frau Claudia Klein, Autor von "Ohne Alk wär' ich heute noch Jungfrau" zum Thema: "Was tun, wenn im Büro der Schnaps ausgeht?"

03.00Uhr
Frau Daniela Kriegenburg, Selbsthilfegruppe "Trinken kann man lernen", zum Thema: "Mittrink-Gelegenheiten und Gemeinschaften für die Integrierung in die moderne Gesellschaft".

04.00Uhr
Herr Axel Gerling, Therapiegruppe "Sicheres Autofahren im Vollrausch" zum Thema: "Kann denn Alkohol Sünde sein?" und "Wenn man auch mit einem Auge schielt".

05.00Uhr
Gregor Breitenbach, Vorsitzender des Jugendschutzverbandes zum Thema: "Ist Alkohol auch ohne mich attraktiv - oder umgekehrt?" und "Kann man denn nicht trinken ohne lustig zu sein?"

06.00Uhr
Ehrung der diesjährigen "Räudige Saufkuh" Dem Sieger werden wie jedes Jahr alle Bussen und Fahrausweisentzüge für ein ganzes Jahr finanziert. Anschliessend Wettkampf in den Disziplinen:
Kampf-Trinken 10 Liter
Kampf-Trinken 25 Liter
Kampf-Trinken 100 Liter (Königsdisziplin)
Weitkotzen
Massenkotzen (dieser Wettkampf bildet den Schluss unserer Veranstaltung)

Zur Organisation: Kommen Sie mit dem Auto, es sind genügend Parkplätze vorhanden. Unser Personal wird Sie am Ende der Veranstaltung gerne zu Ihrem Auto tragen. Bevor Sie die Rückreise zu Ihrer Stammkneipe antreten, sollten Sie unbedingt am Promillestand eine Blasprobe abgeben. Der Sieger erhält ein komplettes Autoeinbauset mit Polizeikontrollmelder, Kühlvorrichtung für 12 Flaschen, automatischem Bieröffner und Kotztütenspender.

Wir rechnen mit Ihrem Erscheinen.
Das OK

Gastronomisches

Ein selbstbewusst aussehender Mann kommt in eine Bar. Er setzt sich an einen Tisch in der Nähe der Bar zu einer sehr attraktiven Frau, wirft ihr einen Blick zu und schaut dann auf seine Uhr. Die Frau bemerkt das und fragt ihn:

"Ist Ihre Verabredung spät dran?"

"Nein", antwortet der Mann. "Ich habe nur gerade diese hypermoderne State-of-the-art-Armbanduhr gekauft und sie getestet."

Die Frau, neugierig: "Was ist das Besondere?"

"Nun, sie nimmt über spezielle Alphawellen telepathischen Kontakt zu mir auf und spricht zu mir", erklärt er.

"Und was erzählt sie Ihnen gerade?"

"Sie sagt, dass Sie kein Höschen anhaben."

Die Frau kichert und sagt: "Nun, dann ist Ihre neue Wunderuhr jetzt schon kaputt. Ich trage nämlich im Moment ein Höschen."

Der Mann erklärt: "Nein, kaputt ist sie nicht. Sie geht nur 'ne Stunde vor."

Eine Büffelherde bewegt sich nur so schnell wie der langsamste Büffel und wenn die Herde gejagt wird, sind es die schwächsten & langsamsten ganz hinten, die zuerst getötet werden. Diese natürliche Selektion ist gut für die Herde als Ganzes, da sich die allgemeine Geschwindigkeit und die Gesundheit der ganzen Gruppe durch regelmäßige Auslese verbessert.

Auch das menschliche Gehirn kann nur so schnell arbeiten, wie die langsamsten Gehirnzellen. Wie wir alle wissen, werden durch übermäßige Einnahme von Alkohol Gehirnzellen abgetötet. Aber natürlich sind es die langsamsten & schwächsten, die es zuerst erwischt.

FAZIT: Regelmäßige Einnahme von Alkohol eliminiert die schwachen & langsamen Gehirnzellen und lässt so das Gehirn zu einer schneller & effizienter arbeitenden Maschine werden! Das ist der Grund, warum man sich nach ein paar Bier immer für wesentlich schlauer hält.

(Die Redaktion verzichtet ganz auf die Einnahme von Bier, da noch keine Gehirnzelle zur Selektion gefunden wurde...)

Na dann Prost...

Gastronomisches

113 Gründe, warum ein Bier besser ist als eine Frau

1. Ein Bier hat niemals Migräne.
2. Ein Bier ist immer feucht.
3. Wenn Du ein Bier geküsst hast, hat es sich jemals beschwert, dass Du schon ein paar Biere vorher hattest?
4. Ein Bier verlangt nicht von dir zu sagen 'Ich liebe Dich', auch wenn Du es zum Bier sagen möchtest.
5. Mit 20 Bier kann ich besser fahren, als 20 Frauen es können.
6. Es ist in Ordnung, mehrere Biere gleichzeitig zu haben.
7. Ein Bier erwartet keine Geburtstagsgeschenke.
8. Ein Bier versteht Deine Probleme
9. Hast Du ein Bier schon mal sagen hören: "Wo warst Du letzte Nacht so lange?"
10. Ein Bier will nicht befriedigt werden, im Gegenteil, es gibt sein Leben um Dich zu befriedigen.
11. Ein Bier wird nie eifersüchtig, wenn Du ein anderes Bier nimmst.
12. In einer Bar kannst Du immer ein Bier mitnehmen.
13. Ein Kater vom Bier geht weg.
14. Ein Bier wird nicht sauer, wenn Du mit einer Fahne nach Hause kommst.
15. Du brauchst ein Bier nicht zu waschen, bevor es gut schmeckt.
16. Ein Bier kann man den ganzen Monat lang genießen.
17. Ein Bier braucht man nicht ausführen und bewirten.
18. Wenn Du mit einem Bier fertig bist, bekommst Du immer noch Flaschenpfand.
19. Ein steriles Bier ist ein gutes Bier.
20. Du kannst Dir sicher sein, Du bist der erste, der das Bier hat.
21. Du kannst mehr als ein Bier pro Nacht haben und musst Dich nicht schuldig fühlen.
22. Du kannst ein Bier mit Deinen Freunden teilen.
23. Ein Bier geht schnell runter.
24. Bierflecken kann man auswaschen.
25. Ein Bier wartet immer geduldig im Wagen auf Dich.
26. Wenn ein Bier unten gelandet ist, wirft man es weg.
27. Ein Bier kommt nie zu spät.
28. Bieretiketten kann man einfach von der Flasche abziehen.
29. Wenn Du ein Bier gut genug trinkst, hast Du immer ein gutes Gefühl im Kopf.
30. Ein Bier verlangt nicht nach Gleichberechtigung.
31. Ein Bier kümmert's nicht, wann Du heimkommst.
32. Biere gibt's immer in Sechserpacks...
33. Man kann ein Bier in aller Öffentlichkeit trinken.
34. Man kann sich außer Kopfschmerzen nichts anderes von einem Bier einfangen.
35. Wenn Du mit einem Bier fertig bist, musst Du nichts anderes tun als die leere Flasche wegwerfen.
36. Wenn Du mit einem Bier fertig bist, nimm das nächste.
37. Du wirst nie Bieretiketten auf der Wange haben...
38. Bier sieht am Morgen genauso aus wie am Abend.
39. Ein Bier schaut nicht regelmäßig bei Dir vorbei.
40. Ein Bier stört es nicht, wenn jemand das Zimmer betritt.
41. Ein Bier stört es nicht, die Kinder zu wecken.

Gastronomisches

42. Ein Bier bekommt keine Krämpfe.
43. Ein Bier hat keine Mutter.
44. Ein Bier hat keine Moral.
45. Ein Bier spielt nicht einmal im Monat verrückt.
46. Ein Bier hört Dir immer geduldig zu und streitet niemals.
47. Bieretiketten kommen nicht einmal im Jahr aus der Mode.
48. Bieretiketten sind im Preis schon mit enthalten.
49. Bier weint nicht, es blubbert.
50. Ein Bier hat nie kalte Hände oder Füße.
51. Ein Bier ist nie übergewichtig.
52. Wenn Du die Biersorte wechselst, brauchst Du keinen Unterhalt zu zahlen.
53. Ein Bier wird nie mit Deiner Kreditkarte abhauen.
54. Ein Bier hat keinen Rechtsanwalt.
55. Ein Bier braucht nicht viel Platz im WC.
56. Ein Bier kann Dir keine Krankheiten wie Herpes zufügen.
57. Einem Bier ist Dein Fahrstil egal.
58. Ein Bier ändert nicht seine Meinung.
59. Ein Bier kümmert es nicht, ob Du rülpst oder einen fahren lässt.
60. Ein Bier ärgert Dich nicht.
61. Ein Bier fragt nicht danach, das Fernsehprogramm zu wechseln.
62. Ein Bier bringt Dich nicht dazu, Einkaufen zu gehen.
63. Ein Bier bringt Dich auch nicht dazu, den Müll rauszubringen.
64. Ein Bier bringt Dich auch nicht dazu, den Rasen zu mähen.
65. Ein Bier kümmert's nicht, Chuck Norris oder Charles Bronson-Filme zu sehen.
66. Ein Bier hat man sehr leicht bei der Hand.
67. Dicke, volle Biere sind umso besser.
68. Ein Bier sagt nie 'nein'.
69. In ein Bier kann man sich leicht reinversetzen.
70. Ein Bier beschwert sich nicht, wenn Du es irgendwohin mitnimmst.
71. Auf einer Party verschwindet das Bier nicht zusammen mit anderen Bieren.
72. Ein Bier trägt (und braucht) keinen BH.
73. Ein Bier kümmert's nicht, schmutzig zu werden.
74. Ein Bier stört sich nicht an Gefühllosigkeit.
75. Ein Bier verbraucht nicht das gesamte Toilettenpapier.
76. Ein Bier lebt nicht mit seiner Mutter zusammen.
77. Ein Bier macht Dich nicht schlapp.
78. Ein Bier kümmert sich nicht um Manieren.
79. Ein Bier schreit nicht herum.
80. Ein Bier kümmert sich nicht um die Fußball-Saison.
81. Ein Bier schleppt Dich sicher nicht mit zur Kirche.
82. Ein Bier kann 'Vergaser' sicher besser buchstabieren als eine Frau.
83. Ein Bier denkt nicht, Fußball sei bescheuert, aus wer weiß was für Gründen.
84. Ein Bier hat oftmals mehr Ahnung von Computer als eine Frau...
85. Ein Bier wird nicht sauer, wenn Du andere Biere in Deiner Nähe hast.
86. Ein Bier wird nie behaupten, diese Werbungen mit den Babies sind irgendwie "süß".
87. Wenn ein Bier ausläuft, riecht es für eine Weile irgendwie gut...
88. Ein Bier nennt Dich sicher kein sexistisches Schwein, weil Du "Dobermann" statt "Doberperson" sagst.
89. Ein Bier erhebt kein Geschrei über solche Kleinigkeiten wie einen

Gastronomisches

hochgeklappten Toilettensitz.
90. Wenn Du ein "5500 ccm V8" in der Nähe eines Bieres erwähnst, denkt es sicher nicht an eine riesige Büchse Gemüsesaft.
91. Ein Bier beschwert sich nicht, daß Sicherheitsgurte wehtun.
92. Ein Bier raucht nicht im Auto.
93. Ein Bier raucht grundsätzlich nicht.
94. Ein Bier streitet nicht damit rum, dass es keinen Unterschied darin gäbe, ein unidentifiziertes Flugobjekt im Kriegsgebiet abzuschießen und ein koreanisches Verkehrsflugzeug vom Himmel zu holen.
95. Ein Bier kauft nie ein Auto mit Automatikgetriebe.
96. Ein Bier ist immer bereit, das Haus rechtzeitig zur Party zu verlassen.
97. Ein Bier wartet nicht auf Komplimente.
98. Bier schmeckt einfach gut.
99. Wenn Du ein Bier zuerst nur anschauen und später dann doch austrinken willst, erhebt es sicher kein Geschrei.
100. Selbst ein eiskaltes Bier wird Dich gewähren lassen.
101. Ein Bier wird Dich nie dazu bringen, vom Einkaufen ein paar Tampons mitzubringen.
102. Ein Bier kümmert es nicht, dass du "Penthouse" nach Deiner Aussage "nur wegen der Artikel" liest.
103. Ein Bier sagt nie, Du könntest ins Gefängnis kommen, wenn Du ein Fußballspiel ohne eine ausdrückliche Zustimmung der dafür zuständigen Stellen auf Video aufzeichnest.
104. Ein Bier würde nie Deinen Wagen mit dem schlechtesten Benzin volltanken mit der Begründung, dass man dadurch ein paar Pfennige spart.
105. Ein Bier wird Dich nie dazu bringen, einen schwedischen Film zu sehen.
106. Ein Bier bringt Dich nicht dazu, irgendetwas Vegetarisches zu essen, das einfach abscheulich schmeckt.
107. Ein Bier wird nie den Satz benutzen: "Iss - es ist sehr gesund." (Gerade dieser Satz verdirbt so manchem den Appetit)
108. Bist Du mit einem Bier fertig, macht der Gedanke an ein anderes Bier Dich nicht krank.
109. Ein Bier lügt nie und täuscht Dir nichts vor.
110. Ein Bier geht nicht fremd.
111. Ein Bier kann keinen Unfall mit Deinem Wagen machen.
112. Bei einem Bier weiß man vorher auf den Pfennig genau, was es kosten wird.
113. Ein Bier kümmert es nicht, wenn Du die ganze Nacht am Computer verbringst.

Probleme mit Bier und wie man sie löst

PROBLEM: Das Bier ist ungewöhnlich bleich und geschmacklos.
URSACHE: Glas Leer.
LÖSUNG: Lassen Sie sich ein neues Bier bringen!

PROBLEM: Die gegenüberliegende Wand ist mit strahlendem Licht bedeckt.
URSACHE: Sie sind nach hinten umgefallen!
LÖSUNG: Binden Sie sich am Tresen fest.

PROBLEM: Sie haben Zigarettenstummel im Mund.
URSACHE: Sie sind nach vorne umgefallen.
LÖSUNG: Siehe oben.

PROBLEM: Das Bier schmeckt nicht, und das T-Shirt wird vorne nass.
URSACHE: Mund nicht geöffnet oder Glas an falscher Stelle im Gesicht angesetzt.
LÖSUNG: Gehen Sie auf die Toilette und üben Sie vor dem Spiegel.

PROBLEM: Kalte und nasse Füsse.
URSACHE: Das Glas wird im falschen Winkel gehalten.
LÖSUNG: Drehen Sie das Glas, bis die offene Seite in Richtung Decke zeigt.

PROBLEM: Warme und nasse Füsse.
URSACHE: Ungenügende Kontrolle der Blase.
LÖSUNG: Stellen Sie sich dich neben den nächsten Hund und meckern Sie über dessen mangelnde Erziehung.

PROBLEM: Der Boden wirkt verschwommen.
URSACHE: Sie schauen durch den Boden eines leeren Glases.
LÖSUNG: Lassen Sie sich ein neues Bier bringen!

PROBLEM: Der Boden bewegt sich.
URSACHE: Sie werden rausgetragen.
LÖSUNG: Finden Sie heraus, ob man Sie in ein anderes Lokal bringt.

PROBLEM: Der Raum ist sehr dunkel.
URSACHE: Das Lokal hat geschlossen.
LÖSUNG: Lassen Sie sich die Privatadresse des Wirtes geben.

PROBLEM: Das Taxi nimmt plötzlich ungewöhnliche Farben und Muster an.
URSACHE: Der Bierkonsum hat Ihre persönliche Grenze überschritten.
LÖSUNG: Mund zuhalten.

Wer gewinnt? Bier gegen Frau

1. Ein Bier ist immer feucht. Eine Frau muss man schon ein bisschen bearbeiten.
1 Punkt an das Bier

2. Warmes Bier schmeckt nicht gut.
1 Punkt an die Frau

3. Ein kühles Bier ist sehr erfrischend.
1 Punkt an das Bier

4. Wenn man nach einem kräftigen Schluck Bier ein gekräuseltes Haar zwischen dem Zähnen hat, könnte einem schlecht werden.
1 Punkt an die Frau

5. 10 Bier an einem Abend und man kann nicht mehr heim fahren. 10 Frauen an einem Abend und man will nicht mehr heim fahren.
1 Punkt an die Frau

6. Wenn man in der Öffentlichkeit viel Bier trinkt, kann man sich einen schlechten Namen machen. Wenn man in der Öffentlichkeit eine Frau leckt, wird man zur Legende.
1 Punkt an die Frau

7. Wird man von der Polizei aufgehalten und riecht nach Bier, wird man verhaftet. Wenn man nach Frau riecht, eher nicht.
1 Punkt an die Frau

8. Altes Bier gibt es so gut wie nirgends.
1 Punkt an das Bier

9. Wenn man zu viel Bier trinkt sieht man weiße Mäuse. Wenn man zu viele Frauen hat, sieht man das Himmelreich.
1 Punkt an die Frau

10. In den meisten Ländern ist Bier besteuert.
1 Punkt an die Frau

11. Dem ersten Bier ist es egal wie viele man danach noch hat.
1 Punkt an das Bier

12. Man kann immer sicher sein, dass man der Erste ist der eine Flasche oder Dose oder Fass Bier öffnet.
1 Punkt an das Bier

13. Wenn man Bier schüttelt, schäumt es und wird aufgewühlt, aber wird sich wieder beruhigen.
1 Punkt an das Bier

14. Man weiß eigentlich immer, was ein Bier kostet.
1 Punkt an das Bier

15. Bier hat keine Mutter.
1 Punkt an das Bier

16. Ein Bier erwartet nicht, dass man nach dem Genuss noch eine halbe Stunde lang mit ihm kuschelt.
1 Punkt an das Bier

Endstand: 9:7 für das Bier.

Alles klar. Endlich ist das Thema ein für alle mal geklärt. Der Sieger ist das Bier!

PS: Sollten Sie eine Frau sein, die diesen Test soeben gelesen hat und sich furchtbar darüber aufregen, möchten wir Sie daran erinnern, dass Bier keine Emotionen zeigen würde.

Also noch ein Sonderpunkt für Bier oben drauf.

Gastronomisches

Party im Wald

Die Tiere im Wald betrinken sich jeden Abend völlig sinnlos. Jeden Abend steigt eine tolle Party, am nächsten Tag geht es immer allen total schlecht. Eines Abends sagt der Fuchs: "Tiere im Wald, so geht es nicht mehr weiter. Wir Tiere des Waldes sind ein Vorbild und das geht nicht, dass wir immer total betrunken sind!" Also beschließen sie, ab heute nichts mehr zu trinken.

Am nächsten Tag geht der Fuchs eine Kontrollrunde machen. Der Bär ist zwar etwas schlapp, das Eichhörnchen hüpft schon etwas herum, aber es geht allen besser. Kommt er zum Hasen. Der hängt hinter dem Baum und kotzt sich die Seele aus dem Leib, ist total blau und völlig benommen. Sagt der Fuchs: "Hase! Wir Tiere des Waldes haben gesagt, wir trinken nichts mehr!" Darauf der Hase: "Ja, es tut mir ja so leid, ich konnte nicht anders, da waren noch ein paar Reste da, die musste ich einfach trinken..." Fuchs: "Na gut, heute lass ich dir das noch mal durchgehen. Aber morgen fress ich dich, wenn das nochmal so geht!"

Am nächsten Tag geht der Fuchs wieder seine Runde. Der Bär kommt ihm schon fröhlich singend entgegen. Das Eichhörnchen ist schon fleißig beim Nüsse sammeln. Kommt er zum Hasen. Der hängt unter dem Baum. Die Löffel hängen herunter, die Augen blau umrandet, völlig fertig. Voll besoffen. Sagt der Fuchs: "Verdammt Hase!!! Wir Tiere vom Wald, wir wollten doch nichts mehr trinken!" Der Hase entschuldigt sich wieder tausendfach und der Fuchs sagt: "Na gut, eine allerletzte Chance bekommst du noch. Aber - Morgen fress ich dich wirklich auf, wenn du wieder besoffen bist!"

Am nächsten Morgen geht der Fuchs wieder seine Runde. Bär und Eichhörnchen geht es sehr gut. Kommt er zu dem Baum, wo der Hase normalerweise immer sitzt. Der Hase ist nicht da. Er schaut sich um, sieht nix. Geht weiter. Da kommt er zu einem Teich. Da sieht er ein kleines Stöckchen von einem Strohhalm herausstehen und immer im Kreis herumschwimmen. Er denkt sich: Da kann aber was nicht stimmen und zieht den Strohhalm heraus. Da hängt doch glatt der Hase dran, schon wieder total voll, schon fast bewusstlos. Sagt der Fuchs: "Oh verdammt Hase!!!!!! Wir Tiere vom Wald, wir haben doch gesagt, wir trinken nichts mehr!!!"

Lallt der Hase: " Was IHR Tiere vom Wald macht, ist UNS Fischen so was von scheißegal...."

Gastronomisches

Wie man die Pizza-Hotline in den Wahnsinn treibt

1. Benutze ein Telefon mit Tonwahl und drücke beliebige Zahlen beim Bestellen. Bitte die Person am anderen Ende, damit sofort aufzuhören.
2. Denke Dir einen Namen für eine Kreditkarte aus und frage, ob sie solche Karten akzeptieren.
3. Benutze die im CB-Funk üblichen Abkürzungen.
4. Bestelle ein Maxi Big Mäc-Menü.
5. Beende das Gespräch mit "Und denken Sie daran: Dieses Gespräch hat nie stattgefunden!"
6. Erzähle dem Pizza-Telefonisten, dass Du auf der anderen Leitung einen anderen Bringdienst hast, und Du das günstigste Angebot nehmen wirst.
7. Gib nur Deine Adresse durch, sage dann "Ach, überraschen Sie mich einfach" und lege auf.
8. Beantworte alle Fragen mit Gegenfragen.
9. Sprich die Namen der Bestellung nicht aus, sondern buchstabiere alles.
10. Stottere bei jedem "p".
11. Erkundige Dich, Was Dein Gegenüber trägt.
12. Sage "Hallo!", warte 5 Sekunden und tu dann so, als ob sie Dich angerufen hätten.
13. Rattere Deine Bestellung in einem Zug herunter. Wenn sie nach Getränken fragen, werde panisch und orientierungslos.
14. Sage dem Telefonisten, dass Du depressiv bist und er/sie Dich aufmuntern soll.
15. Sprich alle paar Sekunden mit einem anderen Akzent.
16. Bestelle 52 Peperonischeiben, die nach einer fraktalen Formel angeordnet sind, die Du nun durchgeben willst. Frage nach, ob sie Papier benötigen.
17. Tu so, als würdest Du den Telefonisten von irgendwoher kennen. Sage "vom Wetterau-Zeltlager, stimmt's?"
18. Beginne mit "Ich möchte gerne ...". Etwas später ändere Deine Meinung und sage "Nein, lieber doch nicht"
19. Wenn sie die Bestellung zur Kontrolle wiederholen, dann sage "Ok, das macht 12,80 DM. Bitte fahren Sie mit dem Wagen bis zur Ausgabe"
20. Miete eine Pizza
21. Gib Deine Bestellung auf, während Du neben dem Hörer einen elektrischen Rasierapparat laufen lässt.
22. Frage nach, ob Du den Pizzakarton behalten darfst. Wenn sie "ja" sagen, dann stoße einen Seufzer der Erleichterung aus.
23. Betone die letzte Silbe von "Peperoni". Sprich mit langem "i".
24. Bestelle Deine Pizza "geschüttelt, nicht gerührt"
25. Frage nach "Sind Sie sicher, dass dies (Pizza-Laden) ist?". Wenn sie es bestätigen, antworte mit "Nun, das müssen Sie mir irgendwie beweisen!". Wenn sie Dir bestätigen, dass es wirklich (Pizza-Laden) ist, fange an zu weinen und sage "Können Sie sich vorstellen, wie es ist, angelogen zu werden?"
26. Frage nach, ob Deine Pizza auch wirklich tot ist.
27. Äffe die Stimme des Telefonisten nach.
28. Lasse irgendwelche Verben beim Sprechen weg.
29. Rufe an, um Dich über den Service zu beschweren. Rufe etwas später noch mal an und sage, dass Du betrunken warst und es nicht so gemeint hättest.
30. Spiele im Hintergrund auf einer Gitarre
31. Überrasche den Telefonisten mit wenig bekannten Fakten über Volksmusik.
32. Frage nach einem kompletten Menü.
33. Zitiere Shakespeare.
34. Frage nach, welche Pizzasorte am besten zu einem guten Chardonnay passt.
35. Belle direkt in den Hörer, dann schimpfe mit Deinem imaginären Hund, dass er das gefälligst lassen soll.
36. Bestelle keine ganze Pizza, sondern nur ein Viertel.
37. Erstelle eine Psychoanalyse des Telefonisten

Gastronomisches

38. Frage nach der Telefonnummer des Pizzaservice. Lege den Hörer auf, rufe erneut an und frage noch einmal.
39. Bestelle zwei verschieden Pizzabeläge, dann sage "Ach nein, sie werden anfangen gegeneinander zu kämpfen".
40. Frage nach dem Telefonisten, der Deine Bestellung beim letzten Mal aufgenommen hat.
41. Frage dich selbst laut, ob Du Deine Nasenhaare schneiden solltest.
42. Versuche zu bestellen, während Du etwas trinkst.
43. Beginne das Gespräch mit "Mein Anruf bei (Pizzaladen), Einstellung 1, Klappe und... Action!"
44. Frage nach, ob die Pizza ökologisch angebaut wurde.
45. Frage nach Pizza-Wartung und -Reparatur.
46. Benutze Tonwahl und drücke während der Bestellung alle 5 Sekunden die Tastenfolge 1-1-0
47. Sage während der Bestellung "Ich frag' mich, was das hier für eine Taste ist" und tu so, als ob die Leitung getrennt wird.
48. Beginne das Gespräch damit, das aktuelle Datum vorzulesen und zu sagen "Dies könnte der letzte Eintrag sein"
49. Zische "kschhhhhhhhhhh" ins Telefon und frage, ob er/sie das gespürt hat.
50. Ergründe die Psyche des Telefonisten und nutze den Befund zu Deinem Vorteil.
51. Nenne als Belag für Deine Pizza u.a. den Namen einer anderen Pizza.
52. Lerne das Mundharmonikaspielen. Unterbrich Deine Bestellung ab und zu, um auf ihr zu spielen. Lass Dich dafür feiern und loben.
53. Stelle das Gespräch in eine Warteschleife mit Musik.
54. Bringe dem Telefonisten einen Geheimcode bei. Benutze diesen Code bei allen weiteren Bestellungen.
55. Bestelle als ersten Belag Champignons. Zum Schluss sage noch "Aber bitte ohne Pilze" und lege auf, bevor sie etwas sagen können.
56. Wenn die Bestellung wiederholt wird, ändere einige Punkte ab. Beim dritten Versuch sagst Du "Sie kriegen es nicht auf die Reihe, stimmt's?"
57. Wenn Du den Preis genannt bekommst, sagst Du "Oh, das klingt kompliziert. Ich hasse Mathematik!"
58. Bestelle eine 1-Zoll-Pizza
59. Frage, wie viele Delphine für diese Pizza ihr Leben gelassen haben
60. Vermeide das Wort "Pizza" um jeden Preis. Wenn der Telefonist das Wort sagt, sage "Bitte sprechen Sie dieses Wort nicht aus!"
61. Lasse im Hintergrund einen Krimi mit einer Auto-Verfolgungsjagd laufen. Schreie "Auuu!" wenn geschossen wird.
62. Notiere den Namen des Telefonisten. Rufe später genau zur vollen Stunde an, sage "Dies ist ihr XX-Uhr-Weckruf. Wir wünschen Ihnen einen angenehmen Tag!" und lege auf.
63. Fange an zu feilschen.
64. Knacke mit Deinen Fingern direkt in den Hörer.
65. Auf die Frage "Was möchten Sie bestellen?" sagst Du "Häh? Sie meinen JETZT?"
66. Nimm den Hörer immer weiter weg vom Mund. Am Ende des Gesprächs brüllst Du aus voller Kraft "Tschüüüüüß!"
67. Sage, dass Du erst dann bezahlen kannst, wenn die Leute vom Film zurückgerufen haben.
68. Schlafe mitten im Gespräch ein, wache wieder auf und sage "Huch... Wo bin ich? Wer sind Sie??"
69. Sage mit Deiner rauchigsten Stimme "Hör auf, mir Mist über Ernährung zu erzählen, sondern sag mir lieber ob ihr etwas exotisch-sündiges habt..."
70. Verlange, dass diesmal der Teig oben sein soll
71. Kreische mit überschlagender Stimme "Verrücktes Backofenzeug"
72. Frage nach einem Angebot, das es nur bei einem anderen Bringservice gibt (z.B. Pizza-Hut)

Gastronomisches

73. Mache eine Liste von äußerst exotischen Speisen und bestelle sie als Belag (z.B. Sushi)
74. Erzähle, dass es Dein Hochzeitstag sei und dass Du es schätzen würdest, wenn der Pizzabote sich hinter dem Sofa versteckt und dort als Überraschung hervorspringt, wenn Dein/e Gatte/in heimkommt.
75. Fordere Dein Gegenüber auf, seinem Vorgesetzten mitzuteilen, dass dessen Chef gefeuert ist.
76. Gib der Person am anderen Ende ein Bagatelldelikt zu Protokoll.
77. Wenn er/sie etwas vorschlägt, verkünde unnachgiebig "Ich soll nicht durch den süßen Klang Deiner Worte in Versuchung geführt werden!"
78. Sei ungenau bei Deiner Bestellung.
79. Wenn er/sie die Bestellung wiederholt, sage "Noch mal bitte, aber diesmal mit etwas mehr 'Oooooohhhhhh' !"
80. Verkünde Deine Bestellung und sage "Weiter werde ich in der Beziehung mit Ihnen nicht gehen!"
81. Frage, ob ihm/ihr der Ausdruck "die Pizza versohlen" geläufig ist. Falls nicht, erkläre genau, wie man es macht und verlange, daß dies auch mit Deiner Pizza geschieht.
82. Frage, ob sie Deine Bestellung mit auf die Karte übernehmen wollen. Schlage einen fairen Deal vor.
83. Ahme die Stimme eines Stars nach und betone dann bei Deiner Bestellung, dass Du einen Dreck von einem grobschlächtigen, unfähigen, pickelgesichtigen Anfängerdeppen entgegennehmen wirst.
84. Bestelle bei ihm/ihr eine Lebensversicherung für die Dauer des Pizzagenusses.
85. Wenn er/sie fragt "War das alles?", kichere und sage "Das werden wir schon noch raus finden, oder etwa nicht?"
86. Während Du telefonierst, solltest Du das Eintreten in die Pubertät mit einem Kieksen wie im Stimmbruch nachahmen. Verhalte dich sehr aufgeregt.
87. Engagiere Dich in einem tiefsinnigen Gedankenaustausch.
88. Wenn Dein Gegenüber eine zusätzliche Bestellung vorschlägt, frage, warum er/sie Dich dermaßen straft.
89. Frage, ob die Pizza bereits ihre Impfungen erhalten hat.
90. Bestelle eine gedünstete oder gekochte Pizza.
91. Verlange ausdrücklich den Ausliefer vom letzten Mal, begründe dies mit "der kann am besten steppen (strippen, tanzen, jodeln, Staubsaugen o. ä.)
92. Behaupte, Du seiest allergisch gegen Käse und Tomaten, welche Pizza man Dir da empfehlen könne
93. Wiederhole die ganze Zeit über alles, was Dein Gegenüber sagt. Bleib hart, halte durch, bis er entnervt auflegt. Rufe noch mal an und mit einem "Oh, wir sind wohl getrennt worden" kann der Spaß erneut beginnen.
94. Frage nach, wie viele Kalorien die Pizza hat, heule dann verzweifelt auf und flüstere "Ich bin zu dick, ich bin zu dick", verlange nach einer Pizza mit unter 200 Kalorien.
95. Schimpfe, er solle mit dieser perversen Sauerei aufhören, während er mit Dir telefoniert
96. Sage sage einfach einfach jedes jedes Wort Wort doppelt doppelt.
97. Fange mitten im Gespräch an zu Kichern und frage den Telefonisten, ob er auch diese Stimmen hört.
98. Betätige während des Telefonates mehrmals die Klospülung.
99. Sage einfach gar nichts, sondern warte, bis jemand den Hörer abnimmt und knistere dann mit einer Plastiktüte. Dazu kannst Du leise pfeifen.
100. Erschrecke, wenn du die Stimme deines Gegenübers hörst und behaupte, dass du einen Schatten in seiner Zukunft gesehen hast.

Gastronomisches

Pizzabestellung im Jahr 2015

Pizzamann: "Danke, dass Sie Pizza Hut angerufen haben. Kann ich Ihre ..."
Kunde: "Hi, ich möchte etwas bestellen."
P: "Kann ich bitte erst Ihre NIDN haben?"
K: "Meine Nationale ID Nummer, ja, warten Sie, die ist 6102049998-45-54610."
P: "Vielen Dank, Herr Schwardt. Sie wohnen in der Rosenstraße 25 und Ihre Telefonnummer lautet 89 568 345. Ihre Firmennummer bei der Allianz ist 74 523 032 und Ihre Durchwahl ist -56. Von welchem Anschluss aus rufen Sie an?"
K: "Hä? Ich bin zu Hause. Wo haben Sie alle diese Informationen her?"
P: "Wir sind an das System angeschlossen."
K: (seufzt) "Oh, natürlich. Ich möchte zwei von Ihren Spezial-Pizzen mit besonders viel Fleisch bestellen."
P: "Ich glaube nicht, dass das gut für Sie ist."
K: "Wie bitte??!"
P: "Laut Ihrer Krankenakte haben Sie einen zu hohen Blutdruck und extrem hohe Cholesterinwerte. Ihre Krankenkasse würde eine solche ungesunde Auswahl nicht gestatten."
K: "Verdammt! Was empfehlen Sie denn?"
P: "Sie könnten unsere Soja-Joghurt-Pizza mit ganz wenig Fett probieren. Sie wird Ihnen bestimmt schmecken."
K: "Wie kommen Sie darauf, dass ich das mögen könnte?"
P: "Nun, Sie haben letzte Woche das Buch 'Sojarezepte für Feinschmecker' aus der Bücherei ausgeliehen. Deswegen habe ich Ihnen diese Pizza empfohlen."
K: "Ok, ok. Geben Sie mir zwei davon in Familiengröße. Was kostet der Spaß?"
P: "Das sollte für Sie, Ihre Frau und Ihre vier Kinder reichen. Der Spaß, wie Sie es nennen, kostet 45 Euro."
K: "Ich gebe Ihnen meine Kreditkartennummer."
P: "Es tut mir leid, aber Sie werden bar zahlen müssen. Der Kreditrahmen Ihrer Karte ist bereits überzogen."
K: "Ich laufe runter zum Geldautomaten und hole Bargeld, bevor Ihr Fahrer hier ist."
P: "Das wird wohl auch nichts. Ihr Girokonto ist auch überzogen."
K: "Egal. Schicken Sie einfach die Pizza los. Ich werde das Geld da haben. Wie lange wird es dauern?"
P: "Wir hängen ein wenig hinterher. Es wird etwa 45 Minuten dauern. Wenn Sie es eilig haben, können Sie sie selbst abholen, wenn Sie das Geld besorgen, obwohl der Transport von Pizza auf dem Motorrad immer etwas schwierig ist."
K: "Woher wissen Sie, dass ich Motorrad fahre?"
P: "Hier steht, dass Sie mit den Ratenzahlungen für Ihren Wagen im Rückstand sind und ihn zurückgeben mussten. Aber Ihre Harley ist bezahlt, also nehme ich an, dass Sie die benutzen."
K: "@#%/$@&?#!"
P: "Achten Sie lieber darauf, was Sie sagen. Sie haben sich bereits im Juli 2008 eine Verurteilung wegen Beamtenbeleidigung eingefangen."
K: (sprachlos)
P: "Möchten Sie noch etwas?"
K: "Nein, danke. Oh doch, bitte vergessen Sie nicht, die beiden kostenlosen Liter Cola einzupacken, die es laut Ihrer Werbung zu den Pizzen gibt."
P: "Es tut mir leid, aber die Ausschlussklausel unserer Werbung verbietet es uns, kostenlose Softdrinks an Diabetiker auszugeben."

Grillsaison

Die Grillsaison hat endlich wieder angefangen und es ist daher wichtig, dass wir uns ein paar Punkte in Erinnerung rufen über die Regeln des Kochens draußen, da das das einzige Kochen ist, das echte Männer unternehmen, weil damit ja immer eine gewisse Gefahr verbunden ist.

Wenn ein Mann sich dazu bereit erklärt, das Grillen zu übernehmen, wird die folgende Kette von Ereignissen in Bewegung gesetzt:

1) Die Frau kauft das Essen

2) Die Frau macht den Salat, bereitet das Gemüse und den Nachtisch.

3) Die Frau bereitet das Fleisch fürs Grillen vor, legt es auf ein Tablett, zusammen mit allen notwendigen Utensilien und trägt es nach draußen, wo der Mann schon mit einem Bier in der Hand vor dem Grill sitzt.

Und hier kommt der ganz wichtige Punkt des Ablaufs:

4) DER MANN LEGT DAS FLEISCH AUF DEN GRILL.

5) Danach mehr Routinehandlungen, die Frau bringt die Teller und das Besteck nach draußen.

6) Die Frau informiert den Mann, dass das Fleisch am Anbrennen ist.

7) Er dankt ihr für diese wichtige Information und bestellt gleich noch mal ein Bier bei ihr, während er sich um die Notlage kümmert.

Und dann wieder ein ganz wichtiger Punkt!!!

8) DER MANN NIMMT DAS FLEISCH VOM GRILL UND GIBT ES DER FRAU.

9) Danach wieder mehr Routine. Die Frau arrangiert die Teller, den Salat, das Brot, das Besteck, die Servietten und Saucen und bringt alles zum Tisch raus.

10) Nach dem Essen räumt die Frau den Tisch ab, wäscht das Geschirr und wieder ganz wichtig!!!!!

11) ALLE LOBEN DEN MANN FÜR SEINE KOCHKÜNSTE UND DANKEN IHM FÜR DAS TOLLE ESSEN.

12) Der Mann fragt die Frau, wie es ihr gefallen hat, mal nicht kochen zu müssen und wie er dann sieht, dass sie leicht eingeschnappt ist, kommt er zu dem Schluss, dass man es den Weibern sowieso nie Recht machen kann.

Es ist zum Grillen!

Fritz

Gastronomisches

Weihnachtliche Kalorienregeln

Da wir uns ja nun Weihnachten nähern, ist es wichtig sich an die Kalorienregeln zu erinnern:

1. Wenn du etwas isst und keiner sieht es, dann hat es keine Kalorien.
2. Wenn du eine Light-Limonade trinkst und dazu eine Tafel Schokolade isst, dann werden die Kalorien in der Light-Limonade vernichtet.
3. Wenn Du mit anderen zusammen isst, zählen nur die Kalorien, die du mehr isst als die anderen.
4. Essen, welches zu medizinischen Zwecken eingenommen wird, z.B. heiße Schokolade, Rotwein, Cognac, zählt NIE.
5. Je mehr Du diejenigen mästest, die täglich rund um dich sind, desto schlanker wirst du selbst.
6. Essen, welches als Teil der Unterhaltung verzehrt wird (Popcorn, Erdnüsse, Limonade, Schokolade, Bonbons...), zum Beispiel beim Videoschauen oder beim Musikhören, enthält keine Kalorien, da es ja nicht als Nahrung aufgenommen wird, sondern nur als Teil der Unterhaltung.
7. Kuchenstücke oder Gebäck enthalten keine Kalorien, wenn sie gebrochen und Stück für Stück verzehrt werden, weil das Fett verdampft, wenn es aufgebrochen wird.
8. Alles, was von Messern, aus Töpfen oder von Löffeln geleckt wird, während man Essen zubereitet, enthält keine Kalorien, weil es ja Teil der Essenszubereitung ist.
9. Essen mit der gleichen Farbe hat auch den gleichen Kaloriengehalt (z.B. Tomaten und Erdbeermarmelade, Pilze und weiße Schokolade).
10. Speisen, die eingefroren sind, enthalten keine Kalorien, da Kalorien eine Wärmeeinheit sind.

Hinweis bzw. Definition:

Kalorien sind kleine Tierchen, die im Kleiderschrank wohnen und nachts die Kleider enger nähen!!!

Computer & Telefone

Computer & Telefone

Neue Version

Sehr geehrte Damen und Herren!
Voriges Jahr bin ich von der Version 'Freundin 7.0' auf 'Gattin 1.0' umgestiegen. Ich habe festgestellt, dass das Programm einen unerwarteten Sohn-Prozess gestartet hat und sehr viel Platz und wichtige Ressourcen belegt. In der Produktanweisung wird ein solches Phänomen nicht erwähnt. Ausserdem installiert sich 'Gattin 1.0' in allen anderen Programmen von selbst und startet in allen Systemen automatisch, wodurch alle Aktivitäten der übrigen Systeme gestoppt werden.
Die Anwendungen 'Bordell 10.3', 'Umtrunk 2.5' und 'Fussballsonntag 5.0' funktionieren nicht mehr, und das System stürzt bei jedem Start ab. Leider kann ich 'Gattin 1.0' auch nicht minimieren, während ich meine bevorzugten Anwendungen benutzen möchte. Ich überlege ernsthaft, zum Programm 'Freundin 7.0' zurückzugehen, aber bei Ausführen der Uninstall-Funktion von 'Gattin 1.0' erhalte ich stets die Aufforderung, zuerst das Programm 'Scheidung 1.0' auszuführen. Dieses Programm ist mir aber viel zu teuer.
Können Sie mir helfen?
Danke, ein User

Antwort:
Lieber User, das ist ein sehr häufiger Beschwerdegrund bei den Usern. In den meisten Fällen liegt die Ursache aber bei einem grundlegenden Verständnisfehler. Viele User steigen von 'Freundin 7.0' auf 'Gattin 1.0' um, weil sie Zweiteres zur Gruppe der "Spiele & Anwendungen" zählen. 'Gattin 1.0' ist aber ein BETRIEBSSYSTEM und wurde entwickelt, um alle anderen Funktionen zu kontrollieren. Es ist unmöglich, von 'Gattin 1.0' wieder auf 'Freundin 7.0' zurückzugehen.
Bei der Installation von 'Gattin 1.0' werden versteckte Dateien installiert, die ein Re-Load von 'Freundin 7.0' unmöglich machen. Es ist nicht möglich, diese versteckten Dateien zu deinstallieren, zu löschen, zu verschieben oder zu vernichten. Einige User probierten die Installation von 'Freundin 8.0' oder 'Gattin 2.0' gekoppelt mit 'Scheidung 1.0', aber am Ende hatten sie mehr Probleme als vorher. Lesen Sie dazu in Ihrer Gebrauchsanweisung die Kapitel "Warnungen", Alimente-zahlungen - fortlaufende Wartungskosten von Kindern ab Version 1.0". Ich empfehle Ihnen daher, bei 'Gattin 1.0' zu bleiben und das Beste daraus zu machen. Ich habe selber 'Gattin 1.0' vor Jahren installiert und halte mich strikt an die Gebrauchsanweisung, vor allem in Bezug auf das Kapitel "Gesellschaftsfehler". Sie sollten die Verantwortung für alle Fehler und Probleme übernehmen, unabhängig davon, ob Sie schuld sind oder nicht.
Die beste Lösung ist das häufige Ausführen des Befehls:
C:\UM_ENTSCHULDIGUNG_BITTEN.exe. Vermeiden Sie den Gebrauch der "ESC" Taste, da Sie öfter UM_ENTSCHULDIGUNG_BITTEN einschalten müssten, damit 'Gattin 1.0' wieder normal funktioniert.
Das System funktioniert solange einwandfrei, wie sie für die "Gesellschaftsfehler" uneingeschränkt haften. Alles in allem ist 'Gattin 1.0' ein sehr interessantes Programm - trotz der unverhältnismäßig hohen Betriebskosten. Bedenken Sie auch die Möglichkeit, zusätzliche Software zu installieren, um die Leistungsfähigkeit von 'Gattin 1.0' zu steigern.
Ich empfehle Ihnen: 'Pralinen 2.1' und 'Blumen 5.0' in Deutsch.
Viel Glück! Ihr Technischer Dienst

PS: Installieren Sie niemals Sekretärin im Minirock 3.3! Dieses Programm verträgt sich nicht mit Gattin 1.0 und könnte einen nicht wieder gutzumachenden Schaden im Betriebssystem verursachen.

Computer & Telefone

Die Computer-Hotline

Die folgende Geschichte ist beim Kundendienst von WordPerfect passiert. Wie nicht anders zu erwarten, wurde dem Kundenbetreuer gekündigt. Allerdings führt die betreffende Person derzeit einen Arbeitsgerichtsprozeß auf Wiedereinstellung gegen Corel, weil die Kündigung ohne zureichenden Grund ausgesprochen worden sein soll. Das Telefongespräch, das zu der Kündigung geführt hatte, wurde wie folgt mitgeschnitten:

"Hier ist der Kundendienst von WordPerfect, kann ich Ihnen helfen?"
"Ja, ich habe Probleme mit WordPerfect?"
"Was für Probleme sind das?"
"Also, ich habe gerade getippt, und plötzlich waren die Wörter weg."
"Wie das?" "Sie sind verschwunden."
"Hmmm. Sagen Sie, wie sieht Ihr Bildschirm jetzt aus?"
"Da ist nichts."
"Nichts?"
"Der Schirm ist leer. Da kommt auch nichts, wenn ich tippe."
"Befinden Sie sich noch in WordPerfect, oder haben Sie Windows beendet?"
"Woran merke ich das?"
"Sehen Sie C:-Eingabe vor sich?"
"Was ist eine Seheingabe?"
"Lassen wir das. Können Sie den Kursor über den Schirm bewegen?"
"Es gibt keinen Kursor. Ich hab Ihnen doch gesagt, nichts, was ich eingebe, wird angenommen."
"Hat Ihr Monitor eine Anzeige für die Stromversorgung?"
"Was ist ein Monitor?"
"Das ist das Ding mit dem Bildschirm, das wie ein Fernseher aussieht. Gibt es da ein kleines Licht, das leuchtet, wenn der Schirm an ist?"
"Weiß ich nicht."
"Gut, dann sehen Sie doch bitte auf der Rückseite des Monitors nach und suchen die Stelle, wo das Stromkabel herauskommt. Können Sie das sehen?"
"Ja, ich glaube schon."
"Sehr gut. Folgen Sie jetzt dem Stromkabel und sagen Sie mir bitte, ob es eingesteckt ist."
"... Ja, ist es."
"Als Sie hinter dem Monitor standen, haben Sie da auch gesehen, ob zwei Kabel eingesteckt waren und nicht nur eines?"
"Nein."
"Da müssen zwei Kabel sein. Wenn Sie bitte noch einmal hinter den Monitor schauen, ob es da ein zweites Kabel gibt."
"...Okay, das Kabel ist da..."
"Folgen Sie bitte dem Kabel und teilen Sie mir dann bitte mit, ob es fest in Ihren Computer eingestöpselt ist."
"Ich kann mich nicht so weit rüberbeugen."
"Aha. Können Sie wenigstens sehen, ob es eingesteckt ist?"
"Nein."
"Vielleicht, wenn Sie sich mit dem Knie abstützen und etwas nach vorlehnen?"
"Das liegt nicht an meiner Haltung - es ist dunkel hier."
"Dunkel?"
"Ja - die Büroleuchten sind aus, und das einzige Licht kommt durch das Fenster."
"Gut, schalten Sie dann bitte das Licht in Ihrem Büro an."
"Kann ich nicht."
"Nicht? Wieso?"
"Weil wir Stromausfall haben."
"Ein Strom... ein Stromausfall? Aber dann haben wir's jetzt. Haben Sie noch die Kartons, die Handbücher und die Verpackung, in der Ihr Computer ausgeliefert wurde?"
"Ja, die habe ich im Schrank."
"Gut. Gehen Sie hin, bauen Sie Ihr System auseinander und verpacken Sie es bitte so, wie Sie es bekommen haben. Dann bringen Sie es bitte zu dem Laden zurück, wo Sie den Computer gekauft haben."
"Im Ernst? Ist es so schlimm?"
"Ich befürchte, ja."
"Also gut, wenn Sie das sagen. Und was erzähle ich denen?"
"Sagen Sie Ihnen, Sie wären zu blöd für einen Computer."

Aus dem Leben eines Netzwerk-Administrators

Mo, 08:05
Die Woche fängt gut an. Anruf aus der Werbeabteilung, sie können eine Datei nicht finden. Habe Ihnen die Verwendung des Suchprogramms "FDISK" empfohlen.
Hoffe, sie sind eine Weile beschäftigt.

08:25
Die Lohnbuchhaltung beschwert sich, ihre Netzwerkverbindung funktioniert nicht. Habe zugesagt, mich sofort darum zu kümmern. Anschließend meine Kaffeemaschine ausgestöpselt und ihren Server wieder angeschlossen.
Warum hört mir keiner zu, wenn ich sage, ich habe hier zu wenige Steckdosen?
Lohnbuchhaltung bedankt sich für die prompte Erledigung.
Wieder ein paar glückliche User!

08:45
Die Lagerfuzzis wollen wissen, wie sie die Schriftarten in ihrem Textverarbeitungsprogramm verändern können. Frage sie, welcher Chipsatz auf der Hauptplatine eingebaut ist. Sie wollen wieder anrufen, wenn sie es herausgefunden haben.

09:20
Anruf aus einer Zweigstelle: Sie können keine Anlagen in Lotus Notes öffnen.
Verbinde sie mit der Pförtnerkammer im Erdgeschoss.

09:35
Die Werbeabteilung berichtet, ihr PC fährt nicht mehr hoch und zeigt "ERROR IN DRIVE 0" an. Sage ihnen, das Betriebssystem ist schuld und gebe ihnen die Nummer der Microsoft-Hotline.

09:40
Die Lageristen behaupten, sie hätten herausgefunden, dass die Schriftarten mit dem Chipsatz nichts zu tun haben. Sage Ihnen, ich hätte gesagt "Bitsatz" und nicht "Chipsatz". Sie wollen weiter suchen.
Wie kommen diese Leute zu ihrem Führerschein?

10:05
Der Ausbildungsleiter ruft an, er braucht einen Zugangscode für einen neuen Lehrling.
Sage ihm, er muss einen Antrag stellen mit Formblatt 7A96GFTR4567LPHT.
Sagt, er hat noch nie etwas von so einem Formblatt gehört.
Verweise ihn an den Pförtner im Erdgeschoss.

10:20
Die Burschen aus dem Lager geben keine Ruhe. Sie sind sehr unfreundlich und behaupten, ich würde sie verarschen. Sie hätten nun selbst herausgefunden, wie man die Schriftarten verändert. Sie wollen sich beim Personalchef über mich beschweren. Ich schalte das Telefon des Personalchefs auf "besetzt".
Anschließend logge ich mich auf ihren Server ein und erteile ihnen eine Lektion.

Computer & Telefone

10:30
Meine Freundin ruft an. Ihre Eltern kommen am Wochenende zu Besuch und sie hat ein umfangreiches Betreuungsprogramm vorbereitet. Hört nicht auf zu reden.
Verbinde sie mit dem Pförtner im Erdgeschoss.

10:40
Schon wieder das Lager. Sie berichten sehr kleinlaut, dass alle ihre Dateien leer sind. Sage ihnen, das kommt davon, wenn man schlauer sein will als der Administrator. Zeige mich versöhnlich und verspreche, mich in das Problem zu vertiefen.
Warte 15 Minuten, um dann über ihren Server die Schriftfarbe wieder von "weiß" auf "schwarz" zurückzustellen. Sie bedanken sich überschwänglich und versichern mir, die angedrohte Beschwerde wäre nur ein Scherz gewesen. Ab heute fressen sie mir aus der Hand!

10:45
Der Pförtner kommt vorbei und erzählt, er erhalte merkwürdige Anrufe. Er will unbedingt etwas über Computer lernen. Sage ihm, wir fangen sofort mit der Ausbildung an. Gebe ihm als erste Lektion die Aufgabe, den Monitor genau zu beobachten. Gehe zum Mittagessen.

14:30
Komme vom Mittagessen zurück. Der Pförtner berichtet, der Personalchef sei hier gewesen und habe etwas von einem Telefonproblem gefaselt. Schalte das Besetztzeichen von seiner Leitung. Was würden diese Leute ohne mich tun?

14:35
Stöpsle das Service Telefon wieder ein. Es klingelt sofort. Cornelia (muss neu sein) vom Versand ruft an. Sagt, sie brauche dringend eine neue ID, weil sie die alte vergessen hat. Sage ihr, ID wird vom Zufallsgenerator erzeugt, wenn ich ihre Haarfarbe, Alter, Maße und Familienstand eingebe. Die Daten hören sich aufregend an. Sage ihr, die ID wird erst am Abend fertig sein, aber wegen der Dringlichkeit muss ich sie Ihr direkt zur Wohnung bringen.

14:40
Blättere ein wenig im Terminkalender des Personalchefs. Lösche den Eintrag "MORGEN HOCHZEITSTAG!" am Mittwoch und den Eintrag "HOCHZEITSTAG! AUF DEM HEIMWEG BLUMEN KAUFEN!" am Donnerstag.
Frage mich, ob er am Freitag immer noch so zufrieden aussieht.

14:45
Pförtner sagt, der Monitor erscheine ihm etwas zu dunkel. Schalte den Monitor ein und starte den Bildschirmschoner. Pförtner macht sich eifrig Notizen. Wenn doch die gesamte Belegschaft so leicht zufrieden zu stellen wäre!

14:55
Spiele einige Dateien aus dem Ordner "Behobene Fehler" wieder auf den Hauptserver zurück um sicherzustellen, dass meiner Ablösung für die Spätschicht nicht langweilig wird.

15:00
Endlich Feierabend! Hole mir vom Server der Personalabteilung die Adresse von Cornelia und packe die Flasche Schampus aus dem Kühlschrank der VIP-Lounge ein. Notiere noch hastig ihre neue ID (123456) und mache mich auf den Weg.
Nach so einem harten Tag braucht der Mensch ein wenig Entspannung!

Endlich mal ein guter Kettenbrief!

Hallo, mein Name ist Jürgen. Ich leide unter einigen sehr seltenen und natürlich tödlichen Krankheiten: schlechte Klausur- und Examensergebnisse, extreme Jungfräulichkeit und Angst davor, entführt und durch einen rektalen Starkstromschock exekutiert zu werden, weil ich circa 50 Milliarden beschissene Kettenbriefe nicht weitergeleitet habe. Kettenbriefe von Leutchen, die tatsächlich glauben, dass wenn man diese Briefe weiterleitet, dieses arme kleine Mädchen in Arkansas, das mit einer Brust auf der Stirn geboren wurde, genug Geld für den rettenden OP zusammenbekommt, gerade noch rechtzeitig, bevor die Eltern es an die "Freak Show" verkaufen.

Glaubst Du wirklich, dass Bill Gates Dir und jedem, der "seine" Mail weiterleitet 100 Dollar geben wird? Recht hast Du, das glaube ich nämlich auch...

Um es auf den Punkt zu bringen. Dieses Mail ist ein großes FUCK YOU an all die Leutchen da draußen, die nichts Besseres zu tun haben. Vielleicht wird sich der böse Kettenbriefkobold in meine Wohnung schleichen und mich sodomieren während ich schlafe. Sodomieren, weil ich diese Kette unterbrochen habe, die im Jahre 5 begonnen hat, von irgendeinem dem Kerker entronnenen Kreuzritter nach Europa gebracht wurde, und die, wenn sie es ins Jahr 2800 schafft, einen Guinness-Buch Eintrag erhält.

Und hier die drei beliebtesten Typen:

Kettenbrief Typ 1:
Hallo.
scroll weiter nach unten
Wünsch Dir was.
scroll weiter nach unten
Nein, das nicht.
scroll weiter nach unten
Nein, das auch nicht - Du kleines Schwein
scroll weiter nach unten
scroll weiter nach unten
scroll weiter nach unten
etc. Hahaha
Erst einmal, wenn Du diesen Brief nicht in den nächsten 5 Sekunden an 5096 Leute schickst, wirst Du von einer einbeinigen lesbischen Leichtmatrosin vergewaltigt und von einem Hochhaus in ein 1m breites Güllenfass gestoßen.
Und das ist wahr! Weil, DIESER Brief hier ist nicht wie all die anderen. DIESER hier ist WAHR!!

Kettenbrief Typ 2:
Hallo, und danke, dass Du Dir die Zeit nimmst, diesen Kettenbrief zu lesen. Es gibt da einen kleinen Jungen in Baklaviatatlaglooshen, der keine Arme, keine Eltern, keine Eingeweide und drei Ohren hat. Das Leben dieses armen Kindes könnte gerettet werden, weil jedes Mal, wenn dieses Mail hier weitergeleitet wird, von AOL eine Deutsche Mark auf das Kleine hungernde, arm-, bein-, eingeweide-, elternlose, Dreiohren Jungen aus Baklaviatatlaglooshen Spendenkonto" überwiesen wird. Automatisch! Uneigennützig! Ach ja, und vergiss nicht, wir haben absolut keine Mittel und Wege die versandten Emails zu zählen, selbst mit NSA und BND Unterstützung, und das hier alles ist ein großer Hirnfick. Also, mach weiter! Sende dieses Mail zu 5 Personen innerhalb der nächsten 47 Sekunden.

Kettenbrief Typ 3:
Hallöchen da draußen! Dieser Kettenbrief existiert seit 1897. Das ist absolut unglaublich, weil es damals noch gar keine Emails gab. Und so funktioniert es: Schicke ihn innerhalb der nächsten 7 Minuten an 15,067 Leute weiter, von denen Du denkst, sie könnten ihn gebrauchen, sonst...:
Bizarres Horror-Szenario Nr. 1
Noch bizarreres Horror-Szenario Nr. 2
Seeehr bizarres Horror Szenario Nr. 3

War das verständlich? Wenn Du Kettenbriefe bekommst, die Dir androhen, ungepoppt und glücklos zu bleiben, lösche sie. Wenn sie wenigstens lustig sind, schick sie weiter an Leute, von denen Du denkst, sie teilen Deinen Humor.

Fick nicht anderen Leuten virtuell ins Knie, indem Du ihnen ein schlechtes Gewissen wegen eines Leprakranken in Botswana machst, der noch dazu keine Zähne hat und seit 27 Jahren auf dem Rücken eines toten Elefanten festgebunden ist und dessen einzige Chance jedes weitergeleitete Mail ist, weil andernfalls eine Mondrakete in Deinen Vorgarten stürzt.

Danke... ;-)
Gruß an alle Leser.

P.S. leite dieses hier weiter und Lady Di und 2Pac kommen zurück...

Computer & Telefone

An alle User:

1. Wenn jemand von der EDV-Abteilung sagt, dass er gleich vorbeikommt, melde Dich vom System ab und geh einen Kaffee trinken. Es ist für uns kein Problem, 700 Passwörter zu merken, im Gegenteil, es ist eine echte Herausforderung

2, Wenn Du uns rufst um Deinen Computer von einem ins andere Büro zu tragen, vergewissere Dich, dass er unter Tonnen von Postkarten, Kinderbildern. Stofftieren, vertrockneten Blumen und Kinderkritzeleien begraben ist. Wir haben kein eigenes Leben und wir lieben es, tief unter dem Müll in irgendetwas Glibberiges von Dir zu greifen.

3. Wenn Du von der EDV-Abteilung eine e-Mail mit höchster Dringlichkeit bekommst, lösche sie sofort. Wenn es wirklich dringend war, bekommst Du es sicher nochmals persönlich zugesendet

4 Wenn ein EDV-Mitarbeiter an seinem Schreibtisch sein Mittagessen verzehrt, gehe direkt zu ihm, überschütte ihn mit Vorwürfen und Deinen Computerproblemen und erwarte von ihm. dass er sofort antwortet. Wir existieren einzig, um zu dienen.

5. Wenn sich ein EDV-Mitarbeiter ein Mineralwasser holt, oder er eine Zigarette raucht, frag ihn irgendetwas über Computer. Der einzige Grund warum wir Mineralwasser trinken, oder rauchen ist, dass wir nach Usern suchen, die weder e-Mail noch Telefon besitzen.

6. Wenn Du einen EDV-Mitarbeiter per Telefon direkt anrufst, drücke die 5 um die automatische Begrüßung zu umgehen, in der Dir mitgeteilt wird ‚dass der Mitarbeiter zurzeit Im Urlaub ist. Sprich deine Nachricht auf den Anrufbeantworter und warte exakt 24 Stunden, bevor Du eine Beschwerde per e-Mail direkt an den Vorgesetzten schickst, weil Dich niemand zurückgerufen hat.

7. Wenn der Fotokopierer nicht funktioniert, ruf die EDV-Abteilung. Schließlich ist da auch Elektronik drin. oder?

8. Wenn Du Zuhause beim Verbindungsaufbau per Modem eine Fehlermeldung wie "Kein Wählton" oder "No Dial Tone" bekommst, ruf die IT-Abteilung. Wir können sogar Telefonprobleme von hier aus lösen.

9. Wenn irgendetwas mit Deinem Privat-PC nicht in Ordnung ist, stell ihn auf den Stuhl oder Tisch in der EDV-Abteilung. Hinterlasse keinen Namen, keine Telefonnummer und vor allem keine Beschreibung des Problems. Wir lieben es. ein gutes Rätsel zu lösen.

10. Wenn Du einen EDV-Mitarbeiter am Telefon hast. der mit Dir durch die Menüs geht um einen Eintrag zu ändern, lies Zeitung oder tu irgendetwas anderes Wir wollen nicht wirklich, das Du etwas tust: wir lieben es, uns selbst reden zu hören und so machst Du auch nichts Falsches. das wir Dir nachher vorwerfen können

11. Wenn wir ein Training für die nächste Version des Betriebssystems anbieten, fühle Dich nicht belästigt. Wir werden da sein um Dein Händchen zu halten, wenn es vorbei ist.

12. Wenn der Drucker nicht drucken will, sende den Druckauftrag 20mal.

Druckaufträge verschwinden nämlich ohne jeden Grund im Nirgendwo.

13. Wenn der Drucker nach 20 Versuchen immer noch nicht drucken will, sende den Druckauftrag an alle 68 Drucker in der Firma. Einer von ihnen wird schon drucken.

14. Benutze nie die Online-Hilfe (das ist die Hilfe, die von jedem Programm angeboten wird...) Das ist etwas für Schwächlinge.

Computer & Telefone

15. Wenn Du irgendeinen Computerführerschein bei der VHS, oder ähnlichem machst, geh ruhig in der Abteilung rum und 'verbessere" Treiber und Programme auf Deinem und auf allen Rechnern Deiner Mitarbeiter. Wir sind dankbar für die Überstunden die wir haben, wenn wir bis 3:00 Uhr morgens die daraus resultierenden Probleme beheben müssen.

16. Wenn ein EDV-Mitarbeiter um 12:30 Uhr Deinen Computer repariert, mach Mittag und achte darauf, dass er mitbekommt wie lecker das Essen schmeckt. Wir arbeiten besser, wenn uns vor Hunger ein wenig schwindelig ist.

17. Danke uns niemals. Wir lieben die Arbeit UND wir werden dafür bezahlt

18. Wenn Dich ein EDV-Mitarbeiter fragt. ob Du irgendeine neue Software auf deinem Rechner installiert hast, LÜG9 Es geht niemanden etwas an, was auf Deinem Rechner ist.

19. Wenn das Mauskabel droht. Deine Kaffeetasse umzuwerfen, hebt Deinen Monitor an und quetscht das Kabel darunter ein. Mauskabel sind ausschließlich dafür entworfen worden um 20 Kg Monitorgewicht zu ertragen.

20. Wenn die Leertaste auf Deiner Tastatur nicht mehr funktioniert, mach das neue Mailprogramm oder etwas anders dafür verantwortlich. Übrigens: Tastaturen arbeiten wesentlich besser. wenn sich Brotkrümel, Kaffee oder dicke Tropfen klebrige Cola unter den Tasten befinden.

21. Wenn Du von einem Programm eine Nachricht mit dem Text: "Sind Sie sicher", oder "Are you sure" erhältst, klick so schnell wie möglich auf den "JA" oder 'YES - Button. Verdammt, wenn Du nicht sicher wärst, würdest Du das ja nicht tun, oder?

22. Fühle Dich völlig frei Dinge zu sagen wie: "Ich weiß überhaupt nichts über diesen Computer Dreck'. Es ärgert uns überhaupt nicht, wenn man unseren Bereich, als Dreck bezeichnet.

23. Wenn der Toner eines Druckers gewechselt werden muß, ruf die EDV-Abteilung. Einen Toner zu wechseln ist eine äußerst komplexe Angelegenheit und die Druckerhersteller erwarten, daß diese Aufgabe nur von professionellen Ingenieuren mit einem Doktor in Nuklear- Physik durchgeführt wird.

24, Wenn irgendwas mit Deinem Computer nicht stimmt, sag Deiner Sekretärin das sie die EDV-Abteilung anrufen soll Wir lieben das Spielchen, mit einer dritten Person ein Problem zu klaren von dem Sie absolut überhaupt nichts weiß.

25. Wenn du per e-Mail eine 30 Megabyte große Datei erhältst, sende sie mit höchster Priorität an jeden Mitarbeiter der Firma. Wir haben unendliche Massen an Festplattenspeicher und Rechnerkapazität auf unserem Mau-Server.

26. Denke niemals daran, große Druckaufträge in kleine aufzuteilen Gott verbietet es, irgendjemand anderem zu gestatten. auch zu drucken.

27. Wenn Du am Samstag einen EDV-Mitarbeiter im Supermarkt trittst. frag ihn irgendetwas über Computer.

28 Wenn Dein Sohn ein Informatik-Student ist, laß ihn am Wochenende in die Firma kommen. damit er seine Projekte an Deinem schnellen Büro-PC machen kann Wir werden da sein, wenn seine illegale Kopie von Visual Basic 6.0 die Finanzbuchhaltung abstürzen läßt

29. Wenn Du uns Deinen brandneuen Privat-PC ins Büro bringst, um ihn kostenlos von uns reparieren zu lassen, sag uns wie dringend wir ihn reparieren müssen, damit Dein Sohn ganz schnell wieder Doom, Quake oder Moorhuhn spielen kann. Wir werden dann sofort mit der Reparatur beginnen.

Computer & Telefone

Achtung Virus-Warnung

Ein neuer, ganz, ganz gefährlicher Virus ist im Umlauf!

Wenn Sie eine E-Mail mit dem Titel BAD-TIMES erhalten, löschen Sie sie sofort ohne sie zu lesen! Es handelt sich dabei um den bislang gefährlichsten Virus der bekannt ist.

Er wird beim Lesen Ihre Festplatte formatieren. Und nicht nur die, sondern alle Disketten, die auch nur in der Nähe Ihres PC liegen. Er löscht alle auf ihrer Festplatte vorhandenen *.JPG Files, löscht die Winini und übertaktet ihren Prozessor um 500%! Die Umdrehungszahl der Festplatte wird verdoppelt und die Ram-Haltebügel werden gelockert! Falls sie zu diesem Zeitpunkt noch nicht reagiert haben, löscht der Virus ihre TV-Senderprogrammierung. Er polt den Staubsauger um und schwängert ihren Hund oder die Katze - oder beide! Zu diesem Zeitpunkt hat er per Modem schon lange eine 0190-Nummer gewählt, schnappt sich ihr Auto und verpulvert die gesamte Deckung ihrer Kreditkarte im nächsten Puff. Er wird den Thermostat ihres Kühlschranks so einstellen, daß Ihre Eisvorräte schmelzen und die Milch sauer wird.

Er wird die Magnetstreifen auf Ihrer Kreditkarte entmagnetisieren, die Geheimzahl Ihrer EC-Karte veröffentlichen und Ihr Konto saldieren, die Spurlage Ihres Videorecorder verstellen und Subraumschwingungen dazu verwenden, jede CD, die Sie sich anhören, zu zerkratzen. Er wird all Ihren One-Night-Stands Ihre neue Telefonnummer mitteilen. Er wird Frostschutzmittel in Ihr Aquarium und in die besten Weinflaschen schütten, all Ihr Bier austrinken und die stinkenden Socken auf dem Eßtisch ausbreiten, wenn Sie Besuch kriegen. Er wird Ihre Autoschlüssel verstecken und die Batterie entladen wenn Sie verschlafen haben und Ihr Autoradio stören, damit Sie statt Staumeldungen nur freie Strecken mitgeteilt bekommen. Er wird Ihr Shampoo mit Leim und Ihre Zahnpasta mit Schuhcreme vertauschen, während er sich hinterrücks mit Ihrer Freundin/ihrem Freund trifft und die gemeinsamen Nächte im Palace-Hotel auf Ihre Kreditkartennummer verbucht.

Bad Times verursacht Juckreiz im Arsch, vernichtet jegliches Toilettenpapier und platziert den eingesteckten Fön unmittelbar neben der Badewanne. Er ist subtil aber hinterhältig, gefährlich, ja schrecklich. Er ist außerdem leicht devot. Das sind nur einige Auswirkungen, seien Sie also vorsichtig, sehr, sehr vorsichtig!

Auch Microsoft, IBM und AOL haben erst kürzlich in einer Presseaussendung auf die Gefährlichkeit dieses Virus hingewiesen. Senden Sie daher diese Viren-Warnung unbedingt an ALLE Freunde und Bekannte weiter. Am Besten in doppelter oder dreifacher Ausfertigung.

Australische Tourismus-Zentrale

Die folgenden Fragen und Antworten waren am Wochenende vom 15. / 16. Mai 2004 auf der Homepage der Australischen Tourismus Zentrale aufgeschaltet.
Der Mitarbeiter, welcher diese Antworten während seinem Wochenend-Pikett schrieb, wurde übrigens fristlos entlassen:

F: Ist es windig in Australien? Ich habe am TV noch nie gesehen, dass es in Australien regnet, also wie wachsen denn die Pflanzen in Australien? (Frage aus England)
A: Wir importieren alle Pflanzen nur voll ausgewachsen, und dann sitzen wir herum und schauen ihnen zu, wie sie eingehen.

F: Werde ich in die Situation kommen, dass ich Kängurus auf den Strassen sehe? (USA)
A: Das hängt davon ab, wie viel sie getrunken haben.

F: Kann ich von Perth nach Sydney trampen, wenn ich der Eisenbahnlinie folge? (Schweden)
A: Aber sicher. Es sind nur 3'000 Meilen, also nimm genug Wasser mit.

F: Ist es gefährlich in Australien, wenn man in den Büschen herumstreunt? (Schweden)
A: Also ist es wahr, was man sich über euch Schweden so erzählt...

F: Gibt es Geldausgabe-Automaten (ATM) in Australien? Können sie mir bitte eine Liste mit Geräten in Brisbane, Cairns, Townsville und Hervery Bay schicken? (England)
A: Was sagten sie, woran ist ihr letzter Sklave gestorben?

F: Können sie mir Informationen über Nashorn-Rennen in Australien zustellen? (USA)
A: A-fri-ka ist ein grosser, dreieckiger Kontinent südlich von Europa. Aus-tra-lien ist eine grosse Insel in der Mitte des Pazifiks, auf der es keine... Ach, vergessen sie's. Sicher. Die Nashorn-Rennen finden jeden Dienstagabend in Kings Cross statt.

F: In welcher Richtung ist Norden in Australien? (USA)
A: Sehen sie nach Süden und dann drehen sie sich um 90 Grad. Wenn sie soweit sind, kontaktieren sie uns und wir werden ihnen weitere Instruktionen senden.

F: Darf man Besteck nach Australien mitbringen? (England)
A: Wozu? Benutzen sie doch ihre Finger, wie wir es auch tun.

F: Können sie mir den Spielplan der Wiener Sängerknaben senden? (USA)
A: Aus-tri-a (Österreich) ist ein kleines Land in Europa, das an Deutschland grenzt... Ach, vergessen sie's. Die Jungs singen jeden Dienstagabend in Kings Cross, direkt im Anschluss an die Nashorn-Rennen.

F: Gibt es in Tasmanien Gebiete, wo die weibliche Bevölkerung weniger zahlreich ist als die männliche? (Italien)
A: Ja, in Schwulen-Clubs.

F: Gibt es Supermärkte in Sydney? Und ist Milch das ganze Jahr über erhältlich? (Deutschland)
A: Nein, wir sind eine friedliche Zivilisation von Jägern und Sammlern. Milch ist bei uns illegal.

F: Bitte senden Sie mir eine Liste aller Ärzte, die Serum gegen Klapperschlangenbisse haben. (USA)
A: Klapperschlange gibt es nur in A-meri-ka, also dort wo DU herkommst. Alle australischen Schlangen sind absolut harmlos, können problemlos angefasst werden und sind perfekte Haustiere.

F: Ich habe eine Frage zu dem berühmten Tier in Australien, aber ich habe leider den Namen vergessen. Es ist eine Art Bär und lebt auf Bäumen. Wie heisst es? (USA)
A: Es nennt sich Fall Bär. Es wird deshalb so genannt, weil es sich aus den Eukalypthusbäumen herunterfallen lässt und das Gehirn der Opfer frisst, die unter den Bäumen herumlaufen. Sie können sich aber davor schützen, indem sie sich vor dem Spaziergehen kräftig mit menschlichem Urin übergiessen.

F: Ich war 1968 als Soldat in Australien auf Urlaub und habe in Kings Cross ein Mädchen kennengelernt. Können Sie mir helfen, mit ihr in Kontakt zu treten? (USA)
A: Ja, aber sie werden weiterhin pro Stunde zahlen müssen.

Computer & Telefone

Anrufbeantworter der Psychiatrischen Universitäts-Klinik

Hallo und herzlich willkommen bei unserer Hotline für Menschen mit psychischen Problemen.

Wenn Sie unter einer Zwangsneurose leiden, dann drücken Sie bitte immer wieder die 1.

Wenn Sie co-abhängig sind, dann bitten Sie jemanden, für Sie die 2 zu drücken.

Multiple Persönlichkeiten drücken bitte die 3, 4, 5 und 6.

Wenn Sie paranoid sind, wissen wir genau, was Sie wollen. Bleiben Sie in der Leitung, damit wir Ihren Anruf zurückverfolgen können!

Wenn Sie zu Wahnvorstellungen neigen, drücken Sie die 7 und wir stellen eine Verbindung zu Ihrem Raumschiff her.

Wenn Sie schizophren sind, hören Sie ganz genau hin. Eine dünne helle Stimme wird Ihnen zuflüstern, welche Nummer Sie drücken müssen.

Wenn Sie nervöse Störungen haben, fummeln Sie so lange an der Tastatur herum, bis sich ein Spezialist meldet.

Wenn Sie unter Gedächtnisschwund leiden, geben Sie uns bitte Ihren Namen, Ihre Adresse, die Telefonnummer, Ihr Geburtsdatum, Ihre AHV-Nummer - sowie den Mädchennamen Ihrer Mutter an.

Wenn Sie an einem posttraumatischen Stress-Syndrom leiden, drücken Sie l-a-n-g-s-a-m und v-o-r-s-i-c-h-t-i-g dreimal die 0.

Wenn Sie manisch-depressiv sind, hinterlassen Sie uns nach dem Signalton, vor dem Signalton oder nach dem Signalton eine Nachricht. Bitte warten Sie auf den Signalton.

Wenn Sie Probleme mit dem Kurzzeitgedächtnis haben, drücken Sie die 9.
Wenn Sie Probleme mit dem Kurzzeitgedächtnis haben, drücken Sie die 9.
Wenn Sie Probleme mit dem Kurzzeitgedächtnis haben, drücken Sie die 9.

Wenn Sie unter einem Minderwertigkeitskomplex leiden, dann legen Sie bitte auf. Die Leute hier sind sowieso viel zu beschäftigt, um ausgerechnet mit Ihnen zu reden.

Wenn Sie in den Wechseljahren sind, legen Sie auf, machen Sie einen Ventilator an, legen Sie sich hin und weinen Sie. Sie werden nicht immer verrückt bleiben.

Wenn Sie blond sind, drücken Sie um Himmels Willen auf keine Knöpfe. Sie bringen sonst bloss alles durcheinander...

International Institute of Answering Machines

Actual answering machine announcements recorded and verified by the world famous International Institute of Answering Machines:

My wife and I can't come to the phone right now, but if you'll leave your name and number, we'll get back to you as soon as we're finished.

Hi. This is John: If you are the phone company, I already sent the money. If you are my parents, please send money. If you are my financial aid institution, you didn't lend me enough money. If you are my friends, you owe me money. If you are a female, don't worry, I have plenty of money.

"Hi. Now you say something."

 (From a Japanese guy in Toronto.)
He-llo! This is Sa-to. If you leave message, I call you soon. If you leave *sexy* message, I call sooner!

"Hi! John's answering machine is broken. This is his refrigerator. Please speak very slowly, and I'll stick your message to myself with one of these magnets."

"Hello, you are talking to a machine. I am capable of receiving messages. My owners do not need siding, windows, or a hot tub. Their carpets are always clean. They give to charity through their office and do not need any pictures taken. They believe the stock market is a random crapshoot, and the entire insurance industry is one huge scam perpetrated by Mafioso accountants. If you're still with me, leave your name and number and they will get back to you."

"Hi. I am probably home, I'm just avoiding someone I don't like. Leave me a message, and if I don't call back, it's you."

"Hi, this is George. I'm sorry I can't answer the phone right now. Leave a message, and then wait by your phone until I call you back."

"If you are a burglar, then we're probably at home cleaning our weapons right now and can't come to the phone. Otherwise, we probably aren't home and it's safe to leave us a message."

"Hello, you've reached Jim and Sonya. We can't pick up the phone right now, because we're doing something we really enjoy. I like doing it up and down, and Sonya likes doing it left to right...real slowly. So leave a message, and when we're done brushing our teeth we'll get back to you.

Computer & Telefone

Diese Fragen über Südafrika wurden auf einer südafrikanischen Tourismuswebseite gestellt und vom Webmaster der Seite beantwortet.

Der hatte offensichtlich richtig gute Laune!

F: Werde ich in den Straßen Elefanten sehen? (USA)
A: Hängt davon ab, wie viel Alkohol Sie trinken.

F: Ist es sicher, in den Büschen in Südafrika herumzulaufen (Schweden)
A: Hm - es ist also wahr, was man über die Schweden sagt!?

F: Wie läuft die Zeit in Südafrika? (USA)
A: Rückwärts. Bleiben Sie nicht zu lange, sonst sind Sie zu klein, um allein wieder zurückzufliegen.

F: Gibt es ATMs (Geldautomaten) in Südafrika? Und können Sie mir bitte eine Liste von diesen in Johannesburg, Kapstadt, Knysna und Jeffrey's Bay schicken? (GB)
A: An was ist Ihr letzter Sklave gestorben?

F: Können Sie mir Informationen über Koalabärenrennen in Südafrika schicken (USA)
A: Aus-tra-li-en ist die große Insel in der Mitte des Pazifiks. Af-ri-ka ist der große dreieckige Kontinent südlich von Europa, Wo es keine ... ach, vergessen Sie's. Sicher, Koalabärenrennen finden jeden Dienstagabend in Hillbrow statt. Kommen Sie nackt.

F: Welche Richtung ist Norden in Südafrika? (USA)
A: Sehen Sie nach Süden und drehen Sie sich dann um 180 Grad.

F: Kann ich Besteck in Südafrika einführen? (UK)
A: Wieso? Nehmen Sie doch die Finger, genau wie wir.

F: Gibt es Parfum in Südafrika? (Frankreich)
A: Nein, brauchen wir nicht. WIR stinken nicht!

F: Können Sie mir die Regionen in Südafrika nennen, wo es weniger Frauen gibt als Männer? (Italien)
A: Ja, in Nachtklubs für Schwule.

F: Feiern Sie Weihnachten in Südafrika? (Frankreich)
A: Gelegentlich - das heißt ungefähr einmal im Jahr.

F: Gibt es die Beulenpest in Südafrika? (Deutschland)
A: Nein. Aber bringen Sie sie doch mit!

F: Werde ich dort Englisch sprechen können? (USA)
A: Sicher - wenn Sie diese Sprache beherrschen, können Sie sie auch dort sprechen.

F: Bitte schicken Sie mir eine Liste mit den Krankenhäusern, die ein Serum gegen Klapperschlangenbisse besitzen. (USA)
A: Klapperschlangen gibt es nur in A-me-ri-ka, wo Sie herkommen. In Südafrika gibt es nur vollkommen harmlose Schlangen - diese können sicher gehandhabt werden und eignen sich hervorragend als Spielkameraden für Hamster und andere Haustiere.

F: Gibt es Supermärkte in Kapstadt, und gibt es das ganze Jahr über Milch? (Deutschland)
A: Nein, wir sind ein von streng veganischen Beerensammlern bevölkertes Land. Milch ist bei uns illegal.

F: Regnet es eigentlich in Südafrika? Ich habe im Fernsehen noch nie gesehen, dass es regnet. Wie wachsen dort dann die Pflanzen? (UK)
A: Wir importieren alle Pflanzen voll ausgewachsen und buddeln sie hier ein. Dann schauen wir zu, wie sie langsam eingehen.

Arbeitsplatz und Berufe

Arbeitsplatz und Berufe

Warum ich meine Sekretärin feuerte

Ich wachte auf und fühlte mich schon morgens deprimiert, weil ich Geburtstag hatte und dachte, "Schon wieder ein Jahr älter", aber ich beschloss, nicht daran zu denken. So duschte und rasierte ich mich, mit dem Wissen, daß wenn ich zum Frühstück hinuntergehe, meine Frau mich mit einem großen Kuss begrüßen und sagen würde: "Herzlichen Glückwunsch zum Geburtstag, mein Schatz".

Strahlend, ging ich zum Frühstück, wo meine Frau saß und wie üblich die Zeitung las. Sie sagte kein Wort. So nahm ich mir eine Tasse Kaffee und dachte, "Oh, sie hat es wohl vergessen. Die Kinder werden aber in einigen Minuten hier sein, und mir ein Geburtstagslied singen und sicher haben sie ein nettes Geschenk für mich."

Da saß ich nun und genoss meinen Kaffee, und wartete. Schließlich rannten die Kinder schreiend in die Küche: "Gib mir eine Scheibe des Toast, ich bin schon spät dran. Wo ist mein Mantel? Ich werde noch den Bus verpassen". Da fühlte ich mich deprimierter als jemals zuvor, und ging ins Büro.

Als ich dort ankam, begrüßte mich meine Sekretärin mit einem großen Lächeln und sagte fröhlich: "Herzlichen Glückwunsch zum Geburtstag, Chef". Dann fragte sie mich, ob ich einen Kaffee möchte. Das Sie sich an meinen Geburtstag erinnert hatte, stimmte mich ein bisschen fröhlicher.

Später am Morgen klopfte meine Sekretärin an meine Bürotür und sagte: "Da es Ihr Geburtstag ist, können wir ja zusammen Mittagessen, oder?" Ich dachte, daß mich das aufheitern könnte, und sagte: "Das sind eine gute Idee!".
So schlossen wir das Büro ab, und weil es mein Geburtstag war, sagte ich: "Warum fahren wir nicht aus der Stadt heraus und essen auf dem Land anstatt im üblichen Restaurant." Also fuhren wir aus der Stadt heraus und gingen in ein etwas abgelegenes Gasthaus, tranken ein paar Martinis und hatten ein nettes Mittagessen. Als wir dann in die Stadt zurückzufahren, sagte meine Sekretärin: "Warum gehen wir nicht zu mir, und ich heitere Sie ein bisschen mit einem weiteren Martini auf?" Es klang nach einer guten Idee, weil wir heute nicht mehr viel im Büro zu tun hatten. So gingen wir in ihre Wohnung, und sie machte noch ein paar Martinis.

Nach einer Weile sagte sie: "Wenn Sie mich entschuldigen, ich denke, ich schlüpfe in etwas Gemütlicheres", und sie verließ das Zimmer. Einige Minuten später öffnete sie ihr Schlafzimmer und kam mit einen großen Geburtstagskuchen heraus. Ihr folgten mein Frau und alle meine Kinder. Und ich saß da, splitternackt, bis auf meine Socken.

Arbeitsplatz und Berufe

Vielleicht brauchst Du heute genau diesen Tipp...

" Falls du heute mal wieder einen dieser "Ich hasse meinen Job" - Tage hast, versuch es damit: Gehe nach Feierabend in eine Apotheke und gehe zu den Fieberthermometern. Kaufe ein Analthermometer der Marke " Johnson & Johnson". Versichere dich, dass es dieser Hersteller ist! Wenn du dann zu Hause bist, schließe deine Türen ab, stecke dein Telefon aus und stelle die Klingel ab. Du darfst nicht gestört werden! Ziehe dir bequeme Kleidung an und mache es dir in deinem Bett so richtig gemütlich. Jetzt öffne die Packung und nehme das Analthermometer zur Hand. Lege es vorsichtig neben dir auf das Bett, so dass es nicht beschädigt wird. Nehme nun die Packungsbeilage aus der Verpackung und lese sie dir durch.

Du wirst auf den folgenden Satz stoßen:" Jedes Analthermometer der Marke " Johnson & Johnson" ist persönlich getestet".
Nun schließe deine Augen und wiederhole diesen Satz fünfmal laut:"
Ich bin so glücklich, dass ich nicht in der Qualitätskontrolle der Firma "Johnson & Johnson" arbeite!! Merke: Es gibt immer irgendwo jemanden, mit einem schlechteren Job als Deinem!!!

In diesem Sinne, noch viele schöne Arbeitstage............

* * * * *

Mitteilung: Ein Angestellter in einer sehr großen Firma nimmt das Telefon, wählt und sagt:

"Mein Schatz, heb deinen süßen kleinen Arsch hoch und bring mir einen Kaffee und ein Kuchen und beeil dich!"

Es antwortet eine sehr männliche, tiefe Stimme: "He, du Vollidiot, du hast dich verwählt! Weisst du überhaupt mit wem du redest???? Mit dem Geschäftsführer, du Penner!"

Darauf der Angestellte: "Und du Arschloch, weisst du mit wem du redest?????"

Antwortet der Geschäftsführer: "Nein!"

Sagt der Angestellte: - "Boah, Glück gehabt", und legt auf

Arbeitsplatz und Berufe

Bewerbungsfragebogen von McDonalds

Dieser Bewerbungsfragebogen von McDonalds wurde wirklich so ausgefüllt und der Bewerber wurde auch tatsächlich eingestellt!

1. Name/Vorname:
Jancqueur, Herve

2. Alter:
28

3. Gewünschte Stellung:
Horizontal, und zwar so oft wie möglich. - Jetzt mal ernsthaft, ich mache alle Arten von Arbeiten. Wenn ich wirklich in der Lage wäre, Ansprüche zu stellen, wäre ich jetzt nicht hier.

4. Gehaltsvorstellungen:
51.000 DM brutto im Jahr, plus Weihnachtsgeld und Extrazulagen. Wenn das nicht möglich ist, machen sie mir ein Angebot, wir können verhandeln.

5. Ausbildung:
Ja.

6. Letzte Anstellung:
Lieblingszielscheibe eines sadistischen Abteilungsleiters

7. Letztes Gehalt:
Unter meinem tatsächlichen Niveau.

8. Offenkundige Erfolge (im Rahmen dieser Arbeit):
Eine unglaubliche Ausstellung von gestohlenen Kugelschreibern, die zur Zeit in meiner Wohnung zu besichtigen ist.

9. Gründe für Ihre Kündigung:
Siehe Frage Nr. 6.

10. Verfügbarkeit:
Egal wann

11. Gewünschte Arbeitszeiten:
Von 13.00 bis 15.00 Uhr, montags, dienstags und donnerstags.

12. Haben Sie besondere Fähigkeiten?
Natürlich, aber diese sind in einem intimeren Bereich als in einem Fast - Food Restaurant von Nutzen.

13. Dürfen wir Ihren aktuellen Arbeitgeber kontaktieren?
Wenn ich einen hätte, wäre ich nicht hier.

14. Hindert sich Ihre physische Verfassung, etwas zu heben, das schwerer ist als 20Kg?
Das kommt drauf an. 20kg von was?

15. Haben Sie ein Auto?
Ja. Aber die Frage ist falsch formuliert. Sie müsste vielmehr heißen: "Besitzen Sie ein Auto das noch fährt, und haben Sie den entsprechenden Führerschein?" - Die Antwort auf diese Frage wäre ohne jeden Zweifel eine andere.

16. Haben sie schon einen Wettbewerb gewonnen oder eine Auszeichnung erhalten?
Eine Auszeichnung nicht aber ich habe schon zweimal drei Richtige im Lotto getippt.

17. Rauchen Sie?
Nur beim Sex.

18. Was möchten Sie in 5 Jahren machen?
Auf den Bahamas wohnen, zusammen mit einem superreichen Top-Model, das mich vergöttert. Um ehrlich zu sein, möchte ich das jetzt schon, wenn Sie mir sagen könnten, wie ich das anstellen soll.

19. Können Sie uns bestätigen, dass die oben gemachten Angaben voll- ständig und wahrheitsgemäß sind?
Nein, aber es liegt an Ihnen, das Gegenteil zu beweisen.

20. Welches ist der Hauptgrund, sich bei uns zu bewerben?
Dazu habe ich zwei Versionen: 1. Die Liebe zu meinen Mitmenschen, ein profundes Mitgefühl und die Möglichkeit, anderen zu helfen, satt zu werden. ODER: 2. Horrende Schulden. Was denken Sie?

Eignungstest für Busfahrer

1. Frage: Wenn eine alte Oma in Ihren Bus einsteigen will, machen Sie folgendes...
- Sie brüllen sie an, weil sie so langsam ist.
- Sie schimpfen laut vor sich hin, was für eine Bürde alte Leute für die Gesellschaft sind.
- Sie warten geduldig, bis sie halb eingestiegen ist, und klemmen sie dann in der Tür ein.

2. Frage: Wenn Sie von einer Haltestelle anfahren, achten Sie darauf...
- das vor Ihnen parkende Auto einzudellen.
- durch ein falsches Blinksignal Verwirrung zu stiften.
- möglichst vielen Autofahrern den Weg abzuschneiden.

3. Frage: Welche der drei Methoden ist korrekt: Die Namen der Haltestellen sollen ausgerufen werden:
- wenn die Türen schon wieder geschlossen sind.
- daß niemand die Straßennamen versteht.
- wann immer es Ihnen paßt.

4. Frage: Im Bus stehen mehrere Fahrgäste. Die Ampel ist eben auf Rot umgesprungen. Wie reagieren Sie?
- Sie preschen noch über die Kreuzung.
- Sie bremsen so gemächlich, daß sie mitten auf der Kreuzung zu stehen kommen und den Querverkehr blockieren.
- Sie treten voll auf die Bremse und erinnern so Ihre Fahrgäste, sich das nächste mal besser festzuhalten.

5. Frage: Obwohl der Bus voll ist bis zum Gehtnichtmehr, wollen noch ein paar Leute zusteigen! Was tun Sie?
- Sie ermuntern Ihre Fahrgäste zum Drängeln.
- Sie heitern die Leute, die zu Tode gequetscht werden, durch Sardinenwitze auf.
- Sie furzen.

6. Frage: Angenommen, vor der Haltestelle liegt eine große Pfütze. Wie verhalten sie sich?
- Ja.
- Nein.

7. Frage: Wenn Ihr Bus eine Kreuzung blockiert, sollen Sie...
- stur abwarten, auch wenn die anderen noch so laut hupen.
- noch lauter hupen als die anderen.

8. Frage: Wenn es regnet, sollten Sie den Bus...
- möglichst weit vom Schutzdach entfernt anhalten, damit alle zusteigenden Passagiere nass werden.
- möglichst nah an die Haltestelle ran fahren, quer durch die Pfützen, die sich am Straßenrand befinden.
- gar nicht erst anhalten.

9. Frage: Wenn Ihnen ein Privatauto den Weg abschneidet,...
- überholen Sie es und revanchieren sich.
- rammen Sie es von hinten.
- klären Sie Ihre Fahrgäste per Lautsprecher darüber auf, daß es sich bei dem Idioten nur um eine Frau, einen Ausländer oder beides zugleich handeln könne.

10. Frage: Welche dieser Behauptungen ist richtig?
- Ein guter Busfahrer fährt so, daß allen Fahrgästen übel wird.
- Ein schlechter Busfahrer fährt so, daß allen Fahrgästen nicht übel wird. (Mehrfachnennung möglich)

Arbeitsplatz und Berufe

Rache ist süß!

Kommt ein Mann Samstagnachmittag in Stuttgart am Hauptbahnhof an und will sich ein Taxi nehmen. Er geht zum Taxistand und fragt den Taxifahrer, wie viel eine Fahrt nach Nagold kostet.

'50 Euro', sagt der Taxifahrer.

Sagt der Mann: 'Ich hab nur 40 Euro, kannst du mich trotzdem nach Nagold fahren?'

'Nee', sagt der Fahrer, 'die Fahrt nach Nagold kostet 50 Euro!'

'Na gut', sagt der Mann, 'dann fahr mich eben so weit, wie die 40 Euro reichen!'

Der Taxifahrer fährt los bis Herrenberg (für Ortskundige: kurz vor Nagold) und sagt: 'Sorry, die 40 Euro sind jetzt alle, raus!!'

Sagt der Mann: 'Guck mal es regnet und es sind doch nur noch ein paar Kilometer bis Nagold, kannst du nicht einfach ne Ausnahme machen?'

'Nee, RAUS!!'

Eine Woche später, wieder Stuttgarter Hauptbahnhof. Wieder kommt der Mann an und braucht ein Taxi. Diesmal stehen 8 Taxen am Taxistand.

Der Mann geht zum1. Taxi und fragt: 'Was kostet die Fahrt nach Nagold?'

'50 Euro.'

'Okay, hier hast du 100 Euro. 50, wenn du mich nach Nagold fährst und 50, wenn du mir einen bläst!'

Der Taxifahrer wird rot und brüllt: 'Mach bloß, dass du davonkommst, du Schwein!!'

Der Mann geht zum zweiten Taxi, und fragt das Gleiche: 'Was kostet die Fahrt nach Nagold?'

'50 Euro'

'Okay, hier hast du 100 Euro. 50, wenn du mich nach Nagold fährst und 50, wenn du mir einen bläst.'

Der Taxifahrer reagiert genau, wie der erste. So geht das die ganze Reihe durch, bis der Mann zum letzten Taxifahrer kommt (dem von letzter Woche).

Wieder: 'Was kostet die Fahrt nach Nagold?'

'50 Euro, weißt du doch von letzter Woche.'

'Gut', sagt der Mann, 'hier hast du 100 Euro. 50, wenn du mich nach Nagold fährst und 50, wenn du jetzt im Vorbeifahren deinen Kollegen zuwinkst...!'

Arbeitsplatz und Berufe

Sprüche fürs Auto

- Mindestens haltbar bis... siehe Bodenblech!
- Entschuldigung, dass ich so dicht vor ihnen herfahre!
- Bitte Abstand halten, so gut kennen wir uns ja nicht.
- An einer Delle an der Tür eines kleinen popligen Golfs: An dieser Beule zerschellte ein LKW!
- Man gönnt sich ja sonst nichts.
- Wer hat Angst vorm bösen Golf! Niemand! Aber wenn er kommt? Dann fahren wir davon.
- OK, Ihr Auto ist schneller ... aber meins ist bezahlt - und vor Ihnen!
- Kompressor statt Katalysator.
- Fahren Sie mir ruhig rein, ich kann das Geld gebrauchen.
- Anfänger!
- Ich bremse nur für Tiere.
- Wenn ich groß bin, werde ich Ferrari.
- Hier arbeiten 360 Pferde und ein Esel lenkt.
- Klein aber gemein!
- Sponsored by Sozialamt oder Oma oder Papa.
- Hupen zwecklos, Fahrer wird von Moskau ferngesteuert.
- Ich bin ein Recycling - Ferrari.
- Eigentlich wollte ich eine Lamborghini - aber ich wusste nicht, wie man das spricht.
- Wer bremst hat Angst.
- Blondinen bevorzugt.
- Alt, aber bezahlt!
- Vorübergehend geschlossen!
- Mein Anwalt ist besser als Dein Anwalt
- Kippe aus, anschnallen, Schnauze halten.
- Hauptsache, die Haare liegen.
- Follow me, if you can.
- O.K. meiner braucht 25l, aber dafür sind meine Türen nicht aus Zeitungspapier.
- Achtung, Stasi Dienstwagen !
- Schadstoffstark und leistungsarm !
- Fahre ich zu Dicht vor ihnen her?
- Keine Angst - fahre nicht schneller als der Schutzengel fliegt.
- Wer später bremst fährt länger schnell.
- Überholen Sie ruhig. Wir treffen uns an der nächsten Ampel.
- Mein Auto lebt! Es qualmt, es säuft und manchmal bumst es auch.
- Das eins klar ist: Die Strasse gehört mir!
- Man gewöhnt sich an alles.
- Bleifuss statt Bleifrei!
- Ich bremse nur zum Kotzen.
- Hupen Sie ruhig, mein Radio ist lauter.
- Wozu rasen? 230km/h genügen.
- Hier liegt Power auf der Lauer.
- Wenn sie dies lesen können, dann sind sie zu dicht aufgefahren.
- Lieber Golf spielen, als Golf fahren.
- Mein Hobby ist Golf spielen, mein Schläger ist Kadett.
- Folgen Sie mir nicht, ich hab mich auch verfahren.
- Damen aufgepasst: Meiner ist 18 Meter lang.
- Von 0 auf 100 in 15min. !
- 4-Zylinder fährt jeder Blinder.
- Hubraum statt Spoiler.
- Ich bremse auch für Frauen.
- Gott schütze uns vor Sturm und Wind und Autos die aus Japan sind.
- Bitte nicht zuparken - Fluchtfahrzeug!!!

Putzmann bei Microsoft

Ein Arbeitsloser bewirbt sich als Putzmann bei Microsoft. Der Chef lädt ihn zu einem Gespräch und zu einem Eignungstest (den Boden wischen) ein. Schliesslich sagt er ihm: "Du bist angestellt; gib mir deine E-Mail und ich werde dir ein Formular zum ausfüllen schicken sowie Dir mitteilen, wann und wo du dich am ersten Tag melden sollst."

Der Arbeitslose, völlig verzweifelt, antwortet, dass er keinen Computer habe und sowieso kein E-Mail besitze. Der Chef teilt ihm mit, dass wenn er kein E-Mail habe, er virtuell gar nicht existiere und somit auch keinen Job bekomme.

Verzweifelt geht der Mann. Er weiss nicht mehr was machen und hat nur noch 10 US$ in der Tasche. Er beschliesst, im Supermarkt eine Kiste mit 10 Kilo Tomaten zu kaufen und in weniger als 2 Stunden verkaufte er die Tomaten einzeln für den doppelten Preis. Dies wiederholte er noch zwei Mal und kehrte mit US$ 80 nach hause. So realisierte er, dass er sein Leben auch in dieser Art und Weise bestreiten konnte. Jeden Tag steht er früher auf und kommt später wieder nach hause und vervielfacht sein Geld jeden Tag.

Wenig später kauft er sich einen Karren, tauscht in dann gegen einen Lieferwagen aus und wenig später gegen eine ganze Flotte von Lieferwagen. Nach wenigen Jahren ist der Mann Besitzer eines der grössten Gemüseverteiler der Vereinigten Staaten. So denkt er auch über die Zukunft seiner Familie nach und beschliesst, eine Lebensversicherung abzuschliessen. Er ruft einen Berater an, wählt einen Versicherungsplan und als das Gespräch beendet wird, fragt der Berater nach der E-Mail Adresse um dem Mann den Antrag zuzusenden.

Der Mann antwortet dem Berater, dass er kein E-Mail besitze. "Seltsam, sagt ihm der Berater. Sie besitzen kein E-Mail und haben es trotzdem geschafft, ein solches Imperium aufzubauen. Stellen Sie sich vor, was Sie heute wären, wenn Sie ein E-Mail besitzen würden!!" Der Mann dachte nach und antwortete: "Ich wäre Putzmann bei Microsoft!!"

Moral der Geschichte Nr. 1: Internet regelt Dein Leben nicht
Moral der Geschichte Nr. 2: Wenn Du Putzmann bei Microsoft werden willst, schaffe Dir E-Mail an.
Moral der Geschichte Nr. 3: Wenn Du kein E-Mail besitzt und viel arbeitest, kannst Du Millionär werden.
Moral der Geschichte Nr. 4: Falls Du diese Geschichte per E-Mail erhalten hast bist Du näher daran Putzmann zu werden als Millionär...

Weihnachtsfeier

Liebe Mitarbeiter,

Wie schon in den Vorjahren wollen wir auch in diesem Jahr das anstrengende Geschäftsjahr mit einer gemeinsamen Weihnachtsfeier im Frühstücksraum A1 beenden. Da es im letzten Jahr einige etwas unerfreuliche Zwischenfälle gab, möchte die Geschäftsleitung im Vorfeld auf gewisse Spielregeln hinweisen, um die besinnliche Feier auch im rechten Rahmen ablaufen zu lassen.

1.) Wenn möglich sollten die Mitarbeiter den besagten Raum noch aus eigener Kraft erreichen, und nicht im alkoholisierten Zustand von Kollegen hereingetragen werden. Eine Vorfeier ab den frühen Morgenstunden sollte möglichst vermieden werden.

2.) Es wird nicht gern gesehen, wenn sich Mitarbeiter mit ihrem Stuhl direkt an das kalte Buffet setzen. Jeder sollte mit seinem gefüllten Teller einen Platz an den Tischen aufsuchen! Auch die Begründung "Sonst frißt mir der Meier die ganzen Melonenschiffchen weg" kann nicht akzeptiert werden.

3.) Schnaps, Wein und Sekt sollte auch zu vorgerückter Stunde "nicht" direkt aus der Flasche getrunken werden. Besonders wenn man noch Reste der genossenen Mahlzeit im Mund hat. Der Hinweis "Alkohol desinfiziert" beseitigt nicht bei allen Mitarbeiten das Mißtrauen gegen Speisereste in den angetrunkenen Flaschen.

4.) Wer im letzten Jahr den bereitgestellten Glühwein gegen eine Mischung aus Hagebuttentee und Super-Bleifrei ausgetauscht hat, wird darum gebeten diesen Scherz nicht noch einmal zu wiederholen. Sicherlich ist uns allen noch in Erinnerung was passierte als Kollege Moosbacher sich nach dem dritten Glas eine Zigarette anzündete.

5.) Sollte jemand nach Genuß der angebotenen Speisen und Getränke von einer gewissen Unpäßlichkeit befallen werden, so wird darum gebeten die dafür vorgesehen Örtlichkeiten aufzusuchen. Der Chef war im letzten Jahr über den unerwarteten Inhalt seines Aktenkoffers nicht sehr begeistert.

6.) Wenn Weihnachtslieder gesungen werden, sollten die Originaltexte gewählt werden. Einige unserer Auszubildenden sind noch minderjährig und könnten durch einige Textpassagen irritiert werden.

In diesem Zusammenhang möchten wir nochmals daran erinnern, dass einige der männlichen
Kollegen sich noch nicht zur Blutuntersuchung zwecks Feststellung der Vaterschaft gemeldet haben. Unsere im Mutterschaftsurlaub befindliche Mitarbeiterin Frl. Kluge meint,
es bestände ein ursächlicher Zusammenhang zwischen der letztjährigen Weihnachtsfeier und der Geburt ihrer Tochter Sylvia im September dieses Jahres.

Merry Christmas & Happy New Year... (hicks!!!)

Arbeitsplatz und Berufe

Gefängnis oder Büro?
Wann du merkst, dass du nicht mehr im Gefängnis bist sondern im Büro...

Gefängnis: Du verbringst die meiste Zeit in einer 2 x 3 m Zelle.
Büro: Du verbringst die meiste Zeit an einem Platz von 2 x 2 m.

Gefängnis: Du bekommst drei Mahlzeiten pro Tag.
Büro: Du bekommst nur eine Pause für eine einzige Mahlzeit und musst auch noch bezahlen.

Gefängnis: bei gutem Betragen bekommst du Urlaub.
Büro: Für gutes Betragen wirst du mit mehr Arbeit belohnt.

Gefängnis: Der Wächter schließt und öffnet alle Türen für dich.
Büro: Du musst eine ID tragen und alle Türen selbst öffnen.

Gefängnis: Du kannst fernsehen und Spiele spielen.
Büro: Du wirst sofort gekündigt, wenn du fern siehst oder Spiele spielst.

Gefängnis: Du hast eine eigene Toilette.
Büro: Du musst die Toilette teilen.

Gefängnis: Freunde und Verwandte dürfen dich besuchen.
Büro: Du darfst nicht einmal mit deiner Familie reden.

Gefängnis: Es ist alles durch Steuergelder bezahlt und du brauchst nicht einmal dafür zu arbeiten.
Büro: Du musst für die Spesen selbst aufkommen und dann zieht man dir vom Lohn noch Steuern ab um für die Gefangenen zu zahlen.

Gefängnis: Dort hast du Wachpersonal.
Büro: Hier nennt man sie " Manager".

* * * * *

Nehmen wir mal an, du hast einen saudummen Fehler gemacht.
Frage: Welche Folgen hat das für deine berufliche Zukunft?
Antwort: Das kommt auf dein Nettogehalt an.

Nettogehalt (EUR)	Folgen des saudummen Fehlers
bis 1800	Du bist fristlos gefeuert!
ab 2000	Knallharter "Anschiss"; Personalgespräch, schriftliche Abmahnung mit Eintragung in die Personalakte
ab 2500	knallharter "Anschiss"
ab 3000	Anschiss
ab 3500	Freundliche Empfehlung, doch bitte etwas sorgfältiger zu sein
ab 4000	Deine Fehler werden geflissentlich ignoriert
ab 6000	Du machst prinzipiell keine Fehler. Diese heißen vielmehr "unkonventionelle Problemlösungsansätze" bzw. "kreativer persönlicher Arbeitsstil".
ab 10000	Dein Fehler wird ohne Widerspruch akzeptiert und sofort dienstbeflissen in die Praxis umgesetzt. Ausgebadet wird er von anderen nach Punkt 1 bis 5 dieser Liste
ab 20000	Dein Fehler wird sofort zur neuen Grundleitmaxime der Firma ernannt, Du wirst wegen deiner übermenschlichen Genialität in jeder möglichen Weise geehrt, belobigt und ausgezeichnet; auf dem Firmenhof wird dir ein lebenshohes Standbild errichtet; selbstverständlich erhöhen sich deine Bezüge um 30 %

Ein Gebet für die Gestressten!

Gib mir die Kraft, Dinge zu akzeptieren, die ich nicht ändern kann,
den Mut, Dinge zu ändern, die ich nicht akzeptieren kann
und einen Weg, die Körper derer verschwinden zu lassen,
die ich heute umbringen musste, weil sie mich nervten.

Hilf mir aufzupassen, auf wessen Füße ich heute trete,
da sie eventuell zu dem Hintern gehören könnten,
in den ich möglicherweise morgen reinkriechen muss.

**HILF MIR, BEI DER ARBEIT IMMER 100% ZU GEBEN...
12% AM MONTAG
23% AM DIENSTAG
40% AM MITTWOCH
20% AM DONNERSTAG
5% AM FREITAG**

Und wenn ich mal einen richtig schlechten Tag habe,
und es scheint, als wolle mich jeder anmachen,
dann hilf mir nicht zu vergessen,
dass es 42 Muskeln braucht, um ein verärgertes Gesicht zu machen,
jedoch nur ganze 4, um meinen Mittelfinger auszustrecken,
und ihnen zu sagen, wo sie's hinstecken können.

AMEN

Chefsache – Feine Unterschiede

Wenn Du lange brauchst, bist Du langsam.
Wenn Dein Chef mal länger braucht, ist er gründlich.

Wenn Du etwas nicht machst, bist Du faul.
Wenn Dein Chef etwas nicht macht, ist er zu beschäftigt.

Wenn Du einen Fehler machst, bist Du ein Idiot.
Wenn Dein Chef daneben liegt, ist das nur menschlich.

Wenn Du etwas unaufgefordert machst, hast Du Deine Kompetenz überschritten.
Wenn Dein Chef spontan eine Entscheidung fällt, ist er initiativ.

Wenn Du standhaft bleibst, bist Du engstirnig.
Wenn Dein Chef sich durchsetzt, ist er standhaft.

Wenn Du eine Benimmregel missachtest, bist Du unhöflich.
Wenn Dein Chef sich daneben benimmt, ist er originell.

Wenn Du Deinem Chef eine Freude machst, bist Du ein Arschkriecher.
Wenn Dein Chef seinem Chef eine Freude macht, ist er kooperativ.

Wenn Du gerade mal nicht im Büro bist, lungerst Du herum.
Wenn Dein Chef außer Haus ist, ist das geschäftlich. IMMER.

So ist das Leben eben ……… oder?

Wenn Du glaubst, Abteilungsleiter würden Abteilungen leiten,
dann glaubst Du auch, dass Zitronenfalter Zitronen falten.

Arbeitsplatz und Berufe

Traust Du Dich

Mit dem Bürospiel "Traust Du Dich?" werden wir alle viel mehr Spaß bei der Arbeit haben! Ich werde in unserer Abteilung mal die Spielregeln ausdrucken, ich bin gespannt, wer gewinnt. Und so geht's:

Nach dem "Traust Du Dich?"-Punktesystem gibt es für die nachstehenden Leistungen die genannten Punktezahlen. Wer am Tagesende die meisten Punkte hat, hat gewonnen.

1 Punkt gibt's dafür:
- Eine Runde in voller Geschwindigkeit um alle Schreibtische laufen.
- Laut im WC stöhnen und seufzen, während sich mindestens 1 Nichtspieler in der Toilette befindet.
- Die ersten 5 Kollegen, die einen "Guten Morgen" wünschen, einfach ignorieren.
- Jemanden in der Firma, den man nicht kennt, anrufen und sagen: "Ich wollte nur sagen, dass ich momentan keine Zeit habe zu reden." Und auflegen.
- Das Ende einer Unterhaltung durch das Zuhalten beider Ohren signalisieren.
- Ein Blatt oder Memo, das einem gereicht wird, mit den Fingern abtasten, dabei stöhnen und murmeln: "Hmmm. Das fühlt sich ja FANTASTISCH an."
- Mindestens 1 Stunde mit offenem Hosenstall herum laufen.
- Jeden, der einen darauf hinweist, mit der Bemerkung "Ich habe es lieber so" abkanzeln.
- Den Weg zu und vom Kopierer seitwärts gehen.
- Im Lift jedes Mal wenn die Tür aufgeht, laut hörbar Luft holen.

3 Punkte gibt's dafür:
- Zum Chef sagen "Ich finde Sie cool!" und dabei mit den Fingern eine abfeuernde Pistole imitieren.
- Unverständliches Zeug auf einen Untergebenen einreden und dann sagen: "Haben Sie das alles verstanden? Ich hasse es, wenn ich mich wiederholen muss."
- Sich selbst über die Lautsprecheranlage ausrufen, ohne die Stimme zu verstellen.
- Direkt vor den Wasserhahn knien und daraus trinken (ein Nichtspieler muss in Sichtweite sein).
- Wahllos laut Zahlen in den Raum rufen, wenn jemand etwas zählt.

5 Punkte gibt's dafür:
- Abends in das Büro eines Workaholics gehen und während dessen Anwesenheit das Licht zehn mal aus und wieder einschalten.
- Jeden, mit dem man spricht, mindestens eine Stunde lang "Herbert" nennen.
- Bei der nächsten Besprechung laut ankündigen, dass man kurz raus muss um "gross" zu machen.
- Jeden Satz mit dem Wort "Alder" in einem ziemlich harten Akzent beenden. " Mindestens 1 Stunde durchhalten.
- Während der Abwesenheit eines Kollegen dessen Stuhl in den Lift fahren.
- Sich in einer Besprechung oder einer Gruppe wiederholt auf die Stirn schlagen und murmeln: "Seid doch mal ruhig! Ich wäre so froh wenn ihr alle mal endlich ruhig sein würdet."
- Beim Mittagessen niederknien und laut rufen: "Wahrlich, ich sage Euch: Der Herr wird mich nähren und ich werde nie wieder Hunger leiden müssen."
- In den Tagesplaner eines Kollegen eintragen: "Wie findest Du mich in Strumpfhosen?"
- Die eigene Tastatur zu einem Kollegen tragen und fragen: "Willste mal tauschen?"
- Folgende Unterhaltung mindestens 10 mal hintereinander mit irgendeinem Kollegen führen: "Hast du das gehört?" - "Was?" - "Egal, ist nicht so wichtig."
- In voller Kampfkleidung ins Büro kommen und wenn man nach dem Grund gefragt wird erwidern: "Ich darf nicht drüber reden."
- Getarnt als der Geschäftsführer eines Restaurants einen Kollegen anrufen und ihm sagen, dass er bei der letzten Visitenkarten-Ziehung ein kostenloses Mittagessen gewonnen hat.
- Während einer wichtigen Telefon-Konferenz mit einem Akzent sprechen (sächsisch, hessisch, platt, bayerisch)
- Den Staubsauger finden und um den eigenen Schreibtisch herum saugen.
- Klopapier aus der Hose hängen lassen und echt überrascht sein, wenn jemand darauf hinweist.
- Den Teilnehmern bei einer Besprechung Kaffee und Keks hinstellen und dann jeden Keks mit der Hand zerbröseln.
- Während einer Besprechung langsam mit dem Stuhl immer näher zur Tür rutschen.
- Playmobilfiguren bei Besprechungen gemäß der Sitzordnung anordnen und wenn jemand sich meldet oder was sagt die betreffende Figur dazu bewegen.

Are you lonely?

Hate having to make decisions?

Rather talk about it than do it?

Then why not

HOLD A MEETING

You can:

Get to see other people
Sleep in peace
Offload decisions
Learn to write volumes of meaningless notes
Feel important
Impress (or bore) your colleagues

And all in work time!

'MEETINGS'

The Practical Alternative to Work

Arbeitsplatz und Berufe

Die richtige Lektüre zur Mittagspause

• Die Geisterscheiße:
Du weißt, daß Du geschissen hast. Da ist Scheiße am Klopapier, aber keine Scheiße in der Schüssel. Könnte auch "Torpedoscheiße" gewesen sein, wenn man es plumpsen gehört hat.

• Die Teflonscheiße:
Kommt so sanft und weich raus, dass man es gar nicht merkt. Keine Spuren auf dem Klopapier. Du musst in die Kloschüssel sehen, um sicherzugehen.

• Die Gummischeiße:
Diese hat die Konsistenz von heissem Teer und hinterläßt widerspenstige Reste in der Kloschüssel. Du wischst Dir den Arsch 18 mal und er ist immer noch nicht sauber. Du endest damit, daß Du Dir Klopapier in die Unterhosen stopfst, um sie nicht zu versauen.

• Die Spätzünderscheiße:
Du hast Dir den Hintern fertig abgewischt und stehst grade auf als der nächste Schub kommt.

• Die Schlangenscheiße:
Sie ist glitschig, hat die Dicke eines Daumens und ist mindestens 50 cm lang. Hat das Potential zur "Torpedoscheiße".

• Die Korkenscheiße:
Auch als "Schwimmer" bekannt: Sogar nach dem dritten Mal spülen ist sie noch da. Oh Gott! Wie wird man sie los? Das Scheißding geht einfach nicht unter. Tritt normalerweise überall auf, nur nicht in der eigenen Wohnung.

• Die Wunschscheiße:
Du sitzt da mit Ameisen in den Därmen. Du schwitzt, lässt ein paar Fürze, tust einfach alles ... außer scheißen.

• Feuchte-Backen-Scheiße:
Diese Abart trifft mit hoher Geschwindigkeit schräg auf die Wasseroberfläche und spritzt Deinen Hintern naß.

• Zementblock oder "Oohh Gott!"-Scheiße:
Kurz nach dem Beginn wünschst Du Dir, Du hättest eine örtliche Betäubung bekommen.

• King Kong- oder Kommodenscheiße:
Dieser Haufen ist so groß, daß er sich weigert, in der Kanalisation zu verschwinden, bevor Du ihn in kleinere Brocken zerlegt hast (ein Kleiderbügel funktioniert hier recht gut). Passiert über all, nur nicht auf dem eigenen Klo.

• Die Gehirnblutungsscheiße:
Diese Scheiße hat Elvis gekillt. Sie kommt normalerweise erst dann, wenn man vor lauter Drücken schon abwechselnd rot, grün und blau anläuft.

• Die Bierscheiße:
Eine der schlimmsten, aber auch häufigsten Scheißesorten. Sie tritt am Tag nach der Nacht davor auf. Normalerweise riecht sie gar nicht so schlecht, aber das täuscht. Du besprühst die Schüssel von oben bis unten bis sie aussieht als sei sie mit einer Schrotladung Oregano beschossen worden und Du wunderst Dich, wie Dein Loch in so viele Richtungen gleichzeitig zeigen kann. Dann stellst Du fest, daß das Klopapier alle und weit und breit keine Klobürste in Sicht ist. Passiert auch nur auf fremden Klos.

Arbeitsplatz und Berufe

Chef-Witze

Wir suchen einen Mann, der sich vor keiner Arbeit scheut und niemals krank wird." "Ok, stellen sie mich ein, ich helfe ihnen suchen."

Chef zum verspäteten Mitarbeiter: "Sie kommen diese Woche schon zum 4 Mal zu spät! Was schließen Sie daraus?" "Es ist Donnerstag!"

Ich möchte Ihren Chef sprechen." "Geht leider nicht, er ist nicht da!" "Ich habe ihn doch durchs Fenster gesehen!" "Er Sie auch."

Müller, warum kommen Sie erst jetzt zur Arbeit?" "Weil Sie gestern gesagt haben, ich soll meine Zeitung gefälligst zu Hause lesen."

Chef: "Was tun sie hier eigentlich den ganzen Tag?" "Nichts" "Dann müssen sie sich eine andere Stellung suchen, hier bin ich der einzige, der nichts tut.

Die Sekretärin: "Herr Direktor, ich habe eine neue Stellung." "Prima, schließen sie die Tür ab!"

"Sie müssen mal vier Wochen ausspannen!" "Aber ich tue doch den ganzen Tag nichts!" "Dann müssen Sie mal vier Wochen arbeiten!

"Personalchef: "Glauben sie wirklich, dass ihr Wissens- stand für diesen Posten ausreicht?" Bewerber: "Selbstverständlich beim letzten Mal wurde ich entlassen, weil ich zuviel wusste

Der Chef zum Angestellten: "Sie sind zwei Stunden zu spät zum Dienst gekommen! Haben Sie dafür eine Rechtfertigung?" "Ja. Ich werde Vater." "Glückwunsch! Wann denn?" "In neun Monaten."

"Wir können Sie nicht einstellen. Leider haben wir keine Arbeit für Sie." "Och. das würde mir eigentlich nichts ausmachen!"

Kommt ein Angestellter zum Chef: "Herr Direktor, sie haben mir eine Gehaltserhöhung versprochen, wenn Sie mit mir zufrieden sind." Darauf der Chef: "Stimmt, Maier. Aber wie kann ich mit jemandem zufrieden sein, der mehr Gehalt will?"

Na wie ist deine neue Arbeitsstelle?" "Wie im Paradies." "Ehrlich?" "Ja, kann jeden Tag hinausgeworfen werden..."

Personalchef zur jungen Sekretärin: "Es handelt sich um eine Dauerstellung. Es sei denn, wir machen Pleite oder meine Frau sieht sie.

Personalchef: "Sie fangen Montag an. Bezahlt wird nach Leistung." Bewerber: "Tut mir leid, davon kann ich nicht leben.

Personalchef: "Was können sie denn?" Bewerber: "Nichts" Personalchef: "Tut mir leid, die gutbezahlten Posten sind schon alle weg."

Tipp für die Personalabteilung: Jeder wird so lange befördert, bis er eine Position erreicht hat, auf der er mit Sicherheit keinerlei Schaden mehr anrichten kann.

Um acht Uhr hätten Sie hier sein sollen", knurrt der Chef. "Wieso, war was Besonderes los?"

Ein Unternehmer zum Anderen: "Warum sind deine Arbeiter immer so pünktlich?" "Einfacher Trick: 30 Arbeiter, aber nur 20 Parkplätze!"

"Chef, darf ich heute zwei Stunden früher Schluss machen? Meine Frau will mit mir einkaufen gehen." "Kommt gar nicht in Frage." "Vielen Dank Chef, ich wusste, sie würden mich nicht im Stichlassen.

Die Bewerberin gibt sich betont sexy. Die Personalchefin betrachtet sie spöttisch und meint kühl: "Damit werden sie beim Chef kein Glück haben. Sie hätten lieber Ihren Bruder schicken sollen."

Eine Sekretärin beim Vorstellungsgespräch. Fragt der Personalchef: "Haben sie überhaupt Ahnung von tuten und blasen?" Fragt sie zurück: "Was bitte ist tuten?"

Arbeitsplatz und Berufe

Ali tut alles weh! Er ruft morgens seinen Chef an und sagt: "Scheffe...ische nix könne komme arbeite... mir tun alles weh... Kopf tun weh... Hals tun weh... Beine tun weh... isch nix komme heute, Scheffe ".

Meint der Chef: "Tja, Ali... das ist natürlich blöd...gerade heute brauche ich Dich dringend. Weisst Du was ich mache, wenn ich krank bin? Ich gehe zu meiner Frau, die bläst mir einen und schon gehts mir wieder gut. Versuche das einmal, Ali".

Darauf Ali: "Gut Scheffe... ische versuchen das... isch wieder anrufen... *click*

Zwei Stunden später ruft Ali wieder an: "Du, Scheffe... hast Du mir gegeben gute Tip... isch wieder ganz gesund... nix Kopfweh... nix Halsweh... isch gleich komme..., übrigens Scheffe... Du haben schöne Wohnung..." *click*

* * * * *

Giovanni kommt immer zu spät auf die Baustelle. Nach der dritten Arbeitswoche fragt der Chef Giovanni nach dem Grund seines ewig verspäteten Erscheinens. Giovanni meint: "Weisch Schefe, Giovanni morge fruh ufschto, gaffi make, spiegel ineluege und schöne frisur make bevor komme schaffe".

Der Chef ermahnt Giovanni, künftig pünktlich zu erscheinen. Das Uebel nimmt jedoch kein Ende. Eines Tages fährt der Chef zu Giovannis Wohnung und montiert den Spiegel ab, in der Hoffnung, Giovanni erscheine nun pünktlich zur Arbeit.

Am nächsten Tag erscheint Giovanni nicht zur Arbeit. Auch am 2. und 3. Tag ist nichts von Giovanni zu sehen. Besorgt fährt der Chef abermals zu Giovannis Wohnung und ist erstaunt, als Giovanni ihm munter und fidel die Türe öffnet.

Erzürnt fragt der Chef: "Was ist eigentlich los Giovanni? Warum kommst Du nicht zur Arbeit?".

Darauf Giovanni: "Weisch Schefe, Giovanni morge fruh ufschto, gaffi make, spiegel ineluege und keini Giovanni do. Hani denkt, isch scho go schaffe!".

Arbeitsplatz und Berufe

Maßnahmen gegen Langeweile im Fahrstuhl

Was tun gegen Langeweile im Fahrstuhl?

1. Wenn außer Dir nur noch eine andere Person im Aufzug ist, tippe ihm/ihr auf die Schulter und tu dann so, als wärst du es nicht gewesen.
2. Drück auf einen Knopf und lasse es aussehen, als ob er dir einen elektrischen Schlag verpaßt. Dann lächle und mach es noch ein paar mal.
3. Biete anderen Leuten an, für sie die Knöpfe zu drücken aber drücke die falschen.
4. Ruf mit deinem Handy eine Wahrsagerhotline an und frag sie, ob sie wissen, in welchem Stockwerk du dich gerade befindest.
5. Halte die Türen offen und erkläre, daß du auf einen Freund wartest. Nach einer Weile läßt du die Türen sich schließen und sagst: "Hallo Jörg, wie war dein Tag?"
6. Laß einen Stift fallen und warte, bis ihn jemand für dich aufheben will, dann brüll ihn an: "Das ist meiner!"
7. Nimm eine Kamera mit und mach Fotos von allen Leuten im Aufzug.
8. Stell deinen Schreibtisch in den Aufzug und frage alle Leute die hereinkommen, ob sie einen Termin haben.
9. Lege einen Twister-Spielplan auf den Boden und frage die anderen, ob sie mitspielen wollen.
10. Lege eine Schachtel in eine Ecke und wenn jemand den Aufzug betritt, frag ihn, ob er auch so ein seltsames Ticken hört.
11. Tu so, als wärst du eine Stewardeß und übe das Verhalten im Notfall und den sicheren Ausstieg mit den Fahrgästen.
12. Frage die Leute: "Haben sie das gerade gespürt???"
13. Stelle dich ganz nah an jemandem heran und schnüffle gelegentlich an ihm herum.
14. Wenn die Türen schließen, erkläre den anderen: "Es ist alles OK. Keine Panik, die Türen werden sich wieder öffnen."
15. Schlage nach nicht-existenten Fliegen.
16. Erkläre den Leuten, daß du ihre Aura sehen kannst.
17. Rufe: "Gruppenumarmung!" Und fang damit an.
18. Mach ein schmerzverzerrtes Gesicht während du auf deine Stirn schlägst und murmelst "Seid doch still, seid doch endlich alle still!"
19. Öffne deinen Geldbeutel, schau hinein und frage: "Kriegt ihr auch genug Luft da drin?"
20. Stehe still und bewegungslos in einer Ecke, schau die Wand an und bleib dort einfach die ganze Zeit stehen.
21. Starre einen anderen Fahrgast eine Weile an, dann schrei auf: "Du bist einer von IHNEN!" Weiche langsam zurück, ohne ihn aus den Augen zu lassen.
22. Trage eine Handpuppe bei dir und benutze sie, um mit den andern zu reden.
23. Höre die Wände des Aufzuges mit einem Stethoskop ab.
24. Ahme Explosionsgeräusche nach, wenn irgendjemand auf einen Knopf drückt.
25. Starre eine Weile lang einen anderen Passagier an, grinse und erkläre nach einer Weile: "Also ICH trage frische Socken".
26. Male mit Kreide ein kleines Quadrat auf den Boden und erkläre den anderen Fahrgästen, daß dies deine Zone ist.

Arbeitsplatz und Berufe

Flugzeugreparatur

Nach jedem Flug füllen Piloten ein Formular aus, auf dem sie die Mechaniker über Probleme informieren, die während des Flugs aufgetreten sind, und die eine Reparatur oder eine Korrektur erfordern. Die Mechaniker informieren im Gegenzug auf dem unteren Teil des Formulars die Piloten darüber, welche Maßnahmen sie jeweils ergriffen haben, bevor das Flugzeug wieder startet.
Man kann nicht behaupten, dass das Bodenpersonal oder die Ingenieure hierbei humorlos waren. Hier einige Beschwerden und Probleme, die tatsächlich so von Piloten der Fluglinie QANTAS eingereicht wurden.
Dazu der jeweilige Antwort-Kommentar der Mechaniker.
Übrigens ist Quantas die einzige große Airline, bei der es noch nie einen Absturz gab.

P = Problem, das vom Piloten berichtet wurde.
S = Die Lösung/ Maßnahme des Ingenieurs/Mechanikers.

P: Bereifung innen links muss fast erneuert werden.
S: Bereifung innen links fast erneuert.

P: Testflug OK, Landung mit Autopilot sehr hart.
S: Landung mit Autopilot bei diesem Flugzeugtyp nicht installiert.

P: Im Cockpit ist irgendetwas locker.
S: Wir haben im Cockpit irgendetwas wieder fest gemacht.

P: Tote Käfer auf der Scheibe.
S: Lebende Käfer im Lieferrückstand.

P: Der Autopilot leitet trotz Einstellung auf 'Höhe halten' einen Sinkflug von 200 fpm ein.
S: Wir können dieses Problem auf dem Boden leider nicht nachvollziehen.

P: Hinweis auf undichte Stelle an der rechten Seite.
S: Hinweis entfernt.

P: DME ist unglaublich laut.
S: DME auf glaubwürdigere Lautstärke eingestellt.

P: IFF funktioniert nicht.
S: IFF funktioniert nie, wenn es ausgeschaltet ist.

P: Vermute Sprung in der Scheibe.
S: Vermute Sie haben Recht.

P: Antrieb 3 fehlt.
S: Antrieb 3 nach kurzer Suche an der rechten Tragfläche gefunden.

P: Flugzeug fliegt komisch.
S: Flugzeug ermahnt, ernst zu sein und anständig zu fliegen.

P: Zielradar summt.
S: Zielradar neu programmiert, so dass es jetzt in Worten spricht.

P: Maus im Cockpit.
S: Katze installiert.

Funksprüche

Ausschnitt der kuriosesten und authentischen Funksprüchen zwischen Jet-Cockpit und Tower-Fluglotsen

1) Tower: 'Um Lärm zu vermeiden, schwenken sie bitte 45 Grad nach rechts.'
   Pilot: 'Was können wir in 35 000 Fuß Höhe schon für Lärm machen?'
   Tower: 'Den Krach, wenn ihre 707 mit der 727 vor Ihnen zusammenstößt!'

2) Tower: 'Sind sie ein Airbus 320 oder 340?'
   Pilot: 'Ein A 340 natürlich!'
   Tower: 'Würden Sie dann bitte vor dem Start auch die anderen beiden Triebwerke starten?'

3) Pilot: 'Guten Morgen, Bratislava.'
   Tower: 'Guten Morgen. Zur Kenntnis: Hier ist Wien.'
   Pilot: 'Bin jetzt im Landeanflug auf Bratislava.'
   Tower: 'Hier ist wirklich Wien.'
   Pilot: 'Wien?'
   Tower: 'Ja.'
   Pilot: 'Aber warum? Wir wollten nach Bratislava.'
   Tower: 'Okay. Dann brechen Sie Landeanflug ab und fliegen Sie nach links.'

4) Tower zu einem Piloten, der besonders hart aufsetzte: 'Eine Landung soll ja kein Geheimnis sein. Die Passagiere sollen ruhig wissen, wann sie unten sind.'
   Pilot: 'Macht nichts. Die klatschen eh immer.'

5) Pilot einer Alitalia, dem ein Blitzschlag das halbe Cockpit lahm gelegt hat: 'Bei uns ist fast alles ausgefallen. Nichts geht mehr. Selbst unser Höhenmesser zeigt nichts mehr an ....' Nach fünf Minuten Lamentierens meldet sich der Pilot einer anderen Maschine: 'Halts Maul und stirb wie ein Mann!'

6) Pilot: 'Da brennt eine Landeleuchte.'
   Tower: 'Ich hoffe, da brennen mehrere.'
   Pilot: 'Ich meine, sie qualmt.'

7) Pilot: 'Haben nur noch wenig Treibstoff. Erbitten dringend Anweisung.'
Tower: 'Wie ist ihre Position? Haben Sie nicht auf dem Schirm.'
Pilot: 'Wir stehen auf Bahn 2 und warten seit einer Ewigkeit auf den Tankwagen.'

8) Tower: 'Haben Sie Probleme?'
Pilot: 'Hab meinen Kompass verloren.'
Tower: 'So wie Sie fliegen, haben Sie alle Instrumente verloren.'

9) Tower: 'Nach der Landung bitte zu Taxiway Alpha 7, Alpha 5, Whiskey 2, Delta 1und Oscar 2.'
Pilot: 'Wo ist denn das? Wir kennen uns doch hier nicht aus.'
Tower: 'Macht nichts. Bin auch erst zwei Tage hier.'

10) Pilot: 'Erbitten Starterlaubnis.'
Tower: 'Sorry, wir haben Ihren Flugplan nicht. Wo wollen Sie hin?'
Pilot: 'Wie jeden Montag nach Salzburg.'
Tower: 'Aber heute ist Dienstag!'
Pilot: 'Was? Dann haben wir ja frei.'

11) Pilot: 'Gibt's hier keinen Follow me-Wagen?'
Tower: 'Negativ. Sehen Sie zu, wie sie allein zum Gate kommen.'

12) Tower: 'Höhe und Position?'
Pilot: 'Ich bin 1.80 m und sitze vorne links.'

13) Tower zu Privatflieger: 'Wer ist alles an Bord?'
Pilot: 'Pilot, zwei Passagiere und ein Hund.'
Tower, nach harter Landung des Fliegers: 'Ich nehme an, der Hund saß am Steuer?'

14) Tower: 'Haben Sie genug Sprit oder nicht?'
Pilot: 'Ja.'
Tower: 'Ja, was?'
Pilot: 'Ja, Sir!!!'

15) Tower: 'Geben Sie uns bitte Ihre erwartete Ankunftszeit.'
Pilot: 'Hmmmm... Dienstag würde mir gut passen.'

Arbeitsplatz und Berufe

Funkspruch auf See

DIES IST EIN REALER FUNKSPRUCH, DER AUF SEE ZWISCHEN GALIZIERN UND AMERIKANERN STATTGEFUNDEN HAT, OKTOBER 1997

Dieser Funkspruch hat wirklich stattgefunden und wurde erst im März 2005 von den spanischen Militärbehörden zur Veröffentlichung freigegeben - alle spanischen Zeitungen haben ihn nun gedruckt und mittlerweile lacht sich ganz Spanien kaputt!

Galizier:
(Geräusch im Hintergrund)........ Hier spricht A853 zu Ihnen, bitte ändern Sie Ihren Kurs um 15 Grad nach Süden um eine Kollision zu vermeiden...... Sie fahren direkt auf uns zu, Entfernung 25 nautische Meilen........

Amerikaner:
(Geräusch im Hintergrund)...... Wir raten Ihnen, Ihren Kurs um 15 Grad nach Norden zu ändern, um eine Kollision zu vermeiden.

Galizier:
Negative Antwort. Wir wiederholen: ändern Sie Ihren Kurs um 15 Grad nach Süden, um eine Kollision zu vermeiden.

Amerikaner:
(eine andere amerikanische Stimme) Hier spricht der Kapitän eines Schiffes der Marine der Vereinigten Staaten von Amerika zu Ihnen. Wir beharren darauf: Ändern sie sofort Ihren Kurs um 15 Grad nach Norden, um eine Kollision zu vermeiden.

Galizier:
Dies sehen wir weder als machbar noch erforderlich an, wir empfehlen Ihnen Ihren Kurs um 15 Grad nach Süden zu ändern, um eine Kollision zu vermeiden.

Amerikaner:
(stark erregter befehlerischer Ton) HIER SPRICHT DER KAPITÄN RICHARD JAMES HOWARD, KOMMANDANT DES FLUGZEUGTRÄGERS "USS LINCOLN" VON DER MARINE DER VEREINIGTEN STAATEN VON AMERIKA, DAS ZWEITGRÖSSTE KRIEGSSCHIFF DER NORDAMERIKANISCHEN FLOTTE. UNS GELEITEN ZWEI PANZERKREUZER, SECHS ZERSTÖRER, FÜNF KREUZSCHIFFE, VIER U- BOOTE UND MEHERE SCHIFFE, DIE UNS JEDERZEIT UNTERSTÜTZEN KÖNNEN. WIR SIND IN KURSRICHTUNG PERSISCHER GOLF, UM DORT EIN MILITÄRMANÖVER VORZUBEREITEN UND IM HINBLICK AUF EINE OFFENSIVE DES IRAKS AUCH DURCHZUFÜHREN. ICH RATE IHNEN NICHT..... ICH BEFEHLE IHNEN, IHREN KURS UM 15 GRAD NACH NORDEN ZU ÄNDERN!!!!!! SOLLTEN SIE SICH NICHT DARAN HALTEN, SO SEHEN WIR UNS GEZWUNGEN DIE NOTWENDIGEN SCHRITTE EINZULEITEN, DIE NOTWENDIG SIND, UM DIE SICHERHEIT DIESES FLUGZEUGTRÄGERS UND AUCH DIE DIESER MILITÄRISCHEN STREITMACHT ZU GARANTIEREN. SIE SIND MITGLIED EINES ALLIERTEN STAATES, MITGLIED DER NATO UND SOMIT DIESER MILITÄRISCHEN STREITMACHT... BITTE GEHORCHEN SIE UNVERZÜGLICH UND GEHEN SIE UNS AUS DEM WEG!

Galizier:
Hier spricht Juan Manuel Salas Alcántara. Wir sind zwei Personen. Uns geleiten unser Hund, unser Essen, zwei Bier und ein Mann von den Kanaren, der gerade schläft. Wir haben die Unterstützung der Sender Cadena Dial von la Coruna und Kanal 106 als Maritimer Notruf. Wir fahren nirgendwo hin, da wir mit Ihnen vom Festland aus reden. Wir befinden uns im Leuchtturm A-853 Finisterra an der Küste von Galizien. Wir haben keine Scheißahnung welche Stelle wir im Ranking der spanischen Leuchttürme einnehmen. Und Sie können die Schritte einleiten, die Sie für notwendig halten und auf die Sie geil sind, um die Sicherheit Ihres Scheiß-Flugzeugträgers zu garantieren, zumal er gleich an den Küstenfelsen Galiziens zerschellen wird, und aus diesem Grund müssen wir darauf bestehen und möchten es ihnen nochmals ans Herz legen, dass es das Beste, das Gesündeste und das Klügste für Sie und Ihre Leute ist, Ihren Kurs um 15 Grad nach Süden zu ändern um eine Kollision zu vermeiden........

Absolute Funkstille auf amerikanischer Seite.

Arbeitsplatz und Berufe

Beleidigungen für jeden Anlass

Den einen oder anderen Spruch könnten wir sicherlich auch bei manchem Kunden oder Kollegen manchmal verwenden:

- Sie sind so willkommen wie ein Anruf beim Bumsen.
- In zehn Minuten kommt ein Bus. Sie könnten sich überfahren lassen.
- Ein Tag ohne Sie ist wie ein Monat Urlaub.
- Wenn Du das nächste Mal deine Klamotten wegwirfst, lass sie an!
- Schiess Dich in den Sack und stirb tanzend.
- Wenn ich Sie beleidigt habe, sollte mich das aufrichtig freuen.
- Warum gehen wir beide nicht irgendwohin, wo jeder von uns allein sein kann?
- Ich weiß, Sie sind nicht so blöd wie Sie aussehen, das könnte niemand.
- Reden Sie einfach weiter, irgendwann wird schon was Sinnvolles dabei sein.
- Ich hatte einen sehr schönen Abend. Es war nicht dieser, aber ich möchte nicht klagen.
- Ich habe gerade zwei Minuten Zeit. Sagen sie mir alles, was Sie wissen!
- Sagen Sie mal, verprügelt Sie Ihre Frau eigentlich immer noch?
- Ihre Mutter kann wieder bei uns putzen kommen, wir haben das Geld gefunden.
- Ist Ihre Vorstrafe eigentlich jetzt getilgt oder verjährt, oder wie das heißt?
- Gibt es jetzt ein Mittel gegen Ihre Anfälle?
- Hat in Ihrer Familie schon mal jemand Selbstmord begangen? Nein? Wäre das nicht mal eine Überlegung wert?
- Sie verschönern jeden Raum beim Verlassen.
- Jeder muss irgendwie sein, aber warum gerade wie Sie?
- Ihr Parfüm (Aftershave) ist sicherer als die Pille.
- Der Witz, den ich Ihnen jetzt erzählen werde, ist so gut, da fallen Ihnen glatt die Titten runter. Oh, ich sehe, Sie kennen ihn schon.
- Haben Ihre Eltern Sie nie gebeten, von zu Hause wegzulaufen?
- Ich denke, Sie sind ein harmloser Trottel, aber ich will ganz offen sein, nicht jeder denkt so positiv über Sie.
- Jedes Mal, wenn ich Sie so anschaue, frage ich mich: Was wollte die Natur?
- Mit Ihrer Krawatte würde ich mir nach einem Unfall nicht mal das Bein abbinden.
- Ich vergesse nie ein Gesicht, aber in Ihrem Fall will ich mal eine Ausnahme machen.
- Sie schaffen es, dass man die Stille zu schätzen weiß.
- Es gibt so viele Möglichkeiten, einen guten Eindruck zu machen. Warum lassen Sie sie alle ungenutzt?
- Ich bin nicht schwerhörig. Ich ignoriere Sie einfach.
- Ist heute ein besonderer Tag, oder sind Sie immer so blöd?
- Keine Ahnung, was Sie so dumm macht, aber es funktioniert super.
- Bei Ihnen bräuchte man ein Hörgerät. Das könnte man abschalten.
- Sie gehören auch zu den Menschen, die sich von keinem Kleidungsstück trennen können, nicht wahr?
- Um so was wie Ihnen zu begegnen, muss man normalerweise schon entmündigt sein.
- Ihr Gesicht sieht aus als hätten Sie darin geschlafen.
- Nicht bewegen! Ich möchte Sie genauso vergessen, wie Sie jetzt sind!
- Sie sehen noch genau so aus wie vor zwanzig Jahren, als Sie Ihren Unfall hatten.
- Wann immer Sie einen Freund brauchen: Kaufen Sie einen Hund.
- Wenn man aus schimmeligem Brot Penicillin machen kann, dann kann man auch aus Dir was machen.
- Sie sind ein wirklich überzeugendes Argument: für getrennte Betten.
- Darf ich mein erstes Magengeschwür nach Ihnen benennen?
- Du würdest toll in etwas Langem, Fliessendem aussehen: Rhein, Elbe, Donau
- Du bist so schlank wie eine Gazelle, oder wie heisst das große graue Tier mit dem Rüssel im Gesicht?
- Du hast Beine wie ein Reh. Nicht so schlank, aber so behaart.
- Wär schön gewesen, Sie nie kennengelernt zu haben.
- **Was halten Sie als Unbeteiligter vom Thema Intelligenz?**
- Wenn du in den Spiegel siehst, schaut dein Spiegelbild dann weg?

Echt gemein ist...

- Wenn man einem Einbeinigen einen Roller schenkt.
- Wenn man mit einem Blinden in einen Stummfilm geht.
- Wenn ein dicker Mann eine dünne Frau dick macht und sich dann dünn macht.
- Schenk einen Tauben eine Hörspielkassette.
- Sag einen Stummen er soll dir aus dem Buch vorlesen
- Die Klobrille mit Klarsichtfolie bekleben.
- Wenn man eine alte Oma die Treppe runterstößt und fragt, warum sie so schnell rennt!
- Wenn man den Blindenhund mit einem Würstchen von der anderen Straßenseite anlockt!
- Mit einem Flugzeug über Äthiopien fliegen, wo drauf steht, "Snickers, wenn Dich der Hunger packt".
- Wenn man eine Fernsehsendung moderiert und dazu noch Barbara Eligmann heißt.
- Wenn man jemandem 60-70 Tropfen Tabasco ins Bier kippt!!
- Wenn man jemandem OS /2 als absturzsicheres und funktionstüchtiges Betriebssystem verkauft
- Einem Opa auf die Glatze zu spucken und dann zu fragen warum er denn so schwitzt
- Wenn man Seine Frau die Treppe runterstößt und sagt, "bring Bier mit, wenn Du wieder raufkommst!"
- Wenn man kleinen Kindern 'Wassereis' aus gefrorenem Essig schenkt!
- Wenn man einem kleinen Jungen sagt: 'Nimm dir doch die Bonbons vom Regal dort oben!
- Wenn die Ehefrau nach der Hochzeitsnacht fragt: 'Und, hast Du gestern noch lange gemacht?'
- Wenn ein Elefant an einem nackten Mann herunterblickt und dann fragt: "Und DAMIT kannst Du atmen?".
- Wenn man zu einem Armlosen sagt: 'Nimm' dir ruhig ein paar Kekse aus der Dose'
- Einen Blinden nach seiner Lieblingsfarbe fragen.
- Seinen Chef vom Stuhl schubsen und hinterher auf einen Kollegen zeigen "Er war es".
- Einen Autohändler zu entführen und hinterher zu sagen: "Es war nur eine Probefahrt"
- Sich im Schuhgeschäft eine halbe Stunde lang Schuhe zeigen lassen und hinterher zu sagen: "Ich glaube, ich behalte doch lieber meine alten"
- Mit überfülltem Einkaufswagen an der ebenso überfüllten Kasse zu stehen und zu sagen: "Ich glaube ich hab mein Geld vergessen"
- In überfüllten Behörden auf taubstumm zu markieren und zu versuchen, dem Beamten mit Zeichensprache seine Lebensgeschichte zu erzählen.
- Die Auslandsauskunft anzurufen um zu fragen, was zum Beispiel ein Kondom in China kostet, oder wie viele Beine ein Tausendfüssler hat.
- Mit einer Blockflöte die Bahn betreten und Elvis größte Hits vortragen.
- Die intimsten Geheimnisse der Freundin /Freund vor Publikum erzählen.

Arbeitsplatz und Berufe

- Wenn die Mutter bei der Werbung den Ton wegschaltet, einfach weitersingen.
- So zu tun, als wenn man in der Nase bohren würde und dann die Hand zum Schütteln hinhalten.
- Bei der Hochzeit anstelle von Reis, Golfbälle zu werfen.
- An der Ampelschaltung rumspielen, so dass alle Seiten gleichzeitig grün bekommen.
- Sich in öffentlichen Verkehrsmitteln Personen gegenüber zu setzen und sie anzustarren (aber nicht weggucken, wenn sie aufsehen).
- Dem Bruder eine Zigarette anbieten, um dann bei der Mutter zu petzen.
- In öffentlichen Verkehrsmitteln bei anderen in der Zeitung mitlesen.
- In öffentlichen Toiletten auf die Brille pinkeln und das Klopapier mitnehmen.
- Wenn jemand vor der Badezimmertür steht und dringend aufs Klo muss, den Wasserhahn aufzudrehen.
- Einem Schlafenden die Hand in warmes Wasser halten.
- Im Kaufhaus mit der warmen Unterhose (gut sichtbar) in die Umkleidekabine zu gehen und sie auszuprobieren und nach Möglichkeit diese wieder zurücklegen.
- Eine Plüschkatze auf den Baum zu werfen und dann die Feuerwehr zu rufen: "Meine Katze ist auf dem Baum und kommt nicht mehr runter".
- Zu Weihnachten Nägel im Kamin aufstellen.
- Im Zirkus dem Jongleur rohe Eier zuwerfen.
- Im Golfclub einen Ball mit einem rohen Ei vertauschen.
- Im Restaurant eine halbe Stunde nach dem Kellner rufen um dann ein Glas Wasser zu bestellen.
- Sich in Bus und Bahn als Fahrkartenkontrolleur ausgeben und von den Schwarzfahrern Geld zu kassieren.
- Bei einer Live-Sendung im Radio anrufen und auf die Frage, welches der Lieblingssender sei, mit der Konkurrenz zu beantworten.
- In der Telefonzentrale einen Kunden in der Warteschleife zu hängen und essen zu gehen.
- Bei Kontrollen in öffentlichen Verkehrsmitteln dem Nachbarn die Fahrkarte wegnehmen und als eigene Vorzuzeigen.
- Dem Freund / der Freundin alle Uhren und Wecker eine Stunde vorzustellen.
- Beim Arbeitgeber eines Bekannten anrufen, sich als diesen auszugeben und sich krank zu melden.
- Unter falschem Namen eine Pizza liefern lassen, (möglichst wenn das Opfer gerade unter der Dusche steht).
- Jemanden aus dem Flugzeug zu schmeißen und den Fallschirm hinterher zu schmeißen.
- Wenn jemand um ein Taschentuch bittet, ihm ein gebrauchtes geben.
- Den Ehepartner sonntagmorgens wachrütteln und ihn zur Arbeit zu schicken.
- Mit Blindenstock und Sonnenbrille in die Damenduschräume zu gehen.
- Schlüssellöcher mit Kaugummi zukleben.
- Endloskassetten von der Kelly-Familie zu verschenken.

Arbeitsplatz und Berufe

Wie man andere in den Wahnsinn treibt

1. Verlasse das Kopiergerät mit folgenden Einstellungen: 200% verkleinern, A5 Papier, 99 Kopien

2. Sitz in deinem Garten und zeige mit einem Fön auf vorbeifahrende Autos um zu sehen, ob sie langsamer werden.

3. Fülle drei Wochen lang entkoffeinierten Kaffe in die Kaffeemaschine. Sobald alle ihre Koffeinsucht überwunden haben, gehe über zu Espresso.

4. Falls du ein Glasauge hast, tippe mit dem Füllfederhalter dagegen, wenn du mit jemandem sprichst.

5. Schreibe "Für sexuelle Gefälligkeiten" in die Verwendungszweck-Zeile all deiner Überweisungen.

6. Befestige Moskito-Netze rund um deinen Schreibtisch.

7. Singe in der Oper mit.

8. Bestehe darauf, die Scheibenwischer in allen Wetterlagen laufen zu lassen, um "deren Leistung zu erhöhen".

9. Antworte auf alles, was jemand sagt, mit "Das ist das, was DU glaubst!".

10. Übe das Nachmachen der Fax- und Modemgeräusche.

11. Hebe irrelevantes Material in wissenschaftlichen Artikeln hervor und sende sie deinem Chef.

12. Beende alle deine Sätze mit "in Übereinstimmung mit der Prophezeiung!".

13. Signalisiere, dass eine Konversation beendet ist, indem du die Hände über die Ohren legst.

14. Nimm deinen Füllfederhalter auseinander und schnippe "zufällig" die Patrone durch den ganzen Raum.

15. Rufe Zufallszahlen, wenn jemand am zählen ist.

16. Stelle deinen Mülleimer auf den Schreibtisch und beschrifte ihn mit "Eingang"

17. Stell die Farbe am TV so ein, dass alle Leute grün sind und erkläre, dass du es so magst.

18. Benütze den Bostich/Heftklammern immer in der Mitte des Blattes.

19. Erforsche in der Öffentlichkeit, wie langsam du ein krächzendes Geräusch machen kannst.

20. Hupe und winke Fremden zu.

21. Ermutige deine Kollegen, in ein wenig Synchronstuhltanzen einzustimmen.

22. Lehne es im Restaurant ab, irgendwo an einen Tisch gesetzt zu werden und iss nur die Bonbons bei der Kasse.

23. SCHREIB NUR IN GROSSBUCHSTABEN

24. schreib nur in kleinen buchstaben

Arbeitsplatz und Berufe

25. ScHrEiB AbWeChSeLnD GrOße UnD KlEiNe BuChStAbEn.

26. benutze absolut keine Interpunktion egal wann

27. Jedes Mal, wenn dich jemand bittet, etwas zu tun, frage, ob er Pommes-Frites dazu will.

28. Kaufe große Mengen von diesen orangen Kegeln für den Straßenbau und stell sie der ganzen Strasse entlang auf.

29. Wiederhole diese Unterhaltung einige Dutzend Male mit dir selbst: "Hörst du das?" - "Was?" - "Ach, vergiss es, schon vorbei!"

30. Entwickle eine unnatürliche Angst vor Tackern.

31. Hüpfe anstatt zu gehen.

32. Bestehe darauf, daß du die Email-Adresse Xena_Göttin_des_Feuers@firmenname.com oder Elvis_the_king@firmenname.com bekommst.

33. Schicke E-Mails an die restlichen Leute in der Firma, um ihnen mitzuteilen, was du gerade tust. Zum Beispiel: 'Wenn mich jemand braucht, ich bin auf Toilette.'

34. Versuche, die Willhelm-Tell-Ouvertüre (the Lone Ranger Theme) auf deinem Kinn zu klopfen. Wenn du fast fertig bist, sage "Nein, warte, ich hab es versaut", und wiederhole es.

35. Frag die Leute, welches Geschlecht sie sind.

36. Während du eine Präsentation machst, zucke gelegentlich mit dem Kopf wie ein Sittich.

37. Schreib bei Schecks im Feld für den Zahlungsgrund "für sinnliche Massagen"

38. Stampfe auf die kleinen Ketchup -Beutelchen

39. Gib beim McDrive an, daß die Bestellung zum Mitnehmen ist.

40. Geh zu einer Dichterlesung und frage, warum die Gedichte sich nicht reimen.

41. Frage deine Mitarbeiter mysteriöse Fragen und schreib die Antworten auf einen Notizblock. Murmle etwas über psychologische Profile".

42. Sag deinen Freunden schon 6 Tage im Voraus, dass du nicht zu ihrer Party gehen kannst, weil du nicht in Stimmung bist.

43. Wenn du Leuten etwas ausleihst, ruf sie täglich an und erinnere sie daran, dass sie im Falle eines Defektes das Gerät zahlen müssen.

44. Schick diesen Text per Mail an jeden in deinem Adress-Buch, sogar wenn sie Dir dieses Schreiben selbst geschickt haben oder dich gebeten haben, ihnen keinen Schrott zu schicken.

Arbeitsplatz und Berufe

Ein Unternehmen hat seine Spitzenleute auf ein teures Seminar geschickt. Sie sollen lernen, auch in einer ungewohnten Situation Lösungen zu erarbeiten, rasch und zielgerichtet zu entscheiden.
Am zweiten Tag wird einer Gruppe von Managern die Aufgabe gestellt, die Höhe einer Fahnenstange zu messen. Sie gehen hinaus auf den Rasen, beschaffen sich eine Leiter und ein Bandmass. Die Leiter ist aber zu kurz. Also holen sie noch einen Tisch, auf den sie die Leiter stellen. Es reicht immer noch nicht. Sie stellen noch einen Stuhl auf den Tisch. Da das alles sehr wackelig ist, fällt der ganze Aufbau immer wieder um. Alle reden gleichzeitig. Jeder hat andere Vorschläge zur Lösung des Problems. Es ist ein heilloses Durcheinander.
Ein Ingenieur kommt vorbei, sieht sich das Treiben ein paar Minuten lang an. Dann zieht er wortlos die Fahnenstange aus dem Boden, legt sie hin, nimmt das Bandmass und misst die Stange von einem Ende zum anderen. Er schreibt das Ergebnis auf einen Zettel und drückt ihn zusammen mit dem Bandmass einem der Manager in die Hand. Dann geht er wieder seines Weges.
Kaum ist er um die Ecke, sagt einer der Top-Manager: "Das war wieder typisch Ingenieur! Wir müssen die Höhe der Stange wissen und er sagt uns die Länge! Deshalb lassen wir diese Leute auch nie in den Vorstand".

* * * * *

Und so kommt man zu Sonderurlaub:

Ein Mann überlegt, wie er ein paar Tage Sonderurlaub bekommen kann. Am besten scheint es ihm, verrückt zu spielen, damit sein Chef ihn zur Erholung nach Hause schickt.
Er hängt sich also im Büro an die Zimmerdecke.
Da fragt ihn seine Kollegin, warum er das denn tut, und er erklärt es ihr. Wenige Minuten später kommt der Chef, sieht seinen Angestellten an der Decke hängen.
"Warum hängen Sie an der Decke?"
"Ich bin eine Glühbirne!"
"Sie müssen verrückt sein, gehen Sie mal für den Rest der Woche nach Hause und ruhen sich aus. Montag sehen wir dann mal weiter."
Der Mann geht, die blonde Kollegin aber auch.
Auf des Chefs Frage, warum sie denn auch gehe, sagt sie:
"Im Dunkeln kann ich nicht arbeiten."

Arbeitsplatz und Berufe

100%

Denk jeden Morgen daran!

Wie oft wundern wir uns, wenn wir hören, dass alle anderen schon 100% Leistung erbringen!
Und wie oft wird von uns verlangt, dass wir mehr als nur 100% Leistung bringen müssen, um unseren Arbeitsplatz zu sichern oder weiterzukommen!
Aber die Mathematik und das Englische helfen uns in diesem Fall weiter, das Ziel 100% zu erreichen oder sogar wie gewünscht zu überschreiten!

Wenn man das Alphabet
A B C D E F G H I J K L M N O P Q R S T U V W X Y Z

durch Zahlen ersetzt:
1 2 3 4 5 6 7 8 9 10 11 12 13 14 15 16 17 18 19 20 21 22 23 24 25 26

dann erreicht man mit:

H A R D W O R K (= fleißig arbeiten)
8 1 18 4 23 15 18 11 = 98%

K N O W L E D G E (= Kenntnis)
11 14 15 23 12 5 4 7 5 = 96%

Aber mit:

A T T I T U D E (= Einstellung, Geisteshaltung)
1 20 20 9 20 21 4 5 = 100% erreicht man schon das Ziel (egal, welche Einstellung man an den Tag legt...)

Und mit:

B U L L S H I T (= Mist, Scheißdreck, Schwachsinn)
2 21 12 12 19 8 9 20 = 103% erreichen wir die von uns geforderte "Mehrleistung"

Fazit: Kenntnis und fleißiges Arbeiten bringen Dich nur in die Nähe des Ziels von 100%, aber mit richtigem Mist erreichst du das Maximum.

Und nun noch eine kleine, aber wichtige Anmerkung, wenn Du noch mehr erreichen willst, hier der der absolute "Geheimtipp":

A S S K I S S I N G (= Arschlecken, Arschkriechen)
1 19 19 11 9 19 19 9 14 7 = 118%

Merkst Du was, nur mit Letzterem erreichst Du das Ergebnis, das Deine Vorgesetzten und die Firma eigentlich von Dir erwarten...!

Weiterhin frohes Schaffen und nun weißt Du auch, wie Du die in Dich gesetzten Erwartungen locker erfüllen kannst, Dein Arbeitsplatz ist gesichert und dem Erfolg in Deiner Firma sind fast keine Grenzen mehr gesetzt...

Einladung zur Weihnachtsfeier

1. Dezember

LIEBE MITARBEITERINNEN UND MITARBEITER

Hiermit möchte ich Sie alle herzlich zu unserer diesjährigen Weihnachtsfeier am 20.12. im Argentina-Steakhouse einladen. Zu einer kleinen Musikband werden wir heimelige Weihnachtslieder singen und unser Geschäftsführer wird als Weihnachtsmann verkleidet die Christbaumbeleuchtung einschalten!

Ich freue mich auf Ihr Erscheinen und wünsche Ihnen und Ihren Familien eine besinnliche Adventszeit.

Bernfried Meier-Eiergeist
Leiter Personalabteilung

----

2. Dezember

AN: ALLE MITARBEITERINNEN UND MITARBEITER

Auf gar keinen Fall sollte die gestrige Mitteilung unsere türkischen Kollegen isolieren. Es ist uns bewusst, dass Ihre Feiertage mit den unsrigen nicht ganz konform gehen: Wir werden unser Zusammentreffen daher ab sofort "Jahresendfeier" nennen. Es wird auch keinen Weihnachtsbaum geben und singen werden wir auch nicht. Ich wünsche Ihnen und Ihren Familien eine schöne Zeit.

Bernfried Meier-Eiergeist
Leiter Personalabteilung

----

3. Dezember

AN: ALLE MITARBEITERINNEN UND MITARBEITER

Ich nehme Bezug auf einen diskreten Hinweis eines Mitglieds der Anonymen Alkoholiker, welcher einen "trockenen" Tisch einfordert. Ich freue mich, diesem Wunsch entsprechen zu können, weise jedoch darauf hin, dass dann die Anonymität nicht mehr unbedingt gewährleistet sein wird...

Bernfried Meier-Eiergeist
Leiter Personalerforschung

Arbeitsplatz und Berufe

7. Dezember

AN: ALLE MITARBEITERINNEN UND MITARBEITER

Es ist mir gelungen, für alle Mitglieder der "Weight-Watchers" einen Tisch weit entfernt vom Buffet und für alle Schwangeren einen Tisch ganz nah an den Toiletten reservieren zu können. Schwule dürfen miteinander sitzen. Lesben müssen nicht mit Schwulen sitzen, sondern haben einen Tisch für sich alleine. Na klar, die Schwulen erhalten ein Blumenarrangement für ihren Tisch. Endlich zufrieden?

Bernfried Meier-Eiergeist,
Leiter Klappsmühle

----

9. Dezember

AN: ALLE MITARBEITERINNEN UND MITARBEITER

Selbstverständlich werden wir die Nichtraucher vor den Rauchern schützen und einen schweren Vorhang benutzen, der den Festraum trennen kann, bzw. die Raucher vor dem Restaurant in einem Zelt platzieren.

Bern Meier-Eiergeist, Leiter Irrenhaus

----

10. Dezember

Vegetarier! Auf Euch habe ich gewartet! Es ist mir scheissegal, ob's Euch nun paßt oder nicht: Wir gehen ins Steakhaus!!! Ihr könnt ja, wenn Ihr wollt, bis auf den Mond fliegen, um am 20.12 möglichst weit entfernt vom "Todesgrill", wie Ihr es nennt, sitzen zu können. Labt Euch an der Salatbar und freßt rohe Tomaten!

Übrigens: Tomaten haben auch Gefühle, sie schreien wenn man sie aufschneidet, ich habe sie schon schreien hören, ätsch ätschätsch! Ich wünsch Euch allen beschissene Weihnachten, besauft Euch und krepiert!!!!!

Der Vollidiot aus der dritten Etage, der MIT EUCH seine Zeit verplempert.

----

14. Dezember

LIEBE MITARBEITERINNEN UND MITARBEITER
Wie wir hören, geht es Herrn Meier-Eiergeist langsam besser. Schon in den nächsten Monaten soll das Besuchsverbot von Seiten der Sanatoriumsleitung aufgehoben werden.

Jens-Peter Müller
Interimsleiter Personalabteilung

P.S: Die Weihnachtsfeier am 20.12. ist abgesagt.

Arbeitsplatz und Berufe

Packungsaufschriften

Falls es noch mehr Beweise braucht, dass die menschliche Rasse durch Dummheit zum Aussterben verurteilt ist - hier sind einige echte Packungsaufschriften von verschiedenen Konsumartikeln:

1. Auf einem Fön von Sears: "Nicht während des Schlafes benutzen".
[Mist, das ist die einzige Gelegenheit, zu der ich Zeit hätte, mir die Haare zu trocknen]

2. Auf einer Tüte Fritos (Chips): "Sie könnten schon gewonnen haben! Kein Kauf nötig! Details innenliegend".
[Anscheinend das Spezialangebot für Ladendiebe]

3. Auf einem Stück Seifen der Firma Dial: "Anleitung: Wie normale Seife benutzen."
(Und wie geht das...?)

4. Auf Tiefkühlkost von Swansons: "Serviervorschlag: Auftauen."
[Aber das ist "nur" ein Vorschlag]

5. Auf Tiramisu von Tesco`s (auf die Unterseite aufgedruckt): "Nicht umdrehen".
[Hoppla, schon zu spät!]

6. Auf einem Bread-Pudding von Marks & Spencer: "Das Produkt ist nach dem Kochen heiß".
[Ist nicht wahr??!! Wirklich?!]

7. Auf der Verpackung eines Rowenta-Bügeleisens: "Die Kleidung nicht während des Tragens bügeln".
[Aber das hätte doch noch mehr Zeit gespart?]

8. Auf Boot`s Hustenmedizin für Kinder: "Nach der Einnahme dieser Medizin nicht Auto fahren oder Maschinen bedienen".
[Wir könnten viel für die Vermeidung von Arbeitsunfällen tun, wenn wir nur diese erkälteten 5jährigen Kinder von den Gabelstaplern fernhalten könnten]

9. Auf Nytol Schlafmittel: "Achtung: Kann Müdigkeit verursachen"
[nichts anderes haben wir gehofft]

10. Auf den meisten Weihnachtslichterketten: "Für innen und aussen".
[und wo nicht?]

11. Auf einer japanischen Küchenmaschine: "Nicht für die anderen Benutzungen zu benutzen".
[Zugegebenermaßen, jetzt sind wir neugierig].

12. Auf Nüssen von Sainsbury`s: "Achtung: enthält Nüsse".
[BLITZNACHRICHT!!!]

13. Auf einer Packung Nüsse von American Airlines: "Anleitung: Packung öffnen, Nüsse essen."
[Schritt 3: Mit Swissair fliegen]

14. Auf einem Superman-Kostüm für Kinder: "Das Tragen dieses Kleidungsstücks ermöglicht es nicht, zu fliegen".
[Hier ist nicht die Firma schuld, sondern die Eltern!!!]

Marketing

Marketing weiblich:

Du bist auf einer Party. Du siehst einen attraktiven, jungen Mann. Du gehst zu ihm hin und sagst: "Ich bin ziemlich gut im Bett!"
Das ist Direktmarketing.

Du bist auf einer Party. Du siehst einen attraktiven, jungen Mann. Du fragst nach seiner Handynummer. Am nächsten Tag rufst du ihn an und sagst ihm: "Ich bin ziemlich gut im Bett!"
Das ist Telemarketing.

Du bist mit einigen Freunden auf einer Party. Du siehst einen attraktiven, jungen Mann. Einer deiner Freunde geht zu ihm hin und sagt: "Die da hinten ist ziemlich gut im Bett!"
Das ist Werbung.

Du bist auf einer Party. Du siehst einen attraktiven, jungen Mann. Du gehst zu ihm hin und frischst seine Erinnerung auf: "Kannst du dich noch an unser Date vor zwei Wochen erinnern. Weißt du noch, wie gut ich im Bett war?"
Das ist Customer Relationship Management (CRM)

Du bist auf einer Party. Du siehst einen attraktiven, jungen Mann. Du gehst zu ihm hin und sagst ihm: "Ich bin ziemlich gut im Bett!" Dann ziehst du deine Bluse aus und zeigst ihm deinen Busen.
Das ist Merchandizing.

Du bist auf einer Party. Du siehst einen attraktiven, jungen Mann. Du gehst zu ihm hin, sagst ihm, wie geschmackvoll er angezogen ist und wie gut er riecht. Dann schenkst du ihm ein Glas Wein ein, zündest ihm eine Zigarette an und sagst ihm: "Ich bin ziemlich gut im Bett!"
Das ist PR

Marketing männlich:

Du bist auf einer Party. Du siehst eine attraktive, junge Frau. Du gehst zu ihr hin und sagst ihr: "Ich bin ziemlich gut im Bett und außerdem kann ich die ganze Nacht ohne Pause!"
Das ist irreführende Werbung, und die ist gesetzlich verboten.

Arbeitsplatz und Berufe

Management

Management

Managementmethoden:

Management by Helicopter: Über den Wolken schweben, hin und wieder mitten im Geschehen landen, mächtig Staub aufwirbeln und wieder abheben.

Management by Champignons: Alles im Dunkel halten, immer wieder Mist auf die Mitarbeiter abladen und sobald einer den Kopf rausstreckt: abschneiden.

Management by Robinson: Alle warten auf Freitag.

Management by Happening: Erst handeln, dann sich von den Folgen überraschen lassen!

Management by Ping-Pong: Die Probleme so lange hin- und herspielen bis sie im Aus sind.

Management by Crocodile: Bis zum Hals im Dreck stecken aber das Maul groß aufreißen.

Management by Men: Wir haben keine Ahnung, aber wir fangen mal an.

Management by Women: Wir haben auch keine Ahnung, aber wir reden darüber.

Management by Jeans: An den entscheidenden Stellen sitzen die Nieten.

Management by Potemkin: Macht mal ein paar schöne Prospekte und Presseberichte, der Rest ergibt sich von selbst.

Management by Chains: Loch an Loch, aber es hält doch!

Management by Partisan: Selbst die engsten Mitarbeiter falsch informieren, damit die eigenen Ziele nicht erkennbar werden

Management by Opportunity: Schnell zupacken, wenn eine Mieze schwach wird!

Management by Herodes: Intensiv nach dem geeignetsten Nachfolger suchen und dann feuern!

Management by Chromosom: Führungsqualifikation ausschließlich durch Vererbung!

Management by Margerite: Entscheidungsfindung nach dem System: soll ich ... soll ich nicht?

Management by Harakiri: Souveräne und dauernde Mißachtung aller Gegebenheiten!

Management by IT: Das Projekt konnte aufgrund eines Computerabsturzes nicht termin- und kostengerecht beendet werden. Oder: Die zuverlässigste Art ein Projekt an die Wand zu fahren.

Management by Enterprise: Das Projekt, unendliche Weiten. Wir schreiben den Fortschrittsbericht zum 2354ten Mal. Das Team dringt in neue Dimensionen vor, die nie ein Chef zuvor gesehen hat.

Management by Science Fiction: Projekt- und Linienorganisation funktionieren konfliktfrei. Der Projektleiter hat alle erforderlichen Kapazitäten und Befugnisse. Der Lenkungsausschuss und der Vorstand verstehen, was ihnen berichtet wird.

Management

Der Boß

Ein Körper hatte Langeweile
da stritten sich die Körperteile
gar heftig und mit viel Geschrei,
wer wohl der Boß von ihnen sei.

Ich bin der Boß - sprach das Gehirn,
ich sitz' ganz hoch hinter der Stirn,
muß stets denken und euch leiten.
Ich bin der Boß, wer will's bestreiten?

Die Beine sagten halb im Spaße,
"Gib nicht so an, du weiche Masse!
Durch uns der Mensch sich fortbewegt,
ein Mädchenbein den Mann erregt,
der Mensch wirkt doch durch uns erst groß,
ganz ohne Zweifel, wir sind der Boß!"

Die Augen funkelten und sprühten:
"Wer soll euch vor Gefahr behüten,
wenn wir nicht ständig wachsam wären?
Uns sollte man zum Boß erklären."

Das Herz, die Nieren und die Lunge,
die Ohren, Arme und die Zunge,
ein jeder legte schlüssig dar:
"Der Boß bin ich - das ist doch klar!"

Selbst Penis strampelte keck sich bloß
und rief entschlossen: "Ich bin der Boß!
Die Menschheit kann mich niemals missen,
denn ich bin nicht nur da zum Pissen."

Bevor man die Debatte schloß,
da furzt das Arschloch: "Ich bin Boß!"
Hei, wie die Konkurrenten lachten
und bitterböse Späße machten.

Das Arschloch darauf sehr verdrossen
hat zielbewußt sich fest verschlossen -
es dachte konsequent bei sich:
"Die Zeit, sie arbeitet für mich.
Wenn ich mich weigere zu scheißen,
werd' ich die Macht schon an mich reißen."

Schlaff wurden Penis, Arme, Beine,
die Galle produzierte Steine,
das Herz, es stockte schon bedenklich,
auch das Gehirn fühlte sich kränklich.

Das Arschloch war nicht zu erweichen,
ließ hier und da ein Fürzchen streichen.
Zum Schluß, da sahen's alle ein:
"Der Boß kann nur das Arschloch sein!"

Und die Moral von der Geschicht:
Mit Fleiß und Arbeit schafft man's nicht.
Um Boß zu werden hilft allein,
ein Arschloch von Format zu sein,
das mit viel Lärm und ungeniert
nichts - als nur Scheiße produziert.

In einer Firma werden 5 Kannibalen als Programmierer angestellt.
Bei der Begrüßung der Kannibalen sagt der Chef zu ihnen: "Ihr könnt
jetzt hier arbeiten, verdient gutes Geld und könnt zum Essen in
unsere Kantine gehen. Also lasst die anderen Mitarbeiter in Ruhe."
Die Kannibalen geloben, keine Kollegen zu belästigen. Nach vier
Wochen kommt der Chef wieder zu ihnen und sagt: "Ihr arbeitet sehr
gut. Uns fehlt eine Putzfrau, wisst Ihr, was aus der geworden ist?"
Die Kannibalen antworten alle mit Nein und schwören, mit der Sache
nichts zu tun zu haben. Als der Chef wieder weg ist, fragt der Ober-
Kannibale: "Wer von Euch Affen hat die Putzfrau gefressen?"
Meldet sich hinten der letzte ganz kleinlaut: "Ich war es." Sagt der
Ober-Kannibale: "Du Idiot, wir ernähren uns seit vier Wochen von
Gruppenleitern, Abteilungsleitern, Vertriebsleitern, Projekt-Managern
, Analysten, Consultants und Controllern, damit keiner etwas merkt,
und du Depp musst die Putzfrau fressen!!!"

......und die Moral von der Geschicht: Manche fehlen - manche nicht

Einige wirklich wichtige Management-Lektionen:

Lektion 1
Ein Rabe saß träge auf einem Baum und tat den ganzen Tag überhaupt nichts.
Da kam ein kleiner Hase vorbei und sah den Raben. Er fragte den Vogel: "Sag mal, kann ich mich auch so hinsetzen und den ganzen Tag nichts tun?"
Der Rabe gab zur Antwort: "Aber natürlich - warum denn nicht?"
Und da setzte sich also der kleine Hase auf den Boden unter den Ast, auf dem der Rabe saß und ruhte sich genüsslich aus. Von hinten allerdings schlich sich unbemerkt ein Fuchs an. Er sprang auf den kleinen Hasen und fraß ihn.

Management Lektion:
Um herumzusitzen und nichts tun zu können, musst du sehr, sehr weit oben sitzen!

Lektion 2
Der Hahn traf auf den Bullen auf der Wiese und sie plauderten ein bisschen miteinander.
Nach einer Weile sagt der Hahn: "Ach, ich würde so gerne hoch oben in diesen Baum fliegen können, aber ich habe einfach nicht die Energie dazu."
Der Bulle antwortet: "Nun, friss doch einfach etwas von meinem Dung. Da sind sehr viele Nährstoffe drin, das gibt dir sicher Kraft."
Gesagt - getan. Der Hahn frisst ein bisschen von dem Dung und tatsächlich gibt ihm das genügend Kraft, um auf den ersten Ast zu fliegen.
Am nächsten Tag futtert er etwas mehr von dem Dung und schafft es so schon auf den zweiten Ast.
Und am vierten Tag erreicht er auf diese Weise die Spitze des Baumes.
Dort oben aber, während er sich noch angesichts seines Erfolges freut, kommt ein Adler und schnappt sich den Hahn.

Management Lektion:
Bullshit kann dich vielleicht zur Spitze bringen, aber er wird dich nicht für immer dort oben halten!

Lektion 3
Als der Körper erschaffen war, stellte sich die Frage, welcher Körperteil der Boss sein soll. Und das wollten natürlich am liebsten alle.
Das Hirn sprach, "Selbstverständlich sollte ich der Boss sein, denn ich habe die Kontrolle über alle Funktionen des Körpers!"
Die Füße hingegen riefen, "Oh nein, wir sollten der Boss sein, denn wir tragen das Hirn herum und bringen es dorthin, wo es hin will!"
Die Hände lachten, "Ach was, wir sollten der Boss sein, weil wir schließlich die ganze Arbeit machen und das ganze Geld verdienen!"
Und so ging es immer weiter und jedes Körperteil brachte seine Argumente vor, warum es selbst der Boss sein sollte.
Zum Schluss blieb noch das Arschloch. Alle anderen amüsierten sich über die Idee, dass das Arschloch der Boss sein sollte.
Als Antwort darauf fing das Arschloch an zu streiken. In kürzester Zeit fingen die Augen an, sich zu kreuzen, die Hände verkrampften sich, die Füße verkrüppelten, das Herz und die Lunge hatten Panik und das Hirn fieberte.
In ihrer Not beschlossen die Körperteile gemeinsam, dass das Arschloch der Boss sein sollte. Und so kam es, dass alle anderen die Arbeit verrichteten, während der Boss einfach nur da saß und von Zeit zu Zeit die Scheiße raus ließ!

Management Lektion:
Du brauchst kein Hirn, um Boss zu sein - jedes Arschloch kann es sein.

Management

Manager oder Ingenieur?

Ein Mann fliegt einen Heissluftballon und merkt, dass er die Orientierung verloren hat. Er reduziert seine Höhe und macht schliesslich einen Mann am Boden aus. Er lässt den Ballon noch weiter sinken und ruft: "Entschuldigung, können Sie mir helfen? Ich versprach meinem Freund, ihn vor einer halben Stunde zu treffen, aber ich weiss nicht, wo ich mich befinde." Der Mann am Boden sagt: "Ja. Sie befinden sich in einem Heissluftballon. Ihre Position ist zwischen 40 und 42 Grad nördliche Breite, und zwischen 58 und 60 Grad westliche Länge."

"Sie müssen Ingenieur sein", sagt der Ballonfahrer. "Bin ich", antwortet der Mann. "Wie haben Sie das erraten?" "Sehen Sie", sagt der Ballonfahrer, "alles, was Sie mir gesagt haben, ist technisch korrekt, aber ich habe keine Ahnung, was ich mit Ihren Informationen anfangen soll, und ich weiss immer noch nicht, wo ich bin."

Der Ingenieur sagt hierauf: "Sie müssen ein Manager sein." "Bin ich", antwortet der Ballonfahrer, "Woher wissen Sie das?"

"Sehen Sie", sagt der Ingenieur, "Sie wissen nicht, wo Sie sind, oder wohin Sie gehen. Sie haben ein Versprechen gegeben, von dem Sie keine Ahnung haben, wie Sie es einhalten können, und Sie erwarten, dass ich Ihnen dieses Problem löse. Tatsache ist: Sie befinden sich in exakt derselben Position, in der Sie waren, bevor wir uns getroffen haben, aber irgendwie ist jetzt alles meine Schuld."

* * * * *

A "Smart Blonde" joke?!?!

A Blonde walks into a bank in New York City and asks for the loan officer. She says she is going to Europe on business for two weeks and needs to borrow $5,000. The bank officer says the bank will need some kind of security for such a loan, so the Blonde hands over the keys to a new Rolls Royce parked on the street in front of the bank. Everything checks out, and the bank agrees to accept the car as collateral for the loan. An employee drives the Rolls into the bank's underground garage and parks it there.
Two weeks later, the Blonde returns, repays the $5,000 and the interest, which comes to $15.41. The loan officer says, "We are very happy to have had your business, and this transaction has worked out very nicely, but we are a little puzzled. While you were away, we checked you out and found that you are a multimillionaire. What puzzles us is why would you bother to borrow $5,000?"
The Blonde replied, "Where else in New York can I park my car for two weeks for 15 bucks?"

Die 7 Zwerge AG

Ähnlichkeiten mit einer existierenden AG sind rein zufällig.

Es waren einmal sieben Zwerge, die lebten hinter den sieben Bergen. Tag für Tag suchten sie im Bergwerk nach Gold. Jeder der Zwerge war rechtschaffen, fleissig und achtete den Anderen. Wenn einer von ihnen müde wurde, so ruhte er sich aus, ohne daß die Anderen erzürnten. Wenn es einem von ihnen an etwas mangelte, so gaben die Anderen bereitwillig und gerne. Abends, wenn das Tagewerk geschafft war, aßen sie einträchtig ihr Brot und gingen zu Bett. Am siebten Tage jedoch ruhten sie. Doch eines Tages meinte einer von ihnen, daß sie so recht nicht wüßten, wie viel denn geschafft sei und begann, die Goldklumpen zu zählen, die sie Tag für Tag aus dem Bergwerk schleppten. Und weil er so mit Zählen beschäftigt war, schufteten die Anderen für ihn mit. Bald nahm ihn seine neue Arbeit derart in Anspruch, daß er nur noch zählte und die Hacke für immer beiseite legte. Nach einer Zeit hob ein Murren an unter den Freunden, die mit Argwohn auf das Treiben des Siebten schauten. Dieser erschrak und verteidigte sich, das Zählen sei unerläßlich, so sie denn wissen wollten, welche Leistung sie vollbracht hatten und begann, den Anderen in allen Einzelheiten davon zu erzählen. Und weil er nicht erzählen konnte, während die Anderen hackten und hämmerten, so legten sie alle ihre Schaufeln beiseite und saßen am Tisch zusammen. So entstand das erste Meeting. Die anderen Zwerge sahen das feine Papier und die Symbole, aber schüttelten die Köpfe, weil sie es nicht verstanden.

Es dauerte nicht lange und der Controller (denn so nannte er sich fortan!) forderte, die Zwerge, die da Tagein, Tagaus schufteten, mögen ihm ihre Arbeit beweisen, in dem sie ihm Zeugnis auf Papier ablegten über die Menge Goldes, die sie mit den Loren aus dem Berg holten. Und weil er nicht verstehen konnte, warum die Menge schwankte, so berief er einen unter ihnen, die Anderen zu führen, damit der Lohn recht gleichmäßig ausfiele. Der Führer nannte sich Manager und legte seine Schaufel nieder.

Nach kurzer Zeit arbeiteten also nur noch Fünf von ihnen, allerdings mit der Auflage, die Arbeit aller Sieben zu erbringen. Die Stimmung unter den Zwergen sank, aber was sollten sie tun? Als der Manager von ihrem Wehklagen hörte, dachte er lange und angestrengt nach und erfand die Teamarbeit. So sollte jeder von ihnen gemäß seiner Talente nur einen Teil der Arbeit erledigen und sich spezialisieren. Aber ach! Das Tagewerk wurde nicht leichter und wenn einer von ihnen krank wurde, wußten die Anderen weder ein noch aus, weil sie die Arbeit ihres Nächsten nicht kannten. So entstand der Taylorismus.

Als der Manager sah, daß es schlecht bestellt war um seine Kollegen, bestellte er einen unter ihnen zum Gruppenführer, damit er die Anderen ermutigte. So mußte der Manager nicht mehr sein warmes Kaminfeuer verlassen. Leider legte auch der Gruppenführer, der nunmehr den Takt angab, die Schaufel nieder und traf sich mit dem Manager öfter und öfter zu Meetings. So arbeiteten nur noch Vier.

Die Stimmung sank und damit alsbald die Fördermenge des Goldes. Als die

Zwerge wütend an seine Bürotür traten, versprach der Manager Abhilfe und organisierte eine kleine Fahrt mit dem Karren, damit sich die Zwerge zerstreuten. Damit aber die Menge Goldes nicht nachließ, fand die Fahrt am Wochenende statt. Und damit die Fahrt als Geschäftsreise abgesetzt werden konnte, hielt der Manager einen langen Vortrag, den er in fremdartige Worte kleidete, die er von einem anderen Manager gehört hatte, der andere Zwerge in einer anderen Mine befehligte. So wurden die ersten Anglizismen verwendet.

Eines Tages kam er zum offenen Streit. Die Zwerge warfen ihre kleinen Schaufeln hin und stampften mit ihren kleinen Füßen und ballten ihre kleinen Fäuste. Der Manager erschrak und versprach den Zwergen, neue Kollegen anzuwerben, die ihnen helfen sollten. Der Manager nannte das Outsourcing. Also kamen neue Zwerge, die fremd waren und nicht recht in die kleine Gemeinde paßten. Und weil sie anders waren, mußte auch für diese ein neuer Führer her, der an den Manager berichtete. So arbeiteten nur noch Drei von ihnen.

Weil jeder von ihnen auf eine andere Art andere Arbeit erledigte und weil zwei verschiedene Gruppen von Arbeitern zwei verschiedene Abteilungen nötig werden ließen, die sich untereinander nichts mehr schenkten, begann unter den strengen Augen des Controllers, bald ein reger Handel unter ihnen. So wurden die Kostenstellen geboren. Jeder sah voller Mißtrauen auf die Leistungen des Anderen und hielt fest, was er besaß. So war ein Knurren unter ihnen, daß stärker und stärker wurde.

Die zwei Zwerge, die noch arbeiteten, erbrachten ihr Tagewerk mehr schlecht als recht. Als sich die Manager und der Controller ratlos zeigten, beauftragten sie schließlich einen Unternehmensberater. Der strich ohne die geringste Ahnung hochnäsig durch das Bergwerk und erklärte den verdutzten Managern, die Gründe für die schlechte Leistung sei darin zu suchen, daß die letzten Beiden im Bergwerk verbliebenen Zwerge ihre Schaufeln falsch hielten. Dann kassierte er eine ganze Lore Gold und verschwand so schnell, wie er erschienen war.

Während dessen stellte der Controller fest, daß die externen Mitarbeiter mehr Kosten verursachten als Gewinn erbrachten und überdies die Auslastung der internen Zwerge senkte. Schließlich entließ er sie. Der Führer, der die externen Mitarbeiter geführt hatte, wurde zweiter Controller.

So arbeitete nur noch ein letzter Zwerg in den Minen. Tja, und der lernte in seiner kargen Freizeit, die nur noch aus mühsam errungenen abgebummelten Überstunden bestand, Schneewittchen kennen, die ganz in der Nähe der Mine ihre Dienste anbot. Dann holte er sich bei ihr den Siff und verreckte elendig. Die Firma ging pleite, die Manager und Gruppenführer und Controller aber fanden sich mit großzügigen Summen gegenseitig ab und verpissten sich, um der Anklage wegen Untreue zu entgehen, ins Ausland und diese deprimierende, aber wahrheitsgetreue Märchen ist aus.

Management

Human Resources Director

One day while walking down the street a highly successful Human Resources Director was hit by a bus and she died. Her soul was met at the Pearly Gates by St. Peter himself.

"Welcome to Heaven," said St. Peter. "Before you get settled in, it seems we have a problem. You see, we've never had a Human Resources Director make it this far and we're not really sure what to do with you."

"No problem, just let me in," said the woman. "Well, I'd like to, but I have higher orders. What we are going to do is let you have a day in Hell and a day in Heaven and then you can choose whichever one you want to spend an eternity in."

"Actually, I think I've made up my mind, I prefer to stay in Heaven," said the woman. "Sorry, we have rules... "And with that St. Peter put the executive in an elevator and it went down to hell. The doors opened and she found herself stepping out onto the putting green of a beautiful golf course. In the distance was a country club and standing in front of her were all her friends - fellow executives that she had worked with and they were all cheering for her. They ran up and kissed her on both cheeks and talked about old times. They played an excellent round of golf and at night went to the country club where she enjoyed an excellent steak and lobster dinner. She met the Devil who was actually a really nice guy (kinda cute) and she had a great time telling jokes and dancing. Everybody shook her hand and waved good-bye as she got in the elevator.

The elevator opened at the Pearly gates and she found St. Peter waiting for her. She spent the next 24 hours lounging around on the clouds and playing the harp and singing. She had a great time and before she knew it her 24 hours were up and St. Peter came and got her. "So you have spent a day in hell and a day in Heaven. Now choose your eternity," he said.

The woman replied: "Well I never thought I would say this, I mean, Heaven has been really great and all, but I think I had a better time in Hell."

So St. Peter escorted her to the elevator and again she went back to Hell. When the doors opened she found herself standing in a desolate wasteland covered in garbage and filth. She saw her friends were dressed in rags and were picking up the garbage and putting it in sacks. The Devil came up to her and put his arm around her. "I don't understand," stammered the woman, "yesterday I was here and there was a golf course and a country club and we ate lobster and we danced and had a great time. Now all there is are wastelands and garbage and all my friends look miserable."

The Devil looked at her and smiled. "Yesterday we were recruiting you.
Today, you're staff....."

Management

Lieber Chef
Mein Mitarbeiter, Herr X, ist immer dabei,
seine Arbeit zu tun, und das sehr eifrig, ohne jemals
seine Zeit mit Schwätzchen zu verplempern. Nie
lehnt er es ab, anderen zu helfen, und trotzdem
schafft er sein Arbeitspensum; oft bleibt er länger
im Büro, um seine Arbeit zu beenden. Er arbeitet sogar
in der Mittagspause. Mein Mitarbeiter ist jemand ohne
Überheblichkeit in Bezug auf seine überragenden
Fachkenntnisse. Er ist einer der Kollegen auf die man
stolz sein kann und auf deren Arbeitskraft man nicht
gern verzichtet. Ich denke, dass es Zeit wird für ihn,
befördert zu werden, damit er nicht auf den Gedanken kommt,
zu gehen. Die Firma kann davon nur profitieren.

Lieber Chef,
als ich vorhin meine erste E-Mail an Sie geschrieben
habe, hat mein Mitarbeiter, dieser Volltrottel, dummerweise neben
mir gestanden. Daher musste ich verschlüsselt schreiben. Bitte
lesen Sie meine erste Nachricht noch einmal,
aber diesmal nur jede zweite Zeile...

Ein Chef wollte eine neue Sekretärin für sein Vorzimmer einstellen. Er wandte sich an die Lokalpresse und veröffentlichte folgende Anzeige: "Großbusige Sekretärin mit vorteilhaftem Aussehen für mein Vorzimmer gesucht. Biete hohen Lohn, Bereitschaft zu gewissen Diensten werden erwartet"
Er erhielt viele Antworten und führte viele Gespräche mit großbusigen Schönheiten. Zum Schluss blieb er an einer ganz süßen hängen, die wie eine Puppe war.
Als das Gehalt und andere Punkte verhandelt wurden, wurde es dem Chef ein bisschen peinlich, dass er solche Forderungen, wie er es tat, stellte. Er fragte daher:" Das mit den gewissen Diensten, ist das in Ordnung?" "
Kein Problem, ich habe keinen Freund und Sie sehen gut aus" antwortete sie. Der Chef wurde Feuer und Flamme und erklärte weiter: " Wie gut! Also, wenn ich es etwas gemütlich haben möchte und niemand mitbekommen soll, worüber wir sprechen, dann sage ich, dass ich ein Brief nach Kambodscha schreiben lassen möchte".
"Ein Brief nach Kambodscha schreiben, o. K." antwortete die Frau. Es vergingen ein paar Tage und der Chef merkte, dass das Begehren sich meldete. Er drückte den Knopf der Gegensprechanlage und sagte: " Ich möchte einen Brief nach Kambodscha schreiben lassen".
Die Antwort ließ etwas auf sich warten, kam dann aber doch: "Gerne, aber nun ist es so, dass ich heute das rote Farbband in der Schreibmaschine habe..."
"Ach so" antwortete der Chef, "dann erledigen wir es ein anderes Mal". Es dauerte eine Weile und die Sekretärin merkte, dass sie den Chef wohl etwas enttäuscht hatte und drückte den Knopf auf der Gegensprechanlage: "Betreffend dieses Briefes, können wir das nicht mündlich erledigen?" "Dafür ist es zu spät" antwortete der Chef, " ich habe es bereits mit der Hand geschrieben"

Management

Die Wette

Eines Tages ging eine ältere Dame mit einer Tasche voller Geld in die Deutsche Bank.
Am Schalter beharrte sie darauf einzig und allein mit dem Präsidenten der Bank zu sprechen, um ein Sparbuch zu eröffnen, "das verstehen Sie bitte..., es geht um sehr viel Geld".
Nach vielem diskutieren ließen sie die Dame zum Präsidenten - der Kunde ist König.
Der Präsident fragte nach der Geldmenge, die die Dame einzahlen wolle. Sie sagte ihm, dass es sich um 50 Millionen EUR handele. Sie leerte die Tasche vor ihm aus.
Natürlich packte den Präsidenten die Neugier nach der Herkunft des Geldes.
"Liebe Dame, mich überrascht es, dass sie so viel Geld bei sich haben " wie haben Sie das geschafft?"
Die ältere Dame antwortete ihm "Ganz einfach. Ich wette".
"Wetten?", fragte der Präsident "Was für Wetten?".
Die ältere Dame antwortete: Na ja, so alles mögliche. Zum Beispiel, wette ich mit Ihnen um 25.000 EUR, dass ihre Eier quadratisch sind!"
Der Präsident brach daraufhin in lautes Gelächter aus und sagte: "Das ist doch lächerlich! Auf diese Art und Weise können Sie doch niemals so viel verdienen."
"Nun ja, ich sagte bereits, dass ich auf diese Art und Weise mein Geld verdiene. Wären Sie bereit die Wette einzugehen?" "Selbstverständlich", antwortete dieser. (Es ging in der Tat ja um viel Geld). Ich wette also um 25.000 EUR, dass meine Eier nicht quadratisch sind".
Die ältere Dame antwortete "Abgemacht, aber da es hier um sehr viel Geld geht, könnte ich da Morgen um 10.00 Uhr mit meinem Anwalt vorbei schauen, damit wir einen Zeugen
haben?".
"Klar!", der Präsident war einverstanden.
Die Nacht drauf war der Präsident schon sehr nervös und verbrachte viele Stunden damit, seine Eier genauestens zu überprüfen. Von der einen und der anderen Seite. Letzten Endes verhalf ihm ein total blödsinniger Test zur 100 %igen Überzeugung. Er würde die Wette gewinnen. Ganz sicher.
Am nächsten Morgen, um 10.00 Uhr kam dann die alte Dame mit ihrem Anwalt zur Bank. Sie stellte beide Herren vor und wiederholte die Wette über 25.000 EUR.
Der Präsident akzeptierte die Wette erneut, dass seine Eier nicht quadratisch wären.
Daraufhin bat ihn die alte Dame doch die Hose herunter zu lassen, um sich die Sache mal anzuschauen. Der Präsident ließ seine Hosen runter. Die ältere Dame näherte sich, guckte sich in aller Ruhe die Sache an und fragte dann vorsichtig an, ob sie sie denn berühren dürfe. Bedenken Sie bitte, dass es um sehr viel Geld geht.
"Na gut" sagte der Präsident überzeugt. 25.000 EUR sind es wert und ich kann gut verstehen, dass sie da ganz sicher gehen wollen."
Die ältere Dame näherte sich daraufhin weiter und wiegte die Kugeln der Begierde in ihrer Hand.
Daraufhin bemerkte der Präsident, dass der Anwalt angefangen hatte, seinen Kopf gegen die Wand zu schlagen. Der Präsident fragte daraufhin die Alte "was ist denn mit ihrem Anwalt los?
Diese antwortete "Nichts, ich habe lediglich mit ihm um 100.000 EUR gewettet, dass ich heute um 10.00 Uhr die Eier des Präsidenten der Deutschen Bank in der Hand halten würde."

Management

Für alle Kunden unserer Bank!

Bitte beachten Sie: Wir haben neu den "Drive thru" Bankomat in Betrieb genommen. Kunden sind damit in der Lage, Bargeld abzuheben ohne Ihr Auto zu verlassen.
Um alle Vorteile dieser Einrichtung nutzen zu können, bitten wir Sie, folgende Hinweise zu beachten.

Männliche Kunden:

1. Fahren Sie an den Bankautomat heran
2. Öffnen Sie Ihre Fensterscheibe
3. Führen Sie Ihre Kreditkarte ein und geben Sie Ihre PIN-Nummer ein
4. Geben Sie den gewünschten Betrag ein
5. Entnehmen Sie das Bargeld
6. Entnehmen Sie Ihre Kreditkarte und Quittung
7. Schließen Sie ihr Fenster
8. Fahren Sie ab

Weibliche Kunden:

1. Fahren Sie an den Bankautomat heran
2. Starten Sie den abgewürgten Motor wieder
3. Fahren Sie rückwärts, bis Sie den Bankautomat in Ihrer Höhe haben
4. Öffnen Sie Ihre Fensterscheibe
5. Nehmen Sie Ihre Handtasche, leeren Sie diese auf dem Beifahrersitz und suchen Sie Ihre Kreditkarte
6. Suchen Sie Ihr Make-Up und checken Sie Ihr Make-Up im Ruckspiegel
7. Versuchen Sie ihre Kreditkarte in den 3ankomat einzuführen
8. Öffnen Sie Ihre Autotür um den Bankomat besser erreichen zu können, denn die Distanz zwischen Automat und Auto ist zu groß
9. Führen Sie die Kreditkarte ein
10. Entnehmen Sie die Kreditkarte und führen Sie sie nochmals in umgekehrter Richtung ein
11. Nehmen Sie Ihre Handtasche und suchen Sie Ihr Tagebuch. auf dessen erste Seite Sie die Pin-Nummer geschrieben haben
12. Geben Sie die Pin-Nummer ein
13. Drücken Sie "Cancel" und geben Sie die korrekte Pin-Nummer ein
14. Geben Sie den gewünschten Betrag ein
15. Checken Sie abermals Ihr Make-Up im Rückspiegel
16. Entnehmen Sie Bargeld und Quittung
17. Leeren Sie ihre Handtasche erneut und suchen Sie die Geldbörse, in welche Sie das Bargeld legen
18. Legen Sie die Quittung in Ihr Scheckheft
19. Checken Sie wiederum Ihr Make-up
20. Fahren Sie zwei Meter vor
21. Fahren Sie zurück zum Bankomat
22. Entnehmen Sie Ihre Kreditkarte
23. Leeren Sie wiederholt Ihre Handtasche und stecken Sie die Kreditkarte in die dafür vorgesehene Hülle
24. Checken Sie Ihr Make-up
25. Starten Sie den abgewürgten Motor
26. Fahren Sie 3 bis 4 Kilometer
27. Lösen Sie Ihre Handbremse

Management

Grosse Aufruhr im Wald! Es geht das Gerücht um, der Bär habe eine Todesliste. Alle fragen sich wer denn nun da drauf steht.

Als erster nimmt der Hirsch allen Mut zusammen und geht zum Bären und fragt ihn: "Sag mal Bär, steh ich auch auf deiner Liste?" "Ja", sagt der Bär, "auch dein Name steht auf der Liste." Voll Angst dreht sich der Hirsch um und geht. Und wirklich, nach 2 Tagen wird der Hirsch tot aufgefunden.

Die Angst bei den Waldbewohner steigt immer mehr und die Gerüchteküche um die Frage, wer denn nun auf der Liste stehe, brodelt.

Der Keiler ist der erste dem der Geduldsfaden reisst und der den Bär aufsucht um ihn zu fragen, ob er auch auf der Liste stehen würde. "Ja", antwortet der Bär, "auch du stehst auf der Liste". Verängstigt verabschiedet sich der Keiler vom Bären. Und auch ihn fand man nach 2 Tagen tot auf.

Nun bricht die Panik bei den Waldbewohnern aus.
Nur der Hase traut sich noch den Bären aufzusuchen. "Bär, steh ich auch auf der Liste?" Ja, auch du stehst auf der Liste" "Kannst du mich da streichen?" "Ja klar, kein Problem"

Kommunikation ist alles!!!

* * * * *

Drei Verkäufer kamen in die Hölle.

Der Teufel sagte: "Seht ihr dort die drei Affen? Wenn Ihr es schafft, nur mit Hilfe eurer Redekunst den ersten zum Lachen, den zweiten zum Weinen und den dritten dazu zu bringen, sich freiwillig in den Käfig einzusperren, gebe ich Eure Seelen frei! Da Ihr ja wortgewandt seid und gut reden könnt, dürfte das zu schaffen sein".

Der erste Verkäufer kam von Denner und ging zum ersten Affen. Er redete und redete, doch der Affe schaute gelangweilt und ignorierte ihn. Die anderen beiden ebenso.
"Hinfort ins Höllenfeuer mit Dir!!!!" schrie der Teufel.

Der zweite Verkäufer von Coop hatte noch weniger Glück. Vom ersten Affen wurde er beschimpft, vom zweiten bespuckt und vom dritten gebissen!
"Hinfort ins Höllenfeuer auch mit Dir!!!!" schrie der Teufel erneut.

Der letzte Verkäufer kam von Migros. Er ging zum ersten Affen und flüsterte ihm was ins Ohr. Der lachte, dass sich die Balken bogen. Der zweite Affe weinte nach seinen Worten wie ein Schlosshund. Der dritte Affe schrie entsetzt auf, sprang in den Käfig, verschloss ihn von innen und verschluckte hastig den Schlüssel.

Der Teufel war perplex! "Wie...wie hast du...?" stammelte er.
Der Verkäufer sagte: "Zum ersten Affen sagte ich, für wen ich arbeite, dem zweiten erzählte ich, was ich verdiene und dem dritten erklärte ich, dass wir noch Mitarbeiter suchen!"

Management

Wirtschaftsformen einfach erklärt

Christdemokrat
Sie besitzen zwei Kühe. Ihr Nachbar besitzt keine. Sie behalten eine und schenken ihrem armen Nachbarn die andere. Danach bereuen Sie es.

Sozialist
Sie besitzen zwei Kühe. Ihr Nachbar besitzt keine. Die Regierung nimmt Ihnen eine ab und gibt diese Ihrem Nachbarn. Sie werden gezwungen, eine Genossenschaft zu gründen, um Ihrem Nachbarn bei der Tierhaltung zu helfen.

Sozialdemokrat
Sie besitzen zwei Kühe. Ihr Nachbar besitzt keine. Sie fühlen sich schuldig, weil Sie erfolgreich arbeiten. Sie wählen Leute in die Regierung, die Ihre Kühe besteuern. Das zwingt Sie, eine Kuh zu verkaufen, um die Steuern bezahlen zu können. Die Leute, die Sie gewählt haben, nehmen dieses Geld, kaufen eine Kuh und geben diese Ihrem Nachbarn. Sie fühlen sich rechtschaffen. Udo Lindenberg singt für Sie.

Freidemokrat
Sie besitzen zwei Kühe. Ihr Nachbar besitzt keine. Und?

Kommunist
Sie besitzen zwei Kühe. Ihr Nachbar besitzt keine. Die Regierung beschlagnahmt beide Kühe und verkauft Ihnen die Milch. Sie stehen stundenlang für die Milch an. Sie ist sauer.

Kapitalismus pur
Sie besitzen zwei Kühe. Sie verkaufen eine und kaufen einen Bullen, um eine Herde zu züchten.

EU Bürokratie
Sie besitzen zwei Kühe. Die EU nimmt ihnen beide ab, tötet eine, melkt die andere, bezahlt Ihnen eine Entschädigung aus dem Verkaufserlös der Milch und schüttet diese dann in die Nordsee.

Amerikanisches Unternehmen
Sie besitzen zwei Kühe. Sie verkaufen eine und leasen sie zurück. Sie gründen eine Aktiengesellschaft. Sie zwingen die beiden Kühe, das Vierfache an Milch zu geben. Sie wundern sich, als eine tot umfällt. Sie geben eine Presseerklärung heraus, in der Sie erklären, Sie hätten Ihre Kosten um 50% gesenkt. Ihre Aktien steigen.

Französisches Unternehmen
Sie besitzen zwei Kühe. Sie streiken, weil Sie drei Kühe haben wollen. Sie gehen Mittagessen. Das Leben ist schön.

Japanisches Unternehmen
Sie besitzen zwei Kühe. Mittels modernster Gentechnik werden die Tiere auf ein Zehntel ihrer ursprünglichen Größe gezüchtet und das Zwanzigfache der Milch geben.

Deutsches Unternehmen
Sie besitzen zwei Kühe. Mittels modernster Gentechnik werden die Tiere "redesigned", so dass sie alle blond sind, eine Menge Bier saufen, Milch von höchster Qualität geben und 160 km/h laufen können. Leider fordern die Kühe 13 Wochen Urlaub im Jahr.

Russisches Unternehmen
Sie besitzen zwei Kühe. Sie zählen jedoch fünf. Sie trinken noch mehr Wodka. Sie zählen erneut und kommen nunmehr auf 42 Kühe. Hoch erfreut zählen Sie gleich noch mal und jetzt sind es zwölf Kühe. Enttäuscht lassen Sie das Zählen sein und öffnen die nächste Flasche Wodka. Die Mafia kommt vorbei und nimmt Ihnen - wie viele Kühe es auch immer sein mögen - ab.

Schweizer Unternehmen
Sie verfügen über 5.000 Kühe, von denen Ihnen aber keine einzige gehört. Sie betreuen die Tiere nur für andere. Wenn die Kühe Milch geben, erzählen Sie es niemandem.

Management

Polizei, Gesetze und Juristen

Polizei, Gesetze und Juristen

Stella Award - USA das Land der ungeahnten (Prozess)Möglichkeiten

1994 sprach ein Gericht des Staates Neu-Mexiko der 81jahrigen Stella Liebeck 2.9 Mio. Dollars zu, weil sie sich Verbrennungen 3. Grades an Beinen, Geschlechtsteilen und Hinterbacken zugezogen hatte, nachdem sie eine Tasse Kaffee von McDonald über sich verschüttet hatte. Dieser Fall löste einen jährlichen "Preis Stella" aus, welcher die absurdesten Gerichtsurteile an US-Gerichten auszeichnet. Die folgenden Fälle sind ernsthafte Kandidaten, jeder im Bereich des absolut Lächerlichen, aber in der guten US-amerikanischen Tradition kann man mit einem geschickten Anwalt jeglichen Fall gewinnen.

1. Januar 2000:
Ein Volksgericht in Texas spricht Kathleen Robertson 780.000 Dollar zu, weil sie sich einen Knöchel verstaucht hatte, als sie über ein kleines Kind stolperte, welches in den Gängen eines Supermarktes herumrannte. Die Eigentümer des Supermarktes waren sehr erstaunt über den Gerichtsentscheid, handelte es sich beim betreffenden Kind um jenes der Mrs. Robertson.

2. Juni 1998:
Carl Truman, 19jährig, erhielt 74.000 Dollars zuzüglich Arztkosten zugesprochen, weil ihm sein Nachbar mit seinem Honda Accord über die Hand gefahren war. Mr. Truman hatte offenbar übersehen, dass sein Nachbar am Steuer seines Autos sass, als er daran war, dessen Radkappen zu stehlen.

3. Oktober 1998
Terrence Dickson, Pennsylvania, wollte das Haus, in welches er soeben eingebrochen war, durch die Garage verlassen. Bedingt durch eine Störung des Öffnungsmechanismus am Garagentor war er nicht in der Lage, dieses zu öffnen. Er konnte aber auch nicht ins Haus zurück, da die Türe automatisch ins Schloss gefallen war und ohne Schlüssel nicht mehr geöffnet werden konnte. Die Bewohner des Hauses weilten in den Ferien. Mr. Dickinson überlebte die 8 Tage Aufenthalt in der Garage nur, weil er etwas Pepsi und Trockennahrung für Hunde in der Garage zur Verfügung hatte. Er klagte die Eigentümer des Hauses für erlittenen seelischen Schaden an und erhielt eine Halbe Million Dollars zugesprochen.

4. Oktober 1999
Jerry Williams, Arkansas, verdiente 14.500 Dollar zuzüglich Arztkosten, nachdem er vom Hund des Nachbarn gebissen worden war. Der Hund war innerhalb des eingezäunten benachbarten Grundstücks angekettet. Die Summe fiel nicht so hoch aus wie erhofft, weil das Gericht anerkannte, dass der Hund vielleicht ein klein wenig durch die Tatsache provoziert war, dass Mr. Williams mit einem Schrotgewehr auf ihn schoss.

5. Mai 2000
Ein Restaurant in Philadelphia wurde dazu verurteilt, Amber Carson 113.000 Dollar zu zahlen, nachdem sie sich das Steissbein gebrochen hatte, weil sie auf verschüttetem Sodawasser ausgerutscht war. Dieses war auf den Boden gelangt, weil Ms. Carson 30 Sekunden zuvor ihrem Freund ihr Glas Sodawasser während eines Streites an den Kopf geworfen hatte.

6. Dezember 1997
Kara Walton, Delaware, gewann ihren Prozess gegen ein Nachtlokal einer Nachbarstadt, nachdem sie sich zwei Zähne ausgeschlagen hatte, als sie aus dem Fenster der Toilette auf den Boden stürzte. Dies geschah, weil sie die Zeche von 3,50 Dollar prellen wollte. Das Gericht sprach ihr 12.000 Dollar plus die Zahnarztkosten zu.

... and the Winner is ... Merv Grazinski aus Oklahoma City.
Im November 2000 kaufte Mr. Grazinski ein brandneues Motor Home der Marke Winnebago von 10m Länge. Als er nach erfolgtem Kauf des Vehikels auf der Heimfahrt war, beschleunigte er auf der Autobahn auf 110km/h und verließ den Fahrersitz, um sich hinten in der Kabine einen Kaffee zuzubereiten. Natürlich geriet das Motor Home über den Straßenrand hinaus und überschlug sich mehrere Male. Mr. Grazinski verklagte Winnebago, da die Firma in der Bedienungsanleitung des Fahrzeuges nicht ausdrücklich darauf verwiesen hatte, man dürfe während der Fahrt das Steuer nicht verlassen, um sich einen Kaffee zuzubereiten. Er erhielt 1,75 Mio Dollar zugesprochen zuzüglich eines neuen Wohnmobils.
(Winnebago brachte in der Folge einen solchen Zusatz in ihrer Bedienungsanleitung an, für den Fall, dass weitere Idioten ihre Fahrzeuge erwerben sollten.)

Polizei, Gesetze und Juristen

Ein Rechtsanwalt sass im Flugzeug neben einer Blondine, langweilte sich und fragte, ob sie ein lustiges Spiel mit ihm machen wolle. Aber sie war müde und wollte schlafen.
Der Rechtsanwalt gab nicht auf und erklärte, das Spiel sei nicht nur lustig, sondern auch leicht: "Ich stelle eine Frage und wenn Sie die Antwort nicht wissen, zahlen Sie mir 5 Euro und umgekehrt." Die Blonde lehnte ab und stellte den Sitz zum Schlaf zurück.
Der Rechtsanwalt blieb hartnäckig und schlug vor: "O.K., wenn Sie die Antwort nicht wissen, zahlen Sie 5 Euro, aber wenn ich die Antwort nicht weiss, zahle ich Ihnen 500 Euro!"
Jetzt stimmte die Blonde zu und der Rechtsanwalt stellte die erste Frage:
"Wie gross ist die Entfernung von der Erde zum Mond?"
Die Blonde griff in die Tasche und reichte wortlos 5 Euro hinüber.
"Danke", sagte der Rechtsanwalt, "jetzt sind Sie dran."
Sie fragte ihn:
" Was geht den Berg mit 3 Beinen hinauf und kommt mit 4 Beinen herunter?"
Der Rechtsanwalt war verwirrt, steckte seinen Laptopanschluss ins Bordtelefon, schickte E-Mails an seine Mitarbeiter, fragte bei der Staatsbibliothek und bei allen Suchmaschinen im Internet, aber vergebens, keine Antwort.
Nach 1 Stunde gab er auf, weckte die Blonde und gab ihr 500 Euro.
"Danke", sagte sie und wollte weiter schlafen.
Der frustrierte Rechtsanwalt aber hakte nach und fragte: "Also gut, wie lautet die Antwort?"
Wortlos griff die Blondine in die Tasche und gab ihm 5 Euro!
Was lernt man daraus?
Rechtsanwälte sind noch dümmer als Blondinen!

Zwei Rentnerpaare sind mit dem Auto auf der Autobahn und fahren nicht mehr als 81 km/h. Ein Polizist hält das Auto an.

Der Opa fragt: Waren wir zu schnell?

Polizist: Nein, aber warum fahren Sie so langsam?
Opa: Darf man schneller fahren?
Polizist: Ich denke 100 km/h kann man ruhig fahren.
Opa: Aber auf dem Schild steht A 81.
Polizist: Ja, und? Was meinen Sie?

Opa: Na, da muss ich doch 81 km/h fahren.
Polizist: Nein, das ist doch nur die Nummer der Autobahn.
Opa: Ach so. Danke für den Hinweis.

Der Polizist schaut auf die Rückbank des Autos und sieht zwei steif sitzende Omis mit weit aufgerissenen Augen. Da fragt der Polizist fürsorglich die beiden Rentner:

Was ist denn mit den zwei hinten los? Ist den Damen nicht gut?
Da sagt der andere Opa: Doch, doch. Nur, wir kommen gerade von der B 252!!

2 Guys

Two young guys were picked up by the cops for smoking dope and appeared in
court on Friday in front of the Judge.

The Judge said: "You seem like nice young men, and I'd like to give you a
second chance rather than jail time. I want you to go out this weekend and
try to show others the evils of drug use and get them to give up drugs
forever. I'll see you back in court on Monday."

Monday, the two guys were in court, and the judge said to the first one,
"What did you do over the weekend?"

"Well, Your Honor, I persuaded 17 people to give up drugs forever."

"17 people? That's wonderful! What did you tell them?"

"I used a diagram, Your Honor. I drew two circles like this:

O o

..and told them the big circle is your brain before drugs and the small
circle is your brain after drugs."

"That's admirable!" said the Judge.

To the second boy the judge said," And you, how did you do?"

"Well, Your Honor, I persuaded 156 people to give up drugs forever."

"156 people! That's amazing!! How did you manage to do that?"

"Well, I used a similar approach. I drew two circles...

o O

... and said (pointing to the small circle)
"this is your asshole before prison....."

Polizeikontrolle

Ein Polizist stoppt eine junge Frau, die in einer 30km/h-Zone mit 80km/h erwischt wird und es kommt zu folgender Unterhaltung:
P: Kann ich bitte Ihren Führerschein sehen?
F: Ich habe keinen mehr. Der wurde mir vor ein paar Wochen entzogen, da ich zum 3. Mal betrunken Auto gefahren bin.
P: Aha, kann ich dann bitte den Fahrzeugschein sehen?
F: Das ist nicht mein Auto, ich habe es gestohlen.
P: Der Wagen ist geklaut? ? ?
F: Ja - aber lassen Sie mich kurz überlegen, ich glaube die Papiere habe ich im Handschuhfach gesehen, als ich meine Pistole reingelegt habe.
P: Sie haben eine Pistole im Handschuhfach?
F: Stimmt. Ich habe sie dort schnell reingeworfen, nachdem ich die Fahrerin des Wagens erschossen habe und die Leiche dann hinten in den Kofferraum gelegt habe.
P: Eine Leiche im Kofferraum? ? ?
F: Ja!
Nachdem der Polizist das gehört hat, ruft er über Funk sofort den diensthöheren Kollegen an, damit er von ihm Unterstützung bekommt. Das Auto wurde umstellt und als der Kollege eintraf, ging er langsam auf die Fahrerin zu und fragte nochmal:
P: Kann ich bitte Ihren Führerschein sehen?
F: Sicher, hier bitte (Fahrerin zeigt gültigen Führerschein)
P: Wessen Auto ist das?
F: Meins, hier sind die Papiere.
P: Können Sie bitte noch das Handschuhfach öffnen, ich möchte kurz prüfen, ob Sie eine Pistole dort deponiert haben.
F: Natürlich gern, aber ich habe keine Pistole darin.
(Natürlich war dort auch keine Pistole)
P: Kann ich dann noch einen Blick in Ihren Kofferraum werfen. Mein Mitarbeiter sagte mir, dass Sie darin eine Leiche haben.
(Kofferraum: keine Leiche)
P: Das verstehe ich jetzt überhaupt nicht. Der Polizist, der sie angehalten hat, sagte mir, dass Sie keinen Führerschein, das Auto gestohlen, eine Pistole im Handschuhfach und eine Leiche im Kofferraum haben.
F: Super! Und ich wette, er hat auch noch behauptet, dass ich zu schnell gefahren bin! ! !

Polizei, Gesetze und Juristen

Die dümmsten Kriminellen der Welt

Vor dem Duisburger Amtsgericht musste sich ein Libanese verantworten, der ein Kaufhaus um 33 Armbanduhren erleichtert hatte. Als der Richter ein Protokoll verlas, in dem der Name eines zweiten Tatbeteiligten genannt wurde, erhob sich plötzlich ein junger Mann im Zuhöhrersaal und winkte höflich: "ja, hier." Eine Minute später sass er zwei Reihen weiter vorn - auf der Anklagebank.

Der Brandenburger erbeutete 5 Tage nach der Währungsunion bei seinem ersten Überfall auf eine kleine Sparkasse in Herzfelde bei Berlin 2 200 Mark - Ost.

Ein 33jähriger Arbeitsloser aus Frankfurt scheiterte bereits am Kassierer. Er erklärte ihm nämlich eindringlich, er könne "wegen der Automatik leider nur zeitverzögert auszahlen". Bitter. Denn schon am Morgen hatten Angestellte eines Postamtes den Mann völlig ignoriert - auf seine Geldforderung hin waren sie einfach aufgestanden und weggegangen. "Da bin ich eben auch wieder nach Hause", erklärte der traurige Täter vor Gericht.

Louisiana: Ein Mann kam in ein kleines Strassenlokal, legte eine 20$-Note auf den Tresen und bat um Wechselgeld. Als der Angestellte die Kasse öffnete, zog der Mann eine Pistole und verlangte das gesamte in der Kasse befindliche Geld, welches er auch prompt ausgehändigt bekam. Der Mann nahm das Geld aus der Kasse und floh, wobei er die 20$-Note auf dem Tresen zurückliess. Die Gesamtsumme seines Raubzuges? Fünfzehn Dollar. [Ist ein Verbrechen begangen worden, wenn jemand mit einer Pistole auf dich zielt und dir Geld gibt?]

Seattle : Als ein Mann versuchte, nachts der Tankstelle eines Motels Benzin zu stehlen, indem er einen Schlauch in den Moteltank steckte und diesen ansaugte, erhielt er viel mehr, als er erwartet hatte. Die ankommenden Polizisten trafen den Mann an, wie er buchstäblich Scheisse spuckte. Ein Sprecher der Polizei erklärte, der Mann habe versucht, Benzin zu stehlen, indem er es absaugte und habe seinen Schlauch dabei versehentlich nicht in den Benzin-, sondern in den Ausgang des Abwassertanks des Motels gesteckt. Der Besitzer verzichtete mit der Erklärung, er hätte in seinem ganzen Leben noch nie so gelacht, auf eine Anzeige.

Ann Arbor : Die "News Crime Columnn" von Ann Arbour berichtet, dass ein Mann um fünf Uhr morgens eine Filiale von Burger King betrat, eine Pistole zog und den Inhalt der Kasse verlangte. Der Angestellte erklärte, die Kasse nicht öffnen zu können, ohne zuvor eine Bestellung eingegeben zu haben. Als der Mann daraufhin Zwiebelringe bestellte, antwortete ihm der Angestellte, diese seien zum Frühstück nicht erhältlich, woraufhin der Mann frustriert das Lokal verliess.

In Rage geriet Richter Eduard Blaimont während einer Gerichtsverhandlung in Pau, Frankreich, weil ihm zum 17. Mal in seiner siebenjährigen Amtszeit der Einbrecher George Brülle gegenüberstand. Diesmal hatte ein Handlungsreisender, in dessen Wohnung George eingestiegen war, den Halunken schnarchend auf dem Kanapee erwischt. George hatte sich am Cognac des Wohnungsinhabers bedient und war eingeschlafen. Der Kommentar des Richters: "Einen unfähigeren Einbrecher als Sie kann ich mir gar nicht vorstellen. Das nächste Mal weigere ich mich, ein Verfahren gegen sie zu eröffnen. Dann können sie selbst sehen, wer Sie verurteilt, Sie Null!"

Ziemlich dumm stellten sich Gangster in Saarmund bei Potsdam an, als sie versuchten, den Geldautomaten einer Bank zu stehlen. Sie setzten mit einem geklauten LKW rückwärts durch die gläserne Eingangsfront in die Bank und verbanden den Automaten mit Hilfe eines Seiles mit der Anhängerkupplung des Lastwagens. Danach fuhren sie an und entkamen mit der aus ihrer Verankerung gerissenen Beute - dem Kontoauszugsdrucker...

Ein Bundeswehrsoldat überfiel mit Strumpfmaske und Uniform eine Bank. Trotz seiner Maskierung konnte er schnell identifiziert werden: Auf seiner Uniform prangte sein Namensschild...

In Grömitz stahl ein Autodieb einen roten Golf, Baujahr 1976. Schon nach wenigen Kilometern gab das Gefährt seinen Geist auf. Daraufhin klemmte der Autodieb einen Zettel hinter den Scheibenwischer: "Scheißauto. Hat keine 15 Minuten gehalten!"

Polizei, Gesetze und Juristen

US-Recht
In Charlotte, NC, kaufte ein Rechtsanwalt eine Kiste mit sehr seltenen und sehr teuren Zigarren und versichertes diese dann, unter anderem, gegen Feuerschaden. Über die nächsten Monate rauchte er die Zigarren vollständig auf und forderte die Versicherung (die erste Prämienzahlung war noch nicht einmal erbracht), den Schaden zu ersetzen. In seinem Anspruchsschreiben führte der Anwalt aus, dass die Zigarren „durch eine Serie kleiner Feuerschäden" vernichtet worden sind. Die Versicherung weigerte sich zu bezahlen mit der einleuchtenden Argumentation, dass er die Zigarren bestimmungsgemäß verbraucht habe. Der Rechtsanwalt klagte ... und gewann! Das Gericht stimmte mit der Versicherung überein, dass der Anspruch unverschämt sei, doch ergab sich aus der Versicherungspolice, dass die Zigarren gegen jede Art von Feuer versichert seien und Haftungsausschlüsse nicht bestünden. Folglich müsse die Versicherung bezahlen, was sie selbst vereinbart und unterschrieben habe. Statt ein langes und teures Berufungsverfahren anzustrengen, akzeptiert die Versicherung das Urteil und bezahlte 15.000$ an den Rechtsanwalt, der seine Zigarren in den zahlreichen „Feuerschäden" verloren hatte.
Aber jetzt kommt das Beste:
Nachdem der Anwalt den Scheck der Versicherung eingelöst hatte wurde er auf deren Antrag wegen 24 Fällen von Brandstiftung verhaftet. Unter Hinweis auf seine zivilrechtliche Klage und seine Angaben vor Gericht wurde er wegen vorsätzlicher Inbrandsetzung seines versicherten Eigentums zu 24 Monaten Freiheitsstrafe (ohne Bewährung) und 24.000$ Geldstrafe verurteilt.

* * * * *

Ein Mann wird nachts auf der Landstrasse von einem Polizisten angehalten.
'Guten Abend. Ich muss Sie einem Alkoholtest unterziehen. Da unser Gerät im Moment defekt ist, werde ich ihnen einige Fragen stellen, um so herauszufinden ob Sie betrunken sind oder nicht. Erste Frage: 'Es ist
Nacht und plötzlich kommen ihnen auf der Strasse zwei Lichter entgegen. Was könnte es sein?''
'Aber ganz einfach. Natürlich ein Auto.'
'Ja, aber was für ein Marke? Mercedes, Volvo, BMW...?'
'Das weiss ich doch nicht?'
'Hmm guter Mann, dass fängt ja schon schlecht an. Ich befürchte, dass Sie den Test so nicht bestehen werden. Zweite Frage: 'Sie fahren in der Nacht und ihnen kommt ein Licht entgegen. Was ist es?''
'Ein Motorrad.'
'Ja, aber was für ein Motorrad?
Eine Yamaha, Kawasaki, Honda...?'
'Keine Ahnung.'
'Tut mir leid, aber Ihr Alkoholtest ist positiv ausgefallen. Ich muss Ihnen den Führerschein entziehen.'
Der Mann, nun ziemlich wütend: 'Darf ich Ihnen nun auch mal eine Frage stellen?'
'Na gut, von mir aus...'
'Es ist Nacht, eine Frau steht an der Strasse.
Sie ist nur knapp bekleidet trägt einen superkurzen Minirock, hohe Absätze und ein tiefer Ausschnitt. Was ist das für eine?'
'Na was wohl. Ein Nutte!'
'Ja, aber was für eine Nutte?
Ist es Ihre Mutter, ihre Schwester oder ihre Tochter.....?!?'

Die absurdesten Motive, einen Menschen zu töten

Sonnenfinsternis I
Die Wahrscheinlichkeit, von einem abergläubischen Menschen getötet zu werden, weil man einen Spiegel zerbricht, ein vierblättriges Kleeblatt zertritt oder als 13ter Gast an einer Tafel Platz nimmt, ist denkbar gering. Aber im 'Ursprungsland' des Aberglaubens, in Rumänien, gibt es immer noch Menschen, die bereit sind, für ihre abergläubischen Überzeugungen zu töten. So beispielsweise eine 31jährige Mutter aus Strahotin, die ihr während der Sonnenfinsternis geborenes Kind tötete, weil sie glaubte, dass es verflucht sei.

Sonnenfinsternis II
Aber nicht nur Rumänien gab es SoFi-bedingte Todesopfer zu beklagen. Auch im Nordosten Afrikas forderte das Himmelsschauspiel ein Menschenleben. Der Ägypter Abdel-Nasser Nuredeen tötete seine Ehefrau, da diese - fasziniert von dem seltenen Naturschauspiel - sich weigerte, ihm eine Tasse Tee zu kochen.

Never ask for tea...
Eine Tasse Tee war auch der Grund für das vorzeitige Ableben eines Mannes in Neu Delhi. Dieser wurde von seiner entnervten Ehefrau niedergestochen, weil es für ihn als überzeugten Chauvi nicht in Frage kam, sich selber einen Tee aufzubrühen. Dies sei schließlich Frauenarbeit...

Verletzter Stolz I
Gekränkte Eitelkeit kann ein starkes Motiv für einen Mord sein. James Gatling Jr. aus Virginia beispielsweise wünschte sich nichts sehnlicher als einen Porsche. Auch wenn es nur ein gebrauchter ist. Also vereinbarte er einen Termin mit einem verkaufswilligen Besitzer der deutschen Edelkarosse. Als dieser jedoch beim Besichtigungstermin durchblicken ließ, dass aus dem Handel wohl nichts werden würde, da er Gatling eines Porsches nicht für würdig halte, drehte der Gedemütigte durch - und erschoß den versnobten Porschebesitzer.

Verletzter Stolz II
Der 36jährige Karl Welker aus Bonn hatte allen Grund, stolz auf sich zu sein - schließlich wurde er zum 'Ehemann des Jahres' gewählt. Doch seiner Frau war ein 'Ehemann des Jahres' offenbar nicht gut genug - sie verkündete ihrem Mann, dass sie ihn zu verlassen gedenke. Das verletzte den Stolz des prämierten Mustergatten - er griff nach der Siegestrophäe und erschlug seine Frau damit.

Regeln sind eben doch nicht dafür da, um gebrochen zu werden...
Gelegentlich neigen auch die ansonsten eher ruhigen und gelassenen Schachspieler zu unkontrollierten Wutausbrüchen: Der Kambodschaner Buth Ratha erschlug seinen Mitspieler Prey Veng mit einer Mörserkeule, weil dieser gegen die guten Sitten beim Schach verstieß - er nahm, ohne die Hand von der Figur zu lösen - einen eben gemachten Spielzug zurück.

Dallas um jeden Preis
Wer ein echter Dallas-Fan ist, schreckt auch vor einem Mord nicht zurück, um ungestört die Abenteuer von J.R. und Sue-Allen verfolgen zu können. Der 31jährige Phillippe Agneray aus Aulnay-sous-Bois bei Paris war ein echter

Polizei, Gesetze und Juristen

Dallas-Fan. Deshalb blieb ihm im Grunde auch gar keine andere Wahl, als seinen vier Jahre älteren Bruder Marc niederzuschießen. Warum mußte dieser auch diese blöde Quizshow auf dem anderen Kanal ansehen. Wo doch Dallas kam.

Warum nur dein Sohn und nicht meiner?
Das es nicht immer leicht ist, einen Kindergartenplatz zu ergattern, ist eine bekannte Tatsache. In Japan scheint der Verteilkampf um die raren Plätze aber noch um Welten härter zu sein. Oder wie ist es sonst zu erklären, das eine 35jährige Mutter, deren Kind abgewiesen wurde, den vom Kindergarten akzeptierten Spielkameraden ihres Sohnes erwürgte?

Frauen brauchen Liebe
Kranke Frauen brauchen viel Aufmerksamkeit und Fürsorge. Als Ehemann ist man gut beraten, ihnen diese auch zu gewähren. Denn tut man das nicht, kann es einem so ergehen wie dem 47jährigen Amerikaner Gail Murphy, der den Fehler machte, seine Frau sträflich zu vernachlässigen. Denn während diese bäuchlings auf dem Bett lag, um sich von einer Operation an den Hämorrhoiden zu erholen, ging ihr Göttergatte für sechs Stunden zum Fischen. Als er wieder zurückkam, blieb ihm gerade noch genug Zeit um zu realisieren, dass auch bäuchlings auf dem Bauch liegende Frauen in der Lage sind, den Abzug einer Flinte durchzuziehen...

Wenn der Druck zu groß wird
Wenn der Druck zu groß wird, hat so mancher seine Schwierigkeiten, die Blasenfunktion noch unter Kontrolle zu halten. William Bronson aus Birmingham, Alabama, konnte zwar noch das Wasser halten, verlor aber ansonsten total die Kontrolle über seine Handlungen: Er erschoß zwei Angestellte einer Schnellrestaurantkette, weil sie ihn nicht gestatteten, schon vor der offiziellen Ladenöffnungszeit die Toilette zu benutzen.

Stell den verdammten Ton leiser...
Das laute Rockmusik aggressiv macht, ist ein beliebtes Vorurteil vieler älterer Mitbürger. Dieselbe Wirkung muß man aber auch der Volksmusik nachsagen, wie ein Fall aus Italien zeigt: Der 71jährige Rentner Paolo F. tötete dort seine Ehefrau, weil sie sich eine Volksmusiksendung mit zu hoher Lautstärke ansah. Außer sich vor Wut schlug er mit dem Bügeleisen auf sie ein und strangulierte sie anschließend auch noch mit seiner Krawatte. Und dann, so erzählte er später dem Richter, wußte er nicht mehr, was er noch tun sollte. Also setzte er sich neben seine tote Ehefrau vor den Fernseher. Aber vorher stellte er noch den verdammten Ton leiser.

Stell den verdammten Ton leiser II
Zu laute Musik war auch der Grund für eine Nachbarschaftstragödie in Madison, Wisconsin. Willie R. Love erstach dort seinen Nachbarn, weil dieser seine Stereoanlage 36 Stunden auf voller Lautstärke dudeln ließ, um ihn zu ärgern.

Verbrannter Toast
Francis Buhagiar, ein 68jähriger Rentner, mochte das Frühstück nicht, dass seine 76jährige Schwester Maria ihn vorsetzte - also griff er nach seiner Pistole und erschoß sie. Sie hätte halt den Toast nicht anbrennen lassen sollen...

Polizei, Gesetze und Juristen

Dumm gelaufen - Peinliche Pannen und Mißgeschicke

Dumm gelaufen - Private Sex-E-Mail verbreitet sich millionenfach
Jede Menge Peinlichkeiten hätte sich Bradley C. ersparen können, wenn
er bei seinen Freunden nicht so angegeben hätte. Als er von seiner
Freundin eine E-Mail bekam, in der sie detailliert die Freuden beim
Oralsex mit ihm beschrieb, schickte er die E-Mail an sechs Freunde weiter
und fügte den Kommentar hinzu, das sei doch ein schönes Kompliment.
Doch mindestens einer der Empfänger schickte die Mail weiter, und
binnen weniger Tage war sie auf schätzungsweise zehn Millionen Bild-
schirmen zu lesen. Mitversand wurde allerdings auch der Name von
Bradley C.'s Arbeitgeber, der Londoner Anwaltskanzlei Norton Rose. Die
Kanzlei begann mit disziplinarischen Ermittlungen, verwarnte den
Sexprotz, entließ ihn aber nicht. Der 26jährigen Autorin der Mail wurden
Medienberichten zufolge die Moderation einer Porno-Sendung auf Play-
boy-TV angeboten.

Dumm gelaufen - Kurzsichtige Frau schläft mit dem falschen Mann
Für eine Britin hatte ihre Kurzsichtigkeit fatale Folgen: Sie war mit dem
falschen Mann im Bett. Nach einer Feier zusammen mit ihrem Freund und
dessen Zimmernachbarn schlief sie ein. Als ihr Freund die Wohnung
verließ, legte sich der Mitbewohner zu ihr. Da die 26jährige ihre Brille
nicht auf hatte, realisierte sie nicht, wer sich über sie hermachte. Erst der
ungewohnte Rettungsring um die Hüften machte die Frau stutzig.
Der Nachbar: Es war ein Scherz.

Dumm gelaufen - Israelische Single-Frauen entkleiden Polizisten
Dumm gelaufen ist es auch für eine Gruppe israelischer Frauen, die einem
Polizisten Teile der Uniform vom Leibe rissen, weil sie ihn für den Stripper
hielten, den sie sich für ihren Frauenabend geordert hatten. Der so
plötzlich Entkleidete war jedoch ein echter Polizist, der lediglich für Ruhe
sorgen wollte, weil Nachbarn sich über den Partylärm beschwert hatten.
Als er die Tür öffnete, sprangen etwa 30 teilweise leicht bekleidete Frauen
auf ihn zu und begannen kreischend, ihn auszuziehen.

Dumm gelaufen - Feuerwehrwache erfüllt nicht Brandschutzbestimmun-
gen
In Charleston, West Virginia musste einst eine neu errichtete, eine Million
Dollar teure Feuerwehrwache kurz nach der Einweihung schon wieder die
Pforten schließen, weil beim Bau des Gebäudes die gesetzlich vorge-
schrieben Brandschutzbestimmungen nur unzureichend berücksichtigt
wurden. Aus demselben Grund musste wenige Monate später auch das
Hauptquartier der Bostoner Feuerwehr geschlossen werden.

Dumm gelaufen - Hauptbelastungszeuge mit Angeklagten in einer Zelle
eingesperrt
Im April 1996 unterlief den Wärtern des Gefängnisses in Brownsville,
Texas ein fataler Fehler - sie sperrten einen Kronzeugen, der zu einem
Doppelmord aussagen sollte, versehentlich in eine Zelle mit Jesus
Ledesma Aguilar, dem des Verbrechens Angeklagten. Aufmerksam
wurden sie auf ihren Irrtum erst, als laute Schreie aus der Zelle ertönten.
Nur durch schnelles Eingreifen konnten sie noch verhindern, das Aguilar
und sein Zellengenosse den unliebsamen Zeugen umbrachten...

Polizei, Gesetze und Juristen

Dumm gelaufen - Vater mit Mörder des Sohnes eingesperrt
Ein beinahe tödlicher Fehler unterlief auch den Angestellten der Haftanstalt in Lubbock, Texas. Diese sperrten zwei wegen unterschiedlicher Vergehen festgenommene Männer in derselben Zelle ein. Die erste Nacht verbrachten die beiden Zellengenossen noch friedlich miteinander. Doch als sie sich aber am nächsten Tag beim Frühstück über ihre Verbrechen unterhielten, musste der 39jährige Jesus Garcia erfahren, dass sein 17jähriger Zellengenosse wegen Mordes an seinem Sohn einsaß. Das Anstaltspersonal konnte erst eingreifen, nachdem Garcia den Mörder seines Sohnes bewußtlos geprügelt hatte.

Dumm gelaufen - Transvestit übersteht Leibesvisitation
Nicht unbedingt ein lebensgefährlicher, aber ein zumindest sehr peinlicher Fehler unterlief 1996 den Vollzugsbeamten eines Frauengefängnisses in Norwegen, die an einer am Sola Airport verhafteten Person eine Leibesvisitation vornahmen und anschließend in Verwahrsam nahmen. Erst zwei Wochen später stellte sich heraus, dass es sich bei der Festgenommenen um einen Transvestiten handelte. Dieser hatte zwar hormonell behandelte Brüste, war aber an anderen Stellen durchaus männlich.

Dumm gelaufen - Luxusbike am falschen Ort geparkt
Dumm lief es auch für Bryan Cote aus Concord in New Hamshire, der beim Einkaufsbummel sein 3.500 DM teures Fahrrad vor dem Ladenlokal der Heilsarmee abstellte. Ein Angestellter des Ladens verkaufte es für 30 DM.

Dumm gelaufen - Bargeld vom Winde verweht
Gleich doppelt Pech hatte 1997 ein japanischer Geschäftsmann, der eine größere Bargeldsumme aus Angst vor Einbrechern in seiner Schmutzwäsche versteckte. Die 110.000 DM wurden zuerst von der Ehefrau gewaschen und dann beim Trocknen auch noch vom Balkon geweht.

Dumm gelaufen - Kinderarzt mit Kinderschänder verwechselt
Wirklich dumm gelaufen ist es für einen Kinderarzt aus Wales, dessen Haus von Anti-Kindesmissbrauch-Aktivisten verwüstet wurde. Diese hatten offenbar seinen Beruf 'Kinderarzt' (=pediatician) mit dem Wort 'pädophil' (=pedophile) verwechselt...

Dumm gelaufen - Unfreiwillige Peep-Show im Internet
Weil er vergaß, seine neue Webcam auszuschalten, heimste ein Niederländer innerhalb von nur zwölf Stunden weltweiten Ruhm ein. Der junge Mann hatte seine neue Webcam ausprobiert indem er die in seinem Zimmer aufgenommenen Bilder auf seine Homepage replizierte. Doch leider vergaß er, die Cam auszuschalten, als seine Freundin zu Besuch kam. Was dann geschah, wurde brav ins Netz übertragen, wo es von einigen Surfern abgespeichert und weiterverbreitet wurde.

Dumm gelaufen - Tempo-30-Aktivistin in verkehrsberuhigter Zone geblitzt
Dumm gelaufen: In einer Bonner Tempo-30-Zone wurde eine 35jährige Anwohnerin mit 57 km/h geblitzt. Das kuriose daran: Die junge Frau hatte sich jahrelang dafür eingesetzt, dass an dieser Stelle nur noch 30 km/h erlaubt sind. Nun warten auf die flotte Tempo-30-Aktivistin eine saftige Geldbuße und drei Punkte in Flensburg.

Die Chronik der ungewöhnlichen Beutestücke

oder:

Was manche Gauner so alles mitgehen lassen...

Für zwei amerikanische Teenager war die Versuchung zu groß, einfach so an einem Streifenwagen vorbeizugehen ohne ihn für eine Spritztour auszuleihen. Wo doch die blöden Bullen, die gerade einen Verkehrssünder kontrollierten, freundlicherweise den Schlüssel haben stecken lassen. Doch weit kamen die Kids nicht - sie konnten nämlich die Sirene, die sie versehentlich eingeschaltet hatten, nicht wieder ausschalten und zogen so die Aufmerksamkeit der Ordnungshüter förmlich auf sich...

Es gibt Diebe, die überfallen alte Damen im Stadtpark oder stehlen kleinen Kindern den Lutscher. Das Risiko, bei derartigen kriminellen Umtrieben erwischt zu werden, ist relativ gering. Doch manche Ganoven suchen bewusst die Gefahr - so auch der Dieb, der von einem Polizeipicknick den noch heißen Grill stahl...

Ein ganzes Einfamilienhaus -samt Möbeln, Keller, Scheune und Wasserpumpe- ist in Serbien gestohlen worden. Bis heute ist unklar, wie die Diebe das 140 Quadratmeter große, unterkellerte Haus aus der Innenstadt der 50.000 Einwohner großen Stadt Sabac unbemerkt abtragen konnten. Der seit mehreren Jahren als Gastarbeiter in Italien lebender Eigentümer fand bei seiner Heimkehr nur noch eine Wiese vor...

Weil sie dringend Material für den Bau ihres Hauses benötigten, schraubten zwei Männer aus Rumänien fünf Meter Eisenbahngleis aus dem Boden. Die Schienen sollten als Dachbalken dienen. Der Diebstahl wurde erst bemerkt, als ein Zug entgleiste...

In Polen haben Diebe eine 15 Tonnen schwere Stahlbrücke mitgehen lassen. Offenbar wollen sie die lange nicht benutzte, aber historisch bedeutsame Straßenbrücke als Schrott verkaufen. Passanten, die die Demontage beobachteten, gingen davon aus, dass es sich dabei um Reparaturarbeiten handeln würde.

Hengshui, ein Stahlwerk südlich von Peking, war schon zwei Jahrzehnte in Betrieb, als angeordnet wurde, das Werk stillzulegen.
Als man es nach einem Dreivierteljahr wieder eröffnen wollte, war es verschwunden. Hunderte von Dieben hatten in unermüdlicher Nachtarbeit beide Hochöfen auseinandergeschweißt, alle Rohre ausgegraben und 30 Häuser Stein für Stein abgetragen.

Unbekannte Diebe haben von dem Expo-Gelände in Hannover 20 Tonnen Wüstensand aus den Vereinigten Arabischen Emiraten gestohlen. Das Land präsentierte auf dem Expogelände ein Wüstenfort und hatte den Sand speziell für diesen Zweck eingeflogen. Unklar ist, wie die Diebe die rund 600 Säcke unbemerkt abtransportieren konnten und, was noch viel interessanter ist,

Polizei, Gesetze und Juristen

was sie um alles in der Welt mit 20 Tonnen Wüstensand anfangen wollen.

Ganze Arbeit hat ein Hotelgast im sächsischen Freital geleistet, der ein komplettes Doppelzimmer leer geräumt hat. Unklar blieb, wie der Mann unbemerkt den Fernseher, die Minibar, den Kühlschrank, das Telefon, zwei Federbetten, zwei Kopfkissen und sechs Kunstdrucke aus dem Hotel schaffen konnte. Außerdem knackte der Dieb auch noch den Zigarettenautomaten des Hotels und hinterließ eine unbeglichene Telefonrechnung. Aber immerhin hatte er die Zimmerrechnung im Voraus bezahlt.

Das Polen so eine Art europäisches Bermudadreieck in Sachen Automobile ist, ist allgemein bekannt. Aber was unbekannte Diebe dazu bewogen hat, einen vor der Polizeiwache in Danzig abgestellten Gefängnistransporter zu stehlen, wird wohl für immer ihr Geheimnis bleiben...

Wenn amerikanische Touristen das Weiße Haus besuchen, dann nehmen sie gerne Handtücher oder andere greifbare Kleinigkeiten als Souvenir mit. Ganz anders in Swaziland. Als der Sprecher des Parlaments Mgabhi Dlamini die Farm des regierenden Königs Mswati III besuchte, stahl er keine Handtücher sondern - eine Handvoll königlicher Scheiße. Für Swaziland ein Skandal, denn Dung aus dem Besitz des Königs soll magische Kräfte besitzen. Mgabhi hingegen weist von sich, durch den königlichen Haufen seine politische Kariere fördern zu wollen. Gott selber habe ihn instruiert, den Haufen zu stehlen.

Nicht schlecht staunte auch ein Schäfer aus Derwitz bei Potsdam - Unbekannte hatten ihm des Nachts seine komplette Schafherde (100 Tiere) gestohlen...

In einer New Yorker Kirche wurde einst eine Statuette des kleinen Jesus gestohlen. Zwei Jahre später wurde sie zurückgebracht. Der Magen und der Kopf der Figur waren ausgehöhlt - offensichtlich wurde die Statue zu einer Marihuanapfeife umfunktioniert...

Ein offensichtlich erkälteter Dieb mit Schweißfüßen und dritten Zähnen beschäftigte die Polizei in Münster - dieser hatte innerhalb weniger Tage aus verschiedenen Geschäften mengenweise Superhaftcreme, Fußfrischcreme und Hustenbonbons gestohlen.

In der Ukraine wurden zwei Mitarbeiter eines Atomkraftwerkes festgenommen, die einige Meter Stromkabel aus der Anlage entwenden wollten. Der Diebstahlsversuch löste einen Kurzschluss im Kraftwerk aus, das kurzzeitig abgeschaltet werden musste.

Polizei, Gesetze und Juristen

Ein Streifenbeamter hält einen Autofahrer an.

"Fahrzeugpapiere und aussteigen, ich denke, Sie sind betrunken!", raunt der Polizist.
Fahrzeuglenker: "Hr. Inspektor, ich versichere Ihnen, ich habe nichts getrunken!"

Polizist: "Ok, machen wir einen kleinen Test! Stellen Sie sich vor: Sie fahren im Dunkeln auf einer Strasse, da kommen Ihnen zwei Lichter entgegen, was ist das?"
Fahrzeuglenker: "Ein Auto."

Polizist: "Na klar! Aber welches? Ein Mercedes, ein Audi oder ein BMW?"
Fahrzeuglenker: "Keine Ahnung!"

Polizist: "Also doch betrunken."
Fahrzeuglenker: "Unter Garantie nicht!"

Polizist: "Okay, noch ein Test: Stellen Sie sich vor: Sie fahren im Dunkeln auf einer Strasse, da kommt Ihnen ein Licht entgegen, was ist das?"
Fahrzeuglenker: "Ein Motorrad!"

Polizist: "Na klar! Aber welches? Eine Honda, eine Kawasaki oder eine Harley?"
Fahrzeuglenker: "Keine Ahnung!"

Polizist: "Wie ich sagte: betrunken!"
Fahrzeuglenker, dem mittlerweile der Geduldsfaden reisst: "So, Herr Inspektor, Gegenfrage: Es steht eine Frau am Strassenrand. Sie trägt einen Mini, Netzstrümpfe und hochhackige Schuhe. Was ist das?"

Polizist: "Na, klar. Eine Hure."
Fahrzeuglenker: "Ja klar, aber welche? Ihre Tochter, ihre Frau oder ihre Mutter?"

* * * * *

Sherlock Holmes und Watson gehen campen, bauen ihr Zelt auf und schlafen ein.
Einige Stunden später weckt Sherlock Holmes Watson auf und meint:
"Schau gerade hinauf, in den Himmel und sag mir was du siehst!"
Watson sagt: "Ich sehe Millionen von Sternen."
Sherlock Holmes sagt: "Was denkst du jetzt?"
Watson überlegt eine Minute:
"Astronomisch gesehen, sagt es mir, daß da Millionen von Galaxien und Billionen von potenziellen Planeten sind. Astrologisch sagt es mir, daß der Saturn im Löwen steht. Zeitmäßig gesehen sagt es mir, daß es ungefähr 3.15 Uhr ist. Theologisch sagt es mir, es ist offensichtlich, daß der Herr allmächtig ist und wir alle klein und unbedeutend sind. Meteorologisch scheint es so, als hätten wir morgen einen wunderschönen Tag. Was sagt es dir?"
Sherlock Holmes ist für einen Moment still und sagt: "Praktisch gesehen sagt es mir, jemand hat unser Zelt geklaut."

Die schrägsten Vorschriften Deutschlands

Besteht ein Personalrat aus einer Person, erübrigt sich die Trennung nach Geschlechtern.
(Info des Deutschen Lehrerverbandes Hessen)

Ausfuhrbestimmungen sind Erklärungen zu den Erklärungen, mit denen man eine Erklärung erklärt.
(Protokoll im Wirtschaftsministerium)

Der Wertsack ist ein Beutel, der auf Grund seiner besonderen Verwendung nicht Wertbeutel, sondern Wertsack genannt wird, weil sein Inhalt aus mehreren Wertbeuteln besteht, die in den Wertsack nicht verbeutelt, sondern versackt werden.
(Merkblatt der Deutschen Bundespost)

Ehefrauen, die ihren Mann erschießen, haben nach einer Entscheidung des BSG keinen Anspruch auf Witwenrente.
(Verbandsblatt des Bayrischen Einzelhandels)

Der Tod stellt aus versorgungsrechtlicher Sicht die stärkste Form der Dienstunfähigkeit dar.
(Unterrichtsblätter für die Bundeswehrverwaltung)

Stirbt ein Bediensteter während einer Dienstreise, so ist damit die Dienstreise beendet.
(Kommentar zum Bundesreisekostengesetz)

Welches Kind erstes, zweites, drittes Kind usw. ist, richtet sich nach dem Alter des Kindes.
(Bundesanstalt für Arbeit)

Margarine im Sinne dieser Leitsätze ist Margarine im Sinne des Margarinengesetzes.
(Deutsches Lebensmittelbuch)

Es ist nicht möglich, den Tod eines Steuerpflichtigen als "dauernde Berufsunfähigkeit" im Sinne von § 16 Abs. 1 Satz 3 EStG zu werten und demgemäß den erhöhten Freibetrag abzuziehen.
(Bundessteuerblatt)

An sich nicht erstattbare Kosten des arbeitsgerichtlichen Verfahrens erster Instanz sind insoweit erstattbar, als durch sie erstattbare Kosten erspart bleiben.
(Beschluss des Landgerichts Rheinland-Pfalz)

Die Fürsorge umfasst den lebenden Menschen einschließlich der Abwicklung des gelebt habenden Menschen.
(Vorschrift Kriegsgräberfürsorge)

Gewürzmischungen sind Mischungen von Gewürzen.
(Deutsches Lebensmittelbuch)

Persönliche Angaben zum Antrag sind freiwillig. Allerdings kann der Antrag ohne die persönlichen Angaben nicht weiterbearbeitet werden.
(Formular in Postgirodienst)

Nach dem Abkoten bleibt der Kothaufen grundsätzlich eine selbstständige bewegliche Sache, er wird nicht durch Verbinden oder Vermischen untrennbarer Bestandteil des Wiesengrundstücks, der Eigentümer des Wiesengrundstücks erwirbt also nicht automatisch Eigentum am Hundekot.
(Fallbeispiel der Deutschen Verwaltungspraxis)

Disorder in the Court

Dies ist ein Auszug aus einem amerikanischen Buch 'Disorder in the Court'. Es sind Sätze, die tatsächlich so vor Gericht gefallen sind, Wort für Wort, aufgenommen und veröffentlicht von Gerichtsreportern. Das ganze ist aus dem Amerikanischen übersetzt:

F: Wann ist Ihr Geburtstag?
A: 15. Juli
F: Welches Jahr?
A: Jedes Jahr.
(wo er Recht hat, hat er Recht)

F: Diese Amnesie, betrifft sie Ihr gesamtes Erinnerungsvermögen?
A: Ja.
F: Auf welche Art greift sie in Ihr Erinnerungsvermögen?
A: Ich vergesse.
F: Sie vergessen. Können Sie uns ein Beispiel geben von etwas, das Sie vergessen haben?
(Idiot ...)

F: Wie alt ist Ihr Sohn, der bei Ihnen lebt?
A: 38 oder 35, ich verwechsle das immer.
F: Wie lange lebt er schon bei Ihnen?
A: 45 Jahre.
(?)

F: Was war das erste, das Ihr Mann an jenem Morgen fragte, als Sie aufwachten?
A: Er sagte: "Wo bin ich Cathy?"
F: Warum hat Sie das verärgert?
A: Mein Name ist Susan.
(ich kenne Männer denen das auch schon passiert ist ...)

F: Nun Doktor, ist es nicht so, dass wenn man im Schlaf stirbt, man es erst beim Aufwachen bemerkt?

F: Ihr jüngster Sohn, der 25jährige, wie alt ist er?

F: Waren Sie anwesend, als das Bild von Ihnen gemacht wurde?

F: Die Empfängnis des Kindes war also am 8. August?
A: Ja.
F: Und was haben Sie zu dieser Zeit gemacht?
(der Herr Anwalt glaubt wohl noch an die These mit dem Storch)

Polizei, Gesetze und Juristen

F: Sie hatten 3 Kinder, richtig?
A: Ja.
F: Wie viele waren Jungen?
A: Keins.
F: Waren denn welche Mädchen?
(Blödmann)

F: Wie wurde Ihre erste Ehe beendet?
A: Durch den Tod.
F: Und durch wessen Tod wurde sie beendet?
(ist der so deppert oder stellt sich der so deppert?)

F: Können Sie die Person beschreiben?
A: Er war etwa mittelgross und hatte einen Bart.
F: War es ein Mann oder eine Frau?
(so was soll es tatsächlich geben, jaja...)

F: Alle deine Antworten müssen mündlich sein, OK?
Auf welche Schule bist Du gegangen?
A: Mündlich.
(wir haben es offensichtlich mit einem Schnelldenker zu tun)

F: Sind Sie qualifiziert, eine Urin-Probe abzugeben?

Aber der Beste ist dieser hier:
F: Doktor, wie viele Autopsien haben Sie an Toten vorgenommen?
A: Alle meine Autopsien nehme ich an Toten vor. (Gott-sei-Dank)
F: Erinnern Sie sich an den Zeitpunkt der Autopsie?
A: Die Autopsie begann gegen 8:30 Uhr.
F: Mr. Denningten war zu diesem Zeitpunkt tot?
A: Nein, er sass auf dem Tisch und wunderte sich, warum ich ihn autopsiere.
(das hat der Herr Anwalt noch taktvoll überhört ... aber ...)
F: Doktor, bevor Sie mit der Autopsie anfingen, haben Sie da den Puls gemessen?
A: Nein.
F: Haben Sie den Blutdruck gemessen?
A: Nein.
F: Haben Sie die Atmung geprüft?
A: Nein.
F: Ist es also möglich, dass der Patient noch am Leben war, als Sie ihn autopsierten?
A: Nein.
F: Wie können Sie so sicher sein, Doktor?
A: Weil sein Gehirn in einem Glas auf meinem Tisch stand.
F: Hätte der Patient trotzdem noch am Leben sein können?
A: Ja, es ist möglich, dass er noch am Leben war und irgendwo als Anwalt praktizierte.
(diese Antwort hat dem Arzt 3.000 Dollar Strafe wegen Ehrenbeleidigung eingebracht. Er hat sie wortlos, aber mit Genugtuung bezahlt ...)
Der Beamtenhund

Polizei, Gesetze und Juristen

Ein Ingenieur, ein Buchhalter, ein Chemiker, ein Informatiker und ein Beamter brüsten sich über die Intelligenz ihres jeweiligen Hundes.

Der Ingenieur ruft seine Hündin: "Quadratwurzel, zeig' uns dein Talent!"
Die Hündin geht zu einer Tafel und zeichnet in Sekundenschnelle ein Quadrat, einen Kreis und ein Dreieck.

Der Buchhalter sagt zu seinem Hund: "Bilanz, führe uns Deine Kunststücke vor!"
Der Hund geht in die Küche und kommt mit einem Dutzend Keksen zurück. Er stapelt sie in drei Haufen zu je vier Keksen.

Der Chemiker sagt, sein Hund könne das viel besser: "Thermometer, zeige uns Deine Nummer!"
Der Hund öffnet den Kühlschrank, holt einen Liter Milch heraus, geht zum Schrank und nimmt ein Glas mit 100 ml. Er schüttet genau 80 ml in das Glas, ohne einen Tropfen zu verschütten.

Der Informatiker glaubt, sie alle beeindrucken zu können:
"Festplatte, übertrumpfe sie alle!"
Der Hund setzt sich vor den Rechner und bootet ihn, startet das Antivirus-Programm, verschickt eine E-Mail und installiert ein neues Spiel.

Nun wenden sich die vier Männer dem Beamten zu und fragen ihn:
"Und Dein Hund, was kann der denn?"

"Kaffeechen, zeig' denen die Talente eines Beamtenhundes!"

Der Hund erhebt sich langsam, löst ein Kreuzworträtsel an der Tafel, frisst die Kekse, trinkt die Milch, spielt einmal Solitär am Rechner, vernascht die Hündin des Ingenieurs und täuscht danach eine Rückenverletzung vor. Er füllt ein Arbeitsunfallformular aus und erzielt eine Krankmeldung für sechs Monate.

* * * * *

Traummann bei der Beerdigung und der Liftknopf des Todes

Ein Polizeitest: Während der Beerdigung ihrer Mutter sah sie einen Mann, den sie nicht kannte. Sie war sich so sicher, er sei der Mann ihrer Träume, dass sie sich in ihn verliebte. Doch nach der Beerdigung verschwand er und sie sah ihn nicht wieder. Wenige Tage später tötete sie ihre Schwester. Was geschah?!

Lösung: Sie hoffte, dass der Mann wieder zur Beerdigung kommt... (Anmerkung: Wer hier sofort auf die Lösung kommt, denkt wie ein Serienkiller...) Diese Geschichte war angeblich ein Test eines amerikanischen Psychologen, um das Charakterprofil von Serienkillern und Massenmördern zu beleuchten. Diese Klientel kam nämlich bei der o.g. Fragestellung meistens sofort und ohne grosse Probleme auf die angegebene Lösung, während "normale" Probanden, denen die Frage gestellt wurde, das nicht taten. Also, wenn ihr die Geschichte erzählt, und von eurem Gegenüber sofort die richtige Lösung bekommt, seid vorsichtig... ;-)

Die Waldkapelle

Frau Justizrat wollte Ferien machen. Sie fragte deshalb in einem Gasthaus in einem abgelegenen Dörfchen, ob noch ein Zimmer frei sei. Aber natürlich war die Antwort. Frau Justizrat war befriedigt und begann ihr Köfferchen zu packen. Doch da kam ihr in den Sinn, dass sie ganz vergessen hatte zu fragen, ob es auch ein WC in diesem Gasthaus habe. Sie schrieb deshalb nochmals einen Brief. Der Gasthausbesitzer las diesen einmal, zweimal, dreimal, aber er konnte mit dem besten Willen nicht herausfinden, was die Buchstaben WC wohl zu bedeuten hätten. Er ging deshalb mit diesem Brief zum Gemeindeschreiber. Nach langem überlegen fanden sie heraus, dass mit WC sicher die Waldkapelle gemeint sei. Also schrieb der Wirt an Frau Justizrat:

Hochwohllöbliche Frau Justizrat
Sie haben gefragt, ob wir auch ein WC haben. Natürlich. Es befindet sich etwa 9 km vom Dörfchen entfernt in einem Wald. Es fährt regelmässig ein Autobus dort hinaus und zwar immer zur rechten Zeit. Am Sonntag ist es besonders schön. Der ganze Raum ist mit Blumen geschmückt. Bei besonders feierlicher Veranstaltung gibt es Orgelbegleitung. Die Töne sind weit herum hörbar. Es gibt 43 Sitzplätze und 30 Stehplätze. Die Fremden können die Galerie benützen und sehen somit auf die WC-Besucher hinab. Bei schönem Wetter wird die ganze Angelegenheit im Freien abgehalten. Nächste Woche wird ein Bazar durchgeführt, damit wir auf jedem Sitzplatz ein Polsterkissen anbringen können. Ich muss gestehen, dass ich das WC nur noch selten besuche. Wenn man älter wird, geht man nicht mehr so viel. Das letzte Mal war ich vor drei Jahren dort. Das war an der Hochzeit meiner Tochter. Sie hat ihren Mann auch dort kennengelernt. Bei der Hochzeit war ein solch gewaltiger Andrang, dass fast auf jedem Sitz drei Personen sassen. Zum Schluss möchte ich noch sagen, dass es nichts Schöneres gibt, als in diesem Raum, frei von allem Druck, über sein Inneres nachzudenken. Ich habe schon manchmal erleben dürfen, dass Besucher mit irgendwelchen Nöten diesen Ort aufsuchten und alsdann völlig frei von ihren Lasten und wieder mit neuem Lebensmut zu uns ins Gasthaus zurückkehrten.

Einige der besten amerikanischen Gesetze

die übrigens immer noch Gültigkeit haben, Quelle: Focus Nr. 45/99

Missouri:
In St. Louis darf die Feuerwehr Frauen nur dann aus brennenden Häusern retten, wenn sie vollständig bekleidet sind. (*Also immer gut gekleidet ins Bett gehen...*)

Alabama:
Männer dürfen ihre Ehefrauen nur mit einem Stock prügeln, dessen Durchmesser nicht größer ist als der ihres Daumens. (*Das ist ok, man will ja schließlich niemanden töten...*)

Kalifornien:
In L.A. darf man nicht zwei Babys gleichzeitig in derselben Wanne baden. (*Kalifornien ? Badewanne ? Haben die nicht eh alle Pools...?*)

Alaska:
In Fairbanks dürfen es Bewohner nicht zulassen, daß sich Elche auf offener Straße paaren. (*Und wie will man das verhindern? Ich würde mich nicht zwischen 2 liebesgeile, mannshohe Elche stellen...*)

Arkansas:
Flirten in der Öffentlichkeit in Little Rock = 30 Tage Gefängnis (*Dann säße ich ja nur im Knast...*)

Florida:
Ledige, geschiedene und verwitwete Frauen dürfen an Sonn- und Feiertagen nicht Fallschirm springen. (??? *Das muss mir mal bitte einer erklären...*)

Idaho:
In Coeur d´Alene steht Sex im Auto unter Strafe, Polizisten, die die "Täter" ertappen, müssen vor der Festnahme jedoch hupen und dann 3 Minuten warten. (*3 Minuten? Also für'n Quickie reicht's ja dann immer noch...*)

Kansas:
In Wichita ist die Misshandlung der Schwiegermutter kein Grund zur Scheidung. (*no comment ...*)

Kentucky:
Frauen dürfen nicht im Badeanzug auf die Straße - es sei denn, sie wiegen weniger als 42 bzw. mehr als 92 Kilo, oder sie sind bewaffnet. (*Ich finde eher Frauen ÜBER 92 Kilo sollten im Badeanzug verboten werden...*)

Massachusetts:
In Salem dürfen selbst verheiratete Paare nicht nackt in Mietwohnungen schlafen. (*...also gibt's da überhaupt keinen Grund mehr zum Heiraten...*)

Polizei, Gesetze und Juristen

Nebraska:
In Hastings müssen Ehepartner beim Sex Nachthemden tragen. (*Ab einem gewissen Alter ist's vielleicht gescheiter so.......*)

New York:
In Brooklyn dürfen Esel nicht in Badewannen schlafen (*Nee, is klar...*)

North Carolina:
Paare dürfen nur dann in einem Hotelzimmer schlafen, wenn die Betten einen Mindestabstand von 60 Zentimetern haben. (*Damit könnt ich leben, man kann sich ja ein Bettchen teilen.....*)

Ohio:
In Oxford dürfen sich Frauen nicht vor Bildern, die Männer zeigen, ausziehen. (*Na immerhin dürfen Sie sich in Ohio schon mal ausziehen...*)

Oregon:
In Willowdale dürfen Ehemänner beim Sex nicht fluchen. (*„Du geile Schlampe, ich besorg's dir „ ist verboten? Shit !!!*)

South Carolina:
Ohne offizielle Erlaubnis darf niemand in Abwasserkanälen schwimmen. (*Wer macht denn so was freiwillig ?...*)

Texas:
In San Antonio ist der Gebrauch von Augen und Händen beim Flirten illegal. (*Ähhhh, wie denn sonst ?...Miniröcke tragen und die Beine breit machen....?*)

Utah:
In Tremonton ist Sex im Notarztwagen während eines Rettungseinsatzes verboten. (*Na dann kann die Verletzung ja nicht so schlimm gewesen sein...*)

Virginia:
In Lebanon dürfen Männer ihre Ehefrau nicht per Fußtritt aus dem Bett befördern. (*Darf Mann sie denn mit 'nem daumenbreiten Stock aus'm Bett prügeln ?...s.o.*)

Washington D. C.:
Sex ist nur in der Missionarsstellung erlaubt, alle anderen Positionen stehen unter Strafe. (*äääh, welche anderen Stellungen? Gibt's noch mehr ?...*g**)

Und zum Schluss, das absolute Highlight:
Wisconsin:
In Connorsville dürfen Männer nicht ihr Gewehr abfeuern, während ihre Partnerin einen Orgasmus hat... (*also: Kanone beim poppen wohl demnächst zu Hause lassen ...*)

This is what you've all been waiting all year: Human Ingenuity knows no Bounds

You've all been waiting for the new awards and they do not disappoint.

As always, competition this year has been keen. The candidates this year are....

In Detroit, a 41-year-old man got stuck and drowned in two feet of water after squeezing head first through an 18-inch-wide sewer grate to retrieve his car keys.

~~~

A 49-year-old San Francisco stockbroker, who "totally zoned when he ran," accidentally jogged off a 100-foot-high cliff on his daily run.

~~~

Buxton, NC: A man died on a beach when an 8-foot-deep hole he had dug into the sand caved in as he sat inside it. Beach-goers said Daniel Jones, 21, dug the hole for fun, or protection from the wind, and had been sitting in a beach chair at the bottom Thursday afternoon when it collapsed, burying him beneath 5 feet of sand. People on the beach, on the outer banks, used their hands and shovels, trying to claw their way to Jones, a resident of Woodbridge, VA, but could not reach him. It took rescue workers using heavy equipment almost an hour to free him while about 200 people looked on. Jones was pronounced dead at a hospital.

~~~

Santiago Alvarado, 24, was killed in Lompoc, CA, as he fell face-first through the ceiling of a bicycle shop he was burglarizing. Death was caused when the long flashlight he had placed in his mouth (to keep his hands free) rammed into the base of his skull as he hit the floor.

~~~

Sylvester Briddell, Jr., 26, was killed in Selbyville, Del, as he won a bet with friends who said he would not put a revolver loaded with four bullets into his mouth and pull the trigger. (So, does that mean he WON?)

~~~

The following mind-boggling attempt at a crime spree in Washington, DC appeared to be the robber's first (and last), due to his lack of a previous record of violence, and his terminally stupid choices:
1. His target was H&J Leather & Firearms; A gun shop specializing in handguns.
2. The shop was full of customers - firearms customers.
3. To enter the shop, the robber had to step around a marked police patrol car parked at the front door.
4. A uniformed officer was standing at the counter, having coffee before work.
Upon seeing the officer, the would-be robber announced a hold-up, and fired a few wild shots from a target pistol. The officer and a clerk promptly returned fire, the police officer with a 9mm GLOCK 17, the clerk with a .50 DESERT EAGLE, assisted by several customers who also drew their guns, several of whom also fired. The robber was pronounced dead at the scene by Paramedics. Crime scene investigators located 47 expended cartridge cases in the shop. The subsequent autopsy revealed 23 gunshot wounds. Ballistics identified rounds from seven different weapons. No one else was hurt in the exchange of fire.

~~~

HONORABLE MENTION
Paul Stiller, 47, was hospitalized in Andover township, NJ, and his wife Bonnie was also injured, when a quarter- stick of dynamite blew up in their car. While driving around at 2 AM, the bored couple lit the dynamite and tried to toss it out the window to see what would happen, but apparently failed to notice the window was closed.

~~~

AND THE WINNER
 Overzealous zookeeper Friedrich Riesfeldt (Paderborn, Germany) fed his constipated elephant Stefan 22 doses of animal laxative and more than a bushel of berries, figs and prunes before the plugged-up pachyderm finally let it fly, and suffocated the keeper under 200 pounds of poop!
Investigators say ill-fated Friedrich, 46, was attempting to give the ailing elephant an olive oil enema when the relieved beast unloaded on him. "The sheer force of the elephant's unexpected defecation knocked Mr. Riesfeldt to the ground, where he struck his head on a rock and lay unconscious as the elephant continued to evacuate his bowels on top of him" said flabbergasted Paderborn police detective Erik Dern.
With no one there to help him, he lay under all that dung for at least an hour before a watchman came along, and during that time he suffocated. It seems to be just one of those freak accidents that proves..."Shit happens!"

Polizei, Gesetze und Juristen

Das Problem: Wer soll das Sorgerecht für das Kind bekommen?

Die Frau sprang auf und sagte:
"Euer Gnaden. Ich brachte das Kind zur Welt mit all den Schmerzen als ich in den Wehen lag. Ich sollte das Sorgerecht für das Kind bekommen."

Der Richter drehte sich zum Mann und fragte:
"Was haben Sie zu Ihrer Verteidigung zu sagen?"

Der Mann blieb eine Weile nachdenklich sitzen... dann erhob er sich langsam.
"Euer Gnaden... Wenn ich eine Münze in einen Cola-Automaten Hineinwerfe und eine Cola kommt unten heraus... wem gehört dann die Cola... dem Getränkeautomaten oder mir?"

Anwälte haben's nicht leicht!

Rechtsanwälte sollten niemals einer Südstaatengroßmutter eine Frage stellen, wenn sie nicht auf ungewöhnliche Antworten vorbereitet sind.

In einem Gericht einer kleinen Stadt in den Südstaaten der USA rief der Anwalt des Klägers die erste Zeugin in den Zeugenstand. Eine ältere, großmütterliche Frau. Er ging auf sie zu und fragte sie: "Mrs. Jones, kennen Sie mich?" Sie antwortete: "Ja, ich kenne Sie, Mr. Williams. Ich kenne Sie seit Sie ein kleiner Junge waren und offen gesagt, Sie haben mich sehr enttäuscht. Sie lügen, Sie betrügen Ihre Frau, Sie manipulieren die Leute und reden schlecht über sie hinter deren Rücken.
Sie glauben, Sie sind ein bedeutender Mann, dabei haben Sie gerade mal so viel Verstand, um ein paar Blatt Papier zu bewegen. Ja, ich kenne Sie."

Der Rechtsanwalt war sprachlos und wusste nicht, was er tun sollte, ging ein paar Schritte im Gerichtssaal hin und her und fragte die Zeugin dann:
"Mrs. Jones, kennen Sie den Anwalt der Verteidigung?" Sie antwortete:
"Ja, ich kenne Mr. Bradley seit er ein junger Mann war. Er ist faul, tut immer fromm, dabei hat er ein Alkoholproblem. Er kann mit niemandem einen normalen Umgang pflegen und seine Anwalts-Kanzlei ist die schlechteste in der ganzen Provinz. Nicht zu vergessen, er betrügt seine Frau mit drei anderen Frauen, eine davon ist Ihre. Ja ich kenne ihn."

Daraufhin rief der Richter die beiden Anwälte zu sich an den Richtertisch und sagte leise zu ihnen: "Wenn einer von euch beiden Idioten die Frau jetzt fragt, ob sie mich kennt, schicke ich euch beide auf den elektrischen Stuhl!"

Doktoren

Doktoren

Treffen sich drei Schäferhunde beim Tierarzt.
Fragt der erste den zweiten: "Und, warum bist du hier?"

"Ach hör auf! Ich bin eigentlich ausgebildeter Wachhund. Gestern sollte ich wie immer das Haus bewachen. Da ist doch nebenan in Nachbars Garten
diese superscharfe Pudelhündin. Tja, da konnte ich nicht anders: Rüber über den Zaun und ab um die Ecke mit ihr. Und als ich wieder zurückkomme, ist das Haus ausgeräumt. Jetzt soll ich eingeschläfert werden ... Und du?"

"Ich bin ausgebildeter Blindenhund. Als ich gestern mit Herrchen unterwegs war, ist auf der anderen Strassenseite diese absolut unwiderstehliche Rottweilerdame. Ich wollte ja nur mal rüber und "Hallo" sagen. Aber Herrchen hat's nicht über die Straße geschafft... Jetzt wollen sie mich auch einschläfern."

Beide drehen sich zum dritten Schäferhund um: "Und du?"
"Tja, gestern hat Frauchen geduscht. Als sie aus der Dusche kam, rutscht ihr Handtuch runter und sie bückt sich. Glaubt mir, ich konnte einfach nicht ...."

"Und jetzt wirst du auch eingeschläfert?"
"Nee! Nur Krallen schneiden!"

* * * * *

Mit einem großen Rosenstrauß kam Herr Schulze ins Krankenhaus, wo seine Frau eben von einem Kind entbunden worden war. Außer sich vor Freude, fiel er seiner Frau um den Hals, während die Schwester sich beeilte, das Kind herein zu bringen. Kaum hatte er es gesehen, wurde er kreidebleich: "Das Kind war schwarz!"

"Erschrick nicht!" rief die Frau, es ist nicht so wie du vielleicht meinst! Ich hatte einfach zu wenig Milch, um das Kind zu stillen, da haben sie mir als Amme eine Farbige zugeteilt. Dies hat sich so ausgewirkt, wie Du nun siehst. Aber es wird sich noch geben." Zu Hause angekommen, setzte er sich hin, um schnell seiner Mutter die Freude mitzuteilen.

"Mutter", schrieb er, "ich komme gerade aus dem Krankenhaus. Nun haben wir endlich nach acht Jahren ein Kindchen bekommen, wir sind sehr glücklich. Nur weißt Du, Mutter, Anna hatte nicht genug Milch, um das Kind zu stillen, da haben sie ihr im Krankenhaus als Amme eine Farbige gegeben, und das hat sich auf das Kind ausgewirkt. Es ist schwarz. Das wird sich aber mit der Zeit schon noch geben."

"Lieber Sohn", schrieb die Mutter zurück, "auch mich freut es außerordentlich, dass ihr nun endlich ein Kind habt. Was die Sache mit der Amme betrifft, so kann ich Dir nur sagen, dass es mir ähnlich ergangen ist, als ich Dich zur Welt brachte. Wir hatten damals eine Kuh, und da habe ich Dich an deren Euter angelegt, und seitdem bist und bleibst Du das größte Rindvieh auf dieser Welt."

Doktoren

Schlamm-Garnelen

Eines Morgens um 5h wachte die 22 Jahre alte Susan DeLucci aus Kittery Maine, mit einem schmerzlichen Bedürfnis auf zu urinieren. Zuerst dachte sie, dass sie Diarrhö hatte, aber als sie aus dem Bett aufstand, realisierte sie, dass es Harnschmerz war. Es war dem Gefühl sehr ähnlich, Diarrhö zu haben, allerdings gerade aus dem falschen Loch. Sie wackelte zur Toilette und als sie sich darauf setzte, brach ihre Vagina ins schrecklichste unanständige furzende Geräusch aus, das irgendjemand jemals gehört hat. In lahmendem Schmerz presste Fräulein DeLucci in den nächsten Minuten aus ihrer brennenden Vagina Wellen von Schleim und Schmutz, wahrend sie mit weissen Knöcheln die Seiten der Toilette umklammert hielt. Sie schrie so wild, dass die Nachbarn schliesslich die Polizei riefen. Als Mediziner ankamen, fanden sie Fräulein DeLucci bewusstlos auf dem Fussboden ihres Badezimmers, mit nichts als ihrem Bademantel bekleidet. An ihrem Bein herunter lief ein Rinnsal braunen und grünen Sirups. Der Mediziner musste sie um sie auf die Trage zu legen strecken, indem er ihr linkes Bein ergriff, das gekreuzt über dem anderen Bein lag. Als er ihr linkes Bein hob, um es auszurichten, entblösste er dabei ihre Vagina, aus der in dem Moment ein Geschöpf, nicht grosser als die Spitze eines Fingers, sich seinen Weg ins Freie wand und mit einem nassen Klatschen auf dem Fussboden landete. Erschüttert startte der Mediziner auf das Geschöpf, das auf der Fliese des Badezimmer-Fussbodens in einer schleimigen Pfütze lag. Es war eine winzige Schlamm-Garnele, und es lag dort auf dem kalten Fussboden, nach Wasser schnappend und sich selbst hin und her schnipsend.

Der entsetzte Mediziner wandte sich der Toilette zu, weil er den Brechreiz einsetzen fühlte. Als er seinen Kopf über die Toilette zum Erbrechen hielt, war was er sah, so schrecklich, dass er seit diesem Tag in keine Toilette mehr blicken kann ohne zu würgen.

Die gesamte Toilettenschussel brodelte mit braunen Baby Schlamm-Garnelen die sich in heftigem Tempo walzten.

Wenn Sie denken, dass das übel ist - warten Sie bis Sie hören, was geschehen war:

Fräulein DeLuccis offizielle Todesursache war das Resultat einer Verbindung von Schock und schwer Schädeltrauma. Sie stand von der Toilette voller Schmerzen auf, und als sie sah, was sie da eben produziert hatte, fiel sie in einen Schockzustand und kippte um, wobei ihr Kopf auf der Toilette und dann auf dem Fussboden aufschlug.

Die Gerichtsmedizin glaubt, dass sie zwei Tage vor dem Unfall einen lebenden Hummer auf einem Fisch-Markt gekauft hatte. In der Badewanne liegend, führte sie sich vorsichtig den Schwanz des Tieres in ihre Vagina ein, um sexuelle Stimulation zu bekommen. Dann hielt sie ein Feuerzeug unter den Kopf des Geschöpfs, was dies veranlasst, heftig mit dem Schwanz zu schlagen. Die Mediziner fanden ein Lesben-Porno Video im VCR und der Fernseher war auf einem Tisch vor die Wanne gestellt. Der Hummer wurde im Kuchenabfall gefunden in einen Papierbeutel gewickelt. Spuren der DNA Fräulein DeLuccis wurden auf dem Hummer gefunden, zusammen mit Schamhaaren, die sich zwischen den Hummer-Schwanz-Gelenken verkeilt hatten. Der Kopf des Hummers war mit dem gleichen Kraftstoff leicht versengt, wie er in Feuerzeugen verwendet wird. Im Magen und Darm des Hummers fand man Schalen von Schlamm - Garnelen - Eiern. Arzte glauben, dass der Hummer sie gefressen hatte, sie kommen im Wasser von Fisch-Märkten allgemein vor und werden normalerweise harmlos mit dem Hummer totgekocht. Der Hummer hatte vermutlich in Fräulein DeLucci Vagina den Darm entleert, als sie ihn quälte. Die Schlamm-Garnele von Maine braucht nur zwei Tage um sich zu entwickeln, und Fräulein DeLucci war nur vier Tage davor, ihre Periode zu bekommen.

Die Arzte glauben, dass an diesem Punkt ihres Menstrual-Zyklus ihre Gebärmutter den idealen PH-Wert bot, um diese Schlamm-Garnelen auszubrüten, die eine weit grössere Version der populären "Sea Monkeys" sind, die überall in den Vereinigten Staaten als Haustiere verkauft werden. Über Nacht waren die Eier ausgeschlüpft, und die Schlamm-Garnelen begannen, ihre Grösse alle zehn Minuten zu verdoppeln. Können Sie sich die Schmerzen vorstellen, die sie hatte, als sie an diesen Morgen erwachte und mehr als 1,000 Schlamm-Garnelen in ihrer Toilette zur Welt brachte".

Der Doktorautomat

Der neuste Schrei im Automatenbau:
Der Doktorautomat - Man kann für 5 € auch mal eine schlechte Antwort von einem Automaten erhalten...

Georg beklagt sich über seine Schmerzen an seiner Hand und erzählt seinem Freund, dass er unbedingt zum Arzt muss, da er es nicht mehr aushalten kann.
"Warum zum Arzt? Jetzt gibt es doch Supercomputer, die alle möglichen Krankheiten diagnostizieren können und viel billiger sind als ein Arzt. Geh mal zum Supermarkt an der Ecke, nimm eine Urinprobe und 5 € mit und dann wirst Du sehn."
Als er nach Hause geht, denkt Georg über den Vorschlag seines Freundes nach. Immerhin kostet ihn das höchstens 5 €, also geht er am nächsten Tag mit einer Urinprobe zum Supermarkt, stellt die Urinprobe in den Computer und steckt 5 € in den Schlitz.
Der Computer fängt an zu arbeiten, die farbigen Lichter leuchten und blinken und schließlich kommt ein Papier heraus auf dem steht:

Diagnose: Sie haben eine Sehnenscheidenentzündung an der rechten Hand.
Abhilfe: Tauchen Sie zwei Wochen lang jeden Abend die Hand in warmes Wasser.
Vermeiden Sie schwere Lasten.

Georg kann es nicht glauben. Die Wissenschaft hat wirklich enorme Fortschritte gemacht. Aber mit der Zeit kommen ihm Zweifel, ob der Computer wirklich so perfekt ist.
Am nächsten Morgen nimmt er ein Fläschchen und gibt etwas Leitungswasser hinein. Seinem sabbernden Hund entnimmt er etwas Speichel und vermixt das Ganze. Von seiner Frau nimmt er etwas Urin und den Tampon seiner Tochter wringt er aus. Zur Krönung holt er sich einen runter und mischt das auch noch hinein.
Dann geht er zum Supermarkt, stellt das Fläschchen an seinen Platz und wirft 5 € ein. Der Computer fängt an zu arbeiten, die Lichter blinken, es wird immer heftiger, die Lichter blinken immer schneller, der Computer droht zu explodieren. Dann schmeißt er ein Papier aus, auf dem steht:

Diagnose: Ihr Leitungswasser ist zu kalkhaltig und unsauber.
Abhilfe: Kaufen Sie sich einen Entkalker und einen Reinigungsapparat.

Diagnose: Ihr Hund hat Würmer:
Abhilfe: Unterziehen Sie ihn einer Wurmkur.

Diagnose: Ihre Tochter ist Kokainsüchtig.
Abhilfe: Veranlassen Sie sofort eine Entziehungskur.

Diagnose: Ihre Frau ist schwanger und kriegt Zwillinge. Sie sind nicht von Ihnen.
Abhilfe: Konsultieren Sie umgehend einen Anwalt Ihrer Wahl.

Ein dringender Rat: Hören Sie mit dem Wichsen auf, sonst wird Ihre Sehnenscheidenentzündung auch nicht besser!

Doktoren

Während eines Besuches in einer geschlossenen Anstalt fragt ein Besucher den Direktor, nach welchen Kriterien entschieden wird, ob jemand eingeliefert werden muss oder nicht.

Der Direktor sagt: "Nun, wir füllen eine Badewanne, geben dem Kandidaten einen Teelöffel, eine Tasse und einen Eimer und bitten ihn, die Badewanne auszuleeren."

Der Besucher: "Ah, ich verstehe, und ein normaler Mensch würde den Eimer nehmen, damit es schneller geht, ja?"

Direktor: "Nein, ein normaler Mensch würde den Stöpsel ziehen. Wünschen Sie ein Zimmer mit oder ohne Balkon?"

* * * * *

Oma Ursel ist in der Klapse. Da sie nicht mehr so richtig laufen kann, macht sie sich einen Spaß daraus, mit ihrem Rollstuhl so schnell wie möglich über die Gänge zu flitzen.
Eines Tages ist es mal wieder soweit: sie rast mit Vollgas über den Gang, als plötzlich eine Tür vor ihr aufgeht und der verrückte Walter vor ihr
steht:

"Haben Sie Ihren Führerschein dabei?"
Ursel kramt ein altes Bonbonpapier aus ihrer Tasche und zeigt es ihm.
"Alles klar, Sie können weiterfahren."

Weiter geht die Fahrt über den Gang und wieder springt eine Tür vor ihr auf und der bekloppte Erich steht vor ihr:

"Ihre Fahrzeugpapiere bitte!"
Oma Ursel kramt eine alte, verknitterte Schokoriegelverpackung aus der Tasche und zeigt sie ihm:

"Alles klar! Gute Weiterfahrt".

Jetzt gibt Ursel alles, um die verlorene Zeit wieder aufzuholen. Sie rast wie wild weiter über den Flur. Plötzlich öffnet sich eine dritte Tür und der bescheuerte Klaus steht da mit einer Mords-Erektion.

Kommentar von Oma Ursel:
"Och nee, nicht schon wieder ein Alkoholtest...."

Alles in Ordnung, liebe Gerda!

Herzlichen Dank für Deinen lieben Brief. Du brauchst Dir wirklich keine Sorgen um mich zu machen. Es ist alles in Ordnung. Das Essen koche ich selbst, und ich staune täglich mehr, wie gut es doch klappt.

Mittlerweile kann ich es essen ohne das mir anschließend im Krankenhaus der Magen ausgepumpt werden muss. Da es oft schnell gehen muß, habe ich mir gestern Bratkartoffeln gemacht. Müssen die Kartoffeln eigentlich geschält werden? Zwischendurch war ich Brötchen holen. Nach meiner Rückkehr war die Emaille in der Pfanne geschmolzen. Ich habe nie geglaubt, daß sie so wenig aushält.

Der Rauch in der Küche ist schon wieder abgezogen, aber die Katze ist schwarz wie ein Rabe und hustet.
Seither ergreift sie panikartig die Flucht, wenn ich nur den Herd anschalte oder mit den Pfannen klappere.
Da ich wenigstens einmal am Tag was Warmes zu Essen brauche, wie du ja weißt, läßt sich Katze mittlerweile gar nicht mehr blicken!

 Sag mal, wie lange muß man eigentlich Eier kochen? Ich habe sie zwei Stunden gekocht, aber sie waren nicht weich zu kriegen. Schreib mir doch mal, ob man angebrannte Milch noch verwenden kann. Soll ich sie aufheben, bist Du wiederkommst?

Hatte leichte Probleme mit dem Gulasch, habe mir eine Dose warm gemacht. Doch leider ist sie in der Mikrowelle explodiert. Die Tür der Mikrowelle wurde durchs Fenster geschleudert und unser schönes Gewächshaus ist leider kaputt.....das Fenster auch.

Da es geschlossen war (Muss ich immer, wenn ich koche, sonst rückt wieder die Feuerwehr aus) wurde es mit dem Rahmen komplett rausgerissen, die Druckwelle war gewaltig.

Die Dose dagegen ging ab wie ein Zäpfchen, senkrecht nach oben, durchschlug die Decke und traf die kleine 13jährige Tochter von
Herrn Bauer, der über uns wohnt genau zwischen die Beine. Sie war gerade beim
Klavierspielen, ihr is' nix passiert, aber dem Klavierlehrer hat's
4 Finger abgerissen!

Hast Du auch schon mal gehabt, daß Dir schmutziges Geschirr verschimmelt ist? Wie ist das nur in so kurzer Zeit möglich? Du bist doch kaum vier Wochen fort. Hinter der Spüle lebt alles, da kannste "UNIVERSUM" drehen. Wo kommt dieses Krabbelgetier her?

Doktoren

Hast du da etwas deponiert? Habe mich dann doch endlich dazu hinreißen lassen
und das Geschirr gespült. Bitte schimpf nicht mein Schatz, aber das
gute Porzellan von Oma is' hin. Hätte nicht gedacht, sah doch so
stabil aus, war wohl ein bißchen viel, 1000 Umdrehungen der Waschmaschine.

Die ist übrigens auch hinüber, das große Schlachtermesser hat beim
Schleudern leider die Trommel ein wenig beschädigt......und steckt
jetzt in der Wand,
das Messer, nicht die Trommel. Denn die hat die 300er Ziegelwand
durchschlagen und liegt irgendwo draußen sinnlos herum!

Beim Essen habe ich leider den Wohnzimmerteppich eingesaut, mit
Tomatensoße. Du sagtest mir immer, dass Tomatensoße nicht mehr rausgeht.
Da hast du dich geirrt, mein Liebling, die ging wunderbar raus, die Haare
des Teppichs auch. Ich hätte doch wohl keine Nitroverdünnung nehmen
dürfen!

Den Kühlschrank habe ich auch abtauen müssen. Du bist da immer so
ungeschickt, das Eis geht wunderbar ab mit einer Maurerkelle. Nur
komischerweise heizt er jetzt, komisch. Auf jeden Fall ist das
Fleisch gut durch. Joghurt, Sekt und Mineralwasser auch, alles explodiert.

Mein Liebling! Am Donnerstag habe ich vergessen, die Wohnung
abzuschließen. Es muß jemand da gewesen sein, denn es fehlen einige
Wertgegenstände, aber Geld allein macht ja nicht glücklich, wie Du immer
sagst.

Der Kleiderschrank ist auch leer, aber es kann ja nicht viel drin gewesen sein,
denn Du hast Dich ja immer beklagt, daß Du nichts zum Anziehen hast.
Als ich gestern Abend die Kaninchen füttern wollte, ist mir die Kerze
umgefallen.

Naja, das Kaninchen ist jetzt ohne Haare. Schaut irgendwie witzig aus!

Damit will ich schließen, morgen mehr. Ich hoffe, daß Du Deine Kur
in sorgloser Ruhe und Freude genießt.

Viele herzliche Grüße von Deinem Erwin!

PS: Deine Mutter hat als sie von dem Unglück erfahren hat der Schlag
getroffen. Die Beerdigung war gestern, habe es dir nicht gesagt um
dich nicht unnötig zu beunruhigen. Du bist ja auf Kur und sollst dich erholen!

Doktoren

So verabreichen sie Ihrer Katze eine Tablette

Nehmen sie die Katze in die Beuge Ihres linken Armes, so als ob Sie ein Baby halten. Legen sie den rechten Daumen und Mittelfinger an beiden Seiten des Mäulchens an, und üben Sie sanften Druck aus, bis die Katze es öffnet. Schieben Sie die Pille hinein und lassen Sie die Katze das Mäulchen schließen.

Sammeln Sie die Pille vom Boden auf, und holen Sie die Katze hinterm Sofa vor. Nehmen Sie sie wieder auf den Arm, und wiederholen Sie den Vorgang. Holen Sie die Katze aus dem Schlafzimmer, und schmeißen Sie die angesabberte Pille weg.

Nehmen Sie eine neue Pille aus der Dose, die Katze erneut auf den Arm, und halten Sie die Tatzen mit der linken Hand fest. Zwingen Sie den Kiefer auf, und schieben Sie die Pille in den hinteren Bereich des Mäulchens. Schließen Sie es, und zählen Sie bis zehn.

Angeln Sie die Pille aus dem Goldfischglas und die Katze von der Garderobe. Rufen Sie Ihren Mann aus dem Garten.

Knien Sie sich auf den Boden und klemmen Sie die Katze zwischen die Knie. Halten Sie die Vorderpfoten fest. Ignorieren sie das Knurren der Katze. Bitten Sie Ihren Mann, den Kopf der Katze festzuhalten und ihr ein Holzlineal in den Hals zu schieben. Lassen Sie die Pille das Lineal runterkullern und reiben Sie anschließend den Katzenhals.

Pflücken Sie die Katze aus dem Vorhang. Nehmen Sie eine neue Pille aus der Dose. Notieren Sie sich, ein neues Lineal zu kaufen und den Vorhang zu flicken.

Wickeln Sie die Katze in ein großes Handtuch. Drapieren Sie die Pille in das Endstück eines Strohhalmes. Bitten Sie Ihren Mann, die Katze in den Schwitzkasten zu nehmen, so dass lediglich der Kopf durch die Ellenbogenbeuge guckt. Hebeln Sie das Katzenmäulchen mit Hilfe eines Kugelschreibers auf und pusten Sie die Pille in Ihren Hals.

Überprüfen Sie die Packungsbeilage, um sicher zu gehen, dass die Pille für Menschen harmlos ist. Trinken Sie ein Glas Wasser, um den Geschmack loszuwerden. Verbinden Sie den Arm Ihres Mannes und entfernen Sie das Blut aus dem Teppich mit kaltem Wasser und Seife. Holen Sie die Katze aus dem Gartenhäuschen des Nachbarn.

Nehmen Sie eine neue Pille. Stecken Sie die Katze in einen Schrank und schließen Sie die Tür in Höhe des Nackens, so dass der Kopf herausschaut. Hebeln Sie das Mäulchen mit einem Dessert-Löffel auf. Flitschen Sie die Pille mit einem Gummiband in den Rachen.

Holen Sie einen Schraubenzieher aus der Garage und hängen Sie die Tür zurück in die Angeln. Legen Sie kalte Kompressen auf Ihr Gesicht, und überprüfen Sie das Datum Ihrer letzten Tetanusimpfung. Werfen Sie Ihr blutgesprenkeltes T-Shirt weg, und holen Sie ein neues aus dem Schlafzimmer. Lassen Sie die Feuerwehr die Katze aus dem Baum auf der gegenüberliegenden Straße holen. Dann entschuldigen Sie sich beim Nachbarn, der in den Zaun gefahren ist, um der Katze auszuweichen.

Nehmen Sie die letzte Pille aus der Dose. Binden Sie die Vorder- und Hinterpfoten der Katze mit einer Wäscheleine zusammen. Knüpfen Sie sie an die Beine des Esstisches. Ziehen Sie sich die Gartenhandschuhe über, öffnen Sie das Mäulchen mit Hilfe eines Brecheisens. Stopfen Sie die Pille hinein, gefolgt von einem großen Stück Filetsteak. Halten Sie den Kopf der Katze senkrecht und schütten Sie Wasser hinterher, um die Pille herunter zu spülen.

Lassen Sie sich von Ihrem Mann ins Krankenhaus fahren. Sitzen Sie still, während der Arzt Finger und Arm näht und Ihnen die Pille aus dem rechten Auge entfernt. Halten Sie auf dem Rückweg am Möbelhaus, und bestellen Sie einen neuen Tisch.

Doktoren

In der Nervenheilanstalt ...

Veronika und Michael sind beide Patienten in einer Nervenheilanstalt.

Eines Tages, als sie beim Spazieren am Pool vorbeikommen, springt Michael plötzlich in den Pool. Er sinkt wie ein Stein und taucht nicht mehr auf. Veronika springt sofort nach um ihn zu retten. Sie taucht hinab und zieht Michael raus.

Als der Anstaltsleiter diese heldenhafte Tat erfährt, beantragt er sofort Veronikas Entlassung, da er nun bemerkt, dass sie geistig völlig stabil und zurechnungsfähig ist.
Er geht also zu ihr um sie über die grosse Neuigkeit zu unterrichten: "Veronika, ich habe eine gute und eine schlechte Nachricht. Die gute Nachricht ist, dass Du aus der Nervenheilanstalt entlassen wirst. Da Du fähig warst, einem anderen Patienten das Leben zu retten, denke ich, dass Du Deine mentale Funktionstüchtigkeit wieder zurückerlangt hast." Die schlechte Nachricht allerdings ist, dass Michael, der Patient, den Du gerettet hast, sich kurz danach im Badezimmer erhängt hat, mit dem Gürtel seines Anzugs. Es tut mir leid, er ist tot."

Veronika schaut ihn kurz an und meint dann: "Er hat sich nicht umgebracht, ich hab ihn dorthin zum Trocknen aufgehängt."

* * * * *

Eine Frau begleitet ihren Ehemann zum Arzt. Nach dem Check-Up ruft der Arzt die Ehefrau allein in sein Zimmer und sagt: "Ihr Ehemann ist in einer schrecklichen Verfassung, er leidet unter einer sehr schweren Krankheit, die mit Stress verbunden ist. Sie müssen meinen Anweisungen folgen, oder er wird sterben. Machen Sie ihm jeden Morgen ein nahrhaftes Frühstück. Zum Mittagessen geben Sie ihm ein gutes Essen, das er mit zur Arbeit nehmen kann und am Abend kochen Sie ihm ein wirklich wohlschmeckendes Abendessen. Nerven Sie ihn nicht mit Alltäglichem und Kleinigkeiten, die seinen Stress noch verschlimmern könnten. Besprechen Sie keine Probleme mit ihm. Versuchen Sie ihn zu entspannen und massieren Sie ihn häufig. Er soll vor allem viel Teamsport im Fernsehen ansehen und am wichtigsten, befriedigen Sie ihn komplett mehrmals die Woche sexuell. Wenn Sie das die nächsten zehn Monate tun, wird er wieder ganz gesund werden." Auf dem Weg nach Hause fragt ihr Ehemann: "Was hat der Arzt dir gesagt?" "Du wirst sterben, Schatz", antwortet die Frau.

Doktoren

Vier Chirurgen unterhalten sich in der Kaffeepause über ihren Beruf. Der erste sagt: "Ich finde, Buchhalter sind am leichtesten zu operieren. Du machst auf und alles ist nummeriert." Der zweite Chirurg sagt: "Ich finde, am leichtesten sind Bibliothekare zu operieren. Du machst auf und es ist alles alphabetisch geordnet." Der dritte Chirurg sagt: "Ich finde, am leichtesten sind die Elektriker zu operieren. Du machst auf und alles ist farbcodiert." Der vierte Chirurg sagt: "Am einfachsten zu operieren sind Chefs. Kein Herz, kein Hirn, keine Eier. Und der Kopf und der Arsch sind untereinander austauschbar! Also da kann wirklich gar nichts schief laufen!"

Religion

Religion

Petrus und der Chef einigen sich darauf, künftig nur noch Fälle anzunehmen, die eines besonders spektakulären Todes gestorben sind!

Es klopft an der Himmelstür, Petrus ruft: "NUR NOCH AUSSERGEWÖHNLICHE FÄLLE!"

Der Verstorbene: "Höre meine Geschichte: Ich vermutete schon lange, dass meine Frau mich betrügen würde. Also komme ich überraschend 3 Stunden früher von der Arbeit, renne wie wild die sieben Stockwerke zu meiner Wohnung rauf, reiße die Tür auf, meine Frau liegt nackt auf dem Bett, ich suche wie ein Wahnsinniger die ganze Wohnung ab - und auf dem Balkon finde ich einen Kerl und der hängt am Geländer. Also, ich einen Hammer geholt, dem Typen auf die Finger gehauen, der fällt runter, landet direkt in einem Strauch, und steht wieder auf, das Schwein. Ich zurück in die Küche, wippe den kompletten Kühlschrank auf den Balkon und kippe das ganze Ding übers Geländer. TREFFER! Nachdem das Schwein nun platt war, bekomm´ ich von dem ganzen Stress einen Herzinfarkt."

"OK", sagt Petrus, "ist genehmigt, komm rein."

Kurz darauf klopft es wieder: " NUR NOCH AUSSERGEWÖHNLICHE FÄLLE!", sagt Petrus.

"Kein Problem", sagt der Verstorbene: "Ich mach wie jeden Morgen meinen Frühsport auf dem Balkon im 8. Stock, stolpere über so 'nen doofen Hocker, fall über das Geländer und kann mich wirklich in letzter Sekunde ein Stockwerk tiefer außen am Balkongeländer festhalten. Meine Güte, dachte ich, toll, was für ein Glück, ich lebe noch! Da kommt plötzlich ein völlig durchgeknallter Idiot und haut mir mit 'nem Hammer auf die Finger, ich stürze ab, lande aber in einem Strauch und denke: DAS GIBT ES NICHT! Zum zweiten Mal überlebt! Ich schau also nochmal nach oben und sehe gerade noch, wie der Kerl einen Kühlschrank auf mich wirft!"

"OK", sagt Petrus, "rein in den Himmel."

Und schon wieder klopft es an der Himmelstür. "NUR NOCH AUSSERGEWÖHNLICHE FÄLLE!", flüstert Petrus.

"Kein Thema!", antwortet der Verstorbene:

"Ich sitze nach einer total scharfen Nummer völlig nackt im Kühlschrank und... "

"REIN!" brüllt Petrus.

* * * * *

Kurz vor Weihnachten. Die Mitarbeiter einer Hilfsorganisation machen die Runde und versuchen die Anwohner davon zu überzeugen, dass es eine gute Idee wäre, vielleicht einem Drittweltkind ein Weihnachtsfest in Frieden und Geborgenheit zu ermöglichen.
Sie geraten an ein altes Ehepaar und fragen, nachdem alles erklärt ist: "Wie wäre es denn nun zu Weihnachten mit einem kleinen Drittweltkind?" Darauf der Opa: "Tja, warum eigentlich nicht? Wir hatten zu Weihnachten bis jetzt immer nur Ente!"

Religion

Die 10 Gebote - Die wahre Geschichte

... und Moses stieg hinauf auf den Berg Sinai ... da stolperte er über einen Ast und rieb sich das Knie, als Gott erschien und Fragte...

Gott: "Du kniest vor mir mein Sohn?"
Moses: "Scheiße!! Hier liegen Steine und Stöcke herum. Du könntest dir einen besseren Platz aussuchen um mich zu treffen."
Gott: "Moses, klage nicht. Ich habe dich auserwählt! Ich erwartete dich, aber du siehst ziemlich müde aus?"
Moses: "Ja und übrigens hab ich nichts an den Ohren, du brauchst nicht so verdammt laut zu sein! Müde bin ich deshalb, weil wir gestern ne riesen Party hatten."
Gott: "Was für ne Party? Mir zu Lobpreisen?"
Moses: "Na also, so ist die Lautstärke doch gleich viel besser! Äh, also nein, die Beschneidung meines Sohnes Samuel."
Gott: "Ihr Beschneidet eure Kinder? Das versteh ich nicht..."
Moses: "Wie, das verstehst du nicht? Na da, hier vorne, dahaa! Die Pelle schnipp weg, du weisst schon, hä?"
Gott: "Was für ein komisches Ritual ist das? Stammt es von mir?"
Moses: "Dürfen wir denn nichts machen was nicht von dir ist oder was? Ist der große Herr dann vielleicht beleidigt, oder wie?"
Gott: "Mhh, lassen wir das. Trotzdem kommst du um einiges zu spät!"
Moses: "Jaja, ich hab's halt nicht gleich gehört!"
Gott: "Aber ich sandte dir doch ein unverkennbares Zeichen!"
Moses: "Ja, du hast mich verdammt noch mal zu Tode erschreckt mit diesen brennenden Dornenbüschen! Ich konnte verdammt und zugenäht noch mal gar nicht so schnell auspissen wie du..."
Gott: "MOSES, fluche nicht vor dem Angesicht deines Herrn, denn sonst...!"
Moses: "Sonst was, willst du mir etwa drohen?"
Gott: "Was... ach vergiß es. Nun will ich dir geben wie versprochen die 10 Gebote, nach denen Leben sollen von nun an die Menschen. Schreibe sie da nieder und bringe den Berg sie hinab."
Moses: "Warum quasselst du so bescheuert? Bist du etwa Yoda? Ausserdem hab ich nix zu schreiben dabei!"
Gott: "Was heisst du hast nichts zum Schreiben dabei? Das sollte nicht sein."
Moses: "Du hast mir nix davon gesagt, das ich was zu schreiben mitnehmen soll, verdammt! Moses, hast du gesagt, geh auf diesen gottverdammten, ähh, geh auf diesen Berg, zerreiss dir dabei dein Beinkleid, frier dir halb den Arsch ab und bring auch was zu schreiben mit! Hast du das denn gesagt, ja?
Gott: "Nicht direkt."
Moses: "Du hast es nicht gesagt."
Gott: "Nun, ich dachte..."
Moses: "Denken ist nicht wissen, du hast es nicht gesagt."
Gott: "Ich..."
Moses: "Du hast es nicht gesagt, du hast es nicht gesagt, du hast es nicht gesagt."
Gott: "Ist ja gut! Ich habe es nicht gesagt! Können wir jetzt endlich anfangen? Du musst es halt einfach merken."
Moses: "Moment mal! Merken? Biste ein bisschen meschugge?"
Gott: "Wie bitte, soll ich für dich die 10 Gebote vielleicht auch noch in Steintafeln ritzen?"
Moses: "Mhh ja, das wäre doch was, guter Vorschlag. Aber bitte nicht zu groß, ich muss sie ja nachher auch schleppen!"
Gott: "Ich hätte mir vielleicht doch jemand anderen suchen sollen..."
Moses: "Ist schon gut alter, alles klar. Ich bin soweit. Also was geht jetzt ab Alter?"

Das erste Gebot: Ich bin der Herr, dein Gott. Du sollst keine anderen Götter neben mir haben!

Moses: "Hast du Angst vor der Konkurrenz oder was?"
Gott: "Moses, so sag mir aus dem Herzen; würdest du andere Götter anbeten neben mir?"
Moses: "Hmmm... ich weiss nicht! Kannst du Regen machen?"
Gott: "Ob ich.... Natürlich! Ich bin der Herrscher über die Elemente!"
Moses: "Und kriegen wir auch mal was anderes außer Manna?"
Gott: "Ist daran etwas nicht in Ordnung?"
Moses: "Schon gut, schon gut. Wir sitzen nur alle im weichen Stuhl..."

Das zweite Gebot: Du sollst den Namen des Herren nicht unnütz gebrauchen!

Moses: "Versteh ich nicht. Ich darf nicht mal Himmelherrgott oder so sagen?"
Gott: "Nein Moses."
Moses: "Gottverdammt?"
Gott: "Nein."
Moses: "Heilige Scheiße?"
Gott: "Nein!"
Moses: "Wie wär's mit: Teufel noch mal?"
Gott: "Moses, halte ein der Blasphemischen Worte!"

Religion

Moses: "Ok, ok. Mach einfach weiter, wenn du denkst, du bist soweit, ja? Auf dein Zeichen."

Das dritte Gebot: Du sollst den Feiertag heiligen!

Moses: "Was? Schau dir den Mosche an, den faulen Sack! Er..."
Gott: "Er hat sein Tagewerk getan, Moses, warum sollte er nicht die Früchte seiner Arbeit geniessen, während du..."
Moses: "Während ich was? Ich hüte Ziegen! Ist daran was Schlechtes?"
Gott: "Nein, Moses. Jeder nutze seine ihm gegebene Gabe..."
Moses: "Gabe? Er knetet ein paar Brote, wer weiss schon was er da alles reintut! Kratzt sich am Sack und das war's!"
Gott: "Moses, Zürne ihm nicht! Ich spreche vom Sabbat, dem siebten Tag, an dem auch ich geruht habe, nachdem ich die Welt erschuf!"
Moses: "Wirst langsam alt, wie?"
Gott: "Ich weiss wirklich nicht was mich bewog dich zu wählen."
Moses: "Wenn du es nicht weisst..."

Das vierte Gebot: Do sollst Vater und Mutter ehren!

Moses: "Warum? Mein Vater ist ein verfaulter Knochen. Ich ehre ihn ja, er liegt auf dem Karren und bekommt einmal in der Woche einen getrockneten Fisch. Das mit dem abgebrochenen Sonnenschutz war nicht meine Schuld. Hast du nicht noch einen Platz frei für ihn? Du kannst ihn vor deine Türe schieben, dann zieht's nicht so."
Gott: "Moses, du sollst sie ehren, sie sind Gottesfürchtige Menschen. Du bist aus ihren Lenden erschaffen."
Moses: "Genau, und weil ich ihre Lenden geerbt habe, hab ich jetzt auch die Gicht, hier, immer wenn ich so mache."
Gott: "Dann mach einfach nicht so."
Moses: "Na klasse! Als Arzt jedenfalls taugst du nichts. Und meine Mutter? Die hat einen Arsch, das sich 10 Schafe dahinter verstecken können. Mosche und David haben ihren Rock einmal mit unserem Gästezelt verwechselt. Man was für ein Geschrei das war!"
Gott: "Entschuldige Moses, das ist nun wirklich dein Problem."
Moses: "Mein Problem, ja? Na klar! Wie geht's jetzt weiter?"

Das fünfte Gebot: Du sollst nicht töten!

Moses: "Warum nicht?"
Gott: "Nun, ich hab's gesagt."
Moses: "Ich hab verstanden was du gesagt hast. Du schreist ja schon wieder so! Was ist wenn doch?"
Gott: "Wie bitte!!"
Moses: "Was passiert, wenn ich doch jemanden so, kkrrrkk, am Hals eben?"
Gott: "Dann, äh, dann erhältst du keinen Einlass ins Himmelreich."
Moses: "Das ist alles?"
Gott: "Was heisst hier, das ist alles? Für einen gläubigen Mann ist das Himmelreich das Höchste."
Moses: "Ok ok! Für einen gläubigen Mann! Was ist, wenn es aus versehen passiert?"
Gott: "Aus versehen??"
Moses: "Stell dir vor, ich gehe an einen schönen Tag durch die Wiese und zertrete eine, äh, sagen wir eine Ameise, was dann?"
Gott: "Das ist etwas anderes!"
Moses: "Sagtest du nicht, Herr, dass alle Lebewesen gleich sind vor deinem Angesicht?"
Gott: "Das sagte ich."
Moses: "Aha, also?! Oder ich töte dir zu ehren eine Ziege, was dann?"
Gott: "Moses, du gehst mir heute auf die Eier!"
Moses: "Schon gut. Mach weiter! Tu dir bloß keinen Zwang an, mir muss man ja nix erklären."

Das sechste Gebot: Du sollst nicht Ehebrechen!

Moses: "Wie sollte ich auch? Judith ist denn ganzen Tag bei mir! Ich hätte gar keine Gelegenheit, Sarah mit den dicken..."
Gott: "Auch wenn dein Weib nicht da ist!"
Moses: "Ach so! Na dann! Ist aber hart, das sag ich dir. Was ist, wenn meine Frau wieder mal total ausläuft? Ich denke jedesmal, der Jordan tritt über die Ufer. Könnt ich da nicht..."
Gott: "Nein, auch dann nicht."
Moses: "Könntest du wenigstens das abstellen? Warum bluten sie einmal im Monat wie die Schweine?"
Gott: "Das ist die strafe für euer schamloses Treiben im Paradies."
Moses: "Hej, das war nicht ich! Hier ist aber jemand nachtragend! Mein Gott!"
Gott: "Natürlich bin ich dein Gott! Aber wir sollten jetzt weiter machen. Hier kommt das nächste Gesetz:"

Das siebte Gebot: Du sollst nicht....

Moses: "Wie viele kommen denn noch??"
Gott: "Wie viele was?"

Religion

Moses: "Na worüber wir die ganze Zeit quatschen, oh Herr, die Gesetze äh Gebote, dieses "du sollst nicht dies und das bla bla", was auch immer."
Gott: "Moses, ich sagte dir, ich werde dir zehn Gebote geben! Du hörtest sechs, also folgen noch vier!"
Moses: "Wie wär's mit dreien?"
Gott: "Vier."
Moses: "Drei?"
Gott: "Moses, was soll diese Feilscherei, wir sind hier nicht auf einem Basar!"
Moses: "Warn versuch! Sollte lustig sein! Humor ist also auch Fehlanzeige. OK, lass krachen!"

Das siebte Gebot: Du sollst nicht stehlen!

Moses: "Was ist das denn wieder für eine Scheiße?"
Gott: "Moses, ich ersuche dich noch einmal, nicht zu fluchen!"
Moses: "Und wenn ich doch stehle?"
Gott: "Dann erhältst du keinen Einlass in das Himmelreich."
Moses: "Das hatten wir schon, das ist ein ziemlich doofes Gesetzbuch! Wie wäre es mit: Eier ab?!"
Gott: "Wie bitte?"
Moses: "Tschuldige, du hast ja keine Eier. Ihr Götter pflanzt euch ja durch Jungfernzeugung fort."
Gott: "Wer sagt das??"
Moses: "Hmm, so Gerede eben unter Männern."
Gott: "Gerede ja? Würdest du jetzt bitte zuhören?"
Moses: "Jop."

Das achte Gebot: Du sollst nicht falsches Zeugnis ablegen wider deinen nächsten!

Moses: "Das ist doch Kappes!"
Gott: "Ach ja?"
Moses: "Ja, also neulich, da sag ich zu meiner Judith, der Ismail, was der Sohn von Joseph ist, treibt's mit der Kuh von..."
Gott: "MOSES!!"
Moses: "... dem David, dem Zahnlosen, wie wir ihn nennen, und da hat die Judith es dem David erzählt und..."
Gott: "MOSES!!!"
Moses: "... der hat es Joseph erzählt und dann? Man, der hat vielleicht Mores gekriegt!"
Gott: "Moses!!!!"
Moses: "Waaasss isss!!??"
Gott: "Moses, genau das meine ich! Anstatt den rechten Weg ihn zu lehren, redest du schlecht über ihn!"
Moses: "Vors Maul gab's! Und? Hat's ihm geschadet, hä?"
Gott: "Was? Wie? Machen wir weiter..."

Das neunte Gebot: Du sollst nicht begehren deines nächsten Hauses!

Moses: "Hä? Siehst du hier ein Haus? Schau dir diese beschissene Gegend doch mal an, in die du uns geführt hast."
Gott: "Ich? Du hast sie hierher geführt!"
Moses: "Jetzt bin ich wieder schuld? Wir hätten diesen Berg nie erreicht."
Gott: "Ein anderer hätte es auch getan."
Moses: "Ich krieg die Motten. Ein anderer hätte es auch getan! Auf die Erklärung habe ich gewartet! Scheiße man..."
Gott: "Ruhe jetzt!!"
Moses: "Jaja."
Gott: "Moses, du geringschätzt mich! Ich..."
Moses: "Du hast mich doch ins Leben geholt! Ich bin nach deinem Ebenbild erschaffen! Vielleicht möchtest du ja mit der Sarah..."
Gott: "Treib's nicht zu weit, Moses!"

Das zehnte Gebot: Du sollst nicht Begehren deines nächsten Weibes, Knecht, Magd, Vieh, noch alles, was sein ist!

Moses: "Na klasse, das lässt ja wenig Spielraum für Auslegungen, nicht wahr? Bin ich vielleicht ein Ziegenficker, wie die Griechen??"
Gott: "Moses, noch ein Wort und ich schicke dich und dein Volk 40 Jahre durch die Wüste, wenn's sein muss. Ist das klar?"
Moses: "Red doch nicht so ein Scheiß... hab ich dir schon mal gesagt, dass du lustig aussiehst, wenn du dich aufregst...?"

Und es kam, wie es geschrieben steht...

Religion

Petrus steht - wie üblich - am Himmelstor und passt gut auf.

Es klopft und er öffnet.

Draußen steht ein Kerlchen und sagt: "Hallo, ich bin der Hu!" und ist - pffft - wieder verschwunden.

Petrus schließt das Tor und murmelt "komischer Kerl", als es wieder klopft. Draußen steht der Kerl von vorhin und sagt: "Hallo, ich bin der Hu!" und ist - pffft - wieder verschwunden.

Petrus macht das Tor wieder zu, schimpft etwas von "So ein Blödmann", als es erneut klopft. Draußen steht, na? Genau! Das Kerlchen von eben. "Hallo, ich bin der Hu!" und - pffft - weg ist er.

Petrus schlägt wütend das Tor zu, schimpft, dass er sich auch alleine veräppeln könne, als Gott ihm die Hand auf die Schulter legt: "Reg Dich nicht auf Petrus. Das war Hubert Scholze. Der liegt auf der Straße und wird gerade reanimiert."

* * * * *

So stirbt man standesgemäß:

1. Der Gärtner beißt ins Gras.
2. Der Maurer springt von der Schippe.
3. Der Koch gibt den Löffel ab.
4. Der Turner verreckt.
5. Den Elektriker trifft der Schlag.
6. Der Pfarrer segnet das Zeitliche.
7. Der Spachtelfabrikant kratzt ab.
8. Der Schaffner liegt in den letzten Zügen.
9. Der Beamte entschläft sanft.
10. Der Religiöse muss dran glauben.
11. Der Zahnarzt hinterlässt eine schmerzliche Lücke.
12. Der Gemüsehändler schaut sich die Radieschen von unten an.
13. Der Fechter springt über die Klinge.
14. Die Putzfrau kehrt nie wieder.
15. Der Anwalt steht vor dem jüngsten Gericht.
16. Der Autohändler kommt unter die Räder.
17. Der Kfz-Mechaniker schmiert ab.
18. Der Förster geht in die ewigen Jagdgründe ein.
19. Der Gynäkologe scheidet dahin.
20. Der Schornsteinfeger erbleicht.
21. Der Rabbi geht über den Jordan.
22. Der Optiker schließt für immer die Augen.
23. Der Eremit wird heim gerufen.
24. Der Tenor hört die Englein singen.
25. Der Spanner ist weg vom Fenster.

Und last, but not least:
26. Dolly Buster nippelt ab.

Religion

Thema: Die Schöpfung

Gott erschuf den Esel und sagte zu ihm: Du bist ein Esel. Du wirst unentwegt von morgens bis abends arbeiten und schwere Sachen auf deinem Rücken tragen. Du wirst Gras fressen und wenig intelligent sein. Du wirst 50 Jahre leben.
Darauf entgegnete der Esel: 50 Jahre so zu leben Ist viel zu viel, gib mir bitte nicht mehr als 30 Jahre.

Und es war so.

Dann erschuf Gott den Hund und sprach zu ihm: Du bist ein Hund. Du wirst über die Güter der Menschheit wachen, deren ergebenster Freund du sein wirst. Du wirst das Essen, was der Mensch übrig lässt und 25 Jahre leben.
Der Hund antwortete: Gott, 25 Jahre so zu leben, ist zu viel. Bitte nicht mehr als 10 Jahre.

Und es war so.

Dann erschuf Gott den Affen und sprach: Du bist ein Affe. Du sollst von Baum zu Baum schwingen und dich verhalten wie ein Idiot. Du wirst lustig sein, und so sollst du für 20 Jahre leben.
Der Affe sprach: Gott, 20 Jahre als Clown der Welt zu leben, Ist zu viel. Bitte gib mir nicht mehr als 10 Jahre.

Und es war so.

Schliesslich erschuf Gott den Mann und sprach zu ihm: Du bist ein Mann, das einzige rationale Lebewesen, das die Erde bewohnen wird.
Du wirst deine Intelligenz nutzen, um dir die anderen Geschöpfe untertan zu machen. Du wirst die Erde beherrschen und für 20 Jahre leben.
Darauf sprach der Mann: Gott, Mann zu sein für nur 20 Jahre ist nicht genug. Bitte gib mir die 20 Jahre, die der Esel ausschlug, die 15 des Hundes und die 10 des Affen.

Und so sorgte Gott dafür, dass der Mann 20 Jahre als Mann lebt, dann heiratet um 20 Jahre als Esel von morgens bis abends zu arbeiten und schwere Lasten zu tragen. Dann wird er Kinder haben und 15 Jahre wie ein Hund leben, das Haus bewachen und das essen, was die Familie übrig lässt. Dann, im hohen Alter, lebt er 10 Jahre als Affe, verhält sich wie ein Idiot und amüsiert seine Enkelkinder.

Und es ist so....

Religion

Schöner Morden mit der Bibel

Mütter, Väter Opas und Omas schmeißt den Fernseher aus dem Fenster, die Bibel tut's auch!

Kettensägenmassaker nach Horrorfilm! Mit Eishockeymaske maskierter Jugendlicher zerstückelt Rentnerin!
Solche oder ähnliche Schlagzeilen sind regelmäßig in der BILD oder ähnlichen Publikationen zu finden. Die Schuldfrage in der Regel schnell geklärt. 'Die Medien sind natürlich dafür verantwortlich', hört man die Mahner rufen, 'all die Schundliteratur, all die Gewaltvideos. Hätten sie, statt sich Freitag der 13, Teil 239 zum zehnten Male anzusehen, doch lieber mal in der Bibel gelesen'. Stimmt. Hätten sie die Bibel gelesen, dann hätten sie auch gewusst, wie man so etwas richtig angeht.

Schöner Morden mit der Bibel

Mord Nr. 1: RICHTER 4,21
Nimm einen Zeltpflock und treibe diesen einem ahnungslos Schlafenden mit einem Hammer durch die Schläfe.

21Da nahm Jael, die Frau Hebers, einen Pflock von dem Zelt und einen Hammer in ihre Hand und ging leise zu ihm hinein und schlug ihm den Pflock durch seine Schläfe, daß er in die Erde drang. Er aber war ermattet in einen tiefen Schlaf gesunken. So starb er.
22Als aber Barak Sisera nachjagte, ging ihm Jael entgegen und sprach zu ihm: Komm her! Ich will dir den Mann zeigen, den du suchst. Und als er zu ihr hereinkam, lag Sisera tot da, und der Pflock steckte in seiner Schläfe.

Mord Nr. 2: RICHTER 9,53
Zerschmettere den Schädel eines Feindes mit einem Mühlstein.

52Da kam Abimelech zur Burg und kämpfte gegen sie und näherte sich dem Burgtor, um es mit Feuer zu verbrennen.
53Aber eine Frau warf einen Mühlstein Abimelech auf den Kopf und zerschmetterte ihm den Schädel.

Mord Nr. 3: RICHTER 9, 54
Bitte einen Freund um Sterbehilfe, wenn du durch eine Frau tödlich verletzt wirst.

54Da rief Abimelech eilends seinen Waffenträger herbei und sprach zu ihm: Zieh dein Schwert und töte mich, daß man nicht von mir sage: Ein Weib hat ihn erschlagen. Da durchstach ihn sein Waffenträger und er starb.

Mord Nr. 4: HOSEA 14,1
Schlitze schwangeren Frauen die Bäuche auf und zerschmettere kleine Kinder.

1Samaria wird wüst werden; denn es ist seinem Gott ungehorsam. Sie sollen durchs Schwert fallen und ihre kleinen Kinder zerschmettert und ihre Schwangeren aufgeschlitzt werden.

Mord Nr. 5: 4. MOSE 25,7
Zwei auf einen Streich. Durchbohre ein sich liebendes Paar mit einem Speer.

8und ging dem israelitischen Mann noch hinein in die Kammer und durchstach sie beide, den israelitischen Mann und das Weib, durch ihren Bauch. Da hörte die Plage auf von den Kindern Israel.

Mord Nr. 6: RICHTER 15,15
Erschlage tausend Männer mit einem Eselsknochen

15Und er fand einen frischen Eselskinnbacken. Da streckte er seine Hand aus und nahm ihn und erschlug damit tausend Mann.

Mord Nr. 7: RICHTER 16,29
Bringe ein Gebäude über tausenden von Menschen zum Einsturz.

29Und er umfaßte die zwei Mittelsäulen, auf denen das Haus ruhte, die eine mit seiner rechten und die andere mit seiner linken Hand, und stemmte sich gegen sie 30und sprach: Ich will sterben mit den Philistern! Und er neigte sich mit aller Kraft. Da fiel das Haus auf die Fürsten und auf alles Volk, das darin war, so daß es mehr Tote waren, die er durch seinen Tod tötete, als die er zu seinen Lebzeiten getötet hatte.

Mord Nr. 8: 1. SAMUEL 18,27
Erschlage 200 Männer und schneide ihnen anschließend die Vorhäute ab.

27Und die Zeit war noch nicht um, da machte sich David auf und zog mit seinen Männern und erschlug unter den Philistern zweihundert Mann. Und David brachte ihre Vorhäute dem König in voller Zahl, um des Königs Schwiegersohn zu werden. Da gab ihm Saul seine Tochter Michal zur Frau.

Mord Nr. 9: 1. SAMUEL 15, 33
Zerlege deinen Feind in handliche Stücke.

33Samuel aber sprach: Wie dein Schwert Frauen ihrer Kinder beraubt hat, so soll auch deine Mutter der Kinder beraubt sein unter den Frauen. Und Samuel hieb den Agag in Stücke vor dem HERRN in Gilgal.

Mord Nr. 10: 2. SAMUEL 12,31
Verbrenne Gefangene lebendigen Leibes in Ziegelöfen.

31Aber das Volk drinnen führte er heraus und legte sie unter eiserne Sägen und Zacken und eiserne Keile und verbrannte sie in Ziegelöfen. So tat er allen Städten der Kinder Ammon. Da kehrte David und alles Volk wieder gen Jerusalem.

Mord Nr. 11: 2. KÖNIGE 28-29
Koche deinen Sohn und esse ihn auf.

28Und der König sprach zu ihr: Was ist dir? Diese Frau sprach zu mir: Gib deinen Sohn her, daß wir ihn heute essen; morgen wollen wir meinen Sohn essen: 29So haben wir meinen Sohn gekocht und gegessen. Und ich sprach zu ihr am nächsten Tage: Gib deinen Sohn her und laß uns ihn essen! Aber sie hat ihren Sohn versteckt.

Mord Nr. 12: 2. KÖNIGE 9,33
Stürze eine Frau aus dem Fenster, laß ihren Leichnam von Pferden zertrampeln und verfüttere die Überreste an die Hunde.

33Er sprach: Stürzt sie hinab! Und sie stürzten Isebel hinab, so daß die Wand und die Rosse mit ihrem Blut besprengt wurden; und sie wurde zertreten
(...)
35Als sie aber hingingen, um sie zu begraben, fanden sie nichts von ihr als den Schädel und ihre Hände.
36Und sie kamen zurück und sagten's Jehu an. Er aber sprach: Das ist's, was der HERR geredet hat durch seinen Knecht Elia, den Tischiter, als er sprach: Auf dem

Religion

Acker von Jesreel sollen die Hunde das Fleisch Isebels fressen,
37und der Leichnam Isebels soll wie Mist auf dem Felde im Gefilde von Jesreel, daß man nicht sagen könne: Das ist Isebel.

Mord Nr. 13: 2. KÖNIGE 10, 6ff
Enthaupte die Söhne einer Großfamilie und stelle die Köpfe öffentlich zur Schau.

6Da schrieb er einen zweiten Brief an sie, der lautete: Wenn ihr zu mir haltet und meiner Stimme gehorcht, so nehmt die Köpfe der Söhne eures Herrn und bringt sie zu mir morgen um diese Zeit nach Jesreel. Es waren aber siebzig Söhne des Königs, und die Großen der Stadt erzogen sie.
7Als nun der Brief zu ihnen kam, nahmen sie des Königs Söhne und schlachteten die siebzig und legten ihre Köpfe in Körbe und schickten sie zu Jehu nach Jesreel.
8Und als der Bote kam und ihm sagte: Sie haben die Köpfe der Söhne des Königs gebracht, sprach er: Legt sie in zwei Haufen vor das Tor bis morgen.

Mord Nr. 14: RICHTER 19,29
Zerstückele deine Ehefrau in zwölf Teile und verschicke sie postwendend.

29Als er nun heimkam, nahm er ein Messer, faßte seine Nebenfrau und zerstückelte sie Glied für Glied in zwölf Stücke und sandte sie in das ganze Gebiet Israels.

Mord Nr. 15: RICHTER 11
Schlachte deine Tochter und verbrenne sie.

31so soll, was mir aus meiner Haustür entgegengeht, wenn ich von den Ammonitern heil zurückkomme, dem HERRN gehören, und ich will's als Brandopfer darbringen.
(...)
34Als nun Jeftah nach Mizpa zu seinem Hause kam, siehe, da geht seine Tochter heraus ihm entgegen mit Pauken und Reigen; und sie war sein einziges Kind, und er hatte sonst keinen Sohn und keine Tochter.
(...)
39(...) Und er tat ihr, wie er gelobt hatte.

Mord Nr. 16: RICHTER 3,31
Erschlage 600 Männer mit einem Ochsenstecken.

31Nach ihm kam Schamgar, der Sohn Anats. Der erschlug sechshundert Philister mit einem Ochsenstecken, und auch er errettete Israel.

Mord Nr. 17: RICHTER 1,7-8
Hacke einem Mann Daumen und Zehe ab und lasse ihn sterben.

6Aber Adoni-Besek floh, und sie jagten ihm nach. Und als sie ihn ergriffen, hieben sie ihm die Daumen ab an seinen Händen und Füßen.
7(...) Und man brachte ihn nach Jerusalem, dort starb er.

Mord Nr. 18: RICHTER 19
Stelle deine Frau notgeilen Männern zur Verfügung und lasse sie zu Tode vergewaltigen.

25(...)Da faßte der Mann seine Nebenfrau und brachte sie zu ihnen hinaus. Die machten sich über sie her und trieben ihren Mutwillen mit ihr die ganze Nacht bis an den Morgen.

Religion

"Vergib mir, Vater, denn ich habe gesündigt. Ich war bei einem leichten Mädchen."
Der Pastor fragte: "Bist Du das, kleiner Piedro Parisi?"
"Ja, Vater, ich bin's."
"Und wer war die Frau, bei der Du warst?"
"Das kann ich Ihnen nicht sagen, Vater. Ich möchte ihren Ruf nicht ruinieren."
"Nun, Piedro, ich finde ihren Namen sicher früher oder später heraus, also kannst Du ihn mir auch nennen. War es Tina Minetti?"
"Das kann ich nicht sagen."
"War es Teresa Volpe?"
"Ich werde das nicht sagen."
"War es Nena Capeli?"
"Es tut mir leid, aber ich kann sie nicht nennen."
"War es Katharina Piriano?"
"Meine Lippen sind versiegelt."
"War es vielleicht Rosa Di Angelo?"
"Bitte, Vater, ich kann es Ihnen nicht sagen."
Der Pastor gab es frustriert auf. "Du bist sehr schweigsam, Piedro Parisi und ich bewundere das. Aber Du hast gesündigt und musst büssen. Du darfst für vier Monate nicht zur Messe kommen. Nun geh und benimm Dich!"
Piedro ging zurück zu seiner Bank, und sein Freund Nino rutschte zu ihm hinüber und flüsterte: "Was hast Du bekommen?" "Vier Monate Urlaub und fünf gute Tipps...."

* * * * *

In der Hölle
Ein Typ kommt in die Hölle und wird auch gleich zu Luzifer gebracht. Dieser heißt ihn herzlich willkommen und führt ihn in einen Gang mit drei Türen. "Hinter jeder Tür befindet sich eine Höllenqual - Such dir eine aus, mit der du für alle Zeiten bestraft werden willst!" Der Typ öffnet die erste Tür und sieht einen jungen Mann an die Wand angekettet, der pausenlos ausgepeitscht wird. Dann öffnet er die zweite Tür und sieht einen Mann im mittleren Alter, der mit rotglühenden Kohlen gefoltert wird. Nicht sehr ermunternd! Schließlich öffnet er die dritte Tür und sieht einen alten Mann auf einem gemütlichen Bett mit Seidenbettwäsche liegen, der von einer heißen Blondine einen geblasen bekommt. "Tjo, das wäre ja was für die Ewigkeit! Ich nehme Nummer drei!", freut sich der Typ. "So sei es denn", meint Luzifer, geht zur Blondine, klopft ihr auf die Schulter und sagt: "Du kannst jetzt gehen, wir haben deinen Ersatzmann gefunden!"

* * * * *

Kommt ein Schwuler in den Himmel. Petrus wartet schon und führt ihn zur Himmelpforte. Unterwegs fällt ihm der Schlüssel zur selbigen herunter. Als er sich bückt, um ihn aufzuheben, kann der Schwule nicht wiederstehen und gibt's ihm von hinten. Petrus: "Du, im Himmel haben wir solche schwulen Sachen nicht gern. Nochmal so was und ich schick dich in die Hölle. "Sie gehen weiter. Als Petrus wieder sein Schlüssel runterfällt und er sich bückt, kann der schwule sich wieder nicht beherrschen und gibt's ihm wieder von hinten. Also kommt der Schwule in die Hölle. Nach ein paar Monaten schaut Petrus in der Hölle vorbei. Er ist erstaunt, denn es ist bitterkalt; Der Höllenofen ist aus und der Satan sitzt frierend in einer Ecke. Petrus: "Hey, warum macht ihr nicht den Höllenofen an?" Satan: "Heb einen Scheit auf und find's heraus"

Religion

Dr. Laura Schlessinger

Laura Schlessinger ist eine US-Radio-Moderatorin, die Leuten, die in ihrer Show anrufen, Ratschläge erteilt. Kürzlich sagte sie, als achtsame Christin, daß Homosexualität unter keinen Umständen befürwortet werden kann, da diese nach Leviticus 18:22 ein Gräuel wäre. Der folgende Text ist ein offener Brief eines US-Bürgers an Dr. Laura, der im Internet verbreitet wurde.

****

Liebe Dr. Laura,

Vielen Dank, daß Sie sich so aufopfernd bemühen, den Menschen die Gesetze Gottes näher zu bringen. Ich habe einiges durch Ihre Sendung gelernt und versuche, das Wissen mit so vielen anderen wie nur möglich zu teilen.
Wenn etwa jemand versucht, seinen homosexuellen Lebenswandel zu verteidigen, erinnere ich ihn einfach an das Buch Mose 3, Leviticus 18:22, wo klargestellt wird, daß es sich dabei um ein Greuel handelt. Ende der Debatte.

Ich benötige allerdings ein paar Ratschläge von Ihnen im Hinblick
auf einige der speziellen Gesetze und wie sie zu befolgen sind,

a) Wenn ich am Altar einen Stier als Brandopfer darbiete, weiß ich, daß dies für den Herrn einen lieblichen Geruch erzeugt (Lev. 1:9). Das Problem sind meine Nachbarn. Sie behaupten, der Geruch sei nicht lieblich für sie. Soll ich sie niederstrecken?

b) Ich würde gerne meine Tochter in die Sklaverei verkaufen, wie es in Exodus 21:7 erlaubt wird. Was wäre Ihrer Meinung nach heutzutage ein angemessener Preis für sie?

c) Ich weiß, daß ich mit keiner Frau in Kontakt treten darf, wenn sie sich im Zustand ihrer menstrualen Unreinheit befindet (Lev. 15:19-24). Das Problem ist, wie kann ich das wissen? Ich habe versucht zu fragen, aber die meisten Frauen reagieren darauf pikiert.

d) Lev. 25:44 stellt fest, daß ich Sklaven besitzen darf, sowohl männliche als auch weibliche, wenn ich sie von benachbarten Nationen erwerbe. Einer meiner Freunde meint, daß würde auf Mexikaner zutreffen, aber nicht auf Kanadier. Können Sie das klären? Warum darf ich keine Kanadier besitzen?

e) Ich habe einen Nachbarn, der stets am Samstag arbeitet. Exodus 35:2 stellt deutlich fest, daß er getötet werden muß. Allerdings: bin ich moralisch verpflichtet, ihn eigenhändig zu töten?

f) Ein Freund von mir meint, obwohl das Essen von Schalentieren, wie Muscheln oder Hummer, ein Greuel darstellt (Lev. 11:10), sei es ein geringeres Greuel als Homosexualität. Ich stimme dem nicht zu. Könnten Sie das klarstellen?

g) In Lev. 21:20 wird dargelegt, daß ich mich dem Altar Gottes nicht nähern darf, wenn meine Augen von einer Krankheit befallen sind. Ich muß zugeben, daß ich Lesebrillen trage. Muß meine Sehkraft perfekt sein oder gibt's hier ein wenig Spielraum?

h) Die meisten meiner männlichen Freunde lassen sich ihre Haupt- und Barthaare schneiden, inklusive der Haare ihrer Schläfen, obwohl das eindeutig durch Lev. 19:27 verboten wird. Wie sollen sie sterben?

i) Ich weiß aus Lev. 11:16-8, daß das Berühren der Haut eines toten Schweines mich unrein macht. Darf ich aber dennoch Fußball spielen, wenn ich dabei Handschuhe anziehe?

j) Mein Onkel hat einen Bauernhof. Er verstößt gegen Lev. 19:19 weil er zwei verschiedene Saaten auf ein und demselben Feld anpflanzt. Darüber hinaus trägt seine Frau Kleider, die aus zwei verschiedenen Stoffen gemacht sind (Baumwolle/Polyester). Er flucht und lästert außerdem recht oft. Ist es wirklich notwendig, daß wir den ganzen Aufwand betreiben, das komplette Dorf zusammenzuholen, um sie zu steinigen (Lev. 24:10-16)?
Genügt es nicht, wenn wir sie in einer kleinen, familiären Zeremonie verbrennen, wie man es ja auch mit Leuten macht, die mit ihren Schwiegermüttern schlafen? (Lev. 20:14)

Ich weiß, daß Sie sich mit diesen Dingen ausführlich beschäftigt haben, daher bin ich auch zuversichtlich, daß Sie uns behilflich sein können.
Und vielen Dank nochmals dafür, daß Sie uns daran erinnern, daß Gottes Wort ewig und unabänderlich ist.

Ihr ergebener Jünger und bewundernder Fan

Jake

Jesus' ethnic background

Recently, at a theological meeting in Rose, scholars had a heated debate on the subject of Jesus' ethnic background.

One by one, they offered their evidence.

THREE PROOFS THAT JESUS WAS MEXICAN:
1. His first name was Jesus
2. He was bilingual
3. He was always being harassed by the authorities

But then there were equally good arguments that
JESUS WAS BLACK
1. He called everybody "brother"
2. He liked Gospel
3. He couldn't get a fair trial.

But then there were equally good arguments that
JESUS WAS JEWISH
1. He went into His Father's business
2. He lived at home until ha was 33
3. He was sure his Mother was a virgin, and his Mother was sure he was God

But then there were equally good arguments that
JESUS WAS ITALIAN
1. Ha talked with his hands
2. Ha had wine with very meal
3. He used olive oft

But then there were equally good arguments that
JESUS WAS A CALIFORNIAN
1. He never cut his hair
2. He walked around barefoot
3. He st4rted a new religion

But then there were equally good arguments that
JESUS WAS IRISH
1. He never got married
2. He was always telling stories
3. He loved green pastures

But perhaps the MOST compelling evidence was.
THREE PROOFS TRAT JESUS WAS A WOMAN...
1. He had to feed a crowd at a moment's notice when there was no food
2. He kept trying to get the message across to a bunch of man who just didn't get it
3. Even when He was dead, He bad to get up because there was more work for him to do

Religion

Zwei Klosterfrauen

Zwei Nonnen, Schwester Logica (SL) und Schwester Mathematica (SM), befinden sich auf dem Heimweg zu ihrem Kloster.

SM: Hast Du bemerkt, dass uns ein Mann seit 38 1/2 Minuten folgt? Ich frage mich, was er wohl will.

SL: Das ist doch logisch - er will uns vergewaltigen.

SM: Oh weh! Bei dieser Geschwindigkeit und Entfernung wird er uns in spätestens 15 Minuten eingeholt haben. Was sollen wir tun?

SL: Das einzig Logische: schneller laufen.

SM: Es funktioniert nicht.

SL: Natürlich funktioniert es nicht. Der Mann tat ebenfalls das einzig Logische: Er läuft ebenfalls schneller.

SM: Was sollen wir also tun? Bei dieser Geschwindigkeit wird er uns in einer Minute einholen.

SL: Das einzig Logische: Wir trennen uns. Du gehst diesen Weg und ich jenen. Er kann uns nicht beiden folgen.

Der Mann folgte Schwester Logica. Schwester Mathematica erreicht das Kloster und ist beunruhigt wegen Schwester Logica. Endlich kommt Schwester Logica.

SM: Schwester Logica! Gott sei Dank bist du hier! Sag mir, was geschehen ist!

SL: Das einzig Logische: Der Mann konnte uns nicht beiden folgen, also folgte er mir.

SM: Ja, ja! Aber was passierte dann?

SL: Das einzig Logische: Ich begann, so schnell zu laufen wie ich konnte.

SM: Und dann?

SL: Ist doch logisch. Er begann auch so schnell zu laufen wie der konnte.

SM: Ja und dann?

SL: Es kam, wie es kommen musste: Der Mann holte mich ein.

SM: Du Arme, was hast Du dann getan?

SL: Das einzig Logische: Ich hob meinen Rock hoch.

SM: Oh! Schwester! Was tat der Mann da?

SL: Das einzig Logische: Er liess seine Hose herunter.

SM: Oh nein! Und? Was geschah dann?

SL: Ist es nicht logisch, Schwester? Eine Nonne mit geschürzten Röcken kann schneller laufen als ein Mann mit heruntergelassenen Hosen!

Religion

Hallo lieber Gott,

hier ein kleiner Verbesserungsvorschlag:

Das Leben sollte mit dem Tod beginnen - und nicht andersherum! Stell dir das mal vor:

Zuerst gehst du ins Altersheim und wirst dann rausgeschmissen, wenn du zu jung wirst. Spielst danach ein paar Jahre Golf bei fetter Rente, kriegst eine goldene Uhr und fängst gaaaanz laaangsam an zu arbeiten. Nachdem du damit durch bist, geht's auf die Uni.
Du hast inzwischen genug Geld, um das Studentenleben in Saus und Braus zu genießen, nimmst Drogen, hast nix als Frauen im Kopf und säufst dir ständig die Hucke voll.
Wenn du davon so richtig stumpf geworden bist, wird es Zeit für die Schule. In der Schule wirst du von Jahr zu Jahr blöder, bis du schließlich auch hier rausfliegst.
Danach spielst du ein paar Jahre im Sandkasten, dümpelst neun Monate in einer Gebärmutter und beendest dein Leben als O R G A S M U S! Das wäre geil!

Ein Pfarrer wurde zum 25. Jahrestag seines Dienstantritts in der Gemeinde mit einem Bankett geehrt.

Fast alle geladenen Gäste waren gekommen.
So beschloss der Pfarrer, zur Begrüßung ein paar Worte zu sagen:

"Ihr versteht doch", sagte er, "das Siegel des Beichtgeheimnisses kann niemals gebrochen werden.

Ich erhielt aber meinen ersten Eindruck von der Pfarrei durch die erste Beichte, die ich hier abnahm.

Ich kann euch nur so ganz allgemein darüber erzählen.

 Als ich hier ankam, dachte ich, dass mir ein ganz schrecklicher Ort zugeteilt worden sei.
Die allererste Person, die meinen Beichtstuhl betrat, erzählte mir, wie er einen Fernseher gestohlen hatte und wie er, als ihn die Polizei stoppte, fast den Polizisten ermordet habe.

Außerdem erzählte er mir, er habe von seinen Eltern Geld gestohlen, am Arbeitsplatz Geld unterschlagen, eine Affäre mit der Frau seines Chefs und seine Schwester mit einer Geschlechtskrankheit angesteckt.
Ich war entsetzt!!!

Als aber die Tage vergingen, erkannte ich, dass meine Schäfchen nicht alle so waren und dass ich doch in eine ausgezeichnete Pfarrei voll von verständnisvollen und liebevollen Menschen gekommen war."

Gerade als der Pfarrer mit seinen Ausführungen zu Ende gekommen war, traf der Bürgermeister ein, mit wortreichen Entschuldigungen für sein zu spät kommen.

Sofort begann er mit seiner Rede: "Ich werde niemals den Tag vergessen, an dem unser Hochwürdiger Herr Pfarrer in der Pfarrei eintraf", sagte der Politiker, "ja, ich hatte die Ehre, der erste zu sein, der bei ihm die Beichte ablegte."

Und die Moral von der Geschichte: Komme niemals zu spät!

Religion

Der neue Pfarrer

Der neue Pfarrer war so nervös, dass er bei der 1. Messe fast nicht sprechen konnte. So fragte er den Bischof nach Rat. Dieser sagte, dass er vor der ersten Messe zwei Tröpfchen Wodka in ein Glas Wasser gegeben habe, und wenn er dieses zu sich nehme, sei er nicht mehr nervös.

Nachdem der Pfarrer dies, etwas großzügiger, getan hatte, ging es ihm so gut, dass er sogar während einem Sturm die Ruhe nicht verloren hätte. Als der Pfarrer aber nach der Messe in die Sakristei zurückkehrte, befand sich ein Zettel dort vom Bischof:

Geschätzter Pfarrer,

Ich gebe Ihnen einige Angaben und Feedbacks zu Ihrer ersten Messe und hoffe auch, dass sich diese Angelegenheiten in der nächsten Messe nicht wiederholen werden:

* Es ist nicht nötig, Zitronen an den Kelchrand zu stecken.
* Der Kasten neben dem Altar ist der Beichtstuhl und nicht das WC.
* Die Gebote sind deren 10 und nicht 12.
* Die Anzahl der Apostel waren 12 und nicht 14.
* Keiner der Apostel war ein Zwerg, und auch keiner hatte ein Käppchen an.
* Jesus und die Apostel benennen wir nicht mit "J.C. & the Gang".
* David besiegt Goliath mit einem Stein durch die Steinschleuder - er fixte ihn nicht zu Tode.
* Wir benennen Judas nicht mit "Hurensohn", und der Papst ist nicht "El Padrino".
* Bin Laden hat nichts mit dem Tod von Jesus zu tun.
* Das Weihwasser ist zum Segnen da und nicht, um den Nacken zu erfrischen.
* Weshalb Sie den Messwein in einem Zug leergetrunken, dann Salz geleckt und anschliessend in die Zitrone gebissen haben, ist mir auch unklar.
* Niemals sollten Sie beten, indem Sie sich auf die Stufen vor dem Altar setzen und den Fuss auf die Bibel legen.
* Die Hostie ist nicht zum Aperitif mit dem Wein, sondern für die Gläubigen gedacht.
* Mit dem Begriff "Es folgte ihm eine lange Dürre" war nicht die Primarlehrerin gemeint.
* Die Aufforderung zum Tanz ist nicht schlecht, aber in der Polonaise durchs Kirchenschiff: Nein!
* Die Tussi mit den kleinen Möpsen war die Jungfrau Maria.
* Stützen Sie sich künftig nicht mehr auf der Statue auf; noch weniger müssen Sie sie umarmen und bitte auch nicht küssen.
* Der Freak im Kirchenschiff ist übrigens Jesus; er hängt da auch nicht rum, sondern ist ans Kreuz genagelt.
* Jener in der Ecke des Chores, welchen Sie als Schwulen, ja sogar als Transvestiten mit Rock benannten, das war übrigens ich.
* Das nächste Mal geben Sie bitte einige Tröpfchen Wodka ins Wasser und nicht umgekehrt.

Herzlichst

Ihr Bischof

Religion

Weihnachtsbeleuchtung

Sonntag, 1.Advent 10.00 Uhr:
In der Reihenhaussiedlung Oenkelstieg lässt sich die Rentnerin Erna B. durch ihren Enkel Norbert 3 Elektrokerzen auf der Fensterbank ihres Wohnzimmers installieren. Vorweihnachtliche Stimmung breitet sich aus, die Freude ist gross.

10 Uhr 14:
Beim Entleeren des Mülleimers beobachtet Nachbar Ottfried P. die provokante Weihnachtsoffensive im Nebenhaus und kontert umgehend mit der Aufstellung des 10 armigen dänischen Kerzensets zu je 15 Watt im Küchenfenster. Stunden später erstrahlt die gesamte Siedlung Oenkelstieg in besinnlichem Glanz von 134 Fensterdekorationen.

19 Uhr 03:
Im 14 km entfernten Kohlekraftwerk Sottrup-Höcklage registriert der wachhabende Ingenieur irrtümlich einen Defekt der Strommessgeräte für den Bereich Stenkelfeld-Nord, ist aber zunächst arglos.

20 Uhr 17:
Den Eheleuten Horst und Heidi E. gelingt der Anschluss einer Kettenschaltung von 96 Halogen-Filmleuchten, durch sämtliche Bäume ihres Obstgartens, ans Drehstromnetz. Teile der heimischen Vogelwelt beginnen verwirrt mit dem Nestbau.

20 Uhr 56:
Der Discothekenbesitzer Alfons K. sieht sich genötigt, seinerseits einen Teil zur vorweihnachtlichen Stimmung beizutragen und montiert auf dem Flachdach seines Bungalows das Laseresemble Metropolis, das zu den leistungsstärksten Europas zählt. Die 40m Fassade eines angrenzenden Getreidesilos hält dem Dauerfeuer der Nikolausprojektion mehrere Minuten stand bevor sie mit einem hässlichen Geräusch zerbröckelt.

21 Uhr 30:
Im Trubel einer Weihnachtsfeier im Kohlekraftwerk Sottrup-Höcklage verhallt das Alarmsignal aus Generatorhalle 5.

21 Uhr 50:
Der 85-jährige Kriegsveteran August R. zaubert mit 190 Flakscheinwerfern des Typs Varta Volkssturm den Stern von Bethlehem an die tiefhängende Wolkendecke.

22 Uhr 12:
Eine Gruppe asiatischer Geschäftsleute mit leichtem Gepäck und sommerlicher Bekleidung irrt verängstigt durch die Siedlung Oenkelstieg. Zuvor war eine Boing 747 der Singapur Airlines mit dem Ziel Sydney versehentlich in der mit 3000 bunten Neonröhren gepflasterten Garagezufahrt der Bäckerei Broehrmeyer gelandet.

22 Uhr 37:
Die NASA Raumsonde Voyager 7 funkt vom Rande der Milchstrasse Bilder einer angeblichen Supernova auf der nördlichen Erdhalbkugel, die Experten in Houston sind ratlos.

22 Uhr 50:
Ein leichtes Beben erschüttert die Umgebung des Kohlekraftwerks Sottrup-Höcklage, der gesamte Komplex mit seinen 30 Turbinen läuft mit 350 Megawatt brüllend jenseits der Belastungsgrenze.

23 Uhr 06:
In der taghell erleuchteten Siedlung Oenkelstieg erwacht Studentin Bettina U. und freut sich irrtümlich über den sonnigen Dezembermorgen. Um genau 23 Uhr 12 betätigt sie den Schalter ihrer Kaffeemaschine.

23 Uhr 12 und 14 Sekunden:
In die plötzliche Dunkelheit des gesamten Landkreises Stenkelfeld bricht die Explosion des Kohlekraftwerks Sottrup-Höcklage wie Donnerhall. Durch die stockfinsteren Ortschaften irren verwirrte Menschen, Menschen wie du und ich, denen eine Kerze auf dem Adventskranz nicht genug war.

Religion

Wir schreiben das Jahr 25 nach Christi Geburt.

Die heilige Maria ist besorgt, weil Jesus, ihr Sohnemann, noch immer nichts mit Frauen hatte. So beauftragt sie ihre Schwägerin Maria Magdalena damit, die schärfste und verruchteste Braut von Bethlehem anzuheuern, auf dass man diese auf die männliche Jungfrau loslasse. So geschah es. Beide verschwinden im Schlafzimmer, Türe zu. Draussen lauscht man gespannt. Plötzlich ein irrer Schrei, die Türe fliegt auf, das Mädel rennt heraus, irre kreischend und zu keiner klaren Aussage fähig, schlägt um sich, kreischt weiter wie am Spiess und rennt aus dem Haus. Maria geht ins Zimmer wo Jesus völlig relaxt auf der Bettkante sitzt und fragt ihn: "Was war denn los?"

Jesus: "Zuerst hat sie mir in die Augen geschaut und ich habe zurück geschaut. Dann hat sie mich geküsst und ich habe zurück geküsst. Anschliessend hat sie mir die Hand auf das Knie gelegt und habe bei ihr dasselbe gemacht. Als nächstes ist sie mit ihrer Hand meinen Oberschenkel herauf gefahren und das habe ich auch bei ihr getan."

Maria: "Ja und weiter?" Jesus: "Na ja, dann hat sie mir zwischen die Beine gegriffen und ich natürlich auch bei ihr."

Maria: "Und was war dann?"

Jesus: "Dann habe ich bemerkt, dass sie an dieser Stelle amputiert ist und habe sie geheilt........"

* * * * *

Eine Frau in den besten Jahren ist plötzlich schwer krank und wird ins Krankenhaus gebracht. Auf dem Operationstisch hat sie eine "todesnahe Erfahrung". Sie sieht Gott und fragt ihn: "Ist mein Leben zu Ende?".

Gott beruhigt sie: "Nein, du hast noch 43 Jahre, 2 Monate und 8 Tage zu leben."

Nach der OP entscheidet sich die Frau im Krankenhaus zu bleiben, um sich die Gesichtsfalten glätten, die Lippen unterspritzen und das Bauchfett entfernen zu lassen und noch so etliches mehr. Nachdem sie ja noch so lange zu leben hat, will sie das Beste daraus machen und so gut wie möglich aussehen.

Nach der letzten Operation wird sie aus dem Krankenhaus entlassen. Beim Überqueren der Strasse wird sie von einem Auto zu Tode gefahren.

Als sie dann vor Gott steht, fragt sie wütend: "Du hast doch gesagt, ich hätte noch über 40 Jahre zu leben? Warum hast Du mich nicht gerettet?"

Gott antwortet schlicht: "Ich habe Dich nicht erkannt!"

Religion

Das Tagebuch des Satans!

Verhaßtes Tagebuch!

07:00: Habe verschlafen. Deshalb wäre beinah die Glut des Höllenfeuers erloschen - war höllisch kalt.

07:11: Habe das Feuer, Teufel sei Dank, mit ein paar schuldigen Seelen schnell wieder entfachen können. Habe dann mit zwei Selbstmördern nachgefeuert, die brennen besonders gut!

08:00: Gab zum Frühstück Schwefelmarmelade, lecker! Habe mir beim Essen Gedanken gemacht, wie ich heute ein paar unschuldige Seelen verderben könnte - gute Ideen gehabt!

09:30: Zur Erde aufgefahren, mit Blitz, Donner und Schwefel aus dem Boden geschossen. Keinen beeindruckt - scheiß Zeiten!

10:50 Uhr: Endlich zwei unschuldige Seelen gefunden. War früher mal leichter (seufz).

11:00: Musste beide ziehen lassen, konnten weder lesen noch schreiben, kein Vertrag möglich - scheiß Zeiten!

11:05: Wollte vor dem Mittag noch schnell einem Politiker die Wirbelsäule brechen und ihn über dem Höllenfeuer braten. Große Enttäuschung: Kein Rückgrat gefunden und Küchenchef hatte Angst vor BSE.

12:00: Mittagspause. In der Höllenkantine war heut Menü 1 aus: Seelengeschnetzeltes.
Musste auf Menü 2 zurückgreifen: Artischockenherzen, Igitt! Pech und Schwefel gespuckt!

13:00: Hatte teuflischen guten Einfall: Werde mit Gott um ein paar Seelen pokern!

14:00: Hölle, Hölle, Hölle! Hatte vergessen, dass der Alte alles sieht. Bin beim Zinken der Karten aufgeflogen und musste zur Strafe 100 gepeinigte Seelen erlösen. Sollte den Beruf wechseln!

14:15: Wollte zur Erheiterung zwei Sadisten die Haare versengen. Waren mir zuvorgekommen.

14:30: Der Alte hat mir einen Brandstifter runtergeschickt. muss den unbedingt wieder loswerden, war Feuerwehrmann!

15:35: Heizölrechnung eingetroffen. Ist zum Hörner raufen! muss wohl demnächst Nachtspeicherheizung kaufen.

16:04: Noch mal zur Oberfläche aufgefahren. Zwei Jungfrauen geschändet, 200 Mark abgedrückt. Scheiß Inflation!

17:19: Endlich Erfolg! Habe den Papst von seiner Unfehlbarkeit überzeugt! Teuflisch gut!

17:47: Habe eine Satansmesse besucht, düstere Aussichten: Nur Idioten!

18:30: 4.hölleninterne Fußball-Meisterschaften besucht - CDU gegen SPD - heißes Spiel gewesen: 12:1!
Werde das Gefühl nicht los, dass die CDU den Schiri-Dämon bestochen hat.

20:23: Habe mir Konzept für morgen erstellt, will mindestens 5 Seelen vernichten. Große Ziele, scheiß Bezahlung!
Dieser Job ist die Hölle!

Religion

Der Engel auf der Christbaumspitze

Vor langer, langer Zeit...

Es ist kurz vor Weihnachten. als der Weihnachtsmann sich auf den Weg zu seiner alljährlichen Reise machen wollte, aber nur auf Probleme stieß.

Vier seiner Elfen feierten krank. Die Aushilfs- Elfen kamen mit der Spielzeug- Produktion nicht nach. Der Weihnachtsmann begann schon den Druck zu spüren, den er haben würde, wenn er aus dem Zeitplan geraten sollte.

Dann erzählte ihm seine Frau, dass Ihre Mutter sich zu einem Besuch angekündigt hatte.
Die Schwiegermutter hatte dem armen Weihnachtsmann gerade noch gefehlt!

Als er nach draußen ging um die Rentiere auf zusammen bemerkte er, dass 3 von ihnen hochschwanger waren, und sich zwei weitere aus dem Staub gemacht hatten. der Himmel weiß wohin. Welche Katastrophe1

bann begann er damit, den Schlitten zu beladen, doch eines der Bretter brach, und der Spielzeugsack fiel so zu Boden, dass das meiste Spielzeug zerkratzt wurde - shit

So frustriert, ging der Weihnachtsmann ins Haus, um sich eine Tasse mit heißem Tee und einem Schuss Rum zu machen. Jedoch musste er feststellen, dass die Elfen den ganzen Schnaps ausgesoffen hatten. In seiner Wut glitt ihm auch noch die Tasse aus den Händen und zersprang in tausend kleine Stücke, die sich über den ganzen Küchenboden verteilten. Jetzt gab's s natürlich Ärger mit seiner Frau.

Als er dann auch noch feststellen musste, dass Mäuse seinen Weihnachts-Stollen angeknabbert hatten, wollte er vor Wut fast platzen. Da klingelte es an der Tür. Er öffnete, und da stand ein kleiner Engel mit einem riesigen Christbaum.

Der Engel sagte 'Frohe Weihnachten, Weihnachtsmann! Ist es nicht ein schöner Tag? Ich habe da einen schönen Tannenbaum für Dich.

Wo soll ich den denn hinstecken?'

Und so hat die Tradition mit dem kleinen Engel auf der Christbaumspitze begonnen...

Religion

Die Nonne und der Hippy....

Sitzt eine Nonne in einem Bus. Kommt ein Hippy und setzt sich neben die Nonne. Schließlich fragt der Hippy: Tschuldigung, hättest du Lust zu fi**en?
Die Nonne: Nein, das kann ich nicht machen, ich bin eine Dienerin Gottes!
Aber er gibt nicht auf und probiert es ein zweites Mal, doch wieder lehnt sie ab.
An der Bushaltestelle steigt der Hippy aus und der Busfahrer hält ihn fest und sagt: Wenn du diese Nonne fi**en willst, dann geb' ich dir 'nen Tipp: Jeden
Abend um 22:00 Uhr geht sie auf den Friedhof und betet! Der Hippy bedankt
sich und folgt dem Rat des Busfahrers. Um 22:00 Uhr kommt er mit Jesusgewändern zum Friedhof und sieht die Nonne beten. Er tritt vor sie und
ruft: Ich bin Jesus und habe von Gott den Befehl erhalten dich zu nehmen!
Die Nonne sieht verwundert auf und fragt: Wenn du wirklich Jesus bist und Gott dir das aufgetragen hat, so nimm mich, aber bitte von hinten, dass du mein Haupt nicht betrachten musst. Nach 5 Minuten wildem Treiben reißt sich
der Hippy die Jesusgewänder vom Leib und schreit: Reingefallen, ich bin der Hippy!
Darauf reißt sich die Nonne die Gewänder vom Leib und ruft: Ätsch Bätsch, ich bin der Busfahrer!

* * * * *

```
Gott: 'Adam, ich habe eine gute und eine schlechte
Nachricht für dich.'
Adam' 'Ich möchte erst die gute hören!'
Gott: 'Du sollst ein Gehirn und einen Schwanz bekommen.'
Adam: 'Und die schlechte?'
Gott 'Ich gebe Dir nur soviel Blut, dass Du entweder das
eine oder das andere betreiben kannst!'

Gott zu Adam: Adam, ich habe hier eine Frau für Dich.
Sie sieht toll aus, kann sehr gut kochen, ist phantas-
tisch im Bett und hat nie Migräne.'
Adam (lechzend)' 'Was muss ich dafür tun?'
Gott. 'Gib mir Dein rechtes Bein!'
Adam: 'Das ist mir zu teuer!'

Gott. 'Nun gut, ich habe noch eine andere. Sie sieht
nicht ganz so gut aus. kocht nicht ganz so gut und nun
ja...'
Adam: 'Was willst Du haben?'
Gott: 'Deinen rechten Arm!'
Adam überlegt, eine Frau wäre schon nicht schlecht, aber
das ist zu teuer. Schliesslich fragt er. 'Was bekomme
Ich denn für eine Rippe...'
```

Religion

Die letzten Worte...

... des Abteilungsleiters: "Hicks ... Du Arschloch siehst wirklich aus wie mein Chef ..."
... der Airbus-Crew: "Das Lämpchen da blinkt - ach vergessen wir's."
... des AKW-Sicherheitschefs: "Bei uns kann da nichts passieren..."
... des AKW-Wartungsmechanikers: "Kümmert euch nicht drum, das is' nur 'n Bug."
... des AMIGA's: "System error - task held."
... des AMIGA's: "Guru Meditation..."
... des Anglers: "Länger als einen Meter werden die Welse hier nicht..."
... des Architekten: "Da fällt mir doch was ein ..."
... des Architekten bei einem Erdbeben: "Ich habe dieses Haus entworfen! Wir haben nichts zu befürchten!"
... des Astronauten: "Nein, nein, meine Luft reicht noch 'ne Viertelstunde."
... des Atomphysikers: "Kritische Masse? Nie gehört...."
... des Ausbrechers: "Die Leiter hängt jetzt fest!"
... des Ausländers in Deutschland: "Die werfen die Mollies bestimmt nicht."
... des Autofahrers: "Wenn das Schwein nicht abblendet, ich tue es auch nicht!"
... des BMW-Fahrers: "Der LKW wird doch wohl nicht ausscheren?"
... des Bademeisters: "Halt durch. Ich rette dich."
... des Baggerfahrers: "Was ist das da unten denn für ein Metallzylinder? Mal nachsehen ..."
... des Ballonfahrers: "So nahe waren wir noch nie am Eiffelturm..."
... des Bankräubers: "So, die Alarmanlage ist abgeschaltet."
... des Bärenjägers: "Na Kleines, wo ist denn deine Mami?"
... des Baumfällers: "Baum fällt!"
... des Baustatikers: "Ich glaube da habe ich mich irgendwo verrechnet..."
... des Beifahrers: "Rechts ist frei!"
... des Bekloppten: "Ich bin ein Vogel..."
... des Bergführers: "Den letzten Erdrutsch gab es hier vor über 200 Jahren..."
... des Bergsteigers: "Das Seil hält"
... des Bergsteigers: "Der Haken hält."
... des Bergsteigers: "Ob der Stein hält?"
... des Bergsteigers: "Waren gar nicht mal teuer, dieser Karabinerhaken..."
... des Betenden: "Dein Wille geschehe ..."
... des Bettnässers: "Mach mal die Heizdecke an..."
... des Biologen: "Die Schlange kenn ich, die ist nicht giftig."
... des Blinden: "Ich hab's kommen sehen!"
... des Blinden: "Ist die Ampel schon grün?"
... des Börsianers: "Sofort alles kaufen."
... des Bombenentschärfungsteamleiters: "Klar kannst Du das Kabel durchschneiden."
... des Bombenentschärfers: "Ich nehm' den roten Draht"
... des Bombenentschärfers: "Was tickt denn hier so?"
... des Bombenlegers: "Was is'n das für'n Draht ?"
... des Briefträgers: "Braaaaaves Hundchen, guuuuuter Hund..."
... des Bungee-Jumpers: "Hurraaaaaaaa!"
... des Busfahrers: "CCCCCCHHHHHHHHRRRRRRRRRR"
... des Bürgermeisters von Hiroshima: "Was zur Hölle ist denn das?"
... der Challenger-Crew: "Laßt die Frau mal ans Steuer!"
... der Challenger-Crew: "Stört's jemanden, wenn ich rauche?"
... der Challenger-Crew: "Wofür ist denn der Knopf?"
... und was ging dem Piloten als letztes durch den Kopf? Das Amaturenbrett!
... und was stand auf den Monitoren der NASA? TILT -- game over, Challenger is destroyed Communists killed: 0 Score: 0, Insert next astronaut.
... des Chefs: "Tolles Geschenk! - So ein Feuerzeug in Revolverform!"
... des Chemielehrers: "Dieser Versuch ist völlig ungefährlich"
... des Chemikers: "Die Säure macht nichts!"
... des Chemikers: "Diese Verbindung nur ganz leicht schütteln"
... des Chemikers: "Hmmm, ist das ätzend?"
... des Chemikers: "Also eigentlich müßte es jetzt gelb werden..."
... des Chemikers: "Darf das warm werden?"
... des Chemikers: "Und nun der Geschmackstest."
... des Chemikers: "Das ist wirklich eine interessante Reak..."
... des Co-Piloten: "Was meinst Du mit 'Ich hab vergessen zu tanken'?"
... des Computer-Freaks: "Auf meinem Rechner gibt es keine Viren!"
... des Computer-Freaks: "Natürlich habe ich ein intaktes Backup!"
... des Computer-Freaks: "Mein Text ist schon 100K lang, und gleich werde ich ihn speich..."
... des Computer-Users: "Der Hersteller sagt, daß sich diese 2 Karten vertragen!"

Religion

... des Computers: "Sind Sie sicher? (J/N)"
... des Computers: "Syntax error."
... des Computers: "File not found."
... des Computers: "Formatting Harddisk - please wait."
... des Crewmitgliedes auf der Estonia: "Hier ist schlechte Luft. Ich mach mal die Klappe auf!"
... des Dachdeckers: "Eigentlich windstill..."
... des Dachdeckers: "Man, ist das wieder windig heute..."
... des Detektivs: "Klarer Fall, sie sind der Mörder..."
... des deutschen Touristen in Miami: "Ich habe kein Geld!"
... des DJ's auf der Love Parade: "So und nun etwas Volksmusik ..."
... des Diabetikers: "Zucker?"
... des Do-it-youself-Mechanikers: "Das müßte halten."
... des Drachentöters: "Hat hier jemand 'mal Feuer?"
... des Drummers: "...ich hab da so'n Stück geschrieben..."
... der Duellanten: "Man trifft sich..."
... des E-Gitarrenspielers: "Gib noch etwas Saft drauf!"
... der Ehefrau (unten liegend): "Die Decke müßte 'mal wieder gestrichen werden."
... des Ehemannes: "Echt?!! Gestern war unser Hochzeitstag...?"
... des Ehemannes: Ok (Auf die Frage: reparierst Du mal das Bügeleisen, Schatzi?)
... des Ehemannes: "Dein Kaffee ist heute wieder das reinste Gift!"
... des Einäugigen: "Das hab ich kommen sehen!"
... des Einbrechers Ede: "Die Bullen lassen sich hier nie sehen!"
... des Elektrikers: "Alles klar, kannst einschalten"
... des Elektrikers: "Ich hab die Sicherung garantiert rausgemacht!"
... des Elektrikers: "Ich schalt jetzt eeeiiiiiiiiinnnnn"
... des Elektrikers: "Ist da Strom drauf?"
... des Elektrikers: "Klar hab ich den Strom abgeschaltet."
... des Elektrikers: "Was'n das für'n Kabel da?"
... des Erfinders: "So, jetzt versuchen wir es mal....."
... des Fahrlehrers: "Die Ampel ist rot"
... des Fahrlehrers: "Nun versuchen Sie's alleine."
... des Fahrlehrers: "Parken Sie bitte dort an der Kaimauer."
... des Fahrradfahrers: "Guck' mal, ich kann freihändig fahren."
... des Fahrradfahrers: "Ach, was. Auf dem Fahrradweg bin ich vor Autos sicher..."
... des Fahrradfahrers: "Der muß anhalten, ich hab ja Vorfahrt."
... des Fahrradfahrers: "Helm? Brauch ich nicht..."
... des Fahrstuhlpassagiers: "Abwärts, bitte."
... des Fallschirmspringers: "Mist! Wo ist denn diese Leine?"
... des Fallschirmspringers: "Das Ding wird schon aufgehen."
... des Fallschirmspringers: "Waaas?!? Ein Rucksack?"
... des Fallschirmspringers: "Scheiß Motten!"
... des Fallschirmspringers: "So, dieses kleine Wölkchen nehme ich auch noch mit." (als er in den Bodennebel eintauchte)
... des Fallschirmspringers: "Welcher Notfallschirm ?"
... des Fensterputzers: "Man kann ja auch freihändig auf eine Leiter steigen..."
... des Feuerspuckers: "Verdammt, der Mist brennt nicht! (Wuff)"
... des Fleischermeisters: "Kalle, wirf mir mal das Messer rüber!"
... des Flugkapitäns: "Wir landen in wenigen Minuten planmäßig"
... des Flugzeugkapitäns: "Wo ist eigentlich mein Copilot?"
... des Formel-1 Piloten: "Ob der Mechaniker weiß, daß ich mit seiner Freundin schlafe ...?"
... des Gasleitungsinstalleurs: "Haste mal Feuer??"
... des Gastes im Restaurant: "Ich nehme das Pilzragout."
... des Gastes im Restaurant: "Herr Ober, in meiner Suppe schwimmt eine Fliege."
... des Gastes im Restaurant: "Herr Ober, das Steak ist zäh wie Leder."
... des Gastes im Restaurant: "Ich hoffe, das Messer schneidet gut..."
... der Gehilfin des Messerwerfers an der Wurfscheibe: "Haaaaatschiiiiii..."
... der Geisel: "Du wirst niemals schießen, Feigling!"
... der Geisel: "Die ist doch gar nicht geladen!"
... der Geisel: "Wasserpistole!"
... des Geisterfahrers: "was heißt hier einer ..."
... des General Custer: "Wo kommen die verdammten Indianer her?"
... des Generals: "Die können ja noch nicht mal eine Scheunenwand treffen auf diese Entfer..."
... des Gerichtsvollziehers: "... und die Pistole ist auch gepfändet!"
... des Gespenstes: "Ist schon eins durch?"
... des Gleisarbeiters: "Nein, der Zug da fährt auf dem Nebengleis"
... des Großwildjägers: "Hier war doch eben noch ein Löwe?!"
... des Handgranatenwerfers: "Bis wie viel sagten Sie, soll ich zählen?"

Religion

... des Handgranatenwerfers: "Ist die denn scharf?"
... des Hardware-Bastlers: "Das Netzkabel lasse ich als Erdung dran..."
... der Hausfrau beim Fensterputzen: "Iiiiii, eine Maus..."
... des Helden: "Wieso Hilfe? Es sind doch nur drei..."
... des Henkers: "Das Fallbeil klemmt? Kein Problem, ich schau mal nach....."
... des Hifi-Freaks: "Vorsicht, fall nicht über das Kabel!"
... des Holzfällers: "Vorsicht, Baum fääääällt!"
... des Holz-Anstreichers: "Xyladecor - für Innen- und Außenanstriche."
... des Hundehalters: "Nein, der ist ganz zahm"
... des Informatikers: "Ich bleibe hier, bis das Problem gelöst ist!"
... des Jagdbomberpiloten: "In Rückenlage sollte man die Bomben nicht ausklinken... NICHT!!!"
... der Jungfrau: "Ooooooh! Neiiiiin! Ooooooooh!"
... des Junkies: "Das Zeug ist astrein!"
... des Kaminkehrers: "Verdammt rutschig hier oben."
... des Kapitäns eines Walfängers: "So, den hätten wir am Haken."
... des Kapitäns eines Walfängers: "Ach was. Das trauen sich diese Jungs von Greenpeace bestimmt nicht..."
... des Kapitäns der Titanic: "Dieses Schiff taucht was ..."
... des Kapitäns: "Das Schiff ist unsinkbar!"
... des Kartenspielers: "Komisch, ich habe auch vier Asse."
... des Kellners: "Hat's geschmeckt..."
... des Kondoms: "KINDERÜBERRASCHUNG!!!"
... der Kuh beim Melken: "Kuuuuurzschluuuuuss..."
... des LKW-Fahrers: "Diese alten Holzbrücken halten ewig!"
... des Lokführers: "Sonst stand die Weiche immer anders rum..."
... des Lokführers: "Warum ist das Signal denn heute grün?"
... des Löwendompteurs: "Die Löwen haben sich beruhigt. Ihr könnt sie jetzt reinlassen."
... des Löwendompteurs: "Wie? Ich dachte du hättest sie gefüttert..."
... des Löwendompteurs: "Oh, was sehe ich da. Ein schlimmer Zahn. Mal sehen ..."
... des Löwenwärters: "Der is net hungrig!"
... des Machos: "Hallo Süße, wie wär's mit uns beiden?"
... des Machos: "Hallo Tina... ähem, ich meine: Anne?"
... des Mantafahrers: "Da passe ich noch durch, ey"
... des Mathelehrers: "Das ist mal wieder 'ne 6, Arnold!"
... des Matrosen: "Hmm, ich dachte nie, daß ich mal schwimmen müßte."
... des Mensakoches: "Merkwürdig ruhig da draußen..."
... des Metzgers: "Wirf mir mal das große Messer rüber!"
... des Minensuchhundes: "Was'n das fürn seltsamer Igel? (haps)"
... des Mitarbeiters einer Wach- und Schließgesellschaft: "Ist jemand da?"
... des Monty-Python-Regisseurs: "Hält das Seil wirklich 16t?"
... des Motorradfahrers: "Wieso rollt jetzt das Vorderrad NEBEN mir...?"
... des Motorradfahrers in der Kurve: "Oeoeoeoeoeoel...."
... des Mutigen Mannes: "Feigling, Feigling..."
... der Mutter: "Ich hab deine Disketten sortiert."
... des Nachtwächters: "Hallo, ist da wer?"
... des Nitroglyzerinlieferanten: "Fang!"
... des Normalen Bürgers: "Ich find Michael Jackson super..."
... des Pastors: "Gott wird uns schon beistehen."
... des Patienten: "Ist diese Spritze auch ungefährlich?"
... des PC's: "Loading WinDOOF - please wait."
... des Physikers: "Bei diesen Energien kommt es höchst selten zur Kernspaltung..."
... des Pilzessers: "Die Art hatte ich noch nicht..."
... des Pilzsammlers: "Keine Angst, ich kenn' mich aus mit den Dingern!"
... des Politikers: "...und wenn ich gewählt werde, verspreche ich....."
... des Politikers: "Ich gebe mein Ehrenwort."
... des Politikers: "Zu keiner Zeit besteht irgendeine Gefahr für die Bevölkerung!"
... des Polizisten: "Sechs Schuß, der hat keine Munition mehr!"
... des Polizisten: "Ergeben sie sich. Jeder Widerstand ist zwecklos..."
... des Polizisten: "Hände hoch, oder ich schieße..."
... des Poppers: "Na, Du blöder Skinhead?!"
... des Postboten: "Braves Hundchen..."
... des Postboten: "Du bist aber ein lieber Hund...."
... des Präsidentensohns: "Wofür ist dieser rote Knopf?"
... der Prostituierten: "Ist der aber niedlich ..."
... der Putzfrau: "Ich putz' nur noch schnell das Balkongeländer."
... der Putzfrau: "Man kann ja auch freihändig auf eine Leiter steigen..."
... des Radfahrers: "Der muß anhalten, ich hab ja Vorfahrt."

Religion

... des Rennfahrers: "Was klappert denn da?"
... des Rennfahrers: "Die Kurve krieg' ich doch locker mit 280..."
... des Rennfahrers: "Ob der Mechaniker weiß, daß ich was mit seiner Freundin habe?"
... des Reporters: "und die Lawine kommt mir entgegen..."
... des Schiedsrichters: "Das ist kein Elfmeter!"
... des Schornsteinfegers: "*Hust* Ich seh' nichts mehr..."
... des Schwimmers: "Nein, hier in den Gewässern gibt es keine Haie."
... des Sensationsreporters: "Das wird 'ne tolle Aufnahme."
... des Software-Entwicklers: "Natürlich habe ich ein intaktes Backup!"
... des Sonnenanbeters: "Welches Ozonloch?"
... des Sportlehrers: "Alle Speere zu mir!"
... des Sportschützen: "Nur noch kurz den Lauf reinigen"
... des Sprengmeisters: "Was'n das für'n Draht?"
... des Steinzeitmenschen: "Ich frag mich, was in der Höhle ist..."
... des Steinzeitmenschen: "So? Und was macht man mit so einem Knüppel?"
... der Stewardess: "Kein Problem. Mit dem Piloten bin ich schon öfter geflogen."
... des Stotterers im Auto als Beifahrer, als er gefragt wird "Kommt was?": "Frei..., frei..., frei..., freilich kommt was!"
... des Studenten: "Ich gehe in die Mensa, kommt ihr mit?"
... des Stuntmans: "Wie? Reality-TV?"
... des Tankwarts: "Hat jemand Feuer?"
... des Tauchers: "Hai"
... des Tauchers: "Ist das jetzt ein Sauerstoff- oder ein Stickstofftank?"
... des Tauchers: "Scheiß Tiefenmesser."
... des Tennisprofis beim Doppel: "MEINER !!! (BATZ)"
... des Trabbifahrers: "Aber ICH habe Vorfahrt..."
... des Trapezkünstlers: "Wir werden das Ding schon schaukeln."
... des Treuen Ehemannes: "Meine Frau hat nichts dagegen!"
... des TÜV-Prüfers: ""Nun starten Sie 'mal den Motor."
... des Turmspringers: "Ach, ist das Wasser heute schön klaaaaaaaaaaaar!"
... des Turmspringers: "Wo zur Hölle ist das Wasser?!?"
... des Türstehers: "Nur über meine Leiche."
... des U-Bootkapitäns: "... hier müßte dringend mal gelüftet werden!"
... des U-Bootkapitäns: "Blubb!"
... des Ufologen: "... und hier landen sie manchmal."
... des Urlaubers: "Einmal Miami bitte!"
... des Wattwanderers: "Oh - meine Uhr ist stehengeblieben!"
... der Weihnachtsgans: "Oh Du fröhliche.. "
... des Weihnachtsmannes: ""Durch diesen Kamin bin ich doch letztes Jahr noch gekommen"
... des Westerndarstellers: "Alles nur Platzpatronen."
... des Witzeerzählers: "Na, wie war der?"
... des Witzeerzählers: "Der ist zwar nicht mehr ganz neu, aber..."
... des Zahnarztes: "...und das ist mein neuer Laserbohrer!"
... des Zauberlehrlings: "Eigentlich bin ich ja noch nicht soweit, aber..."
... des betrunkenen Autofahrers: "Scheiß Baum, weich doch endlich aus!!!"
... des deutschen Bomberpilot über England: "Boa ei, tolles Feuerwerk"
... des säuregeschädigten Baumes: "It's raining again."
... des Zum Tode verurteilten: "Die Woche fängt ja gut an........"
... von A. Senna: "Irgend etwas klappert da."
... von Jesus: "Mehr Nägel - ich rutsche!"
... von Jesus: "Scheiß Ostern!"
... von Maurice Banach: "Scheiße, schon wieder Pfosten ..."
... von Milli Vanilli: "So, jetzt singen wir unser erstes Lied selbst..."
... von Paul Bocuse: "Das schmeckt aber komisch."
... von S. Spielberg bei den Dreharbeiten zum 'Weißen Hai': "Tolles Modell, sieht aus wie echt...."
... von Tarzan: "Welcher verdammte Idiot hat die Liane geööööööööööölt..."
... von U. Barschel: "Ich gebe mein Ehrenwort."
... zweier Löwenbändiger: "Wie? - Ich dachte du hättest sie gefüttert..."

Alkohol - Religion

Alkohol du böser Geist,
auch wenn du mich zu Boden reißt,
ich steh wieder auf, du schlägst mich nieder,
ich kotz dich aus und sauf dich wieder.

Als ich deinen Hals berührte,
deinen Mund zu meinem führte
und deinen Saft tief in mir spürte…
Oh, wie sehn' ich mich nach dir,
du geliebte Flasche Bier!

Als Moses an die Berge klopfte,
gleich Wasser aus dem Felsen tropfte.
Viel schöner ist es heute hier,
man dreht am Hahn und schon läuft's Bier!

Auch Wasser wird zum edlen Tropfen,
mischt man es mit Malz und Hopfen!

Das Wasser gibt dem Ochsen Kraft,
dem Menschen Bier und Rebensaft,
darum danke Gott als guter Christ,
dass du kein Ochs geworden bist.

Der größte Feind des Menschen wohl,
das ist und bleibt der Alkohol.
Doch in der Bibel steht geschrieben:
„Du sollst auch deine Feinde lieben."

Der liebe Gott hat nicht gewollt,
dass edler Wein verderben sollt,
darum hat er auch zum Saft der Reben
den nötigen Durst hinzugegeben!

Es trinkt der Mensch, es säuft das Pferd
doch manchmal ist es umgekehrt

Hopfen und Maltz,
Gott erhalt's.

Lieber Mond, du hast es schwer,
hast allen Grund zur Klage.
Du bist nur zwölf mal voll im Jahr,
ich bin es alle Tage.

Religion

Mit dem Bieres Hochgenuss,
wächst des Bauches Radius.

Mit 30 Jahren stirbt ein Pferd,
das niemals ein Glas Bier geleert.
Mit 20 sterben Schaf und Ziegen,
die niemals Schnaps zu trinken kriegen.
Die Kuh trinkt Wasser nie mit Rum,
nach 18 Jahren fällt Sie um.
Mit 15 ist das Leben für den Hund schon um,
auch ohne Whiskey, Schnaps und Rum.
Die Katze schleckt nur Milch allein,
sie geht nach 13 Jahren ein.
Das Huhn legt Eier für Likör
6 Jahre lang - dann lebt's nicht mehr.
Der Mensch trinkt Schnaps, trotz kranker Galle
und überlebt die Viecher alle.
Damit ist der Beweis erstellt,
das Alkohol gesund erhält!
Drum lasst uns öfter einen heben,
damit wir alle länger leben.

Müde bin ich, geh zur Ruh,
und decke meinen Bierbauch zu.
Ach Herrgott lass den Kater mein,
morgen nicht zu schrecklich sein!
Und gib mir wieder Durst,
alles andere ist mit Wurst.

O Alkohohl, du Wundergeist,
mach dass du in meinem Magen bleibst
und mir nicht zu Kopfe steigst.
Du hast mich viele Mal beschissen
und mich Nachts in den Strassengraben runter gerissen.
Drum sage ich zum Schluss nur noch eins:
Wir nehmen gleich noch eins.

Sei stets vergnügt und niemals sauer,
das verlängert deine Lebensdauer.

Trink so lang der Becher winkt,
genieße deine Tage,
ob man im Jenseits auch noch trinkt,
das ist die große Frage.

Wasser macht weise, lustig der Wein.
Drum trinken wir beides, um beides zu sein.

Eva und Gott

Eines Tages im Garten Eden sagte Eva zu Gott:

"Gott, ich habe ein Problem!"

"Was ist das Problem, Eva?"

"Gott, ich weiss, dass Du mich erschaffen hast, mir diesen wunderschönen Garten und all diese fabelhaften Tiere und diese zum totlachen komische Schlange zur Seite gestellt hast, aber ich bin einfach nicht glücklich."

"Warum bist Du nicht glücklich, Eva?" kam die Antwort von oben.

"Gott, ich bin einsam, und ich kann Äpfel einfach nicht mehr sehen."

"Na gut, Eva, in diesem Fall habe ich die Lösung für Dein Problem. Ich werde für Dich einen Mann erschaffen und ihn Dir zur Seite stellen."

"Was ist ein Mann, Gott?"

"Dieser Mann wird eine missratene Kreatur sein, mit vielen Fehlern und schlechten Charakterzügen. Er wird lügen, Dich betrügen und unglaublich eitel und eingebildet sein. Im Grossen und Ganzen wird er Dir das Leben schwer machen. Aber er wird grösser, stärker und schneller sein und er wird es lieben zu jagen und Dinge zu töten. Er wird dümmlich aussehen, wenn er erregt ist, aber da Du Dich ja beschwert hast, werde ich ihn derart beschaffen, dass er Deine körperlichen Bedürfnisse befriedigen wird. Er wird witzlos sein und solch kindische Dinge wie Kämpfen und einen Ball herumkicken über alles lieben. Er wird auch nicht viel Verstand haben, so dass er Deinen Rat brauchen wird, um vernünftig zu denken."

"Klingt ja umwerfend", sagte Eva und zog dabei eine Augenbraue ironisch hoch.

"Wo ist der Haken, Gott?"

"Also... Du kannst ihn unter einer Bedingung haben."

"Welche Bedingung ist das, oh Gott?"

"Wie ich schon sagte, wird er stolz und arrogant sein und sich selbst stets am meisten bewundern... Du wirst ihn daher im Glauben lassen müssen, dass ich ihn zuerst geschaffen hätte. Denk dran, das ist unser beider kleines Geheimnis... Du weisst schon, so von Frau zu Frau."

Religion

Was, wenn Weihnachten heute stattgefunden hätte...

Wahrscheinliche Zeitungsschlagzeile:
Säugling in Stall gefunden - Polizei und Jugendamt ermitteln
Schreiner aus Nazareth und unmündige Mutter vorläufig festgenommen

BETHLEHEM, JUDÄA - In den frühen Morgenstunden wurden die Behörden von einem besorgten Bürger alarmiert. Er hatte eine junge Familie entdeckt, die in einem Stall haust. Bei Ankunft fanden die Beamten des Sozialdienstes, die durch Polizeibeamte unterstützt wurden, einen Säugling, der von seiner erst 14-jährigen Mutter, einer gewissen Maria H. aus Nazareth, in Stoffstreifen gewickelt in eine Futterkrippe gelegt worden war.

Bei der Festnahme von Mutter und Kind versuchte ein Mann, der später als Joseph H., ebenfalls aus Nazareth identifiziert wurde, die Sozialarbeiter abzuhalten. Joseph, unterstützt von anwesenden Hirten, sowie drei unidentifizierten Ausländern, wollte die Mitnahme des Kindes unterbinden, wurde aber von der Polizei daran gehindert.

Festgenommen wurden auch die drei Ausländer, die sich als "weise Männer" eines östlichen Landes bezeichneten. Sowohl das Innenministerium als auch der Zoll sind auf der Suche nach Hinweisen über die Herkunft dieser drei Männer, die sich anscheinend illegal im Land aufhalten. Ein Sprecher der Polizei teilte mit, dass sie keinerlei Identifikation bei sich trugen, aber in Besitz von Gold, sowie einigen möglicherweise verbotenen Substanzen waren. Sie widersetzten sich der Festnahme und behaupteten, Gott habe ihnen aufgetragen, sofort nach Hause zu gehen und jeden Kontakt mit offiziellen Stellen zu vermeiden. Die mitgeführten Chemikalien wurden zur weiteren Untersuchung in das Kriminallabor geschickt.

Der Aufenthaltsort des Säuglings wird bis auf weiteres nicht bekanntgegeben. Eine schnelle Klärung des ganzen Falls scheint sehr zweifelhaft. Auf Rückfragen teilte eine Mitarbeiterin des Sozialamts mit: "Der Vater ist mittleren Alters und die Mutter ist definitiv noch nicht volljährig. Wir prüfen gerade mit den Behörden in Nazareth, in welcher Beziehung die beiden zueinander stehen."

Maria ist im Kreiskrankenhaus in Bethlehem zu medizinischen und psychiatrischen Untersuchungen. Sie kann mit einer Anklage wegen Fahrlässigkeit rechnen. Ihr geistiger Zustand wird deshalb näher unter die Lupe genommen, weil sie behauptet, sie wäre noch Jungfrau und der Säugling stamme von Gott.

In einer offiziellen Mitteilung des Leiters der Psychiatrie steht: "Mir steht nicht zu, den Leuten zu sagen, was sie glauben sollen, aber wenn dieser Glaube dazu führt, dass - wie in diesem Fall - ein Neugeborenes gefährdet wird, muss man diese Leute als gefährlich einstufen. Die Tatsache, dass Drogen, die vermutlich von den anwesenden Ausländern verteilt wurden, vor Ort waren, trägt nicht dazu bei, Vertrauen zu erwecken. Ich bin mir jedoch sicher, dass alle Beteiligten mit der nötigen Behandlung in ein paar Jahren wieder normale Mitglieder unserer Gesellschaft werden können."

Zu guter Letzt erreicht uns noch diese Info: Die anwesenden Hirten behaupteten steif und fest, dass ein großer Mann in einem weißen Nachthemd mit Flügeln (!) auf dem Rücken ihnen befohlen hätte, den Stall aufzusuchen und das Neugeborene zu seinem Geburtstag hochleben zu lassen. Dazu meinte ein Sprecher der Drogenfahndung: "Das ist so ziemlich die dümmste Ausrede eines vollgekifften Junkies, die ich je gehört habe."

Religion

Ein älterer Italiener bat seinen Priester, ihm die Beichte abzunehmen.

"Vater, während des Zweiten Weltkriegs klopfte eine Frau an meine Tür und bat mich, sie auf meinem Dachboden zu verstecken."

Der Priester sagte:
"Das war wundervoll von dir und du brauchst das nicht zu beichten."

"Ja, es ist halt so, Vater, ich war schwach und verlangte von ihr, sich mit täglichem Sex erkenntlich zu zeigen."

"Oh, ihr wart beide in großer Gefahr und hättet beide schrecklich leiden müssen, wenn die Deutschen sie gefunden hätten. Gott in seiner Weisheit und seiner Rücksicht wird Gut und Schlecht abwägen und gnädig urteilen. Es sei dir vergeben."

"Danke, Vater. Das erleichtert mich wirklich sehr. Ich habe nur noch eine Frage:
"Soll ich ihr sagen, dass der Krieg vorbei ist?"

* * * * *

Sally fuhr gerade von einer beruflichen Reise in Arizona nachhause als sie eine ältere Navajo Indianerin am Straßenrand gehen sah. Da
ihre Reise Ohnehin lang und ruhig war und die Frau müde aussah, fragte sie die Frau, ob sie gerne ein Stück mitfahren möchte.

Mit ein oder zwei Worten Des Dankes stieg sie ein. Nachdem die Reise fortgesetzt und ein bisschen über Belangloses geredet wurde,
bemerkte die Indianerin auf dem Rücksitz etwas, das in ein Papiersäckchen eingepackt war.

"Was ist in dem Säckchen?" fragte die alte Indianerfrau. Sally schaute auf das Säckchen und sagte: "Es ist eine Flasche guten Weines
- ich hab' sie für meinen Mann bekommen."

Die Navajo Frau war für eine kleine Weile ruhig, dann sprach sie mit der stillen Weisheit eines erfahrenen Menschen: "Guter Tausch!".

Religion

Die etwas andere Schöpfungsgeschichte...

Am Anfang bedeckte Gott die Erde mit Brokkoli, Blumenkohl und Spinat, grünen und gelben und roten Gemüsesorten aller Art, dass Mann und Frau lange und gesund leben konnten...

Und Satan schuf Mövenpick und Bahlsen. Und er fragte: "Noch ein paar heiße Kirschen zum Eis?" Und der Mann antwortete "Gerne" und die Frau fügte hinzu: "Mir bitte noch eine heiße Waffel mit Sahne dazu." Und so gewannen die jeder 5 Kilo.

Und Gott schuf den Joghurt, um der Frau jene Figur zu erhalten, die der Mann so liebte. Und Satan brachte das weiße Mehl aus dem Weizen und den Zucker aus dem Zuckerrohr und kombinierte sie. Und die Frau änderte ihre Konfektionsgröße von 38 auf 46.

Also sagte Gott: "Versuch doch mal meinen frischen Gartensalat." Und der Teufel schuf das Sahnedressing und den Knoblauchtoast als Beilage. Und die Männer und Frauen öffneten ihre Gürtel nach dem Genuss um mindestens ein Loch.

Gott aber verkündete: Ich habe Euch frisches Gemüse gegeben und Olivenöl, um es darin zu garen." Und der Teufel steuerte kleine Bries und Camemberts, Hummerstücke in Butter und Hähnchenbrustfilets bei, für die man schon fast einen zweiten Teller benötigte. Und die Cholesterinwerte des Menschen gingen durch die Decke.

Also brachte Gott Laufschuhe, damit seine Kinder ein paar Pfunde verlören.

Und der Teufel schuf das Kabelfernsehen mit Fernbedienung, damit der Mensch sich nicht mit dem Umschalten belasten müsste. Und Männer und Frauen weinten und lachten vor dem flackernden Bildschirm und fingen an, sich in Jogginganzüge aus Stretch zu kleiden.

Darauf hin schuf Gott die Kartoffel, arm an Fett und von Kalium und wertvollen Nährstoffen strotzend. Und der Teufel entfernte die gesunde Schale und zerteilte das Innere in Chips, die er in tierischem Fett briet und mit Unmengen Salz bestreute. Und der Mensch gewann noch ein paar Pfunde mehr.

Dann schuf Gott mageres Fleisch, damit seine Kinder weniger Kalorien verzehren mussten, um trotzdem satt zu werden. Und der Teufel schuf McDonalds und den Cheeseburger für 99 Cent. Dann fragte Luzifer: " Pommes dazu?" Und der Mensch sagte: "Klar - eine extra große Portion mit Majo!" Und der Teufel sagte "Es ist gut." Und der Mensch erlitt einen Herzinfarkt.

Gott seufzte und schuf die vierfache Bypassoperation am Herzen. Und der Teufel erfand die gesetzliche Krankenversicherung ...

Religion

Jesus vertritt Petrus an der Himmelspforte. Da kommt ein alter, halb blinder Mann dahergeschlurft und bittet um Einlass.
"Was hast du in deinem Leben geleistet?" fragt Jesus.
"Ich habe immer hart als Schreiner gearbeitet."
"Bist du auf etwas stolz?"
"Ich habe einen Sohn. Er wurde unter schweirigen Umständen geboren, hatte ein hartes Leben, aber er wurde von vieln geliebt – auch nach seinem qualvollen Tod."
Jesus schaug den alten Mann strahlend ann und ruft: "Vater!"
Der Alte: "Pinocchio?"

Politik, Unkorrektes und Kurioses

Politik, Unkorrektes und Kurioses

The Golden Urinal

Before the 2002 inauguration of George Bush, he was invited to a get acquainted tour of the White House. After drinking several glasses of iced tea, he asked Bill Clinton if he could use his personal bathroom.

When he entered Clinton's private toilet, he was astonished to see that President Clinton had a solid gold urinal. That afternoon, George told his wife, Laura, about the urinal. "Just think," he said, "When I am President, I could have a gold urinal, too. But I wouldn't do something that self indulgent!"

Later, when Laura had lunch with Hillary at her tour of the White House, she told Hillary how impressed George had been at his discovery of the fact that, in the President's private bathroom, the President had a gold urinal.

That evening, when Bill and Hillary were getting ready for bed, Hillary smiled, and said to Bill, "I found out who pissed in your saxophone."

* * * * *

New York City hat 11 Buchstaben.

Afghanistan hat 11 Buchstaben.

Ramsin Yuseb (der Terrorist, der bereits 1993 damit drohte, die Zwillingstürme zu zerstören) hat 11 Buchstaben.

George W Bush hat ebenfalls 11 Buchstaben.

Könnte ein seltsamer Zufall sein. Aber es wird noch besser:
New York ist der 11 Staat der USA.
Das erste Flugzeug, das in eines der Türme flog, hatte die Flugnummer 11.
Dieser Flug hatte 92 Passagiere. 9+2=11.
Flugnummer 77, das ebenfalls in die Zwillingstürme flog hatte 65 Passagiere 6+5=11.
Diese Tragödie fand am 11 September statt. Oder, wie es heute genannt wird, "9/11. 9+1+1=11. Das Datum entspricht der Telefonnummer des amerikanischen Rettungsdienstes 911. 9+1+1=11.

Kein Zufall...?! Lies weiter und denk weiter darüber nach: Insgesamt betrug die Anzahl aller Opfer in den entführten Flugzeugen 254.
2+5+4=11.
Der 11 September ist der 254. Tag im Kalender. Und wieder 2+5+4=11. Das Bombenattentat in Madrid fand am 3.11.2004 statt. 3+1+1+2+4=11. Diese Tragödie fand genau 911 Tage nach dem Attentat auf das WTC statt. Wieder 911, wieder 9/11, wieder 9+1+1=11.

Jetzt wird es aber wirklich unheimlich:
- Öffne ein Word Dokument und mach folgendes:
- Tippe in Großbuchstaben Q33 NY (das ist die Nummer des Fluges, der zuerst in die Zwillingstürme einschlug),
- markiere Q33 NY, ändere die Schriftgröße auf 48 und ändere die Schriftart auf wingdings (1).

Was denkst du jetzt?

Politik, Unkorrektes und Kurioses

Ein Gespräch zwischen Condoleeza Rice und Mr. Bush

George B.: Condi! Nice to see you. What's happening?
Condoleeza R.: Sir, I have the report here about the new leader of China.
George B.: Great. Lay it on me.
Condoleeza R.: Hu is the new leader of China.
George B.: That's what I want to know.
Condoleeza R.: That's what I'm telling you.
George B.: That's what I'm asking you. Who is the new leader of China?
Condoleeza R.: Yes.
George B.: I mean the fellow's name.
Condoleeza R.: Hu.
George B.: The guy in China.
Condoleeza R.: Hu.
George B.: The new leader of China.
Condoleeza R.: Hu.
George B.: The Chinaman!
Condoleeza R.: Hu is leading China.
George B.: Now whaddya' asking me for?
Condoleeza R.: I'm telling you Hu is leading China.
George B.: Well, I'm asking you. Who is leading China?
Condoleeza R.: That's the man's name.
George B.: That's who's name?
Condoleeza R.: Yes.
George B.: Will you or will you not tell me the name of the new leader of China?
Condoleeza R.: Yes, sir.
George B.: Yassir? Yassir Arafat is in China? I thought he was in the Middle East.
Condoleeza R.: That's correct.
George B.: Then who is in China?
Condoleeza R.: Yes, sir.
George B.: Yassir is in China?
Condoleeza R.: No, sir.
George B.: Then who is?
Condoleeza R.: Yes, sir.
George B.: Yassir?
Condoleeza R.: No, sir.
George B.: Look, Condi. I need to know the name of the new leader of China. Get me the Secretary General of the U.N. on the phone.
Condoleeza R.: Kofi?
George B.: No, thanks.
Condoleeza R.: You want Kofi?
George B.: No.
Condoleeza R.: You don't want Kofi.
George B.: No. But now that you mention it, I could use a glass of milk. And then get me the U.N.
Condoleeza R.: Yes, sir.
George B.: Not Yassir! The guy at the U.N.
Condoleeza R.: Kofi?
George B.: Milk! Will you please make the call?
Condoleeza R.: And call who?
George B.: Who is the guy at the U.N?
Condoleeza R.: Hu is the guy in China.
George B.: Will you stay out of China?!
Condoleeza R.: Yes, sir.
George B.: And stay out of the Middle East! Just get me the guy at the U.N.
Condoleeza R.: Kofi.
George B.: All right! With cream and two sugars. Now get on the phone.
(Condi picks up the phone.)
Condoleeza R.: Rice, here.
George B.: Rice? Good idea. And a couple of egg rolls, too. Maybe we should send some to the guy in China. And the Middle East.

Political Science for Dummies

DEMOCRAT
You have two cows.
Your neighbor has none.
You feel guilty for being successful.

REPUBLICAN
You have two cows.
Your neighbor has none.
So?

SOCIALIST
You have two cows.
The government takes one and gives it to your neighbor.
You form a cooperative to tell him how to manage his cow.

COMMUNIST
You have two cows.
The government seizes both and provides you with milk.
You wait in line for hours to get it.
It is expensive and sour.

CAPITALISM, AMERICAN STYLE
You have two cows.
You sell one, buy a bull, and build a herd of cows.

BUREAUCRACY, AMERICAN STYLE
You have two cows.
Under the new farm program the government pays you to shoot one, milk
the other, and then pours the milk down the drain.

AMERICAN CORPORATION
You have two cows.
You sell one, lease it back to yourself and do an IPO on the 2nd one.
You force the two cows to produce the milk of four cows. You are
surprised
when one cow drops dead. You spin an announcement to the analysts
stating
you have downsized and are reducing expenses.
Your stock goes up.

FRENCH CORPORATION
You have two cows.
You go on strike because you want three cows.
You go to lunch and drink wine.
Life is good.

JAPANESE CORPORATION
You have two cows.
You redesign them so they are one-tenth the size of an ordinary cow
and
produce twenty times the milk.
They learn to travel on unbelievably crowded trains.
Most are at the top of their class at cow school.

GERMAN CORPORATION
You have two cows.
You engineer them so they are all blond, drink lots of beer, give
excellent quality milk, and run a hundred miles an hour.
Unfortunately they also demand 13 weeks of vacation per year.

Politik, Unkorrektes und Kurioses

```
ITALIAN CORPORATION
You have two cows but you don't know where they are.
While ambling around, you see a beautiful woman.
You break for lunch. Life is good.


RUSSIAN CORPORATION
You have two cows.
You have some vodka.
You count them and learn you have five cows.
You have some more vodka.
You count them again and learn you have 42 cows.
The Mafia shows up and takes over however many cows you really have.


TALIBAN CORPORATION
You have all the cows in Afghanistan, which are two.
You don't milk them because you cannot touch any creature's private
parts.
You get a $40 million grant from the US government to find alterna-
tives to
milk production but use the money to buy weapons.


IRAQI CORPORATION
You have two cows.
They go into hiding.
They send radio tapes of their mooing.


POLISH CORPORATION
You have two bulls.
Employees are regularly maimed and killed attempting to milk them.


BELGIAN CORPORATION
You have one cow.
The cow is schizophrenic.
Sometimes the cow thinks he's French, other times he's Flemish.
The Flemish cow won't share with the French cow.
The French cow wants control of the Flemish cow's milk.
The cow asks permission to be cut in half.
The cow dies happy.


FLORIDA CORPORATION
You have a black cow and a brown cow.
Everyone votes for the best looking one.
Some of the people who actually like the brown one best accidentally
vote
for the black one.
Some people vote for both.
Some people vote for neither.
Some people can't figure out how to vote at all.
Finally, a bunch of guys from out-of-state tell you which one you
think is
the best-looking cow.


CALIFORNIA CORPORATION
You have millions of cows.
They make real California cheese.
Only five speak English.
Most are illegal.
Arnold likes the ones with the big udders.
```

Politik, Unkorrektes und Kurioses

Auf einer Propaganda-Tournee durch Amerika besucht Präsident George Bush eine Schule und erklärt dort den Schülern seine Regierungspolitik. Danach bittet er die Kinder, Fragen zu stellen. Der kleine Bob ergreift das Wort:

Herr Präsident, ich habe drei Fragen:
1. Wie haben Sie, obwohl Sie bei der Stimmenauszählung verloren haben, die Wahl trotzdem gewonnen?
2. Warum wollten Sie den Irak ohne Grund angreifen?
3. Denken Sie nicht, dass die Bombe auf Hiroshima der größte terroristische Anschlag aller Zeiten war?

In diesen Moment läutet die Pausenklingel und alle Schüler stürmen aus dem Klassenzimmer.

Als sie von der Pause zurückkommen, lädt Präsident Bush erneut ein, Fragen zu stellen, und diesmal ergreift Joey das Wort:

Herr Präsident, ich habe fünf Fragen:
1. Wie haben Sie, obwohl Sie bei der Stimmenauszählung verloren haben, die Wahl trotzdem gewonnen?
2. Warum wollten Sie den Irak ohne Grund angreifen?
3. Denken Sie nicht, dass die Bombe auf Hiroshima der größte terroristische Angriff aller Zeiten war?
4. Warum hat die Pausenklingel heute 20 Min. früher geklingelt?
5. Wo ist Bob???

* * * * *

Spaghetti English...

No Speaka de English

A bus stops and 2 Italian men get on. They sit down and engage in an animated conversation. The lady sitting next to them ignores them at first, but her attention is galvanized when she hears one of them say the following:

"Emma come first. Den I come. Den two asses come together. I come once-a-more. Two asses, they come together again. I come again and pee twice. Then I come one lasta time." "You foul-mouthed, sex-obsessed swine," retorted the lady indignantly. "In this country....we don't speak aloud in public places about our sex lives." "Hey, coola down lady," said the man. "Who talkin' abou ta sex? I'm a jus! ta tellin' my frienda how to spell Mississippi'."

I BET YOU READ THIS AGAIN!!!

Was ist eigentlich Politik

Ein Sohn fragt den Vater:
„Papi, was ist eigentlich Politik?"
Da sagt der Vater:

Sieh mal, ich bringe das Geld nach Hause, also bin ich der **Kapitalist**
Deine Mutter verwaltet das Geld, also ist sie die **Regierung**
Der Opa passt auf, dass alles seine Ordnung hat, also ist er die **Gewerkschaft**
Unser Dienstmädchen ist die **Arbeiterklasse**
Wir alle haben nur eines im Sinn, nämlich dein Wohlergehen. Folglich bist du das **Volk**.
Und dein kleiner Bruder, der noch in den Windeln liegt, ist die **Zukunft**

Hast Du das verstanden mein Sohn?

Der Kleine überlegt und bittet seine Vater, dass er erst noch eine Nacht darüber schlafen möchte.

In der Nacht wird der kleine Junge wach, weil sein kleiner Bruder in die Windeln gemacht hat und daher furchtbar brüllt.

Da er nicht weiß was er tun soll, geht er ins Schlafzimmer seiner Eltern.

Da liegt aber nur die Mutter und die schläft so fest, dass er sie nicht wecken kann.

So geht er in das Zimmer des Dienstmädchens, wo der Vater sich gerade mit derselben vergnügt, während Opa durch das Fenster unauffällig zuschaut!!!

Alle sind so beschäftigt, dass sie nicht mitbekommen, dass der kleine Junge vor ihnen steht.

Also beschließt der Junge unverrichteter Dinge wieder schlafen zu gehen.

Am nächsten Morgen fragt der Vater seinen Sohn, ob er nun mit eigenen Worten erklären kann, was Politik ist.

„JA" antwortete der Sohn

Der **Kapitalismus** missbraucht die **Arbeiterklasse**
Die **Gewerkschaft** schaut dabei zu
Während die **Regierung** schläft
Das **Volk** wird vollkommen ignoriert
Und die **Zukunft** liegt in der Scheiße

Das ist Politik ;-)))

Politik, Unkorrektes und Kurioses

Italien 2005, ich war in einer gut besuchten Bar irgendwo im Zentrum von Rom und hatte mir einen doppelten Espresso bestellt. Auf der Verkaufstheke gleich neben der Kasse stand ein durchsichtiger Behälter mit vielen lustigen Gratta & Vinci-Rubbel-Gewinnlose. Gewinnen Sie bis zu 100.000 € stand ganz groß, auf dem Werbeaufsteller und knapp bei Kasse war ich allemal. War ja auch mein vorletzter Urlaubstag und mein ganzes Urlaubsgeld hatte ich bereits in sinnvollem Alkohol und Zigarillokonsum investiert. Nun ja, ich sag dem Barista: Un Gratta & Vinci per favore e il conto. Er sagt due e cinquanta prego (2,50€), ich gebe ihm einen 5 €-Schein und erhalte 2,50€ Restgeld, die Gelegenheit diese eine kleine letzte Hoffnung zu überprüfen. Ich rubbel die Felder auf und traue meinen Augen nicht!! 3 mal 10.000 €! Madonna Ssantissima!! Madre di Dio!!!! ALLelujaaaaa!! Erst folgte ein Freudenschrei den sogar Passanten auf dem Bürgersteig draussen hören konnten, inklusive zweier Carabinieri (Polizisten), die dann auch reinkamen. Ich hätte vor Freude die ganze Welt umarmen können! Bin die Bar auf und ab gelaufen. Ho vinto! Ho vinto! Ho vintooooooo!!! Diecimilaaaa Eeeuroooo!! (hab gewonnen 10.000€!!!), alle lachten mit und freuten sich mit mir. Einer sagte, aber jetzt wo du 10.000 € gewonnen hast solltest du uns wenigstens etwas ausgeben, alle anderen stimmten zu, ich sagte den Gästen, Leute bestellt euch was zu trinken, heute bezahle ich! Der Barista kam raus und die etwa 30 Anwesenden gaben ihre Bestellungen ab: Cola, Whiskey, Spumante, Cognac etc.., selbst die zwei Polizisten bestellten was, alle freuten sich und stießen an auf mein Glück an! Später als ich eine Flasche Asti intus hatte, musste ich mal aufs Klo, ich griff nochmal mit strahlendem Gesicht nach dem Rubbellos und wollte nochmals mein Glück fassen, schaute mir die Gewinnzahlen an, und merkte dass an eins der drei 10.000er Ziffer eine Null zu viel dran war! Zum Glück gab es auf dem Gang zu den Toiletten ein Fenster, das sich öffnen ließ, und konnte im Halbrausch die Flucht ergreifen. Seitdem war ich nie mehr in Rom.

* * * * *

Auf der Entbindungsstation warten ein Afrikaner, ein Basler und ein Zürcher auf die Niederkunft ihrer Frauen.

Endlich kommt die Schwester herein und sagt den dreien, dass sie alle ein gesundes Kind bekommen hätten.

Allerdings würde es noch ein wenig dauern, da man die Namensschildchen
vertauscht hätte und noch ein letzter Test gemacht werden müsste. Sie könnten sich aber die Kleinen schon anschauen, vielleicht wäre eine Zuordnung ja schon möglich.

Die drei gehen also hinein und der Basler rennt zum schwarzen Baby und reisst
es an sich. Darauf meint die Schwester zum Basler: "Also, wem das Kind gehört
ist doch ganz klar - Ihnen jedenfalls nicht!" Entgegnet der Basler: "Solange nicht geklärt ist, welches der Zürcher ist, ist DAS meins."

Politik, Unkorrektes und Kurioses

Ozean-Insel

Irgendwo im Ozean stranden einige Leute unterschiedlicher Nationalität auf einer paradiesischen Insel:

2 Italiener 1 Italienerin
2 Franzosen 1 Französin
2 Deutsche (m) 1 Deutsche
2 Griechen 1 Griechin
2 Engländer 1 Engländerin
2 Bulgaren 1 Bulgarin
2 Schweden 1 Schwedin
2 Australier 1 Australierin
2 Neuseeländer 1 Neuseeländerin
2 Iren 1 Irin
2 Singapurianer 1 Singapurianerin
2 Türken 1 Türkin
2 Österreicher 1 Österreicherin
2 Schweizer und eine Schweizerin

Einen Monat später:

Ein Italiener hat den anderen wegen der Italienerin umgebracht.

Die zwei Franzosen leben glücklich mit der Französin in einer ménage à trois.

Die beiden Deutschen haben einen streng eingehaltenen wöchentlichen Zeitplan aufgestellt, wie sie sich jeweils abwechseln.

Die beiden Griechen schlafen miteinander und die Griechin darf für sie putzen und kochen.

Die beiden Engländer warten noch auf jemanden, der sie der Engländerin vorstellt.

Die beiden Bulgaren haben sich zuerst die Bulgarin und dann den Ozean angeschaut, um dann davonzuschwimmen.

Die beiden Schweden üben sich in der Kunst des Selbstmords, während die Schwedin lange Vorträge darüber hält, dass ihr Körper ihr gehört, und über die Grundsätze des Feminismus. Aber wenigstens schneit es nicht und die Steuern sind niedrig.

Die Australier sind eh alle bisexuell, also kein Problem.

Die beiden Neuseeländer haben angefangen, die Insel nach Schafen abzusuchen während sich die Neuseeländerin mit einer Banane, die sie zufällig fand, angefreundet hat.

Die Iren haben die Insel zuerst in einen Nord- und einen Südteil aufgeteilt und eine Whisky-Destillerie gebaut. Inwieweit sie Sex wollen, haben sie vergessen, nachdem es nach den ersten paar Litern besten Kokos-Whiskys irgendwie so neblig geworden ist. Aber sie sind glücklich miteinander, denn sie sind sich darüber einig, den Engländern keinesfalls etwas abzugeben!

Die Singapurianer warten noch auf Anweisungen von der Regierung.

Die Türkin ist permanent schwanger, die beiden Türken baggern daher ständig die blonde Schwedin an.

Die beiden Österreicher einigten sich darauf, die Österreicherin gelegentlich gegen Entgelt an die Türken zu vermieten und kaufen sich dafür Whisky bei den Iren.

Die Schweizer schlossen bilaterale Verträge mit den anderen, die ihnen genug zu Essen, zu trinken und Abwechslung beim Sex sicherstellen sollten. Alle waren einverstanden, nur die drei Schweizer haben die Verträge wegen internen Querelen bis gestern nicht ratifiziert und sind soeben verhungert.

Ein Jugo (*) bricht nachts in ein Haus ein. Als er gerade durch das stockfinstere Wohnzimmer schleicht, hört er eine Stimme: "Ich sehe Dich und Jesus sieht Dich auch!" Er erschrickt zu Tode, schaltet seine Taschenlampe ein und sieht auf einer Stange in der Ecke einen Papagei sitzen: "Ich sehe Dich und Jesus sieht Dich auch!" Meint der Jugo* erleichtert: "Has Du mig aber erschrecken. Wie heist Du?" "Elfried !" "Elfried isch krasse blöde Name fur eine Papagei!" Grinst der Vogel: "Na und, Jesus ist auch ein selten blöder Name für einen bissigen Rottweiler!"

(*) Zur Erklärung: 'Jugo' ist keinesfalls eine Beleidigung. Es ist eine Abkürzung für 'junger, unerfahrener, gewalttätiger Osteuropäer'.

* * * * *

THEMA: LOGIKER

Ein Gespräch an der Bar zwischen einem Mann(M) und einem Fremden(F):

M: "Was machst du eigentlich beruflich?"
F: "Ich bin Logiker."
M: "Logiker??? Was ist denn das??"
F: "O.k., ich erklär's: Hast du ein Aquarium?"
M: "Ja ..."
F: "Dann sind da auch bestimmt Fische drin!"
M: "Ja ..."
F: "Wenn da Fische drin sind, dann magst du bestimmt auch Tiere."
M: "Ja ..."
F: "Wenn du Tiere magst, dann magst du auch Kinder."
M: "Jaaa ..."
F: "Wenn du Kinder magst, dann hast du bestimmt welche ..."
M: "Ja!"
F: "Wenn du Kinder hast, dann hast du auch eine Frau."
M: "Ja..."
F: "Wenn du eine Frau hast, dann liebst du Frauen."
M: "Jaaa..."
F: "Wenn du Frauen liebst, dann liebst du keine Männer!"
M: "Logisch!"
F: "Wenn du keine Männer liebst, dann bist du nicht schwul!"
M: "Stimmt, WAHNSINN!"

Später trifft der Mann einen Freund.
M: "Du, ich muss dir was erzählen. Ich hab gerade einen Logiker kennen gelernt!"
Freund: "Einen WAS?"
M: "Einen Logiker. Ich erklär's dir - hast du ein Aquarium?"
Freund: "Nein..."
M: "Schwule Sau!"

Doofe Leute sollten Schilder tragen

Doofe Leute sollten Schilder tragen müssen auf denen steht: "Ich bin doof".
Dann würde man sich nicht auf sie verlassen, oder?
Du würdest sie nichts fragen.
Es wäre wie "tschuldigung, ich... äh, vergiss es. Hab das Schild nicht gesehen."
Man wüsste zumindest, was auf einen zukommt.

So wie letztes Jahr, als ich mit meiner Familie mitten im Umzug stand.
Die ganze Wohnung voll mit Umzugskartons, der Lkw vor der Tür.
Mein Nachbar kommt rüber und fragt: "Hey, du ziehst um?"
"Nö. Wir packen nur ein- bis zweimal die Woche unsere Klamotten ein, um zu sehen, wie viele Kartons wir dafür brauchen. Hier ist dein Schild!"

Letzten Sommer war ich mit 'nem Freund angeln.
Wir zogen sein Boot an Land und holten gerade unseren Fang aus dem Boot, als dieser Idiot von der Anlegestelle kam und fragte:
"Habt ihr all die Fische gefangen?"
"Nö. Wir haben sie überredet aufzugeben. Hier ist dein Schild!"

Letztens hatte ich 'nen Plattfuß. Ich also zur nächsten Tankstelle.
Kommt einer auf mich zu, wirft 'nen Blick auf die Karre und fragt: "Reifen platt?"
Ich konnte einfach nicht widerstehen.
"Nö, ich fuhr gerade so rum, als sich die anderen drei plötzlich aufpumpten. Hier ist dein Schild!"

Vor kurzem wollte ich mein Auto verkaufen. Kommt so ein Typ rüber, macht ne dreiviertel Stunde Probefahrt. Als er zurückkommt, steigt er aus,
bückt sich, greift an den Auspuff und schreit "Scheiße, ist das heiß."
Siehst du? Hätte er sein Schild getragen, hätte ich ihn abhalten können.

Ich bin früher mal Sattelschlepper gefahren.
Einmal verschätzte ich mich bei der Höhe einer Brücke, verkeilte den Lkw und kam nicht wieder los, egal was ich auch versuchte.
Über Funk hab ich Hilfe angefordert. Dann kam ein Polizist und fing an, einen Bericht zu schreiben. Er stellte die üblichen Fragen... o.k. ... kein Problem.
Ich war mir schon fast sicher, dass er kein Schild bräuchte... bis er fragte "... also..., ihr Lkw hat sich verkeilt?"
Ich konnte mir nicht helfen. Ich schaute ihn an, blickte zurück zum Sattelschlepper,
dann zurück zu ihm und sagte: "Nö. Ich liefere eine Brücke. Hier ist dein Schild!"

Wenn du heute Abend länger arbeiten musst und ein Kollege bei dir reinschaut und
fragt: "Du bist immer noch hier?", dann antworte:
"Nö. Bin schon vor 'ner Stunde gegangen. Hier ist dein Schild!!!"

Politik, Unkorrektes und Kurioses

2 Schwule leben in einer WG, einer sitzt in der Badewanne mit gaaaaanz viel rosa Schaum und planscht. Da geht die Tür auf und der Zweite kommt rein. Mit einer Espresso-Tasse und ruft "tatüütataa...", taucht die Espresso-Tasse in die Badewanne und geht wieder, "komisch... aber lustig, der Süsse..."

2 Minuten später das gleiche Spiel... "tatüütataa..." Espresso-Tasse ins Badewasser und wieder raus. "komisch...aber niedlich..."

2 Minuten später wieder das Gleiche. "tatüütataa..." Espresso-Tasse eintunken und wieder raus. "Hmm...gleich frag ich den Schnuckel mal, was das soll..."

Kurz darauf: "tatüütataa..." Espresso-Tasse in die Badewanne eintauchen und.... "Hey, was machst'n da die ganze Zeit? Tatüütataa, und die Tasse in mein Badewasser und so?"

"Tatüütataa... die Küche brennt!"

* * * * *

Ein Deutschland-Fan steht vor Gericht, weil er 2 Türken-Fans überfahren hat.

Richter: "Angeklagter, sagen Sie die Wahrheit!"

Angeklagter: "Die Strasse war vereist, mein Wagen ist ins Schleudern gekommen"

Richter: "Es ist August, Sie sollen die Wahrheit sagen!"

Angeklagter: "Es hat geregnet und Laub war auf der Strasse."

Richter: "Seit Tagen scheint die Sonne, zum letzten mal, die Wahrheit!"

Angeklagter: "Also gut, die Sonne schien, schon von weitem habe ich die Türken-Fans gesehen. Hasserfüllt habe ich auf sie Draufgehalten. Der eine ist durch die Frontscheibe, der andere ist in einen Hauseingang geflogen. Ich bereue nichts!"

Richter: "Na warum denn nicht gleich **so**? Den einen verklagen wir wegen **Sachbeschädigung**, den anderen wegen **Hausfriedensbruch**!"

Auf die richtige Betonung kommt es an:

Ahallabadohnedach - Freibad (arab.)
Machamalahalabad - (Schwimmbad-Bauer)
Arabella - Schöner Papagei
Bagdad - Befehl eines Bäckers an den Lehrling (arab.)
Ballerina - Revolverbraut
Belgrad - Lärmskala fur Hunde
Bhagwan - Arbeitswut eines Konditors
Bibel - Nagetier (chines.)
Bravda - Gehorsamsbefehl an Hunde (russ.)
Budapest - Ungelüftete Stube
Espresso - Arbeitsbereich der Mafia (ital.)
Fidel Castro - Geigenkasten (kubanisch)
Garibaldi - Schnellkochtopf (ital.)
Gebet - Aufforderung zum Schlafengehen
Mannwadamahaada - "Glatze" (arab.)
Heidi - Gruss von Prinz Charles an seine Frau
Helsinki - Die Sonne ist weg!!! (fin.)
Istanbul - Steht da ein Polizist (turk.)
Kanada - Niemand zu Hause (bayrisch)
Knochenmark - Währung fur Hundesteuer (BRD)
Leberknodel - Krankhaftes Organ
Literatur - Bierabfüllmaschine
Machmahall - Tontechniker (arab.)
Mormonen - Wirkstoffe im Blut
Moskau - Ökokaugummi
Mubarak - Kuhstall (arab.)
Nottingham - Kein Schinken mehr vorhanden (engl.)
Patronat - Munitionsmagazin
Pizza - Ital. Stadt (schiefer Turm)
Platitude - Disc-Jockey (weibl.)
Pomade - Darmschmarotzer
Pullman - Polizist (engl.)
Rotterdam - Verdammter Linker (holland.)
Scharlach - Bitte des Komikers an Publikum
Schnitzel - Holzarbeiter (japan.)
Spektakel - Dicker Hund
Taktik - Defekter Wecker
Tangente - Veralgter Wasservogel
Transistor - Langsame Nonne (engl.)
Vollzugsanstalt - Heim mit undichten Fenstern
Washington - Musizieren bei Körperpflege

Lerne Lebenswichtige Redewendungen
(oder versuch's zumindest)...

It Cucumbers Me On - Es gurkt mich an
As You Me So I You - Wie Du mir so ich Dir
Blackwood Cherrycake - Schwarzwälder Kirschtorte
Down-Beat - Niederschlag
Everything For The Cat - Alles für die Katz
Give Not So On - Gib nicht so an
Give Someone A Running-Passport - Jemandem den Laufpass geben
Heavy On Wire - Schwer auf Draht
Hold The Air On - Halt die Luft an!
I Believe Me Kicks A Horse - Ich glaub mich tritt ein Pferd
I Break Together - Ich brech zusammen
I Only Understand Railroad Station - Ich versteh nur Bahnhof
It is Throughtrain - Es ist Durchzug
It Knocks Me Out The Socks - Es haut mich aus den Socken
Me Falls A Stone From Heart - Mir fällt ein Stein vom Herzen
Me Goes A Light Open - Mir geht ein Licht auf
Me Smells - Mir Stinkts
Now Is The Oven Out - Nun ist der Ofen aus
Nothing For Ungood - Nichts für Ungut
Pig-Strong - Saustark
Poor Tits - Armbrust
So A Piggery - So eine Sauerei
Stinking-Home - Pforzheim
The Better-Knower - Der Besserwisser
The Chicken-Eye - Das Hühnerauge
The Closedholder - Der Zuhälter
The Country Tounge - Die Landzunge
The Falling Umbrella Jumper - Der Fallschirmspringer
The Flying Harbour - Der Flughafen
The Ghost-Driver - Der Geisterfahrer
The Newspaper-Duck - Die Zeitungsente
The Nose-Leg-Break - Der Nasenbeinbruch
The Page-Jump - Der Seitensprung
The People-Car-Factory - Das Volkswagenwerk
The Picture-Umbrella - Der Bildschirm
The Power-Soup - Die Kraftbrühe
The Pub-Part - Der Lokalteil
The Sea Young Woman - Die Meerjungfrau
The Shit-Fork - Die Mistgabel
To Come On The Dog - Auf den Hund kommen
To Come In Devils Kitchen - In Teufels Küche kommen
To Go Strange - Fremdgehen
To Lay Someone Around - Jemanden umlegen
Wood-Eye Be Careful - Holzauge Sei Wachsam
You Are Going Me On The Alarm-Clock - Du gehst mir auf den Wecker
You Are Going Me On The Cookie - Du gehst mir auf den Keks
You Can Me One Time - Du kannst mich mal
You Have A Jump In The Dish - Du hast nen Sprung in der Schüssel
You're On The Woodway - Du bist auf dem Holzweg

Politik, Unkorrektes und Kurioses

An Italian in Malta...
(Must be read with an Italian accent!)

One day Ima gonna Malta to bigga hotel. Ina morning I go down to eat breakfast. I tella waitress I wanna two pissis toast. She brings me only on e piss. I tella her I want two piss. She say go to the toilet. I say you no understand, I wanna to piss onna plate. She say you better no piss onna plate, you sonna ma bitch. I dont even know the lady and she call me sonna ma bitch.

Later I go to eat at the bigga restaurant. The waitress brings me a spoon and knife but no fock. I tella her I wanna fock. She tell me everyone wanna fock. I tell her you no understand, I wanna fock on the table. She say you better not fock on the table, you sonna ma bitch.

So I go back to my room inna hotel and there is no shits onna my bed. Call the manager and tella him I wanna shit. He tell me to go to toilet. I say you no understand, I wanna shit on my bed. He say you better not shit onna bed, you sonna ma bitch.

I go to checkout and the man at the desk say: Peace on you. I say piss on you too, you sonnama bitch, I gonna back to Italy.

* * * * *

There was a farmer that had four daughters. One night he heard a knock at the door and found a young man standing there.
The young man said:
"Hi, the name is Freddy.
I've come for Betty.
We're going out for spaghetti.
I hope she's ready."

The farmer thought that this was cute so he Let them go out. Pretty soon there was another knock at the door and another young man was there.
He said:
"My name is Vance.
I've come for Nance.
We're going to a dance.
Is she ready by chance?"

Again the farmer thought this was cute and let them go. Soon another knock on the door with yet another young man standing there.
He said:
"My name is Moe.
I'm here to for Flo.
We're watching a show.
is she ready to go?"

Again the farmer was amused and let them go. Again there was a knock on the door and a young man was standing there.
He began:
"My name is Chuck."

The farmer shot him.

Russische Philosophie

Wann du wirst geboren, du hast 2 Möglichkeiten:

Entweder du wirst Esel oder du wirst Mensch.
- Wirst du Esel, hast du günstig,
- wirst Du Mensch, hast Du 2 Möglichkeiten:

Entweder deine Eltern sind reich oder sie sind arm.
- Sind sie reich, hast du günstig,
- sind sie arm, hast du 2 Möglichkeiten:

Entweder du wirst Mädchen oder du wirst Junge.
- Wirst du Mädchen, hast du günstig,
- wirst du Junge, hast du 2 Möglichkeiten:

Entweder du gehst zur Schule oder du lässt es bleiben.
- Gehst du zur Schule, hast du günstig,
- gehst Du nicht, hast du 2 Möglichkeiten:

Entweder du kriegst einen Beruf oder du kriegst keinen.
- Kriegst du einen, hast du günstig,
- kriegst du keinen, hast du 2 Möglichkeiten:

Entweder du wirst Knecht oder du wirst Soldat.
- Wirst du Knecht, hast du günstig,
- wirst du Soldat, hast du 2 Möglichkeiten:

Entweder du wirst General oder du wirst Gefreiter.
- Wirst du General, hast du günstig,
- Wirst du Gefreiter, hast du 2 Möglichkeiten:

Entweder du kommst zur Marine oder du kommst zur Infanterie.
- Kommst du zur Marine, hast du günstig,
- kommst du zur Infanterie hast du 2 Möglichkeiten:

Entweder du bleibst in der Etappe oder du gehst an die Front.
- Bleibst du in der Etappe, hast du günstig,
- gehst du an die Front, hast du 2 Möglichkeiten:

Entweder du kriegst Goulaschkanone oder du kriegst Kalaschnikow.
- Kriegst du Goulaschkanone, hast du günstig,
- kriegst du Kalaschnikow, hast du 2 Möglichkeiten:

Entweder du wirst verwundet oder du wirst erschossen.
- Wirst du verwundet, hast du günstig,
- wirst du erschossen, hast du 2 Möglichkeiten:

Entweder kommst du in Einzelgrab oder in Massengrab.
- Kommst du in Einzelgrab, hast du günstig,
- kommst du in Massengrab, hast du zwei Möglichkeiten:

Entweder sie lassen dich liegen, oder sie holen dich wieder raus.
- Lassen sie dich liegen, hast du günstig,
- holen sie dich wieder raus, hast du 2 Möglichkeiten:

Entweder du kommst in Seifenfabrik oder Papiermühle.
- Kommst du in Seifenfabrik, hast du günstig,
- kommst du in Papiermühle, hast du 2 Möglichkeiten:

Entweder du wirst parfümiertes Schreibpapier oder du wirst Klopapier.
- Wirst du Schreibpapier, hast du günstig,
- wirst du Klopapier, hast du 2 Möglichkeiten:

Entweder du kommst auf Herren-Klo oder auf Damen-Klo.
- Kommst du auf Herren-Klo, hast du günstig,
- kommst du auf Damen-Klo, hast du 2 Möglichkeiten:

Entweder sie nimmt dich für Vorne oder sie nimmt dich für Hinten.
- Nimmt sie dich für Vorne, hast du günstig,
- nimmt sie dich aber für Hinten, bist du auf jeden Fall im Arsch!!

Politik, Unkorrektes und Kurioses

Drei Jäger, ein Schweizer, ein Deutscher ...... und ein Österreicher treffen sich am Abend in der Kneipe. Sagt der Schweizer: "Ich habe heute einen Fuchs geschossen." - "Das ist ja super, wie hast du das gemacht?" - "Ich habe ein grosses Loch gesehen, da habe ich hineingepfiffen,
Dann hat's herausgepfiffen,
Dann habe ich hineingeschossen
und der Fuchs war tot."

Am nächsten Abend treffen sich die drei Jäger wieder und der Deutsche erzählt: "Ich habe heute einen Bär geschossen." - "Das ist ja super, wie hast du das gemacht?" - "Ich habe ein ganz grosses Loch gesehen, da habe ich hineingepfiffen,
Dann hat's herausgepfiffen,
Dann habe ich hineingeschossen
und der Bär war tot."

Am nächsten Abend fehlt der Österreicher, der liegt schwerverletzt im Krankenhaus, eingegipst von oben bis unten. Der Deutsche und der Schweizer besuchen ihn im Krankenhaus und fragen: "Was hast Denn du gemacht, wie ist das passiert?"

Darauf der Österreicher: "Ich habe ein riesengrosses Loch gesehen, da habe ich hineingepfiffen,
Dann hat's herausgepfiffen,
Dann habe ich hineingeschossen, und
Dann kam der Zug!"

*　*　*　*　*

Schweizer sind einfach besser!

Nachdem russische Wissenschaftler im letzten Jahr bis zu einer Tiefe von 100 m gegraben hatten, fanden sie Spuren einer Kupferleitung, die auf ein Alter von 1000 Jahren datiert wurde und kamen zu dem Schluss, dass ihre Vorfahren schon vor tausend Jahren ein funktionierendes Telefonnetz hatten.

Um nicht davon abgehängt zu werden, gruben in den folgenden Wochen amerikanische Wissenschaftler auf eine Tiefe von 200 m und dann war in den amerikanischen Zeitungen zu lesen: "US Wissenschaftler haben Spuren eines 2000 Jahre alten Glasfaserkabels gefunden. Daraus ist zu schließen, dass in Amerika bereits 1000 Jahre vor den Russen hoch technologisierte digitale Telephonie zum Standard gehörte."

Eine Woche später berichte das Schweizer Tagblatt: "Nachdem bis auf eine Tiefe von 800 m gegraben wurde und Schweizer Wissenschaftler absolut nichts gefunden haben, lässt dies nur den Schluss zu, dass unsere Schweizer Vorfahren bereits vor 5000 Jahren schnurlose Mobiltechnologie nutzten."

Sie sind einfach super!

Politik - Erklärt mit Kühen

Sozialismus:
Du besitzt zwei Kühe. Eine Kuh musst du deinem Nachbarn abgeben.

Kommunismus:
Du besitzt zwei Kühe. Die Regierung nimmt dir beide weg und verkauft dir die Milch.

Liberalismus:
Du besitzt zwei Kühe. Die Regierung nimmt dir beide weg und schenkt dir die Milch.

Nationalsozialismus:
Du besitzt zwei Kühe. Die Regierung nimmt dir beide weg und erschießt dich.

EU-Bürokratismus:
Du besitzt zwei Kühe. Die Regierung nimmt dir beide weg und schlachtet eine Kuh ab. Die andere wird gemolken und die Milch vernichtet.

Eine amerikanische Firma:
Sie besitzen zwei Kühe. Sie verkaufen eine und zwingen die andere, Milch für vier zu geben. Sie sind überrascht, dass sie tot umfällt.

Eine Firma aus Österreich:
Jede Kuh hat einen Titel, es werden Ausschüsse, Unterausschüsse und Gremien gebildet und Gutachten eingeholt. Das Ergebnis ist provisorisch, bleibt aber für immer. Die Milch wird sozialpartnerschaftlich verteilt. Jeder Bulle hat ein Privileg.

Eine französische Firma:
Sie besitzen zwei Kühe. Sie streiken und fordern drei Kühe.

Eine japanische Firma:
Sie besitzen zwei Kühe. Sie designen sie neu. Jetzt sind sie zehn Mal kleiner und geben zwanzig Mal mehr Milch als eine gewöhnliche Kuh. Jetzt kreieren Sie einen cleveren Kuh-Cartoon, nennen ihn "Kuhkimon" und vermarkten ihn weltweit.

Eine deutsche Firma:
Sie besitzen zwei Kühe. Sie konstruieren sie neu, sodass sie 100 Jahre alt werden, einmal im Monat fressen und sich selber melken.

Eine britische Firma:
Sie besitzen zwei Kühe. Beide sind wahnsinnig.

Eine italienische Firma:
Sie besitzen zwei Kühe, wissen aber nicht wo sie sind. Sie melken deshalb die EU.

Eine russische Firma:
Sie besitzen zwei Kühe. Sie zählen sie und kommen auf fünf Kühe. Sie zählen nochmals und kommen auf 42 Kühe. Sie zählen nochmals und kommen auf 12 Kühe. Sie hören mit Zählen auf und machen eine neue Flasche Wodka auf.

Eine Schweizer Firma:
Sie haben 5000 Kühe, von denen keine Ihnen gehört. Sie kassieren Geld von anderen für die Unterbringung.

Der Unterschied zwischen Lappen und Waschlappen

+10°C: Die Bewohner von Mietwohnungen in Helsinki drehen die Heizung ab. Die Lappen (Bewohner Lapplands) pflanzen Blumen.

+5°C: Die Lappen nehmen ein Sonnenbad, falls die Sonne noch über den Horizont steigt.

+2°C: Italienische Autos springen nicht mehr an.

0°C: Destilliertes Wasser gefriert.

-1°C: Der Atem wird sichtbar. Zeit, einen Mittelmeerurlaub zu planen. Die Lappen essen Eis und trinken kaltes Bier.

-4°C: Die Katze will mit ins Bett.

-10°C: Zeit, einen Afrikaurlaub zu planen. Die Lappen gehen zum Schwimmen.

-12°C: Zu kalt zum Schneien.

-15°C: Amerikanische Autos springen nicht mehr an.

-18°C: Die Helsinkier Hausbesitzer drehen die Heizung auf.

-20°C: Der Atem wird hörbar.

-22°C: Französische Autos springen nicht mehr an. Zu kalt zum Schlittschuhlaufen.

-23°C: Politiker beginnen, die Obdachlosen zu bemitleiden.

-24°C: Deutsche Autos springen nicht mehr an.

-26°C: Aus dem Atem kann Baumaterial für Iglus geschnitten werden.

-29°C: Die Katze will unter den Schlafanzug.

-30°C: Kein richtiges Auto springt mehr an. Der Lappe flucht, tritt gegen den Reifen und startet seinen Lada.

-31°C: Zu kalt zum Küssen, die Lippen frieren zusammen. Lapplands Fußballmannschaft beginnt mit dem Training für den Frühling.

-35°C: Zeit, ein zweiwöchiges heißes Bad zu planen. Die Lappen schaufeln den Schnee vom Dach.

-39°C: Quecksilber gefriert. Zu kalt zum Denken. Die Lappen schließen den obersten Hemdknopf.

-40°C: Das Auto will mit ins Bett. Die Lappen ziehen einen Pullover an.

-44°C: Mein finnischer Kollege überlegt, evtl. das Bürofenster zu schließen.

-45°C: Die Lappen schließen das Klofenster.

-50°C: Die Seelöwen verlassen Grönland. Die Lappen tauschen die Fingerhandschuhe gegen Fäustlinge.

-70°C: Die Eisbären verlassen den Nordpol. An der Universität Rovaniemi (Lappland) wird ein Langlaufausflug organisiert.

-75°C: Der Weihnachtsmann verlässt den Polarkreis. Die Lappen klappen die Ohrenklappen der Mütze runter.

-120°C: Alkohol gefriert. Folge davon: Lappe ist sauer.

-268°C: Helium wird flüssig.

-270°C: Die Hölle friert.

-273,15°C: Absoluter Nullpunkt. Keine Bewegung der Elementarteilchen. Die Lappen geben zu: "Ja, es ist etwas kühl, gib' mir noch einen Schnaps zum Lutschen"

Das ist der Unterschied zwischen Lappen und Waschlappen!

Der ultimative Englisch-Test!

Englisch für Anfänger: (for beginners)

Drei Hexen schauen sich drei Swatch Uhren an. Welche Hexe schaut welche Swatch Uhr an?

Und nun das Ganze in englischer Sprache!

Three witches watch three swatch watches. Which witch watch which swatch watch?

Englisch für Fortgeschrittene: (english for runaways)

Drei geschlechtsumgewandelte Hexen schauen sich drei Swatch Uhrenknöpfe an. Welche geschlechtsumgewandelte Hexe schaut sich welchen Swatch Uhrenknopf an?

das Ganze wieder in englischer Sprache!

Three switched witches watch three Swatch watch switches. Which switched witch watch which Swatch watch switch?

Englisch im Endstadium:(at the end)

Drei Schweizer Hexen-Schlampen, die sich wünschen geschlechtsumgewandelt zu sein, schauen sich schweizer Swatch Uhrenknöpfe an. Welche schweizer Hexen-Schlampe, die sich wünscht geschlechtsumgewandelt zu sein, schaut sich welche schweizer Swatch Uhrenknöpfe an?

...das Ganze in Englisch:

Three swiss witch-bitches, which wished to be switched swiss witch-bitches,wish to watch three swiss Swatch watch switches. Which swiss witch-bitch which wishes to be a switched swiss witch-bitch, wishes to watch which swiss Swatch watch switch?

10 kleine Raucherlein

die schliefen rauchend ein.
Prompt ging ein Bett in Flammen auf:
Da waren's nur noch neun.

9 kleine Raucherlein,
die rauchten auf der Wacht.
Den einen hat der Feind erspäht:
Da waren's nur noch acht.

8 kleine Raucherlein,
die rauchten selbst beim Lieben.
Das halt das beste Herz nicht aus:
Da waren's nur noch sieben.

7 kleine Raucherlein,
die trafen eine Hexe,
die Appetit auf Rauchfleisch hatte:
Da waren's nur noch sechse.

6 kleine Raucherlein,
die haben laut geschimpft
auf einem Abstinenzlertreff:
Da war'n sie noch zu fünft.

5 kleine Raucherlein,
die neckten einen Stier.
Der eine blies ihm Rauch ins Auge:
Da waren's nur noch vier.

4 kleine Raucherlein,
die reisten nach Shanghai.
Der eine rauchte Opium:
Da waren's nur noch drei.

3 kleine Raucherlein,
die rauchten auf dem Klo.
Das Klo war voll von Biogas:
Da waren's nur noch zwo.

2 kleine Raucherlein,
die spielten was Gemeines -
wer mehr Zigarren essen kann:
Da gab es nur noch eines.

DIE LETZTE STROPHE FUER DEN SADISTEN:
Das letzte kleine Raucherlein
bekam zwei Raucherbeine.
Sein Rollstuhl rollte vor ne Walze:
Man fand nur noch zehn Zähne.

DIE LETZTE STROPHE FUER DEN ZYNIKER:
Das letzte kleine Raucherlein
schwor ab dem Nikotin.
Es hörte mit dem Rauchen auf:
Jetzt spritzt es Heroin.

DIE LETZTE STROPHE FUER DEN UNVERBESSERLICHEN OPTIMISTEN:
Das letzte kleine Raucherlein.
das zeugte rasch neun Söhne
und zeigte ihnen, wie man raucht:
Da waren's wieder zehne.

Politik, Unkorrektes und Kurioses

Ein Deutscher, ein Schweizer und ein Pole
werden in Saudi-Arabien beim dort strengstens
verbotenen Konsum von Alkohol erwischt.

Der Sultan läßt sie vorführen, sieht sie sich an und sagt:
"Für den Konsum von Alkohol bekommt Ihr eine Strafe
von 50 Peitschenhieben! Aber da Ihr Ausländer seid
und von dem Verbot nichts wußtet, will ich gnädig sein.
Ihr habt vor der Strafe noch einen Wunsch frei! Fang Du an,
Pole!"

"Ich wünsche mir, daß Ihr mir ein Kissen auf den Rücken bindet,
bevor Ihr mich auspeitscht."
Der Wunsch wird ihm erfüllt, doch leider zerreißt das Kissen unter
der Wucht der Peitschenhiebe bereits nach 25 Schlägen.

Der Schweizer, der das sieht, wünscht sich, daß man ihm zwei Kissen
auf den Rücken binden möge. Gesagt, getan, doch
leider reissen auch bei ihm die Kissen
frühzeitig. Nun wendet sich der Sultan an den
Deutschen und sagt:

"Nun Deutscher, da ich ein großer Fussballfan bin und Ihr
so gut Fussball spielen könnt, bin ich bei Dir besonders gnädig!
Du hast zwei Wünsche frei! Aber wähle gut!"

Sagt der Deutsche: "Ok, schon gewählt, als Erstes hätte
ich gern 100 Peitschenhiebe statt nur 50!"

Der Schweizer und der Pole schauen sich entgeistert an!
Der Sultan sagt: "Ich verstehe es zwar nicht, aber es
sei Dir die doppelte Zahl an Hieben gewährt!
Und Dein zweiter Wunsch?"

"Bindet mir den Polen auf den Rücken!"

* * * * *

Zwe Bärner Gielä stöi zäme zfriede ar Aare, da gseh si
plötzlich wie ä Jugo
i'de Strömige um sis Läbe kämpft. Da seit dr eint Bärner
Büebu zum Angere:

"Isch o no hert he, dr anger dert kämpft verbisse um sis
Läbe u mir stöi
nume da u luege zue."

Seit dr Anger: "Ja hesch eigentlich rächt, chum mir
hocke ab."

HERE'S A MAN WHO KNOWS HIS MATH

I was riding to work yesterday when I observed a female driver, who cut right in front of a pickup truck, causing the driver to drive onto the shoulder to avoid hitting her.

This evidently angered the driver enough that he hung his arm out is window and gave the woman the finger.

'Man, that guy is stupid,' I thought to myself. I ALWAYS smile nicely and wave in a sheepish manner whenever a female does anything to me in traffic, and here's why:

I drive 48 miles each way every day to work.

That's 96 miles each day.

Of these, 16 miles each way is bumper-to-bumper.

Most of the bumper-to-bumper is on an 8 lane highway.

There are 7 cars every 40 feet for 32 miles.

That works out to 982 cars every mile, or 31,424 cars.

Even though the rest of the 3 2 miles is not bumper-to -bumper, I figure I pass at least another 4000 cars.

That brings the number to something like 36,000 cars that I pass every day.

Statistically, females drive half of these.

That's 18,000 women drivers!

In any given group of females, 1 in 28 has PMS.

That's 642.

According to Cosmopolitan, 70% describe their love life as dissatisfying or unrewarding.

That's 449.

According to the National Institute of Health, 22% of all females have seriously considered suicide or homicide.

That's 98.

And 34% describe men as their biggest problem.

That's 33.

According to the National Rifle Association, 5% of all females carry weapons and this number is increasing.

That means that EVERY SINGLE DAY, I drive past at least one female that has a lousy love life, thinks men are her biggest problem, has seriously considered suicide or homicide, has PMS, and is armed.

Give her the finger? I don't think so.

30cm grosses Männchen in der Kneipe

Ein Mann geht in die Kneipe und setzt sich an den Tresen. Als der Wirt fragt was er will, antwortet er: "Ich wette mit Dir um ein Bier, dass ich etwas in meiner Tasche habe, das Du noch nie gesehen hast!"

Der Wirt, mit allen Wassern gewaschen, geht auf die Wette ein. Daraufhin öffnet der Gast seine Jackentasche und holt ein kleines 30cm grosses Männchen heraus und stellt es auf den Tresen.

Das Männchen sieht aus wie der berühmte Autor Simmel und geht den Tresen entlang, schüttelt jedem Gast die Hand und sagt: "Guten Tag, sehr erfreut, mein Name ist Simmel, ich bin Literat."

Der Wirt, der sowas noch nie gesehen hat, ist völlig aus dem Häuschen und fragte ihn, woher er das Männchen hat. Daraufhin antwortet ihm der Gast:" Geh raus, die Strasse entlang, bis Du an eine Ecke mit einer Laterne kommst. Dann reibe an der Laterne und es erscheint Dir eine gute Fee."

Der Wirt rennt sofort los, kommt bei der Laterne an und befolgt die Anweisungen des Gastes. Daraufhin erscheint ihm die gute Fee und gewährt ihm einen Wunsch. Der Wirt überlegt nicht lange und sagt: "Ich hätte gerne 5 Millionen in kleinen Scheinen."

Die Fee klopft mit ihrem Zauberstab an die Laterne und 'Puff...', der Wirt hat 5 Melonen in der Hand und um ihn herum lauter kleine Schweine.

Stinksauer geht er zu seiner Kneipe zurück und sieht seinen Gast noch am Tresen stehen. Er geht zu ihm und schimpft: "Deine Fee ist wohl schwerhörig, ich wollte 5 Millionen in kleinen Scheinen und bekomme 5 Melonen und lauter kleine Schweine."

Da sagt der Gast: "Klar ist sie schwerhörig, oder dachtest du allen ernstes, ich wünsche mir einen 30 cm grossen Simmel???"

Zwei ethische Fragen
(wirklich ausprobieren, das Ergebnis ist interessant!)

1) Stellen Sie sich vor, sie kennen eine schwangere Frau, die aber schon 8 Kinder hat. Davon 3 taube, 2 blinde und ein geistig zurückgebliebenes. Zusätzlich leidet diese Frau an Syphilis.

Würden Sie ihr raten, abzutreiben? Antworten Sie still für sich und lesen Sie die nächste Frage:

2) Es ist an der Zeit den Weltpräsidenten zu wählen, und Ihre Stimme ist ausschlaggebend. Hier einige Hinweise zu den 3 Haupt-Kandidaten:

Kandidat A steht mit "madigen" Politikern in Verbindung und befragt Astrologen. Er hat 2 Maetressen gehabt, raucht wie ein Schlot und trinkt 8-10 Martini am Tag.

Kandidat B ist schon 2x gefeuert worden, schläft bis mittags, rauchte in der Uni Opium und trinkt 1/4l Whisky jeden Abend.

Kandidat C ist ein mit Medaillen ausgezeichneter Kriegsheld. Er ist zudem Vegetarier, trinkt nur hin und wieder ein Glas Bier und hatte nie aussereheliche Beziehungen.

Wählen Sie bitte Ihren Kandidaten ohne zu pfuschen und lesen Sie erst dann die Antworten weiter unten!

Kandidat A ist Franklin D. Roosevelt
Kandidat B ist Winston Churchill
Kandidat C ist Adolf Hitler

Ach ja, und dann noch, zum Thema Abtreibung "ja" oder "nein": Wenn Sie mit "ja" geantwortet haben, dann haben Sie soeben Beethoven getötet.

Trotzdem noch einen schönen Tag...!!!

Versicherung

Versicherungen haben's schwer

Die folgenden Zitate stammen aus einer Sammlung der Schweizerischen Mobiliar (Versicherung), die zurzeit daraus Spots für eine Werbekampagne gestaltet. Sie sind allesamt schriftliche Schadensforderungen von Versicherungsnehmern!

Da sprang der Verfolgte ins Wasser und tauchte trotz mehrmaliger Aufforderung nicht mehr auf.

Ausserdem bin ich vor meinem ersten Unfall und nach meinem letzten unfallfrei gefahren.

Ich habe gestern Abend auf der Heimfahrt einen Zaun in etwa 20 Meter Länge umgefahren. Ich wollte Ihnen den Schaden vorsorglich melden, bezahlen brauchen Sie nichts, denn ich bin unerkannt entkommen.

Der Unfall ist dadurch entstanden, dass der Volkswagen weiterfuhr. Er musste verfolgt werden, ehe er schliesslich anhielt. Als wir ihm eine Tracht Prügel verabreichten, geschah es.

Ich erlitt dadurch einen Unfall, dass das Moped Ihres Versicherungsnehmers mich mit unverminderter Pferdestärke anraste.

Mein Motorrad sowie ich selbst mussten wegen starker Beschädigung abgeschleppt werden.

Bin in der Kurve, nicht weit von der Unglücksstelle ins Schleudern geraten. Während des Schleuderns habe ich wahrscheinlich den entgegenkommenden Mercedes gerammt, der dann die Richtung der totalen Endfahrtphase vermutlich mitbestimmte.

Es hatte zwischenzeitlich an einigen Stellen geschneit. Die Fahrbahn war dadurch auf einigen Strassen rutschig geworden. Ich wollte den Wagen abbremsen. Ich habe gekämpft wie ich nur konnte, aber es half nichts. Prallte gegen die Zaunmauer und wurde unbewusst. Aus war es mit meiner Gesinnung.

Ich habe noch nie Fahrerflucht begangen; im Gegenteil, ich musste immer weggetragen werden.

Ich bin ferner mit meinen Nerven am Ende und habe mit einer schweren Kastritis zu tun.

Beim Heimkommen fuhr ich versehentlich in eine falsche Grundstücksauffahrt und rammte einen Baum, der bei mir dort nicht steht.

Als ich an die Kreuzung kam, erhob sich ein Zaun, um meine freie Sicht zu hindern.

Den Hundehalter kenne ich nicht. Ich habe den Biss der Polizei gemeldet. Doch der Wachtmeister grinste nur.

Wer mir die Geldbörse gestohlen hat, kann ich nicht sagen, weil aus meiner Verwandtschaft niemand in der Nähe war.

Versicherung

Ich fuhr durch die Au. Plötzlich kamen von links und rechts mehrere Fahrzeuge. Ich wusste nicht mehr wohin und dann krachte es vorne und hinten.

Ich musste ihn leider aufs Korn, d.h. auf den Kühler nehmen; dann fegte ich ihn seitlich über die Windschutzscheibe ab.

Ich fuhr auf der rechten Seite der Herzogstr. Richtung Königsplatz Mit ca. 40 km/h Geschwindigkeit. Wegen eines in die Fahrbahn laufenden Kindes musste ich plötzlich stoppen. Diese Gelegenheit nahm der Gegner wahr und rammte mich von hinten.

Das Polizeiauto gab mir ein Signal zum Anhalten. Ich fand einen Brückenpfeiler.

Erfahrungsgemäss regelt sich so was bei einer gewissen Sturheit von selbst. Darum melde ich Unfälle immer erst, wenn der Gegner mit Zahlungsbefehlen massiv wird.

In einer Linkskurve geriet ich ins Schleudern, wobei mein Wagen einen Obststand streifte und ich - behindert durch die wild durcheinander-purzelnden Bananen, Orangen und Kürbisse - nach dem Umfahren eines Briefkastens auf die andere Strassenseite geriet, dort gegen einen Baum prallte und schliesslich - zusammen mit zwei parkenden PKWs - den Hang hinunterrutschte. Danach verlor ich bedauerlicherweise die Herrschaft über mein Auto.

Heute schreibe ich zum ersten und letzten Mal. Wenn Sie dann nicht antworten, schreibe ich gleich wieder.

Der Kraftsachverständige war völlig ungehalten, als er auf mein Vorderteil blickte.

Als der Monteur mit dem Hammer zum Schlag ausholte, stellte sich der Anspruchsteller hinter ihn, um genau zu sehen, wo der Schlag hinging. Da ging ihm der Schlag an den Kopf.

Mein Sohn hat die Frau nicht umgerannt. Er ist einfach vorbeigerannt. Dabei ist die Frau durch den Luftzug umgefallen.

Meine Frau stand aus dem Bett auf und fiel in die Scheibe der Balkontüre. Vorher war sie bei einem ähnlichen Versuch aufzustehen gegen die Zentralheizung gefallen.

Als ich auf die Bremse treten wollte, war diese nicht da.

Mein Fahrrad kam vom Gehsteig ab, touchierte einen Porsche und fuhr ohne mich weiter.

Ich trat auf die Strasse. Ein Auto fuhr von links direkt auf mich zu. Ich dachte, es wollte noch vor mir vorbei, und trat wieder einen Schritt zurück. Es wollte aber hinter mir vorbei. Als ich das merkte, ging ich schnell zwei Schritte vor. Der Autofahrer hatte aber auch reagiert und wollte nun wohl doch vor mir vorbei. Er hielt an und kurbelte die Scheibe herunter. Wütend rief er: Nun bleiben Sie doch endlich stehen, Sie! Das tat ich auch - und dann hat er mich überfahren.

Ich brauche keine Lebensversicherung. Ich möchte, dass alle richtig traurig sind, wenn ich einmal sterbe.

Ich will meinen Georg nicht impfen lassen. Meine Freundin Lotte hat ihr Kind auch impfen lassen, dann fiel es kurz danach aus dem Fenster.

Versicherung

Mein Auto fuhr einfach geradeaus, was in einer Kurve allgemein zum Verlassen der Strasse führt.

Ich fuhr rückwärts eine steile Strasse hinunter, durchbrach eine Grundstücksmauer und rammte einen Bungalow. Ich konnte mich einfach nicht mehr erinnern, wo das Bremspedal angebracht ist.

Dann brannte plötzlich der Weihnachtsbaum. Die Flammen griffen auf den Vorhang über. Mein Mann konnte aber nicht löschen, weil er wie ein Verrückter nur die Hausrat-Police suchte.

Trotz Bremsens und Überschlagens holte ich das andere Fahrzeug noch ein und beschädigte den linken Kotflügel des Wagens.

Unsere Autos prallten genau in dem Augenblick zusammen, als sie sich begegneten.

Alle Rechnungen, die ich erhalte, bezahle ich niemals sofort, da mir dazu einfach das Geld fehlt. Die Rechnungen werden vielmehr in eine grosse Trommel geschüttet, aus der ich am Anfang jeden Monats drei Rechnungen mit verbundenen Augen herausziehe. Diese Rechnungen bezahle ich dann sofort. Ich bitte Sie zu warten, bis das grosse Los Sie getroffen hat.

Ich wollte meinem fünfjährigen Sohn mit meiner rechten Hand auf seinen Unaussprechlichen anständig draufgeben. Für diesen Zweck habe ich ihn mit der linken Hand am Kragen gepackt, er machte aus lauter Schreck einen Sprung, der Schlag auf seine vier Buchstaben kam dazu. Die drei Kräfte haben sich getroffen, wirkten im gleichen Moment sich summierend in eine Richtung und trafen auf meine Rippe.

Als Hobby halte ich fünf Hühner und einen Hahn. Beim Hühnerfüttern am 24. Februar in den Morgenstunden stürzte sich der Hahn plötzlich und unerwartet auf mich und biss mir in den rechten Fuss. Er landete sofort im Kochtopf.

Leider ist mein Vater der Jagdleidenschaft Dritter zum Opfer gefallen. Man hielt ihn für eine Wildsau und schoss ihn an.

Meine Tochter hat sich den Fuss verknackst, weil dieses verdammte Weibervolk ja keine vernünftigen Schuhe tragen will.

Der Tennisball kam elegant und sauber an - abgeschlagen von meiner Tochter. Ich habe nur leider den Kopf statt des Schlägers hingehalten.

Vor mir fuhr ein riesiger Möbelwagen mit Anhänger. Der Sog war so gross, dass ich über die Kreuzung gezogen wurde.

Nach Ansicht des Sachverständigen dürfte der Verlust zwischen 250.000 und einer Viertelmillion liegen.

Während des bekannten Tanzes Holladihia-Hoppsassa sprang ich übermütig nach oben, wobei mich mein Tanzpartner kräftig unterstützte. Dabei kam mir die Kellerdecke schneller als erwartet entgegen.

Versicherung

In Ihrem Schreiben vom 26.6., über die neue Beitragsrechnung haben Sie mich freundlicherweise zum Fräulein befördert, was im Zusammenhang mit meinem Vornamen Heinz jedoch zu peinlichen Vermutungen Anlass geben.

Die Polizei forderte mich zum Anhalten auf. Ich fand einen Brückenpfeiler.

Die Telegrafenmasten näherten sich mir im Zickzack-Kurs. Ich versuchte auszuweichen, doch einer traf mich dann doch.

Als ich auf die Bremse treten wollte, war sie nicht mehr da.

Da der Opa nicht wusste, ob er vor oder zurück wollte, überfuhr ich ihn.

Ich habe nun so viele Formulare ausfüllen müssen, daß es mir bald lieber wäre, mein geliebter Mann wäre überhaupt nicht gestorben.

Ich dachte, das Fenster sei offen, es war jedoch geschlossen, wie sich herausstellte, als ich meinen Kopf hindurchsteckte.

Ich habe fünf kleine Kinder im Alter von zwei bis acht Jahren und kann wegen Rheumatismus auch nicht mehr so wie früher.

Zwischenzeitlich wurde der Gehgips am rechten Arm entfernt.

Ihre Argumente sind wirklich schwach. Für solche faulen Ausreden müssen Sie sich einen Dümmeren suchen, aber den werden Sie kaum finden.

Ich habe mir den rechten Arm gebrochen meine Braut hat sich den Fuß verstaucht - ich hoffe, Ihnen damit gedient zu haben.

Wäre ich nicht versichert, hätte ich den Unfall nie gehabt. Denn ohne Versicherung fahre ich nicht.

Ich entfernte mich vom Straßenrand, warf einen Blick auf meine Schwiegermutter und fuhr die Böschung hinunter.

Mein Dachschaden wurde wie vorgesehen am Montagmorgen behoben.

Seit der Trennung von meinem Mann wurde jeder notwendige Verkehr durch meinen Rechtsanwalt erledigt.

Die Massage hat meinem Handgelenk wieder auf die Beine geholfen.

Wer mir die Geldbörse gestohlen hat kann ich nicht sagen, weil aus meiner Verwandtschaft niemand in der Nähe war.

Bei dem Autounfall wurde mein Schwiegersohn nicht verletzt, denn er war gar nicht mitgefahren.

Ihr Computer hat mir ein Kind zugelegt. Aber ich habe kein Kind. Schon gar nicht von Ihrem Computer.

Unabhängig davon, daß ich schon verheiratet bin, finde ich es angemessen, daß Sie mich endlich zur "Frau" machen.

Versicherung

Sofort nach dem Tod meines Mannes bin ich Witwe geworden.

Einnahmen aus der Viehhaltung haben wir keine. Mit dem Tod meines Mannes ging das letzte Rindvieh vom Hof.

Man soll den kranken Blinddarm nicht auf die leichte Schulter nehmen - sonst schneit der Tod wie ein Blitzstrahl herein.

Hiermit kündige ich Ihre Haftpflichtversicherung. Ich bin zur Zeit in Haft und brauche daher keine Haftpflichtversicherung.

Ich bin von Beruf Schweißer. Ihr Computer hat an der falschen Stelle gespart und bei meinem Beruf das "w" weggelassen.

Bitte ändern Sie meinen Vertrag so ab, daß bei meinem Todesfall die Versicherungssumme an mich bezahlt wird.

Bitte lassen Sie es mich wissen, wenn Sie dieses Schreiben nicht erhalten haben.

Die Polizisten, die den Unfall aufnahmen, bekamen von meiner Braut alles gezeigt was sie sehen wollten.

Die Selbstbeteiligung für mein neues Gebiß finde ich zu hoch, aber ich muß wohl zähneknirschend zahlen.

Durch den Auffahrunfall wurde das Hinterteil meines Vordermannes verknittert.

Auf Ihre Lebensversicherung kann ich verzichten. Ich will meinen Familienmitgliedern das hinterlassen, was sie verdient haben – nämlich nichts.

Der Fußgänger hatte anscheinend keine Ahnung, in welche Richtung er gehen sollte, und so überfuhr ich ihn.

Ihr Versicherungsnehmer fuhr vorne in meinen Frisiersalon. Während der Reparaturzeit war ich nur beschränkt tätig. Ich konnte meine Kunden nur noch hinten rasieren und schneiden.

Der Mopedfahrer, der am Tatort allen miterlebte, hatte der Fahrerin meines Pkw aufrichtig erklärte, daß er seiner Zeugungspflicht nachkommen werde.

Ich fuhr mit meinem Wagen gegen die Leitschiene, überschlug mich und prallte gegen einen Baum. Dann verlor ich die Herrschaft über mein Auto.

Ein Fußgänger kam plötzlich vom Gehsteig und verschwand wortlos unter meinem Wagen.

Versicherung

Diese Originalzitate von Versicherungskunden wurden von der deutschen Versicherungswirtschaft gesammelt:

1. Mein Dachschaden wurde wie vorgesehen am Montagmorgen behoben.

2. Die Massage hat meinem Handgelenk wieder auf die Beine geholfen.

3. Wer mir die Geldbörse gestohlen hat kann ich nicht sagen, weil aus meiner Verwandtschaft niemand in der Nähe war.

4. Bei dem Autounfall wurde mein Schwiegersohn nicht verletzt, denn er war gar nicht mitgefahren.

5. Ein Fußgänger rannte in mich, und verschwand wortlos unter meinem Wagen.

6. Ich habe noch nie Fahrerflucht begangen; im Gegenteil, ich musste immer weggetragen werden

7. Ich überfuhr einen Mann. Er gab seine Schuld zu, da ihm dies schon einmal passiert war.

8. Der Fußgänger hatte anscheinend keine Ahnung, in welche Richtung er gehen sollte, und so überfuhr ich ihn.

9. Schon bevor ich ihn anfuhr, war ich davon überzeugt, dass dieser alte Mann nie die andere Straßenseite erreichen würde.

10. Als mein Auto von der Straße abkam, wurde ich hinausgeschleudert. Später entdeckten mich so ein paar Kühe in meinem Loch

11. Ich dachte, das Fenster sei offen, es war jedoch geschlossen, wie sich herausstellte, als ich meinen Kopf hindurch steckte.

12. Ihre Argumente sind wirklich schwach. Für solche faulen Ausreden müssen Sie sich einen Dümmeren suchen, aber den werden Sie kaum finden.

13. Ich entfernte mich vom Straßenrand, warf einen Blick auf meine Schwiegermutter und fuhr die Böschung hinunter.

14. Bitte lassen Sie es mich wissen, wenn Sie dieses Schreiben nicht erhalten haben.

15. Die Selbstbeteiligung für mein neues Gebiss finde ich zu hoch, aber ich muss wohl zähneknirschend zahlen.

16. Nachdem ich vierzig Jahre gefahren war, schlief ich am Lenkrad ein

17. Der Pfosten raste auf mich zu, und als ich ihm Platz machen wollte, stieß ich frontal damit zusammen.

18. Da sprang der Verfolgte ins Wasser und tauchte trotz mehrmaliger Aufforderung nicht mehr auf.

19. Meine Tochter hat sich den Fuß verknackst, weil dieses verdammte Weibervolk ja keine vernünftigen Schuhe tragen will.

20. Der Bursche war überall und nirgends auf der Strasse. Ich musste mehrmals kurven, bevor ich ihn traf.

Sehr geehrte Versicherung

Nachdem ich nun im Krankenhaus bin und wieder schreiben kann, muss ich Sie, verehrte Versicherung, bitten, meinen Unfallschaden wie folgt aufzunehmen: Ich hatte vom Bau meines kleinen Häuschens noch Backsteine übrig und diese wegen der Trockenheit auf dem Speicher gelagert. Jetzt wollte ich aber ein Hühnerhaus bauen und dazu die da oben gelagerten Steine verwenden. Dazu erdacht ich mir folgende Maschinerie: Der Speicher hatte an der Hauswand eine Tür, woraus ich einen Balken verankerte und daran ein Bälkchen mit einer Rolle, wodurch ich ein Seil laufen ließ. An dem Seil hatte ich eine Holzkiste befestigt, die ich dann hinaufzog. Das Seil hatte ich dann unten an einem Pflock festgebunden. Jetzt bin ich hinaufgegangen und habe die Steine in die Kiste geladen. Dann bin ich wieder hinuntergegangen und wollte die Steine in der Kiste am Seil langsam herunterlassen.

Ich band das Seil los, hatte aber dabei nicht bedacht, dass die Steine in der Kiste schwerer waren als meine Person. Als ich bemerkte, dass die Steine so schwer waren, hielt ich das Seil ganz fest, damit die Steine nicht herunterstürzten und kaputt gingen, denn die brauchte ich ja für mein Hühnerhaus. So ist es dann geschehen, dass mich die Steine an dem Seil nach oben zogen, wobei mir die Kiste die linke Schulter aufgerissen hat, als wir uns in der Mitte begegneten. Ansonsten bin ich gut an der Kiste vorbeigekommen. Habe aber oben mir meinen Kopf angeschlagen und zwar erst an dem Bälkchen und dann an dem Balken.

Trotzdem hatte ich aber das Seil festgehalten, damit ich nicht hinunterfalle. In demselben Augenblick ist aber die Kiste mit den Steinen unten auf dem Boden angelangt, durch den heftigen Aufprall ist der Boden der Kiste herausgebrochen, und so konnte es geschehen, dass die Kiste wieder leichter wurde als ich. Die Folge davon war, dass ich mir das rechte Bein gebrochen habe und sofort in Ohnmacht fiel. Nur dadurch konnte es geschehen, dass ich das Seil losließ, was wiederum bewirkte, dass die Kiste allerdings ohne Boden wie eine Birne von oben auf mich herabfiel und mich so unglücklich traf, dass ich demnächst oben und unten ein Gebiss angepasst bekomme.

Dass der Schaden nicht noch größer geworden ist, verdanke ich Ihrem Versicherungsagenten, bei dem ich eine Unfallversicherung unterschreiben musste und zu der ich nach Wiederherstellung meiner Gesundheit und Zähne die Rechnung einreichen werde. Wenn Sie diese dann beglichen haben, werde ich Sie in unserem Dorf weiterempfehlen.

Frauen & Männer

Frauen & Männer

Wörter, die Frauen gebrauchen...

... und was sie tatsächlich bedeuten

GUT
Das ist das Wort, mit dem Frauen einen Streit beenden und sich im Recht fühlen, während du jetzt deine Klappe halten solltest. Benutze "GUT" nie, um zu beschreiben, wie eine Frau aussieht. Es wird zu solch einem Streit führen.

FÜNF MINUTEN
bedeutet "eine halbe Stunde". Dies sind dieselben fünf Minuten, die dein Fussballspiel noch dauert, bevor du den Müll rausträgst. Also im Prinzip ein faires Geschäft.

NICHTS
Das bedeutet "etwas" und du solltest auf der Hut sein. Normalerweise bringt es den Wunsch einer Frau zum Ausdruck, dir die Rübe runterzureißen. "Nichts" kündigt normalerweise einen Streit an, der "fünf Minuten" dauert und "gut" endet.

UND WEITER? (mit gehobenen Augenbrauen)
Eine Falle. Normalerweise wird sich dann eine Frau über "nichts" aufregen und mit dem Wort "gut" abschliessen.

UND WEITER? (mit normalen Augenbrauen)
Das bedeutet "Mach doch was du willst, geht mir am Arsch vorbei!". Minuten später folgt ein "UND WEITER? (mit gehobenen Augenbrauen)", gefolgt von "NICHTS" und "GUT", und in FÜNF MINUTEN wird sie dann weiterreden, sobald sie sich beruhigt hat.

LAUTES SEUFZEN
Kein echtes Wort, eher ein Gefühlsausdruck. Sie hält dich in diesem Moment für den grössten Idioten und fragt sich, warum sie ihre Zeit damit verschwendet, über NICHTS zu streiten.

LEISES SEUFZEN
Wieder ein Gefühlsausdruck. Sie ist zufrieden. Atme nicht, sprich nicht, bewege dich nicht, und sie wird zufrieden bleiben.

DAS IST IN ORDNUNG
Das hinterhältigste überhaupt. Es bedeutet, sie braucht Zeit, um darüber nachzudenken, wie sie dir das wieder heimzahlen kann.

DANKE
Eine Frau bedankt sich. Fall nicht in Ohnmacht, sag einfach: "Bitte!"

VIELEN DANK
Genau das Gegenteil. Sie fühlt sich brüskiert "wie noch nie in ihrem GANZEN Leben!". Meistens folgt dann ein lauter Seufzer. Frage dann NIEMALS nach, was los ist, sonst folgt ein NICHTS!!!

Frauen & Männer

So kann's gehen...

Ich war männlich, verwegen, ich war frei und hatte lange Haare.

Meine Frau lernte mich kennen, nicht umgekehrt. Sie stellte mir förmlich nach. Egal wo ich hinkam, sie war schon da. Es ist nun zwölf Jahre her. Damals war ich eingefleischter Motorradfahrer, trug nur schwarze Sweat-Shirts, ausgefranste Jeans und Bikerstiefel, und ich trug lange Haare.

Selbstverständlich hatte ich auch ein Outfit für besondere Anlässe. Dann trug ich ein schwarzes Sweat-Shirt, ausgefranste Jeans und weiße Turnschuhe. Hausarbeit war ein Übel, dem ich wann immer es möglich war aus dem Weg ging. Aber ich mochte mich und mein Leben. So also lernte sie mich kennen. "Du bist mein Traummann. Du bist so männlich, so verwegen und so frei."

Mit der Freiheit war es alsbald vorbei, da wir beschlossen zu heiraten. Warum auch nicht, ich war männlich verwegen, fast frei und ich hatte lange Haare. Allerdings nur bis zur Hochzeit. Kurz vorher hörte ich sie sagen: "Du könntest wenigstens zum Frisör gehen, schließlich kommen meine Eltern zur Trauung." Stunden, - nein Tage später und endlose Tränen weiter gab ich nach und ließ mir eine modische Kurzhaarfrisur verpassen, denn schließlich liebte ich sie, und was soll's, ich war männlich, verwegen, fast frei und es zog auf meinem Kopf.

Und ich war soooo lieb. "Schatz ich liebe Dich so wie Du bist" hauchte sie. Das Leben war in Ordnung obwohl es auf dem Kopf etwas kühl war. Es folgten Wochen friedlichen Zusammenseins bis meine Frau eines Tages mit einer großen Tüte unterm Arm vor mir stand. Sie holte ein Hemd, einen Pullunder (Bei dem Wort läuft es mir schon eiskalt den Rücken runter) und eine neue Hose hervor und sagte: "Probier das bitte mal an." Tage, Wochen, nein Monate und endlose Papiertaschentücher weiter gab ich nach, und trug Hemden, Pullunder (Ärrrgh) und Stoffhosen. Es folgten schwarze Schuhe Sakkos, Krawatten und Designermäntel. Aber ich war männlich, verwegen, tot-chic und es zog auf meinem Kopf.

Dann folgte der größte Kampf. Der Kampf ums Motorrad. Allerdings dauerte er nicht sehr lange, denn im schwarzen Anzug der ständig kneift und zwickt lässt es sich nicht sehr gut kämpfen. Außerdem drückten die Lackschuhe was mich auch mürbe machte. Aber was soll's, ich war männlich, spießig, fast frei, ich fuhr einen Kombi, und es zog auf meinem Kopf.

Mit den Jahren folgten viele Kämpfe, die ich allesamt in einem Meer von Tränen verlor. Ich spülte, bügelte, kaufte ein, lernte Deutsche Schlager auswendig, trank lieblichen Rotwein und ging sonntags spazieren. Was soll's dachte ich, ich war ein Weichei, gefangen, fühlte mich scheisse und es zog auf dem Kopf.

Eines schönen Tages stand meine Frau mit gepackten Koffern vor mir und sagte: "Ich verlasse Dich." Völlig erstaunt fragte ich sie nach dem Grund. "Ich liebe Dich nicht mehr, denn Du hast Dich so verändert. Du bist nicht mehr der Mann den ich mal kennengelernt habe."

Vor kurzem traf ich sie wieder. Ihr "Neuer" ist ein langhaariger Biker mit zerrissenen Jeans und Tätowierungen der mich mitleidig ansah. Ich glaube ich werde Ihm eine Mütze schicken...

21 Schritte, um zur Frau zu werden

1. Sei gereizt
2. Wenn dich jemand fragt: "Ist was?", antworte: "Nein!", und sei beleidigt, wenn man dir glaubt.
3. Verguck' dich in jemanden, der aus sich 'rausgeht und Party macht, verabrede dich öfter mit ihm und verlange dann, dass er sein Verhalten grundlegend ändert.
4. Du sollst immer eine Stunde länger als angekündigt benötigen, um dich für den Abend zurechtzumachen.
5. Verstecke sehr wichtige Ereignisse in besonders harmlosen, nichts sagenden Ankündigungen, so dass du sauer sein kannst, wenn dein Freund aufgrund anderweitiger Pläne keine Zeit hat. Zum Beispiel sagst du: "Es ist nicht so wichtig, aber ich habe mich gefragt, ob du dieses Wochenende eventuell mit mir meine Eltern besuchen willst, wenn du nicht zu schwer beschäftigt bist ...", wenn du meinst: "Wenn es überhaupt etwas Wichtiges an diesem Wochenende geben könnte, ist das unser gemeinsamer Besuch bei meinen Eltern!"
6. Weine.
7. Wenn du schlafen willst, liegt das an deinem nahezu übermenschlichen Arbeitspensum. Wenn er schlafen will, ist er faul.
8. Egal was, er kann es nicht so gut wie einer deiner Ex-Freunde.
9. Wenn er sich um dich kümmert, klammert und nervt er.
10. Wenn er dir Raum gibt, ignoriert er dich.
11. Beschwer' dich.
12. Hasse jede Kneipe, die er mag.
13. Fordere Gleichberechtigung und -behandlung in allen Bereichen, mit Ausnahme von Schlägen und dem Zahlen der Rechnungen für das Essen / die Klamotten / das Bier / Kino / Flugzeugtickets, etc. Das sind alles Liebesbeweise.
14. Menstruiere nach Belieben. Sollte er deinen Zyklus kennen, sag' ihm, du bist wegen dem ganzen Stress in deinem Leben aus dem Takt gekommen. Siehe auch Pkt. 7.
15. Erinnere dich daran, dass JEDE Frau, die deinen Freund so intensiv anguckt, wie die Schlampe da drüben, eigentlich nur eine Hure sein kann und verbreite diese Neuigkeit so schnell es geht im Freundeskreis.
16. Mach' ihm das Leben schwer und ein schlechtes Gewissen, sobald er irgendwelchen anderen Vergnügungen als deinen nachgeht.
17. Brich ohne ersichtlichen Grund in Tränen aus und benutze dann Pkt. 2
18. Frag' nach Hilfe und schnapp' ein, wenn du sie bekommst.
19. Sieh zu, dass du im Freundeskreis deines Freundes unterkommst, mach' dann Schluss und sei den ganzen nächsten Monat bei jedem Treffen.
20. Sieh' so aus wie Claudia Schiffer und Co.
21. Sei neidisch auf alle, die so aussehen wie Claudia Schiffer und Co.

Unterschiede in der Sprache der Männer und der Frauen...

Die Sprache der Frauen:
Ja = Nein
Nein = Ja
Vielleicht = Nein
Es tut mir leid. = Das wird Dir leid tun!
Wir brauchen? = Ich will?
Entscheide Du! = Die richtige Entscheidung müsste offensichtlich sein!
Mach wie Du willst? = Dafür wirst Du noch zahlen!
Wir müssen reden! = Ich muss mich über etwas beschweren!
Natürlich, mach es wenn Du willst? = Ich möchte nicht, dass Du es machst!
Ich bin nicht sauer! = Natürlich bin ich sauer, Du Arschloch!
Du bist so männlich... = Du solltest Dich mal wieder rasieren!
Du bist heute wirklich nett zu mir. = Kann es sein, dass Du immer an Sex denkst?
Mach das Licht aus! = Ich habe Zellulitis!
Die Küche ist so unpraktisch... = Ich möchte ein neues Haus / eine neue Wohnung?
Ich möchte neue Vorhänge! = ?und Teppiche, und Möbel, und Tapeten!
Ich habe ein Geräusch gehört? = Ich habe gemerkt, dass Du eingeschlafen bist?
Liebst Du mich? = Ich möchte Dich nach etwas Teurem fragen?
Wie viel liebst Du mich? = Ich habe etwas gemacht, was Dir nicht gefallen wird zu hören?
Du musst lernen zu kommunizieren! = Du musst einfach nur meiner Meinung sein!
Nichts, wirklich? = Es ist nur, dass Du ein riesengroßer Idiot bist!!!

Die Sprache der Männer:
Ich habe Hunger! = Ich habe Hunger!
Ich bin müde! = Ich bin müde!
Schönes Kleid! = Geile Titten!!!
Was ist los? = Ich kann nicht glauben, dass du so eine Tragödie draus machst.
Was ist los? = Durch welches undefinierbare, selbsterfundene Trauma schlägst Du Dich gerade durch?
Ja, Dein Haarschnitt gefällt mir. = Vorher fand ich sie besser! oder 50 Mark und kein bisschen anders!
Gehen wir ins Kino? = Ich möchte Sex mit Dir machen!
Kann ich Dich zum Essen einladen? = Ich möchte Sex mit Dir machen!
Kann ich Dich mal anrufen? = Ich möchte Sex mit Dir machen!
Wollen wir miteinander tanzen? = Ich möchte Sex mit Dir machen!
Du siehst angespannt aus, soll ich Dich massieren? = Ich möchte Dich liebkosen! (= Ich möchte Sex mit Dir machen!)
Was ist los mit Dir? = Ich schätze mal, dass das mit dem Sex heute Nacht nichts wird...
Ich langweile mich? = Willst Du mit mir schlafen?
Ich liebe Dich? = Lass uns ficken, jetzt!
Ich liebe Dich auch? = Okay, ich habe es gesagt und jetzt können wir miteinander schlafen!
Reden wir! = Ich möchte gut auf Dich wirken, damit Du glaubst, ich wäre eine tiefgehende Person und dann willst Du vielleicht auch mit mir schlafen.
Willst Du mich heiraten? = Ich will, dass es illegal wird, wenn du mit anderen Männern ins Bett gehst.

Frauen & Männer

Männer-WG

Nach der Geburt muss der Mann noch genau zweimal in seinem Leben einen wärmenden, schützenden Schoss verlassen. Das erste Mal, wenn er sein Kinderzimmer räumt. Das zweite Mal, wenn er seine kuschelig-miefige Junggesellen-WG verlässt, um mit einer Frau zusammenzuleben.

Für viele Männer ist dieser Schritt das wahre Geburtstrauma. Denn die Männer-WG ist ein friedlicher, idyllischer Ort, eine arkadische Landschaft aus verstreuten Tennissocken, Bundesliga-Stecktabellen, getrockneten Zimmerpalmen und Sophie-Marceau-Plakaten. Der Schock ist groß, wenn wir aus diesem Paradies vertrieben werden.

Vielleicht lässt sich die Männer-WG am besten anhand ihres spirituellen Mittelpunktes erklären. Es ist der Bierkasten. Oder, richtiger: Die Kästen Bier. Ganz egal, ob aus diesem getrunken wird, oder nicht - es geht immer darum, "einen Kasten Bier im Haus zu haben". Dieser Kasten Bier ist der augenfällige Beweis einer grundehrlichen, geradezu bauarbeiterhaften Bodenständigkeit, die wir uns trotz unserer lahmen Schlipsträger-Jobs bewahrt haben. Ein Mann braucht einen Bierkasten, um einem anderen Mann seine Zuneigung auszudrücken: "Komm doch mal vorbei, wir haben auch 'n Kasten Bier im Haus." Der Kasten dient außerdem als Legitimation aller möglichen Aktivitäten, die ohne ihn ziellos, ja läppisch erscheinen würden: "Dann trommeln wir ein paar Leute zusammen, schnappen uns einen Ball, gehen in den Park, und wir bringen einen Kasten Bier mit." Zum Kasten Bier gehören in der Männer-WG zahlreiche Rituale, etwa das, keinen Flaschenöffner zu haben, um die Flasche wortlos mittels Feuerzeug, Rohrzange, Tischkante oder am Kasten selbst zu öffnen - wobei die letzte Variante sicher die schönste ist, der Kasten Bier als vollkommenes geschlossenes System. Kein Wunder übrigens, dass man Männer, die lange in Männer-WGs gelebt haben, oft an einer kronkorkenförmigen Narbe unter der Fußsohle erkennt.

Mit dem Kasten Bier, dessen Bedeutung gar nicht zu überschätzen ist, hängt ein anderes Männer-WG-typisches Phänomenon zusammen. Was den Protestanten ihr Kirchentag, den Ravern ihre Love-Parade, den Telekom-Aktionären ihre Hauptversammlung, das sind den in WGs organisierten Männern die internationalen Fussballturniere EM und WM: ein großes sinnstiftendes Gemeinschaftserlebnis. Allein das Bewusstsein, dass sich zur selben Zeit Millionen andere genauso mit Erdnussflips und einem Kasten Bier vor dem Fernseher gemütlich gemacht haben, schafft jenes quasi-erotische Zusammengehörigkeitsgefühl, das man sonst nur durch Einnahme von Ecstasy oder die Ausschüttung einer schönen Dividende erreicht.

Fast so wichtig wie der Kasten Bier ist der blaue Müllsack. Er reduziert nicht nur die Gänge zum Container auf einen pro Monat, er garantiert auch, dass der Kontakt zu den Eltern nicht völlig abreißt: Etwa alle sechs bis acht Wochen schleppen WG-Männer ihre Schmutzwäsche in dem von innen feucht beschlagenen blauen Müllsack zu Mama. Denn die Männer-WG hat keine Waschmaschine oder benutzt sie nicht.

Das hat nichts mit Faulheit zu tun, ebenso wenig wie die diversen Sedimentschichten Schmutzgeschirr. Vielmehr kommt es in Männer-WGs zu einer physikalischen Anomalie von kosmischen Ausmaßen: Das Gesetz, dass Energie nicht verloren gehen kann, wird in jeder Männer-WG tagein, tagaus aufs Neue widerlegt. Energie wird hier spurlos abgesaugt, bis selbst der größte Ehrgeizling seine Aktivitäten darauf beschränkt, eine Kuhle in die Fernsehcouch zu sitzen und ab und zu "machen wir morgen" und "bloß keinen Stress" zu nuscheln.

Wenn überhaupt, denn nach jahrelangem Zusammenwohnen beschränkt sich die verbale Kommunikation in der Männer-WG zumeist auf verschiedene Intonationen des Koseworts "Alter".

"Alter" ohne Betonung bedeutet: "Hallo, wie geht's, wie war dein Tag?" "Alteeer", gedehnt: Ausdruck großer Begeisterung und Anerkennung, etwa wenn ein Mitglied der WG Pizza geholt hat.

"Alter!", nachdrücklich: Du stehst im Bild. Man merkt schon, in der Männer-WG herrschen vorzivilisatorische Zustände. Viele dort praktizierten Verhaltensweisen sind nur als tiefverwur-

Frauen & Männer

zelter Aberglaube zu erklären: Nie den Klosettdeckel runterklappen, das bringt Unglück! Im Stehen pinkeln! Die hinteren Regionen des Kühlschranks sind geschützter Lebensraum für mutierte Nahrungsmittel und für Menschen tabu! Comic-Lektüre erleichtert den Stuhlgang! Das heikle Thema Toilettenlektüre hat in diesem Zusammenhang besondere Beweiskraft: Wir Männer wollen es uns überall so gemütlich wie möglich machen. Wir werden von einem Nesttrieb gesteuert, wie er in der Tierwelt kein zweites Mal vorkommt. Wir haben den Schrebergarten, die Eckkneipe und die Business-Class erfunden, damit wir es überall schön heimelig haben: in der "Kolonie kleine Zuflucht", in "Lothi's Prapelstübchen", in der "Executive-Lounge". Und eben in der Männer-WG.

Aus diesem Biotop werden wir jäh herausgerissen, wenn wir zum ersten Mal in unserem Leben mit einer Frau zusammenziehen. Als unsere Männer-WG von der Faust der heterosexuellen Anziehung zerschmettert wurde, ereilte alle meine Freunde dasselbe Schicksal: Frauen, die in das Zusammenleben uns vorher völlig unbekannte Komponenten hereinbrachten. Vor allem kalte, schneidende Vernunft: "Wieso einen ganzen Kasten? Das trinken wir doch nie!" Früher kauften wir Lebensmittel stückweise im Spätkauf der Tankstelle, jetzt bekommen wir Einkaufszettel an die Hand, die in der Reihenfolge der Warenregale im Verbrauchermarkt geordnet sind. Vorbei ist es auch mit der geradezu Biolekschen Harmoniesucht, die wir aus der Männer-WG gewohnt waren.

Zum ersten Mal stellen wir fest, dass man Probleme auch anders lösen kann, als sie vorm Fernseher oder auf dem Klo auszusitzen. Wir lernen, dass es außerhalb der Männer-WG nicht zur Versöhnung reicht, dem anderen ein blutiges Steak zu braten.

Am gravierendsten aber ist das Ende der Gemütlichkeit. In der Männer-WG kamen Kumpels vorbei ("Habt ihr `n Kasten Bier da?"), heute haben wir Gäste.

Wir werden plötzlich gezwungen, uns Gedanken zu machen über Tischdecken, Menüabfolgen und Gesprächsstoff, wo früher die Pizza aus dem Karton alle drei Probleme auf einmal löste ("Mann, ist die Pizza heute wieder schmierig." - "Kannste laut sagen." - "MANN, IST DIE PIZZA...", usw.).

(GROEOEOEOEOEHL!) Wahrend der Mikrokosmos Männer-WG sich selbst genug ist, geraten wir nun ständig mit der Außenwelt in Berührung: mit Theatern, Museen, Einrichtungshäusern und mit den Müllcontainern hinten auf dem Hof.

Erst im Zusammenleben mit einer Frau werden wir langsam zu funktionstüchtigen Mitgliedern der sozialen Gemeinschaft. Aber diese Evolution vom Höhlenbewohner zum Homo lebensgefaehrtiensis ist ein schmerzhafter Prozess, der uns viele Opfer abverlangt.

Zum Beispiel Kurts Hemden-Trick, der einem das Bügeln ersparte: ein ungebügeltes Hemd einen Tag lang unter einem Pullover anziehen, so dass es am nächsten Tag nicht mehr ungebügelt aussieht, sondern so, als sei es gebügelt worden und dann am Körper zerknittert. Nun kann man das Hemd noch zwei Tage ohne Pullover anziehen! Wir haben ihn dafür bewundert, Beate hat ihm nahe gelegt, einen Bügelkurs zu belegen.

Frank pflegte seinen Sessel so vor den Fernseher zu schieben, dass er den Fuß bequem auf den Fernsehtisch auflegen konnte, um mit der nackten Zehe die Programme zu wechseln und die Lautstärke zu regeln. Eine schöne, körperliche Form von Interaktivität, eine symbiotische Einheit von Mensch und Medium, die langen Fernsehabenden eine geradezu metaphysische Qualität verlieh. Karla hat einfach neue Batterien für die Fernbedienung gekauft, nachdem sie zusammengezogen sind.

Vorbei die Zeiten, da wir uns mit dem heißen Eierwasser einen zeit- und energiesparenden Beuteltee aufgossen. Noch schwerer aber fällt es uns, Nudeln plötzlich ohne Hilfe der Küchendecke zu kochen. In unserer Männer-WG hatten wir nämlich einen genialen Trick entwickelt, auf den man in Christiane Herzogs Kochstudio lange warten kann: Um festzustellen, wann Spaghetti fertig sind, nimmt man ein paar aus dem Topf und schleudert sie an die Decke. Fallen sie wieder herunter, so sind sie noch zu hart.

Kann denn das Leben schöner sein?
Bleiben Sie kleben, sind sie genau richtig.

Aale töten

Der 12-jährige Johnny war für sein Alter sehr neugierig. Von seinen Schulkameraden hatte er mal was von einem Mädchen gehört, das ihnen den Hof macht. Nun fragt er sich, wie man so etwas anfängt. Deshalb fragt er seine Mutter.

Anstatt es ihm richtig zu erklären, schlug sie vor, sich hinter dem Vorhang zu verstecken, da seine 15 Jahre alte Schwester Nancy Besuch von ihrem Freund Mike erwartete.

Am nächsten Morgen fragt ihn die Mutter, was er denn gelernt hätte. Zur Antwort bekam sie folgendes:
Nancy und Mike haben eine ganze Weile dagesessen und geplaudert. Aber dann hat Mike fast das ganze Licht ausgemacht und die beiden fingen an sich zu umarmen und zu küssen.

Ich glaube Nancy ist es richtig schlecht geworden, denn er fuhr mit der Hand unter ihre Bluse, um nach ihrem Herzen zu fühlen, genauso wie es der Onkel Doktor immer macht. Er war aber nicht so gut wie der Onkel Doktor, denn er hatte Schwierigkeiten das Herz zu finden und fummelte eine ganze Weile herum. Ich glaube, ihm ist dann auch schlecht geworden, denn die beiden fingen plötzlich furchtbar an zu stöhnen und zu seufzen.

Da sie nicht länger sitzen konnten, legten sie sich aufs Sofa. Dann bekam sie Fieber. Ich weiß es ganz genau, denn sie sagte, sie wäre unheimlich heiß, und dann fand ich heraus, warum den beiden so schlecht war.

Ein großer Aal muss in Mike´s Hose gekrochen sein. Er sprang heraus und stand fast senkrecht in die Höhe. Er war mindestens 20 cm lang- E H R L I C H-

Jedenfalls hat Nancy ihn gepackt, damit er nicht fort konnte. Als Nancy den Aal sah, bekam sie Angst. Ihre Augen wurden ganz groß, ihr Mund stand weit offen und sie rief den lieben Gott. Sie sagte, dass der größte sei, denn sie je gesehen hätte - Wenn sie wüsste, dass unten im See noch viel größere sind! -

Jedenfalls war Nancy sehr mutig und versuchte den Aal zu töten, indem sie ihm in den Kopf biss. Plötzlich machte Nancy ein komisches Geräusch und ließ ihn gehen. Ich glaube, dass der Aal zurück gebissen hatte.

Dann schnappte Nancy ihn und hielt ihn ganz fest, während Mike eine Art Muschel aus der Tasche holte. Diese stülpte er dem Aal über den Kopf, damit er nicht mehr beißen konnte. Nancy legte sich auf den Rücken und spreizte die Beine und Mike legte sich auf sie.

Anscheinend wollten sie ihn zwischen sich zerquetschen, aber der Aal kämpfte wie ein Verrückter und Mike und Nancy ächzten und stöhnten. Sie kämpften so hart, das fast das Sofa umgefallen wäre.

Nach einer langen Zeit lagen dann beide still auf dem Sofa. Mike stand auf, und siehe da der Aal war tot. Ich weiß das ganz genau, denn er hing so lasch da und die Innereien heraus. Nancy und Mike waren zwar müde, doch sie küssten und umarmten sich trotzdem. Und dann kam der große Schock!

Der Aal war nicht tot, er lebte noch!

Er sprang hoch und fing wieder an zu kämpfen. Ich glaube, Aale sind wie Katzen, sie haben 9 Leben. Diesmal sprang Nancy auf und versuchte ihn zu töten, indem sie sich auf ihn setzte. Nach einem 35 minütigem Kampf war er endlich tot, denn Mike zog ihm das Fell über die Ohren und spülte es im Klo herunter

In diesem Sinne: viel Spass beim Aale töten

Frauen & Männer

Halloweenparty

Ein Ehepaar war zu einer Halloweenparty eingeladen. Die Frau hatte jedoch starke Kopfschmerzen und sagte ihrem Mann, daß er alleine auf die Party gehen solle. Eigentlich wollte er, daß sie mitkommt, aber am Ende beschloß er, doch alleine zu gehen. Die Frau nahm eine Schmerztablette und legte sich ins Bett.

Nach einer Stunde wachte die Frau auf, die Kopfschmerzen waren weg. Da es noch nicht spät war, beschloß sie, trotzdem noch zur Party zu gehen. Da ihr Mann ihr Kostüm nicht kannte, stellte sie sich vor, daß es lustig sein könnte, ihren Mann ohne dessen Wissen zu beobachten.

Schon kurz nachdem sie auf der Party angekommen war, entdeckte sie ihren Mann auf der Tanzfläche. Er ließ keine Gelegenheit aus, mit Frauen zu tanzen, sie anzufassen und zu küssen. Sie schlängelte sich zu ihm und machte ihn ziemlich eindeutig an. Sofort ging er darauf ein. Sie ließ ihn gewähren, denn sie war ja seine Ehefrau. Schließlich flüsterte er ihr ein eindeutiges Angebot ins Ohr. Sie stimmt zu und so verzogen sie sich ins Auto und hatten Sex miteinander.

Kurz vor der Demaskierung um Mitternacht verabschiedete sie sich, ging nach Hause und versteckte das Kostüm. Gespannt wartete sie im Bett auf ihn. Als er nach Hause kam, fragte sie ihn, wie die Party gewesen sei.

Er antwortete: "Ach, nichts Besonderes. Du weißt ja, wenn du nicht dabei bist, kann ich mich sowieso nicht recht vergnügen." "Hast Du viel getanzt?", fragte sie ihn. Er: "Nein, kein einziges mal. Als ich angekommen bin, habe ich Peter, Thomas und einige andere Kumpel getroffen. Wir haben uns ins Hinterzimmer zurückgezogen und den ganzen Abend Poker gespielt. Aber du wirst nicht glauben, was dem Typen passiert ist, dem ich mein Kostüm geliehen habe ..."

*   *   *   *   *

Wie man eine Frau immer und überall zufrieden stellt:

Man muss sie Liebkosen, toben, verhätscheln, massieren, ihr Sachen reparieren, sich in sie hineinversetzen, ihr ein Ständchen bringen, ihr Komplimente machen, sie unterstützen, ernähren, beruhigen, reizen, ihr ihren Willen lassen, sie beschwichtigen, anregen, streicheln, trösten, in den Arm nehmen, überflüssige Pfunde ignorieren, mit ihr kuscheln, sie erregen, ihr beruhigende Worte zuflüstern, sie beschützen, sie anrufen, ihr jeden Wunsch von den Augen ablesen, mit ihr rumknutschen, sich an sie schmiegen, ihr verzeihen, ihr nette Kleinigkeiten mitbringen, sie unterhalten, bezaubern, ihr die Einkaufstasche tragen, gefällig sein, sie faszinieren, sich um sie kümmern, ihr vertrauen, sie verteidigen, sie einkleiden, mit ihr angeben, sie heiligen, anerkennen, verwöhnen, umarmen, für sie sterben, von ihr träumen, sie necken, ihr Befriedigung verschaffen, sie drücken, mit ihr nachsichtig sein, sie zum Idol erheben, den Boden unter ihren Füßen verehren.

Wie man einen Mann immer und überall zufrieden zu stellt:

Erscheinen Sie nackt.

Frauen & Männer

Frauen und ihre Ansprüche

Was ich mir von einem Mann wünsche, Originalliste (Alter: 22):
1. Gut aussehend
2. Charmant
3. Finanziell unabhängig
4. ein aufmerksamer Zuhörer
5. Clever
6. Gut in Form
7. Zieht sich gut an
8. Weiß schöne Dinge zu schätzen
9. Macht aufmerksame Überraschungen
10. Ein phantasievoller, romantischer Liebhaber

Was ich mir von einem Mann wünsche, überarbeitete Liste (Alter: 32):
1. Nett aussehend (vorzugsweise Haare auf dem Kopf)
2. Öffnet Autotüren, rückt den Stuhl für mich
3. Hat genug Geld für ein nettes Abendessen
4. Hört mehr zu als dass er redet
5. Lacht über meine Witze
6. Trägt ohne Schwierigkeiten Lebensmitteleinkäufe
7. Besitzt mindestens eine Krawatte
8. Weiß ein selbst gekochtes Essen zu schätzen
9. Er erinnert sich an Geburtstage und Jahrestage
10. Ist wenigstens einmal pro Woche romantisch

Was ich mir von einem Mann wünsche, überarbeitete Liste (Alter: 42):
1. Nicht zu hässlich (Glatze ist in Ordnung)
2. Er fährt nicht los, bevor ich im Auto sitze.
3. Er arbeitet regelmäßig - und gibt beim Abendessen gelegentlich an.
4. Er nickt mit dem Kopf, wenn ich rede.
5. Er erinnert sich meistens an das Ende der Witze, die er erzählt.
6. Er ist gut genug in Form, um die Wohnungseinrichtung neu zu arrangieren.
7. Er trägt ein Hemd, das seinen Bauch bedeckt.
8. Er weiß, dass man Champagner nicht mit Schraubverschluss kauft.
9. Er vergisst nicht, den Toilettensitz runterzuklappen.
10. Er rasiert sich an den meisten Wochenenden.

Was ich mir von einem Mann wünsche, überarbeitete Liste (Alter: 52):
1. Er hält die Haare in Ohren und Nase kurz
2. Er rülpst nicht und kratzt sich nicht in der Öffentlichkeit in seinen intimen Zonen.
3. Er leiht sich nicht allzu oft Geld.
4. Er schläft nicht ein, wenn ich lüfte.
5. Er erzählt die gleichen Witze nicht zu oft hintereinander.
6. Er ist gut genug in Form, um die Couch am Wochenende mal zu verlassen.
7. Er trägt meistens zusammenpassende Socken und frische Unterwäsche.
8. Er weiß ein gutes Abendessen vorm Fernseher zu schätzen.
9. Gelegentlich erinnert er sich an meinen Namen.
10. Er rasiert sich an einigen Wochenenden.

Was ich mir von einem Mann wünsche, überarbeitete Liste (Alter: 62):
1. Kleine Kinder haben keine Angst vor ihm
2. Er erinnert sich daran, wo das Bad ist.
3. Sein Unterhalt kostet nicht viel.
4. Er schnarcht nur ein wenig.
5. Er erinnert sich, warum er lacht.
6. Seine Form ist gut genug, dass er allein stehen kann.
7. Trägt normalerweise Kleidung.
8. Mag weiches Essen
9. Er erinnert sich, wo er seine Zähne abgelegt hat.
10. Er erinnert sich, dass Wochenende ist.

Was ich mir von einem Mann wünsche, überarbeitete Liste (Alter: 72):
1. Er atmet
2. Er trifft in die Toilette

Frauen & Männer

Die besten Scheidungsgründe

In Stuttgart zerbrach eine Ehe im siebten Jahr, weil sich die Frau im Auto ihres Mannes immer bücken mußte, wenn eine seiner Freundinnen vorbeifuhr.

In München wurde eine Ehefrau täglich benotet. Wie gut war das Essen, wie sauber die Wohnung, wie prickelnd der Sex, wie adrett ihre Kleidung? Am Ende der Woche zog der "Göttergatte" Bilanz - bei überwiegend schlechten Noten gab's weniger Haushaltsgeld. Scheidung nach 2 Jahren.

Eine Frau aus Berlin ließ sich nach drei Jahren scheiden, weil ihr Angetrauter die Gewohnheit hatte, mit Freunden das Badezimmer zu "stürmen". Und zwar immer dann, wenn sie gerade in der Wanne saß.

Ein Mann aus Tennessee bekam von seiner Frau oft Steaks mit gebratenen Zwiebeln vorgesetzt. Seine Vorstellung vom Teilen: Er aß das ganze Fleisch und ließ sie mit den Zwiebeln sitzen. Scheidung nach 4 Jahren

Eine 45jährige Münchnerin klagte vor Gericht, weil ihr Mann darauf bestand, die gemeinsamen Nächte in einer Hängematte zu verbringen. Trennung - weil sie in 23 Ehejahren 16mal aus dem luftigen Bett stürzte.

Ein Mann aus Montana markierte täglich die Schuhsohlen seiner Frau mit Kreide. So wußte er, ob sie das Haus verlassen hatte. Scheidung nach 2 Jahren

Weil ein Frankfurter in der Hochzeitsnacht nichts Besseres zu tun hatte, als sich 5 Stunden lang einen brutalen Videofilm anzuschauen, nahm die Braut Reißaus. Noch in derselben Nacht traf sie einen neuen Mann fürs Leben.

Ein Nürnberger überließ nichts dem Zufall: Sex, so stand es im Ehevertrag, hatte dreimal wöchentlich stattzufinden. An bestimmten Wochentagen hatte Sie die Initiative zu ergreifen - in Dessous, deren Farbe er bestimmte. Scheidung nach 2 Jahren

Eine Münchnerin war vernarrt in ihren preisgekrönten Windhund. Rache des vernachlässigten Ehemannes: Er fütterte das Tier heimlich - der Hund wurde fett und gewann keine Preise mehr. Trennung nach 3 Jahren - wegen "seelischer Grausamkeit"

Liebste Freizeitbeschäftigung eines Mannes aus Pennsylvania: Mit einer Steinschleuder schoß er Blechdosen vom Kopf seiner Frau. Scheidung nach 5 Jahren

Sie mußte ihn mit "Herr Major" anreden und vor ihm stramm stehen - bei jeder Begegnung im Haus. Nach 10 Jahren reichte die Frau eines US-Offiziers die Scheidung ein. Ausgegrüßt.

Ein Hamburger Finanzbeamter saß in jeder freien Minute vor seinem privaten Computer und investierte ein Vermögen in teure Zusatzgeräte. Als er seiner Frau nach 6 Jahren das Haushaltsgeld wegen neuer Computerprogramme kürzte, war die Ehe vorbei.

Ein Zugschaffner aus Nürnberg legte sich in jeder größeren deutschen Stadt eine Geliebte zu. Als er in Rente ging, verstaute er sämtliche Liebesbriefe in zwei großen Koffern und deponierte sie im Keller - die Ehefrau stolperte darüber. 25 Jahre lang hatte sie an seine Treue geglaubt.

Ein Rentner aus Oklahoma war so geizig, daß er seiner Frau ein neues Gebiß verweigerte. Begründung: Sie könne ja seines mit benutzen. Scheidung nach 50 Jahren!

Ein Amerikaner aus Vermont hatte seinem Papagei einen Weckruf beigebracht: "Aufstehen, verdammt nochmal, aufstehen!" Nach 3 Jahren zog die Ehefrau aus.

Das Kontaktanzeigen ABC

Sie sucht ihn

Anspruchsvoll = eine echte 24-Karat-Schlampe
Apart = schweinehässlich, aber modebewusst
Attraktiv = mittelgroß, dunkelblond, vollschlank
Bezaubernd = eingebildet
Direkt = kein Funken Benehmen
Erfahren = verlebt
Familienorientiert = torschlusspanisch
Faszinierend = selbstgefällig UND eingebildet
Genießerisch = bei Tisch zügellos - im Bett leider nicht
Humorvoll = albern
immer fröhlich = wahrscheinlich drogenabhängig
junggebliebene Mittdreißigerin = verlogene Mittvierzigerin
Klug = besserwisserisch
Kompliziert = hochgradig neurotisch
Kultiviert = neureiche Snobistin mit Opern-Abo
Lady = weit über 40
Lebhaft = zickig
Liebenswert = wenn man unbeholfene Mädchen in "Garfield"-Sweatshirts mag...
Mollig = fett
nach grosser Enttäuschung = verhärmt
Naturverbunden = fett, oft verbunden mit mangelnder Hygiene und ausgeprägter Körperbehaarung
rassige Rothaarige = iltisartiger Körpergeruch
Reif = welk
Rubensfigur = so fett, dass die kritische Masse überschritten ist
Schlank = Kleidergröße 42
Sensibel = hysterisch, egozentrisch, droht mit Selbstmord, wenn, sie ihren Willen nicht bekommt
Sinnlich = gierig, hatte keinen Sex, seit ihr letzter Mann sie sitzen ließ
Spirituell = schreibt Gedichte und könnte erwarten, dass man zuhört; bei Vollmond unberechenbar
Sportlich = zählt Kalorien
südländischer Typ = unrasierte Achselhöhlen
süße Maus = geldgeile Hobbyhure
Unkompliziert = fad bis opportunistisch
Vegetarierin = pilzanfälliger Blaustrumpf
Zierlich = A-Körbchen

Frauen & Männer

Er sucht sie

Akademiker = Volkshochschüler mit Diplom

Attraktiv = dunkelblond, mittelgroß, vollschlank

Charmant = selbstgefälliger Schleimer

Direkt = hält nichts von Vorspiel

Familienorientiert = klassischer Stubenhocker mit Pascha-Allüren

Fröhlich = schwerer Trinker

Gebildet = kann lesen und schreiben

gemütlicher Teddybär = fett, hässlich, behaart und Jacutin-Anwender

genussfreudig = Bierbauch und kleiner Schwanz

Gepflegt = wenn man darunter ein wöchentliches Wannenvollbad versteht...

Geschäftsmann = Anführer einer Drückerkolonne

Groß = 1,75 Meter

guter Charakter = vorbestraft

gutsituiert = Zweizimmer-Eigentumswohnung, Opel Record, Radio mit Netzanschluss Humorvoll = Lachsack mit Furzkissen

im besten Alter = scheintot

im Herbst des Lebens = schon kalt

junggebliebener Mittvierziger = Frührentner, möglicherweise Kriegsinvalide

kräftig = fett

Kultiviert = kann mit Messer und Gabel essen

männlich = ausgeprägte Rückenbehaarung, schwitzt sehr stark

Millionär = Blender mit Magengeschwür

Naturbursche = riecht streng und wurde von seiner Cousine entjungfert

phantasievoll = perverser Wüstling (Pornosammlung)

sensibel = weinerlich

sinnlich = notgeil

sportlich = Samstag ab 18 Uhr nicht abkömmlich

Südländer = klein, haarig, cholerisch

Tagesfreizeit = verheirateter Hausmann

vielseitig interessiert = notorischer Fremdgänger

vorzeigbar = jedenfalls der blinden Großmutter

weitgereist = siehe "Geschäftsmann"

zärtlich = Sexmuffel, vermutlich impotent

Frauen & Männer

IKEA - Bericht eines betroffenen Mannes

IKEA - schon der Name ist Scheisse. Meine Freundin meint "Lass uns mal wieder zusammen zu IKEA fahren. Ist doch schön, da mal wieder durchzubummeln." Bummeln...von wegen. Also ob Frauen durch den Schuppen BUMMELN würden. Sie KAUFEN sich durch. Jede von den Weibern reißt riesige Löcher in die Regale.

Natürlich am Samstag. Warum eigentlich ausgerechnet immer samstags? Kann mir jemand sagen, warum Frauen immer samstags zu IKEA fahren wollen? Oder sonntags? Oder freitags? Ich will nicht zu IKEA. An keinem Tag. Aber widersprich da mal einer. Der Samstag wäre völlig im Eimer. Und der Sonntag. Und der SEX auch. Also was tun? Klar - was sie alle tun: lächeln, innerlich sterben und mitgehen.

Anfahrt: der Stau reicht zurück bis auf die Autobahn. Von der Ausfahrt bis auf den IKEA-Parkplatz brauchen wir 35 Min. Ich bin innerlich schon am kochen, lasse mir aber nichts anmerken. Auch nicht, als sich ein Fahrer rücksichtslos vorne in die Parklücke drängt. ("Komm her du Arsch. Los steig aus. Dir hau ich ein paar aufs Maul. Depp, blöder. Los trau dich. Wichser"). Nun, er hat sich nicht getraut, meine Freundin nagt an der Unterlippe und mir geht es kurzzeitig wieder etwas besser. Obwohl ich ihm schon gern...

Gott sei dank hat sie sich diesmal nicht gleich im ersten Stock ausgetobt. Da hatte sie letztes Mal schon mit einer neuen Couch gedroht: "Die hier ist schön. Und sooo praktisch. Den Bezug kann man abziehen und waschen." Ich schau aufs Preisschild. ("!!!! Wir werden das Ding höchstens dreimal waschen, also kostet jedesmal Waschen 1.500.-? Wieso nehmen wir nicht ne billige, schmeißen sie weg, sobald sie 'nen Fleck hat, und kaufen ne Neue?")

- "Prima. Du hast Recht. Sehr schön. Sitzt sich auch bequem. Und gar nicht teuer. Ein echtes Schnäppchen. Willst Du sie gleich haben?" Zum Glück wollte sie das Ding dann doch nicht kaufen.

Der Härtetest kommt im Untergeschoss: Millionen Dinge, die Frau unbedingt braucht. Jeder Artikel 3978mal vorhanden. Natürlich will sie nur ein paar Kleinigkeiten, die sie unbedingt schon immer gebraucht hat und nirgendwo anders bekommt und schon gar nicht zu diesem Preis. Ein Nudelklammereisen... oder so. Jedenfalls total praktisch und gar nicht teuer. Und die tollen Gläser mit Stiel. Gibt's nur im 10-er Pack. Aber was soll's - die alten hatte sie ja schon seit dem letzen IKEA-Besuch vor...was? acht Wochen??

Und die sind ja auch schon nicht mehr schön. Und die praktischen Fressbretter (Brotzeitteller aus Holz - scheisseschwer!) und diese Kerzenhalter und "sieh doch mal die kleine Leuchte da" und die praktischen zusammenfaltbaren "kannmanimmerbrauchen"-Teile und ... Sie stopft mir das Zeug in diese tolle gelbe Umhängetasche, mit der ich aussehe wie ein geistig zurückgebliebener Pfadfinder. Oder Stadtreinigung. Offenbar muss jeder Mann so 'ne Tasche umhaben, obwohl sie fast alle auch noch einen Wagen schieben müssen. Aber Frauen scheinen die Dinger schick zu finden.

Sie scheint jetzt alles zu haben... dann die Schlange an der Kasse. Sie haben jetzt Schilder aufgestellt: "Ab hier 25 Minuten Wartezeit zur Kasse" - eins kann ich von hier aus schon fast lesen. Sie kann nur mühsam verhindern, dass ich die Tasche ins nächste Regal schmeiße. Ich fasse es nicht: die Frauen schwatzen miteinander oder wuseln nochmal davon, um schnell noch ein paar "hättenwirdochfastvergessen" zu holen, während die Männer wie die Deppen mit ihren Wagen in der Schlange stehen. Das nächste Schild: "Noch 15 Min. bis zur Kasse" veranlasst mich, mit der Tasche Schwung zu holen, aber sie meint, sie könne die Kasse schon sehen... Na gut.

Wuselwuselwusel und schon habe ich noch einen tollen Übertopf für den Dingsbums-Busch im Esszimmer (Das Drecksding werde ich mit Domestos gießen!) in der Tasche. Das nächste Schild kann man schon nicht mehr lesen: das muss wohl jemand umgekickt haben - lauter Fußabdrücke drauf. Aber jetzt kann ich die Kasse auch sehen. ENDLICH sind wir dran. Nach fünf Minuten Vorzeigen von Driver's License, Organspenderausweis, ATM-, Visiten-, Kredit- und Krankenversicherungskarte glaubt mir die blöde Kuh an der Kasse ("Mein Freund hat das nicht so gemeint.") endlich, dass ich mit dem Nachnamen und nicht dem Vornamen unterschrieben habe. ("Ich hab's noch ganz anders gemeint...") Der Tritt gegen den Tresen hat aber auch keinen Schaden hinterlassen.

Abfahrt: auf dem Parkplatz beginnt das Drama von vorn: wie komme ich von IKEA wieder weg?? Die Ausfahrt ist verstopft. Der Parkplatz ist verstopft, der Weg bis zur Ampel ist verstopft, die Autobahnauffahrt ist verstopft. 35 Min für 1,4km. Aber den blöden Deppen von der Herfahrt habe ich diesmal in eine Parklücke abgedrängt, wo er vermutlich ne Stunde gebraucht hat, um da rückwärts wieder raus zu kommen.

Ein schönes nächstes Wochenende (vielleicht bei IKEA...)

Unterschiede von Mann und Frau beim Ölwechsel

Der Ölwechsel, wenn die Frau ihn machen lässt:

Sie ...
... fährt in die Werkstatt
... gibt den Auftrag
... trink in Ruhe eine Tasse Kaffee und raucht eventuell eine Zigarette
... zahlt die Rechnung
... fährt entspannt aus der Werkstatt

Gesamtaufwand:
50,00 EUR für den Ölwechsel
1,00 EUR für den Kaffe (Automat)
5,00 EUR als Trinkgeld

56,00 EUR gesamt finanzieller Aufwand

Der Zeitaufwand beträgt in etwa 30 Minuten

Der Ölwechsel, wenn der Mann ihn selbst macht

Er ...

1. Tag

... fährt in den Autoteile- und Zubehörhandel
... kauft Motoröl (natürlich nur vollsynthetisches – im 5 l Kanister)
... benötigt zudem noch einen Dichtring
... weil er schon da ist nimmt er auch noch ein Duftbäumchen und Handwaschpaste mit
... fährt nach Hause
... stellt ein paar Bier bereit
... sucht 20 Minuten den passenden 19-er Schlüssel
... trinkt zwischendurch ein Bier
... jetzt fehlt im noch die Ölwanne für das Altöl
... nach 5 Minuten gefunden
... noch ein Bier zwischendurch
... hebt das Fahrzeug mit dem Wagenheber an
... stellt fest, dass die Holzklötze zum unterstellen nicht auf ihrem Platz liegen
... nach weiteren 15 Minuten und einem Bier findet er sie unter dem Kettcar des Sohnes
... löst die Ölablassschraube und schlägt sich dabei den Handrücken am Stabilisator auf
... beginnt zu fluchen, wäscht sich die Hände, holt ein Pflaster
... muss erst mal den Ärger mit einem Bier runter spülen
... löst dann die Ablassschraube komplett und lässt sie in die Ölwanne fallen
... in der Zwischenzeit kommt der Nachbar vorbei
... sie beginnen zu fachsimpeln und dabei ein oder zwei Bier zu trinken
... es wird bereits spät und der Ölwechsel wird auf den nächsten Tag ver-

schoben

... nimmt noch die Ölwanne unter dem Auto hervor

2. Tag

... schüttet das Altöl in sein 50-l-Sammelfass und denkt dabei, dass müsste er auch mal entsorgen
... füllt neues vollsynthetisches Motoröl in den Einfüllstutzen
... merkt, dass die Ablassschraube noch fehlt und das frische Öl unten wieder raus läuft
... beginnt zu fluchen und trinkt ein Bier
... steckt bis zur Schulter in seinem Altölsammelbehälter und sucht die Schraube
... findet sie und macht sie sauber
... sieht seinen bis zur Schulter mit Altöl verschmierten Arm und beginnt wieder zu fluchen
... trinkt ein weiteres Bier zur Beruhigung
... setzt den neuen Dichtring auf die Schraube und schraubt sie wieder an
... füllt das noch vorhandene Öl ein und starten anschließend den Motor zum Warmlaufen
... fachsimpelt in der Zwischenzeit mit dem Nachbarn bei einem oder zwei Bier zum Frühschoppen
... stellt fest, dass ihm jetzt ein halber Liter Motoröl fehlt (liegt auf dem teueren Pflaster verteilt)
... wäscht sich mit der speziellen Handwaschpaste
... merkt dabei, dass die Arme und Hände Wochen benötigen, bis sie wieder richtig sauber werden
... macht mit dem Nachbarn eine Probefahrt zur nächsten Tankstelle um das noch fehlende Öl zu besorgen
... besorgt noch einen Liter Motoröl und einen Sack Ölbindemittel
... gerät auf dem Heimweg in eine Polizeikontrolle
... muss Blasen und hat 0,95 Promille Alkohol im Blut
... wird an Ort und Stelle seinen Führerschein los
... benötigt ein Taxi, da auch der Nachbar nicht mehr fahren will
... bis er nach Hause kommt ist das Öl schon komplett im Pflaster versickert und hinterlässt deutliche Spuren

Gesamtaufwand:
138,00 EUR für das Motoröl (6 l zu je 23,00 EUR)
10,00 EUR für den Dichtring und die Handwaschpaste
25,00 EUR für das Ölbindemittel
25,00 EUR für eine Kiste Bier
20,00 EUR für das Taxi
200,00 EUR für neue Pflastersteine
2000,00 EUR Strafe für Fahren unter Alkoholeinfluss

2418,00 EUR gesamt finanzieller Aufwand

Hinzu kommt noch eine Arbeitszeit von mehreren Stunden und ein neunmonatiger Führerscheinentzug

Frauen & Männer

Freispruch

Ein Mann steht vor Gericht, weil er seine Frau erschlagen hat.
Richter: "Das ist ein sehr brutales Vergehen. Wenn Sie mit etwas Milde rechnen wollen, müssen Sie uns schon eine Begründung geben."
Der Mann: "Die war so doof, die musste ich einfach erschlagen!"
Richter: "Das ist ja noch viel schlimmer! Wenn Sie nicht wollen, dass die Geschworenen Sie von vornherein schuldig sprechen, dann geben Sie uns bitte eine plausible Erklärung."
Darauf antwortet der Mann: "Das war folgendermassen. Wir wohnten im 13. Stock eines Hochhauses und im ersten Stock wohnte eine reizende Portiers Familie. Die hatten drei Kinder! Es war schrecklich. Die waren so klein geblieben, aber von Natur aus! Der Zwölfjährige war 80cm gross und der 19-jährige 90cm. Ich kam eines Tages hoch zu meiner Frau und sage: 'Das ist schon was Schlimmes mit den Kindern unserer Portiers Familie.'
'Ja', sagt meine Frau, 'das ist ein richtiges Pyrenäengeschlecht.'
Ich sage: 'Nein, was du meinst sind Pygmäen!'
'Nein', sagt meine Frau, 'Pygmäen, das ist das was der Mensch unter der Haut hat. Davon kriegt man Sommersprossen!'
Ich sage: 'Das ist Pigment.'
'Nein', sagt meine Frau, 'Pigment, darauf haben die alten Römer geschrieben.'
Ich sage: 'Das ist Pergament!'
'Nein', sagt meine Frau, 'Pergament ist, wenn ein Dichter etwas anfängt und nicht zu Ende macht... '
Herr Richter - Sie können sich vorstellen - ich verschluckte mir das Fragment. Ich setzte mich in meinen Lehnstuhl, las Zeitung und plötzlich kam meine Frau, ich dachte jetzt ist sie irrenhausreif, und sagte: 'Liebling, guck mal was hier steht!' Sie machte ein Buch auf, zeigte auf eine Textstelle und sagte: 'Das Sonnendach des Handtäschchens war die Lehrerin des Zuhälters 15.'
Ich nahm das Buch an mich, sah es an und sage: 'Aber Schatz! Das ist ein französisches Buch und da steht: 'La Marquise de Pompadour est la Maitresse de Louis XV. Das heisst: Die Marquise von Pompadour war die Mätresse von Ludwig dem 15.'
'Nein', sagte meine Frau, 'das musst du wörtlich übersetzen: La Marquise - Das Sonnendach; Pompadour - Das Handtäschchen; la Maitresse - Die Lehrerin; Louis XV. - Der Zuhälter 15! Ich muss das schliesslich ganz genau wissen, schliesslich habe ich extra für meinen Französischunterricht einen Legionär angestellt!'
Ich sagte: 'Du meinst einen Lektor.'
'Nein', sagte meine Frau, 'Lektor war der griechische Held des Altertums!'
Ich sagte: 'Das war Hektor und der war Trojaner.'
'Nein', sagte meine Frau, 'Hektor ist ein Flächenmass!'
Ich sagte: 'Das ist ein Hektar.'
'Nein', sagte meine Frau, 'Hektar ist der Göttertrank!'
Ich sagte: 'Das ist der Nektar.'
'Nein', sagte meine Frau, 'Nektar ist ein Fluss in Süddeutschland!'
Ich sagte: 'Das ist die Neckar.'
Meine Frau sagte: 'Du kennst wohl nicht das schöne Lied: Bald grase ich am Nektar, bald grase ich am Rhein - das habe ich neulich mit meiner Freundin im Duo gesungen!'
Ich sagte: 'Das heisst Duett.'
'Nein', sagte meine Frau, 'Duett ist, wenn zwei Männer mit einem Säbel aufeinander losgehen!'
Ich sagte: 'Das ist ein Duell.'
'Nein', sagte meine Frau, 'Duell ist, wenn eine Eisenbahn aus einem dunklen finsteren Bergloch herauskommt!'
Herr Richter - da habe ich einen Hammer genommen und sie totgeschlagen... "
Betretenes Schweigen, dann der Richter: "Freispruch! Ich hätte sie schon bei Hektor erschlagen... "

Frauen & Männer

Der Lernprozess eines Mannes

Als ich 12 Jahre alt war, wollte ich eine Freundin haben.

Als ich 14 wurde fand ich endlich eine, aber sie war nicht leidenschaftlich, also erkannte ich, dass ich eine leidenschaftliche Freundin haben wollte.

Als ich 18 war ging ich mit einer leidenschaftlichen Freundin aus, aber sie war sehr sensibel. Für sie war alles furchtbar, sie war die Königin der Dramatik, weinte immer und drohte sich umzubringen. Ich erkannte, dass ich eine selbstsichere Freundin haben wollte.

Als ich 22 wurde, begegnete ich einer selbstsicheren Frau, sie war aber langweilig. Sie war absolut vorhersehbar und nichts konnte sie anregen. Das Leben war so langweilig, dass ich mich entschloss eine aufregende Freundin zu suchen.

Mit 24 traf ich eine aufregende Frau, ich konnte aber ihren Rhythmus nicht mithalten. Sie wechselte ständig ihre Interessen, war impulsiv und stritt sich mit jedem. Anfangs war ich darüber amüsiert, aber ich erkannte bald, dass es keine Zukunft haben konnte. Ich suchte dann eine zielstrebige Frau.

Mit 26 Jahren traf ich sie: intelligent, zielstrebig und bodenständig. Sie war eine Kollegin. Sie war so zielstrebig, dass sie meinen Chef bumste und meine Stelle bekam.

Jetzt suche ich eine Frau mit dicken Titten...

Gedanken in einer Beziehung

IHRE VERSION...
Er war ganz komisch, als ich in der Bar ankam. Erst habe ich gedacht, es wäre, weil ich ein bisschen zu spät gekommen war, aber er hat keine Bemerkung dazu gemacht. Irgendwie war unsere Konversation schwerfällig, und ich dachte, es wäre vielleicht eine gute Idee, das Ambiente zu wechseln und irgendwo hinzugehen, wo wir mehr Ruhe haben, um uns zu unterhalten. Wir sind dann also in ein Restaurant gegangen, aber das hat leider nichts geändert. Ich habe versucht, ihn ein wenig aufzuheitern, aber nichts funktionierte, und dann kam mir in den Sinn, daß es vielleicht an mir liegen könnte. Ich habe ihn gefragt, ob irgendwas wäre, und er meinte, nein, es wäre alles in Ordnung, aber wirklich überzeugt hat mich das nicht. Wie dem auch sein, auf dem Weg nach Hause habe ich ihm gesagt "Ich liebe Dich", und als Antwort hat er einfach nur seinen Arm um meine Schultern gelegt. Wie soll ich das deuten? Als wir bei ihm angekommen waren, war ich schon ziemlich in Sorge, und ich habe ihn gefragt, ob er vielleicht seine Ruhe haben will, aber er hat sich einfach nur vor den Fernseher gehängt. Ich habe es dann aufgegeben und bin zu Bett gegangen. Eine halbe Stunde später ist er dann nachgekommen; wir haben miteinander geschlafen, aber selbst danach wirkte er immer noch, als wenn er gar nicht wirklich da wäre. Ich wäre beinah noch aufgestanden und gegangen, aber am Ende bin ich doch eingeschlafen, mit Tränen in den Augen. Ich weiß wirklich nicht, was in ihm vorgeht... vielleicht hat er ja sogar eine andere?

SEINE VERSION...
Werder Bremen hat von Borussia ganz schön den Arsch voll gekriegt - 3:0 Heimniederlage. Kurz, ein Scheißtag!!! Das einzig Gute: abends hab ich noch gebumst!

Ja, ja die lieben Männer sind ja so ehrlich...

Wer's glaubt..... Der Mann und die Lüge!

Eines Tages war ein Holzfäller damit beschäftigt, an einem Baum einen Ast abzuschlagen, der über den Fluss ragte. Da fiel ihm die Axt in den Fluss. Der Mann weinte so bitterlich, dass Gott erschien und nach dem Grund für seine Verzweiflung fragte. Der Holzfäller erklärte, dass seine Axt in den Fluss gefallen sei.

Da stieg Gott in den Fluss und, als er wieder hoch kam, hielt er eine goldene Axt in seinen Händen: 'Ist das deine Axt?', fragte er.

Der Holzfäller antwortete: 'Nein.'

Da steig Gott wieder ins Wasser und kam diesmal mit einer silbernen Axt wieder: 'Ist das deine Axt?', fragte er.

Wieder verneinte der Holzfäller.

Beim dritten Versuch kam Gott mit einer eisernen Axt zurück; und er fragte wieder: 'Ist das deine Axt?'

'Ja!' sagte der Holzfäller diesmal.

Gott war über die Ehrlichkeit des Mannes so erfreut, dass er ihm alle drei Äxte gab. Der Holzfäller ging damit glücklich nach Hause.

Einige Tage später ging der Holzfäller wieder am Fluss entlang, diesmal mit seiner Ehefrau. Plötzlich fiel diese ins Wasser. Als der Mann laut anfing zu weinen, erschien Gott wieder und fragte nach dem Grund.

'Meine Frau ist ins Wasser gefallen', antwortete ihm der Mann schluchzend.

So stieg Gott in den Fluss, und als er wieder hoch kam, hatte er Jennifer Lopez in seinen Händen: 'Ist das deine Frau?' fragte er den Holzfäller.

'Ja!' schrie der Mann.

Gott war wütend und brüllte den Mann an: 'Du wagst es, mich zu belügen? Ich sollte dich verdammen!'

Der Holzfäller flehte: 'Bitte lieber Gott, vergib mir! Wie hätte ich es denn machen sollen? Wenn ich 'Nein' bei Jennifer Lopez gesagt hätte, wärst du beim nächsten Mal mit Catherine Zeta-Jones zurückgekommen. Wenn ich dann wieder 'Nein' gesagt hätte, wärst du beim dritten Mal mit meiner Ehefrau wiedergekommen, bei der ich dann 'Ja' gesagt hätte. Und dann hättest du mir alle drei mitgegeben. Aber, lieber Gott, ich bin ein armer Mann und nicht in der Lage, alle drei Frauen zu ernähren. Nur aus diesem Grund habe ich beim ersten Mal 'Ja' gesagt.

Was ist die Moral dieser Geschichte?

Männer lügen nur aus ehrenhaften und verständlichen Gründen!!! ... ist so!

Frauen & Männer

Es ist doch so einfach, eine Frau glücklich zu machen...

Man(n) muss nur ein...
1. Freund
2. Partner
3. Liebhaber
4. Bruder
5. Vater
6. Lehrer
7. Erzieher
8. Koch
9. Mechaniker
10. Monteur
11. Architekt
12. Stylist
13. Elektriker
14. Klempner
15. Gynäkologe
16. Psychologe / Psychiater
17. Therapeut
18. Lebensberater
19. Gärtner sein

Und dabei gleichzeitig...
20. sympathisch
21. durchtrainiert
22. liebevoll
23. aufmerksam
24. gentlemanlike
25. intelligent
26. einfallsreich
27. kreativ
28. einfühlsam
29. stark
30. verständnisvoll
31. tolerant
32. bescheiden
33. ehrgeizig
34. fähig
35. mutig
36. entschieden
37. vertrauensvoll
38. respektvoll
39. hingebungsvoll
40. leidenschaftlich
41. zuvorkommend
42. und vor allem zahlungsfähig sein.

Gleichzeitig sollte man darauf achten, dass
a) man nicht eifersüchtig ist, und dennoch nicht uninteressiert.
b) man sich mit seiner Familie gut versteht, ihr aber nicht mehr Zeit widmet als der Frau.
c) man ihr Raum lässt, sich aber besorgt zeigt, wo sie war und was sie gemacht hat.

Sehr wichtig ist es ausserdem:
- nicht die Geburtstage, Jahrestage, Hochzeitstage, Namenstage, ihre Tage, Datum des ersten Kusses, Geburtstag ihrer Lieblingstante, ihres Lieblingsneffen oder ihrer Lieblingsfreundin zu vergessen.
- sofort zu sehen, wenn Sie beim Friseur war.
- sofort zu bemerken, wenn Sie einen neuen "Fummel" anhat.

Leider garantiert auch die perfekte Einhaltung dieser Ratschläge kein 100%iges Glück. Sie konnte sich von einem perfekten und abgestimmten Leben eingeengt fühlen und mit dem erstbesten Schluffi davonrennen, der ihr begegnet.

Und nun die andere Seite der Medaille:

Einen Mann glücklich zu machen ist bei weitem nicht so leicht. Der Mann braucht:
1. Sex
2. Essen

Die meisten Frauen sind mit diesen vielfältigen Bedürfnissen natürlich überfordert. Was lernen wir daraus?
Harmonisches Zusammenleben ist gar nicht schwer, wenn Männer endlich erkennen, dass sie ein klein wenig ihre Ansprüche zurückschrauben müssen!

Eine Frau beim TÜV

Ich bin kein Frauenversteher. Ich verstehe diese weiblichen Wesen mit ihren zarten Ausbuchtungen an gewissen Stellen ihrer liebreizenden Körper einfach nicht, auch wenn sie meine Hirnanhangdrüse zu Produktions-Sonderschichten anregen.
Ich sehe, wie eine dieser Frauen zu mir kommt und fragt: "Duhu, mein Auto muß zum TÜV, wie geht'n das?"
Diese liebreizende Hilflosigkeit treibt die Antwort wie von selbst aus meinem Munde: "Wie, Du warst noch nie beim TÜV? Wie alt ist denn Dein Auto?"
"Mein Auto ist drei Jahre alt, und heißt Sven!"
"Aha, na dann brauchst Du Dir doch keine Sorgen machen, dass ist doch ein Selbstläufer, kein Problem."
"Und wie geht das jetzt?"
"???"
"Wo muß ich denn da hin?"
"Zum TÜV."
"Wo ist der denn?"
"Im Ausschläger Weg, genaue Adresse und Telefonnummer steht im Telefonbuch."
"Wo?"
"Okay, ich such' sie raus."
Augenaufschlag. "Danke!"
"Hier ist sie."
"Was muss ich denn da sagen?"
"Guten Tag!"
"Und dann?"
"Dann lässt Du Dir einen Termin geben, um Dein Auto vorzuführen!"
"Wie mach ich das denn?"
"Mündlich!" (Ich weiß auch nicht, warum ich gerade jetzt an was ganz anderes denken muß...)
"Und wie teuer ist das?"
"Kannst Du doch gleich mit erfragen!"
"Geht das nicht billiger?"
"Du weißt doch noch gar nicht, wie teuer es wird."
"Sollte ich nicht lieber den TÜV in der Werkstatt machen lassen?"
"Klar, wenn Du zuviel Geld hast!"
"Ne, aber wenn nun was gemacht werden muß, dann können die das doch gleich mit machen."
"Wie alt war Dein Hobel noch gleich?"
"Mein Auto heißt Sven, und ist drei Jahre alt."
"Und was bitteschön, soll an einem drei Jahre alten Auto defekt sein?"
"Weiß ich doch nicht!"
"Ist Dir denn irgend etwas aufgefallen, was nicht funktioniert?"
"Nein, aber kann doch trotzdem sein."
"Na, die einfachen Sachen wie Beleuchtung kannst Du doch wohl selbst kontrollieren, oder?"
"Wie denn, ich sitze doch im Auto."
"????"
"Und was machen die so beim TÜV?"
"Zuerst fährst Du zur Beleuchtungs- und Bremskontrolle."
"Ich will aber nicht fahren, können die das nicht machen?"
"Wenn Du freundlich fragst, wird Dir sicher jemand helfen."
"Und wenn nicht?"
"Dann musst Du nur das tun, was der Prüfer Dir sagt."
"Was denn?"

Frauen & Männer

"Na, Licht anschalten, und so weiter." Meine Gedanken schweifen ab. Ich sehe Sie beim TÜV. Sie mit ihrem *Sven* in der Halle beim TÜV...
.... Prüfer: "Bitte das Abblendlicht einschalten!"
Scheibenwischer gehen an.
"Licht bitte, nicht den Scheibenwischer!"
Scheibenwischer auf Stufe zwei.
"Licht bitte!"
HUUUUUUP!
Prüfer macht einen Haken an Prüfpunkt *Signalhorn*.
"Können Sie jetzt bitte das Abblendlicht einschalten?"
Licht geht an.
"Jetzt bitte Fernlicht!"
Scheibenwisch-Wasch-Automatik reinigt die Frontscheibe.
"Fernlicht bitte!"
Scheibenwischer aus, Nebelleuchten an.
"Das Fernlicht bitte!"
Nebelleuchten und Fernlicht an.

"Danke, jetzt bitte Blinker rechts!"
Scheibenwischer wieder an.
"'Tschuldigung!"
Blinker links an.
"Und jetzt bitte Blinker links!"

Rechter Blinker an.
"Warnblinklicht!"
Gebläse Stufe drei.
"Warnblinker bitte!"
Alle Lichter aus, Warnblinker an.
Prüfer geht zum Heck von *Sven*.
"Bitte Fahrlicht einschalten!"

Scheibenwischer an.
"Fahrlicht bitte!"
Licht an, kurzes Hupen.
"Danke, jetzt rechts blinken!"
Heckscheibenwischer an.
"Bitte rechts blinken!"
Rechter (man glaubt es nicht!) Blinker an.
"Danke, jetzt links!"
"Was denn links?"
"Blinken!"
Rechter Blinker an.
"Links bitte!"
"Hab' ich doch!"
"Andere Seite!"
HUUUUP
"Bitte links blinken!"
Linker Blinker an.
"Warnblinker bitte!"
Warnblinker an, Prüfer überrascht.
Prüfer geht zur Motorhaube von *Sven*.
"Bitte Motorhaube auf!"
"Bitte?"
"Die Motorhaube bitte entriegeln."
"Wie denn?"
"Da ist ein kleiner Hebel, den bitte ziehen!"

Frauen & Männer

Tankdeckel schwenkt auf.
"Den anderen!"
Kofferraum wird entriegelt.
"Den anderen, vorne im Fußraum!"
"Aua, mein Fingernagel!"
Motorhaube auf.
Prüfer beugt sich in den Motorraum.
HUUUUP
Prüfer stößt sich den Kopf.
"'Tschuldigung!"
Prüfer schließt die Motorhaube und kommt an die Fahrertür.
"Bitte aussteigen!"
"Aber ich hab' mich doch entschuldigt...!"
"Ich möchte den Wagen zum Bremstest fahren, also steigen Sie bitte aus!"
Prüfer schwingt sich in *Sven*, startet den Motor und fährt zum Bremstest. Sie bleibt irritiert stehen. Hinterradbremstest. Sie steht noch immer wie angewurzelt. Prüfer beugt sich aus
dem Fenster.
"Sie können schon mal durch den Gang in die andere Halle gehen, ich komme da gleich hin!"
"Bin ich schon fertig?"
"Nein, er muß noch auf die Bühne, und ASU fehlt auch noch!"
"Wohin soll ich gehen?"
"Da durch die Tür, den Gang geradeaus in die andere Halle am Ende des Ganges, ich komme gleich dahin!"
"Und mein Auto?"
"Damit fahre ich in die andere Halle."
Sie geht durch den Gang in die andere Halle und stellt sich auf den freien Platz. Der Prüfer kann durch eine Vollbremsung gerade noch verhindern, daß er Sie auf dem Weg auf die Bühne umfährt.
Sie springt erschrocken zu Seite, und hält sich an den Betätigungsknöpfen der benachbarten Hebebühne fest, die sich sogleich auf den anderen Prüfer und den Fahrer des gerade geprüften Autos herab senkt. Nur durch einen beherzten Sprung des leichenblassen Prüfers von *Sven* zum Notaus - Knopf wird Schlimmeres verhindert. Mit leichtem Kopfschütteln krabbeln die beiden Männer unter der benachbarten Bühne hervor und setzen die Prüfung fort.
Unser Prüfer ist noch immer blass, als er *Sven* auf die jetzt freie Bühne fährt. Er steigt aus und fährt *Sven* hoch. Mit einer Lampe und dem Prüfbogen verschwindet der Prüfer unter *Sven*. Die Prüfung der Vorderradaufhängung mittels der pneumatischen Rütteleinrichtung wird abrupt durch einen markerschütternden Schrei gestoppt. Irritierte Blicke der beiden Prüfer und des Herren vom Auto nebenan.
"Was tun Sie da? Sie machen mein Auto ja kaputt! Lassen Sie das gefälligst!"
"Aber ich muß doch die Achse prüfen, und das ist die dazu vorgesehene Einrichtung!"
Ich bewundere schon die Geduld dieses Mannes, aber wahrscheinlich ist er verheiratet oder wenigstens fest liiert. Oder schwul.
"Aber das sieht gefährlich aus."
"Fräulein, wenn Sie das nicht sehen können, gehen Sie doch in die Wartehalle und trinken einen Kaffee!"
"Und Sie reißen hier an meinem Sven herum, wie?"
"Ich mache nur meinen Job."
"Ich bleibe!"
"Gut, aber ich muss jetzt die Vorderachse prüfen."
"Seien Sie vorsichtig!"
"...."

Nachdem auch diese Prüfung bestanden ist, wird *Sven* wieder auf die eigenen Räder gestellt.
"Jetzt fahren Sie bitte hier heraus, dann rechts um die Halle zur ASU."
"Wohin?"
"Zur ASU!"
"Links?"
"Nein, rechts herum bitte!"
"Nicht links?"
Prüfer geht schweigend zur ASU-Halle.
Sie steigt in *Sven* ein, und dreht den Zündschlüssel herum. Diesel haben einen Bauartbedingten kräftigen Anlasser, der ein Auto mit eingelegtem Gang zwar ruckelig, ab immerhin vorwärts bewegen kann.
Zum Glück ging der Prüfer seitlich versetzt, und zum weiteren Glück war das Tor bereits hochgefahren...
Sie tritt mit errötetem Gesicht die Kupplung und lässt *Sven* an.
Nachdem der Dieselmotor drehzahlmäßig wieder unter die kritische Marke gefallen war, hupte Sie kurz, ließ das Beifahrerfenster herunter und fragte den Prüfer:

"Wohin noch mal?
Links?"
"Rechts um die Halle zu ASU, an der Halle steht ein großes Schild mit *ASU-Prüfung HIER* drauf, Sie werden es schon finden. Ich warte dort auf Sie."
Ich fange an, die Geduld dieses Mannes aufrichtig zu bewundern.
Sie schaffte es tatsächlich, sich auf dem weiteren Weg nur noch einmal zu verfahren (sie landete erneut in der Halle für die Beleuchtungs- und Bremsprüfung), um dann schließlich vor der ASU-Halle zum Stehen zu kommen.
Lassen Sie den Motor bitte an, damit er warm wird!"
Vollgas im Leerlauf.
"Es reicht, wenn sie ihn einfach im Standgas laufen lassen!" schreit der Prüfer gegen *Sven* im roten Drehzahlbereich an.
"WAS?"
"S-T-A-N-D-G-A-S!"
Sven beruhigt sich wieder.
"So, bitte vorfahren, Motor anlassen"
"Wieso, der Motor ist doch an?!?"
"Fahren Sie bitte vor...!"
Unter einem aus technischer Sicht extrem ungünstigen Verhältnis von Drehzahl zu Geschwindigkeit bedingt durch schleifende Kupplung bewegt *Sven* sich langsam in die angewiesene Position.
Sie stellt den Motor aus.
"Ich bat Sie doch, den Motor laufen zu lassen!"
"'Tschuldigung..."
Nachdem *Sven* sich wieder beruhigt hatte, tat der Prüfer, was der Job von ihm verlangte.
Sie stand mit einer anteilig schwankenden Mischung aus Neugier, Furcht und Argwohn daneben. Gerade überwog der Argwohn-Neugieranteil, und sie drückte zeitgleich mit der Frage "Was ist denn das für ein Knopf?" auf den Reset-Knopf des Prüfgerätes. Der Prüfer wurde jetzt etwas blass, denn die Prüfung war fast am Ende, als dies passierte.
Jetzt musste er noch einmal von vorne beginnen. Ihm war anzusehen, dass aufsteigende Mordlust seine Gesichtszüge formten. Schließlich gelang aber auch diese Prüfung, und *Sven* bekam seine Plaketten.
Über das weitere Schicksal des Prüfers ist nichts Neues bekannt, zuletzt meldete er sich aus der Karibik, wo er als Nachttopfreiniger einer lohnenden Tätigkeit nachgeht...

Frauen & Männer

Ein Mann antwortet auf Frauen-Probleme

Was wäre wenn... ...in Frauenzeitschriften statt der Kummerkasten-Tante, ein Mann die Frage beantworten würde?

FRAGE: "Mein Ehemann sehnt sich immer noch nach seinen alten Freundinnen. Ich befürchte, dass er untreu ist."
ANTWORT: "Eines Mannes Liebesvermögen ist grenzenlos. Es ist bewiesen, dass ein Mann sich durch die Menge seiner Sexualpartnerinnen verbessert. Wenn er andere Frauen hat, verbessert er also nur seinen Sex für Dich. Das Beste was du machen kannst, ist ihm ein teures Geschenk kaufen, ihm ein gutes Essen kochen und nie sein Verhalten erwähnen."

FRAGE: "Mein Ehemann will immer Oral-Sex. Ist das normal?"
ANTWORT: Mach es. Sperma schmeckt nicht nur gut sondern hat außerdem pro Löffel nur 10 Kalorien. Es ist nahrhaft und gesund und hilft Dir, Deine Figur zu behalten. Außerdem sorgt es für volles glänzendes Haar und gibt ein schönes Leuchten auf der Haut. Interessanterweise weiß ein Mann das. Sein Angebot Oral-Sex zu machen ist selbstlos. Oral-Sex bereitet dem Mann große Schmerzen. Das zeigt, dass er Dich liebt. Das Beste was Du machen kannst, ist ihm zu danken, ihm ein schönes, teures Geschenk kaufen und ihm ein gutes Essen kochen.

FRAGE: "Mein Ehemann ist abends zu oft mit seinen Kumpels unterwegs. Ist das in Ordnung??"
ANTWORT: "Das ist natürliches Verhalten - und es sollte "gefördert" werden. Der Mann ist ein Jäger und will sich das mit anderen Männern zusammen beweisen. Vergnügen? Dies ist eine stressige Angelegenheit und zu Dir zurück zukehren ist eine Erleichterung für ihn. Erinnere Dich daran, wie glücklich er ist, wenn er in sein trautes Heim zurückkehrt. Das Beste, was Du machen kannst, ist ihm ein teures Geschenk kaufen, ihm ein gutes Essen kochen und erwähne nie sein Verhalten.

FRAGE: "Mein Ehemann will Dreier-Sex mit mir und meiner Schwester."
ANTWORT: "Dein Ehemann ist eindeutig treu. Er kann nicht genug von Dir bekommen, deshalb fährt er auf das Dir ähnlichste Mädchen ab - Deine Schwester. Dies ist kein Ärgernis, das wird Deine Familie zusammenschweißen. Warum lässt Du nicht Deine Mutter mitmachen? Wenn Du immer noch ängstlich bist, dann lass ihn seine Zeit mit den Verwandten verbringen, kaufe ihm ein teures Geschenk, koche ihm ein gutes Essen und erwähne nie sein Verhalten."

FRAGE: "Mein Ehemann weiß nicht, wo meine Klitoris ist."
ANWORT: "Deine Klitoris hat nicht die Bedeutung für Deinen Mann wie für Dich. Wenn Du mit ihr "spielen" musst, mach es in Deiner eigenen Freizeit. Um die Haushaltskasse aufzubessern, kannst Du Dich dabei filmen und die Videos verkaufen. Um Dich von Deiner Schuld zu "erleichtern", kauf Deinem Mann ein schönes, teures Geschenk und koch ihm ein gutes Essen."

FRAGE: "Mein Ehemann schläft nach dem Sex immer gleich ein - wir haben keine Zeit zu reden."
ANTWORT: Sex ist sehr schwierig für den Mann. Danach benötigt er eine Pause. Es ist wirklich so, dass es je mehr er Dich liebt, umso härter ist für ihn Liebe zu machen und umso längere Pausen braucht er. Höre auf, ihn zu zwingen. Kauf ihm ein schönes, teures Geschenk und koch ihm ein gutes Essen.

FRAGE: "Unser Liebesakt dauert nur 30 Sekunden?"
ANTWORT: "Er liebt Dich sehr. Dein Ehemann ist so verrückt nach Dir, dass er sich nicht mehr kontrollieren kann. Es ist Tatsache: je kürzer der Akt, umso mehr liebt er Dich. Zeige ihm, dass Du ihn auch liebst, in dem Du ihm ein schönes, teures Geschenk kaufst und ihm ein gutes Essen kochst."

FRAGE: "Mein Ehemann macht nie ein Vorspiel?"
ANTWORT: "Vorspiel ist etwas sehr beleidigendes für einen Mann. Da es bedeutet, dass Du Deinen Mann nicht genug liebst, ihn aber mehr lieben solltest - er hat viel zu tun, um Dich in Stimmung zu bringen. Gib alle Wünsche auf diesem Gebiet auf und kauf ihm ein schönes teures Geschenk und koch ihm ein gutes Essen."

FRAGE: "Mein Mann bringt mich nie zum Orgasmus?"
ANTWORT: "Der weibliche Orgasmus ist eine Sage. Sie wurde von militanten, männer-hassenden Feministinnen erfunden! Erwähne ihn nicht mehr, zeig ihm Deine Liebe, in dem Du ihm ein großes teures Geschenk kaufst. Vergiss aber das gute Essen nicht!"

Wir verstehen jetzt, warum Dr. Sommer & Co. bis zum heutigen Tage immer durch weibliche Personen repräsentiert wird...

Spielverderber

Ein Witz wie jeder andere ging als Kettenmail durchs Internet. Richtig witzig wurde er allerdings erst durch die technisch-logische Analyse eines Mannes ;-)

Zuerst die ursprüngliche Mail: Anfang der Ehe deponierte die Frau unter ihrem Bett eine Schachtel und meinte zu ihrem Mann: "Du musst mir versprechen, dass du nie in diese Schachtel schaust". All die Jahre hielt sich der Mann an sein Versprechen. Nach 40 Jahren Ehe hielt es nicht länger aus und öffnete die Schachtel. Darin befanden sich 3 leere Flaschen Bier und 12.035,-- Euro in Münzen und kleinen Scheinen. Voller Verwunderung legte er die Schachtel wieder unters Bett. Am Abend in einem vornehmen Restaurant bei Kerzenschein und romantischer Stimmung brach er sein Schweigen und fragte seine Frau: "40 Jahre habe ich mein Versprechen gehalten. Aber heute habe ich die Schachtel unter dem Bett geöffnet und nachgesehen. Bitte erkläre mir den Inhalt". Sie antwortete: "Jedes Mal wenn ich dich betrogen habe, habe ich danach eine Flasche Bier getrunken und die leere Flasche in die Schachtel gelegt." Der Mann schwieg erstaunt und dachte bei sich: "In all den Jahren war ich sehr oft unterwegs auf Dienstreisen, da sind die 3x wirklich nicht so schlimm und ich glaube, ich kann ihr das verzeihen." Etwas später allerdings fiel ihm noch der ominöse Geldbetrag ein und er meinte zu seiner Frau: "Was ist eigentlich mit dem Geld in der Schachtel?" "Na ja, jedes Mal, wenn die Schachtel voll war, habe ich die Pfandflaschen zurückgebracht!" Versende dieses an intelligente Frauen, die ein Lächeln brauchen und nur an die Männer, von denen Du denkst, dass Sie die Realität auch ertragen.

Soweit die ursprüngliche Mail, und jetzt die Antwort-Mail eines Mannes: Dieser Witz scheint einer weiblichen Feder entsprungen zu sein. Das sieht man an der enthaltenen Logik: 1.) Die Frau hätte Ihren Mann die letzten 40 Jahre jeden Tag 5,5 (Pfandwert/Flasche 15 Cent) mal betrügen müssen um auf diese Summe zu kommen. 2.) Sie hätte dann mit insgesamt über 80.000 Männern geschlafen. 3.) Der Genuß von 5,5 Bier am Tag (Mo-So) hätten diese Frau (so schön Sie auch sein mag) auf Dauer fett und alkoholabhängig gemacht. 4.) Es gibt keine Stadt die 80.000 männliche Einwohner in entsprechendem Alter aufweist, die gleichzeitig auch mit dieser fetten, stinkenden, aufgedunsenen Frau poppen würden. 5.) In der Schachtel können sich keine Scheine befunden haben, sondern nur Hartgeld. Um einen 5 EUR-Schein durch Pfand zu bekommen müsste man 33,3 Flaschen abgeben. Diese passen nicht in eine Schachtel. Höchstens in einen Möbelkarton, den man aber nicht unter ein Bett bekommt, es sei denn es wäre ein Hochbett. Wenn die Frau also die Flaschen weggebracht hat, kann es sich höchsten um 6 Flaschen gehandelt haben. Dies wären 90 Cent Pfand. Also Hartgeld. 6.) Normalerweise wären 0,90 EUR als Hartgeldmenge ein 50-Cent-Stück und zwei 20-Cent-Stücke. Die 12.035 EUR Hartgeld bestehen also aus ca. 4.457- 50-Cent-Stücken und doppelt so vielen 20-Cent-Stücken. Ein 50-Cent-Stück wiegt 7,8 Gramm, ein 20-Cent-Stück 5,74 Gramm. Das sind zusammen 86 Kilo. Die Frau will ich sehen, die Ihren dicken aufgequollenen Körper auf den Fußboden plumpsen läßt um mal eben eine Schachtel mit dem Gewicht von 85 Kilo unter dem Bett hervorzuziehen. 7.) Wenn ich das Volumen des Materials der Geldstücke nehme und summiere, dann komme ich auf gut 12 Kubikdezimeter, was etwa 12 Milchtüten entspricht. Darin enthalten ist natürlich noch nicht "Luft", die zwischen den einzelnen Geldstücken ist. Jedenfalls passen keine 12 Milchtüten in eine "Schachtel", geschweige denn noch 3 leere Flaschen. 8.) Es gibt den Euro erst seit gut einem Jahr. Da das Geld in Münzen war, gehe ich nicht von einem Umtausch in die neue Währung aus. Also muss sich die Fremdgehgeschichte ja komplett im letzten Jahr abgespielt haben. 9.) Würde ich die Rechnung also von 40 Jahren auf 12 Monate verkürzen, dann käme ich auf knapp 220 Männer und natürlich auf 220 Bier am Tag. Da der Tag nur 24 Stunden hat und davon der Mann wahrscheinlich die Hälfte zuhause ist, blieben ihr für das Fremdpoppen nur 12 Stunden pro Tag übrig. Davon ziehen wir mal die 36 Gänge zu dem Flaschenladen um die Ecke ab, die ca. 5 Minuten beanspruchen... obwohl natürlich nicht, wenn man hackedicht und superfett ist. also 10 Minuten pro Gang. Sind insgesamt 6 Stunden um das Pfand wegzubringen. Übrig bleiben nun noch 6 Stunden. Wenn man 1 Minute pro Flasche Bier trinken rechnet, dann gehen wieder 3,6 Stunden ab, sind also nur noch 2,4 Stunden um 220 Männer zu vögeln. Aber da bei der Menge Bier auch einige Klogänge einzurechnen sind, müssen wir leider wieder was abziehen. Die weibliche Blase fasst etwa 500ccm, also ca. 'nen halben Liter. Das wären dann bei 220 Bier (330ml) 145 Klogänge...... usw..... 10.) Außerdem trinken Frauen kein Bier. Ja ja, Frauen. Das Witzereissen sollten sie lieber den Männern überlassen.

Frauen & Männer

Ein Schnitt in den Finger

Männer sind anders
Die neueste Studie zeigt:
Männer und Frauen neigen dazu, in alltäglichen Situationen recht unterschiedlich zu reagieren. Hier sehen wir das am Beispiel der Situation, "Frau/Mann hat sich in den Finger geschnitten":

Frauen:
Denken "Aua", stecken den Finger in den Mund, damit das Blut nicht durch die Gegend tropft, nehmen mit der anderen Hand ein Pflaster aus der Packung, kleben es drauf und machen weiter.

Männer:
Schreien "SCHEISSE", strecken die Hand weit von sich, sehen in die andere Richtung, weil sie kein Blut sehen können, rufen nach Hilfe, derweil bildet sich ein unübersehbarer Fleck auf dem Teppichboden, müssen sich erst mal setzen, weil ihnen auf einmal so komisch wird und hinterlassen dabei eine Spur wie bei einer Schnitzeljagd, erklären der zu Hilfe eilenden mit schmerzverzerrter Stimme, sie hätten sich beinahe die Hand amputiert, weisen das angebotene Pflaster zurück, weil sie der festen Überzeugung sind, dass es für die große Wunde viel zu klein sei, schlagen heimlich im Gesundheitsbuch nach, wie viel Blutverlust ein durchschnittlicher Erwachsener überleben kann, während sie in der Apotheke große Pflaster kauft, lassen sich mit heldenhaft tapferem Gesichtsausdruck das Pflaster aufkleben, wollen zum Abendessen ein großes Steak haben, um die Neubildung der roten Blutkörperchen zu beschleunigen, lagern vorsichtshalber die Füße hoch, während sie schnell mal das Fleisch für ihn brät, verlangen dringend nach ein paar Bierchen gegen die Schmerzen, lupfen das Pflaster an, um zu sehen, ob es noch blutet, während sie zur Tankstelle fährt und Bier holt; drücken so lange an der Wunde rum, bis sie wieder blutet, machen ihr Vorwürfe, sie hätte das Pflaster nicht fest genug geklebt, wimmern unterdrückt, wenn sie vorsichtig das alte Pflaster ablöst und ein neues draufklebt, können aufgrund dieser Verletzung diesen Abend leider nicht mit ihr Tennis spielen und trösten sich statt dessen mit dem Europapokalspiel, das ganz zufällig gerade im Fernsehen läuft, sie bemüht sich derweil um die Flecken im Teppich; schleichen sich nachts in regelmäßigen Abständen aus dem Bett, um im Bad nach dem verdächtigen roten Streifen zu forschen, der eine Blutvergiftung bedeutet und sind demzufolge am nächsten Tag völlig übernächtig und übellaunig, nehmen sich vormittags zwei Stunden frei für einen Arztbesuch, um sich nur zur Sicherheit bestätigen zu lassen, dass sie wirklich keine Blutvergiftung haben, klauen nachmittags aus dem Notfallpack im Aufenthaltsraum der Firma einen Mullverband, lassen die blonde Sekretärin die Hand bandagieren und genießen ihr Mitgefühl, dermaßen aufgebaut gehen sie abends zum Stammtisch und erzählen großspurig, dass die "Kleinigkeit" wirklich nicht der Rede wert wäre...

Frauen & Männer

Subject: Das Wesen der Frau

Ein Mann zahlt DM 200,- für 1 Artikel, den er braucht.
Eine Frau zahlt DM 100,- für 2 Artikel, die sie nicht braucht.

Eine Frau sorgt sich um die Zukunft, bis sie einen Ehemann findet.
Ein Mann macht sich nie Sorgen um die Zukunft, bis er eine Ehefrau findet.

Ein erfolgreicher Mann ist ein Mann, der mehr Geld verdient, als seine Frau ausgeben kann.
Eine erfolgreiche Frau ist eine, die einen solchen Mann findet.

Um mit einem Mann glücklich zu werden, muss man ihn sehr gut verstehen und ihn ein bisschen lieben.
Um mit einer Frau glücklich zu werden, muss man sie sehr lieben und darf gar nicht erst versuchen sie zu verstehen.

Verheiratete Männer leben länger als unverheiratete, aber sie sind viel eher bereit zu sterben.

Jeder verheiratete Mann sollte seine Fehler vergessen - es brauchen sich ja nicht zwei Personen das gleiche zu merken!

Männer wachen genauso gutaussehend auf, wie sie zu Bett gegangen sind.
Frauen dagegen scheinen sich über Nacht irgendwie zu verändern...

Frau heiratet Mann in der Erwartung, daß er sich ändert, aber er ändert sich nicht.
Mann heiratet Frau in der Erwartung, daß sie sich nicht ändert - doch sie tut es.

Eine Frau hat immer das letzte Wort bei einem Streit. Alles was der Mann danach noch sagen konnte, ist der Beginn einer neuen Debatte.

Es gibt zwei Zeitpunkte, in denen ein Mann eine Frau nicht versteht - vor und nach der Hochzeit.

*   *   *   *   *

Frauenfreundschaften:

Eine Frau ist die ganze Nacht nicht nach Hause gekommen. Am nächsten Morgen hat sie ihrem Mann erzählt, dass sie bei einer Freundin übernachtet hat. Ihr Mann hat ihre 10 besten Freundinnen angerufen. Keiner der Freundinnen hat die Aussage bestätigt.

Männerfreundschaften:

Ein Mann ist die ganze Nacht nicht nach Hause gekommen. Am nächsten Morgen hat er seiner Frau erzählt, dass er bei einem Freund übernachtet hat. Seine Frau hat seine 10 besten Freunde angerufen. 5 seiner Freunde haben ihr bestätigt, dass er bei ihm war und 5 seiner Freunde haben sogar behauptet, er wäre noch bei ihm!!!

Frauen & Männer

Regeln von Männern an Frauen

Wir bekommen immer "die Regeln" von euch Frauen um die Ohren gehauen. Hier sind die Regeln von uns Männern. Dies sind unsere Regeln! Bitte beachte, dass alle mit "1" nummeriert sind. ABSICHTLICH!

1. Lerne endlich, mit dem Klositz zurecht zu kommen. Du bist ein großes Mädchen. Wenn der Sitz oben ist, klapp ihn runter. Wir brauchen ihn oben, ihr braucht ihn unten. Wir beschweren uns auch nicht, wenn der Sitz unten ist.

1. Geburts-, Valentins- und Jahrestage sind keine Aufgaben. Das sind nicht die Tage, an denen wir beweisen müssen, dass wir schon wieder das perfekte Geschenk gefunden haben.

1. Manchmal denken wir nicht an euch. Akzeptier das!

1. Wochenende = Sport. Das ist wie Vollmond oder der Wechsel der Gezeiten. Du kannst das einfach nicht ändern.

1. Lass Dir nicht deine Haare schneiden. Niemals! Langes Haar ist immer attraktiver als kurzes. Ein Grund, warum Männer nicht heiraten wollen ist, dass verheiratete Frauen immer ihr Haar schneiden lassen. Und dann kommen wir aus der Ehe nicht mehr raus.

1. Einkaufen ist KEIN Sport! Nein, das wird auch niemals so sein!

1. Weinen ist Erpressung.

1. Frag, wenn du was willst. Lass uns eines klar stellen: Anspielungen funktionieren nicht! Andeutungen klappen nicht! Hinweise reichen nicht! Sag einfach, was du willst!

1. Wir können uns keine Daten merken. Markier Geburtstage und Jahrestage auf einem Kalender und erinnere uns häufig daran, BEVOR es zu spät ist.

1. "Ja" und "Nein" sind absolut annehmbare Antworten auf fast alle Fragen.

1. Du kannst mit uns jedes Problem besprechen, das du lösen willst. Das können wir. Wenn du Sympathiebekundungen brauchst, geh zu deinen Freundinnen.

1. Die Kopfschmerzen, die du seit 17 Monaten hast, sind ein Problem. Geh zum Arzt.

1. Alles, was wir vor 6 Monaten gesagt haben, kannst du nicht mehr als Argument heranziehen. Alle unsere Kommentare verlieren jegliche Gültigkeit nach 7 Tagen.

1. Wenn du glaubst, du seiest dick, bist du es wahrscheinlich auch. Frag uns nicht danach. Wir werden dir darauf keine Antwort geben.

1. Wenn wir etwas gesagt haben, das man auf zwei Arten interpretieren kann und eine Art davon macht dich traurig oder böse, dann meinten wir die andere.

Frauen & Männer

1. Lasst uns gaffen. Wir werden sowieso hinschauen. Das liegt in unseren Genen.

1. Du kannst uns entweder bitten etwas zu tun oder uns sagen, wie du es gerne haben möchtest, aber bitte nicht beides. Wenn du schon weißt, wie man es am besten macht, dann mach es einfach selbst.

1. Wenn es irgendwie geht, sag das, was du zu sagen hast ... bitte in den Werbepausen.

1. Christopher Kolumbus mußte nicht nach dem Weg fragen. Wir auch nicht.

1. Unsere Beziehung wird nie mehr so sein, wie in den ersten 2 Monaten nach unserem Kennenlernen. Finde dich damit ab. Und beschwere dich nicht immer darüber bei deinen Freundinnen.

1. Männer können NUR 16 Farben sehen. Das ist wie bei Windows im abgesicherten Modus. Pfirsich, zum Beispiel, ist eine Frucht und keine Farbe. Woher sollen wir wissen, was "malve" ist.

1. Wenn etwas juckt, wird gekratzt. Wir tun das einfach so.

1. Wir sind keine Gedankenleser und werden es auch nie werden. Unsere Unfähigkeit, Gedanken zu lesen, ist kein Anzeichen dafür, dass du uns nichts bedeutest.

1. Wenn wir dich fragen, was los ist, und du antwortest: "Nichts", dann werden wir uns so verhalten, als wenn nichts los wäre. Wir wissen, dass du lügst, aber es ist den ganzen Ärger einfach nicht wert.

1. Wenn du eine Frage stellst, auf die du keine Antwort brauchst, dann erwarte eine Antwort, die du nicht hören willst.

1. Wenn wir irgendwo hingehen, ist alles, was du tragen willst, schön. Ganz ehrlich!

1. Frag uns nicht, was wir denken. Außer, wenn du über Bauchnabelpiercings, Abseits oder die Vierer-Abwehrkette diskutieren möchtest.

1. Du hast genügend Kleider.

1. Du hast zu viele Schuhe.

1. Ganz ehrlich, du hast wirklich zu viele Schuhe.

1. Es ist weder in deinem noch in unserem Interesse, wenn wir zusammen Tests lösen. Egal, welche Tests.

1. Bier ist für uns so spannend wie für euch Handtaschen.

1. Ich bin in Form. Rund ist auch eine...

1. Danke, dass du dies hier gelesen hast. Ich weiß, ich weiß, ich werde heute Nacht auf dem Sofa schlafen. Aber hast du gewusst, dass wir das sogar mögen? Das ist fast so wie zelten.

Facts about men:

1. Men like to barbecue. Men will cook if danger is involved.
2. Men who have pierced ears are better prepared for marriage. They've experienced pain and bought jewelry.
3. If you buy your husband or boyfriend a video camera, for the first few weeks he has it, lock the door when you go to the bathroom. Most of my husband's early films end with a scream and a flush.
4. Be careful of men who are bald and rich; the arrogance of "rich" usually cancels out the nice of "bald."
5. Marrying a divorced man is ecologically responsible. In a world where there are more women than men, it pays to recycle.
6. Men are very confident people. My husband is so confident that when he watches sports on television, he thinks that if he concentrates he can help his team. If the team is in trouble, he coaches the players from our living room, and if they're really in trouble, I have to get off the phone in case they call him.
7. If it's attention you want, don't get involved with a man during play-off season.
8. Men like phones with lots of buttons. It makes them feel important.
9. Men love to be the first to read the newspaper in the morning. Not being the first is upsetting to their psyches.
10. All men look nerdy in black socks and sandals.
11. The way a man looks at himself in a mirror will tell you if he can ever care about anyone else.
12. Don't try to teach men how to do anything in public. They can learn in private; in public they have to know.
13. Men who are going bald often wear baseball caps.
14. All men are afraid of eyelash curlers. I sleep with one under my pillow, instead of a gun.
15. A good place to meet a man is at the dry cleaner. These men usually have jobs and bathe.
16. Men love watches with multiple functions. My husband has one that is a combination address book, telescope and piano.
17. All men hate to hear "We need to talk about our relationship." These seven words strike fear in the heart of even General Schwarzkopf.
18. Men are sensitive in strange ways. If a man has built a fire and the last log does not burn, he will take it personally.
19. Men are brave enough to go to war, but they are not brave enough to get a bikini wax.
20. All men think that they're nice guys. Some of them are not. Contact me for a list of names.
21. Men don't get cellulite. God might just be a man.
22. Men have an easier time buying bathing suits. Women have two types: depressing and more depressing. Men have two types: nerdy and not nerdy.
23. Men have higher body temperatures than women. If your heating goes out in winter, I recommend sleeping next to a man. Men are like portable heaters that snore.
24. Women take clothing much more seriously than men. I've never seen a man walk into a party and say "Oh, my God, I'm so embarrassed; get me out of here. There's another man wearing a black tuxedo."
25. Most men hate to shop. That's why the men's department is usually on the first floor of a department store, two inches from the door.
26. If a man prepares dinner for you and the salad contains three or more types of lettuce, he is serious.

27. If you're dating a man who you think might be "Mr. Right," if he a) got older, b) got a new job, or c) visited a psychiatrist, you are in for a nasty surprise. The cocoon-to-butterfly theory only works on cocoons and butterflies.
28. Men own basketball teams. Every year cheerleaders' outfits get tighter and briefer, and players' shorts get baggier and longer.
29. No man is charming all of the time. Even Cary Grant is on record saying he wished he could be Cary Grant.
30. When four or more men get together, they talk about sports.
31. When four or more women get together, they talk about men.
32. Not one man in a beer commercial has a beer belly.
33. Men are less sentimental than women. No man has ever seen the movie THE WAY WE WERE twice, voluntarily.
34. Most women are introspective: "Am I in love? Am I emotionally and creatively fulfilled?" Most men are outrospective: "Did my team win? How's my car?"
35. If a man says, "I'll call you," and he doesn't, he didn't forget... he didn't lose your number... he didn't die. He just didn't want to call you.
36. Men hate to lose. I once beat my husband at tennis. I asked him, "Are we going to have sex again?" He said, "Yes, but not with each other."
37. Men who can eat anything they want and not gain weight should do it out of sight of women.
38. Getting rid of a man without hurting his masculinity is a problem. "Get out" and "I never want to see you again" might sound like a challenge. If you want to get rid of a man, I suggest saying, "I love you... I want to marry you... I want to have your children." Sometimes they leave skid marks.
39. Men accept compliments much better than women do. Example: "Mitch, you look great." Mitch: "Thanks." On the other side: "Ruth, you look great." Ruth: "I do? Must be the lighting."
40. Impulse buying is not macho. Men rarely call the Home Shopping Network.
41. Men who listen to classical music tend not to spit.
42. Only men who have worn a ski suit understand how complicated it is for a woman to go to the bathroom when she's wearing a jumpsuit.
43. Men don't feel the urge to get married as quickly as women do because their clothes all button and zip in the front. Women's dresses usually button and zip in the back. We need men emotionally and sexually, but we also need men to help us get dressed.
44. Men are self-confident because they grow up identifying with superheroes. Women have bad self-images because they grow up identifying with Barbie.
45. When a woman tries on clothing from her closet that feels tight, she will assume she has gained weight. When a man tries something from his closet that feels tight, he will assume the clothing has shrunk.
46. Male menopause is a lot more fun than female menopause. With female menopause you gain weight and get hot flashes. Male menopause - you get to date young girls and drive motorcycles.
47. Men forget everything; women remember everything.
48. That's why men need instant replays in sports. They've already forgotten what happened.
49. Men would like monogamy better if it sounded less like monotony.
50. All men would still really like to own a train set.

Artgerechte Haltung von Männern

Auf Grund des § 32 n Abs. 4 des Artenschutzgesetzes BGBI Nr. 584/1973, in der Fassung des Bundesgesetzes BGBI Nr. 430/1985, wird im Einvernehmen mit der Bundesministerin für Frauenangelegenheiten und Verbraucherschutz verordnet:

Artikel 1
Allgemeine Bestimmungen

Sich einen Mann zu halten ist bei weitem nicht mehr so problemlos wie zu Großmutters Zeiten, und es erhebt sich die Frage ob sich die Haltung eines Mannes überhaupt noch lohnt.
Ein brauchbares Exemplar sollte mindestens zwei der nachfolgend genannten Voraussetzungen erfüllen.

§ 1   Grundlegende Eigenschaften

Abs 1   Er sollte nützlich sein (handwerkliche Fähigkeiten, fleißig im Haushalt und im Bett gut zu gebrauchen)
Abs 2   Er soll herzeigbar sein (d.h. sein Aussehen sollte kein Mitleid erregen)
Abs 3   Obige Punkte können außer Acht gelassen werden wenn § 2 zutrifft.

§ 2   Er ist reich!

§ 3   Anschaffung

Gehen Sie bei der Auswahl Ihres Männchens sorgfältig vor und lassen Sie sich genügend Zeit um sich von seinen tatsächlichen Fähigkeiten zu überzeugen.

Bedenken Sie, dass das Männchen stets versucht, sich von seiner besten Seite zu zeigen, danach aber häufig in sein altes Rollenverhalten zurückfällt. Oft offenbaren sich versteckte und offensichtliche Mängel erst später.

In der letzten Zeit steigt die Zahl der ausgesetzten Männchen rapide an. Viele Exemplare streunen orientierungslos herum oder suchen Zuflucht bei anderen Frauen. Das Vorliegen der Voraussetzungen gem. § 3 sollte daher sorgfältig geprüft werden.

Empfehlenswert ist die Anschaffung eines bereits ausgebildeten Mannes (siehe auch § 5). So sind zum Beispiel auf dem Secondhand-Markt oftmals brauchbare Exemplare zu finden. Sie zeichnen sich meist durch eine ausgezeichnete Ausbildung und eine genügsame Lebensweise aus.

Aber Vorsicht vor mehrfach gebrauchten Exemplaren. Aufgrund der vielen Pflegestellen neigen sie zu zeitweiligem Gedächtnisverlust und können Sie sich dann weder an Ihr Heim noch an ihr Frauchen erinnern.

§ 4   Ernährung

Der Mann ist ein Allesfresser. Um Mangelerscheinungen vorzubeugen sollte man Ihm neben dem Dosenfutter ab und zu frisches Gemüse oder Salat vorsetzen. Alkohol sollte nicht grundsätzlich verboten werden, da er ihn sich sonst zusammen mit anderen Artgenossen anderweitig beschafft. Für Süßigkeiten gilt im Wesentlichen das Gleiche. Vorsicht vor Überfütterung. Bedenken Sie, daß ein fetter Mann schnell unbeweglich wird und damit im Bett und im Haushalt nicht mehr so leistungsfähig ist.

Frauen & Männer

§ 5   Artgerechte Haltung

Was die Unterbringung angeht so ist der Mann relativ anspruchslos.
Im Allgemeinen genügen ein Bett und ein Fernseher.

Bei Vorhandensein eines Computers kann eventuell auf den Fernseher verzichtet
werden. Man sollte Ihn nicht den ganzen Tag einsperren,
da er sonst depressiv wird, das Essen verweigert und bald eingeht.

Für die allgemeine Beweglichkeit und eine regelmäßige Sauerstoffzufuhr hat sich
Gartenarbeit bestens bewährt. Außerdem sollte man ihn möglichst einmal täglich ins
Freie führen, damit er etwas Auslauf hat. Denken Sie daran, ihn immer an der langen
Leine zu lassen.

§ 6   Pflege

Sorgen Sie dafür, daß er sich einmal am Tag wäscht. Um Verletzungen vorzubeugen
sollten die Nägel regelmäßig nachgeschnitten werden. Ein gelegentlicher Haarschnitt ist
ebenfalls zu empfehlen. Tauschen Sie getragene Kleidung regelmäßig gegen neue aus.

§ 7   Männerkrankheiten

Der Mann im Allgemeinen neigt zu Übertreibungen. Eine Veranlagung
zum Hypochonder ist quasi angeboren. Bei Erkältung ist leichte Bettruhe vollkommen
ausreichend. Aufrichtiges Bedauern des Erkrankten kann den Heilungsverlauf positiv
beeinflussen.

Sollte tatsächlich eine ernste Erkrankung vorliegen, empfiehlt es sich einen Arzt
hinzuzuziehen.

Manche Männchen neigen zu übermäßigem Haarausfall. Dies beeinträchtigt ihre
Leistungsfähigkeit meist nicht und ist daher unbedenklich.

§ 8   Ausbildung

Männer werden schnell handzahm, wenn man sie richtig behandelt. Das Befolgen der
wichtigsten Regeln wie " Fuß, Platz, kusch und hol's" beherrschen die meisten bei
regelmäßigem Training und einer Belohnung durch Leckerli oder ein paar Streichelein-
heiten bereits nach wenigen Tagen.

Bei der Ausbildung ist es unerlässlich die Schwiegermutter miteinzubeziehen und klare
Regeln für die Erziehung aufzustellen.

§ 9   Fortpflanzung

Männer sind das ganze Jahr über läufig und verhalten sich auch dementsprechend.

Ein in diesem Zusammenhang geäußerter Kinderwunsch ist mit Vorsicht zu genießen da
er oft nur als Mittel zum Zweck dient. Leihen sie sich bei Verwandten oder Bekannten
ein paar Kinder aus. So können Sie seine Fähigkeiten als Vater in Ruhe testen.

Frauen & Männer

So duschen Sie wie eine Frau

1. Ziehen Sie Ihre Kleider aus und legen Sie sie in den entsprechenden Wäschekorb (weisse Wäsche / Buntwäsche)

2. Gehen Sie, angezogen mit Ihrem Bademantel, ins Badezimmer. Wenn Sie unterwegs Ihren Mann oder Freund treffen, dann bedecken Sie jeden Zentimeter Ihres nervösen Körpers mit einer nervösen Geste und rennen so schnell wie möglich ins Badezimmer.

3. Betrachten Sie sich im Spiegel und strecken Sie Ihren Bauch heraus, so weit Sie können. Beklagen Sie sich dann darüber, dass Sie einen Bauch bekommen haben.

4. Gehen Sie unter die Dusche. Suchen Sie den Waschlappen für das Gesicht, den Waschlappen für die Arme, den Waschlappen für die Beine, den Dusch-Schwamm und den Bimsstein.

5. Waschen Sie Ihre Haare ein erstes Mal mit dem Shampoo 4 in 1 mit 83 Vitaminen.

6. Waschen Sie Ihre Haare erneut ein erstes Mal mit dem Shampoo 4 in 1 mit 83 Vitaminen.

7. Benutzen Sie die Haarspülung auf der Basis von Jojoba-Öl und getrockneten Biber-Genitalien. Lassen Sie die Haarspülung 15 Minuten einwirken.

8. Schrubben Sie Ihr Gesicht mit einer Maske aus Eiern, gemischt mit Aprikosenmus. Schrubben Sie 10 Minuten, bis Sie fühlen, dass Ihre Haut gereizt ist.

9. Waschen Sie die Haarspülung aus. Dieser Vorgang muss mindestens 15 Minuten dauern, damit Sie auch sicher sein können, das Ihre Haare gut ausgespült sind.

10. Rasieren Sie sich unter den Achseln und Ihre Beine. Denken Sie darüber nach, sich auch die Bikinizone zu rasieren, entschliessen sich aber doch dazu, dies mit Wachs zu tun.

11. Schreien Sie so laut es geht, wenn Ihr Mann oder Ihr Freund die Klospülung betätigt oder sonst irgendwo Wasser laufen lasst.

12. Drehen Sie den Wasserhahn der Dusche zu.

13. Trocknen Sie alle nassen Oberflächen der Dusche mit einem Schwamm. Sprühen Sie ein Anti-Schimmel Spray auf die Dichtungen der Duschwanne.

14. Steigen Sie aus der Dusche. Trocknen Sie sich mit einem Badetuch ab, das 2x so gross ist wie Deutschland. Packen Sie Ihre Haare in ein zweites Handtuch.

15. Untersuchen Sie jede Stelle Ihres Körpers auf der Suche nach Pickeln. Drücken Sie diese mit Ihren Fingernägeln oder gegebenenfalls mit Hilfe einer Pinzette aus.

16. Gehen Sie in Ihr Zimmer zurück, dick eingepackt in Ihren Bademantel und mit dem Handtuch auf dem Kopf.

17. Wenn Sie unterwegs Ihren Mann oder Freund treffen, dann bedecken die jeden Zentimeter Ihres Körpers mit einer nervösen Geste und rennen Sie in Ihr Zimmer, wo Sie sich einschliessen und 1 1/2 Stunden damit verbringen, sich frische Kleider anzuziehen.

So duschen Sie wie ein Mann

1. Setzen Sie sich auf Ihr Bett, ziehen Sie Ihre Kleider aus und werfen Sie sie auf einen Haufen.

2. Gehen Sie splitterfasernackt ins Badezimmer. Wenn Sie unterwegs Ihrer Frau oder Ihrer Freundin begegnen, vergessen Sie nicht, Ihr Becken auf einladende Art zu bewegen, um Ihr zu zeigen, dass Sie stolz auf Ihr Teil sind.

3. Betrachten Sie Ihre umwerfende männliche Silhouette im Badezimmerspiegel und ziehen Sie Ihren Bauch ein, um zu sehen, ob Sie Bauchmuskeln haben (natürlich haben Sie keine). Bewundern Sie die Grösse Ihres Penis, kratzen Sie Ihre Genitalien und riechen Sie ein letztes Mal Ihren herben, männlichen Duft, indem Sie an Ihren Fingern schnüffeln.

4. Gehen Sie unter die Dusche.

5. Suchen Sie keinen Waschlappen (Sie benutzen nämlich keinen).

6. Waschen Sie Ihr Gesicht.

7. Waschen Sie sich unter den Achseln.

8. Furzen Sie lautstark und freuen Sie sich über die tolle Resonanz in Ihrer Duschkabine.

9. Waschen Sie sich Ihre Genitalien und die Partie drumherum.

10. Waschen Sie sich den Hintern, nicht ohne dabei Schamhaare von ihrem Hinterteil an der Seife zu lassen.

11. Nehmen Sie irgendein Shampoo und waschen Sie sich die Haare.

12. Öffnen Sie den Duschvorhang und betrachten Sie sich mit dem Schaum im Haar im Spiegel. Ziehen Sie anschliessend den Duschvorhang wieder zu.

13. Vergessen Sie nicht, zu pinkeln.

14. Spülen Sie sich ab.

15. Steigen Sie aus der Dusche. Übersehen Sie das Wasser, das sich auf dem Badezimmerboden ausgebreitet hat, weil Sie den Duschvorhang nicht ganz zugezogen haben.

16. Trocknen Sie sich flüchtig ab. Natürlich lassen Sie den nassen Duschvorhang auf den Boden vor statt in der Dusche abtropfen.

17. Betrachten Sie sich im Spiegel. Spannen Sie Ihre Muskeln an, ziehen Sie Ihren Bauch ein und bewundern Sie die enorme Grösse Ihres Penis etc.

18. Spülen Sie die Duschwanne nicht aus.

19. Lassen Sie die Heizung und das Licht im Badezimmer an.

20. Gehen Sie, bekleidet nur mit einem Handtuch um die Hüften, zu Ihrem Kleiderhaufen in Ihrem Zimmer zurück. Wenn Sie unterwegs Ihrer Frau oder Ihrer Freundin begegnen, öffnen Sie das Handtuch, zeigen Sie Ihr Ihren Penis mit einem eleganten Schwung der Hüften, kombiniert mit einem "Wow, hast Du DAS Ding gesehen?".

21. Werfen Sie das nasse Handtuch auf das Bett. Ziehen Sie innerhalb von 2 Minuten Ihre alten Kleider wieder an.

Frauen & Männer

Der Unterschied zwischen Männern und Frauen

Einem Mann namens Gerhard gefällt eine Frau namens Susanne. Er fragt sie, ob sie ins Kino gehen will. Sie sagt ja, und beide verbringen einen sehr lustigen Abend.

Ein paar Tage später lädt er sie zum Abendessen ein, und sie haben wieder viel Spaß. Fortan treffen Sie sich regelmäßig, und nach einiger Zeit trifft sich keiner von beiden mit irgendjemand anders mehr.

Eines Abends, als sie nach Hause fahren, schießt ein Gedanke durch Susannes Kopf, und, ohne richtig darüber nachzudenken, spricht sie ihn aus: „Ist Dir klar, daß wir uns mit dem heutigen Abend seit genau 6 Monaten treffen?"

Stille.

Susanne kommt die Stille sehr laut vor. Sie denkt: „Oje, ob es ihn nervt, daß ich das gesagt habe? Vielleicht fühlt er sich durch unsere Beziehung eingeschränkt, oder er fühlt sich von mir in eine Pflichtrolle gedrängt."

Und Gerhard denkt sich „Wow, 6 Monate."

Und Susanne denkt sich: „Moment, ich bin gar nicht sicher, ob ich so eine Art Beziehung will. Manchmal hätte ich lieber mehr Freiraum. Ich werde Zeit brauchen, mir zu überlegen, ob ich so weiter machen will. Ich meine, wo führt uns das hin? Wird es immer so weiter gehen oder schreiten wir auf eine Ehe zu?

Vielleicht sogar auf Kinder? Darauf, unser restliches Leben miteinander zu verbringen? Bin ich bereit, diese Verpflichtung einzugehen? Kenne ich diesen Menschen überhaupt?"

Und Gerhard denkt sich: „Hm, das heißt, es war ... mal sehen ... Februar, als wir anfingen, uns zu treffen, das war gleich nachdem ich das Auto beim Service hatte, das heißt ... wie ist der Kilometerstand? Au weia! Die Karre ist überfällig für einen Ölwechsel!"

Und Susanne denkt sich: „Er ist besorgt. Ich sehe es in seinem Gesicht. Vielleicht war mir nicht ganz klar, wie er die Sache sieht. Vielleicht will er mehr von unserer Beziehung, mehr Intimität, eine tiefere Bindung, vielleicht hat er, sogar schon vor mir, gespürt, daß ich mich zu sehr zurückhalte. Ja, das ist es. Deswegen spricht er so selten über seine Gefühle. Er hat Angst, zurückgewiesen zu werden."

Und Gerhard denkt sich: „Die sollen sich auf jeden Fall noch einmal das Getriebe ansehen. Ist mir völlig egal, was diese Deppen sagen, die Schaltung funktioniert noch immer nicht richtig. Und diesmal können sie es auch nicht aufs kalte Wetter schieben. Wir haben 30 Grad, und das Ding hier schaltet sich wie ein Lastwagen von der Müllabfuhr. Und ich habe diesen inkompetenten Gaunern 1200 Mark bezahlt."

Und Susanne denkt sich: „Er ist sauer. Ich kann's ihm nicht übel nehmen, ich wär's auch. Ich fühle mich so schuldig, ihm das anzutun, aber ich kann nichts für meine Gefühle, ich bin einfach unsicher."

Und Gerhard denkt sich: „Wahrscheinlich werden sie sagen, es gibt nur 90 Tage Garantie, diese Säcke!"

Und Susanne denkt sich: „Wahrscheinlich bin ich viel zu idealistisch, und warte auf einen Ritter auf einem weißen Pferd, während ich hier neben einem superlieben Menschen sitze, einem Menschen, mit dem ich gern zusammen bin, um den ich mich sorge und der sich wirklich um mich sorgt. Einem Menschen, der wegen meiner selbstherrlichen Schulmädchenfantasien leiden muß.

Und Gerhard denkt sich: „Garantie? Die reden von Garantie? Können sie haben; ich nehme ihre Garantie und stecke sie ihnen in den ..."

„Gerhard", sagt Susanne laut.

Frauen & Männer

„Was?" sagt Gerhard erschrocken.

„Bitte quäl dich nicht so", sagt sie, während sich ihre Augen mit Tränen füllen. „Vielleicht hätte ich niemals ... Oh Gott, ich fühle mich so ..." (Sie verstummt, schluchzt).

„Was?" sagt Gerhard.

„Ich bin so dumm", schluchzt Susanne, „Ich meine, ich weiß, daß es nie einen Ritter geben wird. Es ist so dumm. Weder einen Ritter noch ein Pferd."

„Es gibt kein Pferd?", fragt Gerhard.

„Du denkst auch, daß ich dumm bin, oder?", sagt Susanne.

„Nein!", sagt Gerhard, froh, endlich eine richtige Antwort zu haben.

„Die Sache ist die ... es ist einfach so ... ich brauche ein wenig Zeit", sagt Susanne.

(Es entsteht eine 15-sekündige Pause, in der Gerhard versucht, so schnell er kann mit einer sicheren Antwort aufzuwarten. Endlich fällt ihm etwas ein, das funktionieren sollte.)

„Ja", sagt er.

(Susanne, tief bewegt, berührt seine Hand.) „Oh Gerhard, denkst du wirklich so darüber?" fragt sie.

„Worüber?" fragt Gerhard.

„Über ein wenig mehr Zeit", sagt Susanne.

„Oh", sagt Gerhard, „Ja."

(Susanne dreht sich zu ihm und sieht ihm tief in die Augen, wodurch er schrecklich nervös darüber wird, was sie als nächstes sagen wird, besonders, wenn darin ein Pferd vorkommen sollte. Endlich spricht sie.)

„Danke, Gerhard", sagt sie.

„Ich danke Dir", sagt Gerhard.

Dann bringt er sie nach Hause, wo sie sich auf ihr Bett legt, eine von Konflikten geschüttelte, gequälte Seele, und bis in den Morgen weint. Gerhard fährt nach Hause, holt sich eine Tüte Chips, dreht den Fernseher auf, und wird schnell von der Wiederholung eines Tennismatches zwischen zwei Neuseeländern, von denen er noch nie was gehört hat, in den Bann gezogen. Eine leise Stimme irgendwo in seinem Kopf sagt ihm, daß heute in dem Auto höchstwahrscheinlich etwas wirklich wichtiges passiert ist, aber er ist sicher, daß er niemals verstehen würde, was das war, also beschließt er, nicht weiter darüber nachzudenken.

Am nächsten Tag wird Susanne ihre beste Freundin anrufen, vielleicht sogar noch eine, und mit ihr 6 Stunden lang über die ganze Sache reden. In sorgfältiger Detailarbeit werden sie alles was sie sagte, und auch alles was er sagte, analysieren, jedes Wort, jeden Ausdruck, jede Geste, um Nuancen in der Bedeutung des Gesagten zu finden, und um jede mögliche Variante durchzugehen. Das ganze wird sich wochen- wenn nicht monatelang hinziehen, ohne jemals in einer plausiblen Schlußfolgerung zu enden, aber auch, ohne jemals langweilig zu werden.

Irgendwann während dieser Zeit wird Gerhard, während eines Squashmatches mit einem Freund, der sie beide kennt, kurz innehalten und fragen „Peter, hat Susanne mal ein Pferd gehabt?"

Und das ist der Unterschied zwischen Männern und Frauen!

Frauen & Männer

Der perfekte Tag für eine Frau:

08.15   Mit Schmusen und Küssen geweckt werden

08.30   2 Kilogramm weniger als am Vortag wiegen

08.45   Frühstück im Bett mit frisch gepresstem Orangensaft und Croissants, Geschenke öffnen, z.b. teuren Schmuck vom aufmerksamen Partner ausgewählt

09.15   Heißes Bad mit Duftöl nehmen

10.00   Leichtes Workout im Fitnessclub mit hübschem, humorvollem persönlichem Trainer

10.30   Gesichtspflege, Maniküre, Haare waschen, Kurpackung in den Haaren einwirken lassen, fönen

12.00   Mittagessen mit der besten Freundin im In-Lokal

12.45   Die Ex-Frau oder Ex-Freundin des Partners begaffen und feststellen, dass sie 7 kg zugenommen hat.

13.00   Einkaufen mit Freunden, unbegrenzter Kreditrahmen.

15.00   Mittagsschlaf

16.00   Drei Dutzend Rosen werden angeliefert mit einer Karte von einem geheimen Bewunderer

16.15   Leichtes Workout im Fitnessclub, gefolgt von einer Massage durch einen starken, aber freundlichen Typen der sagt, daß er selten einen solchen perfekten Körper massiert hat

17.30   Outfit aus der Auswahl teurer Designer-Klamotten anprobieren und vor dem Vollkörperspiegel eine Modenschau veranstalten

19.30   Candle Light Dinner für zwei Personen, gefolgt von Tanzen, verbunden mit Komplimenten

22.00   Heisse Dusche, Körperpflege (alleine)

22:50   Ins Bett getragen werden, kuscheln und schmusen (nur notfalls GV)

23.15   In seinen starken Armen einschlafen.

Frauen & Männer

Der perfekte Tag für einen Mann:

06.00 Wecker klingelt

06.15 Einen geblasen bekommen

06.30 Großer befriedigender Morgenschiß, dabei den Sportteil der Zeitung lesen

07.00 Frühstück: Rumpsteak und Eier, Kaffee und Toast, zubereitet von einer nackten Hausangestellten.

07.30 Limousine kommt an

07.45 Einige Gläser Whiskey auf dem Weg zum Flughafen.

09.15 Flug in Privatjet

09.30 Limousine mit Chauffeur zum Golf Club (Unterwegs einen geblasen bekommen)

09.45 Golf spielen

11.45 Mittagessen: Fast Food, 3 Bier, eine Flasche Dom Perignon

12.15 Einen geblasen bekommen

12.30 Golf spielen

14.15 Limousine zurück zum Flughafen (einige Gläser Whiskey)

14.30 Flug nach Monte Carlo

15.30 Nachmittagsausflug zum Fischen, Begleiterinnen sind alle nackt.

17.00 Flug nach Hause, Ganzkörpermassage durch Verona Feldbusch

18.45 Scheissen, Duschen, Rasieren

19.00 Nachrichten anschauen: Michael Jackson umgebracht, Marihuana und Hardcore-Pornos legalisiert.

19.30 Abendessen: Hummer als Vorspeise, Dom Perignon (1953), großes saftiges Filetsteak, gefolgt von Eiscreme serviert auf bloßen Brüsten

21.00 Napoleon Cognac und eine Cohiba Zigarre vor einem Großbildschirm-Fernseher, Sportschau anschauen. England schlägt Deutschland 11:0

21.30 Sex mit drei Frauen (alle drei mit lesbischen Neigungen)

23.00 Massage und Bad im Whirlpool, dazu eine leckere Pizza und ein reinigendes Helles

23.30 Gute-Nacht-Blow-Job

23.45 Alleine im Bett liegen

23.50 Ein 12sekündiger Furz, der die Tonart 4mal wechselt und den Hund nötigt, den Raum zu verlassen.

Frauen & Männer

Der perfekte Mann und die perfekte Frau

Es waren einmal ein perfekter Mann und eine perfekte Frau. Sie begegneten sich, und da ihre Beziehung perfekt war, heirateten sie.

Die Hochzeit war einfach perfekt. Und ihr Leben zusammen war selbstverständlich ebenso perfekt.

An einem verschneiten, stürmischen Weihnachtsabend fuhr dieses perfekte Paar eine kurvenreiche Strasse entlang, als sie am Strassenrand jemanden bemerkten, der offenbar eine Panne hatte. Da sie das perfekte Paar waren, hielten sie an, um zu helfen. Es
war der Weihnachtsmann mit einem riesigen Sack voller Geschenke. Da sie die vielen Kinder am Weihnachtsabend nicht enttäuschen wollten, lud das perfekte Paar den Weihnachtsmann mitsamt seiner Geschenke in ihr Auto. Und bald waren sie daran, die Geschenke zu verteilen.
Unglücklicherweise verschlechterten sich die (ohnehin schon schwierigen) Strassenbedingungen immer mehr, und schliesslich hatten sie einen Unfall.

Nur einer der drei überlebte!

---- Wer war es?

---- (Erst überlegen und dann nach unten scrollen)

Es war die perfekte Frau.

Sie war die einzige, die überhaupt existiert hatte. Jeder weiss, dass es keinen Weihnachtsmann gibt, und erst recht keinen perfekten Mann.

---- Für Frauen endet die E-Mail hier.

---- Männer bitte weiterlesen (nach unten scrollen).

Wenn es also keinen Weihnachtsmann und keinen perfekten Mann gibt, muss die perfekte Frau am Steuer gesessen haben. Das erklärt, warum es einen Unfall gegeben hat.

Wenn Sie übrigens eine Frau sind und dies lesen, wird dadurch noch etwas bewiesen: Frauen tun nie das, was man ihnen sagt. :-)

Das Frauenhotel

Eine Gruppe von Frauen sucht eine Unterkunft und kommt an einem fünfstöckigen Hotel vorbei, das mit einer Tafel angeschrieben ist: "Nur für Frauen".

Neugierig treten sie ein.

Der Portier erklärt: "Es hat 5 Etagen - sie finden eine Inschrift vor jedem Eingang, die anzeigt, was dort vorzufinden ist.

Im 1. Stock steht:
"Die Männer hier sind schlechte Liebhaber, aber sie sind sehr höflich, sensibel und intelligent!"

Sie lachen schallend und gehen in den 2. Stock:
"Hier sind die Männer sehr gute Lover, sie haben aber die Angewohnheit, Frauen zu misshandeln."

Entrüstet gehen sie in den 3. Stock:
"Die Männer auf dieser Etage sind ausgezeichnete Liebhaber und gehen total auf die Frauen ein."

Das Entspricht zwar ihren Anforderungen, aber es hat ja noch zwei weitere Stockwerke!

Und steigen weiter hoch in den 4. Stock:
"Hier sind die Männer gut gebaut, sensibel und grosszügig. Sie achten die Frauen und sind ausgezeichnete Liebhaber. Alle sind ledig, reich und 100% heterosexuell".

Hier scheinen unsere Damen gefunden zu haben, was ihre Herzen begehren, aber trotzdem möchten sie sich im letzten Stockwerk umsehen.

Dort angekommen lesen sie:
"Hier hat es keine Männer - diese Etage wurde nur gebaut, um zu beweisen, dass es unmöglich ist, eine Frau zufriedenzustellen!"

Frauen & Männer

Studien über die Ehe

Auszug einer Studie über die Ehe, die mit 10-Jährigen und jünger durchgeführt wurde, vorgestellt in der Sendung "dingsda" im deutschen TV:

WIE ENTSCHEIDET MAN WEN MAN HEIRATET?

Man muss jemanden finden der die gleichen Sachen mag. Wenn du gerne Fußball hast, muss sie auch mögen dass du gerne Fußball hast und dann die Chips und das Bier bringen.
Alain, 10 Jahre

Man entscheidet nicht wirklich selbst wen man heiratet. Gott entscheidet dass für dich lange im voraus und dann wirst du sehen wen er dir da an den Hals hängt.
Kirsten, 10 Jahre

WAS IST DAS RICHTIGE ALTER ZUM HEIRATEN?

Das beste Alter ist 23 weil du da deinen Ehemann schon mindestens 10 Jahre kennst.
Camille, 10 Jahre

Es gibt kein "bestes Alter" zum Heiraten. Man muss wirklich blöd sein um heiraten zu wollen.
Freddie, 6 Jahre

WAS HABEN DEINE ELTERN GEMEINSAM?

Sie wollen keine weiteren Kinder mehr.
Aure, 8 Jahre

WAS MACHEN LEUTE WÄHREND EINES RENDEZVOUS?

Die Rendezvous sind da um sich zu amüsieren und die Leute sollten diese Gelegenheit nutzen um sich besser kennenzulernen. Sogar die Jungs haben irgendetwas Interessantes zu sagen wenn man ihnen lange genug zuhört.
Linette, 8 Jahre

Beim ersten Rendezvous sagen sie sich interessante Lügen, dadurch sind sie dann bereit ein zweites Rendezvous zu haben.
Martin, 10 Jahre

WANN DARF MAN JEMANDEN KUESSEN?

Wenn sie reiche Männer sind.
Pamela, 7 Jahre

Wenn du eine Frau küsst musst du sie heiraten und mit ihr Kinder haben. So ist das eben.
Henri, 8 Jahre

IST ES BESSER LEDIG ODER VERHEIRATET ZU SEIN?

Ich weiss nicht was besser ist, aber ich würde nie mit meiner Frau Liebe machen. Ich möchte nicht dass sie fett wird.
Théodore, 8 Jahre

Für die Mädchen ist es besser ledig zu bleiben. Aber die Jungs brauchen jemanden zum Putzen....
Anita, 9 Jahre

... und jetzt der Schluss-Gag ...

WAS MUSS MAN TUN DAMIT DIE EHE EIN ERFOLG IST?

Man muss der Frau sagen dass sie schön ist, auch wenn sie aussieht wie ein Lastwagen.
Richard, 10 Jahre

Frauen & Männer

Das Dilemma

Du bist spät abends mit dem Auto unterwegs, während draußen ein wildes Sturmwetter bläst. Du fährst an einer Haltestelle vorbei und siehst drei Leute, die auf den Bus warten.

Eine alte Frau, die aussieht, als ob sie gleich sterben wird, einen alten Bekannten, der Dir mal das Leben gerettet hat und die perfekte Frau Deiner Träume.

Dein Dilemma: Dein Auto ist ein zweisitziger Roadster, es kann folglich nur ein Passagier in deinem Wagen mitfahren und, wenn Du einmal die Haltestelle verlassen hast, kannst Du nicht mehr umkehren. Wen würdest Du mitnehmen?

Denk nach, bevor Du weiter liest!

Dies ist ein moralisches und ethisches Dilemma, das als Teil eines Eignungstestes für Börsen-Makler im Warentermingeschäft verwendet wurde. Deine Zukunft könnte also von Deiner Antwort abhängen.

Du könntest die alte Frau mitnehmen. Vielleicht wird sie sterben, deshalb sollte man sie als erstes retten; oder Du könntest den alten Freund mitnehmen. Dies wäre die Gelegenheit, Deine Lebensschuld zu begleichen; andererseits triffst Du vielleicht nie wieder Deine Traum-Frau.

Derjenige, der den Job bekam (von 200 Bewerbern), hatte kein Problem, eine Lösung zu finden.

Wie würde Deine Antwort lauten?

Die Lösung:
Die Antwort des akzeptierten Bewerbers:

Ich würde meinem alten Bekannten den Autoschlüssel geben und ihn bitten, die alte Frau ins Krankenhaus zu fahren. Danach würde ich mit der Traumfrau auf den Bus warten.

Wir können mehr erreichen, wenn wir unsere sture Gedankenbegrenzung aufgeben und außerhalb dieses Rahmens denken. Keiner der 200 Bewerber gab allerdings die einzig logische Antwort.

Die lautet selbstverständlich: Die alte Frau überfahren, um sie von ihrem Leid zu erlösen, die Traum-Frau auf der Motorhaube bis zur Bewusstlosigkeit durchvögeln und anschließen mit dem alten Freund zum Saufen in die nächste Kneipe fahren.

Frauen & Männer

Ein Ehemann ist zu Hause und schaut ein Fußballspiel, als seine Frau unterbricht: "Liebling, kannst du das Licht in der Diele reparieren? Es flimmert jetzt schon wochenlang."
Er schaut sie an und sagt zornig: "Jetzt das Licht reparieren? Sieht es aus als hätte ich Neger auf meiner Stirn stehen? Ich denke nicht."

"Fein!" Dann fragt die Frau: "Gut, könntest du dann die Kühlschranktür reparieren? Sie schließt nicht mehr richtig." Darauf antwortet er: "Die Kühlschranktür reparieren? Sieht es aus als hätte ich Reparaturdienst auf der Stirn stehen? Ich denke nicht."

"Fein!" Dann sagt sie: "Könntest du die letzte Stufe der Holzstiege reparieren? Dort sind Brüche drin."
"Ich bin kein verdammter Zimmermann und ich will die Stufen nicht reparieren. Sieht es aus als hätte ich Schreinerei auf der Stirn stehen? Ich denke nicht.

Ich habe genug von dir. Ich gehe jetzt in die Kneipe."

Also geht er in die Kneipe und trinkt ein paar Stunden.........
Er bekommt ein schlechtes Gewissen darüber wie er seine Frau behandelt hat und beschließt nach Hause zu gehen.
Er kam nach Hause und stellte fest, dass die Stufen repariert waren.
Er ging ins Haus und sah, dass das Licht im Flur wieder funktionierte.
Er ging sich ein Bier holen, und stellte fest, dass auch die Kühlschranktür repariert war.

"Liebling", fragte er, "wer hat das alles repariert?"
Sie sagte: "Nun, als du gingst habe ich mich raus gesetzt und geschrieen. Da fragte mich ein schöner junger Mann was nicht stimmen würde, und ich erzählte es ihm. Er bot an alle Reparaturen zu machen, und alles was ich tun musste war entweder mit ihm ins Bett gehen oder ihm einen Kuchen zu backen."

"Und was für einen Kuchen hast du ihm gebacken?"

"Steht auf meiner Stirn etwa Dr. Oetker geschrieben? Ich denke nicht."

* * * * *

Frauen am Steuer:
Links von mir fuhr eine Frau einen brandneuen BMW mit über 130 km/h, ihr Gesicht ganz nah am Spiegel, und pinselte ihre Augenlider. Einen Moment sah ich weg; als ich wieder hinsah war sie schon halb in meiner Spur, noch immer mit Make-up beschäftigt. Obwohl ich ein sehr männlicher Kerl bin, erschrak ich so, dass mir mein Elektrorasierer aus der Hand flog, der mir mein Sandwich aus der anderen Hand schlug. Beim Versuch, den Wagen mit den Knien wieder in die Spur zu bringen, fiel mir das Handy vom Ohr direkt in den heißen Kaffee zwischen meinen Beinen. Der schwappte heraus, verbrannte mir meine edelsten Teile, ruinierte mein Handy und unterbrach ein wichtiges Gespräch. Die Kippe im Mund konnte ich gerade noch festhalten! Oh Mann, ich hasse Frauen am Steuer!!!

Ein Ehepaar spielt Golf

Zu ihrem Entsetzen fliegt ein gerade abgeschlagener Golfball durch ein Fenster, welches in viele kleine Scherben zerbricht.

Das Ehepaar, sich der Schuld bewusst, geht sofort in das Haus hinein um den Eigentümer zu verständigen. Beide rufen laut, doch niemand antwortet.

Sie gehen in den Raum, wo das zerbrochene Fenster ist und sehen eine kaputte
Vase, daneben ein Mann mit einem Turban auf dem Kopf.

"Sind sie der Eigentümer des Hauses?" fragt der Ehemann.

"Nein, ich war 1000 Jahre in dieser Vase eingesperrt, aber jemand hat diesen Golfball durch dieses Fenster geschossen, dabei die Vase umgeworfen und nun bin ich befreit!" antwortet daraufhin der Geist.

Der Ehemann, nicht dumm, fragt auch gleich: "Oh, sie sind ein Flaschengeist!"

"Korrekt. Ich erfülle euch zwei Wünsche. Weil ich so geizig bin, behalte ich den dritten für mich."

Okay, denkt sich der Ehemann und sagt auch gleich: "Super! Also, ich will ein jährliches Einkommen von 1.000.000 Euro, steuerfrei!"

"Ist gemacht. Dein zweiter Wunsch?"

"Och... immer leckeres Essen!"

"Auch das ist gemacht. Nun mein Wunsch: Ich habe seit 1000 Jahren kein weibliches Wesen mehr gesehen, geschweige denn angelangt. Lass mich mit Deiner Frau ins Bett gehen!"

Das Ehepaar willigt ein und wenige Minuten später sind Frau und Geist kräftig dabei, während sich der Ehemann wieder seinem Golfspiel widmet.

"Wie alt ist dein Ehemann?" fragt der Geist.

"31" antwortet die Frau.

"Und da glaubt er noch an Flaschengeister?"

Affären

1. Affäre:

Ein verheirateter Mann hatte eine Affäre mir seiner Sekretärin.

Eines Tages waren sie bei ihr zu Hause und liebten sich den ganzen Nachmittag. Völlig erschöpft schliefen sie ein und wachten erst um 20:00h wieder auf.

Der Mann zog sich eilig an und sagte seiner Geliebten, sie solle seine Schuhe draußen im Gras und im Schlamm reiben. Er zog seine Schuhe an und fuhr nach Hause.

"Wo warst du?", fragte ihn dann seine Frau als er ankam.

"Ich kann dich nicht anlügen", antwortete er, "ich habe eine Affäre mit meiner Sekretärin. Wir hatten den ganzen Nachmittag Sex."

Seine Frau sah hinunter auf seine Schuhe und sagte: "Du verdammter Lügner! Du hast wieder Golf gespielt!"

2. Affäre:

Ein Pärchen mittleren Alters hatte zwei wunderschöne Töchter, wünschten sich aber immer einen Sohn. Sie beschlossen noch ein letztes Mal zu versuchen den ersehnten Sohn zu bekommen.

Die Frau wurde schwanger und gebar einen gesunden Jungen.

Der glückliche Vater beeilte sich ins Krankenhaus zu kommen, um seinen neuen Sohn endlich zu sehen. Er wurde sehr bleich, denn es war das hässlichste Kind, das er je gesehen hatte.

Er sagte zu seiner Frau: "Niemals bin ich der Vater dieses Jungen. Sie mal welche wunderhübschen Töchter ich gezeugt habe. Hast du mich heimlich betrogen?"

Darauf meint sie: "Diesmal nicht."

3. Affäre:

Ein Totengräber arbeitet spät in der Nacht. Er untersucht den Körper von Herrn Schwarz, der zur Verbrennung bestimmt ist, und macht eine überraschende Entdeckung. Schwarz hat das längste Geschlechtsorgan, das er je gesehen hat.

"Es tut mir Leid, Herr Schwarz, aber ich kann nicht erlauben, dass so ein imposantes Teil einfach verbrannt wird. Es muss der Nachwelt erhalten bleiben.

Kurzerhand schneidet er es ab und steckt es in seine Aktentasche.

"Ich muss dir etwas zeigen!", sagt er zu Hause angekommen zu seiner Frau, "Das wirst du nicht glauben!" Er öffnet seine Tasche und nimmt es heraus.

"Oh mein Gott!", ruft seine Frau entsetzt aus, "Schwarz ist tot?!"

4. Affäre:

Jakob liegt im Sterben. Seine Frau sitzt auf der Bettkante. Er schaut hoch und sagt ganz schwach: "Ich muss dir etwas beichten."

"Das muss nicht sein.", sagt seine Frau.

"Doch! Ich bestehe darauf, ich will meinen Frieden machen." "Ich habe mit deiner Schwester, deiner besten Freundin, ihrer Freundin und deiner Mutter geschlafen!"

"Aber das weiß ich doch längst", sagt sie sanft, "jetzt bleib ruhig liegen, damit das Gift wirken kann.

Frauen & Männer

TOO GOOD NOT TO SHARE. THIS GUY HAS CLASS!

MASTERCARD WEDDING

This is a true story about a recent wedding that took place at Clemson UNIVERSITY. It was in the local newspaper and even Jay Leno mentioned it. It was a huge wedding with about 300 guests.

After the wedding at the reception, the groom got up on stage with a microphone to talk to the crowd. He said he wanted to thank everyone for coming, many from long distances, to support them at their wedding.

He especially wanted to thank the bride's and his family and to thank his new father-in-law for providing such a lavish reception. As a token of his deep appreciation he said he wanted to give everyone a special gift just from him.

So taped to the bottom of everyone's chair, including the wedding party, was a manila envelope. He said this was his gift to everyone, and asked
them to open their envelope. Inside each manila envelope was an 8x10 glossy of his bride having sex with the best man. The groom had gotten suspicious of them weeks earlier and had hired a private detective to tail them. After just standing there, just watching the guests' reactions for a couple of minutes, he turned to the Best man and said, "F### you!". Then he turned to his bride and said, "F### you!". Then he turned to the dumbfounded crowd and said, "I'm outta here." He had the marriage annulled first thing in the morning.

While most people would have cancelled the wedding immediately after finding out about the affair, this guy goes through with the charade, as if nothing were wrong. His revenge...making the bride's parents pay over $32,000 for a 300 guest wedding and reception, and best of all, trashing the bride's and best man's reputations in front of 300 friends and family members.

This guy has balls the size of church bells.
Do you think we might get a MasterCard "priceless" commercial out of this?

Elegant wedding reception for 300 family members and friends .... $32,000.
Wedding photographs commemorating the occasion .... $3,000.
Deluxe two week honeymoon accommodations .... $8,500.
The look on everyone's face when they see the 8x10 glossy of the bride humping the bestman .... Priceless.

There are some things money can't buy, for everything else there's MASTERCARD.

Frauen & Männer

Der sehnliche Wunsch

Ein Mann war an einer gewissen Stelle mit 50 cm Länge von der Natur wohl etwas zu üppig ausgestattet worden. Er hatte zeitlebens Probleme damit und schon alles Mögliche versucht, Abhilfe zu bekommen.
Eines Tages hörte er von einem Bekannten, dass es vor der Stadt einen Zauberbrunnen geben soll, an dem ein Frosch sitzt. Dieser Frosch soll in solchen Dingen schon so manche Wunder vollbracht haben.
Man müsse dem Frosch nur sein Problem zeigen und ihn bitten „Heirate mich!".
Wenn der Frosch „Nein!" antwortet, soll das „Problem" um ganze 10 cm kleiner werden.
Gesagt – getan:
Erster Besuch lief super ab; der Frosch sprach sein „Nein!" und das „Problem" wurde 10 cm kleiner. Nach kurzer Zeit waren 40 cm dem Mann immer noch zu viel, sodass er den zweiten Besuch beim Frosch antrat.
Er präsentierte das 40-cm-Stück und fragte nach der Heirat. Der Frosch gab wiederum sein „Nein!" und die Schrumpfung setzte kurze Zeit später ein. Aber auch 30 cm waren dem Mann immer noch zuviel. Er wollte sein, wie alle Männer und nicht ständig dem Gespött seiner Mitmenschen ausgesetzt sein. So beschloss er einen letzten Besuch beim Frosch.
Dort angekommen präsentierte er wieder sein Problem und fragte den Frosch, ob er ihn denn nicht heiraten möchte. Darauf der Frosch schon sichtlich genervt:
„Dass du mich jetzt endlich in Ruhe lässt, sage ich es dir jetzt zum letzten Mal:
Nein, nein und nochmals nein!"

* * * * *

DIE GEOGRAPHIE EINER FRAU
Im Alter zwischen 14 und 21 ist eine Frau wie Afrika oder Australien. Sie ist zur Hälfte entdeckt, wild und von natürlicher Schönheit mit Buschland um die fruchtbaren Deltas.
Im Alter zwischen 21 und 30 ist eine Frau wie Amerika oder Japan. Komplett erschlossen, sehr gut entwickelt und offen für den Handel speziell mit Ländern die Geld oder Autos haben.
Im Alter zwischen 30 und 40 ist eine Frau wie Indien oder Spanien. Sehr heiß, entspannt und sich ihrer eigenen Schönheit bewusst.
Im Alter zwischen 40 und 45 ist eine Frau wie Frankreich oder Argentinien. Sie wurde während des Krieges vielleicht zur Hälfte zerstört, kann aber immer noch ein warmer und wünschenswerter Ort zum Besuchen sein.
Im Alter zwischen 45 und 50 ist eine Frau wie Jugoslawien oder der Irak. Sie hat den Krieg verloren und wird von vergangenen Fehlern geplagt. Massiver Wiederaufbau ist jetzt nötig.
Im Alter zwischen 50 und 60 ist eine Frau wie Russland oder Kanada. Sehr weit, ruhig und die Grenzen sind praktisch beispiellos, aber das frostige Klima hält die Leute fern.
Im Alter zwischen 60 und 70 ist eine Frau wie England oder die Mongolei. Mit einer glorreichen und alles erobernden Vergangenheit, aber ohne die gleiche Zukunft.
Nach 70 werden Frauen wie Albanien oder Afghanistan. Jeder weiß, wo es ist, aber keiner will hin.

DIE GEOGRAPHIE EINES MANNES
Im Alter zwischen 14 und 70 ist ein Mann wie die USA - regiert von einem Dödel.

Frauen & Männer

Folgenschwere Verwechslung

Ein junger Mann wollte seiner Angebeteten ein Geburtstagsgeschenk machen. Die beiden hatten sich schon längere Zeit nicht mehr gesehen, und nach sorgfältiger Erwägung entschied er sich für den Kauf eines Paars Handschuhe: romantisch, aber nicht zu persönlich.
Begleitet von der Schwester seiner Herzensdame, ging er ins Warenhaus und kaufte ein Paar weisse Handschuhe. Die Schwester kaufte sich ein paar Slips.
Während des Einwickelns vertauschte die Verkäuferin die beiden Sachen
und die Schwester erhielt die Handschuhe und der Mann die Unterhosen. Ohne den Inhalt des Päckchens zu kontrollieren schickte er dieselben an seine Holde und fügte folgende Notiz dazu:
"Ich habe diese ausgewählt, weil mir aufgefallen ist, dass Du normalerweise keine trägst. Wenn's nach mir gegangen wäre, hätte ich lange mit Knöpfen genommen, aber Deine Schwester trägt auch kurze und
diese sind leichter auszuziehen. Die Farbe erscheint vielleicht etwas heikel, aber die Verkäuferin zeigte mir ihre, die sie bereits drei Wochen anhatte, und sie waren kaum beschmutzt. Sie hat auch Deine probehalber angezogen und es sah einfach chic aus!
Ich wünschte, ich könnte sie Dir zum ersten Mal anziehen, denn bis ich Dich am Freitag zum nächsten Mal sehe, sind bestimmt schon viele damit in Kontakt gekommen.
Wenn Du sie ausziehst, vergiss nicht, hineinzublasen, bevor Du sie weglegst, denn naturgemäss werden sie vom Tragen innen etwas feucht. Denk wie oft ich sie im nächsten Jahr küssen werde.
Ich hoffe, Du wirst sie am Freitag für mich anziehen.

In Liebe Dein Schatz

P. S. Nach neuster Mode trägt man sie übrigens umgeschlagen, so dass der
Pelz ein wenig rausschaut!"

Lektion der Woche

John hat seine Mutter zum Essen in seine Zweier-WG eingeladen. während des Essens stellte seine Mutter fest, wie schön seine Mitbewohnerin Julie doch eigentlich ist.

Sie spielte schon seit längerem mit dem Gedanken, dass die beiden eine Beziehung haben könnten und das machte sie unsicher.

Während des Abends, als sie die beiden beobachtete, begann sie sich zu fragen, ob da wirklich mehr vorhanden war, zwischen John und seiner Mitbewohnerin, als das normale Auge zu sehen bekam.

Ihre Gedanken lesend, sagte John:
'ich weiß, was Du denkst. ich versichere Dir aber, dass wir nur miteinander wohnen

Etwa eine Woche später, sagte Julie zu John;
"Seit deine Mutter bei uns zum Essen war, kann ich meine silberne Saucenschale nicht mehr finden.

John antwortete ihr:
'Nun, ich glaube kaum, dass sie sie mitgenommen hat aber ich werde ihr schreiben."

So setzte er sich hin und schrieb seiner Mutter einen Brief;
"Liebe Mutter, ich sage nicht, dass Du die saucenschale mitgenommen hast und ich sage auch nicht, dass Du sie nicht mitgenommen hast. Aber Tatsache ist, dass die Saucenschale fehlt seit Du bei uns zum Essen warst.
in Liebe, John.'

Einige Tage später erhielt John einen Brief von seiner Mutter in dem stand:
"Lieber John! Ich sage nicht, dass Du mit Julie schläfst, und ich sage auch nicht, dass Du nicht mit ihr schläfst.

Aber Tatsache ist, wenn sie in ihrem eigenen Bett geschlafen hätte, hätte sie die Saucenschale schon längst gefunden In Liebe, Mom.

LEKTION DER WOCHE: Belüge nie deine Mutter

Workshop für Männer

Workshop für Männer organisiert vom Bundesministerium für Bildung und Forschung

Thema: intelligent werden wie eine Frau (d.h. perfekt sein)

Ziel: Die Teilnehmer sollen für eine faszinierende Erfahrung (die Benutzung des Gehirns) begeistert werden.

Voraussetzung: Die Bereitschaft, etwas erlernen zu wollen (wenn es auch schwer fällt)

Programm: 4 Module

Modul I - Obligatorisch !
1. Lernen, ohne die Mutter zu leben (2000 Stunden)
2. Die eigene Frau ist NICHT die eigene Mutter (350 Stunden)
3. Verstehen, dass Fussball oder Eishockey nichts anderes als eine Sportart sind (500 Stunden)

Modul II - Leben zu zweit
1. Kinder haben, ohne eifersüchtig zu werden (50 Stunden)
2. Ihre Freunde akzeptieren (500 Stunden)
3. Lernen mit der Fernsteuerung umzugehen (550 Stunden)
4. Urinieren= eine Kunst? praktische Übungen mit Videoaufnahmen (100 Stunden)
5. Wie erreiche ich den Wäschekorb ohne mich dabei zu verlaufen (500 Stunden)
6. Erkältung bring Mann nicht um (25 Stunden)
7. Treue= nicht nur ein Wort (1900 Stunden)
8. Blumen und Schmuck schenken, auch nach der Ehe (1000 Gründe)

Modul III - Freizeit
1. Ablauf: wie gelangen die Kleider von der Waschmaschine in den Schrank?
2. Bügeln - praktische Übungen
3. Wie bringe ich den Abfall raus?
4. Div. Hausarbeiten

Modul IV - Kochkurs
1. Anfänger: *ON, *OFF
2. Fortgeschrittene: Wie koche ich eine Suppe?

Frauen & Männer

Männer und Frauen sind so unterschiedlich

1. NAMEN
Wenn Laura, Linda, Elisabeth und Barbara zum Essen gehen, nennen sie sich gegenseitig Laura. Linda, Elisabeth und Barbara.
Wenn Markus. Peter, Robert und Herbert zum Essen gehen nennen sie sich liebevoll Specki, King Kong. Schwellkopf und Penner.

2 BEZAHLUNG
Wenn die Rechnung kommt, legen Markus. Peter, Robert und Herbert je 20,00 Euro auf den Tisch, obwohl die Gesamtrechnung nur 63,00 Euro ausmacht. Keiner hat Kleingeld und keiner erwartet Geld zurück.
Wenn bei den Damen die Rechnung kommt werden die Taschenrechner und die spitzen Bleistifte gezückt.

3. GELD
Ein Mann zahlt ohne mit der Wimper zu zucken 2,00 Euro für ein Teil. das nur 1,00 Euro kostet, wenn er es dringend braucht.
Eine Frau zahlt 1,00 Euro für ein Teil. das 2.00 Euro kostet, obwohl sie es überhaupt nicht braucht, nur weil es im Angebot ist.

4 BADEZIMMER
Ein Mann hat durchschnittlich 6 Dinge in seinem Bad: Zahnbürste, Rasierer mit Schaum und •Wasser, Seife und ein Handtuch vorn Steigenberger Hotel
Eine Frau hat durchschnittlich 337 Dinge im ihrem Bad. Die meisten kann ein Mann nicht einmal benennen

5. STREIT
Eine Frau hat immer das letzte Wort bei einem Streit.
Alles was ein Mann danach sagt ist der Beginn eines neuen Streits.

6. KATZEN
Frauen heben Katzen.
Männer sagen sie lieben Katzen, aber wenn Frauen nicht hinschauen treten Männer nach Katzen.

7. ZUKUNFT
Eine Frau sorgt sich um ihre Zukunft bis sie geheiratet hat.
Ein Mann sorgt sich nicht um seine Zukunft bis er heiratet.

8. ERFOLG
Ein erfolgreicher Mann verdient mehr Geld als sein Frau ausgeben kann.
Eine erfolgreiche Frau findet so einen Mann.

9. HEIRAT
Eine Frau heiratet einen Mann in der Hoffnung, dass er sich ändert; tut er aber nicht.
Ein Mann heiratet eine Frau in der Hoffnung, dass sie sich nicht ändert, tut sie aber.

10. ANZIEHEN
Eine Frau ist immer gut angezogen. wenn sie Einkaufen geht die Blumen gießt, den Müll raus bringt, telefoniert, ein Buch liest oder fernsieht.
Ein Mann ist immer gut angezogen... zu Hochzeiten und Beerdigungen.

11. NATÜRLICHKEIT
Männer wachen morgens auf und sehen genauso gut aus wie am Abend vorher.
Frauen bauen über Nacht irgendwie ab.

12. NACHWUCHS
Ah. die lieben Kleinen. Eine Mutter weiß alles über ihre Kinder: Zahnarztbesuche. erste Liebe. beste Freunde, Lieblingsessen, Ängste und Hoffnungen.
Ein Mann nimmt lediglich wahr, dass kleine Leute bei ihm wohnen.

Frauen können ja so gemein sein!

Glaubt man der Bibel, so war die Frau im grossen Schöpfungsplan zuerst gar nicht vorgesehen. Der Mann allein hätte eigentlich vollkommen ausgereicht, um alles zu vergeigen, aber leider wurde ihm langweilig und er hatte keinen Bock mehr, an sich selbst herumzugrabbeln. Deshalb schnippelte er flinkerhand eine überzählige Rippe aus seiner Seite und bestellte sich dafür aus Thailand eine Frau. So oder so ähnlich soll es gewesen sein.

Allerdings war der liebe Gott mit dieser Sonderlieferung am Wochenende wohl doch ein wenig überfordert, denn er sandte Freund Adam eine noch ziemlich unausgegorene Mensch-Variante als Partner: ein Pimmel zu wenig, viel zuviel Brüste und genetisch bedingte Wahnvorstellungen, wie z.B. der Irrglaube, in der Fussgängerzone tot umzufallen, wenn man nicht mindestens zehn Minuten an jedem Schuhgeschäft stehen bleibt. Ein Blick auf die weiblichen Chromosomen beweist auch heute noch ganz eindeutig die Mangelhaftigkeit des Modells: zweimal X, das heisst zweimal durchgestrichen - sollte also eigentlich noch mal überarbeitet werden.

Trotzdem schaffte es die Frau, ihren Platz auf der Welt zu behaupten. Konnte der Mann schon immer besser gucken als denken, so machte sie sich diese Schwäche zunutze und konnte schon bald besser aussehen als Auto fahren.

Mit ein paar Pinselstrichen um den Mund und Augen, und der Erweiterung des Dekolletés in reziprokem Verhältnis zur Kürzung der Rocklänge, gelang es ihr, selbst die verschachtelten Gehirnwindungen eines Nobelpreisträgers in Sekundenschnelle auf einen einzigen rudimentären Rammelimpuls zu reduzieren.

Es lässt sich halt nicht leugnen - jeder Mann guckt ab und zu mal "Baywatch", aber der Intellektuelle dreht wenigstens den Ton ab. Inzwischen hat die Frau den Mann auf der Erfolgsspur längst überholt.

Verona Feldsalat hat gezeigt, wie man durch einfaches Nicht-Kochen-Können, Nicht-Beherrschung ihrer Muttersprache und Sich-scheiden-lassen zum Medienstar werden kann.

Ein Superweib wie Hera Lind kann gleichzeitig Kuchen backen, eine Talk-Show leiten, ein Buch schreiben und Zwillinge gebären.

Und der tschechische Nuklear-Tittenbomber Dolly Buster beweist, wie leicht man defizitäre Schulbildung durch ein paar Zentner Silikon in der Bluse wieder ausgleichen kann.

Akzeptieren wir es:

Männer werden nicht mehr wirklich gebraucht.
Frauen können allein ihr Geld verdienen und ohne unsere Hilfe Bier trinken Fussball gucken und im Notfall sogar einen fahren lassen.

Und irgendwann - nur um uns endgültig zu demütigen - werden sie anfangen, im Stehen zu pinkeln.

Frauen können so gemein sein.

Trainingstagebuch eines Mannes

Liebes Tagebuch,

zu meinem vierzigsten Geburtstag hat mir meine Liebste eine Woche mit einem persönlichen Trainer geschenkt. Dabei bin ich ja noch top in Form! Immerhin habe ich mit 20 ja Fußball gespielt, aber ein bisschen Bewegung wird ja auch ganz nett sein. Ich habe mit dem Trainingscenter telefoniert und einen Termin mit meinem persönlichen Trainer gebucht. Ich habe mich für Linda entschieden, die, neben der Tätigkeit als persönliche Trainerin, Leiterin eines Aerobic-Kurses ist und auch Modell steht für Bademoden. Sie ist auch der Grund dafür, weshalb ich dies hier schreibe, denn sie hat mich gebeten, ein Tagebuch zu schreiben, damit ich meine Fortschritte besser verfolgen kann. Montag geht es also los...

Montag:
Ich bin um 06.00 Uhr aufgestanden. Das war schon ein bisschen schwer so früh aufzustehen, aber als ich bei dem Trainingscenter angekommen war, wurde es sehr viel leichter: Linda ist phantastisch! Sie ist Blond, hat wunderschöne blaue Augen und ein gewinnendes Lächeln. Wir begannen mit einem Rundgang auf der Anlage. Linda zeigte mir die Geräte und das erste, was ich machen durfte, war auf dem Laufband zu laufen. Nach 5 Minuten nahm
sie meinen Puls und machte einen beunruhigten Eindruck, weil dieser ihr zu hoch war. Was sie nicht begriffen hatte war, dass ich ja nur ihretwegen einen solchen Puls hatte, immerhin stand sie ja ganz in meiner Nähe mit ihrem figurbetonenden Lycra-Outfit. Sonst bin ich ja in Topform! Danach machten wir sit-ups und Linda feuerte mich immer wieder zu Höchstleistungen an, obwohl mir mein Bauch vom Einziehen schon seit unserem Treffen an der Rezeption wehtat. Nach unserer Trainingseinheit schaute ich ihr noch bei ihrem Aerobic-Kurs zu und genoss die Geschmeidigkeit in ihren Bewegungen. Ich finde, sie macht diesen Job genauso gut wie den mit mir. Dies wird eine PHANTASTISCHE Woche werden!

Dienstag:
Ich brauchte heute Morgen zwei Kannen Kaffee um aus dem Bett zu kommen, aber dann war ich endlich aus der Tür und auf dem Weg zu dem Trainingscenter. Linda zwang mich, auf dem Rücken zu liegen und eine schwere Eisenstange in die Luft zu drücken, dann legte sie auch noch Gewichte darauf! Auf dem Laufband fühlten sich meine Beine wie Spaghetti an, aber ich schaffte einen ganzen Kilometer. Das Lächeln, welches ich dann von Linda geschenkt bekam, wog aber alle Mühen wieder auf! Ich fühle mich toll! Dies ist der zweite Tag in meinem neuen Leben!

Mittwoch:
Ich habe heute Morgen versucht die Zähne zu putzen, aber das ging nur, wenn ich mit dem Kopf auf der Zahnbürste liege und den Mund hin und her bewege. Ich glaube, ich habe mir einen Muskelriss in den Brustmuskeln zugezogen. Ich konnte auch nur Auto fahren, wenn ich nicht gerade gelenkt oder gebremst habe. Heute habe ich auf dem Behindertenparkplatz der Anlage geparkt. Linda war heute etwas unsensibel und behauptete, dass meine Schreie die anderen Trainierenden stören würden. Ich habe entdeckt, dass ihre Stimme etwas

zu forsch ist für solch frühe Trainingseinheiten, und wenn sie schreit, bekommt ihre Stimme so einen nervigen nasalen Ton. Ich bekam Schmerzen in der Brust als ich wieder auf das Laufband sollte und musste daher auf den Stepper gehen. Wer zum Teufel erfindet ein Gerät, welches eine Bewegung simuliert, die seit der Erfindung des Aufzuges überflüssig geworden ist? Linda sagte irgendwas davon, dass es mir helfen würde in Form zu kommen und mein Lebensqualität steigern solle. Sie labert auch sonst viel Mist.

Donnerstag:
Linda wartete mit ihren Vampirzähnen und mit einer Miene, die ein Lächeln darstellen sollte, aber ihre schmalen Lippen sagten alles. Dabei konnte ich nichts dafür, dass ich eine halbe Stunde verspätet war, immerhin hatte ich 20 Minuten dafür gebraucht, mir die Schuhe zuzuknoten! Linda zwang mich mit Hanteln zu trainieren. Als sie mal wegschaute, nutzte ich die Chance und versteckte mich in der Herrenumkleidekabine. Sie schickte Markus, um mich wieder hinaus zu holen.
Zur Strafe setzte sie mich auf die Rudermaschine - ich habe sie versenkt.

Freitag:
Ich hasse dieses Weibsstück! Linda ist das widerwärtigste Wesen welches jemals -JEMALS- das Licht dieser Welt erblickt hat! Sie ist eine durchgeknallte, unerotische kleine Aerobic-Schlampe. Wenn ich auch nur irgendeinen Teil meines Körpers ohne diese furchtbaren Schmerzen bewegen könnte, ich würde sie damit schlagen! Linda wollte, dass ich mit meinem Trizeps arbeite. ICH HABE KEINEN TRIZEPS! Und wenn sie keine Löcher in ihrem Fußboden haben will, dann darf sie mir auch keine Hanteln geben oder andere Gegenstände, die schwerer als ein Sandwich sind. (Ich bin überzeugt, dass sie das auf der Sadistenhochschule gelernt hat - sie hat bestimmt mit Auszeichnung den Kurs 'Zufügen von Schmerzen' abgeschlossen). Das Laufband hat mich abgeworfen und ich bin auf einem Ernährungsberater gelandet.
Ich wünschte mir, es wäre jemand weicheres gewesen.

Samstag:
Linda hinterließ heute Morgen eine Nachricht auf meinem Anrufbeantworter, mit dieser ekeligen, forschen und nasalen Stimme. Sie wunderte sich, warum ich nicht gekommen bin. Als ich ihre Stimme hörte, hätte ich ja am liebsten den AB mit dem erst besten Gegenstand zerschlagen, aber ich habe nicht einmal die Kraft, die Tasten auf der Fernbedienung zu drücken. Ich habe ein finnisches TV-Programm angesehen, elf Stunden lang.

Sonntag:
Ich bin mit dem Fahrdienst zur Kirche gefahren und habe Gott dafür gedankt, dass diese Woche vorbei ist. Ich habe auch dafür gebetet, dass meine Frau mir nächstes Jahr ein lustigeres Geschenk macht. Eine Wurzelbehandlung zum Beispiel, oder eine Darmspiegelung.

Frauen im Bett

Mal abgesehen vom Sex – Frauen nerven im Bett.

Wenn ich von der Erotik einmal absehe, haben mir Frauen im Bett nichts als Ärger eingebracht. Mit Wehmut denke ich manchmal an die Teenagerzeiten zurück, in denen ich entweder allein und entspannt die Nachtruhe genoss oder nur vorübergehend mit einer Frau das Bett aufsuchte. Die Probleme fingen erst so mit Anfang zwanzig an, als man das Nachtlager "wie Mann und Frau" teilte, sprich: vom Einschlafen bis zum Aufstehen. Hieraus muss ich eine ganz bittere Bilanz ziehen.

"Nächte des Grauens" ist noch untertrieben. Am Tage durchaus abgeklärte, zupackende und moderne Frauen mutieren angesichts von Federkern und Daune ausnahmslos zu verwöhnten, lebensuntüchtigen, egoistischen Zicken. Wie ich jetzt an einigen Beispielen schlüssig beweisen werde.

Beginnen wir mit dem unerfreulichen Thema "Mücken". Vorweg muss ich sagen, dass ich im Sommer grundsätzlich ganz gern neben einer Frau liege, weil ich davon von Stechmücken verschont bleibe. Die stürzen sich immer auf meine Partnerin. Das ist bitter, tut mir persönlich auch wirklich leid, ist aber noch lange kein Grund, mich grob wachzujammern: "Ich bin völlig zerstochen". Mit einer Stimme, die im Grenzbereich zwischen Hysterie und Nervenzusammenbruch moduliert. Der Auftrag an mich, dem männlichen "Sicherheitsbeamten", ist klar: "Steh auf und geh Mücken jagen". Ich weiss nicht, warum Frauen selbst keine Mücken jagen. Warum sie im Bett liegend den Späher machen, auf schwarze Punkte an der Decke deuten und "Da!" rufen. Ich weiss vor allem nicht, weshalb ich immer wieder gähnend, mit zerzaustem Haar und einer zusammengerollten Zeitung auf der Matratze stehe und auf Zuruf Tiere totschlage.

Sex... am liebsten in der Löffelchen-Stellung. Ich liebe diese Schlafposition, weil sie mich in dem Grundvertrauen in die Richtigkeit meines Daseins bestärkt. Nun gibt es aber zahlreiche Frauen, die sich anfangs sehr anschmiegsam geben und leidenschaftlich "löffeln", sich aber, wenn es um die endgültige Schlafposition geht, als sehr hartleibig erweisen. Sie stoßen sich mit der einen Hand von mir los, ergreifen mit der anderen Hand die eigene Bettdecke und verteidigen dieses Refugium mit erbitterter Gegenwehr. Und ich muss geduldig warten, bis die Meine-Decke-gehört-mir-Autistin endlich in den Schlaf gesunken ist und ich beginnen kann, vorsichtig robbend, verlorenes Terrain zurückzugewinnen. Wenn ich dann, nunmehr halbherzig löffelnd, in tiefen Schlaf gesunken bin, kommt häufig schnell die nächste Gemeinheit. Ein brutaler Stoß, meist mit dem Ellbogen ausgeführt, trifft mich in die Seite. Ich schrecke hoch und höre eine schneidende Stimme: "Du schnarchst!". So was würde ich nie tun. Ich finde es bezaubernd, wenn sie im Schlaf redet oder ein bisschen vor sich hin blubbert.
Nie würde ich mit dem Ellbogen stoßen. Aber Frauen ist es ja egal, ob man frühmorgens einen wichtigen Termin hat. Nach der Tat sinken sie umgehend wieder in den Tiefschlaf, und ich liege mit tellergroßen Augen in der Dunkelheit und finde keine Ruhe.

Grauenhaft ist auch eine andere Variante der körperlichen Attacke. Da liegt man wohlig unter seiner Decke und ist am Wegnicken und dann kommen sie: kalt, eiskalt. Gefrorene Frauenfüße schieben sich langsam und unaufhaltsam zwischen die männlichen Schenkel. Dort sollen sie gewärmt werden. Der Mann zuckt zurück, windet sich, versucht die Flucht, aber die weichen Gletscher unter der Decke sind stärker. Alle Frauen haben kalte Füße! Alle! Und sie kennen kein Erbarmen. Stumm, aber fordernd kommen sie in der Nacht gekrochen und saugen Körperwärme im Gigawatt-Bereich ab. Schrecklich!

Manchmal geben sie aber auch dann keine Ruhe, wenn man ihre Permafrost-Füße enteist, das Schnarchen eingestellt und dem Löffeln entsagt hat. Denn dann haben sie was gehört. "Da ist doch jemand", raunen sie, "Da hat doch was geknackt" oder "Hörst du diese komischen Geräusche?" Die Botschaft ist erneut glasklar: Mann, pack dir einen hölzernen Kleiderbügel oder sonst eine behelfsmäßige Waffe, wag dich in die dunkle Wohnung und vertreib den Einbrecher, so du einen findest. Klar, dass jeder Mann dem tief verwurzelten Instinkt zum Schutze der Sippe folgt und in Socken und Unterhosen wie ein Depp im Dunklen umherstolpert. Um dann frierend und unverrichteter Dinge wieder zur (natürlich tief schlafenden) Partnerin zurückzukehren.

Wer meint, mit dem Morgengrauen sei der Ärger ausgestanden, irrt! Wie in einem Horrorfilm, der scheinbar seinen gruseligen Höhepunkt erreicht hat und dann noch mal entsetzlich zuschlägt: Die Rede ist von unterschiedlichen Schlaf- und Wachrhythmen. Ich arbeite eben bis in die frühen Morgenstunden und stehe folgerichtig nicht gerade mit den Hühnern auf. Kein Problem für den Alleinschläfer. Was aber soll ich mit einer Frau machen, die morgens um sieben kerzengerade nachfedernd im Bett sitzt, Langeweile hat, sich laut und vernehmlich reckt, gähnt, räuspert, aufdringlichen Körperkontakt sucht und am Ende gar flüssige Konversation fordert? Nachdem ich blutsaugende Insekten zur Strecke brachte, zum Dank dafür Ellbogen-Checks kassierte und unter die eigene kalte Bettdecke verbannt wurde.

Nach all dem reichte es mir irgendwann. Und zwar richtig. Eines frühen Morgens wurde ich durch die Frage: "Kannst du auch nicht mehr schlafen?" geweckt und herrschte die Frau neben mir rüde an: "Halt die Klappe und mach Frühstück!" Kurz danach fiel die Wohnungstür krachend ins Schloss, und ich musste mir das Frühstück selbst machen. Gibt es keine Hoffnung?

Doch, die gibt es!!! Ich habe – nun ja – jemanden kennengelernt. Und die ist anders! Sie ist anschmiegsam und kuschelt exzessiv. Ich darf in ihrer Gegenwart ausgiebig schnarchen. Wenn sie Geräusche hört, schaut sie selber nach dem Rechten. Mücken bringt sie mit geschickten Schlägen eigenhändig zur Strecke, und sie hat niemals kalte Füße. Gut, sie ist vielleicht ein bisschen verspielt.

Aber welche Katze ist das nicht?

Frauen & Männer

Frauenlogik! – Für Männer schlicht unerreichbar....

Hier noch eine Geschichte zum Wochenstart, erzählt von einer Frau...

Ich fahre mit einem Bus nach Hause.

Der Bus ist etwas voll, also erspare ich mir das Durchdrängeln zum Stempelautomaten und möchte eine Frau vor mir bitten, meine Karte für mich abzustempeln.

Aber wie spreche ich sie am besten an, mit du oder Sie?

An der vorletzten Haltestelle ist sie nicht ausgestiegen, also fährt sie mit bis zur letzten Haltestelle.

Ich schaue sie mir genauer an. Sie hat eine Flasche Wein dabei, also fährt sie sicher zu einem Mann.

Die Weinflasche ist nicht gerade die billigste, also muss es ein hübscher Mann sein.

Bei uns im Dorf gibt es nur zwei hübsche Männer - mein Mann und mein Liebhaber.

Zu meinem Liebhaber kann sie nicht fahren, da ich selbst dorthin unterwegs bin.

Also fährt sie zu meinem Mann. Mein Mann hat zwei Geliebte - Katrin und Andrea.

Katrin hat doch gerade Urlaub...

Ich: "Andrea, kannst du bitte die Karte für mich stempeln?"

Andrea: "Kennen wir uns??????"

* * * * *

Ein junges Paar erschien im Krankenhaus, da die Geburt des ersten Kindes unmittelbar bevorstand. Der Gynäkologe hatte einige Zeit als Arzt in Afrika verbracht und dort von einem Medizinmann eine Beschwörungstechnik erlernt, bei welcher ein Teil der Wehenschmerzen auf den Vater übertragen werden konnten.
Das Paar war einverstanden, es auszuprobieren. Daraufhin übertrug der Arzt etwa 20% der Schmerzen auf den Vater.
Der Ehemann ertrug es ohne Probleme.
Der Arzt prüfte den Blutdruck des Mannes und war erstaunt, wie gut es ihm ging. Daraufhin beschlossen sie auf 50% zu gehen. Der Ehemann fühlte sich immer noch recht gut. Da es seiner Frau beträchtlich zu helfen schien, ermutigte er den Arzt, alle Schmerzen auf ihn zu übertragen.
Die Frau brachte ein gesundes Baby ohne Schmerzen zur Welt. Sie und ihr Mann waren begeistert. Als sie nach Hause kamen...

... lag der Briefträger tot auf der Veranda.

Die Volkshochschulen bieten neue Frauen-Kurse an:

Folgende Kurse können ab sofort gebucht werden:

1. Schweigen, das unentdeckte Land.
2. Sparen, die unentdeckte Seite des Geldes.
3. Besiege das Imelda Marcos Syndrom. Du brauchst nicht jeden Tag neue Schuhe...
4. Parties: Ausgehen ohne neue Outfits
5. Beziehungs-Management: Wie kleinere Hausarbeiten bis nach der Fußballsendung warten können
6. Verhalten im Badezimmer I: Männer brauchen auch ein wenig Platz.
7. Verhalten im Badezimmer II: Sein Rasierer ist sein Rasierer
8. Kommunikation I: Tränen, die letzte Waffe, nicht die Erste.
9. Kommunikation II: Denken vor dem Sprechen
10. Kommunikation III: Den Willen durchsetzen, ohne nörgeln
11. Eine Kunst, die man lernen kann: Sicheres Autofahren
12. Verhalten auf Parties: Wissen, wann Frau genug getrunken hat.
13. Verhalten am Telefon: Wie Frau auflegt
14. Einparken I: Einführung
15. Einparken II: Rückwärts in die Lücke treffen
16. Tanken I: Die Benutzung der Zapfsäule
17. Tanken II: Abnehmen des Tankverschlusses
18. Kochen I: Trennkost und Tofu sind nicht als Nahrung geeignet.
19. Kochen II: Wie Frau Diät hält, ohne andere Personen einzubeziehen
20. Orangenhaut: Dein Problem, nicht seines
21. Tanzen: Akzeptieren, wenn Männer es nicht mögen
22. Sex: Auch für Ehepaare
23. Klassische Kleidung: Das Tragen von Outfits, das die Frau schon besitzt
24. Staub: Ein Naturphänomen, das nur Frauen bemerken
25. Fernbedienungen sind nur was für Männer
26. Verhalten im Badezimmer III: Badezimmer sehen nach dem Putzen genauso aus wie vorher
27. Gemeinsamer Einkauf: "Was Du für Outfit ausgibst, darf er versaufen, noch dazu, wo er das Bier genau so lange in sich hat, wie Du Deine Kleider trägst."

Sollten Sie sich für den einen oder anderen Kurs interessieren, lassen Sie es bloß Ihren Partner nicht wissen.

Frauen & Männer

Ehrlichkeit

Ein Geschäftsmann sendet ein Fax an seine Frau:
"An meine liebe Ehefrau
Du verstehst sicherlich, dass ich gewisse Bedürfnisse habe die Du, nun da Du 54 Jahre alt bist, nicht mehr befriedigen kannst.
Ich bin sehr glücklich mit Dir und schätze Dich als eine gute Ehefrau. Deshalb hoffe ich, dass Du es nicht falsch verstehen wirst, wenn Du nach diesem Fax wissen wirst, dass ich mit Vanessa, meiner 18-jährigen Sekretärin, im Hotel Comfort Inn sein werde. Aber sei nicht beunruhigt. Ich werde **vor Mitternacht** wieder zuhause sein."

Als der Mann nach Hause kommt findet er auf dem Esszimmertisch folgenden Brief
"Mein lieber Ehemann:
Ich habe Dein Fax erhalten und danke Dir sehr für Deine Ehrlichkeit.
Bei dieser Gelegenheit möchte ich Dich daran erinnern, dass Du mittlerweile auch 54 Jahre alt bist
Gleichzeitig möchte ich Dich darüber informieren, dass, während Du diesen Brief liest, ich mit Michel, meinem Tennislehrer, der wie Deine Sekretärin auch 18 Jahre alt ist, im Hotel Fiesta sein werde.
Als erfolgreicher Geschäftsmann und mit Deinen exzellenten Kenntnissen in Mathe, verstehst Du natürlich, dass wir in der gleichen Situation sind… jedoch mit einem kleinen Unterschied
'18 geht öfter in 54. als 54 in 18' ... Und darum, konsequenterweise, brauchst Du **vor morgen früh** nicht mit mir zu rechnen!"

Einen dicken Kuss von Deiner Frau, die Dich wirklich versteht

A young man had been seriously dating three lovely girls and was finally faced with the dilemma of which to marry. As a test he gave each of them one thousand dollars.

The first girl went for a complete hair and face makeover, new clothes, and new shoes. She returned to show off her new look saying, "I want to be at my most beautiful for you. Why? Because I love you, dear."

The second girl returned with new hockey and golf equipment, a new stereo VCR and a month's supply of beer saying, "I bought all these things for you. They're my gifts to you, because I love you so."

The third girl invested the $1,000 wisely and very quickly doubled her original amount. She reinvested the profits which continued to multiply and returned the first thousand to the young man saying, "I have taken your money and made it grow as an investment in our future together. That's how much I love you, my dear."

The young man was very impressed by all of their responses. And after giving long and careful consideration, he married the one with the biggest breasts!

Männlein vs. Weiblein

Hier mal die Unterschiede zwischen Mann und Frau an einem ganz harmlosen Beispiel: Duschen!

WIE EINE FRAU DUSCHT:
1. Ausziehen und die Wäsche nach Farbe und Temperatur ordnen.
2. Auf dem Weg ins Badezimmer einen langen Bademantel tragen. Wenn der Mann vorbeikommt, alle kritischen Stellen bedecken.
3. Schaut sich ihre Verfassung im Spiegel an. Denkt daran, mehr Bauchmuskeltraining zu machen.
4. In der Dusche benützt sie einen Gesichtswaschlappen, einen Armwaschlappen, einen Fusswaschlappen, einen langen Naturschwamm, einen breiten Naturschwamm und einen Bimsstein.
5. Sie wäscht sich das Haar einmal mit Gurken- und danach mit einen Shampoo mit 43 Vitaminen.
6. Sie wäscht sich das Haar noch einmal, um sicher zu gehen, dass es sauber ist.
7. Dann einen Haarconditioner mit Grapefruitminze und natürlichem Avocado-Öl. Sie lässt das 15 Minuten einwirken.
8. Sie wäscht sich das Gesicht mit einem Schrubber aus zerkleinerten Aprikosen, bis es rot wird.
9. Den restlichen Körper wäscht sie mit Körperpflegemittel aus Ingwer, Nuss- und Jaffa-Kuchen.
10. Conditioner ausspülen.
11. Achselhöhlen und Beine rasieren.
12. Wasser aus.
13. Mit einem Gummischrubber alle Wasserflecken aufwischen. Schimmelflecken mit Badezimmerreiniger besprühen.
14. Aus der Dusche raus. Abtrocknen mit einem Handtuch der Größe eines kleinen Landes. Haare mit einem super saugfähigen Handtuch trocken rubbeln.
15. Den ganzen Körper nach Pickel untersuchen. Haare mit einer Pinzette ausreißen.
16. Zurück ins Schlafzimmer. Dabei einen langen Bademantel tragen und ein Handtuch auf dem Kopf.
17. Wenn der Mann vorbeikommt, wieder alles sorgfältig bedecken.

WIE MÄNNER DUSCHEN:
1. Auf die Bettkante setzen, ausziehen und auf den Stapel werfen.
2. Nackt in das Badezimmer laufen. Wenn die Frau vorbeikommt, mit dem Pimmel wackeln und huh huuh machen.
3. In den Spiegel schauen, Pimmel anschauen, Arsch und Eier kratzen.
4. In die Dusche steigen.
5. Gesicht waschen.
6. Achselhöhlen waschen.
7. Nase mit der Hand schnäuzen. Dusche wäscht alles weg.
8. Furz Geräusche machen (echt oder nicht) und darüber lachen, wie laut sie in der Dusche klingen.
9. Die meiste Zeit dafür verwenden, Pimmelchen und das Drumherum zu waschen.
10. Den Po waschen und die ausgefallenen Haare an der Seife hängen lassen.
11. Haare shampoonieren.
12. Mit dem Shampoo einen Irokesen-Schnitt probieren.
13. Pissen.
14. Abduschen und aus der Dusche raus.
15. Leicht abtrocknen. Selbstgespräche über die Wasserflecken außerhalb führen, weil der Duschvorhang die ganze Zeit aus der Badewanne heraus hing.
16. Nochmals die Grösse des Pimmels im Spiegel betrachten und abschätzen.
17. Duschvorhang offen lassen, nasse Duschmatte auf dem Boden, Licht und Ventilator anlassen.
18. Zum Schlafzimmer zurück mit dem Handtuch um die Hüfte. Wenn die Frau wieder vorbeikommt, das Handtuch wegziehen, mit dem Pimmel wackeln und huuh huuh machen.
19. Nasses Badetuch aufs Bett schmeißen.
20. Noch halb nass selbst ins Bett springen, auf den Rücken legen und wieder ausgiebig mit dem Pimmel winken.

Frauen & Männer

Gründe, warum es wunderbar ist ein Mann zu sein

- Telefongespräche dauern nur 30 Sekunden.
- Du hast fundierte Kenntnisse über Autos und Panzer.
- Für 5-Tage-Urlaube benötigst Du nur einen Koffer.
- Du mußt nicht das Sexualleben Deiner Freunde beraten.
- Die Menschen-Schlangen vor dem Klo sind um 80% kürzer.
- Alten Freunden ist es egal, ob Du zu- oder abgenommen hast.
- Wenn Du durch TV-Programme zappst, brauchst Du nicht anhalten, wenn Du jemanden weinen siehst.
- Deine Orgasmen sind nicht vorgetäuscht.
- Ein Bierbauch macht Dich für das andere Geschlecht nicht unsichtbar.
- Du brauchst Dir nicht den Rock festzuhalten, wenn Du eine Treppe hinaufgehst.
- Du mußt nicht in einer Gruppe aufs Klo gehen.
- Du kannst morgens in 10 Minuten geduscht und fertig sein.
- Beim Sex brauchst Du Dich nicht um Deinen Ruf beunruhigen.
- Deine Unterwäsche kostet EUR 5,- im Dreierpack.
- Du brauchst Dich nicht halsabwärts rasieren.
- Es macht niemandem etwas aus, wenn Du 34 Jahre alt und noch nicht verheiratet bist.
- Du kannst 90 % Deiner Zeit nach dem Aufstehen an Sex denken!!
- Dir sind drei Paar Schuhe mehr als genug.
- Du kannst Dein T-Shirt einfach ausziehen, wenn Dir heiß ist.
- Du brauchst Deine Wohnung nicht jedesmal zu putzen, wenn Besuch kommt.
- Du kannst mit einem Freund ohne ein Wort zu sagen stundenlang fernsehen, ohne zu denken "er ist sauer auf Dich".
- Du kennst nur einen Gemütszustand.
- Du kennst mindestens 30 Möglichkeiten, eine Bierflasche zu öffnen.
- Du kannst mit gespreizten Beinen sitzen, ohne darüber nachzudenken, was du gerade anhast.
- Du bekommst für die gleiche Arbeit mehr Geld.
- Es gibt immer einen TV-Kanal, auf dem Sport kommt.
- Die TV-Fernbedienung gehört Dir alleine.
- Die Leute schauen Dir nicht in den Ausschnitt, wenn Du mit Ihnen sprichst.

Frauen & Männer

- Du kannst einen Freund besuchen, ohne ihm ein Geschenk mitzubringen.
- Du kannst Kondome kaufen, ohne daß sich der Verkäufer Dich nackt vorstellt.
- Neue Schuhe tun Deinen Füßen nichts an.
- Pornofilme sind für Dich gemacht.
- Daß Dir eine Person nicht sympathisch ist, heißt noch lange nicht, daß du Dir Sex mit ihr nicht vorstellen kannst.
- Mit 400 Millionen Spermien pro Schuß könntest Du theoretisch die Weltbevölkerung verdoppeln.
- Der Nachname ändert sich nie
- Die Garage gehört ihnen allein
- Hochzeitsvorbereitungen regeln sich von selbst
- Schokolade ist nur Naschzeug
- Du kannst Präsident werden
- Du wirst nie schwanger
- Automechaniker sagen Dir die Wahrheit
- Die Welt ist Dein Urinal
- Du musst nie eine andere Raststelle anfahren, weil die Toiletten einfach zu ekelig sind.
- Falten steigern die Persönlichkeit
- Hochzeitskleider kosten EURO 5000, ein Leihfrack nur EURO 500
- Die Leute starren Dir im Gespräch nie auf die Brust
- Der gelegentliche tiefe Rülpser wird nahezu erwartet
- Die Laune ist immer gleich
- Für 1 Woche Urlaub brauchst Du nur 1 Koffer
- Du kannst alle Dosen, Flaschen und Gläser öffnen
- Die kleinste Aufmerksamkeit wird lobend zur Kenntnis genommen
- Falls jemand vergisst dich einzuladen, ist und bleibt er/sie immer noch dein Freund
- Du kannst auf Deiner Kleidung einfach keine Falten erkennen
- Alles in Deinem Gesicht ist naturfarben
- Du hast die gleiche Frisur über Jahre, oft Jahrzehnte
- Du darfst das ganze Leben lang Spielzeug verwenden
- Normalerweise verbirgt Dein Bauch die breiten Hüften
- Eine Brieftasche und ein Paar Schuhe in derselben Farbe sind pro Jahreszeit ausreichend
- Du kannst ohne Rücksicht auf das Aussehen deiner Beine Shorts tragen
- Es steht Dir frei, einen Bart wachsen zu lassen
- Du bist in der Lage, die Weihnachtseinkäufe für 25 Familienmitglieder am 24.12. in 25 Minuten zu erledigen

Tupperware aus Männersicht

Letzte Woche komme ich mal etwas früher von der Arbeit ("Überraschung, Schatz!") und was finde ich vor?
Eine Gruppe von Mittdreissigerinnen hockt in meinem Wohnzimmer, leider alle angezogen, meine Herzdame mitten unter ihnen, und sie haben einen Halbkreis um eine Mittdreissigerin gezogen, die neben sich ein Körbchen mit Plastikartikeln stehen hat. Jede der Damen hat eine Kaffeetasse unseres besten Geschirrs vor sich stehen, dazu unsere schweineteuren "Rosso-Bianco"-Gläser, sie knabbern MEINE Salzstängelchen und futtern MEINE Süßigkeiten und haben ob meines Eintretens einen erschrocken gequälten Gesichtsausdruck.
Bis meine Frau die Worte als erstes findet: "Hallo Schatz, das ist Frau Mesenkamp (sie deutet auf die Lady mit den Plastikteilen), wir machen heute unsere "Tupper"-Party."
Ahja. Party. Ohne mich. Tupper. Verstehe. "Hallo, Frau Mesenkamp" grinse ich die etwas verlegene Dame an. "Schön, sie kennen zu lernen. Darf ich mich dazu setzen?"
Alle Mädels öffnen den Mund, um "Nein" zu sagen, aber ich bin schneller und sitze am Tisch, bevor eines der anwesenden Hühner reagieren kann.
"Na, dann mal los!" ermuntere ich Frau Mesenkamp. Die hat einen verlegenen Gesichtsausdruck, lächelt schamhaft und gibt jeder der anwesenden Hauskauffrauen ein Plastikschüsselchen mit Deckel. Ich kriege auch eines und stelle es vor mich hin.
"Das ist zum Frischhalten von Lebensmitteln" erklärt Frau Mesenkamp bei der Ausgabe. "Alles, was sie da rein füllen, wird bei Druck auf den Deckel luftdicht verschlossen. So können sie Hühnersalat bis zu einer Woche frisch aufbewahren."
"Oh, ahja" echot die Damenriege und macht die Deckelchen auf die Schüsselchen und im Nu ist die Luft erfüllt mit poppenden Geräuschen, als die hühnersalatleeren Plastikteilchen verschlossen und wieder geöffnet, wieder verschlossen und wieder geöffnet werden. Ich lasse meine Hühnersalatschüssel zu und trommle ein wenig auf dem Deckel herum. Die Sitzgruppe hingegen kann nicht genug vom Schüsselchen auf und zumachen bekommen.
"Praktisch" meint meine Frau. "Ohja" gibt ihr Frau Mesenkamp Recht. "Tupperware ist die erste Firma, die diesen luftdichten Verschluss entwickelt hat und ist heute noch Marktführer auf dem Segment."
Nun, bisher habe ich in noch keiner Börsenzeitschrift Kursnotierungen zum Segment "luftdichte Essensaufbewahrungsplastikschälchen" gefunden, aber ich will ja Frau Mesenkamp nicht widersprechen. "Guck mal, Schatz", jubelt meine Frau "praktisch, oder?".
"Sie können Ihrem Mann da auch Essen ins Büro mitgeben" springt Frau Mesenkamp bei, die wohl ahnt, was jetzt kommt......vorsichtshalber setzt sie noch ein "mein Mann macht das immer so" hinzu......
"Man kann gut darauf trommeln" grinse ich sardonisch "aber der Tag, an dem Du mir einen eine Woche alten Hühnersalat mit ins Büro gibst, wird der Tag unserer Scheidung sein." Ich wende mich Frau Mesenkamp zu: "Was soll dieses Wunderwerk malaysischer Spitzen-Konservierungstechnologie denn kosten?"
Das Poppen mit den Deckelchen hat aufgehört. Die Damen schauen mich teils

fragend, teils feindselig an. Preisfragen stellen. Bei so einem Spitzenprodukt. Wie kann ich nur......
Frau Mesenkamp, die meine Frage irrtümlich als Kaufsignal wertet, strahlt mich an wie ein Christbaum "bei Abnahme von 10 Stück kostet Sie eine Schüssel grade mal 2 Euro...."
Wie? 2 Euro, damit ich von einem eine Woche alten Hühnersalat keinen Durchfall kriege?
Ich wiege die lauernd wartende Mesenkamp in Sicherheit: "wie viel kostet eine Schüssel, wenn ich Ihnen 20 Stück abnehme?" "Oh" sagt das Mesenkamp, da muss ich nachschauen".... "Tun sie das".
Und während die Herrin der Schüsselchen nach ihrer Rabattliste kramt, starren die Mammis ihre Gastgeberin mit einer Mischung aus Häme und Verachtung an. 20 Schüsselchen. Meine Frau blitzt mich zornig an und tritt mir unter dem Tisch ans Schienbein. Aber jetzt gibt es kein Zurück. "Naja, Schatz, so oft, wie ich Reste essen muss...." Hinten kichert die Mutter des besten Freundes meines Sohnes und meine Gattin wechselt die Gesichtsfarbe.
"Einseurofünfundsiebzich" piept Frau Mesenkamp aus der Kreismitte, aber jetzt geht es nicht mehr um den Preis. Jetzt geht es um das Prestige meiner Lebenspartnerin als treusorgende Ehefrau. "Wann hast Du je Reste essen müssen...?" zischt sie. "Wann hat es bei uns je Hühnersalat gegeben, Du kannst doch gar keinen machen" gebe ich trotzig zurück und beschließe, die Situation weiter eskalieren zu lassen - mit dem Satz, den jede Ehefrau nach "ich muss Dir was gestehen" am meisten hasst: "Meine Mutter, die konnte Hühnersalat machen, der war immer klasse."
"Willst Du damit sagen, dass Dir mein Essen nicht schmeckt?" Erneuter Gesichtsfarbwechsel. "Naja, bei Dosenravioli kann man ja nicht viel falsch machen" schlage ich zurück. Allgemeines, verhaltenes Kichern in der Runde. Nur Frau Mesenkamp schweigt und überlegt sich, wie sie die Situation entschärfen und ihre Töpfchen doch noch an Mann und Frau bringen könnte. Aber sie braucht zu lange!
"Mein lieber Mann," die schneidende Stimme meint dabei das Gegenteil von "lieber Mann", "ich rackere mich von früh bis spät ab und mache jedes Essen frisch und das weißt Du auch!" "Und warum willst Du dann Tuppertöpfchen zum Frischhalten kaufen? Du widersprichst Dir doch selbst, merkst Du das nicht?"
Frau Mesenkamp hat gespannt, wohin das führt. Nix mit Töpfchenverkauf in der Damenrunde. Schließlich will sich keine als Resteverwerterin outen. Sie startet einen letzten Versuch mit "man kann in den Schalen ja auch Kuchenteig anrühren" aber ich blocke mit "meine Frau kann nur eines noch weniger gut als Hühnersalat - das ist Kuchenbacken."
Das war's. Meine Frau springt auf, heult, knallt zuerst mir eine und dann die Zimmertüre zu und ist weg.
In die peinliche Stille geben die anwesenden Ladys, die mich mittlerweile für das größte Chauvischwein der Welt halten, ihre Töpfchen Frau Mesenkamp zurück, diese sackt flugs wie ein Eichhörnchen ihren Ramsch ein, alles verabschiedet sich mehr oder weniger murmelnd von mir, weil alle noch gaaaanz wichtige Termine haben, ziehen im Gänsemarsch zur Tür und weg sind sie. Frau Mesenkamp und ihre Partygirls.
Und ich klopfe mir auf die Schulter. Nichts bei Tupper gekauft!"

Frauen & Männer

Liebe Andrea,

ich weiß, der Eheberater hat gesagt, wir sollten uns während unserer "Abkühlphase" nicht kontaktieren, aber ich konnte nicht mehr warten. Am Tag an dem Du gegangen bist, habe ich mir geschworen, nie wieder mit dir zu sprechen. Aber das war nur der kleine, verletzte Junge in mir. Trotzdem wollte ich nie der sein, der sich zuerst meldet. In meinen Träumen warst es immer Du, die angekrochen kam. Ich glaube, mein Stolz brauchte das. Aber jetzt erkenne ich, dass mein Stolz mich eine Menge gekostet hat. Ich kann einfach nicht mehr so tun, als würde ich dich nicht vermissen. Es ist mir egal, wer den ersten Schritt macht, Hauptsache einer von uns macht ihn.
Vielleicht ist jetzt die Zeit gekommen, unsere Herzen sprechen zu lassen. Und mein Herz spricht: "Andrea, Du bist unvergleichlich!" Ich suche nach Dir in jedem Augenpaar und allen Brüsten von Frauen die ich sehe. Doch sie kommen dir nicht einmal Nahe. Vor zwei Wochen zum Beispiel, habe ich eine Frau in einer Kneipe kennen gelernt und mit nach Hause genommen. Ich sage dies nicht, um dir weh zu tun, sondern um dir meine Verzweiflung klar zu machen.
Sie war jung, vielleicht 19. Und sie hatte einen dieser perfekten Körper, den nur die Jugend oder vielleicht jahrelanges Fitnesstraining erschaffen kann. Ich meine, einfach perfekt! So einen Traumbusen gibt's nicht noch einmal und der Hintern einfach wahnsinnig fest und knackig. Also der Traum eines jeden Mannes, möchte man meinen. Aber als ich so auf der Couch saß während sie mich oral bediente, dachte ich nur an die Dinge, die wir soooo wichtig gemacht haben in unserem Leben. Es ist alles so oberflächlich.
Ich meine, was bedeutet schon ein perfekter Körper? Macht es sie besser im Bett? Nun, in diesem Fall war dem so, ja, aber Du weißt, worauf ich hinaus will? Macht sie das zu einem besseren Menschen? Hat sie deswegen ein besseres Herz als meine mäßig attraktive Andrea? Das glaube ich nicht. Früher habe ich nie so gedacht.
Vielleicht werde ich ja einfach nur älter und klüger. Später, als ich völlig ausgepumpt und ausgedörrt auf der Couch lag, fragte ich mich, warum ich mich so leer fühlte. Es waren nicht nur ihre speziellen Praktiken und Fähigkeiten, ihr unstillbarer Sexhunger- da war noch etwas anderes. Ein nagendes Gefühl, verloren zu sein.
Warum fühlte ich mich so unvollständig? Und dann traf es mich wie ein Blitzschlag. Nichts fühlt sich gleich an- ohne dich!
Erinnerst Du dich noch an Petra, die allein stehende Mutter, die wir im letzten Spanienurlaub im Hotel kennen gelernt hatten? Nun, sie kam letzte Woche mit einem Gulasch vorbei. Sie sagte, ich würde sicher nichts Richtiges mehr bekommen, so ohne Frau um mich herum. Erst später sollte mir ein Licht aufgehen, was sie damit gemeint hatte.
Wie dem auch sei, wir hatten ein paar Gläser Wein. Und wie es so kommt, das nächste woran ich mich erinnere ist sie und ich in unserem alten Schlafzimmer. Sie hat mir all das gegeben, was man nur geben kann, wenn man nicht im Jobstress ist, Migräne hat oder Angst, die Kinder könnten einen hören. Dann hat sie den alten Schlafzimmerspiegel entdeckt und so hingelegt, dass wir uns beide darin sehen konnten.
Das war total heiß - gleichzeitig macht es mich aber auch sehr traurig. Ich denke immer daran, warum Du in 15 Jahren nie auf die Idee kamst, ihn hinzulegen und als Sexspielzeug zu benutzen.
Letzten Samstag ist dann deine Schwester aufgekreuzt, um ein paar deiner Sachen zu holen. Ich meine, schon klar, sie ist noch sehr jung, aber sie ist auch sehr hübsch und war mir in dieser traurigen Zeit eine große Stütze. Sie hat mir ein paar gute Ratschläge gegeben, wie ich dich zurückgewinnen könnte, während wir zusammen in der Badewanne saßen. Mein Gott, hat sie mich an dich erinnert, als Du 18 warst. Und das bringt mich zum heulen.
Und dann stellte sich auch noch heraus, dass sie es liebt, a tergo genommen zu werden. Meine Güte, Sie hat die gleichen Erbanlagen wie Du. Wenn ich daran denke, wie oft ich versucht habe, dich auch mal auf zum Hündchenspiel zu überreden und wie viel Bitterkeit das in unsere Beziehung gebracht hat... Aber selbst da, als ich es ihr mehrmals in der dunkelsten aller Grotten...konnte ich nur an dich denken.
Liebe Andrea, fühlst Du es denn nicht auch? Können wir denn nicht einfach von vorne anfangen und alles gewesene vergessen?
Wenn Du auch so denkst, bitte bitte melde dich!
Falls nicht, sag mir wenigstens wo die verdammte Fernbedienung ist.

Frauen & Männer

Das kürzeste und wunderbarste Märchen der Welt:

Es war einmal ein stattlicher Prinz, der die wunderschöne Prinzessin fragte:

"Willst Du mich heiraten?"

Und sie antwortete:

"...NEIN!!!"

Und der Prinz lebte viele Jahre lang glücklich und ging angeln und jagen und hing jeden Tag mit seinen Freunden herum und trank viel Bier und betrank sich sooft er wollte, spielte Fussball, liess seine Jacke auf der Stuhllehne im Esszimmer hängen und hatte Sex mit Dirnen und Nachbarinnen und Freundinnen und furzte nach Herzenslust und sang und rülpste und kratzte sich ausgiebig am Sack.

ENDE

```
Eines späten Nachmittags kommt ein Mann von der Arbeit nach Hause und
findet das totale Chaos vor. Die Kinder sind noch im Schlafanzug und
spielen im Vorgarten im Matsch. Überall im Gras verstreut liegen leere
Packungen und das Papier von Süßigkeiten. Die Türen am Auto seiner
Frau
stehen weit offen, auch die Haustür ist speerangelweit auf und der
Hund
ist nirgendwo zu sehen.

Als der Mann in den Flur tritt sieht er, dass eine Lampe umgefallen
ist
und der Läufer zusammengeknüllt an der Wand liegt. Im Wohnzimmer
plärrt
das Fernsehen laut und im Esszimmer liegen überall Spielzeug und
Klamotten verstreut. In der Küche stapelt sich das Geschirr in der
Spüle, die Reste vom Frühstück stehen noch auf dem Tisch, Hundefutter
liegt auf dem Boden, ein zerbrochenes Glas unter dem Tisch und an der
Terrassentür liegt ein Haufen Sand. Schnell läuft er die Treppe hoch
um
seine Frau zu finden und muss dabei über Spielzeug und weitere
Klamottenhaufen steigen. Als er am Bad vorbeigeht, läuft ihm Wasser
entgegen. Im Bad, sieht er einen Haufen nasse Handtücher, Seife und
Spielzeug auf dem Boden. Vor der Toilette liegt abgerolltes
Toilettenpapier und Zahnpasta ist über den Spiegel und über einen Teil
der Wand verschmiert.

Er rast ins Schlafzimmer und findet seine Frau im Schlafzimmer, im
Bett
liegend, ein Buch lesend vor. Sie sieht ihn lächelnd an und fragt wie
sein Tag gewesen ist. Er sieht sie verwirrt an und fragt: "Was ist
denn
heute hier passiert?" Sie lächelt wieder und antwortet, "Jeden Tag
wenn
Du nach Hause kommst fragst Du doch, was ich um Himmels Willen den
ganzen Tag gemacht habe..." "Ja und?" sagt er entsetzt. Sie
antwortet: "...heute habe ich es nicht gemacht!"
```

Frauen & Männer

Wie Frauen Männer abblitzen lassen!

Er: "Kann ich Dir einen ausgeben?"
Sie: "Danke, ich möchte lieber das Geld."

Er (in der Disco): "Ganz schön laut hier..."
Sie: "Dann halt doch die Fresse!"

Er: "Stört's Dich, wenn ich rauche?"
Sie: "Mich würde es nicht mal stören, wenn Du brennst."

Er: "Ich bin Fotograf und suche nach einem Gesicht wie Deinem."
Sie: "Ich bin plastische Chirurgin und suche nach einem Gesicht wie Deinem."

Er: "Hatten wir nicht mal eine Verabredung? Oder sogar zwei?"
Sie: "Es muss eine gewesen sein. Ich mache nie denselben Fehler zweimal."

Er: "Wie kommt es, dass Du so schön bist?"
Sie: "Ich hab Deinen Anteil noch dazubekommen."

Er: "Bei Deinem Gesicht drehen sich sicherlich einige Köpfe nach Dir um."
Sie: "Bei Deinem Gesicht drehen sich sicherlich einige Mägen um."

Er: "Ich denke, ich könnte Dich sehr glücklich machen."
Sie: "Wieso? Gehst Du schon?"

Er: "Was würdest Du sagen, wenn ich Dich bitten würde, meine Frau zu werden?"
Sie: "Nichts. Ich kann nicht gleichzeitig reden und lachen."

Er: "Sollen wir einen guten Film ansehen?"
Sie: "Den hab ich schon gesehen."

Er: "Wo warst Du mein ganzes Leben lang?"
Sie: "Auf der Suche nach einem Versteck vor Dir."

Er: "Ist dieser Platz frei?"
Sie: "Ja, und dieser auch, wenn Du Dich hinsetzt."

Er: "Dein Körper ist wie ein Tempel."
Sie: "Heute ist aber keine Messe."

Er: "Wenn ich Dich nackt sehen könnte, würde ich glücklich sterben."
Sie: "Wenn ich Dich nackt sehen würde, würde ich vermutlich vor Lachen sterben."

Frauen & Männer

Liebe ist...

Als meine Oma Arthritis bekam konnte sie sich nicht mehr bücken um ihre Fußnägel zu lackieren. Mein Opa macht es jetzt immer, sogar als auch er Arthritis in seinen Händen bekam. Das ist Liebe.
Rebecca 8 Jahre

Wenn dich jemand liebt, sagen sie deinen Namen anders. Du weißt, dein Name ist in ihrem Mund gut aufgehoben.
Billy, 6 Jahre

Liebe ist wenn ein Mädchen Parfum benutzt und ein Junge Rasierwasser und dann gehen sie weg und beschnuppern sich.
Karl, 5 Jahre.

Liebe ist wenn du mit jemandem zum Essen ausgehst und du die meisten deiner Pommes Frites hergibst ohne das sie dir welche von ihren geben müssen...
Chrissy, 6 Jahre

Liebe bringt dich zum Lächeln wenn du eigentlich müde bist.
Terri, 4 Jahre.

Liebe ist wenn Mutti Kaffe macht für Vati und dann probiert ob der Kaffe auch gut genug ist bevor sie ihn serviert.
Danny, 7 Jahre

Wenn du liebst bist du immerzu am küssen, und wenn du dann genug hast vom Küssen willst du immer noch zusammen sein und dann redest du lange miteinander. Mutti und Vati sind so und es ist sieht krass aus wenn sie küssen.
Emily, 8 Jahre

Wenn du mehr Liebe lernen willst fang am besten an mit einem Freund den du haßt.
Nikka, 6 Jahre,

Liebe ist wenn du einem Typen sagst das du sein Hemd toll findest und er es dann jeden Tag an hat.
Noelle, 7 Jahre

Als ich einmal auf dem Klavier vorspielte hatte ich sehr viel Angst als ich auf der Bühne stand. Ich schaute mir all die Leute an die mir zusahen und dann entdeckte ich meinen Vater der mir winkte und mich anlächelte. Er war der einzige der das machte, dann hatte ich keine Angst mehr.
Cindy, 8 Jahre.

Meine Mama liebt mich mehr als irgendjemand anders. Niemand sonst küsst mich in den Schlaf am Abend.
Clare, 6 Jahre

Wenn Mama dem Vati das beste Stück vom Hähnchen gibt, das ist Liebe.
Elaine, 5 Jahre

Mutti sagt von Vati selbst wenn er verschwitzt ist und schmutzig das er toller aussieht als Brad Pitt, das ist Liebe.
Chris, 7 Jahre

Liebe ist wenn dein Hündchen dich freudig im Gesicht ableckt obwohl du ihn den ganzen Tag alleine gelassen hast.
Mary Ann, 4 Jahre

Wenn du jemanden liebst klimperst du mit deinen Wimpern ganz wild und kleine Sterne kommen aus dir heraus.
Karen, 7 Jahre,

Man sollte 'Ich liebe dich' wirklich nur sagen wenn man es auch wirklich meint, aber wenn man es wirklich meint sollte man es ganz oft sagen, Leute sind vergesslich.
Jessica, 8 Jahre.

Zugegeben schnulzig und aus einer Kettenmail - habe es in einem Forum gefunden - aber dennoch sooo süß.

Ehe

*Ehe - Teil I *

*Ein typischer Macho ehelichte eine typische gut aussehende Frau. Nach der Hochzeit erklärte er ihr seine Regeln:

"Ich werde heim kommen, wann ich will, und ich will keinen Zoff von Dir.
Ich erwarte mir jeden Abend ein super Essen, außer ich sag' dir, dass ich nicht heimkomme.
Ich werde jagen, fischen, karten spielen und saufen gehen mit meinen Kumpels wann ich will und wo ich will, also reg' dich nicht auf.
Das sind meine Regeln. Hast du was dazu zu sagen?"
Seine neue Frau antwortete: "Nein, für mich ist das OK. Du musst nur wissen, dass es hier jeden Abend Punkt sieben Uhr Sex geben wird. Ob du hier bist oder nicht."

(VERDAMMT, DIE IST GUT!)

****

*Ehe - Teil II *

Mann und Frau hatten einen bitteren Streit an ihrem 40. Hochzeitstag. Der Mann schreit:
"Wenn du stirbst, besorg' ich dir einen Grabstein mit der Aufschrift:

Hier liegt meine Frau - kalt wie immer."
Sie antwortet: "Ja, und wenn du stirbst besorg' ich dir einen Grabstein mit der Aufschrift:

Hier liegt mein Mann - endlich steif."

(ER WOLLTE ES SO!)

****

*Ehe - Teil III *

Mann (ein Arzt) und seine Frau streiten beim Frühstück. Mann steht wutentbrannt auf und schreit:
"Und nur dass du es weißt, du bist auch eine Niete im Bett!" und verlässt das Haus. Nach einer Weile bekommt er ein schlechtes Gewissen, und er ruft zu Hause an, um sich zu entschuldigen. Nachdem es eine Zeit lang geläutet hat, hebt sie endlich ab.
"warum hast du so lange gebraucht, abzuheben?" fragte er irritiert.
"Ich war im Bett"

"Im Bett? Um diese Zeit? Wozu?"
"Ich habe mir einen zweiten Befund ausstellen lassen", antwortete die Ehefrau

(JA, WIE MAN IN DEN WALD SCHREIT...!)

****

Ehe - Teil IV

Ein Mann hat sechs Kinder und ist sehr stolz auf seine Leistung. Er ist so stolz, dass er anfängt seine Frau "Mutter von Sechs" zu nennen - trotz ihrer Einwände. Eines Abends gehen sie auf eine Party. Es wird spät, und er entscheidet, es wird Zeit nach Hause zu gehen. Er schreit laut durch das Zimmer:
"Gehen wir heim 'Mutter von Sechs'?"

Sie, sauer ob der Taktlosigkeit ihres Mannes, schreit zurück: "Jederzeit, 'Vater von Vier'!"

(OK, LADY!)

****

*Ehe - Teil V - Schweigen im Walde *

Ein Mann und seine Frau hatten sich gestritten, und redeten nicht mehr miteinander.
Plötzlich erinnerte er sich, dass er seine Frau bitten wollte, ihn am nächsten Morgen um 5:00 zu wecken, da er einen frühen Business Flug hatte.
Da er nicht der erste den wollte, der das Schweigen brach (und somit VERLOR), schreib er auf einen Zettel: "Bitte wecke mich um 5:00 früh". Er ließ ihn dort, wo er wusste, dass sie ihn finden würde.
Am nächsten morgen wachte er auf und sah, dass es bereits 9:00 war und er seinen Flug versäumt hatte. Wütend stand er auf, um zu schauen, warum seine Frau ihn nicht geweckt hatte, als er einen Zettel neben dem Bett bemerkte.
Darauf stand: "Es ist 5:00. Wach auf"

(MÄNNER SIND FÜR SOLCHE WETTKÄMPFE NICHT GEEIGNET)

Frauen & Männer

Rainer erzählt:

Samstagmorgens bin ich sehr früh aufgestanden! Da es ziemlich kühl war, nahm ich meine lange Unterwäsche aus dem Schrank, zog mich leise an, nahm meinen Helm und meine Lederjacke, schlich mich leise in die Garage, schob mein Motorrad hinaus und fuhr los. Plötzlich begann es strömend zu regnen, Regen, der gemischt mit Schnee war und einem Wind bis zu 75 km/h. Also fuhr ich wieder in die Garage, stellte das Radio an und hörte, dass das Wetter den ganzen Tag so schlecht bleiben sollte. So ging ich zurück ins Haus, zog mich leise wieder aus und legte mich zurück ins Bett. Dann kuschelte ich mich von hinten an den Rücken meiner Frau, diesmal jedoch mit anderen Gedanken, und sagte leise: "Das Wetter draußen ist furchtbar". Ganz verschlafen antwortete sie: "Ob du es glaubst oder nicht, aber bei diesem scheiß Wetter ist mein Mann mit dem Motorrad unterwegs.................."

* * * * *

Mario wird in der Nähe seines Golfplatzes von einem schmuddeligen Mann angesprochen, der um ein Paar Euros für ein Mittagessen bettelte.

Er nahm sein Portemonnaie, zog 10 Euro heraus und fragte den Mann:

"Wenn ich Dir dieses Geld gebe, kaufst du dann Bier anstatt des Essens?"

"Nein, ich habe mit dem Trinken aufgehört", antwortete der Mann.

"Gehst du lieber zum Fussball, anstatt etwas zum Essen zu kaufen?" fragte Mario

"Nein, ich vergeude meine Zeit nicht mit Fussball", sagte der Obdachlose.

"Spielst du lieber eine Runde Golf für das Geld?" fragte Mario

"Ich habe seit 18 Jahren kein Golf mehr gespielt."

"Möchtest du das Geld für das horizontale Gewerbe ausgeben?" fragte Mario

"Ich hol mir doch keine Geschlechtskrankheit?" protestierte der Mann.

"Ich gebe dir kein Geld, stattdessen nehme ich Dich mit nach Hause, damit Du ein tolles Mittagessen von meiner Frau bekommst."

Der Mann erwiderte verdutzt: "Ihre Frau wird wütend auf Sie sein?

Ich bin dreckig und rieche nicht besonders."

Darauf Mario: "Es ist wichtig für meine Frau zu sehen, wie ein Mann aussieht, der Bier, Fussball, Golfen und Sex aufgegeben hat."

Frauen & Männer

Wie nennen wir es denn

Ein junges Mädchen hat ihren ersten Freund und möchte gerne mit ihm schlafen.

Da sie aber Angst hat, schwanger zu werden und nicht so recht weiß, wie sie das verhindern soll, fragt sie schließlich ihre Tante um Rat.

"Ach, das ist ganz einfach." weiß die Tante.
Du musst ihn dabei nur aufmerksam beobachten.

Wenn er auf dir liegt, seine Stöße dann langsam schneller werden und er dabei lustvoll anfängt, die Augen zu verdrehen, tippst du ihn an und fragst:

"Wie nennen wir es denn, wenn es ein Mädchen wird?"
"Und das funktioniert?" will der Teenager ein wenig ungläubig wissen.
"Klar! Probiers einfach aus." rät die Tante.

Ein paar Tage später liegt das Mädchen dann tatsächlich mit ihrem Freund Im Bett und als dieser gerade so richtig dabei ist, blickt sie ihn an und sieht, wie er seine Augen vor Erregung schließt. Sofort tippt sie ihn an und fragt:
"Sag mal, wie nennen wir es denn, wenn es ein Mädchen wird?"

Vor Schreck springt der junge Mann aus dem Bett und rennt davon.
"Super." denkt sie sich. "Das klappt ja wirklich."

Einige Zeit später lernt sie wieder einen Jungen kennen und landet auch mit ihm im Bett.

Sie beobachtet ihn aufmerksam und als er dann anfängt, die Augen zu verdrehen, fragt sie:
"Sag mal, wie nennen wir es denn, wenn es ein Mädchen wird?"

Er macht weiter... und sie wiederholt ihre Frage!
"Sag mal, wie nennen wir es denn, wenn es ein Junge wird?!"

Wieder reagiert er nicht und sie spürt, wie er in ihr kommt.
Als er danach zufrieden lächelt, sagt sie:
"Na Klasse. Und wie nennen wir es nun, wenn es ein Junge wird?"

Daraufhin streift er lässig das Kondom ab...
...

macht einen Knoten hinein...
...

und antwortet:
"Wenn er da wieder rauskommt, David Copperfield!!!"

Der Prinz und die Hexe

Ein junger Prinz beschließt, Abenteuer zu suchen und einen Drachen zu töten. Er kauft sich ein Schwert und eine Rüstung und macht sich auf den Weg. In der Höhle des Drachen angekommen, sieht er sich gerade um, als er plötzlich etwas auf seiner Schulter spürt. Er dreht sich herum und vor ihm steht ein RIESIGER Drache, der einen Finger auf seine Schulter gelegt hat.

Der Drache fragt den Prinzen: "Hallo! Was machst denn Du hier?"

Prinz: "Äh - häm - also ...."

Drache: "Immer das gleiche mit den jungen Rittern. Gibs zu, du wolltest mich töten!"

"Naja - also - ja ..."

"Hör zu, das ist nicht das erste Mal. Die dummen Jünglinge kommen an und meinen, wir Drachen wären so doof, dass man uns einfach so abmurksen könnte, und dabei haben sie noch nie einen von uns gesehen. Ich mache Dir einen Vorschlag: wenn Du versprichst, Weisheit zu suchen, lasse ich Dich am Leben. Du hast von jetzt an ein Jahr Zeit, mir eine Frage zu beantworten. Wenn mich die Antwort zufrieden stellt, bekommst Du die Hälfte meines Drachenschatzes, ansonsten fresse ich Dich auf."

"Hm - bleibt mir ja wohl nichts anderes übrig ..."

"Genau. Ach ja, und komm nicht auf die Idee, abzuhauen und nie wieder zu kommen - ich finde Dich!"

"Na gut - und wie lautet die Frage?"

"Die Frage lautet: Was ist Frauen wirklich wichtig?"

Daheim angekommen, befragte der Prinz jede Frau im Schloss, was ihr wichtig sei, von der Königin bis zur einfachsten Magd. Er bekam viele Antworten wie "Schönheit", "Reichtum", "Macht", "Einen lieben Mann ..."

Aber zu jeder Antwort gab es auch viele Frauen, die das für völlig falsch hielten.

Er war schon am Verzweifeln, bis ihm jemand den Vorschlag machte, die alte weise Hexe im Sumpf zu befragen, die einige Tagesreisen weit weg wohnte.

Als er bei der Hexe ankam, schilderte er ihr sein Problem. Diese meinte, die Antwort zu kennen, aber um den Preis, dass er sie heiraten würde. Da bekam der Prinz einen Riesenschreck, denn die Hexe war die hässlichste Frau, die er jemals gesehen hatte: ein Buckel, die Beine unterschiedlich lang, eine große Warze auf der Nase; sie roch fürchterlich, und ihre Stimme war ein ekelhaftes Gekrächze.

Nach einiger Zeit beschloss er jedoch, dass dies gegenüber dem Drachen das geringere Übel sei und versprach, die Hexe zu heiraten, wenn der Drache die Antwort akzeptieren würde.

Daraufhin gab sie ihm ihre Antwort: "Was sich jede Frau wünscht ist, über die Dinge, die sie persönlich betreffen, selbst bestimmen zu können".

Der Drache akzeptierte die Antwort und überließ dem Prinzen einen Teil seines Schatzes. Fröhlich ritt der Prinz nach Hause, bis er wieder an die alte Hexe dachte.
Da er jedoch ein Prinz war, bleib ihm nichts übrig, als sein Versprechen einzuhalten, und die Hochzeit wurde angesetzt.

Das war ein trauriges Fest! Die Hexe sah nicht nur furchtbar aus und stank; sie hatte auch die schlechtesten Manieren, rülpste, furzte und beleidigte die Gäste. Die einen bemitleideten den Prinzen, die anderen machten sich über ihn lustig, aber jeder fand schnell eine Entschuldigung, sich verabschieden zu müssen, so dass am frühen Abend die Feier zu Ende war.

Danach verabschiedete sich die Braut ins Schlafzimmer, nicht ohne dem Prinzen mitzuteilen, dass sie sich auf das, was jetzt kommen sollte, besonders freuen würde.

Der arme Prinz überlegte sehr, ob der Drache nicht doch das kleinere Übel gewesen wäre. Wie staunte er jedoch, als er das Schlafzimmer betrat und die schönste Frau im Bett lag, die er jemals gesehen hatte! Diese duftete angenehm, hatte eine schöne Stimme und erklärte ihm, dass sie sehr wohl die Hexe sei, aber als Hexe auch die Fähigkeit hätte, ihr Aussehen zu verändern, und dass sie beschlossen hätte, ihn für das gehaltene Versprechen zu belohnen.

Sie wäre zukünftig am Tag die alte Hexe und in der Nacht die junge schöne Frau - oder auch genau andersherum, am Tag schön und in der Nacht die Hexe. Der Prinz könne sich heraussuchen, was ihm lieber wäre.

Der Prinz überlegte lange, was besser wäre - tagsüber eine schöne Frau, um die ihn alle beneiden würden, aber schreckliche Nächte, oder tagsüber das Gespött eines jeden zu sein und dafür die Nächte genießen zu können.
Wie hat er sich wohl entschieden?

NICHT WEITERLESEN!
ÜBERLEGE ZUERST: WAS WÄRE DEINE WAHL GEWESEN?

Der Prinz erinnerte sich an die Frage des Drachen und antwortete schließlich, dass sie dies selbst bestimmen solle. Daraufhin freute sich die Hexe und meinte, dass der Prinz damit erst wirklich seine Weisheit bewiesen habe und sie als Belohnung nun immer die schöne Gestalt tragen würde.

Und was ist die Moral dieser Geschichte?

Es ist ganz egal, ob eine Frau schön ist oder hässlich - im inneren bleibt sie doch immer eine Hexe

Frauen & Männer

Schweinekunde:

Wer fremdgeht, ist ein Schwein.

Wer mehrmals fremdgeht, ist ein Meerschwein.

Wer oft fremdgeht, ist ein Wildschwein.

Wer sich erwischen läßt, ist ein dummes Schwein.

Wer sich nicht erwischen läßt, ist ein Glücksschwein.

Wer nur eine hat, ist ein Sparschwein.

Wer keine hat, ist ein armes Schwein.

Wer darüber spricht, ist ein Dreckschwein.

Wer immer zuhause bleibt, ist ein Hausschwein.

Wer nicht fremdgeht, ist ein faules Schwein.

Wer unrasiert fremdgeht, ist ein Stachelschwein.

Wer an einer fremden Brust lutscht, ist ein Warzenschwein.

Wer sich selbst verrät, ist ein dummes Schwein.

Wer fremdgeht und dabei Kinder macht, ist ein Zuchtschwein.

Wer mehrmals kann, ist ein Superschwein.

Wer nicht mehr kann, ist ein Schlachtschwein.

* * * * *

Ein Mann lag schon längere Zeit im Koma. Seine Ehefrau war Tag und Nacht an seinem Bett. Eines Tages, als er erwachte, deutete er ihr an, näher zu kommen.

Er flüsterte: "In all den schlimmen Zeiten warst du stets an meiner Seite. Als ich entlassen wurde, warst du für mich da. Als dann mein Geschäft Pleite ging, hast du mich unterstützt. Als wir das Haus verloren, du hieltest zu mir. Als es dann mit meiner Gesundheit abwärts ging, warst du stets in meiner Nähe. Weißt du was?"

Ihre Augen füllten sich mit Tränen der Rührung. "Was denn, mein Liebling?", hauchte sie.

"Ich glaube, du bringst mir Pech..."

Vor- und nach der Hochzeit...

Vor der Hochzeit:

Sie: Ciao Bernhard!

Er: Na endlich, ich habe schon so lange gewartet!

Sie: Möchtest Du, dass ich gehe?

Er: NEIN! Wie kommst du darauf? Schon die Vorstellung ist schrecklich für mich!

Sie: Liebst Du mich?

Er: Natürlich! Zu jeder Tages- und Nachtzeit!

Sie: Hast Du mich jemals betrogen??

Er: NEIN! Niemals! Warum fragst Du das?

Sie: Willst Du mich küssen?

Er: Ja, jedes Mal, wenn ich Gelegenheit dazu habe!

Sie: Würdest Du mich jemals schlagen?

Er: Bist Du wahnsinnig? Du weißt doch wie ich bin!

Sie: Kann ich Dir voll vertrauen?

Er: Ja.

Sie: Schatzi...

Sieben Jahre nach der Hochzeit:

Text einfach nur von unten nach oben lesen...!

Ein altes Ehepaar sitzt wie immer gemeinsam beim Frühstück auf der Terrasse. Auf einmal holt die alte Frau aus und versetzt ihrem Gatten einen Haken, dass es ihn rückwärts von seinem Gartenstuhl haut.

Eine Weile ist es still, dann fragt der Alte verwundert: "Wofür zum Geier war denn das?"

Sie antwortet: "Für 45 Jahre schlechten Sex!"

Er sitzt grübelnd auf seinem Stuhl. Nach einer Weile steht er auf und haut ihr dermaßen eins auf die Glocke, dass sie samt Stuhl von der Terrasse fliegt.

"Warum hast Du das getan?", schreit sie ihn an.

Er antwortet: "Woher kennst Du den Unterschied zwischen gutem und schlechtem Sex?"

* * * * *

Nachdem meine Freundin und ich uns seit einem Jahr kennen, haben wir beschlossen nächsten Monat zu heiraten. Die Schwester meiner Verlobten ist genial (und außerdem supersexy). Sie hat sich um alles gekümmert: Zeremonie, Kirche, Fotograf, Abendessen, Blumen, usw.
Gestern hat sie mich angerufen. Ich soll bei ihr vorbeikommen, um die Liste der Gäste nochmals durchzugehen, und ein paar Namen zu streichen, da wir zu viele Leute eingeladen haben. Ich bin dann hingefahren und wir sind durch die Liste gegangen. Schließlich haben wir uns auf 150 Gäste geeinigt.
Auf einmal wurde ich fassungslos, als sie zu mir sagte, ich sei ein sehr attraktiver Mann. In einem Monat würde ich verheiratet sein und dann wäre nichts mehr möglich, also wünsche sie sich nichts anderes als mit mir zu schlafen, und zwar sofort. Sie stand auf und ging voller Sinnlichkeit aufs Schlafzimmer zu. Sie flüsterte mir noch zu, ich wüsste ja sehr gut, wo sich die Haustür befand, falls ich gehen wollte. Ich blieb festgenagelt stehen, fast 3 Minuten lang. Und dann wusste ich, welchen Weg ich gehen würde.
Ich rannte zur Haustür, ging hinaus und fand meinen zukünftigen Schwiegervater lächelnd an meinem Auto stehen.
Ich glaube, er sagte etwas wie: "Wir wollten dich testen, um sicher zu sein, dass unsere geliebte Tochter einen ehrwürdigen und ehrlichen Mann heiratet.
Diesen Test hast Du bestanden." Er küsste mich ohne dass ich auch nur ein Wort sagen konnte und gratulierte mir.
Mensch Leute, welch ein Glück, dass ich meine Kondome im Auto und nicht in der Hosentasche hatte...
...Gummis können Leben retten!

Der Labortest

Das Telefon läutet und die Hausfrau meldet sich:

" Ja bitte?"

" Ich möchte gerne Frau Müller sprechen, Bitte!"

"Ich bin selbst am Apparat"

"Guten Tag Frau Müller, hier spricht Dr. Braun vom Sankt Agnes Laboratorium. Wir haben gestern die Blutprobe Ihres Gatten von Ihrem Hausarzt erhalten und haben jetzt insofern ein Problem, als wir gleichzeitig eine Blutprobe von einem anderen Herrn Müller erhalten haben und wir jetzt nicht Mehr wissen, welches die Blutprobe Ihres Gatten ist. Das eine Untersuchungsergebnis ist sehr schlecht, das Andere ebenfalls!"

"Was meinen Sie damit?" fragt Frau Müller, sichtlich nervös.

"Nun, das eine Testergebnis ergab ein positives Resultat für Alzheimer und der andere Test ein positives Ergebnis für Aids. Wir können Ihnen Aber leider nicht sagen, welches Testergebnis zu Ihrem Gatten gehört!"

"Ja, kann man denn den Test nicht nochmals machen?" fragte Frau Müller

"Ja, das könnte man prinzipiell schon machen, aber die Krankenkasse ist nicht bereit, diesen sehr teuren Test zweimal zu bezahlen!"

"Um Gottes Willen, was soll ich denn jetzt nur machen?"

"Der Chefarzt der Kasse empfiehlt Ihnen, Ihren Mann irgendwo, mitten in der Stadt auszusetzen!"

"Ja und???"

"Falls er wieder nach Hause findet, sollten Sie nicht mehr mit Ihm schlafen!!"

Frauen & Männer

Why men don't write more advice columns.

Q: Dear Walter,

I hope you can help me here. The other day I set off for work leaving my husband in the house watching the TV as usual. I hadn't gone more than a mile down the road when my engine conked out and the car shuddered to a halt. I walked back home to get my husband's help. When I got home I couldn't believe my eyes. He was in the bedroom with a neighbour lady making mad passionate love to her. I am 32, my husband is 34 and we have been married for twelve years. When I confronted him, he tried to make out that he went into the back yard and heard a lady scream, had come to her rescue but found her unconscious. He'd carried the woman back to our house, laid her in bed, and began CPR. When she awoke she immediately began thanking him and kissing him and he was attempting to break free when I came back. But when I asked him why neither of them had any clothes on, he broke down and admitted that he'd been having an affair for the past six months. I told him to stop or I would leave him. He was let go from his job six months ago and he says he has been feeling increasingly depressed and worthless. I love him very much, but ever since I gave him the ultimatum he has become increasingly distant. I don't feel I can get through to him anymore. Can you please help?

Sincerely, Mrs. Sheila Usk

A: Dear Sheila,

A car stalling after being driven a short distance can be caused by a variety of faults with the engine. Start by checking that there is no debris in the fuel line. If it is clear, check the jubilee clips holding the vacuum pipes onto the inlet manifold. If none of these approaches solves the problem, it could be that the fuel pump itself is faulty, causing low delivery pressure to the carburettor float chamber. I hope this helps. Walter.

Ein älterer, weißhaariger Mann kommt eines Freitagabends mit einem wunderschönen jungen Mädchen in ein Juweliergeschäft. Er sagt dem Juwelier, dass er nach einem besonderen Ring für seine Freundin suche.
Der Juwelier schaut sein Lager durch, holt einen 5000 Euro Ring heraus und zeigt ihn ihm.
Der alte Mann sagt: "Ich glaube, Sie haben mich nicht verstanden; ich möchte etwas wirklich Besonderes."
Nach diesem Satz geht der Juwelier zu seinem Spezialitätentresor und holt einen anderen Ring. "Hier ist ein faszinierendes Stück, und es kostet nur 40.000 Euro", sagt er.
Die Augen der jungen Dame glitzern und ihr ganzer Körper zittert vor Aufregung. Als der alte Mann das sieht, sagt er: "Wir nehmen ihn."
Der Juwelier fragt, wie die Bezahlung ablaufen sollte, und der alte Mann sagt: "Per Scheck. Ich weiss natürlich, dass Sie zuerst die Deckung überprüfen müssen, also stelle ich ihn jetzt aus und Sie können am Montag die Bank anrufen und alles klarmachen - ich hole den Ring dann Montagnachmittag."
Am Montagmorgen ruft ein äussert angefressener Juwelier den alten Mann an. "Auf Ihrem Konto ist überhaupt kein Geld!".
"Ich weiß", antwortet der alte Mann, "aber können Sie sich vorstellen, was für ein Wochenende ich erlebt habe?"

* * * * *

Frauen verstehen einfach alles falsch...

Ein Typ erwacht im Krankenhaus aus dem Koma.
Am Bett steht ein Doktor und fragt: "Gut, dass es ihnen besser geht.
Aber ich muss sie einfach mal etwas fragen:
schwere Knochenbrüche, dicke Veilchen,
Blutergüsse auf dem ganzen Körper, ein Milzriss...
Sind Sie in eine schwere Kneipenschlägerei geraten?"

Der Mann schüttelt den Kopf: "Nein, das ist beim Golfspielen mit meiner Frau passiert. Wir waren gerade bei einem schwierigen Loch und haben beide unsere Bälle auf eine benachbarte Kuhweide geschlagen.
Wir suchen also unsere Bälle, und da sehe ich im Hintern einer Kuh etwas Weißes. Ich geh also hin, heb den Schwanz der Kuh und sehe im Arsch des Tieres einen kleinen Golfball mit dem Monogramm meiner Frau.
Ich dreh mich zu meiner Frau um, immer noch den Kuhschwanz hochhaltend, und rufe:
"Hey, der sieht aus wie deiner!"
Was dann passierte, weiß ich nicht mehr..."

Der eine Fehler bei Frauen

Als Gott dabei war, die Frau zu erschaffen, machte er schon seine sechste Überstunde. Ein Engel erschien und fragte "Warum verbringst du so viel Zeit damit?"

Gott antwortete: "Hast du das Datenblatt dazu gesehen? Sie muss komplett waschbar sein, aber kein Plastik, muss über 200 bewegliche Teile haben, die alle ersetzt werden können, und ihr Körper muss auch laufen, wenn sie sich nur mit Diätcola und kleinen Snacks ernährt.

Sie muss einen Schoß haben, auf dem vier Kinder gleichzeitig sitzen können. Sie muss einen Kuss haben, der alles heilen kann, von einem aufgekratzten Knie bis zu einem gebrochenen Herzen - und sie wird alles nur mit zwei Händen machen."

Der Engel war über die Ansprüche erstaunt "Nur zwei Hände!? Und das beim Standardmodell? Das ist zu viel Arbeit für einen Tag. Warte bis morgen, um sie fertig zu machen."

"Das werde ich nicht!" protestierte Gott. " Ich bin so nah dran, diese Kreation, die mir so ans Herz gewachsen ist, zu fertigen. Sie kann sich bereits selbst heilen UND kann 18 Stunden am Tag arbeiten."

Der Engel trat näher und berührte die Frau: "Aber du hast sie so weich gemacht, Gott."

"Sie ist weich", stimmte Gott zu. "Aber ich habe sie auch hart gemacht. Du hast keine Ahnung, was sie dulden bzw. durchsetzen kann."

"Wird sie denken können?", fragte der Engel.

Gott antwortete, "Sie wird nicht nur denken können, sie wird erörtern und verhandeln können, besser als ein Mann."

Der Engel bemerkte etwas, streckte seine Hand aus und berührte die Wange der Frau. "Oops, es sieht aus, als hättest du eine undichte Stelle in diesem Modell. Ich habe dir gleich gesagt, dass das alles zu viel Arbeit für einen Tag ist."

"Das ist keine undichte Stelle" korrigierte Gott, "das ist eine Träne."

Frauen & Männer

"Für was ist die Träne?" fragte der Engel.

Gott antwortete: "Die Träne ist eine Möglichkeit, mit der sie ihre Freude, ihren Schmerz, ihren Kummer, ihre Enttäuschung, ihre Liebe, ihre Einsamkeit, ihr Bekümmernis und ihren Stolz ausdrücken kann."

Der Engel war beeindruckt: "Gott, du bist ein Genie. Du hast an alles gedacht! Frauen sind wirklich erstaunlich."

Und sie sind es wirklich! Frauen haben Stärke, um Männer zu erstaunen. Sie ertragen Not und tragen Belastungen, aber sie halten immer Freude, Liebe und Glück in sich. Sie lächeln, wenn sie schreien möchten. Sie singen, wenn sie weinen möchten. Sie weinen, wenn sie glücklich sind und lachen, wenn sie nervös sind. Sie kämpfen für das, an das sie glauben. Sie stehen auf gegen Ungerechtigkeit. Sie akzeptieren kein "Nein", wenn sie denken, dass es eine bessere Antwort gibt. Sie gehen ohne alles, damit ihre Familien haben, was sie brauchen. Sie gehen mit einem ängstlichen Freund zum Doktor.

Sie lieben ohne Vorbehalt. Sie weinen, wenn ihre Kinder hervorragende Leistungen erbringen, und jubeln, wenn ihre Freunde Auszeichnungen bekommen. Sie freuen sich, wenn sie von einer Geburt oder einer Hochzeit hören. Ihre Herzen brechen, wenn ein Freund stirbt. Sie sind bekümmert über den Verlust eines Familienmitgliedes. Sie sind stark, auch wenn sie denken, dass es keinen Ausweg mehr gibt. Sie wissen, dass ein Kuss und eine Umarmung ein gebrochenes Herz heilen können.

Frauen gibt es in allen Formen, Größen und Farben. Sie würden zu dir fahren, fliegen, laufen, rennen oder E-mailen, nur um zu zeigen, wie sehr sie sich um dich kümmern. Das Herz einer Frau ist es, was die Welt zu einem schönen Ort macht.

Sie bringen Freude, Liebe und Hoffnung. Sie haben Mitgefühl und Ideale. Sie geben ihren Freunden und ihrer Familie moralischen Beistand.

Frauen haben wichtige Dinge zu sagen und geben ALLES!!!

Wie auch immer ... wenn es einen Fehler bei Frauen gibt, ist es der, dass sie vergessen, was sie wert sind.

Frauen & Männer

Sex

Warum Sexbedürfnisse von Männern und Frauen so unterschiedlich sind

Alle diese Geschichten von Mars und Venus...

Und ich hatte auch nie verstanden, warum Männer mit dem Kopf und Frauen mit dem Herz denken.

Letzte Woche sind meine Frau und ich ins Bett gegangen. Wir fingen an, uns unter der Decke anzufassen, zu streicheln, zu küssen ... Ich war schon sehr heiß und ich dachte das beruht auf Gegenseitigkeit, da die ganze Sache eindeutig sexuell orientiert war.
Aber genau in dem Moment sagte sie mir: "Hör zu, ich hab jetzt keine Lust Liebe zu machen, ich hab nur Lust, dass du mich fest in deine Arme nimmst, mmh?".
Ich antwortete: "WAAAAS?"

Sie sagte mir dann die Zauberworte: "Du kannst einfach nicht mit den emotionellen Bedürfnissen einer Frau umgehen".
Am Ende hab ich kapituliert und resigniert. Ich hatte in dieser Nacht keinen Sex und so bin ich eingeschlafen.

Am nächsten Tag gingen meine Frau und ich in einem Einkaufszentrum bummeln...... Ich sah sie an, als sie 3 schöne aber teuere Kleider anprobierte. Da sie sich nicht entscheiden konnte, sagte ich ihr, sie soll alle 3 nehmen. Sie konnte ihren eigenen Ohren nicht trauen, und so von meinen verständnisvollen Worten motiviert sagte sie weiter, sie würde natürlich auf Grund der neuen Kleider ein Paar neue Schuhe brauchen, die leider 600 Euro kosteten. Da habe ich zugesagt, ich fand es richtig...
Danach kam sie noch mit einer Armkette mit Diamanten, die sie entdeckt hatte. Wenn ihr sie gesehen hättet... Sie war total begeistert!!! Sie glaubte wahrscheinlich, ich wäre plötzlich verrückt geworden, aber das war ihr eigentlich egal. Ich glaub, ich hab ihr ganzes philosophisches Schema kaputt gemacht, als ich wieder "Ja" sagte. Jetzt war sie fast sexuell erregt.

Leute, ihr Gesicht war unglaublich, das hättet ihr sehen müssen. Genau in dem Moment sagte sie mir mit ihrem schönsten Lächeln: "Gehen wir zur Kasse zahlen!"
Es war so schwierig, nicht lachen zu müssen, als ich ihr sagte: "Nein Schatz, ich glaub ich hab jetzt keine Lust, die ganzen Sachen zu kaufen".
Ihr Gesicht wurde kreidebleich, wirklich, und noch mehr als ich noch dazu sagte: "Ich hab jetzt nur Lust, dass du mich umarmst".
Als sie vor Wut und Hass fast platzte, kam natürlich das letzte Meisterstück: "Du kannst mit den finanziellen Möglichkeiten eines Mannes einfach nicht umgehen".

Ich glaube, ich werde bis 2019 keinen Sex mehr haben ... Aber irgendwie war's mir das wert!

Sex

Do you speak English

Ein älteres Schweizer Ehepaar kommt zwecks Urlaub am Londoner Flughafen an und nimmt sich ein Taxi zum Hotel. Die Fahrt dauert etwas länger und daher denkt sich der Taxifahrer, er muss jetzt etwas Konversation machen.

Er fragt also nach hinten: "Where are you from?"

Sagt der Mann: "We are from Switzerland."

Fragt sie: "Was hat er gesagt?" (Sie kann nämlich kein Wort Englisch!)

Er: "Er hat uns gefragt, wo wir herkommen und ich habe ihm gesagt dass wir aus der Schweiz sind."

Nach einer Zeit fragt der Fahrer: "And where do you live in Switzerland?"

Er: "We live in Basel."

Sie wieder: "Was hat er gesagt?"

Er (schon leicht gefrustet): "Er hat gefragt, wo wir in der Schweiz leben und ich sagte ihm in Basel."

Sagt der Fahrer: "Oh, my god, in Basel I had the worst fuck in my life!"

Sie: "Was hat er gesagt?"

Er: "Er kennt Dich!"

* * * * *

Ein Mann sitzt in einem rappelvollen Flugzeug. Nur der Platz neben ihm ist noch frei. Da kommt durch den Gang eine wunderschöne Frau und setzt sich neben ihn.

Der Mann kann es kaum aushalten. "Entschuldigung", sagt er "und warum fliegen sie nach Berlin?" Sie: Ich fliege zum Sex-Kongress", sagt sie. "Ich werde dort einen Vortrag halten und mit einigen Vorurteilen aufräumen.

Viele Leute glauben zum Beispiel, die Schwarzen seien besonders prächtig ausgestattet, dabei sind es eher die amerikanischen Ureinwohner, die Indianer, bei denen dies so ist. Und viele glauben, Franzosen seien die besten Liebhaber. Dabei bereiten die Griechen ihren Frauen den meisten Spaß am Sex... Aber ich weiß gar nicht, warum ich Ihnen das alles erzähle, ich kenne ja nicht einmal Ihren Namen."

Der Mann streckt die Hand aus. "Winnetou", sagt er. "Winnetou Papadopoulos"!

Was man beim Sex nicht hören will...

- Stopp mal eben. Ich muß kacken...
- Du bist so gut, du könntest das professionell machen.
- Auch wenn du häßlich bist - du faszinierst mich.
- Schon seltsam. So viel Speck und doch so kleine Titten.
- Habe ich eigentlich die Videokamera erwähnt?
- Und schon wieder einer infiziert...
- Ich will ein Kind.
- Schön, einmal eine Frau im Bett zu haben, die man nicht aufblasen muß!
- Hoffentlich siehst du noch genauso gut aus, wenn ich wieder nüchtern bin.
- Akzeptierst du auch VISA?
- Ich besorg's mir jetzt doch besser selbst
- Habe ich dir eigentlich von meiner Geschlechtsumwandlung erzählt?
- Mit ein paar Leuten mehr würde es viel mehr Spaß machen
- Es wäre schön, wenn du dir eine Tüte über den Kopf ziehen könntest
- Habe ich eigentlich erwähnt, dass meine Oma in diesem Bett gestorben ist?
- Du erinnerst mich an eine Ische vom Babystrich.
- Sei mal ehrlich - warst du eigentlich schon von Geburt an eine Frau?
- Sag mal, muß ich dich jetzt dafür bezahlen?
- Deine Schwester war besser.
- Jennifer? Gaby? Susi? Mutter? Mein Favorit.
- Sag mal, sehe ich eigentlich schon viel älter als zwölf aus?
- Wer hat hier gefurzt?
- Hmmmm, nach zwei, drei Bier siehst du eigentlich doch ganz passabel aus.
- Habe ich dir schon gesagt, dass mein Ehemann gestern aus der psychiatrischen Klinik ausgebrochen ist?
- Wow, gewonnen! Ich habe mit meinen Freunden gewettet, dass man dich gleich am ersten Tag ins Bett bekommen könnte...
- Erzähl bitte niemanden von unserem Verhältnis. Mein Mann Jack 'the knife' Capone reagiert immer so überempfindlich.
- Hmmm, mein letzter Aids- Test liegt auch schon eine Weile zurück...
- Gut, dass ich den Tripper los bin
- Ruckel nicht so heftig, ich verschütte ja noch mein Bier.
- OK, sie haben den Job.
- Und schon wieder einer infiziert...
- Die Jungs aus der Fußballmannschaft haben da echt übertrieben. So gut bist du auch wieder nicht...
- Fertig! Die Nächste bitte...
- Es war schön. Aber wer zum Teufel bist du?
- Oh, du bist eine Granate! Und ich dachte, deine Mutter wäre schon nicht zu überbieten...
- Ist dir jetzt auch so übel?
- Ich glaube, ich kann verstehen, warum manche Männer schwul werden...
- Weißt du, die Schönheitschirurgie kann heute wahre Wunder vollbringen und ist gar nicht mal so teuer...
- Darf ich auch einmal deinen Hüfthalter tragen?

Sex

Aufklärung

Endlich was Brauchbares für die Aufklärung unserer Kinder. Für die, die es mit der Blume, der Biene und dem Storch nicht richtig verstanden haben.... (verstehe immer noch nicht was nun der Storch mit der Biene und – ach egal), hier steht nun alles erklärt.

Gut aufgepasst: So ist das also:

Der weibliche Körper gleicht einem Mehrfamilienhaus. Unten wohnen die Löchels, in der Mitte die Bäuchels und oben wohnen die Brüstels. Löchels bekommen öfter Besuch - manchmal kommen Schwänzels und manchmal kommen Rots. Wenn Rots da sind kommen Schwänzel meist nicht, weil sich die beiden nicht vertragen. Wenn Rots fort sind kommen Schwänzels wieder.

Einmal waren Schwänzels zu lange geblieben, da waren Rots böse und sind nicht mehr gekommen. Darauf haben Bäuchels einen Balkon gebaut und Brüstels konnten nicht mehr zu Löchels hinunter gucken und haben deshalb einen Prozess angestrebt. Dieser dauerte neun Monate und Brüstels haben gewonnen. Bäuchels mussten den Balkon wieder abbauen. Als dies geschehen war, gab es wieder Ruhe im Haus.

Schwänzels und Rots kommen jetzt wieder regelmäßig und abwechselnd zu Löchels zu Besuch. Schwänzels kommen aber öfter als Rots, da es Ihnen bei Löchels am Besten gefällt. Wie schön ist doch so ein Mehrfamilienhaus!!!!!

Es gibt aber auch 6-Familien-Häuser. Da besuchen Schwänzels auch ab und zu mal Ärschels am Hintereingang und Mündels unterm Dach. Grad in der zeit wenn Rots bei Löchels sind. An den Seiteneingängen wohnen auch noch Händels. Was aber auffällig ist: das Haus wird ständig neu gestrichen, besonders gern ums Dach rum oder der Balkon von Brüstels. Bei Löchels wird eher mal der Rasen gemäht.

Übrigens, wenn Schwänzels vorbeikommen sind auch immer Säckels mit dabei und Händels vom Nachbarhaus schauen auch mal ab und zu bei Löchels und Brüstels vorbei, gell...

* * * * *

Sagt das kleine Ohrenschmalz: "Jeden Tag kommt ein Stäbchen mit Watte und will mich holen, dann verstecke ich mich hinter einem Knorpelchen und es kriegt mich nicht."

Sagt das kleine Karies: "Zu mir kommt täglich so ein Borstentier und will mich holen, ich verstecke mich schnell in einer Zahnlücke und es kriegt mich nicht."

Sagt das Scheidenpilzchen: "Bei mir kommt immer so´n Glatzkopf; erst weiß er nicht, ob er rein oder raus will und dann kotzt er mir die ganze Bude voll!"

Platzt das kleine Karies heraus: "Den Scheißkerl kenn´ ich!!!"

Wie man seinen Hund nicht nennen sollte.

Jeder der einen Hund hat, nennt ihn Bello oder Hasso. Um einen nicht so alltäglichen Namen für meinen Hund zu haben, habe ich ihn damals "Sex" genannt - es war ein Fehler, wie sich später herausstellen sollte.

Als ich auf die Gemeinde ging, um ihn nach dem Umzug bei der Hundesteuer anzumelden, sagte ich dem Beamten, dass ich meine Steuern für Sex bezahlen wollte. Er meinte, dafür gäbe es noch keine Steuer. "Aber es ist für einen Hund" antwortete ich. Er meinte nur, Beischlaf mit Tieren sei zwar verboten, aber eine Steuer gäbe es trotzdem nicht. "Sie verstehen mich nicht", sagte ich. "Ich habe Sex, seit ich 9 Jahre alt bin." Dann warf er mich raus.

Als ich geheiratet habe und in die Flitterwochen gefahren bin, habe ich meinen Hund mitgenommen. Da ich nicht wollte, dass uns der Hund nachts stört, sagte ich dem Mann am Hotelempfang, dass ich ein extra Zimmer für Sex bräuchte. Er meinte nur, dass jedes Zimmer des Hotels für Sex wäre. "Sie verstehen mich nicht", versuchte ich zu erklären. "Sex hält mich die ganze Nacht wach!". Aber er meinte nur "mich auch".

Eines Tages ging ich mit Sex zu einer Hundeausstellung. Jemand fragte mich, was ich hier wollte, und ich sagte ihm, dass ich vorhatte, Sex in der Ausstellung zu haben. Darauf meinte er, ich solle vielleicht meine eigenen Eintrittskarten drucken und verkaufen. Als ich ihn fragte, ob die Ausstellung im Fernsehen übertragen würde, nannte er mich pervers.

Einmal war Sex krank und ich musste ihn beim Tierarzt lassen. Am nächsten Tag wollte ich ihn abholen. "Ich komme wegen meinem Hund" sagte ich. "Welcher ist es denn?" fragte mich die Frau beim Tierarzt, während sie in der Kartei blätterte. "Hasso oder Bello?" - "Wie wär's mit Sex?" fragte ich und bekam eine runtergehauen.

Am gleichen Tag ist mir der Hund auch noch abgehauen und ich musste im Tierheim nach ihm suchen. Dort fragte mich jemand, was ich wollte. Als ich ihm sagte, dass ich Sex suche, meinte er, hier wäre nicht der richtige Ort, danach zu suchen. Ich suchte noch die ganze Nacht nach ihm. Um 4 Uhr morgens fragte mich ein Polizist, was ich mitten in der Nacht auf der Straße suche. Ich sagte ihm, dass ich Sex suche. Er sperrte mich ein.

Bei meiner Scheidung wurden meine Frau und ich vor Gericht geladen, um unsere Habseligkeiten aufzuteilen. Natürlich wollte ich meinen Hund keinesfalls an sie abtreten. "Euer Ehren, ich hatte Sex schon, bevor ich verheiratet war!" sagte ich dem Richter. "Na und? Ich auch!" antwortete er nur. "Aber meine Frau will mir Sex wegnehmen!" beschwerte ich mich. Er meinte nur: "Das ist das, was bei allen Scheidungen passiert."

Sex

Niiiiieeeeeemaaaalllss !!!!!

Ich sitze in meinem Stammlokal am Tresen. Plötzlich kommt die schönste Frau, die ich je gesehen habe zur Tür herein.
Ich überlege, wie ich sie ansprechen könnte und bestelle schließlich eine der besten Flaschen Champagner, die das Lokal zu bieten hat. Mit der Notiz, ob sie diese mit mir trinken würde, lasse ich die Flasche vom Ober zu ihr bringen.

Sie liest die Notiz, lächelt zu mir herüber und schreibt ebenfalls etwas auf, das sie durch den Ober zu mir bringen lässt.

Darauf steht:„Verehrter Herr, wenn ich diese Flasche mit Ihnen trinken soll, müssen sich in Ihrer Garage ein Mercedes befinden, auf Ihrem Konto mindestens eine Million liegen, in Ihrer Hose sollten sich 17 cm befinden, und ein Ferienhaus auf den Kanaren wäre auch wünschenswert."

Ich lese dies schmunzelnd und schreibe zurück: „Sehr geehrte Dame, in meiner Garage befinden sich ein Porsche, ein Ferrari und ein Mercedes, auf all meinen 8 Konten befinden sich jeweils 2 Millionen, und ich habe ein Ferienhaus auf Bali, eins in Rom, eins in Florida und noch eins ins Österreich.

Aber NIIIIIIEEEEEMAAALS im Leben, auch nicht für die schönste Frau der Welt, würde ich mir 6 cm abschneiden lassen.........geben Sie die Flasche einfach zurück!

* * * * *

```
British Airways - the best you can get

Eine Mutter hatte drei Tochter und bei ihren Hochzeiten
ersuchte sie die drei, sie nach der Hochzeitsnacht
anzurufen und ihr diskret mitzuteilen, wie sich ihre
Männer beim Sex denn anstellen...

Die erste sagte: Es war wie Maxwell Kaffee.
Die Mutter war etwas verwirrt, bis sie eine Maxwell
Kaffee Werbung sah, mit dem Spruch: Zufriedenheit bis zum
letzten Tropfen...
Da war die Mutter zufrieden.

Dann meldete sich die zweite Tochter. Bei ihrem Anruf
flüsterte sie nur: Rothmans
Also suchte die Mutter nach einer Rothmans Annonce. Sie
fand eine mit dem Werbespruch: Live Life King Size...
Und die Mutter war abermals zufrieden.

Schlussendlich heiratete auch die dritte ihrer Tochter.
Nach einer Woche rief sie an und murmelte bloss:
British Airways...
Die Mutter sah alle Illustrierten durch und fand dann
endlich eine Anzeige der Fluglinie.
Als sie den Spruch las, schrie sie bloss: Oh, mein Gott!!!

VIERMAL TAGLICH - SIEBEN TAGE DIE WOCHE - BEIDE RICHTUNGEN !!!
```

Gehaltserhöhung

Ich, der Penis, beantrage hiermit eine Gehaltserhöhung aus folgenden Gründen:

Ich arbeite körperlich

Ich arbeite in großen Tiefen

Ich stürze mich, Kopf zuerst, in meine Arbeit

Ich habe Wochenenden und Feiertage nicht frei

Ich arbeite in einer feuchten Umgebung

Überstunden werden nicht bezahlt

Ich arbeite an einem dunklen Arbeitsplatz, der kaum belüftet wird

Ich arbeite bei hohen Temperaturen

Meine Arbeit setzt mich der Ansteckungsgefahr von Krankheiten aus.

---*

Lieber Penis,

Nach sorgfältigem Bearbeiten und Prüfen Ihres Antrages, ist die Verwaltung zu dem Entschluß gekommen, selbigen aus folgenden Gründen abzulehnen:

Sie arbeiten keine 8 Stunden durch

Sie schlafen nach kurzer Arbeitszeit ein

Sie folgen nicht immer den Anweisungen des Managements

Sie arbeiten nicht immer dort wo sie angewiesen wurden, sondern halten sich öfter in anderen Gegenden auf

Sie ergreifen nicht die Initiative, sondern müssen unter Druck gesetzt und freundlich behandelt werden, bevor Sie überhaupt anfangen zu arbeiten

Sie hinterlassen ihren Arbeitsplatz ziemlich dreckig, wenn Sie ihn verlassen

Sie halten sich nicht immer an die Sicherheitsanweisungen, z.B. das Tragen von Schutzkleidung

Sie gehen lange vor 65 in Rente

Sie können keine Doppelschichten übernehmen

Sie verlassen manchmal, den Ihnen zugewiesenen Arbeitsplatz, ohne mit der Arbeit fertig zu sein

Und als ob das noch nicht alles wäre, haben wir Sie auch noch ständig den Arbeitsplatz verlassen sehen, mit zwei sehr verdächtig aussehenden Säcken.

Wir verbleiben mit freundlichen Grüßen,

Das Management

Sex

Ein Mann, der länger arbeiten muß, ruft Zuhause an. Als sich ein kleines Mädchen meldet, sagt er: "Hallo Schatz, kannst du mal Mama ans Telefon holen"?
Die Antwort: "Ne, das geht nicht. Die ist grade mit Onkel Peter im Schlafzimmer!"
Kurzes Schweigen.
Dann wieder der Mann: "Aber Schatz, du hast keinen Onkel Peter."
"Doch, der ist grade mit Mami im Schlafzimmer."
Wieder etwas Schweigen, dann der Mann: "Ok, Schatz, du gehst jetzt zum Schlafzimmer und rufst, daß mein Auto grade auf den Hof fährt."
Gesagt, getan.
Als das Mädchen wiederkommt, fragt sie der Vater, was passiert sei.
Das Mädchen meint: "Mami ist aufgesprungen und war ganz nackig. Dann ist sie zum Fenster gerannt und auf ihren Sachen ausgerutscht. Darauf ist sie aus dem Fenster gefallen und liegt tot auf der Auffahrt."
"Oh, mein Gott, und Onkel Peter"?
"Der ist auch aufgesprungen und war auch ganz nackig. Er hat schnell seine Kleider aufgesammelt und ist aus dem Hinterfenster in den Pool gesprungen. Er hat aber wohl vergessen, dass du letzte Woche das Wasser rausgelassen hast, um ihn zu reinigen. Jetzt ist er auch tot."
Langes Schweigen tritt ein.
Nach einiger Zeit sagt er:
"Pool...??? Uups, verwählt!" *tuut-tuut-tuut*

* * * * *

Ein 12-jahriger Junge geht durchs Rotlichtviertel. An einer Leine schleift er einen toten Frosch mit sich. Er geht in eine Bar und sagt zur Chefin: "Ich will mit einem deiner Madchen Sex haben. Ich weiss, dass ich noch zu jung bin, aber ich habe viel Geld." Daraufhin fragt die Frau: "Welches Madchen willst du? Such dir eine aus." Da sagt der Kleine: "Ich will eine mit einer scheusslichen Geschlechtskrankheit." Die Bordellmutter geht nur ungern darauf ein, aber der Junge hat ziemlich viel Geld bei sich, und so gibt sie schliesslich nach: "Dann musst du es mit Nancy tun." Der Junge beeilt sich aufs Zimmer von Nancy, wo er Sex mit ihr hat. Nach einer halben Stunde geht er weg. Er schleift noch immer den Frosch hinter sich her. Da kann die Bordellchefin ihre Neugier nicht mehr bezwingen und fragt den Kleinen, warum er gerade eine mit einer schrecklichen Krankheit wollte. Darauf antwortet der Junge: "Schau, wenn ich jetzt nach Hause komme, bin ich alleine mit der Babysitterin. Ich weiss, dass sie auf kleine Buben steht, also wird sie Sex mit mir haben wollen. Auf diese Art bekommt sie eine scheussliche Krankheit von mir. Wenn mein Vater sie heute Abend nach Hause bringt, wird er sie auf dem Rücksitz vom Auto sicher vögeln. Ich kenne ihn. Und wenn er dann nach Hause kommt, wird er auch noch meine Mutter packen. Und morgen wird meine Mutter, ich kenne sie, mit dem Milchbauern auf der Küchentafel vögeln...Und das ist der Scheisskerl, der meinen Frosch überfahren hat.

Sex

Vaterschaft

Die folgenden Kommentare kommen von britischen Frauen. aus einem Formular der Child Support Agency in Bezug auf den Vater ihres Kindes. Alle Aussagen sind echt! Besonders gefällt mir Nummer 11. Eigentlich sollte dafür ein Preis verliehen werden

1.) Was die Vaterschaft meiner Zwillinge angeht. steht fest, dass Jim Munson der Vater des ersten Kindes ist Beim zweiten Kind hin ich mir nicht so sicher, aber ich glaube, das war noch in der gleichen Nacht!

2.) Ich bin mir nicht sicher. was die Vaterschaft meines Kindes angeht. Ich lehnte mich aus dem Fenster. da mir nicht gut war und plötzlich nahm mich jemand von hinten. Ich kann Ihnen eine liste der Namen der Männer.

die auf der Party waren, zusenden. wenn Ihnen das weiterhilft.

3.) Ich weiß nicht, wer der Vater meiner kleinen Tochter ist. Sie wurde auf einer Party in der Grand Avenue 3600 gezeugt. wo ich ungeschützten Sex mit einem Mann hatte. Ich kann mich nur erinnern, weil der Sex so gut war. dass ich in Ohnmacht fiel. Sollten Sie rauskriegen. wer der Vater ist, könnten Sie mir dann bitte seine Telefonnummer geben? Danke!

4.) Ich kenne den Vater meiner Tochter nicht. Er fährt einen BMW, welcher an der rechten Tür ein Loch verursacht durch meine Stilettos hat. Vielleicht könnten Sie die BMW Service Stationen kontaktieren. ob jemand so etwas hat reparieren lassen.

5.) Ich hatte niemals Sex mit einem Mann! Ich warte auf einen Brief vom Papst. in dem er mir bestätigt. dass mein Sohn eine jungfräuliche Geburt war und Christus wiedergeboren ist.

6.) Ich kann Ihnen den Namen des Vaters nicht mitteilen, da er mir ausdrücklich verboten hat, ihn auf- fliegen zu lassen. was katastrophale Auswirkungen für die britische Wirtschaft bedeuten kann. Ich weiß jetzt nicht, was ich tun soll. Sie informieren oder Rücksicht auf mein Land nehmen. Bitte helfen Sie mir weiter?!

7.) Ich weiß nicht, wer der Vater meines Kindes ist, da ja alle Squaddies irgendwie gleich aussehen. Ich kann mich aber erinnern, dass es ein Royal Green Jacket war.

8.) Peter Smith ist der Vater des Kindes. Wenn Sie ihn haben. könnten Sie ihn dann bitte nach meinen AC/DC CDs fragen?

9.) Vom Datum her müsste meine Tochter bei Euro Disney gezeugt worden sein, Vielleicht ist es wirklich ein magisches Königreich! [Magie Kingdom — die Hauptattraktion in Euro Disney]

10.) So vieles in dieser Nacht ist mir noch unklar. Das Einzige, an was ich mich sicher erinnern kann. ist Delia Smith's Sendung über Eier am frühen Abend. Wäre ich doch lieber zu Hause geblieben und hätte weiter Fernsehen geschaut und nicht zu dieser Party auf dem Miller Drive 116 gegangen, dann wäre ich immer noch unbefruchtet.

11.) Ich hin mir unsicher, was die Vaterschaft meines Babys angeht. Wenn Sie eine Dose Bohnen essen, wissen Sie ja auch nicht, welche Bohne genau jetzt diesen Furz ausgelöst hat.

Sex

Sex-Kalorientabelle

Jeder weiß es: Sex macht Spaß und verbrennt jede Menge Kalorien. Allerdings gibt es noch keine offizielle Studie über den genauen Kalorienverbrauch. Aber hier sind jetzt endlich die langersehnten Resultate...

Ihre Klamotten ausziehen
Mit ihrem Einverständnis.....................12 Kalorien
Ohne ihr Einverständnis.....................187 Kalorien

Ihren BH aufmachen
Mit beiden Händen............................8 Kalorien
Mit einer Hand..............................12 Kalorien
Mit den Zähnen..............................85 Kalorien

Kondom überziehen
Mit Erektion.................................6 Kalorien
Ohne Erektion..............................315 Kalorien

Stellungen
Missionarsstellung..........................12 Kalorien
69 im Liegen................................78 Kalorien
69 im Stehen...............................112 Kalorien
Wie die Hunde..............................326 Kalorien
Italienischer Kerzenleuchter...............912 Kalorien

Orgasmus
Echt.......................................112 Kalorien
Vorgetäuscht...............................315 Kalorien

Nach dem Orgasmus
Im Bett kuscheln............................18 Kalorien
Sofort aufstehen............................36 Kalorien
Erklären, warum Du sofort aufstehst........816 Kalorien

Eine zweite Erektion
20 bis 29 Jahre.............................36 Kalorien
30 bis 39 Jahre.............................80 Kalorien
40 bis 49 Jahre............................124 Kalorien
50 bis 59 Jahre............................972 Kalorien
60 bis 69 Jahre...........................2916 Kalorien
70 Jahre und mehr..................noch keine Ergebnisse

Danach anziehen
In Ruhe.....................................32 Kalorien
In Eile.....................................98 Kalorien
Ihr Vater klopft an der Tür...............1218 Kalorien
Deine Frau klopft an der Tür..............3521 Kalorien

Viel Spaß!

Sex

Er: "Willst Du heute Abend mit zu mir kommen? Ich zeige Dir einen Zaubertrick"
Sie: "Was für ein Zaubertrick?"
Er: "Ich fick' Dich und danach verschwindest Du spurlos..."

* * * * *

Ein geistig Unterbemittelter heiratet. Nach 4 1/2 Monaten bringt seine Frau ein Kind zur Welt. Er ganz stutzig: "Dimmt nit!"
Sie: "Was stimmt nicht? Ich 4 1/2 Monate, du 4 1/2 Monate, das sind 9 Monate, also stimmt es doch!!!" Er: "Dimmt."
Nach 2 Jahren bekommt seine Frau ein Negerchen. Er wieder: "Dimmt nit!"
Sie: "Wieso? Das Kind haben wir im Dunkeln gemacht, wenn du ein weißes gewollt hättest, hätten wir es am Tag machen müssen." Er: "Dimmt."
Eines Tages wacht er im Bett auf und sieht am Fußende 6 Füße herausschauen. Er zu seiner Frau: "Dimmt nit!" Sie: "Du bist doof!! Du musst aus dem Bett und von außen zahlen!"
Er aus dem Bett, ans Fußteil: "1 - 2 - 3 - 4 - Dimmt!"

* * * * *

Die Schweine haben's gut
Bauer Erwin liest im örtlichen Burgenländischen Bauernblatt, dass er durch Selbstbesamung seiner Schweine eine Menge Geld einsparen kann. "Könnte ich ja mal ausprobieren", denkt er sich, lädt alle Schweine in sein Auto und fährt in ein Waldstück, wo er sich unbeobachtet fühlt. Dort besteigt er alle Schweine nacheinander. Am nächsten Morgen um 4.00 Uhr steht er auf und geht in den Stall, denn, so der Bericht im Bauernblatt, wenn es geklappt hat, quieken alle Schweine um diese Uhrzeit. Bauer Erwin schleicht in den Stall, alle Schweine schlafen selig. Doch Bauer Erwin gibt sich nicht so leicht geschlagen. "Vielleicht war es nicht intensiv genug", denkt er sich, lädt am nächsten Tag wieder alle Schweine ins Auto und fährt in den Wald. Dieses Mal besorgt er es jedem Schwein zweimal und ist danach ziemlich erschöpft. Als er am nächsten Morgen wieder um 4.00 Uhr in den Stall schleicht, schlafen die Schweine seelenruhig. "Okay, aller guten Dinge sind drei", denkt er sich am nächsten Tag, lädt die Schweine ins Auto und...
Diesmal macht er sich über jedes Schwein dreimal her und fährt danach völlig ermüdet zurück. Da er so erschöpft ist, verschläft er es, um 4.00 Uhr in den Stall zu gehen.
Um 5.00 Uhr wird er dann aber doch von seiner Frau geweckt. "Erwin", flüstert sie, "die Schweine". "Was ist denn", fragt Bauer Erwin matt: "Quieken sie endlich?" "Nein", sagt seine Frau, "sie sitzen im Auto und hupen."

Wozu Sex so alles gut ist...

Von wegen: Wer schön sein will muss leiden...! Totaler quatsch!
Hier kommt der Beweis:

1. Sex ist eine Schönheitsbehandlung. Wissenschaftliche Tests haben bewiesen, daß Frauen beim Sex massenhaft Östrogen Hormone produzieren, die für glänzende Haare und wunderschöne Haut sorgen.

2. Sanftes, relaxendes 'Liebe machen' reduziert Dermatitis, Hautausschläge und andere Makel der Haut. Der produzierte Schweiß reinigt die Poren und bringt Ihre Haut zum glühen.

3. 'Liebe machen' kann jene Kalorien verbrennen, die Sie während des romantischen Abendessens zu sich genommen haben.

4. Sex ist einer der sichersten Sports den man betreiben kann. Er dehnt und kräftigt nahezu jeden Muskel im Körper. ist vergnüglicher als 20 Runden zu schwimmen und man braucht keine speziellen Turnschuhe!

5. Sex ist ein schnelles Heilmittel für sanfte Depression. Beim Sex wird im Körper Endorphin in den Blutkreislauf freigesetzt, dies produziert eine Art Euphorie und hinterläßt ein Wohlgefühl.

6. Je mehr Sex man hat, desto mehr wird einem angeboten. Ein sexuell aktiver Körper verbreitet größere Mengen an Chemikalien, die Pheromone genannt werden. Diese subtilen Geschlechterparfüms machen das andere Geschlecht verrückt!

7. Sex ist das sicherste Beruhigungsmittel der Welt. ES IST 10 MAL WIRKSAMER ALS VALIUM.

8. Jeden Tag zu küssen, hält den Zahnarzt fern. Küssen produziert Speichel, der die Nahrung von den Zähnen wäscht und senkt den Säuregehalt, der Zerfall verursacht und somit wird Plaque- Aufbau verhindert.

9. Sex beruhigt tatsächlich Kopfschmerzen. Eine Liebes-Session kann die Verspannungen der Blutgefässe im Gehirn entspannen.

10. Viel Sex kann eine verstopfte Nase befreien. Sex ist ein nationales Antihistamin. Es kann helfen, Asthma und Heuschnupfen zu bekämpfen.

Sex

Zwei ältere Damen machen einen Spaziergang durch den Zoo und kommen am Gorillakäfig vorbei. Das Gorillamännchen hat eine mordsmäßige Latte und die eine Frau kann es nicht unterlassen, in den Käfig zu greifen und sie zu berühren. Der Gorilla greift zu, reißt sie in den Käfig und nimmt sie sechs Stunden nonstop. Anschließend wirft er sie über das Gitter und sie wird ins Krankenhaus gebracht.

Am Tag darauf besucht sie ihre Freundin und fragt sie: "Bist Du verletzt?"

Sie brüllt zurück: "Ob ich verletzt bin? Er hat nicht angerufen, er hat nicht geschrieben. UND DU FRAGST, OB ICH VERLETZT BIN...?"

* * * * *

Ein Mann kommt vom Arzt und berichtet seiner Frau, dass der Arzt ihm gerade erzählt habe, er habe nur noch 12 Stunden zu leben!
"Wie willst Du die 12 Stunden verbringen?" fragt seine Frau.
"Natürlich im Bett mit Dir" sagt der Mann. Die beiden gehen ins Bett und vergnügen sich - eine Stunde - zwei Stunden - drei Stunden - fünf Stunden - sechs Stunden.

Sagt seine Frau: "Nun kann ich aber nicht mehr; lass uns aufhören".
"Nein" sagt der Mann, "ich will noch weitermachen."

Sagt seine Frau: "Du kannst gut reden, Du musst ja morgen nicht aufstehen!"

* * * * *

Ein Mann kommt in einen Waffenladen und verlangt ein neues Zielfernrohr. Der Verkäufer gibt ihm eines und sagt dazu: "Dieses Zielfernrohr ist so gut, damit können sie mein Haus drüben auf dem Hügel sehen. Probieren sie es aus." Der Mann nimmt das Zielfernrohr, sieht in die angedeutete Richtung und beginnt zu lachen.

Der Verkäufer wundert sich und der Mann erklärt: "Ich kann eine nackte Frau und einen nackten Mann in dem Haus herumlaufen sehen."

Der Verkäufer sieht selbst durch das Rohr. Dann gibt er dem Mann zwei Patronen und macht ihm einen Vorschlag: "Sie bekommen dieses Zielfernrohr umsonst, wenn sie dem Mann den Schniedel abschießen und meiner Frau den Kopf."

Der Kunde sieht ein weiteres Mal durch das Rohr und meint: "Wissen Sie, ich glaube, das schaffe ich auch mit einem Schuss..."

Sex

Ein Ehepaar hat Probleme ein Kind zu zeugen. Die zwei beschließen also, in den USA einen Spezialisten aufzusuchen. Es gibt nur ein Problem: keiner von beiden spricht englisch. Der Spezialist gibt ihnen also durch unverkennbare Gesten zu verstehen, dass sie sich "an die Arbeit machen sollen". Anfangs ein wenig eingeschüchtert, vollziehen die beiden den Akt also vor dem Fruchtbarkeitsspezialisten von Weltrang. Der beginnt, die beiden von allen Seiten her zu inspizieren. Nach ein paar Minuten ruft er: "Stop". Er zieht sich in sein Büro zurück und schreibt ein Rezept. Die beiden kehren erleichtert nach Deutschland zurück, wo der Mann sofort in die nächste Apotheke lauft und nach dem Medikament "Trytheotherol" fragt. "Wie bitte",
sagt die Apothekerin. "Na Trytheotherol, wie es auf dem Rezept steht." "Zeigen Sie mal her ", sagt die Apothekerin. "Ach, ich seh' schon. Sie haben das falsch gelesen." Hier steht: "Try the other hole."

* * * * *

Eines Nachts brachte ein Typ seine Freundin nach Hause. Dort angekommen, beim Austausch des Gute-Nacht-Kusses, fühlte er sich ein wenig geil. Mit einem Anflug von Vertraulichkeit lehnte er sich mit der Hand an die Wand und sagte zu Ihr: "Liebling, würdest Du mir einen blasen?" Sie entsetzt: "Bist Du verrückt, Meine Eltern würden uns sehen!!"
Er: "Hab dich nicht so! Wer sieht uns schon um diese Uhrzeit?!"
Sie: "Nein, bitte, kannst du Dir vorstellen, was passiert wenn wir erwischt werden?"
Er: "Oh, bitte, ich liebe Dich so sehr?!?"
Sie: "Nein und nochmals nein, ich liebe Dich auch, aber ich kann's einfach nicht!"
Er: "Freilich kannst Du... Bitte..."
Plötzlich ging das Licht im Treppenhaus an, die jüngere Schwester des Mädchens erschien blinzelnd im Pyjama und sagte erschlafen: "Papa sagt, mach hin und blas ihm einen. Wenn nicht, kann auch Mama runterkommen und es machen, oder ich. Wenn's sein muss, sagt Papa, kommt er selber runter und macht es. Aber um Gottes Willen, sag dem Arschloch, er soll seine Hand von der Klingel und der Sprechanlage nehmen!"

* * * * *

Das Paar ist seit 30 Jahren verheiratet und man feiert in dem Zimmer des Hotels, wo man die Hochzeitsnacht verbracht hatte. Der Mann liegt schon im Bett, als seine Frau aus dem Bad kommt, splitternackt, genau wie damals. Verführerisch fragt sie ihn: "Sag mal, Liebling, was hast Du damals gedacht, als ich so aus dem Bad kam?" Er erwidert: "Ich habe Dich gemustert und mir gedacht, ich möchte Deine Brüste aussaugen und dir den Verstand wegbumsen!" "Und was denkst Du heute?" fragt sie mit vor Erregung zitternder Stimme. Meint der Mann: "Ich denke, dass mir das ganz gut gelungen ist..."

Sexunfälle, die wirklich passiert sein sollen!

Amüsement
Der Hang zum Amüsement endet bisweilen fatal. Eine 35jährige Dame aus Berlin wurde von ihrer Lust geplagt und schob sich eine Flasche Champagner, die sie zuvor geleert hatte, in den Leib. Dabei entstand allerdings ein starkes Vakuum, und die Flasche saugte sich in der Vagina fest. Statt der Armen diskret zu helfen, veranstalteten die herbeigerufenen Feuerwehr-Nothelfer ein Spießrutenlaufen: Mit der Flasche zwischen den Beinen mußte sie den Krankenhausflur hinunterwatscheln, vorbei an neugierigen Angehörigen von Unfallopfern und staunenden Kindern ("Mama, der Frau schaut eine Flasche aus dem Bauch.") - Schließlich wurde im OP das Flaschenende zertrümmert, Luft strömte nach, und die Rest-Bestandteile konnten entfernt werden, wobei nicht klar ist, ob es sich um Schaumwein oder um Sperma gehandelt habe...

Betrug
Was wahrer Masochismus ist, wissen einige. In einschlägigen Hamburger Bars treibt sich eine attraktive Frau herum und überredet wohlhabende Männer dazu, sie zu sich nach Hause mitzunehmen. Am "Tatort" gibt sie sich als Domina aus, verheißt die Freuden der Gewalt und fesselt die Kerle mit Handschellen ans Bettgestell. Danach ruft sie eine Telefonnummer an, kurze Zeit später hält ein LKW vor der Tür, und die Wohnung des Opfers wird ratzekahl ausgeräumt. Bis auf das Bett, das bleibt zurück. - Anzeige wurde bisher nicht erstattet.

Dekoration
Erstickungsanfälle durch Genital-Schmuck: Die ehemalige Bassistin der Rockgruppe PSYCHIC-TV berichtet, deren Leader, G.P. Orridge, habe eines Nachts jedes Maß verloren und zwei Metallkugeln von drei Zentimeter Umfang an seiner Eichel befestigt. Beim anschließenden Oralverkehr sei er in ihrem Rachen steckengeblieben, woran sie um ein Haar erstickt wäre.

Dekoration, zum Zweiten!
Ein gewisser O.M. bittet den Sexualratgeberteil einer Boulevardzeitung um Rat: "Auch mit einem Ehepaar habe ich mich darüber unterhalten, die die Brustwarzen des Mannes mit Stahlschrauben durchlöcherte und auf der Gegenseite eine Mutter setzte. Jedesmal gab es starke Entzündungen, trotzdem die Schrauben steril gemacht waren und genügend Wundalkohol zur Verfügung stand."

Erhängen
Viele Gymnasiums-Kids masturbieren, indem sie sich ein Halstuch um den Hals schlingen, dessen anderes Ende an der Befestigungsstange des Duschvorhangs-verknotet wird. Geht der Orgasmus zu heftig ab, knicken die Jungs in den Knien ein und knüpfen sich auf. - Deutsche Ärzte geben solche Fälle zögernd zu und wollen nicht, daß man darüber berichtet - sie befürchten Nachahmungstäter. Sicher ist jedenfalls, daß nicht jeder Schülerselbstmord auch ein Selbstmord ist.

Jugend
Jugendliche sind der Gefahr sexueller Unfälle besonders hoch ausgesetzt, einmal sind sie experimentierfreudig, zum anderen müssen sie Angst vor Entdeckung haben. Ein 16jähriger Schüler wollte testen, wie reines Menthol auf sein Glied wirkt. "Es war die Hölle!", und es endete in einem mit Eiswürfeln gefülltem Kochtopf... Einem 15jährigen erging es auch nicht gut. Er wäre beinahe von seiner Mutter beim Onanieren erwischt worden, konnte gerade noch den Reißverschluß seiner Jeans hochziehen. Leider tat er das zu heftig und riß sich dabei die Haut der Hodensäcke auf.

Geschlechts-Tod

Sex

Todesfälle beim Beischlaf sind so selten nicht! Meistens handelt es sich um schlichte Herzinfarkte. Es gibt aber auch ausgefallenere Tode: Beim gegenseitigen Lecken der Genitalien hatte der männliche Part den Kopf der Frau zwischen den Oberschenkeln eingeklemmt, so daß es beim anschließenden Herumwälzen zum Bruch der Halswirbelsäule kam. Tja, Pech gehabt.

Fremdkörper
18 Prozent der Frauen und 20 Prozent der Männer gaben an, sie hätten es schon mit Vibratoren, Kerzen, Flaschen und ähnlichem gemacht. Schleimhautrisse, Infektionen und Harnröhrenoperationen sind die Folge. Manche Fremdkörper sind heimtückisch, weil sie sich in der jeweiligen Körperöffnung verändern. Ein Hamburger Arzt weiß folgendes zu berichten: "Mit einer Faßzange gehe ich dem Fremdkörper zu Leibe. Er läßt sich nur ganz schwer fassen. Es ist eine harte Masse, die stückchenweise zum Vorschein kommt. Es ist Kerzenwachs! Es handelt sich um ganz dünne, kleine Weihnachtskerzen, wie man sie zur Dekoration verwendet. Mindestens sechs Kerzen müssen in die Blase der Patientin gelangt sein. Dort schmolzen sie durch die Körperwärme zu einem Klumpen zusammen. Es dauert über eine Stunde, bis alles entfernt ist. Dann entsinnt sich die Patientin plötzlich: Es war eine sehr schöne Feier gewesen, mit viel Alkohol. Und dann hatte ihr jeder der Anwesenden eine Kerze dort hineinschieben dürfen, wo ich sie hervorholen mußte. Bis der Kerzenvorrat zu Ende gegangen war."

Masturbation
In einem kriminologischen Werk aus dem Jahr 1961 findet sich der seltene Stromtod einer Frau: "Ein gereiftes Mädchen hatte sich des Stiels eines Teekochers bedient, der schadhaft war und Strom übertreten ließ. Man fand das Mädchen tot, den Stiel des Teekochers in der verbrannten Scheide.

Naturprodukte
16 Prozent aller Männer und 11 Prozent aller Frauen geben an, schon mit Bananen, Gurken, Erdbeeren oder dergleichen experimentiert zu haben. Bei Verwendung penisförmiger Gemüse sollte man zumindest auf die richtige Temperatur achten. Ein 24jähriger Student erzählte, er habe beim Masturbieren den unstillbaren Wunsch nach einem Fremdkörper im Hintern verspürt. Er habe sich schließlich eine riesige Gurke aus dem Kühlschrank geholt. - Zwei Tage danach hatte er unter starken Hämorrhoiden zu leiden.

Orgie
Aus dem Erfahrungsschatz eines Gynäkologen: "Ich werde gerufen und weiß mit der blutig eitrigen Substanz, die aus der Scheide kommt, im ersten Moment nichts anzufangen." "Es ist dort ganz hart", meint die Helferin. Tatsächlich stößt der tastende Finger auf etwas Hartes. In der Scheide steckt ein Tannenzapfen. Später erfahren wir, daß sich mehrere Freunde ziemlich intensiv mit der Patientin befaßt haben. Zum Abschluß des Geschehens hatte man einen Tannenzapfen nachgeschoben. In der Vagina ist er dann gequollen und spreizte seine Lamellen. Er war nicht mehr herauszubekommen, wir mußten operieren."

Staubsauger
Die Schadensmeldung stammt aus der 1978 verfaßten Dissertation eines Münchner Urologen: Einem Mann widerfuhr folgendes. "Am Morgen des Unfalltages wollte der Patient in Abwesenheit seiner Frau die Wohnung staubsaugen. Als er die Düse des Staubsaugers wechseln wollte, hatte er dabei keine Hosen an, geriet ihm sein Penis in den Staubsaugerpropeller. Als die Wunde am Abend immer noch blutete, habe ihm seine Frau zu einem Arztbesuch geraten."

Sex

Penis
Einen ziemlich üblen Unfall berichtet ein weiterer Arzt: "Der Penis sieht schlimm aus. Er gleicht einem fast unterarmstarken, blauroten Gebilde. Der Mann ist homosexuell und masochistisch veranlagt. Bei abendlichen Spielchen ist sein Freund auf die Idee verfallen, den ziemlich groß ausgestatteten Penis des Patienten in den Schreibtischkasten zu sperren, während der Betroffene quer über einem Schreibtisch gelegen hatte. Leider, durch eine unachtsame Bewegung, wurde die Schublade heftig zugeknallt, was dem darin steckenden Penis nicht gut bekam. - Nach ein paar Monaten sehe ich den Patienten wieder. Es haben sich deutliche narbenartige Verhärtungen ausgebildet. Und einen Knick in der Linie hat das gute Stück auch.

Vaginismus
Wenn ein Scheidenkrampf Mann und Frau untrennbar aneinanderhängt, freuen sich die Sanitäter. Ein Zivildienstleistender erzählt: "Die Absicht ist es, die beiden auf der Tragbahre und mit möglichst viel Lärm, damit es alle Nachbarn mitkriegen, durchs Treppenhaus abzuschleppen. Im Rettungswagen kriegt sie dann die krampflösende Injektion, und sie können wieder hochgehen. Unsere Decken nehmen wir allerdings wieder mit..."

Und noch ein paar weitere Heiterkeiten:
Einem Urologen zufolge tauchte vor einigen Jahren ein Mann in der Notaufnahme eines Krankenhauses auf, der über starke Schmerzen in seinen stark angeschwollenen und offensichtlich aufgerissenen Hoden klagte. Nachdem der behandelnde Arzt seine Gesundheit wieder hergestellt hatte, gestand der Mann, beim Masturbieren in der Mittagspause seinen Penis gegen den Keilriemen einer an seinem Arbeitsplatz stehenden Maschine gedrückt zu haben. Doch kurz vor dem Höhepunkt lehnte er sich zu weit vor und es kam wie es kommen mußte. Da es ihm aber peinlich war, ein Krankenhaus aufzusuchen, hatte er zunächst versucht, im Do-it-yourself-Verfahren die Wunde mit einem Tacker zu schließen...

Von einem wirklich peinlichen Geschlechtsakt wußte die 'London Times' zu berichten. Ein nacktes Pärchen hatte es sich in dem Wipfel eines Baumes in einem nur einige hundert Meter hinter dem berühmten Windsor Castle gelegenen Park bequem gemacht und begannen in luftiger Höhe mit dem, was zwei Menschen verschiedenen Geschlechts nun mal gerne miteinander treiben. Doch kurz vor dem Höhepunkt konnte sich die Frau buchstäblich nicht mehr halten und fiel im Adamskostüm wie ein reifer Apfel zu Boden.

Beim Liebesspiel mit Tempo 130 im Auto ist ein italienisches Paar in den Abruzzen ums Leben gekommen. Ihr Auto wurde aus einer Kurve getragen, als die beiden halbnackt und bei Höchstgeschwindigkeit in ihrem Kleinwagen der Liebe nachgingen. Zuvor habe der Vater seiner Tochter per Handy noch folgende Nachricht geschickt: 'Fahrt vorsichtig.'

Ein besonders fesselndes Liebesspiel ist einem Paar aus Ingostadt zum Verhängnis geworden. Der Mann fesselte seine Frau für diverse Liebesspiele mit Handschellen, vergaß aber im Liebestaumel, dass er keine Schlüssel besitzt. So blieb ihm nichts anderes übrig, als die Polizei per Notruf zu alarmieren, um seine Partnerin aus ihrer Notlage zu befreien.

Zur Lachnummer wurde das Liebesspiel eines Bankangestellten aus Siena. Der 50jährige Italiener wollte als Batman verkleidet von einer Kommode auf seine Freundin springen, um die 26jährige aus den Fängen eines fiktiven Bösewichtes zu retten. Doch der liebestolle Banker verfehlte das Bett, brach sich beim Aufprall auf dem Fußboden den Arm und wurde ohnmächtig. Die nackte, ans Bett gefesselte Frau konnte wegen einer Augenbinde nur einen dumpfen Schlag hören. Ihr blieb nichts anderes übrig, als so lange um Hilfe zu rufen, bis die Feuerwehr kam.

Sex

Das Liebesspiel eines jungen Paares, das eigentlich heimlich auf einem dunkeln Parkplatz stattfinden sollte, wurde unversehens zu einer öffentlichen und für das Paar sehr peinlichen Nummer. Im Liebesrausch stießen die sich heftig Liebenden versehentlich gegen den Schaltknüppel und brachten ihn so in die Neutralstellung. Da die Handbremse nicht angezogen war, setzte sich das Fahrzeug durch die heftigen Bewegungen im Inneren in Bewegung und krachte schließlich durch eine große Glasscheibe in ein Fast-Food Restaurant. Dort erregte es schnell die Aufmerksamkeit der Gäste und Angestellten, die das Fahrzeug unverzüglich umstellten und, Hamburger und Fritten verzehrend, auf das nackte Paar deuteten und lautstark lachten.

Einer der peinlichsten Geschlechtsakte fand 1976 im Londoner Regent Park statt. Ein halbbekleidetes Pärchen ging dort in einem Auto der Liebe nach, als sich in der Enge des Fahrzeugs die Bandscheibe des Kavaliers verschob. Vor Schmerzen war er wie versteinert, weder er noch seine Freundin konnte sich befreien. Die einzige Möglichkeit war, mit dem Fuß auf die Hupe zu drücken und somit Passanten auf sich aufmerksam zu machen. Diese umstellten auch interessiert den Wagen, während ein Arzt, zwei Sanitäter und ein Feuerwehrmann versuchten, das verkeilte Pärchen aus dem Wagen zu befreien. Zwei Mitglieder des Roten Kreuzes reichten dem mittlerweile unterkühlten Pärchen durch ein Seitenfenster heißen Tee, während sich der Feuerwehrmann daran machte, den hinteren Teil des Wagens aufzuschneiden. Kommentar der Frau: 'Wie soll ich meinem Mann erklären, was mit seinem neuen Wagen geschehen ist?'

Ein Liebestaumel am Valentinstag wäre einem taiwanesischen Paar beinahe zum Verhängnis geworden. Beim champagnerseligen Balgen auf ihrem Balkon im siebten Stockwerk eines Hauses in der südtaiwanesischen Stadt Kaohsiung rutschte die 31-jährige Lin plötzlich aus und stürzte über die Brüstung. Ihr 33 Jahre alter Freund Chen wollte ihr ritterlich zur Hilfe kommen, konnte sich aber selbst nicht halten und stürzte mit ihr in die Tiefe. Amor hatte ein Einsehen und stand dem liebestollen Paar in letzter Sekunde bei: Sie landeten auf dem Dach eines dreistöckigen Gebäudes - zwar mit Brüchen an Armen und Beinen, aber lebend.

Schlimme Folgen hatte auch der Beischlaf eines jungen Paares, das so heftig ins Liebesspiel vertieft war, dass die Frau wie wild an der Nase des Mannes herumlutschte. Es kam, wie es kommen musste: Ihren Höhepunkt erlebend biss die Dame ihrem Mann ein Stück seines Riechorgans ab.

Die Masturbation mit einem Flaschenhals kann für eine Frau lustvoll, aber auch gefährlich sein. Denn unter bestimmten Umständen entsteht beim Akt mit einer entleerten Flasche ein Unterdruck, der verhindert, dass der gläserne Penisersatz wieder entfernt werden kann. Besonders peinlich wird es, wenn die Sanitäter die Flasche nicht entfernen können (oder wollen) und die Betroffene in ein Krankenhaus einliefern. Unumgänglich wird die Einlieferung bei einem Unfall mit einer (noch verkorkten) Champagnerflasche: Denn die Unfallursache Nr.1 ist hierbei der Korken, der 'nach innen' losgeht...

Sex-Frösche

Eine junge Frau schlendert am Schaufenster einer Zoohandlung vorbei und
entdeckt dort ein Schild: "Sex-Frösche für nur 20 Euro".

Neugierig geworden tritt sie ein und bleibt vor einer Glasvitrine stehen, an der ein Plakat hängt: "Sex-Frösche nur 20 Euro. Geldzurück-Garantie. Kommt mit Gebrauchsanleitung."

Die Blondine überzeugt sich links und rechts, dass niemand zusieht und flüstert dann dem Verkäufer zu, dass sie einen kaufen will.

Der Verkäufer packt einen Frosch vorsichtig ein und sagt: "Befolgen Sie einfach die Anleitung."

Die Blondine schnappt die Kiste und läuft schnurstracks nach Hause. Dort angekommen holt sie die Gebrauchsanleitung heraus und liest:

1) Duschen Sie.
2) Besprühen Sie sich mit wohlriechendem Parfum.
3) Ziehen Sie Ihre schönste Reizwäsche an.
4) Begeben Sie sich ins Bett und legen Sie den Frosch zwischen Ihre Beine.

Die Blondine befolgt alles und setzt zuletzt den Frosch an die besagte Stelle. Aber zu ihrer Überraschung passiert gar nichts.

Verärgert liest sie die Gebrauchsanleitung nochmals und entdeckt am unteren Ende ganz kleingedruckt den Hinweis:
"Falls Sie Probleme oder Fragen haben, rufen Sie bitte sofort in der Zoohandlung an....."

Die blonde Frau ruft dort an und der Verkäufer sagt, dass er heute bereits mehrere Beschwerden hatte, das Problem kennt und in fünf Minuten bei ihr sein wird.

Kurz darauf steht der Verkäufer bei ihr in der Wohnung, lässt sich den Hergang erzählen, bittet die Frau sich wieder hinzulegen, nimmt vorsichtig den Frosch, schaut ihm tief in die Augen und sagt mit ernster und drohender Stimme:

"Hör gut zu Freundchen. Noch ein einziges Mal zeige ich Dir, wie es geht.........."

Ersatzvater

Mr. & Mrs. Smith konnten keine Kinder bekommen. Deshalb beschlossen sie, einen Ersatzvater zu bestellen, damit sie eine Familie gründen konnten. Am Tag als der Ersatzvater erwartet wurde, küsste Mr. Smith seine Frau zum Abschied und sagte: "Also ich gehe jetzt, der Mann müsste bald hier sein."

Es war eine halbe Stunde später, als zufällig ein Baby-Fotograf, der von Haus zu Haus zog, an der Tür klingelte, in der Hoffnung auf einen Auftrag.

"Guten Morgen Ma`am", grüßte er, "ich komme um..."

"Oh, sie brauchen nichts zu erklären", schnitt Mrs. Smith ihm aufgeregt das Wort ab, "ich habe sie bereits erwartet."

"Wirklich", staunte der Fotograf, "das ist ja großartig! Wussten sie dass Babys meine Spezialität sind?"

"Nun, das hatten mein Mann und ich erhofft. Bitte kommen sie herein und nehmen sie Platz."

Nach einer Weile fragte sie errötend: "Naja, wo sollen wir denn anfangen?"

"Überlassen sie ruhig alles mir. Ich versuche es gewöhnlich zweimal in der Badewanne, einmal auf der Couch und vielleicht ein paar Mal auf dem Bett. Manchmal ist es auch auf dem Wohnzimmerteppich sehr reizvoll. Man kann sich dort nämlich so wunderbar ausbreiten."

"Badewanne, Wohnzimmerteppich??? Kein Wunder, dass es bei Harry und mir nie geklappt hat."

"Nun ja Ma`am, niemand von uns kann jedes Mal einen Erfolg garantieren. Aber wenn wir einige verschiedene Positionen ausprobieren und ich aus 6 oder 7 Winkeln schieße, dann bin ich überzeugt, dass sie von dem Ergebnis entzückt sein werden."

"Du meine Güte, das ist eine Menge!" keuchte Mrs. Smith.

"Sehen sie Ma`am, in meiner Branche sollte sich ein Mann immer Zeit nehmen. Ich könnte in 5 Minuten `rein und `raus sein, aber dann wären sie mit Sicherheit enttäuscht."
"Das wusste ich nicht", sagte Mrs. Smith leise.
Darauf öffnete der Fotograf seine Aktentasche und zog eine Mappe mit Baby-Fotos heraus.
"Diese habe ich oben in einem Bus gemacht", erklärte er.
"Oh, mein Gott!" rief Mrs. Smith und griff an ihre Kehle.

"Und diese Zwillinge hier, gerieten wider Erwarten ganz toll - wenn Sie bedenken, wie schwierig es war, mit deren Mutter zu arbeiten!" "Sie war schwierig?" fragte Mrs. Smith.

"Ich fürchte ja, schließlich musste ich sie in den Park bringen, um diesen Auftrag ordentlich zu erledigen. - Die Leute standen in Vierer- und Fünferreihen, um einen Blick zu erhaschen."

"Vierer- und Fünferreihen?" jappste Mrs. Smith, die Augen vor Erstaunen weit aufgerissen.

"Ja natürlich, und das für mehr als 3 Stunden. Die Mutter schrie und zeterte herum - ich konnte mich kaum konzentrieren. Und als es zu dämmern begann, musste ich mich mit meinen Schüssen beeilen. Als aber auch noch die Eichhörnchen an meinem Equipment knabberten, musste ich eiligst alles einpacken."

Mrs. Smith lehnte sich nach vorne: "Sie meinen sie kauten an ihrem... ähm... Equipment?"

"Ja, Ma`am, das stimmt. - Nun, wenn sie bereit sind, will ich mein Dreibein aufstellen und wir können sofort mit der Arbeit beginnen."

"Dreibein?"

"Natürlich Ma`am, ich benutze ein Dreibein, um mein Gerät darauf zu platzieren. Es ist viel zu schwer um es länger in der Hand zu halten."

Daraufhin fiel Mrs. Smith in Ohnmacht...

Sex

Der Arzt fragt: "Was kann ich für Sie tun?"
Der Mann antwortet: "Würden Sie uns beim Sex zuschauen?"
Der Arzt schaut etwas verdattert, aber er stimmt zu. Als das Paar fertig ist, sagt der Therapeut: "Es ist nichts aussergewöhnliches bei Ihrer Art Sex zu haben", und verlangt 80.- Franken für die Sitzung.

In den darauf folgenden Wochen wiederholt sich folgendes mehrere Male: das Paar macht einen Termin ab, hat Sex ohne Probleme, zahlt den Arzt und geht.
Irgendwann fragt der Arzt: "Was genau versuchen Sie hierbei herauszufinden?"

"Wir versuchen nichts herauszufinden", sagt der Mann, "sie ist verheiratet und wir können nicht zu ihr. Ich bin verheiratet, also auch nicht zu mir."

Das Holiday Inn verlangt 150.- Franken für ein Zimmer, das Mövenpick Radisson 360.- Franken.
Wir machen es bei Ihnen für 80.- Franken, bekommen 67.50 Franken von der Krankenkasse rückvergütet und haben ein gutes Alibi!"

* * * * *

...und noch dies:

John wollte Sex mit einer Kollegin aus seinem Büro haben, sie allerdings hatte bereits einen Freund.
 Eines Tages war John so frustriert, dass er direkt zu Ihr ging und zu Ihr sagte: "Ich gebe Dir 100 Euro wenn Du Liebe mit mir machst!"

Die Kollegin sagte "NEIN!!!"

Daraufhin antwortete John: "Ich bin sehr schnell. Ich werfe das Geld auf den Boden, Du kniest Dich, um das Geld aufzuheben, und schon bin ich fertig..."

Sie dachte an die 100 Euro und sagte daraufhin: "Ich werde meinen Freund fragen..."
 Sie ging ans Telefon, rief Ihren Freund an und erzählte Ihm die Geschichte.

Ihr Freund sagte zu Ihr: "Verlange 200 Euro. Hebe das Geld sofort auf, er bekommt in dieser Zeit nicht mal seine Hose auf und DU hast die Kohle!!!"
 Sie sagte: "Gut, das ist ein guter Deal, ich sage es meinem Kollegen."

Eine halbe Stunde ging vorbei, der Freund wartete ungeduldig auf den Rückruf seiner Freundin. Nach 45 Minuten kam der ersehnte Rückruf seiner Freundin und er fragte sie: "Was ist passiert?"

Sie antwortete: "Der Drecksack hat 50 Cent - Stücke geworfen!!!!"

Die besten Witze

Die besten Witze

In irgendeiner Bank:
Sie: "Guten Tag, was kann ich für Sie tun?"
Er: "Ich will ein Scheiß-Konto eröffnen."
Sie: "Wie bitte?! Ich glaube, ich habe sie nicht richtig verstanden!"
Er: "Was gibt's da zu verstehen, ich will in dieser Drecksbank einfach nur ein abgefucktes beschissenes Konto eröffnen."
Sie: "Entschuldigen Sie, aber Sie sollten wirklich nicht in diesem Ton mit mir reden."
Er: "Hör zu, Puppe, wenn ich mit dir reden will, dann sag ich das. Heute will ich aber bloß ein stinkendes scheiß Konto eröffnen."
Sie: "Ich werde jetzt den Manager holen."
Sie rennt weg. Weiter hinten sieht man Sie dann aufgeregt mit dem Manager reden, welcher mit ihr im Schlepptau auf den Mann zugeht.
Manager: "Guten Tag der Herr, was für ein Problem gibt es?"
Er: "Es gibt kein verdammtes Scheiß-Problem, ich habe nur 16 Millionen Euro im Lotto gewonnen und will dafür hier ein beschissenes verficktes Konto eröffnen!"
Manager: "Aha, und diese Drecks-Schlampe hier mit den viel zu kleinen Titten macht Ihnen Schwierigkeiten ..?"

Eine Blondine ging in ein E-Mail Center um eine Nachricht an ihre Mutter zu schicken. Als ihr der Mann sagte, das werde 300 CHF kosten, erklärte Sie: "Ich habe nicht so viel Geld, aber ich werde ALLES tun um eine Nachricht an meine Mutter schicken zu können!".
Der Mann zog eine Augenbraue hoch "Alles?" "Ja, Ja, alles", versprach die Blondine. "Nun, dann folgen Sie mir einfach " sagte der Mann und ging in Richtung des nächsten Raumes. Die Blonde tat wie ihr gesagt wurde und folgte dem Mann."
Kommen Sie herein und schliessen Sie die Tür" sagte er. Sie schloss die Tür. Dann sagte er: "Nun knien Sie sich nieder". Sie tat es. " Nun öffne meinen Reissverschluss... nimm ihn raus sagte der Mann. Sie ergriff ihn, nahm ihn in beide Hände... und wartete. Der Mann schloss die Augen und sagte " Na mach weiter"
Die Blonde brachte langsam ihren Mund näher heran..........
und während sie ihn nah bei den Lippen hielt, sagte sie leise:
 "Hallo Mutti, kannst Du mich hören?"

Ein BMW Fahrer fährt mit ca. 250 km/h auf der Autobahn trotz Geschwindigkeitsbegrenzung auf 100 km/h. Er wird von einem Streifenwagen
verfolgt. Nach einer halben Stunde wilder Verfolgungsjagd stoppt er endlich.
Der Polizeiobermeister sagt: "OK, wenn Sie mir eine Ausrede liefern, die ich
noch nie gehört habe, kommen Sie diesmal so davon."
Daraufhin der BMW-Fahrer: "Also, meine Frau ist letzte Woche mit einem
Polizisten durchgebrannt. Als ich Sie im Rückspiegel sah, dachte ich, Sie wollten sie mir wieder bringen..."

Die besten Witze

Die Frau schrie, sprang auf und sagte: "Euer Gnaden. Ich brachte das Kind zur Welt mit all den Schmerzen, als ich in den Wehen lag. Ich sollte das Sorgerecht für das Kind bekommen!" Der Richter drehte sich zum Mann und fragte: "Was haben Sie zu Ihrer Verteidigung zu sagen?"
Der Mann blieb eine Weile nachdenklich sitzen... dann erhob er sich langsam.
"Euer Gnaden... wenn ich eine Münze in einen Coke-Getränkeautomaten hineinwerfe und eine Coke kommt heraus... wem gehört dann die Coke... dem
Getränkeautomaten oder mir?"

An der Rezeption eines feudalen Londoner Hotels meldet sich ein in weiss und
völlig verhüllter Araber:
Concierge: Your name please?
Araber: Abdul Assid Mohammed.
Concierge: Sex?
Araber: Yes, two times a week.
Concierge: No, no - I mean male or female?
Araber: Not matter! Sometimes male, sometimes female, sometimes **camale!**

Ein junges Paar in der Hochzeitsnacht. Der Mann, ein muskulöser Protz, schmeißt seine Hosen auf das Bett und sagt: "OK, zieh dir diese an!" Sie tut es und sagt: " Sie passen nicht, sie sind viel zu groß!" "Genau", sagt er. "Ich bin der Mann in der Familie. Das darfst du niemals vergessen!" Sie wirft ihm ihr Höschen hin: "Versuch doch diese einmal!" Das Höschen geht bis an seine Knie und nicht weiter. "Verdammt!" sagt er. "Ich komm nicht rein!" "Genau!" sagt sie, "und so wird es auch bleiben, bis Du deine Einstellung änderst!"

```
Ein Mann kommt spät nachts aus seiner Stammkneipe nach Hause.
Durch den Lärm wacht seine Frau auf und fragt ihn, was er denn
für einen Lärm macht.
Er: "Die Schuhe sind umgefallen."
Sie: "Das macht doch nicht so einen Krach."
Er: "Ich stand noch drin."
```

Auf dem Parkplatz entdeckt eine Blondine eine große Beule in ihrer Autotür. Verzweifelt fragt sie sich, was sie tun kann. Ein junger Mann, der vorbei geht, rät ihr veralbernd, in den Auspuff zu blasen: "Damit pumpst Du das Auto so auf, dass die Beule automatisch ausgedellt wird!", fügt er an und entschwindet amüsiert. Die Blondine versteht den Scherz nicht und fängt an, in den Auspuff zu blasen. Nach einiger Zeit kommt eine andere Blondine vorbei und fragt: "Was machst Du da?" - "Ich versuche, die Beule an meiner Tür wieder aufzupumpen", antwortet die angesprochene Auspuffbläserin. Die andere Blondine schüttelt den Kopf, lacht sich halb tot und sagt: "Typisch Blondine, das wird nie klappen!"
Und unsere Blondine fragt: "Wieso nicht?"
Antwort: "Weil die Fenster offen sind!"

Die besten Witze

Ein Taxi-Passagier tippt dem Fahrer auf die Schulter um etwas zu fragen. Der Fahrer schreit laut auf, verliert die Kontrolle über den Wagen, verfehlt knapp einen Bus, schiesst über den Gehsteig und kommt nur wenige Zentimeter vor einem Schaufenster zum Stehen. Für ein paar Sekunden ist alles still, dann sagt der Taxifahrer: "Bitte machen Sie das nie, nie wieder! Sie haben mich zu Tode erschreckt." Der Kunde entschuldigt sich, "Ich konnte nicht ahnen, dass sie wegen eines Schultertippens gleich dermaßen erschrecken." "Ist ja auch nicht wirklich Ihr Fehler", meint der Fahrer. "Heute ist mein erster Tag als Taxifahrer. Die letzten 25 Jahre fuhr ich einen Leichenwagen."

Keiner, Niemand und Futzdumm treffen sich bei Futzdumm in der Wohnung. Keiner und Niemand gehen auf den Balkon und Keiner fällt herunter. Niemand ist völlig aufgeregt, rennt zu Futzdumm und sagt:
"Futzdumm, Du musst einen Krankenwagen rufen, Keiner ist vom Balkon gefallen!" - Futzdumm rennt sofort zum Telefon, wählt die Notrufnummmer und sagt:
"Hilfe, helfen Sie uns, Keiner ist vom Balkon gefallen und Niemand hat es gesehen!"
"Sagen Sie mal, sind sie Futzdumm?" - "Ja!"

Folgendes ereignete sich Aprilanfang auf einer Frauenstation:
Die Hebamme bringt ein prachtvolles Baby in den Raum der Mutter. Vor den Augen der entsetzten Mutter bricht sie ihm erst den linken, dann den rechten Arm. Danach macht sie sich über die Beine her.
Unter den Wahnsinnsschreien der Mutter wirft sie das Baby schließlich zu Boden und trampelt wie wild auf ihm herum.
Danach lächelt die Amme die Mutter an und sagt: "April, April, es war schon tot!"

```
Der Bauer sitzt mit seiner Frau am Küchentisch und putzt
seine Flinte.
Plötzlich löst sich ein Schuß und reißt der Frau den halben
Schädel weg.
Der Bauer sieht seine Frau an, sieht wie das linke Auge und
das Gehirn aus der zerplatzten Gesichtshälfte heraus hängen
und sagt: "Was guckst Du denn so blöd, denkst Du etwa ich
hab´ mich nicht erschrocken?"
```

Weihnachten.
Der kleine Bruder von Paul bekommt von den Eltern ein teures Geschenk nach dem anderen.
Erst ein Fahrrad, dann ein neuer Computer und schließlich sogar einen Hund.
Paul selbst bekommt ein Buch und zwei Paar Socken.
Sagt der kleine Bruder gehässig zu Paul: "Kann es sein, dass Mama und Papa mich mehr lieb haben als Dich?"
Sagt Paul: Kann es sein, dass Du Krebs hast?

Bei Frau B. klingelt es an der Tür. Als sie öffnet, steht ein Mann
draußen und fragt: "Haben Sie ein Geschlechtsorgan?" Empört schlägt sie die
Tür wieder zu. Am nächsten Tag steht der gleiche Mann vor der Tür und
fragt erneut: "Haben Sie ein Geschlechtsorgan?" Die Frau bekommt es mit der
Angst zu tun und erzählt die Geschichte am Abend ihrem Mann. Der ist außer
sich, schimpft über die Unmoral der Menschen und beschließt, den
Sittenstrolch zu überführen.
Er bleibt den ganzen Tag zu Hause und legt sich auf die Lauer.
Als es wieder klingelt, bezieht er hinter der Tür Stellung. Frau B.
öffnet und wieder fragt der Fremde: "Haben Sie ein
Geschlechtsorgan?" Die Frau nimmt ihren ganzen Mut zusammen und antwortet:
"Natürlich habe ich eines. Warum?"
Meint der Fremde: "Dann bitten Sie doch Ihren Mann darum, Ihres zu
benutzen und nicht das von meiner Frau!"

Der Malermeister im Arbeitsamt: "Ich brauche dringend eine Arbeitskraft,
habt ihr jemanden für mich?" "Tut uns Leid, aber Maler sind zurzeit
sehr rar. Wir hätten da aber noch einen arbeitslosen Gynäkologen." Nach
einigem Hin und Her stimmt der Malermeister zu: "Für ein oder zwei Wochen
wird's schon gehen." Nach vier Wochen ruft das Arbeitsamt an und fragt:
"Wie läuft's denn mit dem Gynäkologen? Wir hätten nämlich einen Maler,
der einen Job sucht." Darauf der Malermeister: "Kommt nicht in Frage, das ist
mein bester Mann. Letzte Woche kamen wir zu einer Wohnung, da waren die
Leute nicht zu Hause. Und da hat der den ganzen Flur durch den Briefschlitz
tapeziert!

Jan und Hein sind zum ersten Mal in der grossen Stadt und wollen auch
mal in ein Bordell. Dort weist sie die Puffmutter auf eine wichtige Regel hin:
"Aber nur mit Kondom!"
"Mit wat?", fragt Hein.
"Na, mit Gummi halt, wegen des Gesundheitsamts und so", lautet die
Antwort der Puffmutter. "Die Mädels machen das schon."
Wochen später sitzen Jan und Hein in der Dorfkneipe: "Mann, in der
Stadt, das war schon toll!"
"Jau, das stimmt. Aber sag mal, war das Gesundheitsamt schon bei dir?"
"Nee, bei dir?"
"Auch noch nicht"
"Weißt du was? Dann mach ich das Ding jetzt ab!"

Zwei Männer unterhalten sich über Sex.
Sagt der eine: "Das Beste ist die Rodeo-Stellung."
"Nie gehört", staunt der andere.
"Pass auf: Du platzierst deine Frau auf alle Vieren vor dir und nimmst sie von
hinten. Dann greifst du langsam nach vorne und packst ihre Brüste."
"Und was hat das mit Rodeo zu tun?"
"Dann raunst du ihr ins Ohr: 'Deine Brüste liegen genauso gut in der Hand
wie die deiner Schwester.' Und dann versuch mal, länger als acht Sekunden
auf ihr zu bleiben."

Die besten Witze

Ein Tscheche merkt, dass sein Augenlicht schlechter wird, und geht zum Augenarzt. Dort zeigt der Doktor auf die unterste Buchstabenreihe der Sehtesttafel: CZUKHRSKI HRBRADRZ.
"Können Sie das lesen?", will der Arzt wissen.
"Lesen?", fragt der Tscheche. "Ich kenn den Burschen."

Kommt eine Frau mit geschwollenem Gesicht zum Arzt und sagt:
"Herr Doktor, was soll ich nur tun, mein Mann schlägt mich immer, wenn er vom Trinken nach Hause kommt?"
Der Arzt rät: "Kochen Sie sich einfach einen Kamillentee und gurgeln sie diesen immer wenn ihr Mann nach Hause kommt. Gurgeln Sie bis er eingeschlafen ist.
Und dann kommen Sie in einem Monat zum Kontrollbesuch".
Bei der Kontrolle ist sie überglücklich.
"Herr Doktor, Ihr Rat wirkt Wunder, mein Mann hat mich, seitdem ich den Kamillentee gurgle, nicht einmal geschlagen".
Sagt der Arzt:
"Wusst' ich's doch. Es war nicht der Alkohol, sondern ihr freches Maul"

Ein alter Mann sitzt auf einer Parkbank und weint. Ein Jogger kommt vorbei und fragt, was der Grund sei.
Der alte Mann antwortet: "Ich bin ein Multimillionär, ich habe eine riesige Villa, fahre das schnellste Auto der Welt und habe eine Sexbombe geheiratet, die mich jeden Abend befriedigt - ob ich will oder nicht."
Meint der Jogger: "Oh Mann, was weinst du da? Du hast alles, was ich mir jemals gewünscht habe!"
Der alte Mann erwidert: "Ja, aber ich weiß nicht mehr, wo ich wohne!"

Zwei Freundinnen beschließen, wieder mal so richtig auszugehen und einen "Frauen-Saufabend" durchzuziehen. Auf dem Heimweg am frühen Morgen, sturzbetrunken, haben sie das übliche dringende Bedürfnis, aber weit und breit keine Toilette und kein Gebüsch, nur ein Friedhof. Da es wirklich dringend ist, erledigen sie die Geschäfte im Friedhof. Beide haben nichts mehr zum Abwischen, keine Taschentücher, nichts. Die eine beschliesst, den Slip zu opfern und wirft ihn weg. Die andere zögert, es ist ein neues, teures Designer-Modell das sie kürzlich von ihrem Mann zum Geburtstag erhalten hat. Da sieht sie auf dem Grab nebenan einen Kranz mit Schleife. Zum Teufel mit der Schleife, denkt sie, 'dies ist ein Notfall', reisst die Schleife ab und reinigt sich damit.
Am anderen Tag treffen sich die zwei Männer der Freundinnen. "So geht's ja auch wieder nicht!" sagt der eine "Wir müssen was unternehmen! Gestern kam meine Frau stockbesoffen vom Frauenabend nach Hause und hatte nicht einmal mehr das Höschen an!" "Das geht ja noch", meint der andere, "meine hatte zwar das Höschen an, aber zwischen den Pobacken war noch ein rotes Band eingeklemmt mit der Aufschrift:
"Wir werden Dich nie vergessen! - Musikkapelle Grünwald"

Die besten Witze

Ein Achtzigjähriger liegt im Krankenhaus und soll von der Schwester
für die Operation im Genitalbereich rasiert werden. Als die
Schwester die Decke zurückschlägt sieht sie sein Riesending:
"Mensch, Opa, das ist ja ein echter Hammer!"
Opa: "Ja, vor zehn Jahren hab ich mir einen Eimer Wasser rangehängt und bin 100 Meter freihändig gelaufen!"
Schwester: "Na, aber das klappt ja heute wohl nicht mehr?"
Opa: "Nee, das machen die Knie nicht mehr mit!"

Ein Schwarzer nimmt 'ne Anhalterin mit. Sie fahren so zwei Stunden dahin, bis sie ihm mitteilt, er könne jetzt rechts ranfahren und sie rauslassen, sie wäre jetzt am Ziel.
Als sie beim Aussteigen ist, sagt er: "Also weißt Du, jetzt bist Du zwei Stunden mit mir mitgefahren, jetzt müsste doch so 'ne kleine Nummer drin sein, oder?"
Nach kurzem Überlegen sagt sie: "Naja, Nummer ist nicht, Ihr Schwarzen habt doch so einen Langen, aber blasen werd' ich Dir einen..." Der Schwarze verdreht die Augen: "Blasen... blasen... blasen kann ich mir auch selbst einen!"

Ein Mann fährt in einem Aufzug. Irgendwo steigt eine Frau zu und sie fahren weiter. Plötzlich bleibt der Aufzug stecken. Die Frau schaut ihn verführerisch an, leckt sich langsam über die Lippen, zieht die Bluse und BH aus und meint schliesslich zu ihm: "Los, mach dass ich mich wie eine richtige Frau fühle!" Der Mann überlegt kurz. knöpft dann sein Hemd auf, wirft es auf den Boden und meint: "Hier! Waschen und bügeln!"

Adam unterhält sich mit dem lieben Gott und fragt: "Warum hast du Eva so schön gemacht?" Der liebe Gott antwortet: "Damit sie dir gefällt." "Und warum hast du ihr ein so angenehmes Wesen gegeben?" "Damit du sie liebst." "Ja...", Adam überlegt, "... aber warum hast du sie dann so dumm gemacht?" "Damit SIE DICH liebt."

Ein Türke wird von den Wiener E-Werken angestellt, um die Zähler abzulesen.
Er kommt an die erste Adresse auf seiner Liste, eine Frau öffnet die Tür.
Der Türke fragt sie: "Wie viel Nummern Du haben gemacht bei Licht?"
Die Frau empört: "Egon, komm mal schnell, hier steht ein Tschusch und beleidigt mich!"
Egon kommt, breit wie ein Schrank: "Wos wüst?"
Der Türke: "Wie viel Nummern Du haben gemacht bei Licht?"
Egon brüllt laut: "Wüst a poa auf di goschn?!"
Der Türke: "Wenn du mir nicht sagen, wie viel Nummern Du haben gemacht bei Licht, ich dir schneiden Strippe ab, und deine Frau muss nehmen Kerze..."
Und deshalb müssen die Deutschkurse intensiviert werden!

Die besten Witze

Was ist der Unterschied zwischen E.T. und einem jugoslawischen Staatsangehörigen?
- E.T. konnte deutsch sprechen!
- E.T. hatte ein eigenes Fahrrad!
- E.T. kam alleine!
- E.T. hatte Freunde auf der Erde!
- E.T. konnte selbstständig denken!
- E.T. kam nicht mit dem Vorsatz, die Welt zu zerstören!
und vor allem: E.T. wollte wieder nach Hause!!!

Die jamaikanische Version von „Vater unser"...
Rasta unser
der du bist in Jamaika
geraucht werde dein Joint
dein Hasch komme
dein Flash geschehe
so wie im Bong
so in der pfeife
und führe uns nicht in die Razzia
sondern erlöse uns von den Bullen
denn dein ist der Shit
und die Seeligkeit in Abwesenheit
PEACE

Ein Ossi, ein Wessi, ein Pole und ein Türke retten eine Fee und haben jeder nur einen Wunsch frei.
Der Pole: "In Polän wir haben nich alle Auto. Ich wollen, das alle Polen haben eine Mercädäs."
Die Fee schnippt mit den Fingern und alle Polen haben einen Mercedes.
Der Ossi: " Seid dor Wände geht's uns immer schleschter. Viele hoben kene Abeit, alles wird deurer und de Wessis gebn uns nür 84sch Prozend. Früherwor Alles besser! Ich will, dass de heilische Mauer wider aufjebaut wird und der Erisch wider leben tut."
Die Fee schnippt mit den Fingern und die Mauer steht wieder und im Osten ist wieder Sozialismus.
Der Türke: "Ey, isch bin de krasse Mehmet. Isch wünsch mir für jede Türken oberkrasse Harem mit 1.000 korrektgeile Frauen mit rischtig dicke Dinger.
Ey...und solln koche könne!"
Die Fee schnippt und alle Türken sind stolze Besitzer eines Harems.
Dann ist der Wessi an der Reihe. Er grübelt einen Augenblick und meint dann: "Also, die Polen klauen unsere Autos nicht mehr, die Türken lassen unsere Frauen in Frieden, die Mauer steht wieder ... ich nehm einen Cappuccino!"

Ein steinalter Mann hat gerade eine bildhübsche und junge Frau geheiratet. Beide finden sich zum Flittern in einem Hotel ein. Das Personal grinst in sich hinein und lästert: "Guck Dir den Opa an, der kommt morgen früh sicher total geschafft zum Frühstück ..." Am nächsten Morgen kommt der alte Herr fröhlich runter, während seine Gattin auf dem Zahnfleisch kriecht. Nach zwei Wochen flittern, am Tag der Abreise, traut sich das Personal, die Frau zu fragen: "Sagen sie, sie waren zwei Wochen lange immer erledigt, wir dachten das eigentlich eher von ihrem Mann?" "Ach, klagt sie", als ich ihn geheiratet habe, hat er gesagt, er hätte 30 Jahre gespart. Und ich dachte, er meint GELD!"

Die besten Witze

```
Schlauer Mann + schlaue Frau = Romanze
Schlauer Mann + dumme Frau  = Affäre
Dummer Mann  + dumme Frau   = Schwangerschaft
Dummer Mann  + schlaue Frau = Shopping

Schlauer Chef + schlauer Angestellter = Profit
Schlauer Chef + dummer Angestellter   = Produktion
Dummer Chef   + schlauer Angestellter = Promotion
Dummer Chef   + dummer Angestellter   = Überstunden
```

Drei Frauen stehen an einem Fluss. Da kommt eine Fee und schenkt jeder Frau einen Wunsch. Die erste Frau: "Ich möchte eine Eigenschaft, um diesen Fluss überqueren zu können." Blink, und sie kann schwimmen. Die zweite Frau: "Ich möchte einen Gegenstand haben, um diesen Fluss zu überqueren." Blink, und sie bekommt ein Ruderboot. Die dritte Frau: "Ich möchte, ohne mich groß anstrengen zu müssen, über diesen Fluss kommen." Blink, sie wird zu einem Mann und geht über die Brücke!

Im Paradies: Eva bekommt ihre erste Regel und fragt Adam, was man dagegen machen könne. Darauf steckt Adam ihr ein paar Kirschen in die Spalte ... Nichts tut sich! Dann greift Adam zu einer Banane ... Nichts tut sich! Als letztes versuchen sie es mit einem Fisch ... Und die Moral von der Geschichte? Kirschen sind rot, Bananen sind krumm und wie die Fische vorher gerochen haben, weiß keiner!

Ein junger Medizinstudent macht mit einem Arzt seinen ersten Rundgang durch ein Krankenhaus. Als sie an einem Zimmer vorbeigehen, sieht er, wie ein Mann ununterbrochen onaniert. "Was ist denn mit DEM los?" fragt der Student seinen begleitenden Arzt. "Tja, sein Problem ist, das seine Hoden viel zu viele Spermien produzieren. Wenn er aufhört zu onanieren dann explodieren seine Eier." "Wow!" entgegnet darauf der Student. Ein bisschen weiter den Gang hinunter schaut er in ein Zimmer und sieht, wie eine Krankenschwester mit einem Patienten auf dem Bett liegt und ihn oral befriedigt. "Ja, und was hat der Mann?" will der Student wissen. Antwortet der Arzt: "Gleiches Problem, Erstklass-Versicherung!"

Frau Egli begibt sich in eine Tierhandlung und erblickt sofort einen prächtigen Papagei. Auf dem Preisschild steht: Papagei NUR Euro 10,- "Warum ist der denn so billig?", fragt Frau den Tierhändler verwundert. Dieser antwortet: "Hören Sie! Ich sollte Ihnen vielleicht sagen, dass dieser Papagei zuvor in einem Freudenhaus gelebt hat und deswegen ab und zu ziemlich vulgäres Zeug redet." Die Frau lässt sich dies durch den Kopf gehen und entscheidet sich schließlich, den Papagei dennoch zu kaufen. Sie nimmt ihn mit nach Hause, hängt den Käfig im Wohnzimmer auf und wartet darauf, dass der Vogel was spricht. Der Papagei schaut sich um, dann auf seine neue Besitzerin und krächzt: "Neuer Puff, neue Puffmama". Frau Egli ist zuerst darüber geschockt, denkt sich dann aber dass dies nicht soooo schlimm ist. Als die beiden Töchter von der Schule nach Hause kommen und vom Papagei erblickt werden krächzt dieser: "Neuer Puff, neue Puffmama, neue Nutten". Die Mutter und die beiden Töchter sind Anfangs etwas beleidigt, sehen das aber gelassen und beschließen, lieber darüber zu lachen. Einen Augenblick später kommt Familienvater Egon nach Hause. Der Vogel sieht ihn und krächzt: "Hallo Egon"!

Die besten Witze

Die lieben Österreicher.
Ein Wiener Obdachloser durchstöbert auf seiner täglichen Suche nach Nahrung die Wiener Mülltonnen. Dabei stößt er in einem Kübel auf einen Zerbrochenen Spiegel und weicht erschrocken zurück: "*Jössas, a* Leich!".
Er rennt zur nächsten Polizeistation und meldet: "I hob' a Leich' gfund'n, im dritt'n Mistküb'l beim Stefansplotz. schaut's eich des on!" Die Polizei fährt sofort zum besagten Mistkübel, ein Beamter öffnet die Tonne, erbleicht und sagt: "Mei' Gott, des is je ana' vo uns!"
Besagter Polizist nimmt den Spiegel als Beweismittel mit, vergisst ihn in seiner Uniform. Abends dann daheim durchwühlt seine Tochter seine Jacke nach einer kleinen - findet den Spiegel, und ruft: "Mama, Mama, da Papa hot a Freindin!"
Die Mutter eilt herbei und sieht sich den Spiegel an: so a hässliche Sau!!!"

Eine holländische Familie geht einkaufen.
Während sie im Sportgeschäft sind, nimmt sich der Sohn ein Deutschland-Shirt und sagt zu seiner Schwester: "Ich habe entschieden, dass ich Deutschland-Fan werde und möchte dieses T-Shirt zum Geburtstag." Die grosse Schwester reagiert wütend und gibt ihm eine Ohrfeige: "Bist du bescheuert, geh und rede mit Mutter darüber."
Also geht der kleine Junge mit dem Schweizer Shirt zur Mutter und sagt: "Ich habe entschieden, dass ich Deutschland-Fan werde und möchte dieses T-Shirt zum Geburtstag." Die Mutter reagiert entrüstet und gibt ihm 2 Ohrfeigen: "Hast Du sie noch alle, geh und red mit Vater darüber."
So geht der Junge zum Vater und sagt: "Ich habe entschieden, dass ich Deutschland-Fan werde und möchte dieses T-Shirt zum Geburtstag." Der Vater dreht komplett durch und haut den Jungen windelweich: "Kein Sohn von mir wird je mit so einem Shirt herum laufen."
Ungefähr eine halbe Stunde später sitzt die ganze Familie wieder im Auto und macht sich auf den Heimweg. Der Vater dreht sich zum Sohn und sagt: "Sohn, ich hoffe Du hast heute etwas gelernt?"
Der Sohn sagt: "Ja Vater, das hab ich."
"Gut Sohn, und das wäre?", fragt der Vater.
Der Sohn antwortet: "Ich bin erst seit einer Stunde Deutschland-Fan und schon hasse ich die Holländer."

```
Zwei Männer sind am FKK-Strand und langweilen sich. Aus Jux
verbuddeln sie sich im Sand und lassen nur ihr bestes Stück
rausgucken.
Kommt eine 80-Jährige vorbei, sieht die Dinger und fuchtelt
mit ihrem Stock daran rum.
Flüstert sie: "Meine Güte, mein Leben lang hab ich danach
gesucht, und hier wachsen die Dinger!"
```

Der Vater kommt spät in der Nacht nach Hause. Da hört er aus dem Zimmer seiner Tochter ein Stöhnen. Besorgt öffnet er leise die Tür und muß mit ansehen, wie es sich seine Tochter mit einer Banane besorgt.
Am anderen Morgen bindet er die Banane an einem Strick fest und geht, die Banane hinter sich herziehend, durch die Wohnung. Als die Tochter daraufhin einen roten Kopf bekommt, fragt die Mutter, was das zu bedeuten habe.
Darauf der Vater: "Ich zeige meinem Schwiegersohn die Wohnung..."

Die besten Witze

Ein Brief von einem Bayern an die NASA
Greet God, I write you, because you must help me. I have seen your Space Shuttle in the television. And so came me the idea to make holidays in the worldroom. Alone. Without my crazy wife. I am the Kraxlhuber. The King of Bavaria was my clock-clock grandfather. I stand on a very bad foot with my wife. Always she shouts with me. She has a shrill voice like a circle saw. She lets no good hair at me. She says I am a Schlapp-tail. She wants that I become Bürgermaster. But I want not be Bürgermaster. I have nothing at the hat with the political shit. I want my Ruah. And so I want make holidays on the moon. Wizhout my bad half. But I take my dog with me. He is a boxer. His name is Wurstl. So I want book a flight in your next Space Shuttle. But please give me not a window place. I would kotz you the rocket full, because I am not swindle-free. And no standing-place please...
And please do not tell my wife that I want go alone. She has a big Shrot-gun. She would make a sieve from my ass. I need not much comfort. A nice double-room with bath and kloo and heating. And windows with look to the earth. So I can look through my farglass and see my wife working on the potatoe field. And I and my dog laugh us a branch (häha). We will kringel ourself before laughing (höhöhöhö)! Is what loose on the moon? I need worm weather and I hope the sun shines every day. This is very good for my frost-boils. With friendly Servus Xaver

Das ideale Gespräch!?
Einige Männer plaudern gelassen in der Sauna als ein Handy losgeht...
- Hallo Schatz, ich bin gerade vor einer Boutique. Die haben einen Nerzmantel ausgestellt zu einem unglaublichen Preis! Was meinst du, soll ich ihn kaufen?
Der Mann überlegt kurz:
- OK, kauf ihn ruhig!
- Oh danke Liebster. Übrigens, auf dem Weg hierher habe ich bei der Mercedes Garage das neueste Coupé gesehen. Weißt du, Lederinterieur, metallisierter Lack, full optional... Nur 970tausend Schilling. Ich will ja nicht von deiner Güte profitieren aber was meinst du dazu?
- Na ja, wenn es so ist, kauf es!
- Vielen Dank. Apropos, weißt du noch als wir an der Côte d'Azur in den Ferien waren, das Haus auf dem Hügel mit Schwimmbad und Tennisplatz? Die verkaufen es für nur 6 Millionen Schilling! Ein echtes Schnäppchen!
- Na gut, kauf auch das Haus.
- Liebster, du bist ja so einen Schatz! Das ist der schönste Tag meines Lebens. Ich liebe dich. Bis heute Abend.
- Bis heute Abend Schatz.
Der Mann legt auf, schaut aufs Handy, lächelt vergnügt, hebt seine Hand, beginnt mit dem Handy rumzuwinken und schreit:
- WEM GEHÖRT DIESES HANDY?

Feministinnenkongress
Aus dem Protokoll des Feministinnen-Kongresses in Berlin zum Thema Umerziehung des Mannes:
1. Wortmeldung: "Mein Name ist Brigitte. Ich habe meinem Mann gesagt: Helmut, ab sofort kochst Du! Am ersten Tag habe ich nichts gesehen, am zweiten Tag habe ich nichts gesehen, aber am dritten Tage, da stand das Essen auf dem Tisch!" Großer Beifall im ganzen Saal, Hochrufe, Bravo!
2. Wortmeldung: "Ische binne Graziella. Sage maine Manne: Luigi! Appe soforte du putze Klo! Anne erste Tag ische nixe gesehe, zwaite Tage nixe gesehe, aba anne dritte Tage, ische gesehe Luigi mitte Putzelappa inne Klo!" Tosender Beifall, stehende Ovationen!
3. Wortmeldung: "Isch Fatima. Sagen Achmed, mussen selber die Hemd bugle! Erste Tag ich nix sehe, zweite Tag ich nix sehe, aba dritte Tag isch konnte mit linke Auge wieder bissle gucke"

Die besten Witze

Mir ist heut morgen was passiert...
Heute Morgen war ich beim Bäcker. Ich war 5 Minuten im Laden drin. Als ich wieder raus kam, war da eine Politesse und schrieb gerade einen Strafzettel aus.
Also ging ich zu ihr hin und sagte: 'Hören Sie mal, ich war NUR gerade beim Bäcker.' Sie ignorierte mich und schrieb das Ticket weiter aus. Das machte mich etwas wütend und ich wurde etwas unbeherrschter: 'Hallo? Sind Sie taub, ich war NUR gerade beim Bäcker!'
Sie sah mich an und sagte: 'Dafür kann ich nichts. Sie dürfen hier nicht parken und außerdem sollten Sie sich etwas zurückhalten!'
So langsam ging mir das auf den Zeiger...
Also nannte ich sie eine blöde Schlampe und sagte ihr noch, wo sie sich ihr beschissenes Knöllchen hinstecken könnte. Da wurde die auf einmal richtig stinkig und faselte etwas von Anzeige und Nachspiel für mich. Ich habe ihr dann noch gesagt, Sie sei die Prostituierte des Ordnungsamtes und könne, wenn sie woanders anschaffen ginge, wesentlich mehr verdienen.
Sie zog dann unter dem Hinweis auf die nun folgende Anzeige wegen Beleidigung von dannen.
Mir war das egal.....ich war ja zu Fuß

Modernes Märchen: Froschkönig
Eine Frau war am Golfen, als sie den Ball in den Wald schlug. Sie ging in den Wald, um nach dem Ball zu suchen und fand einen Frosch, gefangen in einem Netz.
Der Frosch sagte zu ihr: "Wenn Du mich aus dem Netz befreist, so will ich Dir 3 Wunsche erfüllen."
Die Frau befreite den Frosch.
Der Frosch sagte: "Danke, doch ich vergaß zu erwähnen, dass es bei der Erfüllung der Wunsche eine Bedingung gibt. Denn was immer Du Dir wünschst, wird auch Dein Ehemann bekommen, und zwar 10 mal besser."
Die Frau sagte: "Das ist okay."
Für ihren ersten Wunsch wollte sie die schönste Frau der Welt sein.
Der Frosch warnte sie: "Vergiss nicht, Dein Mann wird durch diesen Wunsch der hübscheste Mann der Welt sein wird, ein Adonis, dem die Frauen in Scharen hinterher laufen werden."
Die Frau antwortete: "Das ist schon in Ordnung, denn ich werde die schönste Frau der Welt sein und er wird nur Augen für mich haben."
So kam es: Sie wurde die schönste Frau der Welt!!!
Mit ihrem zweiten Wunsch wollte sie die reichste Frau der Welt werden.
Der Frosch sagte: "Dann wird Dein Mann der reichste Mann der Welt sein und er wird 10 mal reicher sein als Du."
Die Frau antwortete: "Das ist schon in Ordnung, denn was mein ist, ist auch sein und was sein ist, ist auch mein."
So kam es: sie wurde die reichste Frau der Welt!!!
Nun fragte der Frosch nach ihrem dritten Wunsch und sie sagte: "Ich will einen leichten Herzinfarkt haben."
Und die Moral von der Geschichte???
Frauen sind clevere Biester!!
Lege Dich niemals mit ihnen an!!!

Die besten Witze

```
Ein "verschlüsselter" Brief
Seit Tagen hast Du mich nicht mehr ge-
sehen und deinen Besuch immer aufge-
schoben. Du ahnst ja nicht, wie meine feige
Eifersucht mich quaelt und mich jeder Nerv
juckt, wenn ich an deinen grossen und langen
Brief an die Freundin mit dem blonden Ross-
Schwanz denke. Am liebsten liesse ich mich tot-
fahren. Aber ich kann meine Haare auch so wie sie
buersten, wenn du magst! Weisst Du noch
wie wir letzte Woche zusammen waren und
wie wir im Walde sassen und Du meine scharfe Fo-
tographie betrachtet und die dann an dein Her-
ze genommen und liebkost hast? Wie Du meine Beine
bewundert und wie du liebevoll meine Arme
auseinanderlegtest um mich mit aller Kraft zu
umarmen? Niemand beobachtete uns ausser den
Voegeln! Als dann nach heisser Glut der Samen
unserer Liebe aufging und der Treueschwur
aus Dir herausbrach und eindrang in meine
Ohren, da war es klar wie ich mich ent-
scheide. Das war der schoenste Tag meines Lebens."
Was, das war langweilig? Dann lest mal nur jede zweite Zeile...
```

Irgendwie macht es mir Spass, Menschen aus dem Konzept zu bringen. Wie wieder mal neulich in meiner Lieblingsmetzgerei. Hinter mir eine Schlange, vor mir eine dieser netten Fleischereifachverkäuferinnen 'Einmal von dem Schwarzwälder Schinken' '100 Gramm?' 'Ja' 'Darf es etwas mehr sein?' 'Ja klar' (Typisch, SO kann man auch Kohle machen) 'Darf es sonst noch was sein?' Ich finde die klassische Bestellerei öde. Also denke ich, ich bin mal flexibel: 'Ja, bitte noch 113 Gramm Aufschnitt' Totenstille in der Metzgerei. Die Fleischfachkraft starrt mich an, als hätte ich gesagt, sie legt beim Wiegen jedes Mal ihre Brüste mit auf die Waage. Sie versucht es mit dem 'ich habe mich verhört' Trick: '100 Gramm Aufschnitt?' Aber nicht mit mir! 'Nein, 113 Gramm' - '113 Gramm?' 'So ist es!' 100 Gramm kann sie schätzen, hat sie ja den ganzen Tag. Aber 113 Gramm, das ist eine Herausforderung - zumal, wenn der Laden voll wie ein Kölner im Karneval ist. Die Digitalanzeige blättert sich auf 118 Gramm. 'Darf es ein bißchen mehr sein?' 'Nein, genau 113 Gramm, bitte!' Sie atmet schwer. Hinter mir immer noch Totenstille. In Zeitlupe schneidet sie ein Wurststückchen ab und legt den Aufschnitt auf die Waage. 114 Gramm. Sie will die Wurst gerade einpacken. 'Nein' sage ich 'Ich möchte bitte genau 113 Gramm.' Ich drehe mich zu den Wartenden um. 'Ärztliche Empfehlung' lächle ich. Es nutzt nichts. Einer ballt die Fäuste. Aber jetzt gibt es kein Zurück mehr. Meine bislang freundliche Bedienung knirscht mit den Zähnen, schneidet noch ein Stückchen von EINEM Wurstscheibchen ab, lässt erneut die Waage entscheiden. Wie in Zeitlupe erscheinen die Zahlen und bleiben bei genau 113 Gramm stehen. Hinter mir atmen die Menschen und auch meine Fleischereifachverkäuferin auf. Geschafft. Das A****loch ist befriedigt. 'JETZT dürfen Sie einpacken' erkläre ich generös, im Bewusstsein, sie besiegt zu haben. Ich zahle an der Kasse und noch währenddessen frage ich die Besiegte freundlich: 'Was machen Sie eigentlich mit den abgeschnittenen Rest?' 'Die werfe ich weg, wieso?' 'Och', sage ich verbindlich, 'bevor Sie die wegschmeissen, können Sie sie ja auch mir geben...' Im Krankenhaus hat man mir später erzählt, sie hätten drei Stunden gebraucht, um mir die Kalbshaxe aus den Rippen zu operieren...

Die besten Witze

Pennerin zu Penner: "Darf ich Dir mal wieder einen blasen?"
Er: "Na gut, aber ich habe ihn seit 6 Wochen nicht gewaschen!"
Sie: "Macht nichts!"
Die Pennerin bläst.
Er: "Mensch, ich hätte solche Lust, Dich zu lecken!"
Sie: "Ja, mach, aber ich habe mich seit 8 Wochen nicht gewaschen!"
Er: "Macht nichts!"
Kurz darauf sie: "Mensch, ich müßte mal furzen!"
Er: "Ja, gute Idee, etwas frische Luft wäre jetzt nicht schlecht!"

Nachdem der junge Mann seine Angebetete nachts
ordentlich rangenommen hat, bemerkt er auf dem
Nachttisch das Foto eines anderen Mannes.
"Wer ist das denn?" fragt er sichtlich nervös.
"Ist das Dein Mann?" "Nein, natürlich nicht,
Dummerchen!" "Vielleicht Dein Freund?„
"Aber nein, Du bist doch mein Freund„
Es lässt ihm keine Ruhe: "Oder Dein Papa,
oder Dein Bruder?" "Nein auch nicht, entspann Dich. „
"Aber wer zum Geier ist es dann?" "Das bin ich
vor der Operation!"

Viele Wochen schon ist der Handelsvertreter unterwegs. Eines Abends geht er in ein Bordell, wirft der Puffmutter eine Handvoll zerknüllter Scheine hin und verlangt: "Die Häßlichste, die Sie haben!" Die Chefin zählt schnell nach und bedeutet ihm, für soviel Geld könne er auch die Hübscheste bekommen. "Kein Interesse", brummt der Mann, "ich bin nicht geil - ich habe Heimweh!"

Bei einem Autounfall kommen drei Männer ums leben und landen vor Petrus. der begrüßt die Neuzugänge kurz und verweist auf den Aufzug zur Hölle. Die drei fragen, warum sie denn in die Hölle kommen sollen
- sie haben ja nichts gemacht! "doooch!", meint Petrus und zählt auf: "du bist ein elender Alkoholiker, du ein mieser Kettenraucher, und du bist eine Schwuchtel, eine Gottverdammte!" dann räuspert er sich kurz und fährt fort: "weil ich heute aber einen guten Tag habe, schicke ich euch wieder auf die Welt zurück - unter der Bedingung, dass ihr fortan nicht mehr sündigt!" Auf der Erde angekommen, gehen die drei dann weiter
- voller guter Vorsätze. Sie kommen an einer Kneipe vorbei. "ein kleines Bierchen wird doch wohl noch durchgehen", denkt sich der Alkoholiker und setzt das Glas an. Sofort rast ein Blitz vom Himmel und zerbrutzelt den Trinker, tot! Entsetzt gehen die Anderen beiden weiter. Plötzlich liegt vor ihnen eine noch frisch eingeschweißte Packung Zigaretten, und dem Raucher zittern schon die Finger. der Schwule redet auf ihn
ein: "huuuch, bück´ dich jetzt bloß nicht, sonst sind wir beide tot!"

Die besten Witze

```
Gut-Schlecht-Hässlich
* * *
Gut: Deine Frau ist schwanger
Schlecht: Es sind Drillinge
Hässlich: Du bist vor fünf Jahren sterilisiert worden
* * *
Gut: Dein Sohn lernt viel in seinem Zimmer
Schlecht: Du findest versteckte Pornofilme dort
Hässlich: Du kommst darin vor
* * *
Gut: Dein Sohn wird langsam erwachsen
Schlecht: Er hat eine Affäre mit dem Mädchen von gegenüber
Hässlich: Du auch
* * *
Gut: Deine Frau spricht nicht mit Dir
Schlecht: Sie will die Scheidung
Hässlich: Sie ist Anwalt
* * *
Gut: Dein Sohn geht mit jemand neuem aus
Schlecht: Es ist ein Mann
Hässlich: und Dein bester Freund
* * *
Gut: Deine Tochter hat einen neuen Job
Schlecht: als Prostituierte
Hässlich: Deine Mitarbeiter sind Ihre Kunden
Superhässlich: Sie verdient mehr als Du
```

Ein Mann fährt in einem Aufzug als plötzlich eine Frau einsteigt. Nach 2 Stockwerken bleibt der Aufzug auf einmal stehen. Die Frau sieht ihn verführerisch an und zieht ihre Bluse und ihren BH aus, wirft ihn auf den Boden und meint: "Na los! Mach, dass ich mich wie eine Frau fühle!" Der Mann überlegt kurz, zieht sein Hemd aus, wirft es auf den Boden und sagt: "Los, waschen und bügeln!"

Ein Flugzeug ist auf dem Weg nach Melbourne als eine Blondine in der Economy Class aufsteht und in die Erste Klasse geht und sich dort hinsetzt.
Die Stewardess beobachtet sie und fragt sie nach ihrem Ticket. Sie erklärt der Blondine, dass sie für die Economy Class bezahlt hat und sie solle dorthin zurückgehen und sich dort wieder hinsetzen. Daraufhin antwortet sie: "Ich bin blond, ich bin schön, ich fliege nach Melbourne und ich bleibe hier sitzen." Die Stewardess geht ins Cockpit und erzählt dem Pilot und dem Co-Pilot, dass in der "Ersten Klasse" eine dumme Blondine sitzt, die in die Economy Class gehört und nicht zu ihrem Platz zurück will.
Der Co-Pilot geht zu der Blondine und versucht ihr zu erklären, dass sie zurück soll, weil sie nur Economy Class bezahlt hat. Die Blondine antwortet: "Ich bin blond, ich bin schön, ich fliege nach Melbourne und ich bleibe hier sitzen." Wutentbrannt erzählt es der Co-Pilot dem Pilot, dass es keinen Sinn hätte und er solle die Polizei informieren, dass sie am Flughafen auf die Blondine warten sollen und sie verhaften. Darauf hin sagt der Pilot ganz lässig: "Sie ist blond? Ich übernehme das. Ich bin mit einer Blondine verheiratet und ich spreche blond!" Er geht zur Blondine und flüstert ihr etwas ins Ohr. Sie: "Oh, es tut mir leid, das wusste ich nicht!" steht auf und geht zurück zu ihrem Platz in der Economy Class. Die Stewardess und der Co-Pilot sind beeindruckt und fragen den Piloten, was er der Blondine erzählt hat, dass sie ohne Widerrede zu ihrem Platz zurückging.
"Ich habe ihr erzählt, dass die Erste Klasse nicht nach Melbourne fliegt!"

Die besten Witze

Ein Zoologe, ein Sadist, ein Killer, ein Nekrophiler, ein Pyromane und ein Masochist langweilen sich.
Sagt der Zoologe: "Holen wir uns eine Katze!"
"Ok", sagt der Sadist, "holen wir uns eine Katze und quälen sie!"
Der Killer meint: "Super Idee, holen wir eine Katze, quälen sie und dann wird sie getötet!"
"Geil", freut sich der Nekrophile, "holen wir uns eine Katze, quälen sie, töten sie und dann wird sie gefickt!"
"Au ja, au ja", sagt der Pyromane, "holen wir uns eine Katze, quälen sie, töten sie, ficken sie und dann wird sie angezündet!"
Der Masochist schaut kurz in die Runde und sagt: "Miau!"

Drei Frauen arbeiteten im gleichen Büro und hatten die gleiche weibliche Vorgesetzte.
Sie entdeckten bald, daß ihre Chefin regelmäßig das Büro früh verließ.
Eines Tages einigten sie sich, auch das Büro früh zu verlassen.
Immerhin rief die Chefin nicht an und kehrte auch nicht zurück. Wie sollte sie entdecken, daß die drei früher gingen?
Die Brünette war begeistert, zeitig heimzukommen. Sie machte was im Garten und spielte mit ihrem Sohn. Nachher ging sie früh zu Bett.
Die Rothaarige war begeistert, in der Fitnesshalle schnell zupowern, bevor sie sich mit dem Typen traf, der sie zum Abendessen eingeladen hatte.
Die Blondine freute sich, früh heimzukommen um über ihren Mann herfallen zu können, aber als sie ans Schlafzimmer trat, hörte sie Geräusche.
Still öffnete sie die Tür einen Spalt weit. Ihr Herz blieb ihr fast stehen, als sie ihren Mann im Bett mit ihrer Chefin sah. Sachte schloß sie die Tür und schlich aus dem Haus.
Am nächsten Tag in der Mittagspause beraten die Brünette und die Rothaarige, ob sie auch heute früh gehen sollen. Sie fragen die Blondine ob sie auch mitmacht.
"Ich bin doch nicht blöd", sagt die Blondine, "gestern bin ich fast erwischt worden!"

Die perfekte Frau
Hat die folgenden Sprüche serienmäßig drauf:
1. Bist Du sicher, dass Du genug getrunken hast?
2. Das war ein toller Furz! Mach noch einen!
3. Ich habe mich entschlossen, im Haus keine Kleider mehr zu tragen.
4. Ich bin mal kurz nach draußen das Haus streichen.
5. Solltest Du jetzt nicht mit Deinen Jungs in der Kneipe sein?
6. Ich weiß, das ist etwas enger hinten. Würdest Du es trotzdem noch mal versuchen?
7. Du bist so sexy, wenn Du besoffen bist.
8. Das verstehe ich vollkommen, nächstes Jahr habe ich ja wieder Geburtstag. Geh ruhig mit den Jungs ins Stadion.
9. Mir ist langweilig. Lass uns meine Pussy rasieren.
10. Pass auf, ich verdiene genug. Warum hörst Du nicht auf zu arbeiten und verbesserst Dein Handicap?
11. Schatz, die nette Nachbarstochter sonnt sich gerade wieder. Das musst Du sehen!
12. Nein, nein. Ich nehme das Auto nur, um einen Ölwechsel zu machen.
13. Was sagst Du dazu: Wir holen uns einen guten Pornofilm und einen Kasten Bier und ich ruf dann noch die Sabine für einen Dreier an.
14. Tu mir einen Gefallen: Vergiss den Valentinstag und kauf Dir dafür lieber eine Dauerkarte für das Fußballstadion.
15. Ich habe mich für einen Yogakurs eingetragen, damit ich meine Schenkel besser hinter den Kopf bekomme.

Die besten Witze

Mutter und Vater nehmen Ihren 6jährigen Sohn mit zum Nacktbadestrand. Als der Junge so am Strand umherläuft, bemerkt er, dass viele Frauen größere Brüste haben als seine Mutter. Also geht er zurück und fragt seine Mutter danach. Sie sagt Ihrem Sohn: "Je größer die Brüste, desto dümmer ist die Frau."Der Junge ist zufrieden mit der Antwort und geht zurück ans Wasser um zu spielen. Als er wieder zurückkommt, sagt er seiner Mutter, dass viele Männer ein größeres Ding haben als sein Vater. Sie sagt Ihrem Sohn: "Je größer die Dinger sind, desto blöder sind die Männer". Zufrieden geht der Junge wieder zum Wasser zurück. Kurz danach kommt der Junge wieder zurück und berichtet seiner Mutter: "Papa spricht mit der dümmsten Frau am Strand und je länger er spricht, desto blöder wird er".

```
Der Erfinder des Porsches stirbt und kommt in den Himmel.
Petrus empfängt ihn und sagt: "Ferdinand Porsche, wegen Deines
großen Verdienstes für die Entwicklung des Autos hast Du einen
Wunsch frei.
Ferdinand Porsche denkt kurz nach und antwortet: "Gut, lass mich
bitte eine Stunde mit Gott sprechen."
Petrus nickt, bringt ihn zum Thronsaal und stellt ihn Gott vor.
Porsche fragt Gott: "Lieber Gott, bei Deinem Entwurf 'die Frau',
wo warst Du da mit Deinen Gedanken, als Du Sie erfunden hast?"
Gott: "Wie meinst Du das?"
Porsche: "Na ja, Dein Entwurf hat viele Fehler.
Sieh mal:
1. Die Vorderseite ist nicht aerodynamisch.
2. Der Lärmpegel ist permanent zu hoch.
3. Die Wartungskosten stehen in keinem Verhältnis zur Nutzung.
4. Sie ist 5 bis 6 Tage im Monat total aus der Spur.
5. Die Rückseite hängt zu lose.
6. Sie muss konstant neu lackiert und gestylt werden.
7. Der Auspuff ist zu nahe am Einlass.
8. Die Scheinwerfer sind oft zu klein und zünden nach unten.
9. Der Verbrauch liegt viel zu hoch.
Gott denkt kurz nach und antwortet: "Ferdinand, Ferdinand, das
mag wohl so sein, aber laut Statistik benutzen mehr Männer meine
Erfindung, als deine.
```

Ich stehe in der Schlange vor der Kasse, als mir eine scharfe Blondine die etwas weiter hinten steht, freundlich zuwinkt und mich anlächelt. Ich kann es nicht fassen, dass so ein Blickfang mir zuwinkt und obwohl sie mir irgendwie bekannt vorkommt, kann ich dennoch nicht sagen von wo ich sie kenne. Dennoch frage ich sie: "Entschuldigung, kennen wir uns?"
Sie erwidert: "Ich bin mir nicht sicher, aber ich denke sie müssten der Vater einer meiner Kinder sein!"
Ich erinnerte mich zurück an das aller einzige mal als ich untreu war.
"Um Gottes Willen! Bist Du diese Stripperin, die ich an meinem Polterabend am Tischfussballtisch vor den Augen meiner Kumpel genommen habe, während Deine Kollegin mich mit nasser Sellerie auspeitschte und mir eine Gurke in den Arsch schob?"
"Nein" erwidert sie kalt.
"Ich bin die Klassenlehrerin von ihrem Sohn."

Die besten Witze

When Jane initially met Tarzan in the jungle, she was attracted to him, and during her questions about his life, she asked him how he had sex?
"Tarzan not know sex" he replied.
Jane explained to him what sex was.
Tarzan said "Oh, Tarzan use hole in trunk of tree."
Horrified Jane said, "Tarzan you have it all wrong, but I will show you how to do it properly." She took off her clothing and lay down on the ground.
"Here" she said, pointing to the appropriate place, "you must put it in here."
Tarzan removed his loincloth, stepped closer to her and kicked her very hard between the legs!
Jane rolled around in agony for what seemed like an eternity.
Eventually she managed to gasp for air and screamed
"What did you do that for?"
Tarzan replied...
"Check for squirrel."

Ist mein rechter Fuss bescheuert?
Es ist echt witzig, versuchs mal!
Ist dein rechter Fuss intelligent?
Das was folgt ist so lustig, dass es allen Verstand herausfordert.
Und ich bin bereit mit jedem zu wetten, dass er es mindestens 50 Mal versuchen wird um zu sehen, ob es möglich ist den rechten Fuss auszutricksen. Aber ihr werdet es nicht schaffen!!!
Versucht es mal....
Also während ihr an eurem Bürotisch hockt, hebt den rechten Fuss vom Boden und zeichnet mit ihm Kreise im Uhrzeigersinn Während ihr diese Kreise macht, zeichnet mit der rechten Hand 6er in der Luft.
Der Fuss ändert seine Richtung!!!! (Der Depp!)
Ich hab es euch doch gesagt... Und es gibt nichts, dass ihr machen könnt, er ist und bleibt ein Depp!!!

Sie schleicht sich an ihren Mann heran und knallt ihm die Bratpfanne von hinten an die Birne. Er schreit auf, reibt sich den Kopf: "Was soll das denn?" "Gerade habe ich Deine Hosen ausgeräumt für die Wäsche und dabei einen Zettel mit dem Namen 'Marie-Louise' gefunden!" "Ja, aber Schatz, erinnerst Du Dich nicht mehr... Vor zwei Wochen war ich doch beim Pferderennen und das ist der Name des Pferdes, auf das ich gesetzt habe..." Sie entschuldigt sich bei ihm, den ganzen Tag plagt sie sich mit Gewissensbissen und bereitet ihm schließlich ein Festmahl. Drei Tage später schleicht sie sich wieder an ihn heran - boing! Wieder schreit er auf: "Was ist denn jetzt los!?" "Dein Pferd hat angerufen..."

Jeden Tag kommt der Mitarbeiter Peter Bäumler sehr nahe an Frau
Schuster heran, die an der Kaffeemaschine steht.
Er atmet tief ein und sagt: "Frau Schuster, ihr Haar duftet wunderbar!"
Nach vier Tagen geht Frau Schuster zum Betriebsrat und beschwert sich über Herrn Bäumler wegen sexueller Belästigung am Arbeitsplatz.
Der Betriebsrat fragt: "Ist es nicht ein schönes Kompliment, wenn man Ihnen sagt, ihr Haar duftet gut?"
Frau Schuster: "Im Prinzip schon, aber Herr Bäumler ist Liliputaner!"

Die besten Witze

```
News von der Formel 1
Betreff: Aktuelle Pressemitteilung
Formel 1: Ferrari rüstet auf!
Das Ferrari-Team hat die gesamte Boxen-Crew entlassen und
stattdessen eine Gruppe junger Jugos eingestellt.
Diese Entscheidung traf das Team, nachdem es eine Dokumenta-
tion über junge, arbeitslose Jugos gesehen hatte, welche
innerhalb 4 Sekunden alle Räder von einem Auto abschrauben
konnten - ohne dafür das richtige Werkzeug zu haben.
Ferrari hielt dies für eine taktische Meisterleistung, da
heutzutage die meisten Rennen während der Boxenstops gewon-
nen oder verloren werden.
Das Projekt war aber leider rasch zu Ende:
Die Jugendlichen hatten zwar alle Räder innerhalb von 4
Sekunden gewechselt. Aber gleichzeitig hatten sie das Auto
auch in weniger als 10 Sekunden neu lackiert, neu nummeriert
und an McLaren verkauft....
```

Typisch Sachsen;
Im schönen Sachsen, in der Nähe von Leipzig:
Ein Vater möchte seinem 8-jährigen Sohn die Tiere im Wald zeigen. Sie steigen auf einen Hochsitz.
Der Junge schaut nach Norden und sieht zwei Füchse, der Vater beobachtet den Süden und erblickt eine sonnenbadende, nackte Frau.
Der Sohn ganz aufgeregt zu seinem Vater: "Figgse, Baba, Figgse!!!"
Daraufhin der Vater: "Nur, wennde dor Muddi nüscht soochst"!!!

Ein LKW wird auf der Autobahn von einer Blondine in einem Mercedes fies geschnitten und kommt fast von der Straße ab.
Wütend rast er hinterher, schafft es, sie zu überholen, um sie auf einen Rastplatz zu drängen.
Er holt sie aus dem Wagen und schleppt sie ein paar Meter davon weg, zeichnet mit Kreide einen Kreis um Sie und warnt:
"Hier bleiben Sie stehen, wehe, Sie verlassen den Kreis!!!"
Dann widmet er sich dem Wagen: Mit einem Schlüssel zerkratzt er den Lack von vorne bis hinten. Als er danach zur Blondine schaut, grinst diese völlig ungeniert. Das macht ihn wütend, er holt aus seinem LKW einen Baseballschläger und zertrümmert die Scheiben des Mercedes.
Sie grinst noch viel breiter!
"Ach, das finden Sie witzig?" schimpft er und beginnt, die Reifen mit einem Messer zu zerstechen. Die Blondine bekommt vor lauter Kichern schon einen roten Kopf.
Nachdem er auch die Ledersitze aufgeschlitzt hat und das Mädel sich vor Lachen kaum noch auf den Beinen halten kann, geht er zu ihr hin und schreit:
"WAS IST? WARUM LACHEN SIE ???"
Kichernd sagt sie:
"Immer wenn Sie nicht hingeguckt haben, bin ich schnell aus dem Kreis gehüpft!"

Die besten Witze

Ein Artist kommt auf die Bühne und holt seine Männlichkeit aus der Hose, steckt sie einem lebendigen Krokodil in den Rachen. Das Maul klappt zu - das Publikum hält den Atem an. Dann holt der Artist einmal aus und haut dem Krokodil eins auf den Kopf, das Krokodil ist völlig perplex, reißt den Rachen wieder auf und wohlbehalten freut sich der Artist über die gelungene Dressurnummer. Die Menge ist begeistert und will eine Zugabe. Der Artist zeigt das Kunststück noch mal. Hose auf, Lümmel raus, Maul vom Krokodil auf, Klappe zu, Schlag auf den Kopf, Maul auf - Und alles dran geblieben. Der Zirkusdirektor daraufhin: "2000 Euro, meine Damen und Herren, 2000 Euro wer sich das auch traut." Keiner meldet sich. "5000 Euro", erhöht der Direktor.
Da meldet sich von der hintersten Reihe eine Blondine:
"O.K, ich will es versuchen, aber nur unter einer Bedingung: Er darf mir nicht so fest auf den Kopf hauen."

Großvater sorgt sich um seinen Enkel, der inzwischen 18 ist, aber nie das Haus verlässt weil er ständig vor dem PC herumsitzt.
Eines Tages spricht ihn der Großvater an:
"Weißt du, was ich in deinem Alter getan habe?"
"Ne was denn?"
"Wir sind nach Paris ins Moulin Rouge gefahren, haben gefressen, gesoffen, haben den Weibern an den Titten rumgespielt, haben dem Barmann an die Theke gepisst und sind ohne zu zahlen gegangen."
Dem Enkel scheint diese Vorstellung zu gefallen, nicht nur das, nein sie lässt ihn nicht mehr los, also entscheidet er sich das Selbe zu tun.
Inzwischen sind 2 Wochen vergangen und der Großvater kommt wieder zu Besuch. Da sieht er seinen Enkel komplett eingegipst und nur noch mit der Hälfte seiner Zähne.
"Mein Gott was ist mit dir passiert?"
"Tja Großvater. Wir sind nach Paris ins Moulin Rouge gefahren, haben gefressen, gesoffen, den Weibern an den Titten rumgespielt, haben dem Barmann an die Theke gepisst und wollten ohne zu zahlen gehen. Da haben sie uns voll vertrimmt."
Fragt der Großvater: "Mit wem wart ihr denn da?"
"Mit der TUI!"
"Mmmmh, ja", brummt der Großvater, "das war der Fehler!"
"Warum, mit wem warst du denn da?"
"Mit der Wehrmacht !!!"

Der Grossvater fragt seinen Enkel Max: "Wie heissen deine Kaninchen?"
Max antwortet: "Bajram, Dursun und Ismaijl."
Grossvater: "Warum solche Namen?"
Darauf Max: "Damit sie mir beim Erschiessen nicht leid tun!"

Die besten Witze

Wien, Hochsommer, Mittagshitze ca. 35 ° C:
Steht ein Mann in Badehose mitten im Donaukanal, füllt einen Maßkrug mit Flußwasser und will gerade zu trinken anfangen, als vom Ufer ein Wiener zu ihm hinüberbrüllt:
"He, Du do, wos machst'n Du do? Bist deppert? Du konnst doch net des dreckerte Wasser sauf´n. Do wirst doch krank und kriagst a mörderische Scheißerei und speib´n muaßt a drauf! D'Hund und Katzn scheiß'n eine; des is do ollas mit Bakterien und Vir'n verseicht. Wenn's bled hergeht, muaßt sogoa ganz elendiglich dran verreck´n."
Der Mann im Donaukanal schaute ihn an und fragte:
"Was du sagen? Sprechta nix tirkisch?"
Darauf plärrt der Wiener im perfekten Schriftdeutsch noch lauter:
"Gaaanz langsam trinken, das Wasser ist seeehr kalt"

Ein junger Türke kommt ins Sozialamt, geht zum Schalter und sagt zu dem Beamten:
"Challo, isch wolle nix lebe mehr von die Stütze von Staat ich wolle gehe arbeite."
Der Beamte des Sozialamtes strahlt den Mann an: "Sie haben irrsinniges Glück. Wir haben hier eine Offerte eines reichen Herrn, der einen Chauffeur und Leibwächter für seine nymphomanische Tochter sucht. Sie müssen mit einem riesigen schwarzen Mercedes fahren und ein bis zweimal täglich Verkehr mit dem Mädchen haben. Ihnen werden Anzüge, Hemden, Krawatten und Freizeitkleidung gestellt. Weil Sie viele Überstunden leisten, werden Ihnen sämtliche Mahlzeiten bezahlt. Da die junge Dame oft verreist, werden Sie diese auf Ihren Reisen begleiten müssen. Das Grundgehalt
liegt bei 100'000 Euro jährlich."
Darauf der junge Türke zum Beamten: "Du wolle mich verarsche???"
Antwortet der Beamte: "Wer hat denn damit angefangen???"

```
Selektives Hören...
...ist ein unter Männern weit verbreitetes, von Frauen oft
unterschätztes, otologisches Syndrom. ;o)))
Wenn z.B. eine Frau sagt: "Hör mal zu! Das hier ist ein
einziges Durcheinander! Du und ich, wir machen jetzt sauber.
Dein ganzes Zeug liegt auf dem Fussboden, und wenn wir nicht
bald waschen, läufst du demnächst ohne Klamotten herum. Du
hilfst mir jetzt, und zwar sofort!"
Dann versteht der Mann:
Blablablabla ... Hör mal zu
Blablablabla ... du und ich
Blablablabla ... auf dem Fussboden
Blablablabla ... ohne Klamotten
Blablablabla .. und zwar sofort!
Diese temporäre Hörschwäche gilt leider als schwer thera-
pierbar.
```

Und hier kommt sie! Die Frage der letzten Woche:
Die Bevölkerung wurde vergangene Woche mit folgender Frage konfrontiert:
Haben wir zuviel Ausländer in der Schweiz?
20%: Ja
10%: Nein
70%: بواشنطن العالمي الأمن معهد

Die besten Witze

Eine sehr aufreizende Blondine betritt ein Casino. Sie wechselt 10.000.-- $ in Spielchips und begibt sich zum Roulettetisch. Dort angekommen verkündet sie, dass sie ihr ganzes Geld auf eine Zahl setzen wird. An die zwei verantwortlichen Angestellten gewandt, sagt sie, während die Kugel ins Spiel kommt: Ich glaube nicht, dass es euch interessiert, aber ich habe mehr Glück, wenn ich splitternackt bin. Gesagt, getan: sie zieht sich komplett aus und postiert ihre gesamten Chips auf dem Tisch. Innerlich etwas erregt dreht der Croupier das Roulette. Während sich das Roulette dreht, singt die Blondine: Die Mama braucht neue Kleider, die Mama braucht neue Kleider... Als die Kugel aufhört zu rollen, beginnt sie wild hochzuspringen und zu schreien: Ich habe gewonnen, ich habe gewonnen... Danach umarmt und küsst sie die beiden Croupiers. Im Anschluß sammelt sie alle Chips und das ganze Geld vom Tisch. Hurtig zieht die Blondine sich an und verabschiedet sich. Die Croupiers schauen sich mit offenen Mündern perplex an... Schließlich, fasst sich einer der beiden und fragt: Auf welche Zahl hat sie eigentlich gesetzt??? worauf der zweite antwortet: Ich weiß nicht, ich dachte, du hast aufgepasst... Und die Moral von der Geschichte: nicht alle Blondinen sind blöd, aber alle Männer sind gleich.

Die Lehrerin fragt im Biologieunterricht: "Liebe Kinder was ist weiß und hat zwei Beine?"
Schülerin: "Ein Huhn".
Lehrerin: "Richtig liebe Kinder, sehr gut. Es könnte aber auch eine Gans sein."
Lehrerin: "Was ist schwarz und hat vier Beine?"
Schüler: "Ein Hund".
Lehrerin: "Richtig liebe Kinder sehr gut. Es könnte aber auch eine Katze sein."
Fragt Klein-Fritzchen: "Frau Lehrerin, was ist hart und trocken, wenn man es rein steckt - und klein und glitschig wenn man es rausnimmt?"
Die Lehrerin knallt ihm eine.
Klein-Fritzchen: "Richtig Frau Lehrerin, sehr gut. Es könnte aber auch ein Kaugummi sein!"

Die Lehrerin fragt Emil: "Fünf Raben sitzen auf einem Ast. Ein Mann kommt und schießt einen ab. Wie viele sitzen jetzt noch oben?"
Emil antwortet: "Keiner mehr, die Anderen sind alle erschrocken davongeflogen!"
Lehrerin: "Das ist nicht ganz richtig Emil, aber deine Art zu denken gefällt mir!"
Emil: "Frau Lehrerin, es sitzen 3 Frauen in einem Cafè und essen ein Eis. Die eine leckt am Eis, die Andere löffelt es und die Letzte saugt es. Welche ist nun verheiratet?"
Die Lehrerin wird ganz rot vor scham und sagt schließlich:
"Ääh... ich glaube es ist die, die das Eis saugt..."
Emil: "Das ist nicht ganz richtig. Es ist die, die einen Ehering trägt, aber ihre Art zu denken gefällt mir!"

```
Eine Lehrerin kommt in ihre neue Klasse.
Da steht in winzigen Buchstaben "Penis" an der Tafel. Sie wischt
es blitzschnell ab und beginnt mit dem Unterricht.
Am nächsten Tag steht etwas größer wieder das Wort "Penis" an der
Tafel. Wieder wischt sie es weg.
Das wiederholt sich so einige Tage.
Als sie am Freitag die Klasse betritt, denkt sie, dass das Wort
heute wohl über die ganze Tafel gehen wird.
Stattdessen steht da: "Je mehr Sie dran reiben, desto größer wird
er!"
```

Die besten Witze

Der 18-jährige Sohn kommt mitten in der Woche um 4 Uhr morgens nach Hause.
Der Vater hat gewartet und sagt mürrisch: "Wo warst du so lange, ich hab mir schon Sorgen um Dich gemacht!"
Darauf der Sohn: "Ich habe heute das erste Mal ganz tierischen Sex gehabt."
"Toll, mein Junge. Setzt Dich zu mir, nimm Dir ein Bier und laß uns darüber reden".
"Bier ist o.k., reden auch, aber setzen kann ich mich jetzt für eine Weile nicht mehr."

Das kleine Mädchen zeigt beim Spazierengehen auf zwei Hunde und fragt den Vater, was die Hunde denn da machen.
Der Vater versucht zu erklären: "Der Hintere hat sich die Pfoten verletzt und stützt sich auf, und der Vordere hilft ihm beim Laufen!" Meint die Kleine: "Typisch! Kaum biste mal nett zu einem, wirste schon gebumst!"

"Was wünschst du dir denn zum Geburtstag?", will die Mutter von ihrem kleinen Sohn wissen.
"Einen Tampon", antwortete er prompt.
Die Mutter fassungslos: "Warum denn einen Tampon?"
"Ich weiß zwar nicht, was das ist", meint der Kleine, "aber im Fernsehen heißt es doch, daß man damit Tennis spielen, reiten, und radfahren kann!"

In der Schule, sechste Klasse.
Die Lehrerin will etwas an die Tafel schreiben und wird durch ein Lachen unterbrochen.
Sie stellt den Täter zur Rede und er rechtfertgt sich: "Ich habe eine ihrer Titten gesehen!"
Daraufhin wird sie wütend und schickt ihn für drei Tage nach Hause.
Als sie weiterschreiben will lacht abermals einer der Schüler und sagt: "Ich habe ihre beiden Titten gesehen!"
Und er darf sich für drei Wochen verabschieden.
Kurze Zeit später fällt ihr die Kreide aus der Hand und sie bückt sich.
Da hört sie hinter sich, wie einer der Schüler zusammenpackt und gehen will.
Sie fragt, was er vorhabe und er antwortet: "Bei dem was ich gerade gesehen habe, denke ich mal, brauche ich nie mehr wiederkommen..."

Der kleine Sohn darf mal wieder bei den Eltern im Schlafzimmer übernachten.
Nachts fängt der Vater an, die Mutter zu befummeln.
Die Mutter leise: "Nein, nicht jetzt, der Kleine schläft noch nicht. Geh in die Küche und trink ein Bier."
Der Vater geht in die Küche, trinkt sein Bier und kommt wieder zurück.
"Nein", flüstert die Mutter, "der Kleine schläft immer noch nicht. Geh doch noch mal raus und trink noch ein Bier."
Der Vater geht wieder in die Küche und trinkt noch ein Bier, kommt zurück, und wieder das gleiche Spiel.
"Das Bier ist jetzt alle", sagt er zur Mutter.
"Dann geh in die Küche, im Kühlschrank steht noch eine Flasche Sekt, der Kleine schläft immer noch nicht."
Der Vater geht wieder in die Küche, greift sich die Flasche Sekt - der Korken macht einen ordentlichen Knall.
Da richtet sich der Kleine im Bettchen auf und sagt: "Ach Mama, hättest Du ihn doch rangelassen, jetzt hat er sich erschossen!"

Die besten Witze

Der Vater klärt seinen Sohn auf.
"Also, du mußt es endlich mal erfahren: Der Osterhase, der Weihnachtsmann, ... das bin immer ich gewesen!"
"Weiß ich doch längst", beruhigt ihn der Kleine, "nur der Klapperstorch, das war Onkel Gerhard."

"Papi, was hat denn die Mammi unter der Bluse?"
"Das sind zwei Luftballons, und wenn sie mal stirbt, fliegt sie damit in den Himmel!"
Tage später kommt der Kleine wieder: "Papi, Papi komm schnell, Mammi stirbt!"
"Wie kommst du denn darauf?"
"Der Briefträger pustet gerade ihre Luftballons auf, und Mammi schreit immer: oh Gott, ich komme, oh Gott, ich komme!"

Der kleine Rudi sieht, wie sich seine Mutti zwischen den Beinen streichelt und stöhnt: "Ich brauche einen Mann, ich brauche einen Mann ...!"
Er flitzt daraufhin in sein Zimmer, zieht an seinem Pimmelchen und ruft: "Ich brauch ein Fahrrad, ich brauch ein Fahrrad!"

Eine ältere Dame kommt zum Arzt und sagt: "Doktor, ich habe diese Blähungen, obwohl sie mich nicht so sehr stören. Sie stinken nie, und sie gehen immer leise ab. Wirklich, ich hatte bestimmt schon zwanzig Blähungen, seit ich hier im Raum bin, obwohl sie das nicht bemerken konnten, weil das ohne Geruch oder Geräusch passiert."
Der Doktor: "Nehmen Sie diese Tabletten und kommen Sie in einer Woche wieder."
Nach einer Woche erscheint sie erneut und sagt: "Doktor, was zum Teufel haben Sie mir da gegeben? Meine Blähungen - obwohl sie immer noch leise sind, sie stinken fürchterlich!"
"Sehr gut. Jetzt, wo Ihre Nase wieder funktioniert, wollen wir uns um Ihr Gehör kümmern..."

Zwei (vermutlich blonde) Freundinnen sind mit dem Fahrrad unterwegs. Auf einmal steigt die eine von ihrem Rad ab und fängt an, die Luft aus ihren Reifen rauszulassen. Die andere fragt sie: "Was machst Du denn da?" Antwortet die erste: "Na, mein Sattel ist mir zu hoch!"
Die zweite springt dann ihrerseits auch sofort vom Rad runter und fängt an, Sattel und Lenker abzuschrauben und den Sattel anstelle des Lenkers und den Lenker anstelle des Sattels wieder festzuschrauben.
Da fragt die erste: "Was machst DU denn jetzt?"
Sagt die andere: "Du, ich fahr zurück - du bist mir einfach zu blöd."

" Eine Blondine watschelt aufs Eis hinaus und macht ein Loch, um zu fischen. Wie sie Gerade so angelt, hört sie eine Stimme von oben: 'Hier gibt es keine Fische!' Sie geht nicht darauf ein, plötzlich hört sie wieder die Stimme: 'Hier gibt es keine Fische!' Sie schaut sich um, aber sieht niemanden. Dann fischt sie weiter. Dann hört sie die Stimme zum dritten Mal: 'Hier gibt es keine Fische!' Sie schaut auf und fragt ganz schüchtern: 'Gott, bist du das?' 'Nein, ich bin der Sprecher der Eishalle!!

Die besten Witze

Ein Polizeiwagen steht abends routinemässig vor einer Kneipe.
Plötzlich öffnet sich die Tür der Kneipe und ein offensichtlich sturzbetrunkener Gast torkelt auf den Parkplatz. Der Polizeibeamte beobachtet grinsend wie der Mann von Auto zu Auto schwankt und jedes Mal versucht den Wagen aufzuschließen. Nach fünf Versuchen hat er endlich sein Auto gefunden, öffnet die Fahrertür und legt sich erstmal flach auf Fahrer- und Beifahrersitz. In der Zwischenzeit verlassen einige Gäste die Bar, steigen in ihre Autos und fahren weg.
Der Betrunkene rappelt sich auf und schaltet die Scheibenwischer ein - obwohl es ein schöner trockener Sommerabend ist - danach betätigt er den Blinker, schaltet den Scheibenwischer auf schnell, macht Licht und das Radio an, den Blinker wieder aus und drückt die Hupe. Schliesslich startet er den Motor und macht den Scheibenwischer wieder aus. Er fährt ganz langsam einen halben Meter vorwärts und dann wieder einen halben Meter rückwärts und steht dann wieder für ein paar Minuten als weitere Gäste das Lokal verlassen und wegfahren.
Endlich fährt er langsam auf die Straße. Der Polizist, der das Schauspiel geduldig und amüsiert beobachtete fährt dem Mann hinterher, schaltet das Blaulicht ein und stoppt den Betrunkenen, welcher sogleich einen Alkoholtest machen muss. Zu der grossen Überraschung des Polizisten ist der Test negativ, worauf er den Mann bittet auf den Polizeiposten mitzukommen, da etwas mit dem Alkoholtestgerät nicht stimmen könne.
"Das bezweifle ich", sagte der scheinbar Betrunkene, "denn heute war ich dran mit Lockvogel spielen, damit alle andern besoffen wegfahren konnten."

Ich glaube, meine Frau ist mir untreu. Ich habe sie gefragt, wo sie die Nacht über war und sie antwortete: bei ihrer Schwester."
- "Und daraus schließt du, dass sie untreu ist?" -
"Ja - weil ich die Nacht bei ihrer Schwester verbracht habe."
"Was ist denn mit dir los?" fragt der Kellner den unglücklichen Stammgast. "Ach, meine Frau ist mit meinem besten Freund durchgebrannt - und alles ist so sinnlos ohne ihn!"

Three women: one engaged, one married, and one a mistress, are chatting about their relationships and decide to amaze their men - that night all three will wear a leather bodice S&M style, stilettos and mask over their eyes.
After a few days they meet again.
The engaged girlfriend said: 'The other night, when my boyfriend came back home, he found me in the leather bodice, 4" stilettos and mask. He said, 'You are the woman of my life, I love you...then we made love all night long.'
The mistress stated: 'Oh Yes! The other night we met in his office. I was wearing the leather bodice, mega stilettos, mask over my eyes and a raincoat. When I opened the raincoat, he didn't say a word. We just had wild sex all night.'
The married one then said: 'The other night I sent the kids to stay at my mother's for the night, I got myself ready, leather bodice, super stilettos and mask over my eyes. My husband came in from work, grabbed the TV controller and a beer, and said, 'Hey Batman, what's for dinner?'

```
She was in the kitchen preparing to boil eggs for breakfast.
He walked in.
She turned and said, 'You've got to make love to me this very
moment.'
His eyes lit up and he thought, 'This is my lucky day.'
Not wanting to lose the moment, he embraced her and then they
made love, right there on the kitchen table.
Afterwards she said, 'Thanks,' and returned to the stove.
More than a little puzzled, he asked, 'What was that all about?'
She explained, 'The egg timer's broken.'
```

Die besten Witze

Ein Mädchen geht am Strand spazieren, als sie plötzlich eine Stimme hört: "Hey, küß mich! Ich bin ein verzauberter Anwalt und wenn du mich küßt, werde ich mich in einen Anwalt zurückverwandeln!" Das Mädchen schaut in die Richtung, aus der die Stimme kam und sieht einen Frosch. Sie nimmt den Frosch und packt ihn in ihre Handtasche. Am Abend zeigt sie den Frosch einer Freundin. Der Frosch sagt wieder: "Los, küß mich! Du wirst es nicht bereuen!" Das Mädchen packt ihn jedoch zurück in die Tasche. Als sie den Frosch einer weiteren Freundin zeigt, tönt dieser wiederum: "Warum küßt du mich nicht? Ich werde dich reich machen!" Aber das Mädchen tut ihn zurück in ihre Handtasche. Während sie den Frosch einer dritten Freundin zeigt, ruft dieser schon sehr ärgerlich: "Vielleicht verstehst du mich nicht richtig, ich sagte, ich bin ein verzauberter Anwalt und wenn du mich küßt, mache ich dich reich!!!" Darauf antwortet das Mädchen: "Warum sollte ich? Ein Anwalt ist nichts wert. Es gibt so viele davon. Aber ein sprechender Frosch ist einfach irre!"

Ein Alter, 98 Jahre junger Mann, machte seine jährliche Arztuntersuchung. Der Arzt fragte wie er sich fühle:
- Ich habe mich nie besser gefühlt. Meine Freundin ist 18 Jahre alt, schwanger und wartet auf mein Kind. Nicht schlecht.... gell Herr Doktor? fragte der Alte.
Der Arzt dachte nach und sagte:
- Lassen Sie mich Ihnen eine Geschichte erzählen.
- Ich kenne einen Jäger der nie eine Jagdmöglichkeit verpaßt hat. Aber eines Tages befestigte er aus versehen, den Regenschirm statt das Gewehr auf dem Rucksack. Als er im Wald war, stand plötzlich ein Bär vor ihm. Er nahm den Regenschirm vom Rucksack, zielte auf den Bären und... PÄNG!!! Der Bär ging zu Boden und war tot....
- Ha, ha, ha .... Das ist nicht möglich, lachte der Alte. Es muss ein anderer Jäger den Bär erschossen haben.
- Genau richtig, antwortete der Arzt.

Morris and his wife Esther went to the state fair every year, and every year Morris would say, 'Esther, I'd like to ride in that helicopter.'
Esther always replied, 'I know Morris, but that helicopter ride is fifty dollars, and fifty dollars is fifty dollars'
One year Esther and Morris went to the fair, and Morris said, 'Esther, I'm 85 years old. If I don't ride that helicopter, I might never get another chance.'
To this, Esther replied, 'Morris that helicopter ride is fifty dollars, and fifty dollars is fifty dollars.'
The pilot overheard the couple and said, 'Folks I'll make you a deal. I'll take the both of you for a ride. If you can stay quiet for the entire ride and not say a word, I won't charge you! But if you say one word, it's fifty dollars.'
Morris and Esther agreed and up they went. The pilot did all kinds of fancy maneuvers, but not a word was heard. He did his daredevil tricks over and over again, but still not a word.
When they landed, the pilot turned to Morris and said, 'By golly, I did everything I could to get you to yell out, but you didn't. I'm impressed!'
Morris replied, 'Well, to tell you the truth, I almost said something when Esther fell out, but you know, fifty dollars is fifty dollars!'

Zweizeiler

Zweizeiler

Was ist der Unterschied zwischen einer Batterie und einer Frau?
Die Batterie hat auch eine positive Seite.

Warum können Frauen nicht sparen?
Haben Sie schon mal ein Sparschwein mit Schlitz nach unten gesehen?

Warum bekommen Frauen ihre Tage?
Der liebe Gott war sauer auf Eva, weil Sie Adam zum essen eines Apfels verführt hat.
Gott(sehr zornig): "dafür mußt du bluten". Eva: "OK! Kann ich's in Raten bezahlen"?

Willst Du einen Mann verstehen, mußt Du ein Mann sein.
Willst Du eine Frau verstehen, mußt Du der liebe Gott sein.

Damit das Leben schön ist, sollten Frauen sein wie der Mond:
In der Nacht "kommen" und am Tag verschwinden!

Eine Frau hat immer das letzte Wort bei einem Streit. Alles was der Mann danach noch sagen könnte, wäre der Beginn einer neuen Debatte.

Frau heiratet Mann in der Erwartung, dass er sich ändert, aber er ändert sich nicht.
Mann heiratet Frau in der Erartung, dass sie sich nicht ändert - doch sie tut es.

Jeder verheiratete Mann sollte seine Fehler vergessen. Es brauchen sich ja nicht zwei Personen das gleiche zu merken!

Verheiratete Männer leben länger als unverheiratete, aber sie sind viel eher bereit zu sterben.

Um mit einem Mann glücklich zu werden, muß man ihn sehr gut verstehen und ihn ein bißchen lieben.
Um mit einer Frau glücklich zu werden, muß man sie sehr lieben und darf gar nicht erst versuchen sie zu verstehen.

Eine Frau sorgt sich um die Zukunft, bis sie einen Ehemann findet.
Ein Mann macht sich nie Sorgen um die Zukunft, bis er eine Ehefrau findet.

Wie wechselt ein Macho in der Küche die Glühlampe?
Gar nicht... Die Schlampe kann auch im Dunkeln kochen!

Woran erkennt man, daß eine Frau im Weltall war?
Der große Wagen ist kaputt.

Was denkt ein 18 jähriges Mädchen, eine Nutte und eine Ehefrau beim Sex?
Die 18-jährige: "Hoffentlich bekomme ich kein Kind!"
Die Nutte: "Hoffentlich zahlt er gut!"
Die Ehefrau: "Die Decke sollte auch mal wieder gestrichen werden".

Warum täuschen Frauen den Orgasmus vor?
Weil sie denken, dass es uns Männer interessiert...

Jetzt endlich gibt es auch Viagra für Frauen! Warum?
Damit sie in der Küche länger stehen...

Warum können Frauen nicht boxen?
Weil Sie keine Rechte haben.

Warum werden Frauen immer noch unterdrückt?
Weil es sich bewährt hat!

Manche Frauen tun für ihr Äußeres Dinge, für die ein Gebrauchtwagenhändler ins Gefängnis käme...

Zweizeiler

Frauen denken oft mit dem Herzen. Männer haben für so was ein Gehirn.

Was ist der Unterschied zwischen einer Frau und einer Henne?
Die Henne kann auf zwei Eiern auch ruhig sitzen.

Ich möchte die Leistung von Gott nicht schmälern, denn er hat sich sicher etwas dabei gedacht, als er die Frauen schuf (ich frage mich nur was), aber momentan stehen die Erfinder von Fernseher und Videorekorder bei vielen höher im Kurs!

Frauen, die nichts dafür nehmen, sind unbezahlbar!!!

Womit verhüten Emanzen?
Mit dem Gesicht.

Das niedrig gewachsene, schmalschultrige, breithüftige und kurzbeinige Geschlecht das schöne zu nennen, dies konnte nur der vom Geschlechtstrieb umnebelte männliche Intellekt fertig bringen.

Wieso haben Frauen um die 242 Knochen mehr als die Männer?
Weil das Gehirn noch mechanisch funktioniert.

Was macht eine Frau, wenn sie ein leeres Blatt Papier anstarrt?
Sie liest sich ihre Rechte durch...

Was ist der Unterschied zwischen einer Frau und einem Nilpferd?
Das eine hat ein großes Maul und einen riesigen Hintern und das andere lebt im Wasser!

Alle Menschen sind intelligent! Ausnahmen haben die Regel.

Er: "Wußtest du, dass es keine Sprache gibt, in der zwei positive Aussagen eine negative Aussage ergeben?"
Sie: "Jaja."

Was zeigt man einer Frau, die 10 Jahre lang unfallfrei gefahren ist?
Den 2. Gang!

Bei der goldenen Hochzeit wird der Ehemann gefragt: "Was war denn die schönste Zeit in all den Ehejahren?"
"Die fünf Jahre russische Kriegsgefangenschaft ..."

Woran erkennt man, dass eine Frau lügt?
Ihre Lippen bewegen sich.

Was denkt sich eine Frau nach 20 Ehejahren, wenn sie morgens in den Spiegel schaut?
"Ha! Das gönn` ich ihm!"

Frauen haben eine leichte Sprachbehinderung. Ab und zu machen sie Pausen - um zu atmen.

Frauen brauchen einen Grund für Sex. Männer nur ein Plätzchen.

Eine Emanze faucht einen Herrn an, der Ihr die Tür aufhält: "Bloß weil ich eine Frau bin, brauchen sie mir nicht die Tür aufhalten!" "Ich halte ihnen nicht die Tür auf, weil sie eine Dame sind, sondern weil ich ein Gentleman bin!"

Die Emanzipation wäre glaubwürdiger, wenn sie nicht so häufig von Frauen vertreten würde, die in der Liebe zu kurz gekommen sind.

Die Meinung der Frau ist sauberer als die des Mannes; sie wechselt sie auch öfter.

Eine Frau kann vielleicht wunschlos glücklich sein, aber niemals sprachlos glücklich.

Zweizeiler

Würdest du dir Schuhe kaufen, wenn du keine Füße hättest?"
"Nein ..."
"Warum kaufst du dir dann einen BH?"

Was sagt eine Frau, wenn sie zum ersten Mal in einem Auto sitzt?
"Toll, drei Spiegel!"

Warum gibt es mehr Frauen als Männer?
Weil es mehr zu putzen gibt als zu denken.

Ein Ehepaar liegt im Bett. Sie weckt ihn: "Du, Schatz, ich kann nicht schlafen!"
Er: "Soll ich Dich bewußtlos schlagen?"

Warum können Frauen so schlecht furzen?
Weil sie den Mund nicht lange genug halten können, um den nötigen Druck aufzubauen!

Was haben ein Computer und eine Frau gemeinsam?
Hätte man noch ein halbes Jahr gewartet, gäbe es was Besseres!

Frauen sind wie Zigaretten. Zuletzt sammelt sich das ganze Gift im Mundstück.

Wenn eine Frau einen Mann verläßt, dann hat sie von ihm entweder genug oder nicht genug.

Manche törichte Blondine ist in Wahrheit eine clevere Brünette.

Wo wäre die Macht der Frauen, wenn die Eitelkeit der Männer nicht wäre?

Viele Frauen wissen nicht, was sie wollen, aber sie sind fest entschlossen, es zu bekommen.

Wenn eine Frau oft in den Spiegel schaut, ist es vielleicht nicht Eitelkeit, sondern Tapferkeit.

Berechnende Frauen werden lästig, anständige langweilig.

Über das Temperament einer Frau sollte man nicht nach dem äußeren Anschein urteilen. Auch eine Granate ist vor der Explosion kalt.

Das Weib lernt hassen in dem Maße, in dem es zu bezaubern verlernt.

Parfümerie Douglas, das ist so was wie OBI für Frauen.

Der größte Vorteil des schnurlosen Telefons ist: Frauen können nur noch solange telefonieren, wie der Akku reicht!

Die erregte Frau sagt zu ihrem Mann: "Hey, flüstere mir doch mal wieder was ´Dreckiges´ ins Ohr." - Er: "Küche."

Warum kommen Frauen nicht in den Himmel?
Weil Drachen nicht über 2000 Meter Höhe steigen

Was ist der Unterschied zwischen Bungee-Jumping und Tennis?
Beim Tennis hat man zwei Aufschläge.

Was ist der Unterschied zwischen Angst und Panik?
Angst bekommt man, wenn man zum erstenmal feststellt, daß es beim zweitenmal nicht mehr klappt. Und Panik ergreift einen, wenn man zum zweitenmal merkt, daß es beim erstenmal nicht mehr geht.

Zweizeiler

Was ist der Unterschied zwischen Brokkoli und Nasenschleim?
Es ist schwieriger, Kinder zu finden, die Brokkoli gern essen.

Was ist der Unterschied zwischen Christentum und Kommunismus?
Das Christentum predigt die Armut, der Kommunismus verwirklicht sie.

Was ist der Unterschied zwischen der FDP und einem Opel Manta?
Der Manta hat mehr Sitze.

Was ist der Unterschied zwischen einem 100 kg Bayern und einem 100 kg Preiß'n?
Der 100-Kilo-Bayer ist "a gstandnes Mannsbuid.
Der 100-Kilo-Preiß ist "a fette Sau".

Was ist der Unterschied zwischen einem billigen und einem teuren Intimspray?
Das billige brennt auf der Zunge.

Was ist der Unterschied zwischen einem Dieb und einem Arzt?
Der Dieb weiß immer, was seinem Opfer fehlt.

Was ist der Unterschied zwischen einem erfolgreichem und einem erfolglosen Jäger?
Der erfolgreiche Jäger hat den Hasen im Rucksack, die Büchse geschultert und neben ihm steht der Hund. Der erfolglose Jäger hat den Hasen im Bett, die Hand an der Büchse und der Hund steht nicht!

Was ist der Unterschied zwischen einem Fallschirm und einem Präservativ?
Wenn ein Fallschirm reißt, stirbt jemand...

Was ist der Unterschied zwischen einem Ossi und einem rohen Ei?
Das Ei kann man nur einmal in die Pfanne hauen.

Was ist der Unterschied zwischen einer politischen Partei und einer Telefonzelle?
In der Telefonzelle muß man erst bezahlen und darf dann wählen.

Was ist der Unterschied zwischen einem Österreicher und einem Tetra-Pak?
Tetra-Pak ist irgendwie clever.

Was ist der Unterschied zwischen einer Schlange und einer Autoschlange?
Bei der Autoschlange ist das Arschloch vorn.

Was ist der Unterschied zwischen einer Blondine und einer Bowlingkugel?
In eine Bowlingkugel kriegt man nur drei Finger rein.

Was ist der Unterschied zwischen einer Blondine und einem Bügelbrett?
Die Beine des Bügelbretts sind schwerer aufzukriegen.

Was ist der Unterschied zwischen einer Blondine und einer Besenkammer?
In die Besenkammer passen nur zwei Männer auf einmal rein.

Was ist der Unterschied zwischen einer Blondine und einem Teller?
Den Teller kann man trockenlecken.

Was ist der Unterschied zwischen einem Politiker und einem Tumor?
Ein Tumor kann gutartig sein.

Was ist der Unterschied zwischen einer Bratsche und einem Sarg?
Beim Sarg ist die Leiche innen.

Was ist der Unterschied zwischen einer Frau und den Olympischen Spielen?
Bei den Olympischen Spielen weiß man, wer die ersten drei waren.

Was ist der Unterschied zwischen einer Geige und einem Klavier?
Das Klavier brennt länger.

Zweizeiler

Was ist der Unterschied zwischen einer Schwalbe und einem Schornsteinfeger?
Die Schwalbe hat eine weiße Brust und einen schwarzen Schwanz. Der Schornsteinfeger hat eine Leiter und kann nicht fliegen.

Was ist der Unterschied zwischen einem Hasen, einer Wolljacke, einem Fußball und einer 18-Jährigen?
Der Hase wird gespickt, die Wolljacke wird gestrickt, der Fussball wird gekickt und die 18-jährige wird 19.

Was ist der Unterschied zwischen einer Schwiegermutter und einer Zigarre
Bei der Zigarre sind die ersten Züge die besten.

Was ist der Unterschied zwischen einem Fußgänger und einem Fußballspieler
Der Fußgänger geht bei grün, der Fußballspieler bei rot.

Was ist der Unterschied zwischen einem Mantafahrer und einem Trabantfahrer?
Beim Trabantfahrer lacht man über das Auto.

Was ist der Unterschied zwischen Frauen und Nilpferden?
Die einen haben einen dicken, fetten, runzligen Hintern... und die anderen liegen im Wasser.

Was ist der Unterschied zwischen Luciano Pavarotti und Dieter Bohlen?
Das Vorzeichen in der Jahresbilanz bei der Zeile "5 Millionen für dreimal in Verona".

Was ist der Unterschied zwischen einem Epileptiker und Grießbrei?
Den Grießbrei ißt man mit Zucker und Zimt, der Epileptiker liegt im Zimmer und zuckt.

Was ist der Unterschied zwischen einem Ochsenschwanz und einer Krawatte?
Der Ochsenschwanz bedeckt das ganze Arschloch.

Was ist der Unterschied zwischen einem Internisten, einem Chirurgen, einem Psychiater und einem Pathologen?
Der Internist hat Ahnung, kann aber nichts; der Chirurg hat keine Ahnung, kann aber alles; der Psychiater hat keine Ahnung und kann auch nichts und der Pathologe weiß alles, kann alles, kommt aber immer zu spät.

Was ist der Unterschied zwischen Michael und Ralf Schumacher und Siegfried und Roy?
Der Gesichtsausdruck, wenn der eine dem anderen hinten reinfährt.

Was haben ein Bademeister und ein Frauenarzt gemeinsam?
Beide arbeiten nahe am Beckenrand.

Was haben ein Schäferhund und ein kurzsichtiger Frauenarzt gemeinsam?
Beide haben eine feuchte Nase.

Was haben BSE und der Winterschlussverkauf gemeinsam?
Beide ziehen eine Horde Verrückter nach sich.

Was haben eine Jungfrau und das Tirol gemeinsam?
Je tiefer man hineinfährt, umso lauter wird gejodelt.

Was haben Füße und die Nase gemeinsam?
Beide können laufen und beide riechen.

Was haben ein Telefonbuch und ein Pornofilm gemeinsam?
Viele Nummern, aber keine Handlung.

Was haben eine Blondine und eine Steckdose gemeinsam?
Wenn man den Finger ins falsche Loch steckt, ist man bei beiden im Arsch.

Zweizeiler

Was haben eine Jungfrau und ein Trabi gemeinsam?
In beide kommt man schlecht rein.

Was haben eine Plastiktüte und Michael Jackson gemeinsam?
Man sollte beide von Kindern fernhalten.

Was ist besser: Alzheimer oder Parkinson?
Antwort 1: Alzheimer - lieber vergessen, drei Bier zu zahlen als drei Bier zu verschütten.
Antwort 2: Ob Du nicht mehr weißt wo Dein Bier steht oder ob Du es verschüttest - ist doch egal.

Was ist 100 Meter lang, schreit und hat keine Schamhaare?
Die Schlange vor dem Eingang zu einem Konzert der Kelly Family.

Warum bringt das Christkind manchmal auch dumme und nutzlose Geschenke?
Weil's blond ist.

Wann nennt eine Mutter ihr Kind GABRIELE?
Wenn sie nicht mehr weiß, ob es vom GAsmann, BRIefträger oder ELEktriker ist.

Warum stinken Kühe?
Weil sie zu oft mit Bauern zusammen sind.

Was sitzt im Dunkeln, hat Flügel und saugt Blut?
Die neue Always Ultra.

Was ist ein Liliputaner mit 6 Kindern?
Ein Fruchtzwerg.

Was ist rot und liegt auf dem Feldweg?
Eine alte Bauernregel.

Was ist rot und liegt in der Wüste?
Eine Trockenperiode.

Welches Tier hat nur eine halbe Schamlippe?
Ein halbes Hühnchen.

Was ist die Kelly-Family in der Sauna?
Kacke am Dampfen

Was macht die Kelly-Family mit einer Videokamera in der Mülltonne?
Sie drehen einen Heimatfilm.

Was ist ein Karussell voller Kellys?
Eine Dreckschleuder.

Was ist ein Kelly auf der Rolltreppe?
Scheiße am laufenden Band.

Was sagt ein Kelly beim Friseur?
Einmal zerzausen und nachfetten bitte.

Wie heißt der Schutzheilige der elektrisch geladenen Teilchen?
Sankt-Ion.

Was steht auf dem Grab eines McDonald's-Besitzers?
Mc R.I.P.

Was hört man, wenn man sich einen Döner ans Ohr hält?
Das Schweigen der Lämmer.

Zweizeiler

Wie viele Umweltschützer braucht man, um eine Glühbirne zu wechseln?
Sieben. Einen zum einschrauben und sechs um über die möglichen, ökologischen Katastrophen zu diskutieren.

Welches sind die zwei ärgerlichsten Dinge der Welt?
Nasses Brennholz und trockener Geschlechtsverkehr.

Warum bekommen Bio-Bauern keine Kinder?
Bio-Bauern spritzen nicht

Wie heißt der Teufel mit Vornamen?
Pfui.

Wie viele Polen braucht man, um eine Glühbirne zu wechseln?
Zwei. Einer, der sie rausdreht und einen zweiten, der Schmiere steht.

Was erhält man, wenn man einen Klempner mit einer Prostituierten kreuzt?
Einen Handwerker, der wenigstens vorgibt, zu kommen.

Wie viele Emanzen braucht man, um eine Glühbirne zu wechseln?
Drei. Eine wechselt die Birne und die anderen beiden drehen einen sozialkritischen Dokumentarfilm darüber.

Wieso trägt der Jäger grüne Hosenträger?
Weil sonst die Hose rutschen würde.

Warum ist es oftmals der letzte Wunsch einer Stewardeß, daß die Asche ihrer Gebeine auf der Landebahn verstreut wird?
Damit die gesamte Cockpit-Crew nochmal drüberrutschen kann.

Was ist das: Kohl hat einen kurzen, Schwarzenegger einen langen, Ehepaare benutzen ihn oft gemeinsam, ein Junggeselle hat ihn für sich allein, Madonna hat keinen und der Papst benutzt ihn nie?
Der Nachname.

Welche grammatikalische Zeit ist: "Du hättest nicht geboren werden sollen"?
Präservativ Defekt

Was bekommt man, wenn man einen Pitbull und einen Collie kreuzt?
Einen Hund, der Dir ein Bein abbeißt und dann Hilfe holt.

Was ist rot, stachelig und fliegt?
Eine Tomate, ein Igel und ein Vogel.

Was sind Kalorien?
Das sind kleine Tierchen, die über Nacht deine Kleidung enger nähen!!!!!

Sie: "Schatz würdest du mit einer anderen schlafen wenn ich gestorben bin?"
Er: "Dafür musst du nicht extra sterben!"

Arzt: "Gute Frau, sie sind jetzt 92, Ihr Freund 21, da kann jeder Sexualkontakt zum Tode führen!"
Worauf die alte Dame meint: "Na ja, dann stirbt er halt!"

"Nehmt ihr noch Müll mit?" brüllt die Jugofrau in Bademantel und mit Lockenwickler im Haar dem Müllauto zu. "Aber sicher", ruft der Fahrer, "spring hinten rein!"

Altes Mütterchen zum Friedhofwärter: "Wo bitte ist Reihe 10 Grab Nr.7?"
Er: "Soso, heimlich aus dem Grab kraxeln und dann den Heimweg nicht mehr finden!"

Warum finden Männer Frauen in Lack, Leder und Gummi so erregend?

Zweizeiler

Die riechen wie ein neues Auto!

Warum müssen Liliputaner beim Fussball immer lachen?
Weil die Wiese an den Eiern kitzelt.

Was ist ein Pole ohne Hände?
Eine Vertrauensperson!

Was machen ein Deutscher, ein Türke und ein Tscheche in einem Puff?
Der Deutsche vögelt, der Türke putzt und der Tscheche wartet auf seine Frau!

Warum gibt es in Polen so große Kreisverkehre?
Damit sie auch mit der Lenkradsperre durchkommen!

"Liebst Du die Natur?" - "Na klar."
"Das wundert mich aber. Nach all dem, was sie dir angetan hat .."

Sitzen zwei Blinde auf der Parkbank. Muss der eine Niesen, sagt der andere: "Hey cool mach mir auch 'ne Dose auf!"

Lachen Sie ruhig mal im Büro...
Wer weiss ob Sie abends zu Hause noch Gelegenheit dazu haben

Wie sieht die perfekte Fußballmannschaft aus?
Im Sturm spielen Juden, weil die nicht verfolgt werden dürfen;
im Mittelfeld spielen Indianer, Chinesen und Schwarze, die machen das Spiel bunt;
in der Verteidigung spielen Schwule, die sorgen für Druck von hinten;
im Tor steht eine 50-jährige Nonne, denn die hat schon seit Ewigkeiten keinen mehr reingelassen.

Was ist der Unterschied zwischen einer 6-Jährigen, einer 16-Jährigen, einer 26-Jährigen und einer 36-Jährigen?
Die 6-Jährige bringt man ins Bett und erzählt ihr ein Märchen,
der 16-Jährigen erzählt man ein Märchen, um sie ins Bett zu kriegen,
die 26-Jährige ist ein Märchen im Bett und
die 36-Jährige sagt "Erzähl' keine Märchen und komm ins Bett!".

Die 6 Phasen der Betriebsplanung:
1. Enthusiastische Begeisterung
2. Plötzliche Verwirrung
3. Totale Ernüchterung
4. Suche nach dem Schuldigen
5. Bestrafung eines Unschuldigen
6. Auszeichnung eines völlig Unbeteiligten

Sagt der Arzt zum Patienten: "Tut mir leid, aber sie haben Krebs und Alzheimer!"
Da antwortet der Patient: "Puh, zum Glück kein Krebs!"

Was ist das wichtigste bei einer Autonummer??
Dass die Sitze sauber bleiben!

Zwei Mädchen treffen sich in der Dusche, da sagt die eine: "Dein Äffchen hat ja auch schon Haare?"
Da sagt die andere: "Ja es frisst auch schon Bananen!"

"Herr Doktor, was fehlt meiner Frau?" - "Ihre Frau braucht 3 mal Sex pro Woche, sonst stirbt sie". Zuhause fragt sie: "Was hat der Arzt gesagt?" "Du musst leider sterben!"

Zwei Blondinen nach dem Betriebsfest: "Und, hast du dich noch bumsen lassen?"
"Ja, zweimal" "Was nur zweimal?" "Ja, einmal von der Musikband und einmal von der Betriebsfeuerwehr!"

Zweizeiler

Die Tochter kommt von der Schule nach Hause und sagt: "Vati, heute wurden wir alle untersucht. Eine von uns ist noch Jungfrau!" - "Du.......?" - "Nein, die Lehrerin!"

Gott erschuf den Mann, das war gut.
Dann erschuf er die Frau!!
Als er sah, was er angerichtet hatte, erschuf er den Alkohol!

Sagt ein Sportler zum anderen: "Du, ich habe jetzt einen Golfsack!"
"O jeh, das tut mir aber leid, wenn ich dran denke, wie schmerzhaft schon ein Tennisarm ist!"

Im Jahre 1789: Französische Revolution! Rennt einer rum und schreit: "Menstruation..., Menstruation...!"
Sein Kollege: "He, das heisst Revolution!" - "Egal, Hauptsache es fliesst Blut!"

Dem feinen Herrn wird im Sex-Club eine ältere Dame zugewiesen. Da meint er energisch: "Das älteste Gewerbe der Welt - ok? Aber muss es denn ein Gründungsmitglied sein??"

Steht ein Bodybilder vor dem Spiegel und meint zur Freundin: "Das sind 80 kg pures Dynamit!"
Sagt sie: "Nur schade, dass die Zündschnur so kurz ist!"

Ich habe so viel über die bösen Auswirkungen von Rauchen, Trinken und Sex gelesen, dass ich beschlossen habe, im neuen Jahr mit dem Lesen aufzuhören.

Ich war Mitglied bei den Wandervögeln. Bin aber wieder ausgetreten.....
Die wollten immer nur wandern.......

Zwei Schwule treffen sich, sagt der eine: "Gestern ist mir ein Kondom geplatzt!"
Sagt der andere: "Im ernst?" "Nein, im Dieter!"

90-jähriges Paar beim Sex. Er stöhnt und verdreht die Augen.
Sie: "Was ist denn Alfred?" antwortet er: "Ich weiss auch nicht, entweder ich komme oder ich gehe!"

Wie bringst du eine Frau nach dem 5. Orgasmus noch ein 6. Mal zum schreien?
Indem du deinen nassen Pimmel an den sauberen Vorhängen abtrocknest!

Ich bin schwer krank! Ich glaube ich habe BSE am Pimmel.....Jedesmal wenn sich eine Frau darauf setzt, wird sie wahnsinnig!

Hast du Wasser in den Beinen?
Nein warum?
Ich dachte nur, meine Wünschelrute schlägt so stark aus!

Ich liebe dein linkes Bein wie Weihnachten, ich liebe dein rechtes Bein wie Ostern....
ich besuche dich gerne mal... zwischen den Feiertagen!

Was haben eine Frau als Vorgesetzte und eine Landmine gemeinsam?
Wenn Du an die Nippel kommst, fliegst Du...

Die Prinzessin geht zum Teich und sagt zum Frosch: "Muss ich dich jetzt küssen, damit du ein Prinz wirst?"
Der Frosch: "Nein, das ist mein Bruder. Mir musst Du einen blasen..."

Was sagte noch die Banane zum Vibrator?
Zittere nicht so, das erste Mal ging es mir ebenso...

Frau mit Pferdeschwanz sucht Mann mit gleichen Eigenschaften...

Inzest - Ein Spiel für die ganze Familie!

Zweizeiler

Welche Vögel haben den Schwanz vorn?
Die Kastelruther Spatzen...

Männer sind wie Baustellen:
Es dreht sich alles nur ums baggern, Rohre verlegen und zuschütten

Männer sind wie Teppiche:
Wenn man sie nicht regelmässig klopft kann man sich mit ihnen nicht sehen lassen

Mit Autos und Frauen ist es doch immer dasselbe: Man hegt sie und pflegt sie, kauft alle möglichen Extras und wenn sie dann vollkommen ausgestattet und richtig eingefahren sind, dann bumst ein anderer in sie hinein!

Was ist der Unterschied zwischen Männern und Schweinen?
Schweine verwandeln sich nicht in Männer, wenn sie betrunken sind!

Was haben eine Mikrowelle und SEX mit einem Mann gemeinsam?
Nach 30 Sekunden ist alles fertig!

Frauen sind wie Stecknadeln - Der Kopf ist nicht das wichtigste an ihnen!

Warum hat Gott von Adam eine Rippe geklaut und daraus eine Frau gemacht?
Er wollte zeigen, dass bei einem Diebstahl nichts Vernünftiges rauskommt!

Frauen sind wie Krawatten:
Man wählt sie meistens bei schlechter Beleuchtung. und dann hat man sie am Hals.

Warum benötigen Frauen im Badezimmer mehr Zeit als Männer?
Weil sie in den Kurven mit dem Tempo runtergehen müssen.

Was ist der Unterschied zwischen einem Magnetfeld und einer schönen Frau?
Es gibt keinen: Beide lenken ab und verrichten keine Arbeit!

Was haben Männer und Wolken gemeinsam?
Wenn sie sich verziehen, gibt's einen schönen Tag

Warum sollen Mädchen schön, aber nicht klug sein?
Ist doch klar, weil Jungen besser sehen als denken!

Ein Herr heisst Herr, weil in seinem Handeln stets eine gewisse Herrlichkeit zum Ausdruck kommt. Und eine Dame heisst Dame, weil...

Was haben Frauen und Orkane gemeinsam??
Es fängt mit einem Blasen an, und dann ist das Haus weg.

Warum sollten Männer keine Pille einnehmen? Für Arschlöcher gibt es Zäpfchen!

Im Bier sollen angeblich weibliche Geschlechtshormone sein. Kaum trinkt ein Mann Bier, redet er nur noch Blödsinn und kann nicht mehr richtig Auto fahren!

Was ist der Unterschied zwischen einer Lokomotive und einer Frauenhand? Eine Lok fährt hart über die Weichen, eine Frauenhand weich über den Harten...

Eine Emanze faucht einen Herrn an, der Ihr die Tür aufhält: 'Bloss weil ich eine Frau bin, brauchen sie mir nicht die Tür aufhalten!' 'Ich tu es ja nicht wegen Ihres Geschlechts, sondern wegen Ihres Alters.'

Als Gott die Männer schuf, war der Himmel blau. Als Gott die Frauen schuf, war ER blau.

Zweizeiler

Er streichelt ihr über den Körper und sagt: "Ich liebe Deine Berge und Täler." Sie: "Und wenn im Tal nicht bald geackert wird, dann wird das Land verpachtet!"

"Frau Nachbarin - Sie müssen mal nackt durch den Garten laufen, dann werden die Tomaten rot!" "Das habe ich schon versucht - Jetzt sind die Gurken 40 cm lang."

Frauen sind schon seltsam! Das ganze Jahr hindurch die Pille schlucken, und an Weihnachten "Ihr Kinderlein kommt" singen...

Fährt ein zerstrittenes Ehepaar im Auto über Land. Sie kommen an einem Schweinestall vorbei.
Sie: "Na, sind das Deine Verwandten da drüben?"
Darauf er: "Ja - Meine Schwiegereltern!"

Eine Blondine zur anderen: "Dieses Jahr fällt Weihnachten auf einen Freitag." Sagt die andere: "Hoffentlich nicht auf den l3."

Zwei Opas in der Werkstatt: "War doch klasse, wenn man bei Menschen den Motor wechseln könnte." "Ach, weisst Du - ich wäre schon mit einer neuen Stossstange zufrieden!"

Im Zug zieht ein Mann seinen Schuh aus und stöhnt: "Mein Fuss ist eingeschlafen." Meint sein Gegenüber: "Dem Geruch nach ist er vor einiger Zeit gestorben!"

Zwei Blondinen unterhalten sich: "Ich glaube, mein Mann betrügt mich." "Ja, ja - So sind die Kerle. Meinem traue ich auch nicht. Wer weiss, ob die Kinder von ihm sind?!"

Frau am Ende des Jahres zu ihrem Mann:
"Wenn wir 365 Gummis verbraucht haben. schmelzen wir sie ein, machen einen Autoreifen daraus und schreiben darauf "Good year"

Meinungsaustausch ist, wenn Du mit Deiner Meinung zum Chef gehst und mit dessen Meinung zurückkommst!

Wenn Du Dich klein, nutzlos, beleidigt und depressiv fühlst, denke immer daran: Du warst einmal das schnellste und erfolgreichste Spermium Deiner Gruppe!

Wer kennt die vier Wunder der Frauen?
1. Sie werden feucht, ohne daß es regnet.
2. Sie bluten, ohne sich verletzt zu haben.
3. Sie geben Milch ohne Gras zu essen.
4. Sie reden ohne gefragt zu werden.

Petra hat zum ersten Mal ihre Tage. Sie kennt das nicht und fragt in der Not den Nachbarjungen Gerd. Als Petra nach langem hin und her endlich das Höschen ausgezogen hat, sieht Gerd kurz hin und weiss sofort Bescheid: 'Mensch, klarer Fall: Sack abgerissen?'

Kommt ein Mann in eine Buchhandlung und fragt. wo er das Buch 'Der Mann - das überlegene Geschlecht' finden kann, Die Verkäuferin - ohne mit der Wimper zu zucken. 'Utopische Literatur befindet sich im ersten Stock.'

Zwei Osterreicher nach der Fahrprüfung: "Bist durchkimma...?"
"Nee!"
"Warum nicht?"
"Vorm Kreisel ist '30' gstanden - Da bin ich 30 x im Kreisel gfahrn."
"Host Di verzöhlt?"

Ein Mann kommt betrunken um 4 Uhr morgens heim.
Im Flur steht seine Frau, wütend, mit einem Besen in der Hand. Fragt er sie: "Bist du am putzen oder fliegst du weg?"

Zweizeiler

Kann man mit einem Tampon schreiben? - In der Regel schon!

Schön wenn man die Frau fürs Leben gefunden hat.
Schöner, wenn man ein paar mehr kennt.

Ein Mann kommt zum Arzt wegen seines Mundgeruches. Nach der Untersuchung empfiehlt der Arzt: Entweder sie hören auf Nägel zu kauen oder ihre Hämorrhoiden zu kratzen.

Was haben eine Mikrowelle und SEX mit einem Mann gemeinsam?
Nach 30 Sekunden ist alles fertig!

Die Moral der Frauen ist weiter nichts, als die Angst vor Folgen.

Abenteuer sind vor allen Dingen am Abend teuer.

Der teuerste Weg, mit einer Frau zu schlafen, ist die Ehe.

Auch ein blinder Trinker findet einen Korn.

Auch ein umgeschüttetes Bier ist Alkoholmißbrauch!

Lieber Wein im Blut als Stroh im Kopf.

Kein Alkohol am Steuer! - ein kleines Schlagloch und du verschüttest alles!

Irren ist menschlich, sprach der Igel und stieg von der Drahtbürste.

Mädchen im Kindergarten: "Jetzt weiss ich, wieso Jungs schneller laufen als wir: Gangschaltung und Kugelgelagert!"

Ein guter Verführer ist wie ein Reinigungsmittel:
Er wirkt schnell – dringt tief ein und hinterläßt keine Ringe.

Die Antibabypille ist die einzige Möglichkeit,
die Jugendkriminalität schon im Keim zu ersticken.

Eine anständige Frau tut es aus Liebe, eine Unanständige läßt sich bezahlen und eine hochanständige bezahlt alles!

Auf einen Ehemann der aus Erfahrung spricht, kommen mindestens zwei die aus Erfahrung schweigen!

Frauen sind wie das Telefon:
Oft belegt, gelegentlich gestört, und manchmal steckt ein falscher Teilnehmer in der Leitung.

Frauen sollten einen Mann über fünfzig nie glauben - Mindestens 10cm davon sind gelogen.

Frauen von denen man sagt, sie seien ein Juwel, sind oft nur mit Fassung zu ertragen.

Frauen sind wie Eiszapfen – je mehr man sie berührt, um so mehr tauen sie auf.

Wie bringst du einen Mann dazu, Sit-ups zu machen?
Steck die Fernbedienung zwischen seine Zehen.

Worin unterscheidet sich ein Mann von einem PC?
Dem PC mußt du alles nur einmal sagen.

Wann ist die einzige Zeit, in der ein Mann an ein Abendessen bei Kerzenschein denkt?
Wenn der Strom ausgefallen ist.

Zweizeiler

Woran erkennt man den Unterschied zwischen Geschenken eines Mannes, die ehrlich gemeint sind und solchen, die aus einem schlechten Gewissen gemacht werden?
Geschenke aus schlechtem Gewissen sind schöner.

Was weißt du sofort über einen gutgekleideten Mann?
Seine Frau ist gut im Aussuchen von Kleidern.

Wie nennt man einen Mann, der erwartet, bei der zweiten Verabredung Sex zu haben?
Langsam.

Was haben alle Männer in Single-Bars gemeinsam?
Sie sind verheiratet.

Was ist der Unterschied zwischen Männern und Schweinen?
Schweine werden nicht zu Männern, wenn sie betrunken sind.

Was versteht ein Mann unter Vorspiel?
Eine halbe Stunde betteln.

Was erhältst du, wenn du einen Mann mit einem Schwein kreuzt?
Nichts. Es gibt Sachen, die auch Schweine nicht mit sich machen lassen.

Warum wiegen verheiratete Frauen mehr als alleinstehende Frauen?
Alleinstehende Frauen kommen nach Hause, sehen nach, was im Kühlschrank ist und gehen ins Bett. Verheiratete Frauen kommen nach Hause, sehen nach, was im Bett ist und gehen an den Kühlschrank.

Warum kochen Männer nicht?
Es wurde noch kein Steak erfunden, was in den Toaster passt.

Wie definieren Frauen eine 50/50 Beziehung?
Wir kochen/sie essen, wir machen sauber/sie machen Schmutz, wir bügeln/sie verknittern.

Warum machen Männer keine Wäsche?
Weil die Waschmaschine und der Trockner nicht mit der Fernbedienung funktionieren.

Welche Worte hassen Frauen, wenn sie gerade tollen Sex haben?
"Liebling, ich bin zuhause."

Wie nennt man eine Frau, die weiß, wo sich ihr Ehemann jeden Abend aufhält?
Eine Witwe.

Warum ist ein Mann wie ein Hund?
A. Beide haben eine unbegründete Angst vor dem Staubsauger.
B. Beide sind übermäßig fasziniert vom Schoß einer Frau.
C. Beide misstrauen dem Briefträger.

Warum hat Gott zuerst den Mann erschaffen?
Er brauchte einen groben Entwurf.

Warum ist ein Mann wie Essen aus der Mikrowelle?
30 Sekunden, und er ist fertig.

Wenn ein Mann einen Stapel Teller in einer Stunde abwaschen kann, wie viele Stapel Teller können 4 Männer in 2 Stunden abwaschen?
Keinen. Sie setzen sich zusammen, spielen 'ne Runde Karten und schauen sich im Fernsehen Fußball an.

Zweizeiler

Was ist eine Blondine auf einem Wasserbett?
Eine Bohrinsel!

Warum liegen Blondinen breitbeinig am Meer?
Weil sie auf die Seezungen warten!

Die hübsche Blondine zu ihrer Freundin: "Gestern Abend kam mein Chef zu mir und ist gleich über mich hergefallen!" "Hast Du Dich denn nicht gewehrt?"
"Ging nicht - mein Nagellack war noch nicht trocken!"

Was ist das: Hat zwei Flügel, hält sich im Dunklen auf und saugt Blut? Eine ´always ultra´.

Ein Mann fragt ein hübsches Mädchen: "Würden Sie für eine Million mit einem wildfremden Mann schlafen?" "Aber sicher, sofort!" "Würden sie für 25 € mit mir schlafen?" "Wofür halten sie mich denn?" "Das haben wir ja schon geklärt, jetzt verhandeln wir nur noch über den Preis ..."

Wie lange dauert es, eine Frau zum Orgasmus zu bringen? Wen interessierst?

Warum gibt es in der Tiefgarage Frauenparkplätze? Damit die Frauen die Autos von den Männern nicht beschädigen können.

Wann ist eine Frau am Intelligentesten? Beim Sex! Weil sie dabei am Hauptrechner angeschlossen sind!

Mann rempelt Frau an der Hotelrezeption an. Beide gucken etwas verstört. Mann: "Wenn Ihr Herz so weich ist wie Ihr Busen, werden Sie mir verzeihen." Frau: "Wenn Ihr Ding so hart ist wie Ihr Ellenbogen, bin ich in Zimmer 246 ..."

Warum haben Frauen ab 40 keine Tage mehr? Weil sie das ganze Blut für die Krampfadern brauchen!

Wenn Gott eine Frau wäre ... ... wäre nach dem "Es werde Licht" erstmal "Wie sieht´s denn hier aus?!" gekommen.

Ein Ehepaar sitzt abends vor dem Fernseher und schaut sich eine Tiersendung an. Sie zu ihm: "Du Schatz, findest du auch, dass Nagetiere dumm und gefräßig sind?" Er: "Ja, mein Mäuschen!!"

Warum können Frauen so schlecht furzen? Weil sie den Mund nicht lange genug halten können, um den nötigen Druck aufzubauen!

Was macht ein Albaner wenn er seinen Vater im Gefängnis besucht?
Die Schnupperlehre!

An was sieht man, dass Albaner im Quartier sind?
Wenn die Türken ihre Velos abschliessen!

Warum hat ein Albaner nach dem Sex mit einer Deutschen rote Augen?
Vom Pfefferspray!

Was ist der Unterschied zwischen einem Albaner und einem Schlappschwanz?
Den Schlappschwanz bringt man nicht rein, den Albaner nicht raus!

Was ist ein Albaner auf dem Mond? Ein Rätsel...
...und was sind alle Albaner auf dem Mond? Die Lösung!

Zwei Albaner treffen sich:
Der erste: "Ich habe gestern deinen Bruder getroffen!"
Der zweite: "Nein was, wo denn?"
Der erste: (Tippt sich an die Stirn) "Hier oben!"

Zweizeiler

Zwei Albanerfrauen sammeln auf einen Feld Kartoffeln.
Nimmt die eine zwei Kartoffeln in die Hand und sagt: "Die Kartoffeln sind wie die Eier meines Mannes!"
Die andere: "Was, so gross?"
Die erste wieder: "Nein, so dreckig!"

Wieso steht auf allen Häusern in Albanien AIDS?
Alle In Der Schweiz.

Wie heisst "Alice im Wunderland" auf Türkisch?
Fatima im Aldi.

Was ist das: In der Mitte stinkt's, links und rechts ist es gelb?
Ein Albaner mit zwei Aldisäcken!

Warum taucht auf der Enterprise nie ein Albaner auf?
Die arbeiten in der Zukunft auch nicht.

Wie heisst "Vibrator" auf Türkisch?
Futzgerüttel.

Was sind die drei heiligen Türkischen Feiertage?
Sommerschlussverkauf, Winterschlussverkauf und Sperrmüll.

Was sagt man zu einem Türken mit Krawatte?
"Einen Big Mac bitte!"

Woran erkennt man eine türkische Domina?
Am Lederkopftuch!

Ein Türke auf einem Beerdigungsinstitut: "Gut Tag! Brauchen Grabstein. Drauf schreiben: Ali tot." Der Angestellte: "Guter Mann, bei uns ist es üblich, dass man ein paar Worte mehr auf den Grabstein schreibt!" Der Türke: "Is gut: Ali tot, verkaufen Opel Omega!"

Was heisst Gruppensex auf Türkisch?
Kümmelgetümmel!

Ein Kamerad stellt sich bei Gottschalk vor: "Ich wette, dass ich fünf Türken mit einem Kochlöffel erschlagen kann!"
Gottschalk: "Die Wette klingt interessant, aber was werden Sie machen, wenn Sie es nicht schaffen?"
Kamerad: "Dann nehme ich eine Schaufel!"

Was sagt ein Türke ohne Arbeit zu einem Türken mit Arbeit?
"Einmal Currywurst mit Pommes, Mann!"

Wette bei Gottschalk: "Ich wette, dass ich zehn Türken mit dem Traktor überspringen kann!"
Freunde, er hat's nicht gepackt! Aber Wettkönig ist er trotzdem geworden...

Wer sind die freundlichsten Menschen?
Die Albaner. Sie kommen zu zehnt und fragen: "Hasdu Problem?"

Die 4 Regeln, die Männer unbedingt beachten sollten:
1. Es ist wichtig eine Frau zu finden, welche prima kocht und putzt.
2. Es ist wichtig eine Frau zu finden, welche viel Geld verdient.
3. Es ist wichtig eine Frau zu finden, welche es liebt, Sex zu haben.
4. Es ist wichtig, dass diese 3 Frauen sich niemals treffen!

Zweizeiler

Sex auf Französisch kann jeder! Aber was ist Sex auf Italienisch? 30 Sek. Vorspiel, 55 Sek. Orgasmus und 4 Std. Rumerzählen wie gut man war!

Was heißt Kondom auf Chinesisch? Sakki verpacki

Was heißt onanieren auf Türkisch? Würk di Gürk

Was heißt keine Lust auf Sex auf Arabisch? Is lahm!

Wie nennt man Filzläuse auf Japanisch? Nagamsakki!

Sohn: "Papa! Warum bin ich schwarz obwohl Mama und du weiß sind?"
Papa: "Tja Sohn, dass war damals eine ziemliche Orgie. Sei froh, dass du nicht bellst!"

Der Graf zur Gräfin: "Schatz, wir sind pleite. Lerne kochen und wir entlassen den Koch!"
Sie gelangweilt zu ihm: "Lerne Bumsen und wir entlassen den Chauffeur!"

Der Frauenarzt zur Nonne: "Das Resultat ist eindeutig, sie sind schwanger!"
Darauf die Nonne: "Ist schon verrückt, was die Leute so alles an die Kerzen schmieren!"

Tochter: "Also Mami, das mit der Befruchtung habe ich jetzt verstanden. Das Sperma dringt also ins Ei ein, und dadurch entsteht ein neuer Mensch. Wie kommt aber das Sperma dorthin? Musst du das schlucken?" Papi im Hintergrund: "Nein, nur wenn sie ein neues Kleid will ... !"

Was essen naturbewusste Kannibalen am liebsten?
Nonnen - die sind noch ungespritzt....

Früher hat man Mädchen gefunden, die kochen konnten wie ihre Mütter.
Heute findet man Mädchen, die saufen können wie ihre Väter!

Was sagt eine Frau, wenn sie zum ersten Mal in einem Auto sitzt?
"Toll, drei Spiegel!"

Eine Mutter findet im Zimmer ihres 14-jährigen Sohns ein Sado-Maso-Magazin. Erschüttert zeigt sie es dem Vater: "Was sollen wir tun?"
Meint der Vater: "Ich glaube, es wäre besser, ihn nicht zu verprügeln."

Der Ehemann findet seine Frau mit dem Arzt im Bett.
Der Arzt versucht zu erklären: "Ich wollte nur das Fieber messen!"
Der Mann holt seelenruhig sein Gewehr aus dem Schrank und meint: "Jetzt ziehen Sie ihn ganz langsam raus und wenn keine Zahlen draufstehen, dann gnade Ihnen Gott!"

Warum enthält Milch Fett?
Damit die Euter beim Melken nicht quietschen!

Eine etwas dickere Frau steht vorm Spiegel und sagt: "Spieglein, Spieglein an der Wand, wer ist die Schönste im ganzon Land?"
Darauf der Spiegel: "Geh mal zur Seite, ich seh' ja nichts!"

Kommt ein neuer Pfarrer in die Stadt, sagt er zu Klein-Eva: "Kannst du mir sagen wo hier der Supermarkt ist, ich muss nämlich Einkäufe erledigen." Eva sagt: "Nein" Darauf sagt der Pfarrer: "Dann kommst du aber nicht in den Himmel." Eva: "Und du nicht in den Supermarkt."

Was ist der Name Gottes? Ernst Groß. In der Bibel steht: - 'Wer mich mit Ernst anruft, wird erhört werden. Denn mein Name ist Groß.'

Sohn: "Papa! Warum bin ich schwarz obwohl Mama und du weiß sind?"
Vater: "Tja Sohn, dass war damals eine ziemliche Orgie. Sei froh, dass Du nicht bellst!"

Zweizeiler

Zwei Schwule sind in der Dusche und haben einen Ständer. Sagt der eine: "Komm, wir fechten!" Nach einer Weile dreht sich der andere um, bückt sich und sagt: "Töte mich!"

Sie: "Guter Sex findet im Kopf statt!"
Er: "O.k., mach den Mund auf!"

Sagt sie zu ihm während dem One-Night-Stand: "Hast Du ein Noppenkondom an, weil ich Dich so spüre?" Sagt er: "Nein ich habe ne Gänsehaut, weil Du so häßlich bist".

Ein Paar beim ersten Rendezvous beim Italiener an der Ecke. Das Essen ist verzehrt, die Rechnung kommt: 42,- Euro! Er zahlt mit einem 50er: "Stimmt so" Sie: "Du bist aber großzügig!" Er: "Ach was, ist immer noch günstiger als im Puff!"

Sie: "Schatz würdest du mit einer anderen schlafen wenn ich gestorben bin?"
Er: "Dafür musst du nicht extra sterben!"

Arzt. "Gute Frau, sie sind jetzt 92, Ihr Freund 21, da kann jeder Sexualkontakt zum Tode führen!" Worauf die alte Dame meint: "Na ja, dann stirbt er halt!"

"Nehmt ihr noch Müll mit?" brüllt die Frau im Bademantel und mit Lockenwickler im Haar dem Müllauto zu. "Aber sicher", ruft der Fahrer, "spring hinten rein!"

Altes Mütterchen zum Friedhofswärter: "Wo bitte ist Reihe 10 Grab Nr. 7?"
Er: "Soso, heimlich aus dem Grab kraxeln und dann den Heimweg nicht mehr finden!!"

Der Arzt am Sterbebett: "Ihre Frau gefällt mir gar nicht." "Mir auch nicht, aber es wird ja nicht mehr lange dauern, oder?"

Was steht auf dem Grabstein einer Nonne?
"Ungeöffnet zurück!"

Ein Rasenmäher und ein Schaf stehen nebeneinander auf der Wiese.
Sagt das Schaf: "Mäh". Antwortet der Rasenmäher: "Von dir lass ich mir gar nix befehlen!"

Was macht ein schwuler Regenwurm im Salat? Er wirft erst mal die Schnecken raus!

"Angeklagter, Sie bekennen sich doch offen zur Homosexualität, warum haben Sie die Nonne vergewaltigt?" - "Entschuldigung, aber von hinten sah sie aus wie Zorro!"

Was ist der Unterschied zwischen einem Telefon und einem Politiker?
Das Telefon kann man aufhängen wenn man sich verwählt hat.

Warum hat Chelsea Clinton keine Geschwister?
Weil Monica Lewinsky alle verschluckt hat.

Alzheimer hat auch seine Vorteile: Man lernt jeden Tag neue Leute kennen...

Kommt ein Arbeiter völlig aufgelöst zum Doktor und sagt: "Herr Doktor, ich hatte seit Tagen keinen Stuhl." Doktor: "Na dann setzen Sie sich erst mal!"

Penner beim Arzt: "Herr Doktor, ich habe ein Alkoholproblem" "So, so, welches denn?" "Ich kann ihn mir nicht leisten!"

T-shirt Aufdruck: "Bitte sagen Sie jetzt nichts. Lächeln sie einfach nur, wenn sie mit mir schlafen wollen."

"Guten Tag, Herr Doktor, keiner beachtet mich." "Der Nächste, bitte!"

Was kommt dabei raus, wenn man eine Krake und eine Blondine kreuzt?
Tja, das weiss keiner so genau, aber es kann bestimmt gut putzen.

Zweizeiler

Warum haben Blondinen Beine?
Schaut Euch doch nur mal die Sauerei bei den Schnecken an.

Warum tragen Mädels beim Fallschirmspringen Tampons?
Damit es auf dem Weg nach unten nicht pfeift.

Wie viel Gehirnzellen hat eine Blondine?
Vier... für jede Herdplatte eine.

Gott gab den Menschen Intelligenz...
...Ausnahmen bekommen die Regel.

"Lebensgefährtin" ist ein Wort, das von Lebensgefahr abgeleitet ist.

Was ist mit einer Frau passiert, die 99% ihres Gehirns verloren hat?
Sie ist Witwe.

Hätte Gott gewollt, daß Frauen Piloten werden, wäre der Himmel rosa.

"Du Papi, was ist ein 'Transvestit'?"
"Da musst Du Mutti fragen, der weiß das!"

85% der Frauen finden ihren Arsch zu dick, 10% zu dünn.
5% finden ihn so ok wie er ist und sind froh, dass sie ihn geheiratet haben.

Fritzli: Mein Vater ist ein richtiger Angsthase!
Hansli: Warum denn das?
Fritzli: Immer wenn Mami nicht da ist schläft er bei der Nachbarin.

Zwei Blondinen unterhalten sich.
Ich habe gestern einen Schwangerschaftstest gemacht, sagt die eine.
Die andere fragt entsetzt: Und, waren die Fragen schwierig?

Eine Blondine zur anderen: Dieses Jahr fällt Weihnachten auf einen Freitag.
Sagt die andere: Hoffentlich nicht auf einen 13.!

Eine Blondine kriegt Zwillinge und weint ununterbrochen. Da fragt sie die Schwester,
warum sie weine. Da antwortet sie: Ich weiss nicht von wem das Zweite ist!

Er: Hast du mit anderen Männern geschlafen?
Sie: Ich hab nur mit dir geschlafen Schatz. Bei den anderen war ich wach.

Hebamme zur Gebärenden: Möchten Sie den Vater bei der Geburt dabei haben?
Um Himmelswillen! Nein! Der versteht sich mit meinem Mann überhaupt nicht!

Die Männer schauen den Frauen auf den Hintern und denken: Boah, der Riesen-Arsch.
Das tun wir Frauen auch, nur dass wir den Männern dabei ins Gesicht schauen!

Was haben der Buchstabe Q und Männer gemeinsam?
Beides sind Nullen mit einem Schwänzchen dran.*

Es gibt Frauen, die können anziehen was sie wollen, denen steht einfach nichts.
Aber es gibt Männer, die können ausziehen was sie wollen, denen geht es genauso!

Männer mit Bierbauch haben meistens einen "Schneewittchenkomplex".
Sie liegen auf dem Rücken und sagen: "Dort hinter dem Berg, da wohnt ein Zwerg!"

Schon gewusst? Es würden viel mehr Männer von zu Hause abhauen,
wenn sie nur wüssten, wie man Koffer packt...

Zweizeiler

Was ist Mut?
Wenn ein Mann nur mit einer Badehose bekleidet in die Oper geht.
Was ist Übermut?
Wenn er die Badehose an der Garderobe abgibt.
Was ist Schlagfertigkeit?
Wenn die Garderobenfrau fragt: "Wollen Sie den Knirps nicht auch noch abgeben?"
Und was ist die Kroenung der Schlagfertigkeit?
Wenn der Mann darauf erwidert: "Nicht noetig, ich habe einen Ständer."

Was ist der Unterschied zwischen einer Ehefrau und dem Kantinenessen?
Gar keiner - In beiden stochert man bloss lustlos 'rum.

Was ist der Unterschied zwischen Uncle Ben's Reis und einem weiblichen Orgasmus?
Uncle Ben's Reis gelingt immer.

Was ist der Unterschied zwischen Uncle Ben's Reis und einem männlichen Orgasmus?
Uncle Ben's Reis klebt nicht.

Was ist der Unterschied zwischen Protoplasma und einer Henne?
Protoplasma ist ein Eiweissscheibchen - eine Henne ist ein Eischeissweibchen.

Was ist der Unterschied zwischen einem Minirock und einem Rasenmäher?
Faß' mal drunter.

Was ist der Unterschied zwischen Madonna und Michael Jackson?
Madonna suchte einen Mann, der ihr ein Kind macht und Michael braucht ein Kind, das ihn zum Mann macht.

Was ist die größte Gemeinsamkeit zwischen dem primären weiblichen Geschlechtsorgan und einer Kreissäge?
Wenn man abrutscht, ist der Finger im Arsch!

Was ist ein Kamel mit 4 Hoeckern?
Ein Saudi Quattro.

Was sucht ein einarmiger Mann in der Einkaufsstraße?
Einen Second Hand Shop.

Abgetriebene Kinder sollen demnächst auch in die Stammbücher aufgenommen werden. Unter welcher Rubrik? Entfernte Verwandte.

Was haben ein Tornado und die Ehe gemeinsam?
Beides fängt mit blasen an und wenn alles vorbei ist, ist das Haus weg.

Was bekommt jemand, der die Führerscheinprüfung nicht bestanden hat?
Ein gelbes Nummernschild an sein Auto und einen Wohnwagen, damit er nicht so schnell fährt. Und den Aufkleber "NL" für "never learned".

Woran erkennt man einen guten Tango-Tänzer?
Am feuchten Knie!

Zwei Siebenjährige unterhalten sich: "Meine Mama hat gesagt, wenn ich nochmal frech bin, dann schneidet sie mir den Zipfel ab!" "Halb so wild. Ich hab`s vor kurzem bei meiner Schwester gesehen. Sieht gar nicht so schlecht aus!"

Zwei Sechsjährige unterhalten sich. Sagt die eine: "Ich hab gestern ein Kondom auf der Veranda gefunden." Sagt die andere: "Was ist eine Veranda?"

Hansi kommt ins Schlafzimmer und sieht, wie Mami stöhnend auf Papa reitet. Sagt die Mutter: "Ich massiere Papi gerade den Bauch weg!" Meint Hansi: "Das nützt nichts! Jeden Dienstag kommt die Nachbarin und bläst ihn wieder auf!"

Zweizeiler

Die Mutter findet im Kinderzimmer ihres 15jährigen Sohnes harte SM-Pornos. Abends erzählt sie es unter Tränen ihrem Mann und fragt: "Und was machen wir jetzt?" Darauf dieser: "Verhauen wäre wohl nicht das Richtige..."

Mädchen zur Lehrerin: "Gestern wurde ich defloriert." "Das heißt konfirmiert", sagt die Lehrerin. "Ja, das war am Vormittag...!"

Was sagt man, wenn ein Spanner stirbt?
Der ist weg vom Fenster!

Wie nennen Kannibalen einen Mediziner?
Hot Doc!

Was steht auf dem Grabstein einer Putzfrau?
Die kehrt nie wieder!

Was ist ein Cowboy ohne Pferd?
Ein Sattelschlepper!

Was hat der grüne Punkt und ein Chinese gemeinsam?
Den gelben Sack!

Der kleine Udo schaut durchs Schlüsselloch in das Zimmer der Hausangestellten Bianca.
Weist ihm die Mutter zurecht: "Laß das! Es geht dich nichts an, was Bianca macht."
"Ich will ja auch nur sehen, was der Papa macht!"

Warum nennt eine Bayerin den Schniedelwutz ihres Freundes liebevoll Pavarotti?
Weil sie sich denkt: Den Luciano!

Was ist ein Kondom mit Loch?
Kinderüberraschung!

Was ist ein Farbiger auf dem BMX-Rad?
Ein Schokocrossi!

Wie nennt man einen intelligenten Toilettenbesucher?
Klugscheißer!

Wie nennt man die Schambehaarung einer Zwergin?
Zwerchfell!

Wer ist patriotischer: die Italiener oder die Franzosen?
Die Italiener natürlich, die trinken ihren Wein aus Römern! Oder hast du schon mal einen Franzosen gesehen, der den Wein aus Parisern trinkt?

Wie nennen Kannibalen ein Skelett?
Leergut!

Woran erkennt man einen schwulen Schneemann?
An der Karotte im Arsch!

Was haben ein Schäferhund und ein Gynäkologe gemeinsam?
Eine feuchte Nase!

Wie nennen Kannibalen einen Rollstuhlfahrer?
Essen auf Rädern!

Kommt eine schwangere Frau in eine Bäckerei und sagt:
Ich bekomme ein Schwarzbrot, sagt der Bäcker: "Sachen gibt's!!!"

Zweizeiler

Umfrage in einem Altersheim : Reporter .. Was machen Sie morgens als erstes?
Alte Frau : "Kacken!!!" Reporter: "und dann?" Alte Frau: "Aufstehen!!!"

Was macht eine Blondine mit dem Kopf in der Erde?
Sie hört Inlandnachrichten!!

Was haben Blondinen und Bierflaschen gemeinsam?
Sind beide vom Hals aufwärts leer.

Fragt eine Blondine die andere: "Was meinst Du, was ist weiter entfernt, London oder der Mond"?
Sagt die andere: "Haallloooooooo, siehst Du London von hier aus?!"

Zwei Kitzler unterhalten sich. "Weißt du, was man von uns behauptet? Wir seien so unangenehm, so ekelhaft, widerlich, kalt, feucht..." "Wer erzählt denn sowas?" "Böse Zungen."

Was machen vier Kitzler in der Einkaufsstraße?
Warten bis der Schlecker öffnet.

Es gibt fünf verschiedene Penisgrößen:
1. klein
2. mittel
3. groß
4. oh mein Gott!
5. gibt es den auch in weiß?

Zwei Epileptiker unterhalten sich."Ich habe gehört, Du hast gestern abend in der Disco den Breakdance - Wettbewerb gewonnen?""Ja, das stimmt, aber eigentlich wollte ich mir nur eine Cola holen."

Ein Betrunkener kommt nach Hause und trinkt noch einen Tee. Im Bett fragt er seine Frau: "Haben Zitronen eigentlich kleine gelbe Füße?" "Nein." "Dann habe ich gerade den Kanarienvogel in den Tee gedrückt."

"Sind Sie für den nächsten Tanz schon vergeben?" "Oh nein, ich bin noch frei!" " Könnten Sie dann bitte mein Bierglas halten?"

Abgetriebene Kinder sollen demnächst auch in die Stammbücher aufgenommen werden. Unter welcher Rubrik? Entfernte Verwandte...

Prominenten
sprüche

Al Bundy-Sprüche

Frauen hinter den Herd?
BLÖDSINN - wenn die Schalter doch vorne sind!

Wenn sich Männer mit ihrem Kopf beschäftigen, dann nennt man das denken.
Wenn sich Frauen mit ihrem Kopf beschäftigen, dann nennt man das frisieren.

Warum ist es so schwer für Frauen, aus der Küche heraus zukommen?
Das liegt an der Herdanziehungskraft.

Manche Frauen tun für ihr Äußeres Dinge, für die ein Gebrauchtwarenhändler ins Gefängnis käme...

Warum haben Frauen eine Gehirnzelle mehr als Pferde?
Damit sie beim Treppenputzen nicht aus dem Eimer saufen...

Erstmals kommandiert eine Frau das Space Shuttle.
Na ja, warum nicht? Da oben muß sie ja nicht rückwärts einparken.

Frauen sind die besseren Motoren als Männer:
- Der Kolben paßt immer.
- Er wird automatisch geschmiert.
- Alle 4 Wochen gibt es einen automatischen Ölwechsel.

Was sind die vier Wunder der Frauen?
1. Sie werden feucht, ohne daß es regnet.
2. Sie bluten, ohne sich verletzt zu haben.
3. Sie geben Milch ohne Gras zu essen.
4. Sie reden ohne gefragt zu werden.

Frauen sind wie Krawatten:
Man wählt sie meistens bei schlechter Beleuchtung, und dann hat man sie am Hals.

Als Gott die Männer schuf, war der Himmel blau.
Als Gott die Frauen schuf, war er himmelblau.

Männer können trinken ohne Durst zu haben.
Frauen können reden ohne ein Thema zu haben.

Warum kriegen Frauen über 50 keine Periode mehr?
Weil sie das Blut für ihre Krampfadern brauchen.

Was ist an einer Geschlechtsumwandlung zur Frau am schmerzhaftesten?
Ist doch logisch, das Gehirn absaugen!

Was ist die Mehrzahl von Frau?
Putzkolonne

Prominentensprüche

Frauensprüche

1) Rowan Atkinson (Mr. Bean):
"Bigamie bedeutet, eine Frau zu viel zu haben. Monogamie ist dasselbe"

2) Eminem (Rapper):
"Es ist schon komisch, dass ein Mann, der sich um nichts auf der Welt Sorgen machen muss, hingeht und eine Frau heiratet"

3) Jörg Knör (Kabarettist):
"Die Frau ist die einzige Beute, die ihrem Jäger auflauert."

4) Bernd Stelter (Schauspieler):
"Eine Ehe ist wie ein Restaurantbesuch: Man denkt immer, man hat das Beste gewählt, bis man sieht, was der Nachbar bekommt."

5) Nick Nolte (Schauspieler):
" Frauen tun für ihr Äußeres Dinge, für die jeder Gebrauchtwagenhändler ins Gefängnis kommt."

6) Sean Combs (US-Rapper):
"Wenn eine Frau hinterher die Dumme ist, kann man sicher sein, dass sie es auch schon vorher war."

7) Günter Willumeit (TV-Comedian):
"Der Hauptgrund für alle Scheidungen ist und bleibt die Hochzeit."

8) Rudi Carrell (TV-Entertainer):
"In München möchte jede vierte Frau mit Roberto Blanco schlafen -die anderen drei haben es schon getan."

9) Craig David (brit. Popsänger):
"In Bier sind weibliche Hormone. Trinkt man zu viel davon, redet man wirr und kann kein Auto mehr fahren."

10) Jack Nicholson (Schauspieler):
"Es gibt nur eines, was teurer ist als eine Frau nämlich eine Ex-Frau..."

11) Charles Bukowski (Schriftsteller):
"Feminismus existiert nur, um hässliche Frauen in die Gesellschaft zu integrieren."

12) Burt Reynolds (Schauspieler):
"Solange der Nagellack nicht trocken ist, ist eine Frau wehrlos."

13) Mark McGrath (Rocksänger):
"Viele Frauen sagen sich: Wozu die Brust vergrößern, soll er sich doch seine Hände verkleinern lassen."

14) Benicio Del Toro (Schauspieler):
"Ein Gentleman beschützt eine Frau so lange, bis er mit ihr allein ist."

15) Rod Stewart (Rocksänger):
"Man soll nur schöne Frauen heiraten. Sonst hat man keine Aussicht, sie wieder loszuwerden."

16) Peter Ustinov (Schauspieler):
"Ich glaube nicht, dass verheiratete Männer länger leben als Frauen. Es kommt ihnen nur länger vor."

17) Mario Adorf (Schauspieler):
"Ein erfolgreicher Mann ist ein Mann, der mehr verdient, als seine Frau ausgeben kann. Eine erfolgreiche Frau ist eine, die so einen Mann findet."

18) Bill Vaughan (Schauspieler):
"Frauen arbeiten heutzutage als Jockeys, stehen Firmen vor und forschen in der Atomphysik. Warum sollten sie irgendwann nicht auch rückwärts einparken können."

Prominentensprüche

Künstler und Frauen arbeiten daran, den Knoten der Dinge immer wieder neu zu knüpfen.
Friedrich Nietzsche

Die größte militärische Leistung des Jahrhunderts ist meine Ehe.
Friedrich Dürrenmatt

Manche Männer, von denen man denkt, sie seien längst tot, sind bloß verheiratet.
Peter Sellers

Liebe ist eine vorübergehende Geisteskrankheit, die durch Heirat heilbar ist.
Ambrose Bierce

Die Frauen sind so unberechenbar, dass man sich nicht einmal auf das Gegenteil dessen verlassen kann, was sie sagen.
Sir Peter Ustinov

Manch einer sucht nach Liebe und vergisst, dass er ein Weib zu Hause hat.
Spohie La Roche

Die Ehe ist der Versuch, zu zweit mit Problemen fertig zu werden, die man alleine nie gehabt hätte.
Woody Allen

Mütter lieben ihre Kinder mehr, als Väter es tun, weil sie sicher sein können, dass es ihre sind.
Aristoteles

Unter Verzicht verstehen Frauen die kurze Pause
zwischen zwei Wünschen.
Mario Adorf

Wenn Frauen nicht mehr wissen, was sie tun sollen, ziehen sie sich aus, und das ist wahrscheinlich das Beste, was Frauen tun können.
Samuel Beckett

Kein kluger Mann widerspricht seiner Frau. Er wartet, bis sie es selbst tut.
Humphrey Bogart

Wenn eine Frau nicht spricht, soll man sie um Himmels willen nicht unterbrechen.
Enriyeu Castaldo

Der gute Ruf einer Frau beruht auf dem Schweigen mehrerer Männer.
Maurice Chevalier

Vorsicht vor einem Weibe, welches logisches Denken offenbart! Denn Logik und das Weib sind so heterogen, daß es Unnatur ist, wenn sie zusammen auftreten.
Johannes Cotta

Es gibt drei Arten von Frauen: die schönen, die intelligenten und die Mehrheit.
Rainer Werner Fassbinder

Prominentensprüche

Frauen sind für mich wie Elefanten. Ich sehe sie gern an, aber ich würde keinen haben wollen.
W.C. Fields

Die große Frage, die ich trotz meines dreißigjährigen Studiums der weiblichen Seele nicht zu beantworten vermag, lautet: 'Was will eine Frau eigentlich?'
Sigmund Freud

Wenn eine Frau sich die Lippen nachzieht, so ist das, wie wenn ein Soldat sein Maschinengewehr putzt.
Bob Hope

Drei Arten von Männern versagen im Verstehen der Frauen: junge Männer, Männer mittleren Alters und alte Männer.
irisches Sprichwort

Womit verhüten Emanzen - mit dem Gesicht.
Oskar Lafontaine

Der Charakter einer Frau zeigt sich nicht, wo die Liebe beginnt, sondern wo sie endet.
Rosa Luxenburg

Frauen verbinden am liebsten die Wunden, die sie selbst geschlagen haben.
Jacques Marchand

Nichts ist schlimmer als eine Frau, selbst wenn sie gut ist.
Menander

Die Frau ist der annehmbarste Naturfehler.
John Milton

Der Zweck heiligt die Mittel. Dies muß sich der liebe Gott gedacht haben, als er das Weib erschuf.
Thomas Niederreuther

Alle Frauen sind Prostituierte, außer unserer Mutter und der Frau, die wir im Augenblick lieben. Die tugendhaften Frauen sind so sporadische Fälle wie die Ausgemusterten und die Fahnenflüchtigen.
Pitigrilli

Frauen: austauschbare Werkzeuge zu einem stets gleichen Vergnügen.
Marcel Proust

Wenn du siehst, wen einige Mädchen heiraten, weißt du, wie sehr sie es hassen müssen, ihren Lebensunterhalt selbst zu verdienen.
Helen Rowland

Das niedrig gewachsene, schmalschultrige, breithüftige und kurzbeinige Geschlecht das schöne zu nennen, dies konnte nur der vom Geschlechtstrieb umnebelte männliche Intellekt fertigbringen.
Arthur Schoppenhauer

Frauen sind wie Übersetzungen: die schönen sind nicht treu und die treuen sind nicht schön.
George Bernard Shaw

Prominentensprüche

Es ist Sache der Frau, so früh wie möglich zu heiraten. Die Aufgabe des Mannes ist es, so lange unverheiratet zu bleiben wie er kann.
George Bernard Shaw

Mit den Mädchen muß man schlafen, wozu sind sie sonst da!
Kurt Tucholsky

Die Frau ist ein menschliches Wesen, das sich anzieht, schwatzt und sich auszieht.
Voltaire

Das Verhältnis von Mann und Weib ist kein anderes als das von Subjekt und Objekt. Der Mann ist das Etwas, das Weib ist das Nichts.
Otto Weininger, Schüler Schopenhauers

Bei der Brautwerbung ist der Mann solange hinter einer Frau her, bis sie ihn hat.
Jacques Tati

Fürchte den Bock von vorn, das Pferd von hinten und das Weib von allen Seiten.
Anton Tschechow

Viele Frauen lachen, wenn sie zum ersten Mal sehen, dass ich knielange Unterhosen trage. Ihnen vergeht allerdings das Lachen, wenn sie den Grund dafür sehen!
Harald Schmidt

Nach einer Studie benötigen Männer durchschnittlich zwei Minuten für Sex, aber sieben Minuten, um anschließend einzuschlafen - sehr gefährlich, denn gerade dann sind die meisten auf dem Heimweg.
Jay Leno

Sex auf öffentlichen Parkplätzen ist in Italien legal - eine völlig neue Bedeutung des Begriffs "Park and ride".
Harald Schmidt

Einige Leute fragen nach dem Geheimnis unserer immer noch glücklichen Ehe. Wir nehmen uns zweimal in der Woche Zeit, gut essen zu gehen, tanzen, Zärtlichkeiten. Sie dienstags, ich freitags.
Henry Youngman

Es gibt jetzt 39 Jahre die Antibabypille oder wie es in der Fernsehbranche heißt: den Alimenteblocker.
Harald Schmidt

Ist Sex eine schmutzige Sache? Ja, aber nur, wenn man's richtig macht.
Woody Allen

Kaffee fördert die Potenz. Nach 10 Tassen Kaffee kann man die zitternden Hände sehr gut beim Vorspiel einsetzen.
Harald Schmidt

Sex ohne Liebe: schrecklich! Wie Weihnachten ohne Ostereier.
Robert Sternberger

Viele Frauen geben beim Sex keinen Laut von sich, weil sie gelernt haben: Mit vollem Mund spricht man nicht.
Harald Schmidt

Prominentensprüche

Weißt Du was es bedeutet, nach Hause zu kommen, zu einer Frau, die Dich liebt, die zärtlich zu Dir ist und auch leidenschaftlich? Es bedeutet: du bist in einer fremden Wohnung gelandet!
George Burns

Wenn Du Sex haben willst, müssen die Kinder ausgehen. Wenn Du guten Sex haben willst, musst Du ausgehen!
Al Bundy

Wir alle müssen mit unseren Enttäuschungen leben ... ich muss mit meiner schlafen.
Al Bundy

Als sie so leicht benommen da lag, ganz nahe bei mir, sagte eine Stimme in mir: Dick, Du wärst nicht der erste Arzt, der Sex mit einer Patientin hat.
Aber eine zweite Stimme in mir rief dann:
Dick! Du bist Tierarzt!
Dick Wilson

Was mich beim Brustwarzenpiercing am meisten stört - beim Putzen gibt es immer Kratzer auf dem Parkett.
Harald Schmidt

Nichts gegen das Onanieren. Es ist Sex mit jemandem, den ich sehr mag.
Woody Allen

Onanieren, oder wie viele Abiturienten es nennen; "Wurzel ziehen."
Harald Schmidt

Sex auf öffentlichen Parkplätzen ist in Italien legal - eine völlig neue Bedeutung des Begriffs park and ride".
Harald Schmidt

Sex ist eins der gesündesten, schönsten und natürlichsten Dinge, die man für Geld erwerben kann.
Steve Martin

Einige Leute fragen nach dem Geheimnis unserer immer noch glücklichen Ehe. Wir nehmen uns zweimal in der Woche Zeit, gut essen zu gehen, tanzen, Zärtlichkeiten. Sie dienstags, ich freitags.
Henry Youngman

Erst Bier, dann Sex. Das meinen also Männer, wenn sie mit feuchten Augen der Kellnerin zuhauchen: "Zapfst du mir noch einen?"
Harald Schmidt

Ich bin ein so phantastischer Liebhaber, weil ich täglich mit mir selber trainiere.
Woody Allen

Ich habe in meinen beiden früheren Ehen Pech gehabt. Die erste Frau verließ mich, die zweite tat es nicht.
Woody Allen

Sex ohne Liebe: schrecklich! Wie Weihnachten ohne Ostereier.
Robert Sternberger

Prominentensprüche

Viele Frauen geben heim Sex keinen Laut von sich, weil sie gelernt haben: Mit vollem Mund spricht man nicht.
Harald Schmidt

Weißt Du was es bedeutet, nach Hause zu kommen, zu einer Frau, die Dich liebt, die zärtlich zu Dir ist und auch leidenschaftlich? Es bedeutet: du bist in einer fremden Wohnung gelandet!
George Burns

Madonna sucht einen italienischen Samenspender. Gastronomisch gesprochen heißt das: Sie will nur die Soße - ohne die Nudel.
Harald Schmidt

Als sie so leicht benommen da lag, ganz nahe bei mir, sagte eine Stimme in mir: Dick, Du warst nicht der erste Arzt, der Sex mit einer Patientin hat. Aber eine zweite Stimme in mir rief dann: Dick! Du bist Tierarzt!
Dick Wilson

Der Tarzanschrei ist übrigens entstanden, als sich Jane mal gewehrt hat.
Harald Schmidt

Einmal weiblich, immer weiblich. Die Natur ist zwar nicht unfehlbar doch hält sie stets an ihren Fehlern fest.
Saki

Die Frau kontrolliert ihren Sex, weil sie für Sex all das bekommt, was ihr noch wichtiger ist als Sex.
Esther Vilar

Frauen müssen ab und zu eins auf den Hintern bekommen. Manchen gefällt's.
Sean Connery

Viele Frauen wissen nicht, was sie wollen, aber sie sind fest entschlossen, es zu bekommen.
Peter Ustinov

Da die Frauen nicht mehr treu sein wollen, braucht man sie gar nicht erst zu heiraten.
Sylvester Stallone

Warum wollen die Frauen denn unbedingt so sein wie die Männer und tragen dann trotzdem hohe Absätze und Schmuck?
Hans-Joachim Kulenkampff

Frauen brauchen sich nicht zu emanzipieren. So gut wie Männer wer den die ohnehin nicht.
Jack Nicholson

Ein Männerabend mit Glotze, Bier und Chips ist tausendmal besser als ein nobles Abendessen mit einer Frau, die ja doch immer nur Komplimente hören will.
John McEnroe

Es ist nicht wahr, dass Frauen einen Mann suchen, der viel arbeitet. Es genügt ihnen einer, der viel verdient.
aus der Zeitschrift 'Werben und Verkaufen'

Harald Schmidt zum Thema 'Frauen'

Ich hab wich oft gefragt: Kann man eigentlich die Küche steuerlich absetzen, als Arbeitszimmer für die Frau?

Bei uns haben heute sehr, sehr viele Frauen in der Redaktion angerufen und gesagt: 'Ich kann Viagra nicht mehr hören!' Liebe Frauen - so geht's uns mit Kopfweh!

Frauen fühlen sich oft zu ihrer Katze näher hingezogen als zu Männern. Ich kann das verstehen. Im Gegensatz zu Männern wissen doch Katzen ein kleines Petersiliensträusschen auf dein Dosenfrass zu
schätzen.

Meine neue Lieblingssportart ist Curling! Endlich mal eine tolle, intelligente typische Frauensportart. oder? Permanent gebückt. und überwiegend mit Schrubber und Wasserkessel.

Für viele Männer ist Auto fahren wie Sex: Die Frau sitzt teilnahmslos daneben und ruft inner: Nicht so schnell, nicht so schnell!

Die tollste Erfindung aller Zeiten sind Frauenparkplätze! Humorvolle Menschen sagen: 'Frauenparkplätze wurden erfunden, damit Frauen Autos von Männern beim Einparken nicht beschädigen.'

Putzen ist irre gefährlich. Fast jeder Mann ist schon einmal über seine putzende Frau in der Küche gestolpert und hat sich dann fast seine Bierflasche ins Hirn gestossen?

Der grösste Vorteil des schnurlosen Telefons ist: Frauen können nur noch solange telefonieren, wie der Akku reicht!

In Dänemark ist eine tolle Erfindung gemacht worden. Ein Frauen-Computer. Und ich habe mich gefragt: 'Wozu?' Ich dachte, den Frauen-Computer gibt's schon lange und heisst 'Mikrowelle'.

56 Prozent der deutschen Frauen lieben Männer mit Humor. Das ist die alte Regel: Gegensätze ziehen sich an!

Morgen ist Weltfrauentag. Wir sollten unsere Frauen öfters verwöhnen und morgens vielleicht mal sagen: schlaf noch ein bisschen weiter - ich hab' Dir den Staubsauger ans Bett gebracht.

Die besten Harald Schmidt-Sprüche

1 Wenn die Frau abends müde von der Arbeit nach Hause kommt, sollte man sie wenigstens in Ruhe putzen lassen.

2 Die Scheidung hat viele soziale Vorteile. Denn mal ehrlich, ohne Scheidung hätten doch viele Frauen gar kein Einkommen.

3 Meine lieben Landwirte keine Angst, BSE kann nicht durch Geschlechtsverkehr übertragen werden.

4 Häufigster Wunsch bei jungen Paaren: laut einer Umfrage wollen 89 Prozent ein Kind, damit der Hund was zum Spielen hat.

5 Karrieremänner haben schlechteres Sperma - das ergab eine mündliche Umfrage unter tausend Sekretärinnen.

6 Weltfrauentag - das hieß früher Frühjahrsputz.

7 Männer stehen nicht mehr auf Busen. Ich habe aber auch noch nicht bei Baywatch gehört, dass einer gerufen hat 'Ihhh mach das weg'.

8 Viagra ist verschreibungspflichtig. Jetzt bekommt der Satz 'Mein Arzt hat mich hängen lassen' eine völlig neue Bedeutung.

9 Siebzig Prozent der deutschen wollen gute Nachbarschaft, die anderen 30 Prozent wohnen an der Grenze zur Schweiz oder Polen.

10 Hot Pants heißt Arsch frißt Hose. Manchmal sind die Dinger so kurz, daß Frauen sich nicht hinsetzen können. Manchmal sind sie so kurz, daß Männer nicht mehr aufstehen können.

11 Wissenschaftler haben ein neues Element entdeckt, es besteht aus Zink und Blei und ist ziemlich kurzlebig. Ich schlage vor wir nennen es Ferrari.

12 Zivildiener, das sind die, die nicht mit der Waffe töten dürfen. Sie tun es mit Essen auf Räder.

13 Die Zauberflöte ist von Mozart und nicht von Beate Uhse.

14 Wir haben ein tolles Jubiläum '120 Jahre Telefon'. Was ich mich gefragt habe? Wenn das Telefon erst 120 Jahre alt ist - was haben dann die Frauen vorher gemacht.

15 Das Freibad ist der Ort, wo man auch im Sommer frische Pilze kriegt.

16 Heiraten soll in Zukunft 300 Mark kosten auf dem Standesamt, und ich meine, kann sich das der durchschnittliche deutsche Mann überhaupt noch leisten? Es sind ja nicht nur die 300 Mark, es ist ja auch noch der Flug für die Frau nach Deutschland.

17 Heute großes Thema 'Leben Schwule besser?' Wir sagen ja, denn sie haben keine Frauen.

18 Der Unterschied zwischen den Hund und der Oma ist, der Hund findet wieder nach Hause.

19 Der Erfinder der Teflon-Pfanne ist gestorben. Hat mich sehr gewundert Sein Slogan war doch Teflon - nie wieder abkratzen.

Prominentensprüche

Fussballer-Zitate, und die Sprache schlägt Purzelbäume

- Ich hatte vom Feeling her ein gutes Gefühl.
  Schalkes Andi Möller beweist Sprachgefühl
- Wir müssen gewinnen, alles andere ist primär.
  Hans Krankl, österreichischer Stürmerstar und Trainer.
- Ich konnte nicht mehr schiessen. Ausserdem standen da 40 Leute auf der Linie.
  Erklärungsversuche von Toni Polster.
- Wir haben fehlende Cleverness vermissen lassen.
  Ex-Unterhaching-Trainer Lorenz-Günter Köstner nach einer Niederlage.
- Die schönsten Tore sind diejenigen, bei denen der Ball schön flach oben rein geht.
  Mehmet Scholl, Bayern München
- Druck? Druck habe ich nur, wenn ich morgens zur Toilette muss.
  Oliver Reck (Schalke 04) vor dem Saison-Finale 2000/2001
- Ein Wort gab das andere - wir hatten uns nichts zu sagen.
  Lothar Matthäus
- Es ist mir völlig egal, was es wird. Hauptsache, er ist gesund.
  Mehmet Scholl, als werdender Vater
- Das wird doch alles von Medien hochsterilisiert!
  Bruno Labbadia, damals bei Werder Bremen
- Ich mache nie Voraussagen und werde das auch niemals tun.
  Paul Cascoigne, englischer Mittelfeldstar
- Für uns war die Trainerfrage nie eine Trainerfrage.
  Roland Schmider, Präsident des KSC
- Ich habe viel von meinem Geld für Alkohol, Weiber und schnelle Autos ausgegeben - den Rest habe ich einfach verprasst!
  George Best, englischer Stürmerstar der 60er-Jahre
- Man spielt hier ja praktisch Mann gegen Mann.
  Berti Vogts, anlässlich der Frauen-WM 1999
- Das nächste Spiel ist immer das nächste.
  Matthias Sammer, Trainer von Borussia Dortmund.
- Wie so oft liegt auch hier die Mitte in der Wahrheit.
  Rudi Völler, Deutscher Nationaltrainer
- Wir spielen hinten Mann gegen Mann, und ich spiel gegen den Mann.
  Olaf Thon, Schalke 04, sagt, was Sache ist
- Der Rizitelli und ich sind schon ein tolles Trio, ...äh, Quartett.
  Jürgen Klinsmann, ehemals Bayern München
- Kompliment an meine Mannschaft und an die Mediziner. Sie haben Unmenschliches geleistet.
  Berti Vogts als Bundestrainer
- Die Breite an der Spitze ist dichter geworden.
  Berti Vogts, über das Leistungsniveau der Bundesliga
- Die Schweden sind keine Holländer - das hat man ganz genau gesehen.
  Franz Beckenbauers treffende Spielanalyse bei der EM 2000

Prominentensprüche

- Eng!
  Mehmet Scholl auf die Frage, wie es denn war, als Bundeskanzler Kohl nach dem EM-Sieg 96 in die Kabine kam
- Wenn der Ball am Torwart vorbei geht, ist es meist ein Tor.
  Mittelfeld-Genie Mario Basler beweist Insider-Wissen
- Ich sehe einen positiven Trend: Tiefer kann es nicht mehr gehen.
  Olaf Thon versucht sich als Trendforscher
- Das Chancenplus war ausgeglichen.
  Lothar Matthäus mit mathematischen Finessen...
- Ein Denkmal will ich nicht sein, darauf scheissen ja nur die Tauben.
  Toni Polster, ehemaliger Kölner Torjäger, auf die Frage, ob er in Köln schon ein Denkmal sei.
- Jeder kann sagen, was ich will.
  Otto Rehhagel, genannt «König Otto»
- Wenn ich keinen Fehler mache, kann ich nichts falsch machen.
  Stefan Effenberg. Wo er Recht hat, hat er Recht.
- Ich habe in einem Jahr 15 Monate durchgespielt.
  Zitat von «Marathon-Man» Franz Beckenbauer
- Ich hoffe, dass dieses Spiel nicht mein einziges Debüt bleibt!
  Hertha-Star Sebastian Deisler nach seinem ersten Länderspiel.
- Die deutschen Spieler hören erst dann auf zu kämpfen, wenn sie im Bus sitzen.
  Ronald Koeman, holländischer Europameister 1988
- Der ist mit allen Abwassern gewaschen.
  Norbert Dickel (Ex-Borussia Dortmund) über Stürmerkollege Frank Mill.
- Man darf jetzt nicht alles so schlecht reden, wie es war.
  Fredi Bobic (Dortmund) fast schon philosophisch.
- Der ist noch nicht hier. Es war ein Nichtraucherflug. Da konnte er nicht mit.
  Berti Vogts über die verspätete Ankunft von Mario Basler. Sage mal einer, Vogts habe keinen Humor.
- Der Basler spielt wie eine Parkuhr. Er steht nur rum und die Bayern stopfen Geld rein.
  Der gefürchtete Kolumnist und Ex-Trainer Max Merkel.
- Das ist ja Wahnsinn! Da gibt's Spieler im Team, die laufen noch weniger als ich!
  Toni Polster, übt Kritik an seinen Kameraden (vom 1. FC Köln)
- Ich grüsse meine Mama, meinen Papa und ganz besonders meine Eltern.
  Mario Basler zeigt Familiensinn
- Ich bleibe auf jeden Fall wahrscheinlich beim KSC.
  Stürmer Sean Dundee zu allfälligen? Wechselabsichten
- Wir sind eine gut intigrierte Truppe!
  Freudscher' «Verplapperer» von Ex-Bayer Lothar Matthäus
- Wir sind hierher gefahren und sagten: Wenn wir verlieren, fahren wir wieder nach Hause.
  Marco Rehmer, Profi bei Hertha BSC
- Ich bin körperlich und physisch topfit.
  Ex-Nati-Spieler Thomas Hässler scheut kein Fremdwort.
- Der Grund war nicht die Ursache, sondern der Auslöser.
  Gut? gebrüllt Kaiser (Franz Beckenbauer)!

Prominentensprüche

- Ihr fünf spielt jetzt vier gegen drei...
  Schalkes Trainer Fritz Langner (1966) als Zahlenakrobat.
- Es ist wichtig, dass man neunzig Minuten mit voller Konzentration an das nächste Spiel denkt.
  Lothar Matthäus verrät sein persönliches Erfolgsrezept...
- Bei uns ist alles positiv. Sogar meine Blutgruppe ist positiv.
  Toni Polster, damals bei Köln, versprüht Optimismus.
- Jede Seite hat zwei Medaillen.
  Mario Basler weiss mehr als andere.
- Ich habe nie an unserer Chancenlosigkeit gezweifelt.
  Richard Golz, Torwart des SC Freiburg
- Ich hatte noch nie Streit mit meiner Frau. Bis auf einmal, als sie mit aufs Hochzeitsfoto wollte.
  Mehmet Scholl outet sich als liebevoller Gatte.
- Ich habe immer gesagt, dass ich niemals nach Österreich wechseln würde.
  Mittelstürmer Jürgen Wegmann auf die Frage, ob er zum FC Basel wechselt.
- Das habe ich ihm auch verbal gesagt.
  Mittelfeld-Stratege Mario Basler spricht Klartext.
- Sex vor einem Spiel? Das können meine Jungs halten wie Sie wollen. Nur in der Halbzeit, da geht gar nichts.
  Ex-Bundestrainer Berti Vogts
- Da kam dann das Elfmeterschiessen. Wir hatten alle die Hosen voll, aber bei mir lief's dann ganz flüssig.
  Paul Breitner, deutscher Ex-Nationalspieler und Weltmeister, outet sich als....?
- Das ist Schnee von morgen..
  Bayern-Star Jens Jeremis auf die Frage nach dem Champions League-Wunschgegner.
- Ich glaube nicht, dass irgendwer grösser oder kleiner ist als Maradona.
  Kevin Keegan, Ex-Naticoach von England, - glaubt er, was er sagt?
- Die Eintracht ist vom Pech begünstigt.
  Karl-Heinz Körbel, in seiner Funktion als Frankfurt-Trainer
- Man darf über ihn jetzt nicht das Knie brechen.
  Nationalcoach Rudi Völler lehnt jede Form von Gewalt ab.
- Mal verliert man und mal gewinnen die anderen.
  Trainer-Legende Otto Rehhagel über die Logik von Niederlagen.
- Man lässt das alles nochmals Paroli laufen.
  Deutschland Ex-Nationalspieler Horst Hrubesch hat eine Schwäche für Fremdwörter.
- Unsere Auswärtsschwäche ist stärker geworden.
  Ernst Fricke, als Ex-Präsident von Eintracht Braunschweig
- Hängt die Grünen, solange es noch Bäume gibt!
  Mehmet Scholl äussert sich politisch-primitiv
- Wie soll ich mich fühlen? Ich freue mich über Niederlagen.
  Trainer Christoph Daum, nach einer Niederlage auf seine Gefühle angesprochen.

Prominentensprüche

Fussballer-Sprüche

Heribert Faßbender:
Es steht im Augenblick 1:1, aber es hätte auch umgekehrt lauten können.

Marcel Reif:
Ich will nicht parteiisch sein, aber: Lauft, meine kleinen schwarzen Freunde, lauft.

Klaus Lufen:
Auch größenmäßig ist es der größte Nachteil, dass die Torhüter in Japan nicht die allergrößten sind.

Gerhard Delling:
Wenn man ihn jetzt ins kalte Wasser schmeißt, könnte er sich die Finger verbrennen.

Johannes B. Kerner:
Wenn man Gelb hat und so reingeht, kann man nur wichtige Termine haben.

Werner Hansch:
Ja, Statistiken. Aber welche Statistik stimmt schon? Nach der Statistik ist jeder 4. Mensch ein Chinese, aber hier spielt gar kein Chinese mit.

Marcel Reif:
Wenn Sie dieses Spiel atemberaubend finden, haben sie es an den Bronchien.

Heribert Faßbender:
Und jetzt skandieren die Fans wieder: Türkiye, Türkiye. Was so viel heißt wie Türkei, Türkei.

Wilfried Mohren:
Auch die Schiedsrichter-Assistenten an der Linie haben heute ganz ordentlich gepfiffen.

Paul Breitner:
Ich habe nur immer meine Finger in Wunden gelegt, die sonst unter den Tisch gekehrt worden wären.

Marcel Reif:
Je länger das Spiel dauert, desto weniger Zeit bleibt.

Johannes B. Kerner:
Halten Sie die Luft an, und vergessen Sie das Atmen nicht.

Werner Hansch:
Nein, liebe Zuschauer, das ist keine Zeitlupe, der läuft wirklich so langsam.

Gerhard Delling:
Da geht er durch die Beine, knapp an den Beinen vorbei, durch die Arme.

Heribert Faßbender:
Fußball ist inzwischen Nr.1 in Frankreich. Handball übrigens auch.

Johannes B. Kerner:
Was nützt die schönste Viererkette, wenn Sie anderweitig unterwegs ist.

Wilfried Mohren:
Was Sie hier sehen, ist möglicherweise die Antizipierung für das, was später kommt.

Prominentensprüche

Werner Hansch:
Man kennt das doch: Der Trainer kann noch so viel warnen, aber im Kopf jedes Spielers sind 10 Prozent weniger vorhanden, und bei elf Mann sind das schon 110 Prozent.

Gerhard Delling:
Die haben den Blick für die Orte, wo man sich die Seele hängen und baumeln lassen kann.

Günter Netzer:
Ich hoffe, dass die deutsche Mannschaft auch in der 2. Halbzeit eine runde Leistung zeigt, das würde die Leistung abrunden.

Paul Breitner:
Sie sollen nicht glauben, das sie Brasilianer sind, nur weil sie aus Brasilien kommen.

Gerhard Delling:
Die Luft, die nie drin war, ist raus aus dem Spiel.

Johannes B. Kerner:
Es ist schon an der Grenze zum Genuss, den Koreanern zuzusehen.

Werner Hansch:
Wer hinten so offen ist, kann nicht ganz dicht sein.

Johannes B. Kerner:
Die Viererkette ist nur noch ein Perlchen.

Günter Netzer:
Da haben Spieler auf dem Platz gestanden, gestandene Spieler.

Jörg Dahlmann:
Da geht er, ein großer Spieler. Ein Mann wie Steffi Graf.

Heribert Faßbender:
Sie sollten das Spiel nicht zu früh abschalten. Es kann noch schlimmer werden.

Mario Basler:
Das habe ich ihm dann auch verbal gesagt.

Richard Golz:
Ich habe nie an unserer Chancenlosigkeit gezweifelt.

Olaf Thon:
Wir lassen uns nicht nervös machen, und das geben wir auch nicht zu!

Thomas Doll:
Ich brauche keinen Butler. Ich habe eine junge Frau! (Diese ist mittlerweile übrigens mit Olaf Bodden verheiratet.)

Steffen Freund:
Es war ein wunderschöner Augenblick, als der Bundestrainer sagte: "Komm Stefan, zieh deine Sachen aus, jetzt geht's los."

Lothar Matthäus:
Ich hab gleich gemerkt, das ist ein Druckschmerz, wenn man drauf drückt.

Fritz Walter jun.:
Die Sanitäter haben mir sofort eine Invasion gelegt.

Prominentensprüche

Toni Polster (über sein verbessertes Verhältnis zu Trainer Peter Neururer):
Wir lassen uns beide von unseren Frauen scheiden und ziehen zusammen.

Klaus Fischer (auf die Frage nach seinem Lieblingsbuch):
Ich lese keine Bücher.

Toni Polster (über eine vergebene Torchance):
Ich kann nicht mehr als schießen. Außerdem standen da 40 Leute auf der Linie.

Richard Golz (auf die Frage, was beim sogenannten Studentenklub SC Freiburg anders sei):
Vor lauter Philosophieren über Schopenhauer kommen wir gar nicht mehr zum Trainieren.

Horst Hrubesch (schildert die Entstehung eines seiner Tore):
Manni Bananenflanke, ich Kopf, Tor!

Jens Jeremies:
Das ist Schnee von morgen.

Erich Ribbeck:
Konzepte sind Kokolores.

Werner Lorant (über sein Buch "Eine beinharte Story"):
Vieles, was darin geschrieben wurde, ist auch wahr.

Harald Schmidt:
Jürgen Klinsmann ist inzwischen 694 Minuten ohne Tor. Das hat vor ihm, glaube ich, nur Sepp Maier geschafft.

Matthias Sammer (über seinen Spitznamen "Motzki"):
Wenn ich am Ende vorn stehe, können mich die Leute auch Arschloch nennen. Das ist mir egal.

Toni Polster:
Für mich gibt es nur "entweder-oder". Also entweder voll oder ganz!

Ingo Anderbrügge:
Das Tor gehört zu 70 % mir und zu 40 % dem Wilmots.

Thomas Häßler:
In der Schule gab's für mich Höhen und Tiefen. Die Höhen waren der Fußball.

Rudi Völler:
Zu 50 Prozent stehen wir im Viertelfinale, aber die halbe Miete ist das noch lange nicht!

Mehmet Scholl (nach einem der Derby der Bayern gegen die Löwen):
Die Brisanz dieses Spieles hat man daran erkannt, dass sich Franz Beckenbauer über unsere Tore gefreut hat.

Roy Präger:
Jetzt kommt es darauf an, dass wir die entscheidenden Punkte gegen den Nicht-Abstieg sammeln!

Weisheiten

Weisheiten

Warum überquert ein Huhn die Straße

KINDERGÄRTNERIN:
Um auf die andere Straßenseite zu kommen.

PLATO:
Für ein bedeutenderes Gut.

ARISTOTELES
Es ist die Natur von Hühnern, Straßen zu überqueren.

KARL MARX:
Es war historisch unvermeidlich.

TIMOTHY LEARY:
Weil das der einzige Ausflug war, den das Establishment dem Huhn zugestehen wollte.

SADDAM HUSSEIN:
Dies war ein unprovozierter Akt der Rebellion und wir hatten jedes Recht, 50 Tonnen Nervengas auf dieses Huhn zu feuern.

RONALD REAGAN:
Hab ich vergessen.

CAPTAIN JAMES T. KIRK:
Um dahin zu gehen, wo noch kein Huhn vorher war.

HIPPOKRATES:
Wegen eines Überschusses an Trägheit in ihrer Bauchspeicheldrüse.

LOUIS FARRAKHAN:
Sehen Sie, die Straße repräsentiert den schwarzen Mann. Das Huhn "überquerte" den schwarzen Mann, um auf ihm herumzutrampeln und ihn niedrig zu halten.

MARTIN LUTHER KING, JR.:
Ich sehe eine Welt, in der alle Hühner frei sein werden, Straßen zu überqueren, ohne daß ihre Motive in Frage gestellt werden.

ANDERSEN CONSULTING:
Die Deregulierung auf der Straßenseite des Huhns bedrohte seine dominante Markposition. Das Huhn sah sich signifikanten Herausforderungen gegenüber, die Kompetenzen zu entwickeln, die erforderlich sind, um in den neuen Wettbewerbsmärkten bestehen zu können. In einer partnerschaftlichen Zusammenarbeit mit dem Klienten hat Andersen Consulting dem Huhn geholfen, eine physische Distributionsstrategie und Umsetzungsprozesse zu überdenken. Unter Verwendung des Geflügel-Integrationsmodells (GIM) hat Andersen dem Huhn geholfen, seine Fähigkeiten, Methodologien, Wissen, Kapital und Erfahrung einzusetzen, um die Mitarbeiter, Prozesse und Technologien des Huhns für die Unterstützung seiner Gesamtstrategie innerhalb des Programm-Management-Rahmens auszurichten. Andersen Consulting zog ein diverses Cross-Spektrum von Straßen-Analysten und besten Hühnern sowie Andersen Beratern mit breitgefächerten Erfahrungen in der Transportindustrie heran, die in 2-tägigen Besprechungen ihr persönliches Wissenskapital, sowohl stillschweigend als auch deutlich, auf ein gemeinsames Niveau brachten und die Synergien herstellten, um das unbedingte Ziel zu erreichen, nämlich die Erarbeitung und Umsetzung eines unternehmensweiten Werterahmens innerhalb des mittleren Geflügelprozesses. Die Besprechungen fanden in einer parkähnlichen Umgebung statt, um eine wirkungsvolle Testatmosphäre zu erhalten, die auf Strategien basiert, auf die Industrie fokussiert ist und auf eine konsistente, klare und einzigartige Marktaussage hinausläuft.
Andersen Consulting hat dem Huhn geholfen, sich zu verändern, um erfolgreicher zu werden.

Weisheiten

MOSES:
Und Gott kam vom Himmel herunter, und Er sprach zu dem Huhn "Du sollst die Straße überqueren". Und das Huhn überquerte die Straße, und es gab großes Frohlocken.

FOX MULDER:
Sie haben das Huhn mit Ihren eigenen Augen die Straße überqueren sehen. Wie viele Hühner müssen noch die Straße überqueren, bevor Sie es glauben?

RICHARD NIXON:
Das Huhn hat die Straße nicht überquert. Ich wiederhole, das Huhn hat die Straße NICHT überquert.

MACHIAVELLI:
Das Entscheidende ist, daß das Huhn die Straße überquert hat. Wer interessiert sich für den Grund? Die Überquerung der Straße rechtfertigt jegliche möglichen Motive.

JERRY SEINFELD:
Warum überquert irgendjemand eine Straße? Ich meine, warum kommt niemand darauf zu fragen "Was zum Teufel hat diese Huhn da überhaupt gemacht?"

FREUD:
Die Tatsache, daß Sie sich überhaupt mit der Frage beschäftigen, daß das Huhn die Straße überquerte, offenbart Ihre unterschwellige sexuelle Unsicherheit.

BILL GATES:
Ich habe gerade das neue Huhn Office 2000 herausgebracht, das nicht nur die Straße überqueren, sondern auch Eier legen, wichtige Dokumente verwalten und Ihren Kontostand ausgleichen wird.

OLIVER STONE:
Die Frage ist nicht "Warum überquerte das Huhn die Straße", sondern "Wer überquerte die Straße zur gleichen Zeit, den wir in unserer Hast übersehen haben, während wir das Huhn beobachteten".

DARWIN:
Hühner wurden über eine große Zeitspanne von der Natur in der Art ausgewählt, daß sie jetzt genetisch bereit sind, Straßen zu überqueren.

EINSTEIN:
Ob das Huhn die Straße überquert hat oder die Straße sich unter dem Huhn bewegte, hängt von Ihrem Referenzrahmen ab.

RALPH WALDO EMERSON:
Das Huhn überquerte die Straße nicht ... es transzendierte sie.

ERNEST HEMINGWAY:
Um zu sterben. Im Regen.

COLONEL SANDERS:
Ich hab eines übersehen?

CLINTON:
Ich war zu keiner Zeit mit diesem Huhn allein.
("I did not have a sexual relationship to that chicken.")

Weisheiten

Warum überquert ein Huhn die Straße - Teil II

Die Frage, die die Menschheit bewegt: Warum überquerte das Huhn die Straße?

Manager:
Wer hat denn überhaupt die Zeit ein Huhn beim Überqueren einer Straße zu beobachten?

Monica Lewinsky:
Chicken? I'd say it tastes like fish!

Boris Becker:
Äh, es wollte rein.

Helmut Kohl:
Ich werde es nicht verraten. Ich habe gewissen Leuten mein Ehrenwort gegeben, und daran werde ich mich halten.

Günter Netzer:
Das Huhn ist ein bemerkenswerter Spieler; ich beobachte es schon geraume Zeit. Es war abzusehen, dass es diesen Schritt früher oder später machen würde.

Verona Feldbusch:
Hihihi. Mach mal Blubb!

Franz Beckenbauer:
Ja, schaun's. Des Huhn, des is' nicht irgendein Huhn, des is' ein Huhn wo gewisse Ansprüche hat.

Arnold Schwarzenegger:
It'll be back.

Julius Caesar:
Es kam, sah und überquerte.

Jörg Haider:
Woher haben's denn den Schmarrn. Das Huhn hat doch gar nicht die Straße überquert. Das sind alles nicht fundierte Gerüchte, Sachen, die man mir anhängen will.

Netscape Navigator:
0.5 of 1.7MB, downloading "chicken" from location "www.andere-strassenseite.net", 29% complete.

Nicki Lauda:
Um auf der Ideallinie zu bleiben.

John Lennon/Paul McCartney:
Why doesn't it do it in the road?

Weisheiten

Derrick:
Das Huhn hat die Straße überquert, sagen Sie? - Harry: Ja, das Huhn hat die Straße überquert, das hat er gefragt, Stefan. Derrick: Überquert? Harry: Ja, Stefan. Derrick: Hm. (Pause gespannter Erwartung) Harry, fahr schon mal den Wagen vor.

Gerhard Schröder:
Das fällt noch in den Zuständigkeitsbereich der alten Koalition.

Windows 2000:
Schwerer Ausnahmefehler Nr. 23: Das Huhn hat die Straße überquert. Drücken Sie Strg+Alt+Entf zum Neustart oder jede andere Taste zum Reboot.

DGB:
Es will den Flächentarifvertrag umgehen.

Paul McCartney:
To get back to where it once belonged.

John Lennon:
Chicken is the nigger of the world.

Sheryl Crow:
All it wants to do, is have some fun.

Verkehrsfunk:
Achtung, Achtung: Freilaufende Hühner auf der A1.

JFK:
Ich bin ein Huhn.

Jürgen Domian:
Stört es dich, dass es das getan hat? Möchtest du darüber reden?

Fanta 4:
Jetzt ist es weg. (Weg!)

Brain:
Denkst du das Gleiche, das ich denke, Pinky? Pinky: Ja, aber das erklärt trotzdem nicht, woher es den schicken Hut hat.

Weisheiten des kleinen Buddha

Wertvolle Sätze des kleinen Buddha, die man berücksichtigen sollte.

Sei immer lieb zu deinen Kindern,
sie suchen mal das Altersheim für dich aus.

Die Frau ist ein Wesen, das sich anzieht, schwatzt und sich auszieht.

Ein Hund ist klüger als eine Ehefrau: er bellt nie seinen Herrn an.

Lebe jeden Tag Deines Lebens als wenn er Dein letzter wäre.
Eines Tages wird es zutreffen.

Kinder im vorderen Sitz eines Autos können Unfälle verursachen.
Unfälle im hinteren Sitz eines Autos können Kinder verursachen.

Wenn du nicht helfen kannst, störe. Das Wichtigste ist, daran teilzunehmen.

Wenn du glaubst, der beste Weg zum Herz eines Mannes geht durch den Magen, solltest du wissen, dass Du zu hoch zielst.

Der gute Ruf einer Frau beruht auf dem Schweigen mehrerer Männer.

Wenn du lachen kannst, obwohl alles schief geht, bedeutet es, dass du bereits jemanden gefunden hast, auf den du die Schuld schieben kannst.

Frauen sind wie Swimmingpools: die Unterhaltungskosten sind viel zu hoch verglichen mit der Zeit, die wir in ihnen verbringen.

Kreativität ist großartig, aber Nachahmung ist schneller.

Nie, aber nie während des Fahrens trinken.
Du könntest das Bier verschütteln.

Einige Chefs sind wie die Wolken.
Wenn sie verschwinden wird der Tag wunderbar.

Irren ist menschlich. Anderen die Schuld geben ist strategisch.

Männer würden weniger lügen, wenn Frauen weniger Fragen stellen würden.

Frauen heiraten, weil sie denken, er wird sich eines Tages ändern.
Männer heiraten, weil sie denken, sie wird sich nie ändern. Beide irren sich.

Deine gesamte Zukunft hängt von Deinen Träumen ab. Vergeude keine Zeit, geh` schlafen!

Weisheiten

50 Bauernregeln

1. Liegt der Bauer tot im Bett, war die Bäuerin wohl zu fett.
2. Wenn der Bauer nackend tanzt, sich die Magd im Stall verschanzt.
3. Fällt der Pfarrer in den Mist, lacht der Bauer, bis er pisst.
4. Kotzt der Bauer in das Heu, stinkt es bald wie Katzenstreu.
5. Schlägt der Bauer seine Frau, grunzt im Stall vergnügt die Sau.
6. Schlapp liegt der Bauer auf der Wiese, unter ihm die Magd Luise.
7. Nimmt die Magd die Eier fort, schreien die Hühner: "Kindermord!"
8. Hat der Bauer Bock auf Schinken, fängt der Eber an zu hinken.
9. Ist die Hand des Bauern kalt, liegt sie abgehackt im Wald.
10. Hat die Magd ein' in der Krone, geht sie auch mal oben ohne.
11. Soll die Kälbermast sich lohnen, greift der Bauer zu Hormonen.
12. Ist der Bauer noch nicht satt, fährt er sich ein Hähnchen platt.
13. Muht die Kuh laut im Getreide, war ein Loch im Zaun der Weide.
14. Friert das Bier im Glase ein, wird Juli bald zu Ende sein.
15. Kracht die Kuh durchs Scheunendach, wollt' sie wohl den Schwalben nach.
16. Ist er leer der Hundeteller, war der Bauer wieder schneller.
17. Ist feucht die Hose im August, dann hättest Du aufs Klo gemusst.
18. Schweinkram mit der Sau im Bette, hat der Bauer auf Kassette.
19. Baut der Knecht beim Ernten Scheiss, bekommt er vom Bauern Feldverweis.
20. Wenn der Knecht vom Dache pieselt, denkt der Bauer dass es nieselt.
21. Kocht die Bäuerin faule Eier, kotzt der Bauer wie'n Reiher.
22. Wenn es nachts im Bette kracht, der Bauer seine Erben macht.
23. Spielt der Knecht im Stall Viola, gibt die Kuh beim Melken Cola.
24. Liegt der Bauer unterm Tisch, war das Essen nimmer frisch.
25. Fällt der Bauer auf sein' Stengel, wird's nichts mit dem nächsten Bengel.
26. Fliegt der Bauer über's Dach, ist der Wind weiss Gott nicht schwach.
27. Sind die Hühner platt wie Teller, war der Traktor sicher schneller.
28. Kräht der Bauer auf dem Mist, hat sich der Hahn wohl verpisst.
29. Kippt der Bauer Milch in'n Tank, wird der Trecker sterbenskrank.
30. Der Bauer jauchzt, die Bäuerin lacht, wenn die Kuh 'nen Handstand macht.
31. Die Bäuerin pennt, der Bauer döst, es kommt XY ungelöst.
32. Hat der Bauer kalte Socken, wird er wohl am Kühlschrank hocken.
33. Hat die Bäuerin zu viel Kilo, nascht sie heimlich nachts am Silo.
34. Ist der Hahn erkältet, heiser, kräht er morgens etwas leiser.
35. Kotzt der Bauer in das Heu, stinkt es bald wie Katzenstreu.
36. Rülpst im Stalle laut der Knecht, wird sogar den Sauen schlecht.
37. Sind die Kühe am Verrecken, kriegt der Bauer einen Schrecken.
38. Stirbt der Bauer Anfang Mai, ist der Mai für ihn vorbei.
39. Liegt der Bauer tot im Zimmer, lebt er nimmer. Liegt die Bäuerin tot daneben, ist sie auch nicht mehr am Leben. Sind die Kinder auch noch dort, war es wohl ein Massenmord.
40. Fehlt der Knecht am Morgen ständig, ist die Magd nachts zu lebendig.
41. Wird der Knecht gehetzt von Doggen, muß er um sein Leben joggen.
42. Wenn es in die Suppe hagelt, ist das Dach wohl schlecht genagelt.
43. Lässt der Bauer einen fahren, flieht das Vieh in hellen Scharen.
44. Droht der Bauer mit der Rute, zieht die Stute eine Schnute.
45. Kotzt der Bauer über'n Trecker, war die Brotzeit nicht sehr lecker.
46. Trinkt der Bauer zuviel Bier, melkt der Trottel seinen Stier.
47. Ist der Bauer heut gestorben, braucht er nichts zu essen morgen.
48. Steht im Winter noch das Korn, ist es wohl vergessen wor'n.
49. Geht die Sonne auf im Westen, lässt der Bauer n' Kompass testen.
50. Hat der Bauer AIDS am Stengel, ist die Bäuerin bald ein Engel. Hat die Bäuerin AIDS am Spalt, wird der Bauer auch nicht alt.

Weisheiten

Wettbewerb

Stelle dir vor, du hast bei einem Wettbewerb folgenden Preis gewonnen:

Jeden Morgen, stellt dir die Bank 86400 Euro auf deinem Bankkonto zur Verfügung. Doch dieses Spiel hat auch Regeln, so wie jedes Spiel bestimmte
Regeln hat.

Die erste Regel ist:
Alles was du im Laufe des Tages nicht ausgegeben hast, wird dir wieder weggenommen, du kannst das Geld nicht einfach auf ein anderes Konto überweisen, du kannst es nur ausgeben. Aber jeden Morgen, wenn du erwachst,
eröffnet dir die Bank eine neues Konto mit neuen 86400 Euro für den kommenden Tag.

Zweite Regel:
Die Bank kann das Spiel ohne Vorwarnung beenden, zu jeder Zeit kann sie sagen: Es ist vorbei. Das Spiel ist aus. Sie kann das Konto schließen und du bekommst kein neues mehr.

Was würdest du tun???

Du würdest dir alles kaufen was du möchtest?
Nicht nur für dich selbst, auch für alle Menschen die du liebst.....
vielleicht sogar für Menschen die du nicht kennst, da du das nie alles nur für dich alleine ausgeben könntest....... Du würdest versuchen, jeden Cent auszugeben und ihn zu nutzen oder???

Aber eigentlich ist dieses Spiel die Realität:
Jeder von uns hat so eine "magische Bank".....
Wir sehen das nur nicht....
Die magische Bank ist die Zeit.....

Jeden Morgen, wenn wir aufwachen, bekommen wir 86400 Sekunden Leben für
den Tag geschenkt und wenn wir am abend einschlafen, wird uns die übrige
Zeit nicht gutgeschrieben....

Was wir an diesem Tag nicht gelebt haben, ist verloren, für immer verloren, Gestern ist vergangen. Jeden Morgen beginnt sich das Konto neu zu füllen, aber die Bank kann das Konto jederzeit auflösen, ohne Vorwarnung....

Was machst du also mit deinen täglichen 86400 Sekunden???
Sind sie nicht viel mehr wert als die gleiche Menge in Euro?

Also fang an dein Leben zu leben!!!

Weisheiten

Klosprüche

Von geistreich bis geistlos, von vorpubertär bis philosophisch, von sexistisch bis emanzipiert - was auf deutschen Klowänden zu lesen steht

Auf das Geschäftliche bezogen

Fünf Minuten scheißt der Hund,
ein guter Deutscher scheißt 'ne Stund.

Nicht alles, was stinkt, ist Chemie

Der letzte Tropfen
fällt nicht weit vom Stamm

Bitte benützen sie die Bürste! -
Ist mir zu hart.

Durchfall gärt am längsten.

Wie man hier pfurzt,
so schallt es heraus.

In Winkeln ist gut pinkeln

Gib's doch zu -
dass war mal wieder das Beste,
was du heute hinter dich gebracht hast

Piss nicht daneben,
du altes Schwein,
der nächste könnte barfuss sein.

Eigenlob stinkt,
aber hier riecht's auch nicht nach Flieder

Komm raus, du Feigling,
du sollst nur pissen!

Zum Reisen braucht man Schuhe,
zum Scheißen braucht man Ruhe.

Der wichtigste und schönste Ort auf Erden
ist stets der Abort.

Ich sitze hier am Scheißhausrand
und rauche Peter Stuyvesant;
ist das, was in die Schüssel fällt,
der Duft der großen, weiten Welt?

Der Morgenschiss kommt ganz gewiss,
und wenn es erst am Abend is.

Gut Dung will Weile haben.

Tritt näher heran,
er ist kürzer als du denkst.

Tritt näher heran,
der nächste hat vielleicht ein Loch im Schuh.

Und so was will ein feiner Pinkler sein

Erst pinkeln. Dann schütteln!

Und hängt der Tropfen noch so lose,
der letzte geht doch in die Hose.

Some come here to shit and stink,
some come here to sit and think.
I come here to count my balls
and read the writing on the walls.

Liebe Köchin, lieber Koch
hier fällt eure Kunst ins Loch.

Wenn du kleckerst, wenn du spritzt,
mach wieder sauber, worauf ein anderer dann sitzt!

Salomo der Weise spricht:
laute Fürze stinken nicht,
aber die so leise zischen
und so still den Arsch entwischen,
Mensch, vor denen hüte dich,
denn die stinken fürchterlich.

Wer das liest, steht in meiner Pisse.

Die Klofrau war heute
wieder scheißfreundlich

Gut geschissen
ist halb gefrühstückt

IG Chemie,
IG Druck und Papier
I geh pissen

Gegen den Gestank hier ist meine
Scheiße das reinste 4711

Weisheiten

Verehrte Herren und Damen,
scheißt nicht auf den Rahmen,
sondern in die Mitte,
das ist bei uns so Sitte

Wenn einer auf dem Lokus sitzt,
dann kann er was erzählen

Erst pinkeln. Dann schütteln!

Pubertär bis sexistisch

Ich bewundere ja Feministinnen-
besonders die mit prallen Brüsten und
runden Ärschen.

Ich geh jetzt in den Birkenwald,
denn meine Pillen wirken bald.

Definition des Penis:
Ein Skinhead im Rollkragenpullover

Hilfe, ich hab einen wie ein Säugling-
56cm lang und 8 Pfund schwer.

Wenn zwei sich ausziehen, freut sich der
Dritte.

Reiß mich am Riemen!

Lieber den Schwanz in der Hand
als ne' Frau mit Verstand.

Busengrapscher, Sex mit Kindern,
Pfarrersweiber, Dreck am Hintern,
Arschlochrufer, geile Mienen,
Müslifotzen, hoch die Grünen!

Gern bette ich mein schlechtes Gewissen
auf dein sanftes Ruhekissen.

Die Sonne brennt am Firmament,
die Filzlaus längst der Sacknaht rennt

Wem du's heute kannst besorgen,
den vernasche nicht erst morgen.

Gestern hat mir der Händetrockner auf der
Toilette obszöne Angebote gemacht

Ein Kuss ist,
wenn zwei Lippenlappen
heftig aufeinander klappen
und dabei ein Geräusch entsteht,
als wenn 'ne Kuh durch Scheiße geht.

Die Affen tun es öffentlich im Zwinger,
die Mädchen heimlich mit dem
Finger.

Das ist die Liebe ohne Hosen,
auf die Dauer, lieber Schatz,
ist der Finger kein Ersatz.

Lass mich schmusen an deinem
Busen!
Da sprach sie unter Tränen, ich hab'
gar Keenen.
Was ich gestern hatte, das war aus
Watte.
Und jeden Tag 'n neuer, das kommt
zu teuer.

Hast du Scheiße an der Spitze,
warst du an der falschen Ritze.

Heimlich sehnt sich die Emanze
doch nach einem echten Schwanze.

Love me, Ständer...

Kentucky-Freud-Chicken
Mother-fucking good!

Südliche Insel, emsige Pinsel,
nächtliches Gewinsel, Spermagerin-
sel, fast wie in Nizza, das ist Ibiza.

Mit Knötli im Dödli
ist Vögli nit mögli

Ich bin klein,
mein Herz ist rein,
mein Arsch ist schmutzig
ist das nicht putzig.

Oh, wie trügerisch sind Frauenher-
zen!
Sind keine Männer da nehmen sie
Kerzen.

Freiheit für exhibitionistische Frauen!

Wer schläft, sündigt nicht.
Wer sündigt, schläft nicht.

Spaß muss sein, sprach Wallenstein,
und schob die Eier mit hinein.

Ich bin kein Mann für eine Nacht.
Ich werde schon nach ein paar
Stunden müde.

Weisheiten

Ein Mädchen saß und zupfte
an einem langen Ding,
das zwischen zwei Beinen
an einem Beutel hing.
Sie saß daran und zupfte,
bis sich der Strahl ergoss,
und zwischen ihren Beinen
in eine Öffnung floss.
Denn sie melkte eine Kuh,
es war die Bauernmagd
beim schönsten Zeitvertreib.
Na, was sagste nu?

Der BH hebt mit geballter Kraft
die stark gesunkene Milchwirtschaft

Lieber 'ne Latte in der Hose
als 'n Brett vorm Kopf.

Langes Sehnen,
großes Hoffen,
kann nicht kommen,
bin besoffen.

Schurke, man nehme dir die Gurke!

Erich hat den längsten

Führe mich nicht in Versuchung,
versuche es lieber in der Unterführung.

Ist der Arsch auch noch so breit,
passt er doch ins Dirndlkleid.

Unter der Schürze liegt die Würze.

Wer einen sitzen hat, lässt keine
Dame stehen-
oder umgekehrt.

Kommt Zeit, kommt Ständer.

Das größte Glück auf Erden,
liegt auf den Rücken, nicht auf
Pferden.

Bursche! Nimm die Hand aus meiner
Unterhose!
Ich zähle bis tausend!

Scheiß-Fete.
Wenn ich meine Hose finde, gehe
ich!

Mein Arsch, der hat zwei Backen...

Der Mohr hat seine Schuldigkeit
getan,
der Mohr kann kaum noch gehen

Jeder ist seines Glückes Schmied,
doch nicht jeder hat ein schmuckes
Glied

Wenn eine Frau dich pudelnackt
von hinten an die Nudel packt,
wenn dir also Gutes widerfährt,
das ist schon einen Asbach Uralt
wert.

Alle reden über Verhütung.
Nur Jutta wird Mutta.

Sie war ganz aus dem Höschen.

Murphy's Law

Wenn etwas schiefgehen kann, dann wird es auch schiefgehen.
Das, was Du suchst, findest Du immer an dem Platz, an dem Du zuletzt nachschaust.
Egal, wie lange und mühselig man versucht, einen Gegenstand zu kaufen, wird er, nachdem man ihn endlich gekauft hat, irgendwo billiger verkauft werden.
Die andere Schlange kommt stets schneller voran.
Um ein Darlehen zu bekommen, muß man erst beweisen, daß man keines braucht.
Alles, was Du in Ordnung zu bringen versuchst, wird länger dauern und Dich mehr kosten, als Du dachtest.
Wenn man lange genug an einem Ding herumpfuscht, wird es brechen.
Wenn es klemmt - wende Gewalt an. Wenn es kaputt geht, hätte es sowieso erneuert werden müssen.
Maschinen, die versagt haben, funktionieren einwandfrei, wenn der Kundendienst ankommt.
Konstruiere ein System, das selbst ein Irrer anwenden kann, und so wird es auch nur ein Irrer anwenden wollen.
Jeder hat ein System, reich zu werden, das nicht funktioniert.
In einer Hierarchie versucht jeder Untergebene seine Stufe der Unfähigkeit zu erreichen.
Man hat niemals Zeit, es richtig zu machen, aber immer Zeit, es noch einmal zu machen.
Sind Sie im Zweifel, murmeln Sie. Sind Sie in Schwierigkeiten, delegieren Sie.
Alles Gute im Leben ist entweder ungesetzlich, unmoralisch, oder es macht dick.
Murphys goldene Regel: Wer zahlt, schafft an.
Die Natur ergreift immer die Partei des versteckten Fehlers.
Eine Smith und Wesson übertrumpft vier Asse.
Hast Du Zweifel, laß es überzeugend klingen.
Diskutiere nie mit einem Irren - die Leute könnten den Unterschied nicht feststellen.
Freunde kommen und gehen, aber Feinde sammeln sich an.
Schönheit ist nur oberflächlich, aber Häßlichkeit geht durch und durch.
Um etwas sauberzumachen, muß etwas anderes dreckig werden. (Aber Du kannst alles dreckig machen, ohne etwas sauber zu bekommen.)
Jedes technische Problem kann mit genügend Zeit und Geld gelöst werden. (Du bekommst nie genug Zeit und Geld.)
Wenn Baumeister Gebäude bauten, so wie Programmierer Programme machen, dann würde der erste Specht, der vorbeikommt, die Zivilisation zerstören.
Ein Computerprogramm tut, was Du schreibst, nicht was Du willst.
Irren ist menschlich - um die Lage wirklich ekelhaft zu machen, benötigt man schon einen Computer.
Murphys Gesetz wurde nicht von Murphy selbst formuliert, sondern von einem Mann gleichen Namens.

Weisheiten

Weise Gesetze

Großmann's Gesetz:
Komplexe Probleme haben einfache, leichtverständliche, aber falsche Lösungen.

Flugg's Gesetz:
Wenn es notwendig wird, auf Holz zu klopfen, stellst du fest, daß die Welt aus Aluminium und Vinyl besteht.

Ferguson's Regel:
Die Krise ist da, wenn du nicht mehr sagen kannst: "Vergeßt das Ganze".

Sir Walter's Gesetz:
Die Neigung des Rauches (Zigarette, Lagerfeuer usw.), ins Gesicht von jemand zu ziehen, hängt direkt mit der Rauchempfindlichkeit dieser Person zusammen.

Roger's Gesetz:
Sobald die Stewardess den Kaffee serviert, kündigt der Pilot Turbulenzen an.
Davi's Erklärung zu Roger's Gesetz: Kaffee ist der Grund für Turbulenzen im Flugzeug.

Klipstein's Gesetze:
Angewandt bei allgemeiner Technik:
1. Eine Patentanmeldung wird bis zu einer Woche Vorrang haben vor einer ähnlichen Anmeldung, die von einem unabhängigen Arbeiter gemacht wurde.
2. Die Bestimmung der Liefertermine steht im umgekehrten Verhältnis zur Knappheit des Terminplans.
3. Größen werden in den am wenigsten gebräuchlichen Bezeichnungen ausgedrückt. Geschwindigkeit z.B. wird in Achtelmeilen per 14 Tagen ausgedrückt.
4. Jeder Draht, in eine bestimmte Länge geschnitten, wird zu kurz sein.

Smith's Gesetz:
Ein richtiges Problem hat keine Lösung.

Hoare's Gesetz der großen Probleme:
In jedem großen Problem steckt ein kleines, das gerne raus möchte.

Schainker's Umkehr von Hoare's Gesetz der großen Probleme:
In jedem kleinen Problem steckt ein großes, das gerne raus möchte.

Big Al's Gesetz:
Eine gute Lösung kann auf praktisch jedes Problem angewendet werden.

Die Römische Regel:
Derjenige, der sagt: "Es geht nicht", soll den nicht stören, der's gerade tut.

Van Herpen's Gesetz:
Die Lösung eines Problems besteht darin, jemanden zu finden, der das Problem löst.

Peter's Prinzipien:
In einer Hierachie versucht jeder Untergebene seine Stufe der Unfähigkeit zu erreichen.
Folgerungen:
1. Zur rechten Zeit scheint jeder Posten von einem Angestellten besetzt zu sein, der unfähig ist, seinen Pflichten nachzukommen.
2. Die Arbeit wird von den Angestellten ausgeführt, die noch nicht ihre Stufe der Unfähigkeit erreicht haben.

Smith's Gesetz der Computer-Reparatur:
Gehäusebohrungen sind 1/2 Zoll zu klein.
Ableitung:
Bohrungen, die den richtigen Durchmesser haben, sind an der falschen Stelle.

Strano's Regel:
Wenn alles andere versagt hat, versuchen Sie es mal mit dem Vorschlag des Chefs.

Brintnall's zweites Gesetz:

Weisheiten

Wenn Sie zwei Anweisungen erhalten, die sich ausschließen, gehorchen Sie beiden.

Johnson's Gesetz:
Die Zahl der Bagatellerkrankungen bei den Mitarbeitern ist umgekehrt proportional zur Gesundheit der Firma.

Truman's Gesetz:
Wenn Sie sie nicht überzeugen können, dann verwirren Sie sie.

Good's Regel - angepaßt:
Wenn der Lösungsweg nicht auf dein Problem paßt, dann ändere einfach das Problem.

Warren's Regel:
Willst du den Fachmann herausfinden, nimm den, der die meiste Zeit braucht und die höchsten Kosten für eine Sache voraussagt.

Hawkin's Fortschrittstheorie:
Fortschritt besteht nicht darin, eine falsche Theorie durch eine richtige zu ersetzen. Er besteht darin, eine falsche Theorie durch eine spitzfindigere falsche zu ersetzen.

Clarke's Gesetz der revolutionären Ideen:
Jede revolutionäre Idee - in Wissenschaft, Politik, Kunst oder sonstwo - bringt drei Phasen der Reaktion:
1. Es ist unmöglich - ich verschwende nicht meine Zeit.
2. Es ist möglich - aber es ist es nicht wert.
3. Ich sagte ja, daß es im Großen und Ganzen eine gute Idee war.

Segal's Gesetz:
Ein Mann mit einer Uhr weiß, wie spät es ist. Ein Mann mit zwei Uhren ist sich nie sicher.

Weinberg's zweites Gesetz:
Wenn Baumeister Gebäude bauten, so wie Programmierer Programme machen, dann würde der erste Specht, der vorbeikommt, die Zivilisation zerstören.

Grundlegende Konstruktionslehre:
Mach es zu groß und hau solange drauf, bis es paßt.

Poulsen's Prophezeiung:
Wenn etwas bis zur Grenze seiner Möglichkeiten genutzt wird, geht es kaputt.

Rap's Gesetz der unbeseelten Reproduktion:
Wenn man etwas oft genug auseinandernimmt und wieder zusammensetzt, hat man schließlich zwei davon.

Vesilind's Gesetze des Experimentierens:
1. Wenn die Wiederholung Schwierigkeiten macht, führe den Test nur einmal durch.
2. Wenn eine Gerade als Ergebnis verlangt wird, messe nur zweimal.

Harvard Gesetz:
Unter den genau kontrollierten Bedingungen von Druck, Temperatur, Volumen, Feuchtigkeit und anderen Veränderlichkeiten wird der Organismus tun, was ihm gefällt.

Gesetz der selektiven Schwerkraft:
Ein Gegenstand fällt immer so, daß er den größten Schaden anrichtet.

Jenning's Folgerung:
Die Möglichkeit, daß das Brot auf die Butterseite fällt, steht im Verhältnis zum Preis des Teppichs.

Klipstein's Folgerung:
Das Beste ist es, es fallen zu lassen.

Mr. Cooper's Gesetz:
Wenn Sie ein bestimmtes Wort in einem wissenschaftlichen Text nicht verstehen, dann ignorieren Sie es. Der Text ergibt auch ohne das Wort einen Sinn.

Lowery's Gesetz:
Wenn es klemmt - wende Gewalt an. Wenn es kaputt geht, hätte es sowieso erneuert werden müssen.

Weisheiten

Greer's drittes Gesetz:
Ein Computerprogramm tut, was du schreibst, nicht was Du willst.

Einführung in die moderne Wissenschaft:
1. Ist es grün und schlängelt sich, dann ist es Biologie.
2. Wenn es stinkt, dann ist es Chemie.
3. Wenn es nicht funktioniert, ist es Physik.

Cerfs' Erweiterungen der Einführung:
4. Wenn man's nicht versteht, ist es Mathematik.
5. Wenn es unlogisch ist, dann kann es entweder Ökonomie oder Psychologie sein.

Bogowitsch's Ableitung zu Mr. Cooper's Gesetz:
Wenn der Text ohne das Wort keinen Sinn ergibt, ergibt er auch mit dem Wort keinen.

Weiner's Gesetz der Bibliotheketen:
Es gibt keine Antworten, nur Querverweise.

Mr. Cole's Grundsatz:
Die Summe der Intelligenz auf dem Planeten ist eine Konstante; die Bevölkerung wächst.

Steele's Plagiat über irgendeine Philosophie:
Jeder sollte an etwas glauben - ich glaube, ich bekomme noch ein Glas.

Paul's Gesetz:
Vom Fußboden kann man nicht fallen.
Chapman's Kommentar: Kinder brauchen drei Jahre, um Paul's Gesetz zu begreifen.

Ringwald's Gesetz der Haushaltsgeometrie:
Alle horizontalen Flächen werden in kurzer Zeit mit Gerümpel bedeckt.

O'Reilly's Gesetz für die Küche:
Sauberkeit ist fast unmöglich.

Horowitz' Gesetz:
Wenn du das Radio andrehst, wirst du immer die letzten Takte deines Lieblingslieds hören.

Van Roy's Gesetz:
Ein unzerbrechliches Spielzeug kann man gut dazu verwenden, um andere Spielsachen damit kaputtzumachen.

Grandpa Charnock's Gesetz:
Solange du nicht Auto fährst, lernst du nie richtig fluchen.

Phillip's These:
Allradantrieb bedeutet, daß man dort steckenbleibt, wo der Abschleppwagen nicht hinkommt.

Haldane's Gesetz:
Das Weltall ist nicht nur seltsamer, als wir es uns vorstellen; es ist seltsamer, als wir es uns vorstellen können.

Fowler's Notiz:
Das einzige unvollkommene Ding der Natur ist die menschliche Rasse.

Dude's Gesetz über Alternativen:
Von zwei möglichen Ereignissen wird nur das nicht gewünschte tatsächlich eintreffen.

Schopenhauer's Entropie-Gesetz:
Wenn man einen Teelöffel Wein in ein Faß Jauche gießt, ist das Resultat Jauche.
Wenn man einen Teelöffel Jauche in ein Faß Wein gießt, ist das Resultat ebenfalls Jauche.

Young's Gesetz der Telekinese:
Alle unbeseelten Gegenstände können sich gerade so weit bewegen, daß sie einem im Weg sind.

Weisheiten

An alle vor 1980 Geborenen...

Wenn du nach 1979 geboren wurdest, hat das hier nichts mit dir zu tun... Verschwinde' Kinder von heute werden in Watte gepackt... Wenn du als Kind In den 50er, 60er oder 70er Jahren lebtest, ist es zurückblickend kaum zu glauben, dass wir so lange überleben konnten!

Als Kinder saßen wir in Autos ohne Sicherheitsgurte und ohne Airbags. Unsere Bettchen waren angemalt in strahlenden Farben voller Blei und Cadmium, Die Fläschchen aus der Apotheke konnten wir ohne Schwierigkeiten öffnen, genauso wie die Flasche mit Bleichmittel. Türen und Schranke waren eine ständige Bedrohung für unsere Fingerchen. Auf dem Fahrrad trugen wir nie einen Helm. Wir tranken Wasser aus Wasserhähnen und nicht aus Flaschen, Wir bauten Wagen aus Seifenkisten und entdeckten während der ersten Fahrt den Hang hinunter, dass wir die Bremsen vergessen hatten. Damit kamen wir nach einigen Unfällen klar. Wir verließen morgens das Haus zum Spielen. Wir blieben den ganzen Tag weg und mussten erst zu Hause sein, wenn die Straßenlaternen angingen. Niemand wusste, wo wir waren und wir hatten nicht mal ein Handy dabei!

Wir haben uns geschnitten, brachen Knochen und Zähne und niemand wurde deswegen verklagt. Es waren eben Unfälle. Niemand hatte Schuld, außer uns selbst. Keiner fragte nach "Aufsichtspflicht". Kannst du dich noch an "Unfälle" erinnern? Wir kämpften und schlugen einander manchmal bunt und blau. Damit mussten wir leben, denn es interessierte den Erwachsenen nicht. Wir aßen Kekse, Brot mit Butter dick, tranken sehr viel und wurden trotzdem nicht zu dick. Wir tranken mit unseren Freunden aus einer Flasche und niemand starb an den Folgen. Wir hatten nicht: Playstation, Nintendo 64, X-Box, Videospiele, 64 Fernsehkanäle, Filme auf Video, Surround Sound, eigene Fernseher, Computer, Internet-Chat-Rooms. Wir hatten Freunde!!! Wir gingen einfach raus und trafen sie auf der Straße. Oder wir marschierten einfach zu deren Heim und klingelten. Manchmal brauchten wir gar nicht klingeln und gingen einfach hinein. Ohne Termin und ohne Wissen unserer Eltern. Keiner brachte uns und keiner holte uns...

Wie war das nur möglich?

Wir dachten uns Spiele aus mit Holzstöcken und Tennisbällen. Außerdem aßen wir Würmer, Und die Prophezeiungen trafen nicht ein: Die Würmer lebten nicht In unseren Magen für immer weiter und mit den Stöcken stachen wir nicht besonders viele Augen aus. Beim Straßenfußball durfte nur mitmachen, wer gut war. Wer nicht gut war, musste lernen, mit Enttäuschungen klarzukommen. Manche Schüler waren nicht so schlau wie andere. Sie rasselten durch Prüfungen und wiederholten Klassen. Das führte nicht zu emotionalen Elternabenden oder gar zur Änderung der Leistungsbewertung. Unsere Taten hatten manchmal Konsequenzen. Das war klar und keiner konnte sich verstecken. Wenn einer von uns gegen das Gesetz verstoßen hat, war klar, dass die Eltern ihn nicht aus dem Schlamassel heraushauen. Im Gegenteil: Sie waren der gleichen Meinung wie die Polizei! So etwas!

Unsere Generation hat eine Fülle von innovativen Problemlösern und Erfindern mit Risikobereitschaft hervorgebracht. Wir hatten Freiheit, Misserfolg, Erfolg und Verantwortung.

Mit allem wussten wir umzugehen

Und du gehörst auch dazu!!!
Herzlichen Glückwunsch

Weisheiten

Traurig, aber wahr...

So merkst du, dass du im Jahr 2008 lebst, weil:

1) Du unabsichtlich Deine PIN-Nummer in die Mikrowelle eingibst

2) Du schon seit Jahren Solitär nicht mehr mit richtigen Karten gespielt hast

3) Du eine Liste mit 15 Telefonnummern hast, um Deine Familie zu erreichen, die aus 3 Personen besteht

4) Du eine Mail an Deinen Kollegen schickst, der direkt neben dir sitzt

5) Du den Kontakt zu Freunden verloren hast, weil sie keine E-Mail Adresse haben

6) Du nach einem langen Arbeitstag nach Hause kommst und Dich mit Firmenname am Telefon meldest

7) Du auf Deinem Telefon zu Hause die Null wählst, um ein Amt zu bekommen

8) Du seit 4 Jahren auf Deinem Arbeitsplatz bist, allerdings für 3 verschiedene Firmen

10) Alle Fernsehwerbungen eine Web-Adresse am Bildschirmrand zeigen

11) Du Panik bekommst, wenn Du ohne Handy aus dem Haus gehst und umdrehst, um es zu holen

12) Du morgens aufstehst und erstmal Outlook/LotusNotes aufmachst, bevor Du Kaffee trinkst

13) Du den Kopf neigst, um zu lächeln ;-)

14) Du diesen Text liest und grinst

15) Schlimmer noch, dass Du bereits weißt, wem Du diese Mail weiterleitest

16) Du zu beschäftigt bist, um festzustellen, dass in dieser Liste die 9 fehlt und

17) Du die Liste jetzt noch mal durchgehst, um nachzuschauen, ob wirklich die 9 fehlt
...und jetzt lachst...

Na los, schick's schon weiter... :-)

Weisheiten

Du bist alt

Vorsicht! Nach dem Lesen dieses Artikels fühlst Du Dich nie wieder jung!!!
Die, die in diesem Jahr Abitur machen, wurden um 1982/ 83 geboren.
Die meisten davon kennen nur einen Papst. Für sie gibt es ausserdem keinen Kanzler vor Helmut Kohl. Bei "The Day After" denken sie an Kopfschmerzen, nicht an einen Film.
Und Cola gab es schon immer nur in unkaputtbaren Plastikflaschen. Der Verschluss war immer aus Kunststoff und nie aus Metall. Cola in Glas-Flaschen? Und dann nur ein Liter?
Und was sind übrigens Knibbelbilder? Ministeck? Atari ist für die meisten genauso weit weg wie Schallplatten: Denn sie haben nie einen Plattenspieler besessen, da ja schon vor ihrer Geburt die Compact Disc erfunden worden ist - und sie haben nie Pac Man gespielt. Und erst recht kann niemand von ihnen glauben, dass man Geld ausgegeben hat, um ein "Telespiel" zu spielen, das nicht einmal so aussah wie Tennis...
Im Übrigen hiess Twix niemals Raider und war auch nie "der Pausensnack".
Ach ja: Und was zum Teufel sind Treets?
Auch eine Kugel Eis hat immer eine Mark gekostet, es gibt keine Marken, die "Vanilla" oder "Fiorucci" heissen und erst recht gab es nie eine Zeit ohne Marken; was ist übrigens ein Parka? Und wieso sollte man sich Stoffwindeln um den Hals hängen - oder Palästinensertücher? Wo wir gerade vom Outfit sprechen: Was sind Popper? Was ist ein Popperschnitt? Und warum sollte man sich seine Schultern auspolstern und das Ende seines (Stoff!-)Gürtels im 90*-Winkel nach unten hängen lassen?
Diese Generation hat nie einen Fernseher mit nur drei Programmen gesehen - ganz zu schweigen von einem Schwarz-Weiss-Fernseher. Und vor allem nicht ohne Fernbedienung! Sie hatten immer Kabel- und Satelliten-Fernsehen. Was ist eigentlich Beta?
Der Walkmann wurde von Sony vor ihrer Geburt erfunden. Rollschuhe haben Rollen, die hintereinander angeordnet sind und der Schuh ist immer schon dran; und was sind Disco-Roller???
Wetten dass... war immer mit Thomas Gottschalk, Pommes hat man schon immer im Backofen gemacht - und was sind Bonanza-Räder? Klar kennen sie Günther Netzer und Franz Beckenbauer: Das sind Fussball-Kommentatoren.
Die jetzt Zwanzigjährigen haben noch nie beim Schwimmen über den Weißen Hai nachgedacht. Sie wissen nicht wer Mork war und warum er vom Ork kommt.
Ihnen ist auch egal wer J.R erschossen hat und außerdem haben sie keine Ahnung, wer J.R. überhaupt ist.
Michael Jackson war immer schon weiß.
Sie haben noch nie einen Big Mac in einer Styropor-Verpackung gesehen und schon immer gibt es Haarschaum und Unisex-Hairstylingprodukte.
Sie glauben, dass es nicht sein kann, dass Puma-Schuhe mal der letzte Schrei waren und dass das Top-Modell von Adidas nur 99 Mark gekostet hat und keine Luftkammern hatte und nicht blinkte.
Sie haben noch nie ein Snickers mit roter Verpackung gesehen. Sie wissen nicht, dass man Daten auch auf Kassetten speichern kann, denn sie haben auch noch nie eine Diskette gelocht, geschweige denn umgedreht.
Sie wissen nicht, warum Niki Lauda immer eine Mütze trägt.
Sie kennen Herrn Kaiser von der Hamburg-Mannheimer nur ohne Brille und Seitenscheitel. Den netten Mann von Persil kennen sie gar nicht. Hiess der Mann nicht Clementine und war eigentlich eine Frau?? Sie wissen nicht, dass Frau Sommer nicht mit Dr. Sommer von der Bravo verheiratet ist, sondern bei Jakobs-Kaffee arbeitet und an Festtagen ein Pfund Krönung mitbringt.
Sie wissen nicht, dass Parkuhren früher auch 5 Pfennig Stücke genommen haben.
Aber Du weisst das alles.
Denn Du bist alt. ;-)

Weisheiten

Erwachsen bist Du, wenn...

1. Alle Deine Pflanzen leben, und man keine einzige rauchen kann
2. Sex im Einzelbett untragbar ist
3. Im Kühlschrank mehr Essen steht als Getränke
4. Du um 6:00 Uhr morgens aufstehst und nicht erst ins Bett gehst
5. Du Dein Lieblingslied bei Tengelmann hörst
6. Deine Lieblingssendungen die Wetterkarte und Koch-Shows sind
7. Deine Freunde heiraten und sich scheiden lassen, anstatt miteinander zu gehen und wieder Schluss zu machen.
8. Deine Urlaubstage sich von 12 Wochen auf 14 Tage reduzieren
9. Jeans und ein Sweatshirt nicht als "Ausgehzeug" gelten.
10. Du die Polizei anrufst, weil diese Jugendlichen nebenan die Musik so laut haben
11. Ältere Verwandte anzügliche Witze erzählen, auch wenn Du im Zimmer bist.
12. Du Dich nicht mehr erinnern kannst ob McDonalds 24 Stunden geöffnet hat.
13. Dein Schadensfreiheitsrabatt nach unten geht, Deine Prämien aber nach oben
14. Dein Hund Eukanuba Qualitäts-Hundefutter bekommt und keine Reste mehr
15. Dir auf der Couch zu schlafen Rückenprobleme bereitet
16. Du nicht mehr von Mittag bis 6.00 Uhr abends pennen kannst.
17. Abendessen und Kino die ganze Verabredung sind anstatt der Anfang einer wunderbaren Nacht.
18. Eine Ladung Chicken-Wings oder Wiener Schnitzel um 3.00 Uhr morgens Deinen Magen eher be- als entlasten würde.
19. Du Dir in der Drogerie Aspirin und Rennie holst anstatt Kondome und Schwangerschaftstests.
20. Eine Flasche Wein zu 2,00 Euro nicht mehr "ziemlich gutes Zeug" ist.
21. Du Frühstücksflocken tatsächlich zur Frühstückszeit isst.
22. "Ich kann einfach nicht mehr so viel trinken wie früher", ersetzt mit "Ich rühre nie wieder einen Tropfen Alkohol an."
23. Du 90% Deiner Zeit vor dem PC verbringst - um richtig zu arbeiten.
24. Du Dir zu Hause keine Kurzen reinziehst bevor Du weggehst um Geld zu sparen.
25. Du diese Liste liest und fanatisch nach nur einem einzigen Punkt suchst, der nicht auf Dich zutrifft.

Weise Sprüche

95% aller Computerprobleme befinden sich zwischen Tastatur und Stuhl.
Alle Menschen sind bestechlich, sagte die Biene zur Wespe.
Bei manchen Leuten ist ein Gehirnschlag ein Schlag ins Leere!
Bei uns kann jeder werden, was er will, ob er will oder nicht.
Bei uns wird Hand in Hand gearbeitet. Was die eine nicht schafft, lässt die andere liegen.
Bescheidenheit ist eine Zier, doch reicher wirst du nur mit Gier!
Der Computer kann alles. Aber sonst nichts.
Der ideale Mann raucht nicht, trinkt nicht, spielt nicht und – existiert nicht!
Die Liebe ist das Licht des Lebens. In der Ehe kommt die Stromrechnung.
Die meisten Hühner werden schon als Eier in die Pfanne gehauen.
Die Pflicht ruft? Wir rufen zurück!
Dreierlei Wege klug zu handeln: durch Nachdenken ist der Edelste, durch Nachahmen der Einfachste, durch Erfahrung der Bitterste.
Edel sei der Mensch, Milchreis ist gut.
Egal, auf welcher Seite du stehst - diese Seite wird verlieren.
Ei laf ju Änd ju laf mi, laf ma zam, wo laf ma hi?
Ein Backup braucht immer eine Diskette mehr, als du vorrätig hast.
Ein beliebtes Spiel ist das Beamtenmikado. Wer sich zuerst bewegt, hat verloren!
Ein Computer stürzt nur ab, wenn der Text lange nicht gespeichert wurde.
Ein Deutsches Wort mit 6 'TZ': Mortzatzventzkrantzkertzenglantz
Ein Glück, dass du da bist - und nicht hier.
Ein guter Delphin taucht auch im roten Meer!
Ein Hacker macht einen Fehler nur einmal versehentlich. Dann immer mit Absicht.
Ein Konferenzsaal ist ein Ort, wo viele rein gehen aber nichts herauskommt.
Ein Mann hat keine Angst - außer der Angst, kein Mann zu sein.
Ein Mensch ohne MikroProzessor ist wie ein Fisch ohne Fahrrad.
Ein Neger steht am Schwarzen Meer und schiebt die Vorhaut hin und her, und siehe da, man glaubt es kaum, aus schwarzer Nille weißer Schaum.
Ein Nickerchen hinterm Lenkrad, schützt vorm Älterwerden.
Ein Pessimist ist ein Mensch, welcher von zwei Übeln beide wählt.
Ein Pessimist ist ein Optimist, der nachgedacht hat.
Ein Physiker ist jemand, der jeden technischen Defekt erklären, aber nicht reparieren kann.
Ein Rehrücken im Topf ist heißer als ein Hirsch in der Brunft.
Ein reicher Mann ist oft nur ein armer Mann mit sehr viel Geld.
Ein schlechtes Gewissen haben immer die anderen Leute.
Ein schönes Stempelkissen ersetzt das halbe Amtsgewissen.
Ein Schotte mit brennender Kerze vor dem Spiegel: Zweiter Advent.
Ein Schüler macht Fehler, der Lehrer IST ein Fehler!
Ein Schwein, das Angst vor dem Metzger hat, wird nie ein Schnitzel.
Ein Spanier macht noch lange keinen Sommer.
Ein Student der Angst vor dem Professor hat, wird immer was werden.
Ein Urlaub ist das, was man nehmen sollte, wenn man es genommen hat.
Ein verheirateter Mann kann tun, was er will, wenn seine Frau nichts dagegen hat.
Ein Virus kommt selten allein.

Weisheiten

Ein wahrer Freund trägt mehr zu unserem Glück bei als tausend Feinde zu unserem Unglück.
Ein wirklich weiser Mann spielt nie mit einem Einhorn Bockspringen!
Eine gute Stellung ist besser als jede Arbeit.
Eine kinderlose Ehe besteht aus Spaßvögeln.
Eine Kuh macht Muh, viele Kühe machen Mühe.
Eine lose Mutter ist lockerer als 'ne feste Schraube.
Eine Lösung hätte ich aber sie passt nicht zum Problem.
Eine Zahnbürste gehört zu den putzigen Geschenken.
Einer für alle, alles für mich.
Einer für alle, und nichts für ungut!
Eines der gefährlichsten Geräusche die man machen kann, ist laut denken.
Eingebildet ist: Wer anlässlich seines Geburtstages ein Glückwunschtelegramm an seine Eltern schickt.
Einmal kein Fortschritt das wäre einer.
Einsame Festplatte sucht einsamen Virus!
Einst lehrten uns die Griechen die Philosophie - heute leeren sie die Mülleimer.
Endlich keine finanziellen Sorgen mehr! Pleite.
Endlich! - Das WerbeMüllLaberZuKaufmichKommerzGeldloswerdBuntiKlicki-Netz ist da. T-Online.
Energiesparer, heizt mit Meerwasser! Das ist fast reines Öl!!!!
Entwicklungshilfe ist, das Geld der Armen der reichen Länder, an die Reichen der armen Länder zu geben.
Er gab sein bestes. Genau darin bestand das Problem.
Er ist in den besten Jahren. Die wirklich guten sind also vorbei.
Er war ein Luftikus. Alle nannten ihn Airwin.
Er war ein Mann wie ein Baum. Sie nannten ihn Bonsai.
Er war Geograph und Sie kannte auch keine Grenzen.
Er war Jurist und Sie sah auch nicht gerne einen "Hängen".
Er war Mathematiker, aber sie war unberechenbar.
Erfahrung - Fachausdruck für bewährte Fehler älterer Mitarbeiter.
Erfahrung ist eine nützliche Sache. Leider macht man sie immer erst kurz nachdem man sie brauchte...
Erfahrung steigt proportional zum Wert des ruinierten Gegenstandes.
Erfahrungen sind Erinnerungen, die man teuer bezahlen muss.
Erfolg im Leben ist etwas Sein, etwas Schein, und sehr viel Schwein.
Ernährt euch von Diäten! Unsere Politiker können nicht irren.
Erst küssen, dann fragen.
Erst spielten sie am Teich ein Weilchen, dann spielten sie mit weichen Teilchen!
Erst wenn der letzte Baum gerodet, der letzte Fisch vergiftet ist, werdet
Erst wenn der letzte FTP Server kostenpflichtig, der letzte GNU-Sourcecode verkauft, der letzte Algorithmus patentiert, der letzte Netzknoten verkommerzialisiert, die letzte Newsgroup moderiert wird, werdet Ihr merken, dass Geld nicht von alleine programmiert.
Erwachsen ist, wenn oben nichts mehr dazukommt.
Erzähle mir die Vergangenheit, und ich werde die Zukunft erkennen.
Erziehung ist die organisierte Verteidigung der Erwachsenen gegen die Jugend.
Es fehlt immer ein Minimum, um ein Maximum zu erreichen.
Es führt nur ein Weg zur Lunge und der muss geteert werden.
Es geht alles vorbei - vieles kommt wieder.
Es genügt nicht dumm zu sein, man muss es auch zeigen.

Weisheiten

Es genügt nicht keine Meinung zu haben. Man muss auch unfähig sein diese auszudrücken.
Es gibt bessere zündende Ideen als die Bombe.
Es gibt Dinge, über die spreche ich nicht einmal mit mir selbst.
Es gibt immer zwei Meinungen: Meine und die Falsche.
Es gibt keine Bayernwitze. Das ist alles Realität!
Es gibt keine Lauer auf der ich nicht liege.
Es gibt Kollegen, die wissen nichts, aber alles besser.
Es gibt mehr alte Trinker als alte Ärzte.
Es gibt mehr Schwerhörige als wir annehmen. Man merkt es dann, wenn die Pflicht ruft.
Es gibt nichts Gutes, außer man tut es.
Es gibt viel Huhn. Backen wir's an!
Es gibt viel zu holen, sacken wir es ein.
Es gibt viel zu Rauchen. Zünden wir's an!
Es gibt viel zu tun - lassen wir es liegen.
Es gibt viel zu tun - schauen wir's uns an.
Es gibt viel zu tun mach mich an!
Es gibt viel zu tun, fangt schon mal an.
Es gibt von allem zu wenig, nur von den Tagen bis zum Monatsersten gibt es immer zu viele.
Es gibt Wichtigeres im Leben, als beständig dessen Geschwindigkeit zu erhöhen.
Es gibt Zeiten, wo einem alles gelingt. Aber das braucht niemanden zu beunruhigen. Sie gehen sehr schnell vorüber...
Es gibt zwei Arten von Menschen: Solche die Glück haben und solche wie mich.
Es hat mancher ein gutes Gewissen bloß, weil er's nie braucht.
Es irrt der Mensch, so lang er strebt.
Es ist ärgerlich, wie oft man manche Arbeit aufschieben muss, ehe man sie endgültig vergessen hat.
Es ist besser zu schweigen und alle glauben zu lassen man sei ein Trottel, dann rede und beseitige alle Zweifel.
Es ist ein hartes Los, eine Niete zu sein.
Es ist gefährlich, in die Zukunft zu schauen, aber verantwortungslos, es nicht zu tun.
Es ist kurz vor zwölf, also lassen wir es liegen!
Es ist mitunter ein Zeichen von Klugheit, sich im richtigen Moment dumm zu stellen.
Es ist offensichtlich, dass das menschliche Gehirn wie ein Computer funktioniert. Da es keine dummen Computer gibt, gibt es also auch keine dummen Menschen. Nur ein paar Leute, die unter DOS laufen.
Es ist schwieriger, eine vorgefasste Meinung zu zertrümmern, als ein Atom.
Es ist unwichtig, wo wir den Rest unserer Tage verbringen. Es sind nicht mehr viele.
Es ist verboten etwas zu verbieten.
Es kann passieren, was will, es gibt immer einen, der das kommen sah.
Es kommt der Tag, an dem keiner mal kommt.
Es liegt in der menschlichen Natur, vernünftig zu denken und unlogisch zu handeln.
Es muss für einen Architekten schon blöd sein, wenn ihm dauernd was einfällt.
Es sind aber die Schmutzigsten, von denen man sagt, dass sie mit allen Wassern gewaschen sind.

Weisheiten

Es war einmal, es ist nicht mehr, ein rosaroter Teddybär. Er aß die Milch und trank das Brot, und als er starb, da war er tot.
Es wird immer komplizierter, einfach zu leben.
Es wird schon schief gehen, sagte der Turmbauer von Pisa.
Esel sei der Mensch - störrisch und klug!
Essen und Trinken hält Weib und Spüle zusammen.
Fährt man rückwärts an den Baum, verkleinert sich der Kofferraum.
Fahrt mich irgendwo hin, ich werde überall gebraucht.
Fällt der Vollmond auf das Dach, werden alle Spontis schwach.
Falsche Propheten erfüllen ihr Prophezeiungen selbst.
Fanatiker sind zu allem fähig, sonst aber zu nichts.
Fang jetzt an zu leben, und zähle jeden Tag als ein Leben für sich.
Fast alles hätte einen Sinn - wenn es einen Sinn hätte.
Faulheit ist die Angewohnheit, sich auszuruhen, bevor man müde ist.
Fehler sind menschlich - aber wer richtigen Mist bauen will, braucht einen Computer.
Ferien auf dem Bauernhof finden nicht nur Kühe doof.
Fettflecke werden wie neu, wenn man sie regelmäßig mit Butter beschmiert.
Fix heroinspaziert.
Flaschen gibt es in jedem Netz, sorgt also für genügend Korkenzieher!
Fliegen, wollt ihr ewig leben? Wenn nicht, dann lasst euch eine kleben.
Fortschritt bedeutet, dass wir immer mehr wissen, und immer weniger davon haben.
Frage an die Wissenschaft: Gibt es intelligentes Leben im Klassenzimmer?
Frauen die von Tuten und Blasen keine Ahnung haben sollten wenigstens streicheln können.
Frauen fahren besser... mit Bus und Bahn.
Frauen können jedes Geheimnis bewahren, wenn sie nicht wissen, dass es eines ist...
Frauen, liebt Frauen, Millionen Männer können sich nicht irren.
Frauen sind Luft für mich - doch ohne Luft kann ich nicht leben.
Frauen sind wie Bier - haste eins dann willste noch eins.
Frauen sind wie Servietten - erst hat man sie auf dem Schoß und dann am Hals.
Frauen und Mond, leuchten mit fremdem Licht!
Frauen, seid lieber schön als klug - Männer können besser gucken als denken.
Frei ist, wer will, was er ohnehin muss.
Freiheit für das Sparschwein!
Freiheit für die Bücher, verkauft die Verleger!
Freiheit für die Bürgersteige - Tod den Hunden.
Freiheit für die Gummibärchen, weg mit der Plastiktüte.
Freiheit für die Lehrer - mehr Ferien.
Freiheit fürs Hirn, nieder mit den Computern!
Frisch gewagt, ist halb verloren.
Früh arbeiten macht nur früh müde.
Früh trübt sich, was `ne Tasse werden will.
Früher fuhren wir jedes Wochenende in den Wald. Heute haben wir die Müllabfuhr.
Früher gab es da Universalregeln. Zum Glück ist es jetzt komplizierter geworden.
Früher war ich eitel, heute weis ich, dass ich schön bin.
Früher war ich Jungfrau, heute bin ich Schütze.

Weisheiten

Für die einen ist es ein Gummihandschuh, für die anderen das preiswerteste 5er Pack Lümmeltüten der Welt.
Für die einen ist es Schule, für die anderen der verrückteste Spielplatz der Welt.
Für die einen ist es Windows, für die andern die längste Batchdatei der Welt.
Für Frauen gelten die Gesetze der Optik nicht. Nimmt man sie unter die Lupe, werden sie kleiner.
Für Männer gelten die Gesetze der Optik nicht. Nimmt man sie unter die Lupe, werden sie kleiner.
Füttert eure Kinder mit Knoblauch, dann findet ihr sie auch im Dunkeln wieder!
Gebt Gates keine Chance! OS/2 schützt.
Gefährlich ist es, wenn die Dummen fleißig werden.
Gegen Massentierhaltung! Zweierpack für Gummibärchen.
Geh mit Gott aber geh!
Geht die Sonne auf im Westen, musst du deinen Kompass testen!
Geht im PC die Uhrzeit krumm, berechnet sie ein PENTIUM.
Geisterfahrer können sehr entgegenkommend sein.
Geizige Menschen sind unangenehme Zeitgenossen - aber angenehme Vorfahren!
Geköpftes Kind scheut das Fallbeil.
Gelassenheit ist eine Form des Selbstbewusstseins.
Geld ist besser als Armut - wenn auch nur aus finanziellen Gründen.
Geld macht nicht glücklich, aber man wird besser mit dem Unglück fertig, wenn man nicht arm ist.
Gemein ist es, einem Sonderschüler eine Tüte Studentenfutter zu schenken.
Gemeinsam sind wir Quark.
Genie besteht immer darin, dass einem etwas Selbstverständliches zum ersten Mal einfällt.
Genitiv ins Wasser weil es Dativ ist.
Genossen können nicht die Faust ballen, weil sie überall die Finger drin haben.
Gescheit - gescheiter - gescheitert.
Gestern standen wir am Abgrund, heute sind wir einen Schritt weiter.
Gewaltlos sind wir den Wald los.
Gewinnen ist nicht alles, es ist das einzige!
Gewöhnlich glaubt der Mensch, wenn er nur Worte hört, es müsse sich dabei doch auch was denken lassen.
Gib deine Ideale nicht auf! Ohne sie bist du wohl noch, aber du lebst nicht mehr.
Gib mir deinen Pass, und ich sage dir, wer du bist.
Gib mir gute Feinde und eine lange süße Rache.
Gib mir mal 'ne Zigarette! Meine sind noch im Automaten.
Gibt es ein intelligentes Leben auf der Erde? Ja, aber ich bin nur zu Besuch hier.
Gleiche Bestimmungen in verschiedenen Postverwaltungen sind TELEKOMpatibel.
Glück ist Talent für das Schicksal.
Glücklich ist, wer verfrisst, was nicht zu versaufen ist.
GMBH - Geh mir Bier holen
Goethe ist tot, Schiller ist tot, und mir ist auch schon ganz schlecht...
Gott gab dem Bären Kraft und dem Löwen Mut. Der Katze Schönheit und dem Fuchs die List. Bloß mich hat er vergessen.
Gott weiß alles, aber er sagt es nicht - ich weiß nichts und sage alles.
Grabinschrift: Hier ruhen meine Gebeine, ich wünscht', es wären Deine.

Weisheiten

Gratuliere! So früh wie heute sind sie noch nie zu spät gekommen.
Größe ist nicht immer ausschlaggebend: Während die Wale fast ausgerottet sind, geht es den Ameisen nach wie vor blendend.
Grüße jeden Dummen, er könnte morgen dein Vorgesetzter sein.
Guck nicht so billig, ich kauf dich ja doch nicht.
Gummibär statt Bundeswehr!
Günter Blech: "Die Grasstrommel"
Gut Kind will Keile haben.
Hab' Sonne im Herzen und Pizza im Bauch, denn dann bist du glücklich, und satt bist du auch!
Haben sie keine Angst vor Büchern! Ungelesen sind sie völlig harmlos.
Hast du Glück im Spiel, hast du Geld für die Liebe.
Ich verspreche nichts. Und das halte ich auch.
Ihr feststellen, dass man Geld nicht essen kann.
Im Falle eines Falles ist richtig fallen alles.
In Wirklichkeit ist die Realität ganz anders.
Irren ist menschlich, aber für das totale Chaos braucht man einen Computer.
Ist es an Ostern schön und warm, kommt die Verwandtschaft und frisst dich arm.
Ist es an Pfingsten warm und heiter, kommt sie wieder und frisst weiter ...
Kluge leben von den Dummen, Dumme leben von der Arbeit.
Leben ist wie Zeichnen – aber ohne Radiergummi.
Lebenskunst ist nicht zu tun, was man liebt, sondern zu lieben, was man tut.
Liebe deinen Nächsten, aber lass dich nicht erwischen.
Liebe ist die lustvollste Variante des Schwachsinns.
Liebe macht blind! Aber wer verheiratet ist, kann plötzlich wieder sehen.
Lieber Hydrokultur als gar keine Bildung!
Nimm das Leben nicht so ernst, denn du kommst nicht lebend raus!!!
Nonsens ist der Sieg des Geistes über die Vernunft.
Reichtum: wirklich reich ist, wer mehr Träume in seiner Seele hat, als die Realität zerstören kann.
Umweltskandal: Dose Sardinen geöffnet, alles voller Öl! Alle Fische tot!
Und wenn das fünfte Lichtlein brennt, dann hast du Weihnachten verpennt!
Vater: ein Mann, der etwas geleistet hat, das Hand und Fuß hat.
Verflucht, sagte die Giftschlange, als sie sich auf die Zunge biss...
Vergeblich müht sich ab, wer allen zu gefallen sucht.
Was tut man nicht alles, wenn man nichts zu tun hat!
Wen du nicht mit Können beeindrucken kannst, den verwirre mit Schwachsinn!
Wenn einer lacht - lach mit! Wenn einer singt - sing mit! Wenn einer arbeitet - lass ihn spinnen!
Wer den Mund hält, obwohl er Recht hat, ist verheiratet.
Wer den Mund hält, wenn er merkt, dass er unrecht hat ist weise.
Wer faulenzt schafft Arbeitsplätze.
Wer gegen ein Minimum Aluminium immun ist, besitzt Aluminiumminimumimmunität.
Wer heiratet, kann die Sorgen teilen, die er vorher nicht hatte.
Wer zuletzt lacht, hat es nicht eher begriffen.

Weisheiten

Kleiner Jahresrückblick

Ich möchte allen danken, welche mir Kettenmails während dem ganzen Jahr gesandt haben. Dank Eurem Wohlwollen habe ich folgendes erlebt:

1. Ich las 170 Mal, dass MSN Hotmail mein Konto löschen wird.

2. Ich werde zirka 3'000 Jahre Unglück haben und bin bereits 67 Mal gestorben, weil ich nicht alle Mails weitergeleitet habe.

3. Wenn ich aus dem IKEA Laden komme, schaue ich niemanden an, weil ich Angst habe, dass mich jemand in ein Hotel verschleppt, mir Drogen verabreicht, um mir anschliessend eine Niere zu entfernen und diese auf dem Schwarzmarkt zu verkaufen.

4. Ich habe sämtliche Ersparnisse auf das Konto von Amy Bruce überwiesen. Ein kleines, armes Mädchen, welches bereits mehr als 7'000 Mal schwerkrank im Spital lag. (Es ist seltsam, aber dieses kleine Mädchen ist seit 1995 immer 8 Jahre alt...)

5. Mein gratis GSM Nokia ist leider auch nie angekommen, sowenig wie all die gewonnenen Gratiseintritte.

6. Ich habe meinen Vornamen hunderte von Malen, zusammen mit 3'000 Anderen auf eine Petition geschrieben und habe damit vielleicht eine bedrohte Spezies von nackten Zwergeichhörnchen aus Weissrussland vor dem Aussterben bewahrt.

7. Ich kenne das Rezept, welches garantiert, nie mehr einsam zu sein und die ewige Liebe zu finden: Es reicht, den Vornamen einer Person auf ein Papier zu schreiben und ganz fest an sie zu denken. Gleichzeitig muss man sich am Arsch kratzen und die Zeiger einer Uhr im Gegenuhrzeigersinn drehen und das während man um einen Peugeot 404 herumtanzt. (Es ist nicht einfach einen Peugeot 404 zu finden)

8. Ich habe mindestens 25 Bände über die Weisheiten des Dalai Lama gelesen und mir mindestens 4'690 Jahre Glück und Gesundheit damit angeeignet.

9. Nicht zu vergessen, die 50 Male während denen ich meinen Bildschirm Tag und Nacht nach dieser berühmten Nachricht absuchen musste, welche den gefährlichen Virus enthalten sollte, bei dem sogar Microsoft, Mac Affee, Norton.
Symantec etc. unfähig wären, ihn aufzuspüren und zu neutralisieren... und welcher in der Lage wäre meine Harddisk zu zerstören, die Stereoanlage, den Fernseher, den Staubsauger und die Kaffeemaschine zu pulverisieren

WICHTIG : Wenn Du dieses Mail nicht innert 10 Sekunden, an mindestens 8'734 Personen weiterleitest, wird ein aus dem Weltall kommender Dinosaurier, morgen um 17:33 Uhr, Deine gesamte Verwandtschaft auffressen!

Warmduscher & Harteier

Warmduscher & Harteier

Warmduscher-Index

ABS-Bremser
Achterbahn-in-der-Mitte-Sitzer
ADAC-Goldkarteninhaber
Airbagnachrüster
Alpträumer
Altpapiersammler
Altreifensammler
Ampel-Grüngänger
Ampel-Ranroller
Ampeldrücker
Andy-Möller-Fan
Angorawäscheträger
Anstandsrestelasser
Aspirinschlucker
Auf-jede-Email-Antworter
Auf-Vorfahrt-Verzichter
Autoantennenabschrauber
Autobahnsicherheitsabstandseinhalter
Autokennzeichennachschwärzer
Automatikfahrer
Autoscooter-Zurückschieber
Büroklammerverbieger
Babypopo-Trockenföner
Backofenvorheizer
Badekappenträger
Badeschuhläufer
Badewannentaucher
Badezimmerspiegelföner
Bananenbieger
Baumkuschler
Bausparer
Beckenrandschwimmer
Bei-Bambi-Weiner
Bei-geschlossenem-Fenster-Autofahrer
Beilagenesser
Beim-Oralsex-Erwischtwerder
Beim-Pinkeln-Vorhaut-Zurückzieher
Benzinpreisvergleicher
Bergaufbremser
Bertelsmann-Buchclub-Mitglied
Betroffenheits-Schwaller
Bettnässer
Beutelreis-Reiskocher
Biermischer
Biernichtleertrinker
Billigtariftelefonierer
Birkenstockträger
Bitte-Melde-Dich-Opfer
Blasenteetrinker
Blaupisten-Skifahrer
Bleistiftanspitzer
Blitzampelfotoentwickler

Blümchenpflücker
Brezelsalzabpopler
Briefmarkensammler
Brigitte-Leser
Brotmaschinenbenutzer
Brusthaarrasierer
Buswinker
Büffetansteller
Cabriogeschlossenfahrer
Campingplatz-Messner
CD's-Abwischer
Chilliverweigerer
Christstollenesser
Clausthalertrinker
Cola-Light-Trinker
CouchPotatoe
Dackelzüchter
Damenradfahrer
Damensattelreiter
Dankesager
Dartwerfer-mit-Muskelkater
Datensicherer
Dauerflenner
Daumenlutscher
Desktop-User
Deutschrockhörer
Diana-Verehrer
Diddel-Schmuser
Dieselhandschuhtanker
Dr.Best-Zahnbürsten-Verwender
Dreifach-Dankesager
Dudennachschlager
Dunkelbumser
Dünnbrettbohrer
Eierliköralkoholiker
Eigene-Frau-Verführer
Ein-Herz-für-Kinder-Haber
Eine-Einemark-Marken-Käufer
Einstock-Aufzugfahrer
Elektrisch-Zahnbürster
Email-Archivierer
Energiesparlampenkäufer
Entenfütterer
Entlaufene-Katzen-Fahnder
Entschuldiger
Fahrrad-Bergaufschieber
Falkplanfalschfalter
Fallschirmbenutzer
Falschatmer
Familienfoto-auf-den-Schreibtisch-Steller
FDP-Wähler
Feinrippträger Fernlichtfahrer

Warmduscher & Harteier

Fernsehmoderator
Ferreroküßchenanbieter
Festnetz-Telefonierer
Fettnäpfchen-Treter
Feuchtniesser
Filmrissvortäuscher
Filterraucher
Fischgrätenentferner
Fischstäbchenverzehrer
Fitnessstudio-Probetraining-Macher
Flachwasserpaddler
Foliengriller
Formel1-nicht-zuende-Fahrer
Foto-vom-Freund-im-Geldbeutel-Trägerin
Frühbucher
Frührentner
Frankreich-Urlauber
Fransenjackenträger
Frauen-die-Tür-Aufhalter
Frauennamen-Annehmer
Frauenrechtgeber
Frauenversteher
Freiwilliges-Praktikum-Absolvierer
Freizeitalkoholiker
Frischluftatmer
Frühzubettgeher
Fuer-Tiere-Bremser
Fussabtreter
Fußföner
Gartenkräuterpflanzer
Gartenzaunstreicher
Gartenzwergsammler
Gartenzwergaufsteller
Gebrauchsanweisungsleser
Gefühlsdusler
Gehorcher
Gelbphasenbremser
Geld-in-die-Parkuhr-Stecker
Gelsattelradler
Gerissene-Gitarrensaiten-Auswechs.
Geschirr-am-selben-Tag-Spüler
Geschwollendaherredner
Gesichtseincremer
Gesundheitsballhocker
Getränkumrührer
Glatteisstreuer
Glatzenföner
Gleitcremebumser
Goldfisch-Züchter
Grippe-Vorsorgeimpfer
Gummibenutzer
Gurtanschnaller Häuptling Zitternder Kriecher
Haare-schön-Träger

Hafensänger
Haftcremebenutzer
Haklefeucht-Benutzer
Halbmaßtrinker
Haltbarkeitsdatumbeachter
Hamsterbefreier
Hand-in-Schritt-Halter
Handbuchleser
Handeincremer
Handschuh-Autofahrer
Handschuhschneeballwerfer
Handschuhschweisser
Handtuchbügler
Handy-Stemmer
Harzurlauber
Hasenfuß-Techniker
Hasenzuchtvereinsvorsitzender
Heckeinsteiger
Heckscheibenheizer
Heilwassertrinker
Heimchenfänger
Heimlich-BRAVO-Leser
Heimlich-in-Ausschnitt-Gucker
Heizdeckenlieger
Helmradler
Heulsuse
Hochbettuntenschläfer
Hochzeitstag-Drandenker
Holland-Rad-Fahrer
Hornhautabrubbler
Horoskop-Glauber
Horrorszenen-Wegseher
Hosen-Atmer
Hosenlatzfummler
Hundehaufenentsorgungstütenbenutzer
Hähnchen-mit-Besteck-Esser
Hörnchentunker
Ikea-Regal-Aufbauer
Im-Bett-Sockenträger
Im-Tanzcafe-Piccolo-Spendierer
Immervolltanker
In-die-Schule-Geher
In-Fahrtrichtung-Sitzer
Insgeheimrülpser
Integralhelmfahrer
Jammerlappen
Jeansbügler
Joghurt-Becher-Spüler
Käserindenabmacher
Kaffeefahrt-Junkie
Kalorienzähler
Kantinentablettzurücksteller
Karokaffeetrinker
Karteikarten-Pokerspieler

Warmduscher & Harteier

Karussellbremser
Kassenpatient
Kellerfenstersturz-Selbstmörder
Kindertelleresser
Kissen-in-der-Mitte-Falter
Kissenknicker
Kleenex Balsam-Nasenputzer
Kletterschuh-Putzer
Klobrillenrunterklapper
Klofrauenbezahler
Knutschfleckverdecker
Kofferroller
Kohlensaeurerausschüttler
Kommunionskerzenverkäufer
Komplettlösungsspieler
Komplexesammler
Konflikt-Flüchter
Konfliktvermeider
Kontaktlinsenreiniger
Kontoauszugsüberprüfer
Kopfkissenschläfer
Kopfweh-Jammerer
Kotztütenbenutzer
Kraftausdrückevermeider
Kriechstromelektriker
Kummerkasten-Pöbler
Kurzstreckenstrassenbahnfahrer
Kuscher
Länderspiel-Daumendrücker
Lätta-Esser
Labellobenützer
Lagerfeuer-1.Reihe-Sitzer
Lagerfeuerhocker
Langschläfer
Laternenparker
Lebensplaner
Leepisser
Leiserülpser
Lenkrad-Zudecker
Lenkradsperrer
Letztes-Klopapier-Verbraucher
Liebesfilmflenner
Lightbier-Trinker
Lindenblütenteetrinker
Linksüberholer
Lolli-Nuckler
Luftmatrazen-Schwimmer
Mülltrenner
Maßkrug-Zweihand-Stemmer
Medimawäscheträger
Meerschweinchenzüchter
Melonenkernrauspuhler
Messdiener
Migräne-Simulator

Milchkaffeetrinker
Milchschnittenfresser
Milchshaker
Milchverschütter
Millenium-Urlaubsnehmer
Mit-ausgestrecktem-Arm-über-Zebrastreifen-Geher
Mit-Blumen-Sprecher
Mit-Hut-Sonntags-Fahrer
Mit-Kuscheltier-ins-Bett-Geher
Mit-Lätzchen-Esser
Mitdabeisein-Dürfer
Mitdemwindpisser
Mitläufer
Mittags-Zähneputzer
Mittagsschlaf-Schlaffi
Mittelspurfahrer
Motivsockenträger
Motorradrückwärtsgangfahrer
Motorradsitzheizungsbenutzer
Mundduscher
Muschelschuber (friesisch)
Musikzulautfinder
Mückenmörder
Nägelfeiler
Nach-3-Bier-Kotzer
Nach-dem-Pinkeln-Händewascher
Nach-Groschen-Bücker
Nach-Hause-Telefonierer
Nasenhaarschneider
Nasenschnäuzer
Nasskämmer
Neu-Rechtschreiber
Nußecken-Eßsüchtiger
Nudeltunker
Nullpromillefahrer
Nußhörnchen-Besteller
Oberdiplomverkehrsinsel-bepflanzer
Oedipusssy
Ohnelichtbeischläfer
Ohrenputzer
Oregano-Schmuggler
Oropaxträger
Pamperswechselerin
Parkscheinlöser
Partnerbefriediger
Passat-Diesel-Fahrer
Pauschaltourist
Peepshow-Casanova
Pernod-mit-Wasser-Verdünner
Pfandflaschenzurückbringer
Pfennig-Bücker
Pfennigsammler
Pfirsichesser

Warmduscher & Harteier

Pinacoladatrinker
Pißrinnenverfehler
Ponyreiter
Postkartenschreiber
Preisausschreibengewinn-Reisender
Probefahrtmacher
Problemfilmgucker
Prophylaxer
Pullunderträger
Q-Tip-Stemmer
Qualitaetssicherer
Querschwimmer
Quittenmarmeladenliebhaber
Quittungen-Sammler
Rückbankanschnaller
Rackletpfännchen-Schwenker
Radarfallenwarner
Radkappenpolierer
Radkappenverbieger
Rastplatzbenützer
Read.me-Leser
Rechtsfahrer
Regen-Kombi-Radler
Regenflüchter
Rehstreichler
Reservefallschirmspringer
Riesenrad-Kotzer
Ringel-T-Shirts-Sammler
Rolltreppensteher
Rosenzüchter
Rückpaßgeber
Rückrufaktion-Teilnehmer
Rückwärtseinparker
Rülpsschlucker
RythmischerSportgymnastiker
Röckleträger
Süßfrühstücker
Süsswassersegler
Safety-Car-Fahrer
Saft-Softie
Saftkeks
Saisonkennzeichenfahrer
Samstags-Autoputzer
Sandalenträger
Saunaaufgussverweigerer
Saunauntensitzer
Schönwetterzelter
Schaltträger
Schattenparker
Schaukelpferd-Jockey
Schiffschaukelbremser
Schiffschaukelschubser
Schlüpferstürmer
Schlümpfe-Sammler

Schlüsselbundsucher
Schnaps-nicht-ex-Trinker
Schnitzeljagdverliererjammerer
Schnuffeltuchschneuzer
Schrebergärtner
Schrittschwitzer
Schulevornesitzer
Schulterblicker
Schuppen-von-der-Schulter-Streicher
Schutzbrillenschweißer
Schwachstecher
Schwachstrahlstruller
Schwarzfahrt-Beichter
Schwiegermutter-Blumen-Mitbringer
Schwiegermutter-Rechtgeber
Schwimmflügel-Aufblaser
Schwimmkursteilnehmer
Seerosengiesser
Seifenbücker
Seilbahnfahrer
Seit-Geburt-Nichtraucher
Selbsterklärungsabgeber
Servolenker
Sessellift-Kletterer
Sesselschläfer
Simon&Garfunkel-Punker
Sissy-Filme-Gucker
Sitzpinkler
Sitzplatzanweiser (-mit-Taschenlampe)
Slipperträger
Sockenbügler
Sockenschläfer
Sockenstopfer
Sofahocker
Softballspieler
Softeislutscher
Softwareentwickler
Solarium-Sonnenmilch-Eincremer
Sonnenblendennutzer
Sonnenschutzfaktor-20-Benutzer
Spagettikleinschneider
Spiegelföner
Spinnenängstler
Spitzkicker
Spurwechselblinker
Stammwähler
Stauumfahrer
Steakdurchbrater
Steuerzahler
Stille-Wasser-Trinker
Stofftierfetischist
Stofftiersüssfinder
Strandheizungsbenutzer
Streichwurstesser

Warmduscher & Harteier

Strohhalmtrinker
Strohsternbastler
Suchmaschinen-Nutzer
Suppe-durch-die-Nase-Läufer
Synchronisiert-Film-Gucker
Synonymeingeber
Süßfrühstücker
Süßweintrinker
T-Online-Benutzer
Talkshow-Versteher
Tastaturabdecker
Tastaturenputzer
Taubenfütterer
Teeblütensammler
Telefonkartensammler
Teletubbies-Immitator
Tellerimmerleeresser
Tempo-30-Fahrer
Tempolimitbeachter
Teutonengrillurlauber
Textmarkerbenutzer
Thermalbader
Tiefkühl-Pommes-Abtauer
Tischreservierer
Titanic-Gucker
Tofu-Vegetarier
Toilettenfensteröffner
Toilettenpapierbenutzer
Tortenboxer
Toupet-Träger
Traumfrau-Sucher
Traumhochzeitmitheuler
Treppenterrier
Trinkgeldgeber
Trockenpupser
Trockenrasierer
Trockensurfer
Tuning-Mofa-Fahrer
Tupper-Party-Gastgeber
Turnbeutelvergesser
Tütenweintrinker
TÜV-Geher
Untenlieger
Unterhosenwechsler
Unterlagenzelter
Unterwäschebügler
Urin-Mittelstrahlmesser
Vereinsmeier
Verfallsdatenkucker
Versandhauswarenbesteller
Viagra-Schlucker

Vignettenkäufer
VirenScannerBenutzer
Vitamintabletten-Auflöser
Volkshochschulkurs-Teilnehmer
Vollbart-Sozialpädagoge
Vorabend-Eincheker
Vorfahrt-Beachter
Vorspieler
Vorwärtseinparker
Wärmflaschenfüller
Wachturmverkäufer
Wangenküßchengeber
Warmduscher
Warmmilchtrinker
Warmwasserbecken-Schwimmer
Warmwassersynchronschwimmer
Warteschlangennörgler
Wechselgeldzahler
Wegen-jedem-Mist-Anrufer
Weichei-Definitionen-Vorschläger
Weichspülfetischist
Weiss-Dosen-Jim-Beam-Trinker
Weiß-und-Buntwäschesortierer
Werbungwegzapper
Wettervorhersagenleser
Wettkampf-Kegler
Wie-war-ich-Nachfrager
Windschattenfahrer
Winterreifenaufzieher
Witzeaufschreiber
Wochenendrasierer
Wohnzimmerzelter
Wohnwagengespannzieher
Wolfgang-Petry-Fan
Wollsockenträger
Wollunterhosenträger
Wunschkennzeichenfahrer
Wurstpellenabmacher
Wäsche-zu-Mami-Bringer
Zahnarzt-Spritzenbettler
Zahnseide-Verwender
Zebrastreifenbenutzer
Zebrastreifenbremser
Zehenzwischenraumtrockner
Zeitungsfalter
Zeltheizer
Zentralverriegler
Zufrühkommer
Zweimal-mit-der-gleichen-Frau-Schläfer
Zwiebelschneid-Flenner
Zündschlüsselabzieher

Harteier-Index

Abwaschstehenlasser
Achterbahn-ohne-Sicherheitsbügel-Fahrer
Achtmannzelt-bei-Sturm-Aufsteller
Adventskalender-der-kleinen-Schwester-Plünderer
Airbagdeaktivierer
A-Klasse-ohne-ESP-Fahrer
Alder, ich schwöre"-schwörer
Als-Chef-keine-Frauen-Einsteller
Alte-Socken-auf-Boden-Liegenlasser
Altglas-im-Hausmüll-Entsorger
Ameisenmitlupeverbrenner
Am-FKK-Strand-am-Intimpiercing-Spielerin
Ampelignorierer
Am-sack-kratzer
Anabolikaaufpumper
Anabolikabrusthaarträgerin
Anderen-ins-Gesicht-Niesser
Andrea-Bocelli-falsch-rum-auf-die-Bühne-Steller
An-eigenen-Socken-Schnüffler
An-Tankstellen-Raucher
Anton-aus-Tirol-Mitgröhler
An-WM-Titel-für-Deutschland-Glauber
Anzeigenverkäufer
Äpfel-mit-kern-und-Stiel-Esser
Aspirin+c-ohne-Wasser-Schlucker
Assemblerprogrammierer
AudiTTohnespoilerfahrer
Aufbaugerüsthandstandmacher
Auf-den-Tisch-hauer
Auf-Flohmarkt-mit-Kind-um-Groschen-Feilscher
Aufkanonenkugelreiter
Auf-loveparade-ohne-Kondom-Geherin
Auf-Mururoa-Urlaub-Macher
Aufs-Männerklo-Geherin
Auf-Stau-Zuraser
Auf-Treppe-Frauen-Hinterhergeher
Aussageverweigerer
Ausziehen!"-Gröhler
Autoanbeter
Autobahndichtauffahrer
Autobahnlichthupedrängler
Autobahntoilettenbenutzer
Autobahnzufussueberquerer
Autocrashtestbeifahrer
Autoradioantennenabbrecher
Autoscheibentöner
Autotieferleger
Azubi-als-Handlanger-Missbraucher

Babyschnullerwegnehmer
Babysitter
Bahnhofsklobenutzer
Balkongeländerabmontierer
Ballermann-6-urlauber
Bank-ohne-Maske-Überfaller
Bankräuber
Barbiepuppe-der-Schwester-Aufhänger
Batterie-mit-der-Zunge-Tester
Baustellenarbeiterbeschimpfer
Befehlsverweigerer
Behindertenparkplatzbenutzer
Bei-Boxkampf-Ohr-Abbeisser
Bei-der-Trauung-Nein-Sager
Bei-Download-Reset-Drucker
Beifahrerkritikignorierer
Bei-Formel1-Rennen-auf-Strecke-Laufer
Bei-Gewitter-stabhochspringer
Bei-Gewitter-unter-Baum-steller
Beim-Antreten-Handy-anlasser
Beim-Duschen-Pinkler
Beim-Sex-an-Andere-Denker
Beim-Sex-auf-die-Uhr-Gucker
Beim-Sex-falschen-Namen-Haucher
Beim-Sex-Fernsehschauer
Beim-Sex-Untenlieger
Beim-tanken-raucher
Bei-Regen-Motorradfahrer
Bei-Sturmwarnung-raus-Segler
Bei-Wildwechsel-Gasgeber
Belüftungsschacht-furzer
Benzinpreis-in-ordnung-finder
Berg-ab-gasgeber
Bergaufradfahrer
Besteck-verbieger
Bester-Freundin-Mann-Verführerin
Bierbauchträger
Bierchatter
Bierdosenzerquetscher
Bier-mit-Feuerzeug-aufmacher
Bier mit Zähnen Aufmacher
Bildzeitungkäufer
Biotonnen-im-Hochsommer-offen-Lasser
Bizepszeiger
Blinddarmselbstoperierer
Blinddateinsaunamacherin
Blinde-über-die-Straßen-Führer-und-mitten-auf-der-Straße-stehenlasser
Blondinenwitzegröhler
Breitreifenkäufer
Brennendes-Fett-mit-Wasser-Löscher
Brusthaarzurschausteller

Warmduscher & Harteier

Brustwarzengepiercte
Cabrio-im-Winter-offen-Fahrer
Castorbehälteraufschrauber
CDs-ohne-Hüllen-Aufbewahrer
Chef-in-Besprechung-Verbesserer
Chefverführerin
Chinaböller-in-der-Hand-explodieren-Lasser
Chromcoverhandypolierer
Containerbewohner
Cowboystiefelträger
CPU-Übertakter
Damenbartnichtrasiererin
Daumennachuntendreher
Den-geschäftsführer-verlanger
Deoverachter
Depressivenverarscher
Dienstanderwaffewollerin
Die-Pille-durchSsmint-Ersetzer
Distelpflücker
Domaingrabber
Domina
Dosuser
Dr.Sommer-Vögler
Drücker
Duftbäumeaminnenspiegelsammler
Durch-Fussgängerzonen-Heizer
Durch-Null-Teiler
Eddingschnüffler
Ehering-in-Kneipe-Abnehmerin
Eheringverlierer
Eheringversteckter
Eierhartkocherin
Eier-in-Mikrowelle-Kocher
Eierkratzer
Einfahrtparker
Einzigstsager
Elefantenbeinsteller
Elektrozaunpinkler
Ellenbogen-aus-Auto-Fenster-Träger
Email-.exe-Anhang-öffner
Email-.vbs-Anhang-öffner
E-mail-vom-Chef-ungelesen-Löscher
Emanzenanbaggerer
Erbschleicher
Es-nicht-nötig-Haber
Existenzversäufer
Expobesucher
Ex-und-hopp-Säufer
Ex-und-hopp-Stecher
Fakten-auf-den-Tisch-Leger
Falkfaltplanfalschfalter
Falschehoffnungwecker
Fastfoodesser

Faustdickhinterdenohrenhaberin
Faxe-Bierdose-auf-ex-Trinker
Feuerwehreinfahrtzuparker
Fliegenpilzgourmet
Flugschaubesucher
Flugzeugtankleerflieger
Fraubierholenschicker
Frauenhinterherpfeifer
Frauenparkplatzbenutzer
Frauenparkplatzzuparker
Frauenrockheber
Frauenzurweissgluttreiber
Fremdgänger
Fremdgängerin
Freundin-"Matratze"-Nenner
Freundin-"Schnalle"-Nenner
Freundin-als-"Schlechtere-hälfte"-Bezeichner
Freundin-als-zukünftige-EX-Bezeichner
Fritteninketschupertränker
Frittenmitsenfesser
FrühstückseiKöpfer
Fuchsschwanzanantennemontierer
Füßeaufdentischleger
Fußnagelabkauer
Ganztagssonnenbrillenträger
Gartenzwergkiller
Gebrauchsanleitungsignorierer
Geburtstagsterminevergesser
Gefühleignorierer
Gegenbaumpinkler
Gegen-GTI-an-Ampel-Sound-Wettkampf-Antreter
Gegenwindpinkler
Gegenwindspucker
Geisterfahrer
Geisterfahrerüberholer
Gelbphasenbeschleuniger
Geliebtedesmannesverführerin
Gelinshaarschmierer
Gesichtstätowierter
Gewerkschafter
Gewichtheberin
GEZnichtzahler
Goldkettchenträger
Gorillagang-im-Zoo-Imitierer
Grillfleisch-mit-Hand-Wender
Grill-mit-Benzin-Anzünder
Grossbrand-mit-Füssen-Austreter
Grundsatzdebattierer
GSG9-Einsatz-Anzettler
Gummibärchenkopfabbeisser
Gumminoppencomdomkäuferin
Gummipuppenschmuser

Warmduscher & Harteier

Haartrockerin
Haifischbeckenputzer
Handy-am-Gürtel-Trager
Handy-im-Flugzeug-Benutzer
Handy-im-Kino-eingeschaltet-Lasser
Hanfanbauer
Hängebrückenschaukler
Hanibal-Lecter-zum-Essen-Einlader
Harteisprücheauswendiglerner
Hausordnungsignorierer
Haussprengung-von-innen-Zuschauer
Hausundhofverzocker
Heckspoiler-auf-75PS-Auto-Montierer
Heiratsschwindler
Heizoelfahrer
Henkersmahlzeitschlemmer
Herzschrittmacherübertakter
Hochseeschwimmer
Hochwasserzonenparker
Hochzeitstagvergesser
Holländergespannausbremser
Hooligansschubser
Hundaufhasenhetzer
Hundefleischesser
Hundehaufen-wie-Fußball-Treter
Igelstreichler
Ihren-Mann-Steherin
Im-Altersheim-Langstreckenläufe-Organisierer
Im-Aufzug-Hüpfer
Im-Aufzug-Umzieherin
Im-Beichtstuhl-Witze-Erzähler
Im-Bett-Breitmacher
Im-Bett-Erster-Brüller
Im-Bett-Raucher
Im-Glashaus-mit-Steine-Werfer
Im-Hubschrauber-Schleudersitz-Benutzer
Im-Internet-echtes-Foto-Sender
Im-Kino-bei-Heulszene-Lautlacher
Im-Kino-Coladose-runterrollen-Lasser
Im-Kino-mit-Chipstüten-Raschler
Im-Kino-mit-Popcorn-Werfer
Im-Minirock-Bückerin
Im-Strafraum-Notbremse-Zieher
Im-Tunnel-Fenster-Runterkurbler
In-den-Ausschnitt-Starrer
In-der-Kirche-Raucher
In-der-Sonne-Parker
In-der-Wüste-Sand-Verkäufer
In-Emanzen-WG-Einzieher
In-England-Rechtsfahrer
In-Fettnapf-Treter
In-Männerdusche-nach-Seife-Bücker
Ins-Auge-des-Hurricans-Flieger
In-Sauna-bückerin
Ins-Feuer-Furzer
In-Shorts-und-T-shirt-Motorrad-Fahrer
Intimpiercingträger
In-U-bahn-mit-Butterfly-Nägel-Putzer
In-Wanne-Föner
Jägermeistermitstrohhalmtrinker
Joe-Cocker-Karaoke-Sänger
Juhnke-untern-tisch-säufer
Jürgen-Drews-Vertrauerin
Kaffeekassenplünderer
Kaktusstreichler
Kaltduscher
Kameramann-mit-Regenschirm-Verprügler
Kampfhundstreichler
Kampftrinker
Kandiszerbeisser
Kapitalist
Karfreitagfleischesser
Katastrophentourist
Kaugummi-mit-offenem-Mund-Kauer
Kaugummi-runter-Schlucker
Kaugummi-unter-Tisch-Kleber
Kebabextrascharfverlanger
Keintrinkgeldgeber
Kerze-mit-den-Fingern-Ausdrücker
Kindersitz-aufs-Autodach-Schnaller
Kettensägenjongleur
Kirche-im-Urlaub-in-Badehose-Besichtiger
Klassenkameradinverprügelerin
Klebstoffschnüffler
Kleinenkindern-den-Lutscher-Wegnehmer
Kleingeldwegschmeisser
Klitschkoanmacher
Klobürstenignorierer
Klodeckelobenlasser
Klugscheisser
Kniggeverachter
Knoblauchesser
Kollegenmobber
Kollegin-an-den-Po-grabscher
Komacomixleser
Kondomfreipopper
Kontoüberzieher
Krankenwagenausbremser
Krankenwagenhinterherraser
Kugelfischesser
Kühlschrank-mix-it-Baby-Schüttler
Kühlschrankoffenlasser
Kurpfuscher
Kurvenscheider
Lagerfeuerauspinkler
Lamaanspucker
Lautfurzer

Warmduscher & Harteier

Lautlästerer
Lautrülpser
Lawinenwarnungignorierer
Leihcassettennichtzurückspuler
Lieblinghastduzugenommen?frager
Linksdrängler
Luftballonbiszumplatzenpuster
Luftmatratzemitmundaufblaser
Mafiabeklauer
Mannzumabwaschenzwingerin
Mantafahrer
Maurerin
Mehrfachangleicherstelleblitzenlasser
Mensaessenesser
Messerabschlecker
Michael-Jackson-als-Babysitter-Engagierer
Milchausdertütetrinker
Milchhautmittrinker
Minenfeldohnesuchgeraträumer
Mit-100-Euro-Schein-im-Bus-Bezahler
Mit-50-im-Minirock-in-Kneipe-Geherin
Mit-AIDS-ohne-Kondom-Popper
Mit-Alkvergiftung-noch-selber-ins-Spital-Fahrer
Mit-bester-Freundin-Fremdgeher
Mit-dem-Feuerzeug-in-den-Tank-Leuchter
Mit-Dynamit-Fischer
Mit-Familie-über-Nürburgring-Heizer
Mit-Finger-auf-Menschen-Zeiger
Mit-Freundin-von-Mike-Tyson-Fremdgeher
Mit-Nasenbluten-Hai-Entgegenschwimmer
Mit-Plomben-auf-Aluminium-Rumkauer
Mit-quitschenden-Reifen-Wegfahrer
Mit-Raucherstimme-Lacherin
Mit-Rolex-Prahler
Mit-Sommerreifen-durch-Schnee-Raser
Mittelfingerzeiger
Mit-Viagra-Packung-ins-Altenheim-Geherin
Mit-vollem-Bauch-ins-Wasser-Springer
Mit-Warnblinker-Falschparker
Mit-Zigarette-im-mund-Tanker
Mohrhuhnnurinsknieschießer
Molotov-Cocktail-Fänger-und-Zurückwerfer
Morgens-um-6.00-Badetuch-auf-Liegen-Leger
Motorradbraut
Mückebeineausreisser
Müllimwaldentsorger
Mülltrennungsvermeider
Musclenetzshirtträger

Nachbarskind-Fahrrad-über-Hecke-werfer
Nach-Baywatch-immer-Sex-woller
Nach-dem-Kotzen-Weitersaufer
Nach-Naseputzen-ins-Taschentuch-Gucker
Nachsexnachhausegeher
Nachsexwegdreher
Nacktbarstammgast
Nacktfotos-von-Ex-Veröffentlicher
Narkosenablehner
Nasenhaarausreißer
Nasenhochzieher
Nebelraser
Nebenautobahncamper
Nebensklokotzer
Neongelbenminirockanzieherin
Netzteilaufschrauber
Neuermarktinvestierer
Neuwageninitalienparker
Niagarafallrafter
Nichtaussprechenlasser
Nichtschwimmer-ins-Wasser-schubser
Nie-zum-Zahnarzt-Geher
Noppenkondom-linksträger
Nordpol-camper
Nutella-mit-2finger-esser
Nymphomanninen-befriediger
Oben-ohne-Sonnenbaderin
Ohne-BH-Joggerin
Ohne-Brille-Lichtbogenschweißer
Ohne-Fallschirm-Springer
Ohne-Filter-Raucher
Ohne-Gage-Porno-Darsteller
Ohne-Gurt-Fahrer
Ohne-Helm-Biker
Ohne-Katalysator-Fahrer
Ohne-Publikum-Stage-Diver
Ohne-Schaum-Nassrasierer
Ohne-Seil-Bungee-Springer
Oliver-Kahn-Fan
Oma-vom-Nachttopf-Schubser
Onlinebankingbenutzer
Osterhasenkopfabbeißer
Panzerfahrerin
Parklückenwegschnapper
Parteispendenheimlichsammler
Partnerbefriedigungignorierer
Pausenbroterklauer
Pavillonpisser
Peperoni-mit-Tabasco-Abschmecker
Permanentkleinschreiber
Pfandflascheninmüllschmeisser
pilleheimlichabsetzerin
Pin-auf-ec-Karte-Schreiber

Warmduscher & Harteier

Pitbullzurückbeißer
Pizzarandesser
Plackkrieger
Politessenauslacher
Polizeianweisungignorierer
Polizistenduzer
Pommes-rotweiß-mit-Hand-Esser
Pornobalkenträger
Pornoproduzentin
Pornovideo-zu-Hardcorescenen-Vorspuler
Quickytreiberin
Radfahrerabdränger
Radfahrer-ohne-Abstand-Überholer
Raubkopierer
Rauchverbot-ignorierer
Ravioli-aus-der-dose-esser
Rechtsüberholer
Regenwaldroder
Relativitätstheorie-anzweifler
Riesenradgondel-schaukler
Rindfleischesser
Robert-Redford-von-der-Bettkante-Stoßerin
Rockerbraut
Roheeiertrinker
Rohe-Kartoffel-mit-Hand-Zerquetscher
Rolltreppenlinkssteher
Rostgriller
Rückwärtseinparker
Russenmafiabescheisser
Sahara-zu-Fuss-Durchquerer
Samenräuberin
Sandburgenzertreter
Sangria-aus-Eimern-Trinker
Saunaobensitzer
Schallmauertapezierer
Schamhaarkomplettrasiererin
Scherbenbarfussläufer
Schiffschaukelbremser
Schlangenwürger
Schluesselbundprotzer
Schnittwundenselbsttackerer
Schulschwänzer
Schwarzfahrer
Seerosengießer
Seidenwäsche-der-Freundin-bei-90-Grad-Wascher
Seifenignorierer
Sextourist
Sich-nicht-anmachen-Lasser
Silikonimplantierte
S-Klasse-durch-Ukraine-Chauffierer
Solariumjahresabobesitzer
Sonnenbrandföner
Sonnenbrille-am-Hinterkopf-Träger
Sonnenbrille-in-Disco-Träger
Sonnencremeverzichter
Sonnenfinsternis-ohne-Brillen-Gucker
Spanner
Spätaufsteher
Späteinfändler
Spiritus-auf-Grillkohle-Schütter
Sprücheklopfer
Stacheldrahttattooträger
Stadtplanbegreiferin
Stahlseilbungeespringer
Standspurüberholer
Starfightertestpilot
Stehpinkler
Stinkbombenwerfer
Stinkefingerzeiger
Strapsenträgerin
Streichholzkauer
Strichlistemacherin
Stripperin
Strohrumsäufer
Stromkastenpinkler
Sylvesterraketen-aus-der-Hand-Starter
Tabasco-pur-Trinker
Tafel-mit-Fingernägel-Kratzer
Tanklastzugausbremser
Telefonbuchzerreißer
Teletubbiebeinsteller
Teletubbiestinkefingerzeiger
Temposchwellenignorierer
Tequila-ex-und-hopp-Trinker
Tequilasäufer
Terpentininhalierer
Tod-ins-Gesicht-Lächler
Toilettenpapierbeidseitigbenutzer
Toilettentieftaucher
Tornado-in-den-Weg-Steller
Trabbifahrer
Trag-mich-ins-Auto-ich-fahr-dich-heim-Sager
Trotz-Gegenverkehr-Überholer
Trotz-Sturmwarnung-Segler
Truppenübungsplatzcamper
T-shirt-sich-vom-Leib-Reißer
Türsteherabschlepperin
Türsteherbeleidiger
Tür-vor-die-nase-knaller
Tüv-ignorierer
U-bahn-fummler
U-bahn-surfer
Uhu-als-gleitmittel-nutzer
Unfall-gaffer
Unschuld-vom-land-spielerin

Warmduscher & Harteier

Unter-fallenden-baum-steher
Unterhosenmehrfachbenutzer
Unterversicherter
Unter-wasser-u-boot-tür-öffner
Us-präsidenten-bedroher
Ventilator-mit-dem-finger-stopper
Verfallsdatumüberzieher
Verführerin
Vertreter
Vollrauschbumser
Von-Eisenbahnbrücke-auf-Fahrleitung-Pisser
Von-Haschisch-auf-Koks-Wechsler
Vor- dem-Abi-Nichtlerner
Vor-Abgrund-großen-Schritt-Macher
Vor-Bodenwelle-Gasgeber
Vordrängler
Vor-Kurve-Überholer
Vorm-Traualtar-Nein-sager
Vor-Radaranlagen-Gasgeber
Vorwärtseinparker
Vulkanausbruch-aus-Nähe-betrachter
VW-Aktien-Kaufer
Waschbeckenpinkler
Waschmaschinealleintrager
Wasserfallhochschwimmer
Weicheiverprügler
Weihnachtsgans-aus-Stadtpark-Holer
Wein-aus-der-Flasche-trinker
Wein-mit-Schnaps-Verdünner
Weisswandreifenfahrer
Wellemacherin
Wespenärgerer
Wie-war-ich?-nach-Blowjob-Frager
Willste-ficken?-Frager
Witwentröster
Wühltischdrängler
Wundenaufpuhler
Wurst-ohne-Brot-Esser
X-Akten-für-real-Halter
Zahnarzthelferinbefummler
Zahnarztinfingerbeisser
Zahnarztterminignorierer
Zahnbürstenverachter
Zahnpastentubenoffenlasser
Zehenpuhler
Zement-mit-der-Hand-Mischer
Zigarette-aus-Auto-Schnicker
Zigarette-hinter-dem-Ohr-Träger
Zigaretten-auf-Teppich-Austreter
Zigaretten-barfuß-austreter
Zigarettenrauch-RingblaserZigaretten-über-den-Balkon-Schnipper Zigaretten-unter-T-shirt-auf-Schulter-Träger
Zigarren-auf-Lunge-Raucher
Zivildienstverweigerer
Zum-Frühstück-Pizzareste-Esser
Zur-Bundeswehr-Wollerin

Alle Kinder

Alle Kinder

Alle Kinder schwimmen im See.
Nur Sabine, die kämpft mit der Turbine!

Alle Kinder jagen den Kannibalen.
Nur Anne, die sitzt in der Pfanne.

Alle Kinder sprengten sich weg.
Nur Hans, der blieb ganz.

Alle Kinder spielen mit dem Dynamit.
Nur der Gunter schluckt ihn runter.

Alle Kinder fliegen mit dem Flugzeug.
Nur die Sabine schreddert´s durch die Turbine.

Alle Kinder sind ziemlich schlau
Nur Schröder, der ist blöder.

Alle Kinder sitzen im Zug.
Außer Sabine, die liegt auf der Schiene.

Alle Kinder haben die Grippe.
Nur die Petra, die hat Lepra.

Alle Jungen haben mit den Mädchen gespielt.
Nur nicht Benedikt, der hat die Mädchen...

Alle Kinder spielen mit der Bombe.
Ausser Günter, der spielt am Zünder.

Alle pinkeln von der Brücke.
Nur nicht Gunter, der steht drunter!

Alle Kinder werden gerettet.
Nur nicht Björn, den konnt man nicht hör´n.

Alle Kinder lesen Comics.
Nur nicht die Silke die steht auf Rilke.

Alle Kinder haben Spaß.
Nur nicht der Bernd, der lernt.

Alle Kinder laufen in den Bunker.
Nur nicht Renate, die fängt die Granate.

Alle Kinder essen Brote.
Nur nicht Eva, die isst Käfer.

Alle Kinder haben Spaß in Südamerika.
Nur nicht die Anja, die kämpft mit 'nem Piranha.

Alle Kinder lieben Mädchen.
Nur der Thomas, der liebt Omas.

Alle Kinder haben Geld.
Nur nicht Jenny, die hat keinen Penny.

Alle Kinder springen über den Abgrund.
Nur nicht Peter, dem fehlt ein Meter.

Allen Kindern schmeckt der Burger.
Nur nicht dem Jürgen, der muss würgen.

Alle Kinder heißen Klaus.
Nur nicht Stefan, der heißt Peter.

Alle Kinder reiten Pferde.
Nur nicht Jenny, die reitet Kenny.

Alle Kinder sind ganz friedlich.
Nur nicht Stan, er vermöbelt Ken.

Alle Kinder stehen um die Holzfräse.
Außer Hain, er sprang hinein.

Alle rennen aus der verseuchten Bäckerei.
Nur nicht Seppl, der holt sich Kreppl!

Alle Kinder rennen aus dem brennenden Kino.
Nur nicht Abdul, der klebt am Klappstuhl.

Alle Kinder sitzen auf der schweren Betonplatte
Nur nicht Gunter, der liegt drunter.

Alle Kinder freuen sich aufs Essen.
Nur nicht Gerd, der liegt im Herd.

Alle Kinder fahren Boot.
Nur nicht Gunter, der ging unter.

Alle Kinder habens leicht.
Nur nicht Peer, der hats schwer.

Alle Kinder machen Pause
Nur nicht Thilo, der machts mit Lilo.

Alle Kinder

Alle Kinder sitzen um das Lagerfeuer
Nur nicht Gitte, die sitzt in der Mitte.

Allen Kindern schmeckte das Fondue
Nur nicht Hanne, die kam an die Flamme.

Alle Kinder kamen nach Haus
Nur nicht Holger, der hatte Verfolger.

Alle Kinder sehen den Hai
Nur Hagen sieht den Magen.

Alle Kinder buddeln am Strand
Nur nicht Hein, den gruben sie ein.

Alle Kinder essen Metzelsuppe
Nur nicht Hein, der kommt rein.

Alle Kinder gehen brav aufs Klo
Nur nicht Horst, der macht in den Forst.

Alle Kinder gehen über die Straße
Nur nicht Jens, der klebt am Benz.

Alle Kinder schauen auf das brennende Auto
Nur nicht Kurt, der hängt im Gurt.

Alle Kinder schauen auf das brennende Haus
Nur nicht Klaus, der guckt raus.

Alle Kinder bleiben am Abgrund stehen
Nur nicht Adelheid, die geht zu weit.

Alle Kinder fahren Panzer
Nur nicht Annette, die hängt an der Kette.

Alle Kinder freuen sich über das Licht
Nur nicht Abel, der kam ans Kabel.

Alle Kinder liegen auf Luftmatratzen
Nur nicht Dieter, der hat Anita.

Alle Kinder haben gute Zähne
Nur nicht Lars, der ißt Mars.

Alle Kinder kamen zum Gipfel
Nur nicht Malte, der verschwand in der Spalte.

Alle Kinder heißen Susanne
Nur nicht Petra, die heißt Anne.

Alle Kinder haben Grippe
Nur nicht Petra, die hat Lepra.

Alle Kinder stehen bis zum Hals im Wasser
Nur nicht Rainer, der ist kleiner.

Alle Kinder kriegen Prügel
Nur nicht Renate, die kann Karate.

Alle Kinder waschen sich
Nur nicht Rainer, den wäscht keiner.

Alle Kinder blasen Posaune
Nur nicht Ruth, die bläst Knut.

Alle Kinder gingen über die Brücke
Nur nicht Rosel, die liegt in der Mosel.

Alle Kinder gehen über die Straße
Nur nicht Rolf, der klebt am Golf.

Alle Kinder angeln Haie
Nur nicht Schröder, der ist Köder.

Alle Kinder sind in der Berghütte
Nur nicht Sabine, die steckt in der Lawine.

Alle Kinder sitzen auf der schweren Betonplatte
Nur nicht Gunter, der liegt drunter.

Alle Kinder gehen schlafen
Nur nicht Eugen, der geht Zeugen.

Alle Kinder hörten den Donner
Nur nicht Fritz, den traf der Blitz.

Alle Kinder spielen Ritter
Nur nicht Gert, in dem steckt ein Schwert.

Alle Kinder spielen im Garten
Nur nicht Uschi, die spielt mit ihrer...

Alle Kinder rennen übers Eis
Nur nicht Vera, die war schwerer.

Alle Kinder Pinkeln in die Regenrinne
Nur nicht Winne, der liegt drinne.

Alle Kinder

Alle Kinder gehen zur Beerdingung
Nur nicht Hagen, der wird getragen.

Alle Kinder haben Haare auf dem Kopf
Nur nicht Thorsten, der hat Borsten.

Alle Kinder sind zu jung für das Bordell
Nur nicht Till, der kriegt, was er will.

Alle Kinder entkamen dem Tiger
Nur nicht Kim, die fiel hin.

Alle Kinder fahren Trecker
Nur nicht Gunther, der liegt drunter.

Alle Kinder essen Pommes
Nur nicht Jockel, der isst Gockel.

Alle Kinder beobachten Cowboys
Nur nicht Hasso, der hängt im Lasso.

Alle Kinder trinken Blut
Nur nicht Heinz, es ist seins.

Alle Kinder spielen Metzger
Nur nicht Hein, der spielt das Schwein.

Alle Kinder besichtigen Löwen im Tierpark
Nur nicht Jutta, die ist Futter.

Alle Kinder haben ein Bett
Nur nicht Ritsche, der hat ne Pritsche.

Alle Kinder saufen Schnaps
Nur nicht der Knilch, der säuft lieber Milch.

Alle Kinder schlachten ein Schwein
Nur nicht Rauh, der ist die Sau.

Alle Kinder lachen süss
Nur nicht Miller, der spielt Killer.

Alle Kinder sind ganz cool
Nur nicht der Weiss, der ist heiss.

Alle Kinder sind normal
Nur nicht der Landers, der ist anders.

Alle gehen ueber die Strasse
Nur nicht Uli, der fällt in den Gulli.

Alle Kinder schwimmen im Stausee
Nur nicht Sabine, die kämpft mit der Turbine

Alle Kinder spielen Hockey
Nur nicht Muck, der ist der Puck.

Alle Kinder sitzen auf dem Stromstuhl
Nur nicht Walter, der spielt am Schalter.

Alle Kinder stehen vorm Abgrund
Nur nicht Peter, der geht noch nen Meter.

Alle pissen in die Rinne
Nur nicht Minne, die liegt drinne.

Alle spielen Fussball
Nur nicht Gunter, der holt sich einen runter.

Alle Kinder schreien Hurra
Nur nicht Ute, die bekommt mit der Rute.

Alle Kinder schwimmen im Meer
Nur nicht Kai, den fraß ein Hai.

Alle Kinder essen Schnitzel
Nur nicht Susanne, die liegt in der Pfanne.

Dumme Sprüche

Dumme Sprüche

6 Milliarden Menschen gibt es. Und dir begegne ich.
Als dein Vater dich gesehen hat, hat er doch den Storch erschossen.
Als Gott die Intelligenz verteilt hat, warst Du wohl grade auf dem Klo.
Als Kind hat Dir doch Deine Mutter ein Kotelett umgehängt, damit wenigsten der Hund mit Dir spielt.
Am Sonntagmorgen hab ich zeit. Dann versuch ich, drüber zu lachen. Ok?
An deinem Arsch könnte sich ganz China satt fressen.
Auf deinem Kopf ist wohl ein seltenes Tier gestorben, was.
Bei deiner Geburt hat der Arzt doch geschrieen "Schnell, n' Hammer sonst wird es eine Gießkanne."
Bei deiner Geburt hat der Arzt doch geschrieen: "Schnell einen Hammer, sonst wird's ein Fahrrad!"
Bei deiner Geburt ist wohl etwas Dreck ins Hirn geraten, beim Versuch, es rauszuspülen, kam leider das Gehirn mit raus.
Bei deiner Geburt wußte der Arzt nicht, wo er drauf klopfen sollte, der ganze Kerl ein Arsch.
Bei dir hat der Schönheitschirurg aber Mist gebaut.
Bei dir hat wohl der Nachtfrost eingeschlagen, was?
Bin ich froh, daß ich nicht Du bin! In einer Familie, in der ich zu meinem Bruder Papi sagen muß, würde ich mich nicht wohlfühlen!
Da sind 50 Pfennig. Damit kannst du 'ne Parkuhr mit deinem Müll vollquatschen.
Das einzig Positive in Deinem Leben war doch der AIDS-Test!
Das nennst du Frisur? Ich nenn das "Haare die vor deinem Gesicht weglaufen".
Dein Arsch ist doch so fett, dass man meinen könnte, du hättest den Haufen in Jurassic Park gemacht.
Dein Atem stinkt so fürchterlich, daß sich die Leute schon auf Deine Fürze freuen.
Dein Geburtstag steht doch im Geschichtsbuch gleich nach Hiroshima Tschernobyl!
Dein Gesicht an der Kellertreppe, dann kommen die Kartoffeln geschält hoch.
Dein Gesicht auf einer Briefmarke und die Post geht pleite.
Dein Gesicht sollte auf ein Poster für Empfängnisverhütung.
Dein Gesicht vor dem Kellerfenster und wir wären die Ratten los!
Dein Gesicht wäre echt gut zum Abschrecken von Eiern!
Dein Kopf ist immer voll! Vorne mit Heu und hinten mit Wasser! Wenn es brennt, brauchst du nur zu nicken!
Dein Vater hätte besser mal auf die Herdplatte gewichst, dann hätte es nur einmal gestunken!
Dein wahrer Vater ist der Postbote.
Deine Eltern wären besser die zehn Minuten spazieren gegangen.
Deine Fresse ist wie ein Turnschuh: reintreten und wohlfühlen!
Deine Freundin ist doch so fett, dass Dir Reinhold Messner beim besteigen helfen muss!
Deine Freundin ist doch so fett, wenn du ihren Eingang suchst, musst du auf die Schenkel klopfen und den Wellen folgen!
Deine Freundin liegt wohl grad bei dir unterm Bett und hat keine Luft mehr...
Deine Geburt war ein weiterer Beitrag zur Umweltverschmutzung.
Deine härtesten 3 Jahre waren wohl 3te Klasse Sonderschule!
Deine Klappe ist so groß, daß ich immer wenn Du lachst den Drang bekomme ein Tor zu schießen.
Deine Mutter hat dich doch beim Scheißen verloren!
Deine Mutter hat doch einen Vollbart und fährt Panzer!
Deine Mutter ist Astronaut.
Deine Mutter ist ein 2 in 1 Paket!
Deine Mutter ist ein Werbegeschenk!
Deine Mutter ist so fett, dass dein Vater deine Mutter vor dem Sex in Mehl einrollen muss, um die feuchte Stelle zu finden.
Deine Mutter ist so fett, dass dein Vater sich nach dem Sex zweimal rüberrollte und trotzdem noch auf ihr lag...!
Deine Mutter ist so fett, daß dein Vater, als er sich nach dem Sex zweimal rumdrehte, immer noch auf ihr drauflag.

Dumme Sprüche

Deine Mutter ist so fett, daß sie eine eigene Postleitzahl braucht!
Deine Mutter ist so fett, daß sie, als sie neulich in den Grand Canyon fiel, stecken blieb.
Deine Mutter ist so fett, ihre Gürtelgröße ist Äquator.
Deine Mutter stinkt...!
Deine Sprüche sind echt so alt, da sind ja noch Hakenkreuze dran!
Deine Zähne sind wie Perlen: Von jeder Seite ein Loch...
Deine Zähne sind wie Sterne. Jeden Abend kommen sie raus.
Deinen Klamotten nach zu urteilen wärst du lieber 50 Jahre früher auf die Welt gekommen.
Der Mount Everest ist ja leichter zu besteigen als dein Arsch.
Dich asozial zu nennen, wäre eine Beleidigung für alle Asozialen der Welt.
Dich haben sie wohl bei der Geburt weggeschmissen und die Nachgeburt aufgezogen.
Dich ham se wohl im Puff beim Bettenmachen gefunden!
Dich hat der Arzt wohl nach der Geburt dreimal hochgeworfen aber nur zweimal aufgefangen!
Dich hat man wohl auch mit einem Stück Brot vom Baum geholt.
Dir hat wohl einer in den Kopf geschissen und vergessen umzurühren!
Dir kann man nichts beibringen, nur dressieren.
Dir stehen wohl die Zähne zu eng!?
Du bist auch einer von viel zu vielen.
Du bist das beste Beispiel dafür, dass Abtreibung nicht immer funktioniert.
Du bist das beste Beispiel gegen die Genforschung.
Du bist der Grund, warum die Geburtenrate sinkt!
Du bist doch so fett, dass dein Abschlussfoto an der Schule aus der Luft aufgenommen werden musste!
Du bist doch zu blöd Dir die Schuhe zuzubinden.
Du bist doch zu blöd ein Loch in den Schnee zu brunzen.
Du bist doch zu blöd 'ne Banane zu öffnen!
Du bist ein Gesichtsschnitzel, das man weichklopfen sollte!
Du bist ein guter Duden. Aufschlagen, zuschlagen, und immer wieder Nachschlagen.
Du bist ein richtiger Fuchs, nicht so schlau, aber sehr stinkig.
Du bist einer der o langweiligsten Menschen die ich kenne.
Du bist einfach einzigartig - jedenfalls hofft das die ganze Menschheit!
Du bist einzigartig, jedenfalls hofft das die ganze Menschheit.
Du bist lästig wie Bruno unsere Klofliege
Du bist mein Freund, auch wenn Du nachts hinter dem Stacheldraht schlafen musst!
Du bist so blöd, daß Du sogar in Milch schwimmst.
Du bist so dappisch wie ein Lutscher bappisch.
Du bist so doof wie 10 Meter Feldweg!
Du bist so dünn, da könntest du echt das Maskottchen für die Welthungerhilfe werden.
Du bist so dünn, wenn du mal Himbeersaft trinkst, siehst du aus wie ein Fieberthermometer.
Du bist so erotisch wie ein Verkehrsunfall.
Du bist so fett, dass dein Schulabschlussfoto aus der Luft aufgenommen werden musste.
Du bist so helle wie ein Tunnel.
Du bist so interessant wie eine elektrische Gummiwurst.
Du bist so leichtfüßig wie eine Gazelle...oder wie heißt das Tier mit dem Rüssel?
Du bist so lustig wie ein Feuerschlucker mit verbrannten Mandeln.
Du bist so scheiße, Dich pisse ich nicht mal an, wenn Du brennst.
Du bist so überflüssig wie ein Sandkasten in der Sahara.
Du bist so witzig wie ein Feuerschlucker mit entzündeten Mandeln!
Du bist wie eine Wolke: Wenn Du dich verziehst, kann's doch noch ein schöner Tag werden!
Du bist wirklich 1.87 groß? wow, ich wusste gar nich', dass man Scheisse so hoch stapeln kann
Du bist wohl als Kind zu oft gegen die Schleuse geschwommen!
Du bist wohl bei der Geburt mit dem Arsch vorangekommen und keiner hat's gemerkt.
Du bist wohl die Pommes und Nutelle-Generation, was??

Dumme Sprüche

Du bist zu blöd einen Pudding an die Wand zu nageln.
Du bist zu dumm um Erdbeeren zu pflücken, denn dabei fällst Du von der Leiter.
Du dämlicher, alter Trottel. Selbst, wenn Du doppelt so intelligent würdest, wärst Du noch ein Totaldepp im Vergleich mit einem Vollidioten.
Du darfst übrigens wieder bei uns putzen! Ich hab die 10 DM gefunden...
Du gehörst wirklich zurückentwickelt und abgetrieben!
Du hast Beine wie ein Reh! Nicht so schlank aber so behaart!
Du hast die Haut einer 8jährigen Apfelsine.
Du hast doch die Eier nur als Gegengewicht, damit du beim Laufen nicht umkippst...
Du hast doch gerade so viele Gehirnzellen, dass du nicht ins Wohnzimmer kackst.
Du hast drei Probleme: Du wurdest geboren, du lebst und du tust nichts dagegen!
Du hast ein Gesicht wie die Tour de France: 14 Tage reintreten!
Du hast ein Gesicht wie ein Feuermelder. Reinschlagen bis es klingelt.
Du hast ein Gesicht wie ein Lexikon: Aufschlagen, zuschlagen und immer wieder nachschlagen.
Du hast ein Gesicht zum Eier abschmecken
Du hast eine Figur wie eine Hundehütte, in jeder Ecke ein Knochen.
Du hast einen Dauerständer, denn deiner ist viel zu kurz zum Hängen.
Du hast einen IQ so hoch wie eine Teppichkante.
Du hast einen IQ von 6... bei 8 grunzt die Sau!
Du hast Helium im Kopf, damit Du aufrecht gehen kannst, oder?
Du hast n Gesicht wie ein Winterstiefel ...Reintreten und wohlfühlen!
Du hast ne Figur wie ne Hundehütte ...in jeder Ecke ein Knochen!
Du hast nen Kopf wie eine Kokusnuss! Harte Birne und innen völlig hohl.
Du hast uns jetzt lange genug erschreckt! Nimm die Maske jetzt bitte ab...
Du hast wohl mit dem Storch gepokert und die Beine gewonnen!
Du hast wohl vom falschen Baum geraucht, was??
Du hast wohl wieder am Kot genascht, was??
Du hast Zähne wie die Sterne am Himmel, so gelb und so weit auseinander.
Du kannst haben: Bonbons oder Ohrfeigen haben. Bonbons sind aus...
Du kannst ja mal vorbeikommen! Auf unserer Straße sind noch ein paar Schlaglöcher frei.
Du kannst ja nicht mal einem alten Mann die Zeitung verblättern.
Du kannst ja nicht mal einem alten Mann ein Bonbon in den Bart kleben.
Du müsstest jeden Tag beten, damit Du so alt wirst, wie Du aussiehst!
Du nimmst doch sogar kleinen Kindern das Bonbon aus dem Mund und schubst alte Omas vom Nachttopf.
Du siehst aus wie aufgestanden und weggegangen!
Du siehst aus wie das Ostende eines Elefanten, der nach Westen geht...!
Du siehst aus wie die Reklame für die vollendete Totenstarre!
Du siehst aus wie ein eingetretenes Kellerfenster!
Du siehst aus wie ein Kotelett, von allen Seiten bekloppt.
Du siehst aus wie ein tapeziertes Skelett.
Du siehst aus wie mit einem Blitzknaller frisiert...!
Du siehst aus, als ob Du Deinen Eltern keinen Spaß gemacht hättest.
Du siehst aus, wie ein Ritter-Sport: Klein und quadratisch.
Du siehst so als biste grad aus'm Container gekommen!
Du solltest mal Dein Gesicht runderneuern lassen.
Du solltest mal den Dealer wechseln
Du stinkst aus'm Hals wie'n Zigeuner aus'm Hosenstall
Du verschönerst jeden Raum beim hinausgehen!
Du warst wohl auch gestern auf der Benefiz-Veranstaltung für obdachlose, transsexuelle Kriegsveteranen?
Du, der Zoo hat gerade angerufen! Die möchten Dich wiederhaben!
Erzähl's Deinem Pfleger!
Es gibt auf der ganzen Welt keine Maschine die messen kann wie egal Du mir bist.
Es gibt hier gleich 2 Schläge... Ich schlag Dich, und Du schlägst auf den Boden!
Es gibt keine Maschine die messen kann, wie egal du mir bist.
Es heißt doch immer Schönheitsschlaf! Du warst wohl dein ganzes Leben wach!

Dumme Sprüche

Es wird langsam dunkel. Du solltest wieder zu den Müllsäcken zurück!
Für deine Abtreibung war's wohl schon zu spät!
Geh auf die Weide zu den anderen Kühen!
Geh doch auf der Autobahn ein bißchen spielen.
Geh doch auf die Weide zu den anderen Kühen!
Geh doch etwas auf der Autobahn Sternegucken...!
Geh doch heim, wenn Du keine Freunde hast.
Geh doch mit was Giftigem spielen!
Geh, mach dich nützlich und stirb!
Gib doch mal den Senf her, wenn du mir schon eine Frikadelle ans Ohr kaust.
Gib mir meine Tüte wieder und kauf dir ein neues Gesicht.
Gibt es Dich auch in schön, witzig und intelligent?
Gibt es hier irgendwo Kuchen, dass du Krümel dich meldest?
Gibt's Dich auch in intelligent?
Gibt's Dich auch in schön?
Gibt's Dich auch in witzig?
Gleich klatscht es hier! Aber keinen Beifall.
Gleich steck ich Dir einen Regenschirm in den Hintern und spann ihn auf!
Grüß deine Mutter.
Gut getroffen! Aber nächstes Mal sagst Du bescheid, wenn wir uns anspucken, Ok?
Hab gehört, Du hast Deine Freundin bei der letzten Hexenverbrennung verloren.
Hab' ich Dich nicht letztens in einem Fitness-Studio gesehen? Antwort meist Nein.
Stimmt, die haben ja jetzt 'nen neuen Punchingball.
Habt ihr kein Klo daheim, oder warum lässt du die ganze Scheiße hier ab?
Hast Du Dir die Nummer gemerkt? Na, vom Lastwagen der Dir über das Gesicht gefahren ist.
Hast du einen Bruder? Einer alleine kann gar nicht so blöd sein!
Hast du keinen Friseur, dem du den Quatsch erzählen kannst??
Hast du Kleingeld?? Dann ruf mal jemanden an, den das interessiert!
hast du schon mal versucht, mit gebrochenen Fingern Deine Zähne aufzuheben?
Hast du schon wieder Scheiße gefressen?
Hast du wieder bei der Altkleidersammlung was mitgehen lassen?
Hast wohl wieder beim Nasepopeln mit der elektrischen Zahnbürste einen Kurzschluß gehabt, was?
Haste dich heute Morgen wieder mit 'nem Hammer gekämmt?
Haste kein Friseur dem Du den Quatsch erzählen kannst?
Haste keinen Friseur, dem du den Quatsch erzählen kannst?
Haste wieder aus dem Klo gesoffen?
Hat dir jemand ins Gehirn geschissen und vergessen umzurühren?!
Hat dir jemand versucht, die Haare zu schneiden??
Hat dir schon mal jemand gesagt, daß Du total sexy bist? Wird auch niemand tun!
Hat einer an der Klospülung gezogen, oder warum blubberst Du?
Hat einer die 0 gewählt, dass du dich meldest?
Hat jemand ins Waschbecken gekloppt, daß Du Waschlappen Dich meldest?
Hätte dein Vater damals 8 Sekunden überlegt, hätte er uns 80 Jahre Übel erspart.
Hätte Dein Vater damals am Bahndamm gegen den fahrenden Zug gewichst, wärst Du heute noch unterwegs.
Hätte Dein Vater gegen den Ofen gewichst hättest Du nur einmal kurz gestunken.
Hätte Dein Vater gegen die Wand gewichst, hätte er gesehen wie es runterläuft und nicht wie es heute rumläuft.
Hätte Dein Vater in die Pfanne gewichst, wärst Du schon lange gegessen.
Hätte Dein Vater in einen Bach gewichst wärst Du vielleicht eine schöne Forelle geworden.
Hätte Dein Vater ins Gras gewichst, wärst Du vielleicht ein ganz patenter Laubfrosch geworden.
Hätte Deine Mutter vor Deiner Geburt gewußt, was da rauskommt, hätte sie mit Sicherheit abgetrieben.
Hätte Deine Mutter vor der Geburt gewußt, was da rauskommt, hätte sie abgetrieben!

Dumme Sprüche

Hier haste 50 Pfennig, dafür kannste 'ne Parkuhr mit Deinem Senf vollabern!
Hütest Du eigentlich auch Schafe?!
Ich bin fett, Du bist häßlich. Ich kann abnehmen und Du?
Ich denke mal in Ruhe drüber nach, während ich auf Dein Grab pisse!
Ich erkläre Dir ein andermal, wie Du Dich richtig lächerlich machst.
Ich geh gleich mit dir raus, die Mopedkette abschmecken!
Ich glaube Deine Mutter ruft nach dir!
Ich hab als Junge gegen Dinge gepinkelt, die waren schlauer als Du.
Ich hab gestern Deine Eltern gesehen! Zwei nette ältere Herren!
Ich hab Schwierigkeiten Deinen Namen zu merken, darf ich Dich einfach Arschloch nennen?!
Ich hab Schwierigkeiten, mir deinen Namen zu merken. Ist Blödmann auch ok?
Ich habe früher gegen Dinge gepinkelt die klüger sind als Du!
Ich habe Vogelscheiße gesehen, die klüger als du war.
Ich hätte den Panzerfahrer angezeigt, der Dir übers Gesicht gefahren ist.
Ich hatte schon interessantere Gespräche mit Wollpullis.
Ich lass gleich Deine Gesichtszüge entgleisen!
Ich reiß dir den Kopf ab und scheiß dir in den Hals...!
Ich sage nichts, aber was ich Denke ist grausam.
Ich schlag dir den Kopf auf den Rücken, dann kannst du aus dem Rucksack fressen.
Ich schlag' dir 'ne Treppe in den Hals, dann kannst du das Essen 'runtertragen!
Ich wette, der Schatten von Deinem Arsch wiegt schon alleine 200 Pfund!
Ich will ja nichts sagen, aber ein Arsch gehört in die Hose.
Ich würde deinen Zahnarzt verklagen!
Ich würde den Arzt verklagen, der dich fallen gelassen hat.
Ich würde dich nicht mal anpissen, wenn du brennen würdest.
Ich würde dich noch nicht einmal anpissen, wenn du brennen würdest!
Ich würde nicht mal mit dir in einem Bett schlafen, wenn du eine Hämorride an meinem Arsch wärst.
Ich wusste gar nicht, dass man Scheiße so hoch stapeln kann.
IIIH! Ach, Du bist's nur.
In deiner Nähe gibt's wohl zu viele Atomkraftwerke was?!
Ist dein Clown-Kostüm in der Reinigung?
Ist dein Vater Bergsteiger? Siehst so heruntergekommen aus.
Ist dein Vater Schmied? Siehst so bekloppt aus.
Ist deine Mutter Putzfrau? Du siehst so bescheuert aus.
Ja, mach nur so weiter und es gibt was schön auf die Fresse!
Jedes Jahr an deinem Geburtstag gehen deine Eltern in den Zoo und bewerfen den Storch mit Steinen!
Jetzt wo ich Dich sehe, fällt mir ein, daß ich den Müll noch runter bringen muß.
Kann ich ein Foto von dir haben? Brechmittel sind so teuer geworden!
Kannst deiner Mutter übrigens sagen, dass sie nicht mehr bei uns putzen darf. Wir haben jetzt eine gefunden, die nicht klaut.
Kannst du dich nicht einfach in eine Ecke legen und sterben? Aber leise bitte, ich muß hier arbeiten.
Kannst Du nichts Sinnvolleres tun als mich vollzuquatschen? Die Dachrinne putzen oder Dich erschießen?
Kauf Dir ein Seil und erschiess dich da wo das Wasser am tiefsten ist.
Klauen Deine Eltern? Siehst so mitgenommen aus.
Komm doch mal wieder, wenn du weniger Zeit hast!
Laber nicht so billig! Ich kauf Dich sowieso nicht!
Lange nicht aus 'ner Schnabeltasse getrunken!
Lass dich mal vom Arzt auf einen möglichen Hirnschaden am Arsch untersuchen!
Leg dich hin und zieh dich aus! Ich will mit dir reden!
Leg mal dein Schweinkostüm ab! Fasching ist vorbei.
Mach mich an, dann mach ich Dich aus!
Machs Maul zu! Die Scheisse trocknet ein!

Dumme Sprüche

Mal dir bloß keinen Strich ins Gesicht! Sonst kann man bei dir Vorne und Hinten nicht mehr unterscheiden.
Man sollte Dich zurückentwickeln und abtreiben.
Mein Arsch und dein Gesicht könnten gute Freunde werden!
Mein Stammbaum beginnt da, wo deiner endet!
Mit einem Loch im Hinterkopf könntest Du wenigstens noch als Nistkasten dienen!
Morgen ist Altkleidersammlung. Versteck dich lieber...
Na, vom Lastwagen, der Dir über das Gesicht gefahren ist!
Namen wie Deinen tragen doch nur Stiere und Schwule! Bei dir sehe ich aber keine Hörner...!
Ne, lass mal! Ich schlag mich nicht mit Mädchen!
Nimm dein Gesicht und geh!
Noch keine Haare am Sack, aber im Puff vordrängeln.
Noch so' n in Shit Eiertritt.
Noch so' n Spruch und Deine Zahnbürste greift morgen früh ins Leere!
Noch so' n Spruch und Du kannst Dein Essen aus der Schnabeltasse lutschen.
Noch so'n Ding Augenring.
Noch so'n Gag Zähne weg.
Noch so'n Kack Nase ab.
Noch so'n Satz Zahnersatz.
Noch so'n Schwank und Du feierst krank.
Noch so'n Spruch Kieferbruch.
Noch so'n Spruch und Deine Zahnbürste greift morgen früh ins Leere.
Noch so'n Spruch und du kannst Dein Essen aus der Schnabeltasse lutschen!
Noch so'n Ton - Kastration
Normalerweise wäre ich dein Vater! Aber der Hund ist mir zuvorgekommen!
O Herr, lass Hirn regnen!
Ob ein Darmverschluss dich wohl zum Schweigen brächte?
Oh Herr, laß Hirn herab regnen!
Oh Herr, schmeiße Hirn vom Himmel Richtung <Name>.
Red nicht so billig ich kauf die eh net!
Ruhe, oder hat jemand gesagt Mülleimer auf?
Sag das Deinem Bewährungshelfer...
Sag deiner Mutter mal, dass sie beim Altkleider-Klauen leiser sein soll. Ich schlaf da immer noch!
Sag deiner Mutter sie soll nicht mehr bei uns in den Garten kacken.
Sag deiner Mutter, dass sie mir meine Unterhose zurückgeben soll.
Sag mal, haben sich deine Eltern nach deiner Geburt sterilisiert?
Sag mal, ist dein Clown-Kostüm in der Reinigung?
Sag mal, ist dir schon mal die Gewichtsangabe eines 500-Gramm-Hammers spiegelverkehrt aus der Stirn geeitert?
Sag mal, war das Verfallsdatum von deiner letzten Milchschnitte abgelaufen??
Sag mal, waren Deine Eltern Geschwister?
Schaff erstmal die dritte Klasse, bevor du mit mir redest!
Schau mal im Lexikon unter "Arsch" nach! Da ist dein Gesicht abgebildet...
Schau mich bitte nicht schon wieder an! Ich will heute nicht mehr kotzen!
Schau nicht so! Ich bin selber erschrocken.
Schlag dir mal ins Gesicht! Etwas Farbe könntest du gut gebrauchen...
Schon mal einen Liter Blut durch die Nase gespendet?
Schon mal mit 180 gegen ne parkende Faust gerannt?
Schön, daß Du da bist, und nicht hier.
Schöne Zähne hast Du, gibt's die auch in weiß?
Schreib's auf ein Blatt Papier und werf's dann weg.
SDU - Schönheit durch Unfall
Seit ich dich kenne gehen bei mir alle elektrischen Geräte kaputt.
Seitdem du die Gelbsucht hast, hustest du viel besser.
Setz dich auf den Boden! Der ist Dreck gewöhnt!
Sicher, dass du deinen wahren Vater kennst?

Dumme Sprüche

Sind das Bluejeans oder Krampfadern
Sind Deine Eltern Chemiker? Siehst wie ein nicht gelungener Versuch aus.
So ganz im Vertrauen, ich kenn 'nen echt guten Gesichtschirurgen.
Sogar ein Schuß ins Gesicht wäre bei dir noch eine Verbesserung!
Solche Leute wie Du sind nicht unnütz! Sie können immer noch als schlechtes Beispiel dienen!
Sollen wir heute in den Zoo gehen? Dann können wir direkt auch deine Eltern besuchen!
Spannt Deine Haut? Brauchst Du ne Platzwunde? Nummer ziehen und Hinten anstellen!
Sprich es in einen Sack und stell ihn vor meine Tür.
Sprich mich nicht an, ich bin schon gestraft genug.
Stehen deine Eltern auf Analsex? Du siehst so beschissen aus!
Steig auf einen Besen und zisch ab!
Täglich sterben 40000 Menschen, wieso bist DU keiner davon!
Tolle Klamotten hast du da an! Gibt's die auch für Männer?? (bzw. Frauen)
Toller Anzug! Gibt's den auch in deiner Größe?
Tu etwas gegen die Übervölkerung. Entsorge Dich. Tu was für das Vaterland. Wandere aus.
Tut mir leid, dass ich dir auf deinen Arsch gehauen habe, aber ich hab ihn mit deinem Kopf verwechselt.
Über Dich stand schon etwas in der Bibel: "Selig sind die geistig schwachen."
Versteck dich lieber! Heute ist Sperrmüllabfuhr!
Versteck dich! Die Müllabfuhr kommt...
Viagra brauchst du zum Glück nicht! Zwei Millimeter stehen immer ab!
Wäre Dein Kopf aus Glas, könnte man Scheiße arbeiten sehen.
Waren Deine Eltern Geschwister?
Warum hast Du mir eigentlich nichts von Deinem Unfall erzählt? Welchem Unfall? Na, von dem Panzer der Dir übers Gesicht fuhr.
Was du in deiner Mutter's Bauch gemacht haben musst, damit sie dich so genannt haben!
Was ist der Unterschied zwischen Dir und einem Eimer voll Scheiße? Der Eimer.
Was meinst du als Unbeteiligter eigentlich zum Thema Intelligenz?!
Was sagst du als Nichtbeteiligter zum Thema Intelligenz?
Wechsle mal dein Gesicht! Arsch ist out!
Weiß dein Pfleger, daß Du heute Ausgang hast?
Weißt du wie man Dein Gehirn auf Erbsengröße bringt? Aufblasen!
Weißt du, was der Unterschied zwischen Dir und einer Dose Chappi ist? Chappi gibt es auch mit Hirn.
Weißt Du, was passiert wenn Nicki Lauda stirbt? Dann bist Du der hässlichste Mensch der Welt!
Weiter Lalle... Leichenhalle!
Wenn Blödheit bremsen würde, kämst du den Berg nicht runter.
Wenn Blödheit bremsen würde, müsstest du doch bergab schieben!
Wenn Dein Gesicht wieder in Mode kommt, polier ich meinen Arsch auch wieder!
Wenn dein Kopf aus Glas wäre könnte man sehen wie scheisse arbeitet...
Wenn deine Mutter damals billiger gewesen wäre, wäre ich heute dein Vater!
Wenn der Kuchen spricht, hat der Krümel gefälligst Pause!
Wenn du dein Inneres nach außen bringen würdest, könntest du als Vogelscheuche auf den Acker!
Wenn du dich an den Strand legst, kommen doch die Leute von Greenpeace und rollen dich wieder ins Meer!
Wenn du eine Fliege verschluckst hast du mehr Hirn im Bauch als im Kopf!
Wenn Du einen Pickel am Arsch hast, ist das ein Gehirntumor.
Wenn Dummheit Fett lösen würde, wärst du der König von Villarriba!
Wenn Dummheit groß machen würde, könntest du aus der Dachrinne saufen!
Wenn Dummheit in Sekunden gemessen würde, wärst du die Ewigkeit.
Wenn Dummheit klein machen würde, könntest Du unter dem Teppich Fallschirm springen.

Dumme Sprüche

Wenn Dummheit quietschen, würde müßtest Du den ganzen Tag mit einer Ölkanne rumlaufen.
Wenn Dummheit Rad fahren könnte, müsstest du bergauf bremsen!
Wenn Dummheit wachsen würde, könntest Du kniend aus der Dachrinne saufen.
Wenn Dummheit wehtun würde, würdest Du den ganzen Tag schreien!
Wenn ich auf dein Niveau runter denke, bekomme ich Kopfweh.
Wenn ich auf dir liege krieg ich Höhenangst, unter dir kriege ich Platzangst, neben dir sehe ich den Fernseher nicht mehr!
Wenn ich dein Gesicht hätte, würde ich lachend in eine Kreissäge laufen.
Wenn ich dein Gesicht so sehe, gefällt mir mein Arsch wieder!
Wenn ich dich so ansehe, will ich doch keine Kinder!
Wenn ich du wäre, dann wäre ich echt gerne ich.
Wenn ich du wäre, würde ich mir wieder wünschen, ich zu sein!
Wenn ich so aussehen würde wie du, dann würde ich meine Mutter anzeigen!
Wenn Kurt Cobain dich gekannt hätte, hätt' er sich glatt nochmal erschossen!
Wenn man dich als Vogelscheuche aufstellt, bringen die Vögel die Kirschen vom Vorjahr zurück...
Wenn man dich so sieht meint man, dir sei der Sargdeckel schon dreimal ins Gesicht gefallen.
Wenn man so deinen Arsch und mein Gesicht sieht, könnte man glatt meinen, wir wären Geschwister.
Wenn mein Arsch so aussehen würde wie Dein Gesicht, würde ich mich schämen aufs Klo zu gehen.
Wenn mein Hund Dein Gesicht hätte würde ich ihm den Arsch rasieren und ihm beibringen rückwärts zu laufen.
Wenn's nicht Axel Schulz gäbe, wärst du der dümmste Mensch auf der Welt!
Wer hat denn die Null gewählt, daß Du Dich meldest?
Wer hat denn vom Kuchen geredet, daß Du Krümel dich meldest?!
Wer hat dich bei der Geburt eigentlich aufgehoben, als dich der Arzt vor lachen fallen lies?
Wer hat gesagt: Arsch rühr Dich?!
Wer Spaß am 2. Weltkrieg hatte wird dich vielleicht auch mögen
Wichs mich nicht von der Seite an.
Wie bist Du eigentlich nach Deiner Abtreibung aus der Mülltonne geflohen?
Wie geht's deiner Freundin und meinen Kindern?
Wie groß bist Du? Antwort? Hab gar nicht gewußt, daß man Scheiße so hoch stapeln kann.
Wie machst Du das mit Deinem Vater? Läßt Du das Reagenzglas neben dem Bett stehen?
Wie sahst Du eigentlich vor dem Unfall aus?
Wieso hat deine Mutter nur die Pille abgesetzt...?
Wie viel Geld bekommst du eigentlich dafür, dass an deinem Gesicht Baseballschläger getestet werden dürfen?
Willst du 3 Kilo abnehmen?? Dann putz dir mal die Zähne!
Willst du nicht von der Palme runterkommen?? Dann musst du nicht so schreien!
Willst du wissen, wie bescheuerte Kinder gemacht werden? Frag Deinen Vater!
Willst du wissen, wie man dumme Kinder macht? Frag Deine Eltern.
Wir können froh sein, dass ein Atomkraftwerk dein Aussehen ins Positive verändert hat.
Wo hast Du denn Deine tolle Frankensteins-Monster-Maske her?
Wo ich dich so sehe, fällt mir ein, daß ich den Müll ja noch runter tragen muß!
Wo ist die Kette, mit der man dich durch die Sch... gezogen hat?
Wo ist eigentlich die Kette, mit der man dich durch die Scheiße gezogen hat?
Zähl einfach mal bis 10! Ich brauch mal 'ne Stunde Ruhe...
Zieh Deinen Kopf aus meinem Arsch und verschwinde!
Zu blöd zum Milchholen, fällt hin und verbiegt die Mark...

Dumme Sprüche

Obst & Gemüse

Obst & Gemüse

Bei welcher Frucht kann man auch die Schale mitessen? bei der Mirapelle.
Der Geschmack welcher Frucht spricht für sich? der des Pfürsich.
Mit welchem Gemüse kann man sich gut den hals ausspülen? mit der Gurkel.
Mit welcher Frucht kann man auch auf den Laufsteg? mit der Aprihose.
Mit welcher Frucht lassen sich dinge vermessen? mit der Himlehre.
Was hat die Farbe grün und ist hinter Gitter? die Schurke
Was ist blöd, süss und bunt? ein Dummibärchen
Was ist braun und fährt den Hang herunter? ein Snowbrot
Was ist braun und fliegt durch die Bäckerei? ein Schussgipfel
Was ist braun und hängt vor dem Badezimmer-Fenster? Ein Spannzapfen
Was ist braun und klebt an der Wand? ein Klebkuchen
Was ist Braun und schwimmt unter Dir? ein U-Brot
Was ist braun und sehr verliebt? Die Kokussnuss.
Was ist braun und sitzt hinter Gittern? eine Knastanie
Was ist braun und trägt Strapse? ein Haselnüttchen
Was ist braun, klebrig und läuft in der Wüste umher? ein Karamel
Was ist braun, knusprig und läuft mit dem Korb durch den Wald? Brotkäppchen
Was ist braun, sehr zäh und fliegt umher? Eine Ledermaus
Was ist braun, sitzt auf einem Baum und tröpfelt gelb? ein Seichhörnchen
Was ist braun, süss und rennt durch den Wald? eine Joggolade
Was ist bunt, süss und rennt davon? ein Fluchtsalat
Was ist das, es ist weiss und schaut hinter einem Baum hervor? Schüchterne Milch!
Was ist durchsichtig, stinkt, und es ist ihm egal? ein Schnurz.
Was ist gesund und kräftig und spielt den Beleidigten? ein Schmollkornbrot.
Was ist grün und zerquetscht und liegt in der Küche am Boden? ein Sterbsli.
Was ist orange und kann keine Minute ruhig sitzen? eine Zappelsine.
Was ist orange und läuft durch die Wüste? ein Wanderinchen.
Was ist rot und sitzt traurig in einer Ecke? ein Trübchen.
Was ist süss und sitzt bei jedem Fussballspiel vor dem Fernseher? eine Fananas.
Was ist süss, rot, gelb und weiss und rennt durch die Küche? ein Fluchtsalat.
Was ist violett, süss und sitzt in der Kirche? Eine Frommbeere.
Was ist weiss, süss und schwingt sich von Torte zu Torte? ein Tarzipan.
Was ist dunkelgrün und liegt im WC? ein Kaktus
Was ist gelb und flattert im Wind? eine Fahnane
Was ist gelb und immer bekifft? Ein Bong-Frites
Was ist gelb und rutscht den Hang hinunter? ein Cremeschlitten
Was ist gelb und steht frankiert und abgestempelt am Strassenrand? eine Postituierte
Was ist gelb, krumm und schwimmt auf dem Wasser? eine Schwanane
Was ist gelb, ölig und sitzt in der Kirche in der ersten Reihe? ein Frommfrites
Was ist gesund und kräftig und spielt den Beleidigten? ein Schmollkornbrot
Was ist gross, grau und telefoniert aus Afrika? ein Telefant
Was ist grün und kommt ständig zu spät? Die Spätersilie.
Was ist grün und fährt umher? eine Velone
Was ist grün und fliegt durch die lüfte? Ein Kohlrabe
Was ist grün und fliegt über die Wiese? Birne Maja

Obst & Gemüse

Was ist grün und hüpft von Bett zu Bett? eine Frostituierte
Was ist grün und irrt durch Istanbul? ein Gürk
Was ist grün und klopft an die Tür? ein Klopfsalat
Was ist grün und schaut durchs Schlüsselloch? ein Spionat
Was ist grün, glücklich und hüpft von Grashalm zu Grashalm? eine Freuschrecke
Was ist grün, singt und ist blind? Kiwi Wonder
Was ist haarig und wird in der Pfanne fritiert? Bartkartoffeln
Was ist hellgrün und liegt im WC? ein Pisstache
Was ist braun, hat einen Beutel und hängt am Baum? ein Hänguruh
Was ist orange und schaut durchs Schlüsselloch? eine Spanndarine
Was ist orange und steckt in der Erde? Ka-rote!
Was ist orange und wandert in den Bergen? eine Wanderine
Was ist orange, rund und versteckt sich vor der Polizei? ein Vandalinchen
Was ist orange, tiefer gelegt und hat einen Spoiler? ein Mantarinchen
Was ist orange-rot und riskiert alles? eine Mutorange
Was ist rosa und schwimmt unter Wasser? Eine Meerjungsau
Was ist rot und ballert in der Gegend rum? ein Rambodischen...
Was ist rot und gelb und sitzt im Käfig? Ein Pfirsittich.
Was ist rot und lebt nicht mehr? Tote Beete!
Was ist rot und machen alles nass? Schauerkirsche
Was ist rot und macht das Efeu an? eine Hagenutte
Was ist rot und regiert sein Land? ein ParaKaiser
Was ist rot und singt fröhlich im Wald? das Rotköhlchen.
Was ist rot und sitzt auf dem WC? eine Klomate
Was ist rot, sitzt in einer Konservendose und spielt Musik? ein Radioli
Was ist sauer und versteckt sich vor der polizei? ein Essigschurke
Was ist schwarz/weiss und hüpft von Eisscholle zu Eisscholle? ein Springuin
Was ist silbrig, sticht und hat Spass daran? eine Sadistel
Was ist tief dunkelrot und reden unaufhörlich? eine Schwatzkirsche
Was ist unordentlich und gibt Licht? eine Schlampe
Was ist viereckig, hat Noppen und einen Sprachfehler? ein Legosteniker
Was ist violett und sitzt in der Kirche ganz vorne? eine Frommbeere
Was ist weiss und läuft die Strasse auf und ab? Schneeflittchen
Was ist weiss und liegt schnarchend auf der Wiese? ein Schlaf
Was ist weiss und springt im Wald umher? ein Jumpignon
Was ist weiss und tanzt ums Feuer? Rumpelpilzchen
Was ist weiß, salzig und hat eine Kanone? Ein CopCorn!
Was ist weiss, steht in der Küche und verursacht eine riesige Unordnung? ein Wühlschrank
Was klebt bei 30 Grad am Ohr? der Telefonstörer
Was leuchtet und geht fremd? ein Schlampion
Was macht 'Muh' und hilft beim Anziehen? ein Kuhlöffel
Was schwimmt im Wasser und frisiert Autos? ein Tunefisch
Was steht ganz nackt im Blumenbeet? Ein Blüttchen"
Was steht im Schlafzimmer des Metzgers neben dem Bett? ein Schlachttischlämpchen
Was trägt einen Frack und hilft im Haushalt? Ein Diener Schnitzel

Obst & Gemüse

Welche französischen Früchte eignen sich auch als Autos? die Citronens.
Welche Frucht baut Netze? die Spirne.
Welche Frucht eignet sich hervorragend zum Geschenke einpacken? die Kreppfruit.
Welche Frucht frisst sich gerne selber? die Traupe.
Welche Frucht gewann eine Silbermedaille bei den olympischen Spielen im Bodenturnen? die Spakaki.
Welche Frucht hat ein wunderschönes Federkleid? die Pfaume.
Welche Frucht heisst auf Englisch 'machen'? die Tomake.
Welche Frucht ist besonders gut gegen eine schlimme Krankheit? die Krebsfruit.
Welche Frucht ist schizophren? die Baracuja.
Welche Frucht kann es mit Gary Kasparov aufnehmen? die Schachelbeere.
Welche Frucht kann ganze Wälder flach legen? die Tornate.
Welche Frucht kann kaum über Sex sprechen? die Klemmentine.
Welche Frucht klemmt sich oft den Finger ein? die Quetschge.
Welche Frucht lässt sich gerne regelmässig anliefern? die Abokado.
Welche Frucht lebt im Meer? der Nusswal.
Welche Frucht schmeckt den Franzosen besonders gut? die Laurentge.
Welche Frucht soll man sich gegen Hämorrhoiden in den Arsch schieben? den Zapfel.
Welche Frucht wird im grossen Stile angebaut? die Hektarine.
Welche Gewürzknolle kommt selten allein? die zweibel.
Welche Ölfrucht gibt unter ihrem Künstlernamen auch Konzerte? die po live!
Welche seltene Frucht wird in den Tiefen des Berges gesucht? die Apfelmine.
Welches Gemüse ärgert sich oftmals schwarz? die Moorrübe.
Welches Gemüse assen schon Adam und Eva? das Paradieschen.
Welches Gemüse besäuft sich gerne in der Kneipe? der Pubrika.
Welches Gemüse ist gemeingefährlich? der rett' dich
Welches scharfe Gras kifft ab und zu? der Shitlauch.
Was ist schizophren und zahlt dem Chef den Lohn? Der Buchspalter
Wie nennt man den schmerzenden Sturz einer Eiskunstläuferin? Kuerbiss.
Wie nennt man die Hoden von Hengsten in der Fachsprache? Pferdnüsse.
Wohin gehen die Affen gerne zum essen? in den Mangovenwald.